KB152610

여성의 몸 여성의 지혜

WOMEN'S BODIES, WOMEN'S WISDOM

WOMEN'S BODIES, WOMEN'S WISDOM

CHRISTIANE NORTHRUP, M.D.

This Korean edition is published by arrangement with Bantam Books, New York through Imprima Korea Agency, Seoul, Korea.

여성의 몸 여성의 지혜

WOMEN'S BODIES, WOMEN'S WISDOM

크리스티안 노스럽 지음 · 강현주 옮김
홍성환(서울대병원 산부인과 자문의) 감수

한문화

이 책은 어떤 모습으로 과거를 살아왔으며 어떤 모습으로 현재를 살고 있는지와 상관없이 풍요로운 인생을 살 수 있다고 믿고 있는 모든 사람들을 위한 책이다.

이 책은 우리의 일상이 신비롭고 불확실하면서도 희망이 있다는 사실을 인정하는 모든 사람들을 위한 책이다.

이 책은 더욱 건강해지기를 원하고, 치유에 있어서 물리적인 처방이나 기술보다 중요한 어떤 것이 있다는 사실을 알고 싶어하는 사람들을 위한 책이다.

이 책은 자신들이 미처 알지 못했던 것들이 많았음을 솔직하게 느껴보았던 의사, 간호사, 건강관리사와 환자들을 위한 책이다.

이 책은 우리의 일상을 신성하게 다루지 않고서는 우리가 완전하게 치유될 수 없다는 사실을 아는 사람들을 위한 책이다.

차 례

2부 여성의 지혜 해부

초판 서문

의사여, 그대 자신을 치유하라

첫아기에게 모유를 먹이면서도 1주일에 60시간 이상 일하던 1981년, 나는 심각한 유방염을 앓게 되었고 결국 오른쪽 유방의 기능을 상실하고 말았다. 유방염 징후가 처음 나타났을 때 하루나 이틀 정도 쉬어야 했지만 나는 치유의 원칙을 무시하고 일을 계속했다. 그랬던 데에는 두 가지 이유가 있다.

첫째, 지금도 그렇지만 당시에는 모유가 신생아에게 있어 최고의 음식이라고 믿었기 때문이다. 의사에게 자문을 구할 경우 수유를 중단하라고 말할 것이 분명했으므로 나는 항생제를 복용했다. 둘째, 여자 의사는 허약해서 제 역할을 다해내지 못할 것이라는 남자 의사들의 편견 때문이었다. 나는 그러한 편견이 싫었다.

당시 나는 꽤 명망 있는 산부인과 병원에서 일하고 있었다. 또한 서른 한 살의 나이에 남성들이 주도하는 의학계에서 그런 대로 인정도 받고 있었다. 그러한 경력에 오점을 남기고 싶지 않았다. 그래서 몸의 신호를 무시하며 출근을 계속했던 것이다. 하지만 유방염은 점점 악화되어 일반 항생제로 치료하기에는 심각한 상태에 이르렀다.

어느 날 밤, 나는 고열과 한기에 시달리며 착란증세까지 보였다. 물론 그때까지도 일을 계속하고 있었다. 의사이자 어머니였던 나에게 더 이상은 선택의 여지가 없었다. 오랜 경험으로 나는 욕심을 버려야 한다는 사실을 깨달았다. 수주 동안 자가치료를 했지만 결국 수술을 받기로 했다. 극구 피하고 싶은 수술이었지만 어쩔 수 없는 선택이었다.

농양주머니는 흉벽을 파고들었을 정도로 상당히 컸다. 나를 수술한 외과의사는 30년 동안의 임상경험에서 최악의 경우였으며 그런 상태로 일을 했다는 것이 믿어지지 않는다고 말했다. 결국 나는 "의사여, 그대를 치유하라"는 옛 격언을 무시했던 셈이다. 의사로서 자기 자신도 제대로 치료하지 못했다는 사실이 부끄러웠다. 동시에 모유를 줄 수 없게 되었으므로 훌륭한 어머니가 될 수 있다는 자긍심마저 흔들렸다.

그로부터 2년 후 둘째 딸이 태어났다. 물론 옛 상처는 완전히 치유되었다. 그러나 첫째는 모유를 주로 먹이고 어린이용 유동식으로 보충할 수 있었던 데 반해 둘째에게는 젖이 부족할 듯했다. 유방염으로 유선이 파괴되어 오른쪽 유방으로는 젖을 먹일 수 없었다. 아기를 제대로 키우지 못할지도 모른다는 두려움이 몰려왔다. 자신의 가치를 증명하려다 그 대가로 몸을 바쳐야 했던 경험을 통해 나는 뼈저린 교훈을 얻었다. 즉 몸의 욕구를 무시하면 그 결과가 곧바로 생활에도 영향을 미친다는 것이었다.

출산 사흘째 되던 날, 나는 국제 모유수유협회 시카고 지부에 전화를 걸어 조언을 구했다. 상담원은 자신도 똑같은 일을 겪었다면서 유방이 처지는 것만 개의치 않는다면 한쪽 유방으로 자주 먹이면 괜찮을 것이라고 말해주었다. 나는 그녀의 조언에 충실히 따랐다. 일 때문에 떨어져 있을 때는 유동식으로 보충해야 했지만 아기와 함께 있을 때는 언제라도 젖을 물려주었다.

유방은 보살핌을 주고받는 행위의 상징이다. 그럼에도 불구하고 나는 다른 사람을 돌본다는 핑계로 정작 내 자신은 팽개쳤다. 몸은 결코 그러한 무시를 견뎌낼 수 없다. 더구나 몸의 징후는 건강문제만을 경고하는 것이 아니다. 칼 융Carl Jung은 "신은 질병을 통해 우리를 찾아온다"고 말했다. 이제 나는 분명한 교훈을 얻었다. '몸의 메시지에 귀기울일 때 우리는 감정과 육체와 영혼을 치유하게 된다!'

그 전에도 이러한 교훈을 머리 속으로는 알고 있었지만 진정한 치유사가 되기 위해서는 몸소 체험해야만 했다. 직접 심각한 문제를 체험하고서야 나는 부인과 질환을 앓는 여성들이 어떤 고통을 겪게 되는가를 깨닫게 되었다. 남성중심의 세계관이 지배하는 사회에서 단 한 번도 아파보지 않은 여성으로서, 여성들이 공통적으로 짊어진 건강문제가 어떠한지에 대해 생각해볼 틈이 없었던 것이다. 나도 일반적인 여성들과 다르지 않다는 처절한 깨달음이 있고 나서야 수많은 여성들이 겪는 건강과의 싸움이 어떤 것인지를 알 수 있었다.

개인적인 것이 정치적인 것이다

아기를 낳고 일과 가정에서 균형을 맞추려는 노력은 나를 완전히 바꾸어놓았다. 페미니스트들의 "개인적인 것이 정치적인 것이다"라는 말의 진실을 경험을 통해 깨달았던 것이다. 엄마 노릇은 취미활동이 아니라는 것도 깨달았다.

태어나는 순간부터 아기는 하루 24시간 동안 엄마의 일부분이다. 나는 아기를 낳기 전까지, 매일 아침 아기를 떼어놓고 직장에 나갈 때 심장이 저려오는 아픔이 있을 것이라고는 생각하지 못했다. 사실 두 아이와 집에서 씨름하는 것보다는 직장에서 일하는 편이 훨씬 편했다. 가부장제 사회의 딸로서 나 역시 효율성과 생산성을 최고의 가치로 삼아왔다. 그러나 아기를 키우며 모성애에 대한 오랜 관념에 의문이 생기기 시작했다.

다른 사람의 몸을 돌보는 일에서는 만족감을 얻으면서 정작 나 자신과 내 아이들의 몸을 돌보는 일에서는 왜 그렇지 못한가? 집에서 휴식을 취할 때 왜 나는 죄책감을 느껴야 하는가? 비록 할 일이 많기는 하지만 아이들과 놀아줄 30분의 시간을 마련하는 데 왜 허덕여야 하는가? 왜 그러한 시간들이 낭비라고 느껴지는가? 동시에 나는 아이를 돌보는 일이 왜 오직 엄마의 몫이어야 하는가를 생각해 보았다. 남편과 나는 동등한 교육을 받았고 수입에서도 차이가 나지 않는다. 그런데 아이가 태어난 후에도 왜 남편의 생활에는 커다란 변화가 없는가?

가족이 여성의 행복에 영향을 미친다는 사실을 깨달았을 때, 나는 그 동안 성공적이라고 생각했던 모든 것을 다시 평가해보았다. 둘째가 태어날 때까지 나는 자신을 페미니스트라고 생각해본 적이 없었다. 나는 내가 원하는 모든 것을 성취할 수 있었다. 페미니스트들이 여성에 대한 사회의 부당함을 부르짖을 때조차 그 의미를 정확히 알지 못했다.

나는 여성과 남성이 차별받고 있다는 사실조차 인정할 수 없었다. 나 자신이 그러한 차별을 경험, 아니 정확하게 인식하지 못했기 때문이다.

여성으로서 직장인과 어머니라는 두 가지 역할에서 하나를 선택하도록 강요받는 상황에 직면했을 때에야 내 삶은 허물을 벗게 되었다. 유방염은 건강과 의사라는 직업에 대한 나의 신념을 흔들리게 만들었다. 그렇지만 나는 아무런 준비도 되어 있지 않았다.

나는 질병에 대해 내가 알고 있는 모든 것을 다시 살펴보았다. 월경전 증후군, 자궁근종, 만성질염 등이 생활과 밀접한 관계가 있다는 사실을 알게 되었다. 그러한 환자들의 식생활, 근무조건, 인간관계 등에서 그들이 겪는 질병의 원인을 찾아낼 수 있었다. 전에는 전혀 생각하지 못했던 새로운 방향에서의 접근이었다. 해를 거듭하면서 나는 건강과 질병이 삶과 밀접한 관련이 있다는 것을 더욱 확신하게 되었다. 그리고 환자의 삶을 총체적으로 검토하지 않는 한 습관과 식생활의 개선만으로는 항구적인 치료가 불가능하다고 생각하기에 이르렀다.

20여 년 동안 나는 수많은 환자들을 진료했다. 그들의 질병은 식생활의 변화뿐 아니라 수술이나 약물로도 완치되지 않았다. 일 중독이나 알코올 중독 증세가 있는 한, 그리고 삶의 과정에서 누적된 감정을 마음껏 토로하지 않는 한, 특별한 식이요법이나 적당한 운동만으로는 여성의 질병을 만족스럽게 치료할 수 없다. 물론 약물이나 수술의 대안으로서 식생활의 변화는 여성에게 새로운 건강법을 제시하는 첫 단계가 될 수 있다. 그러나 무엇보다 자신의 몸을 새로운 시각에서 바라볼 때, 여성은 육체적인 차원에서나 정신적·감정적·영적인 차원에서 진정한 의미의 치유를 시작할 수 있게 된다. 당신은 이 책에서 그러한 치유법과 영적인 깨달음을 읽게 될 것이다.

건강은 균형을 맞춰가는 과정이다. 여성들은 오랫동안 자신의 몸과 내면의 자아를 무시하며 살아왔다. 여성들이 겪는 모든 문제는 부분적으로 그 사회의 문화적 환경과 관계가 있다. 여성이라는 이유만으로 여성들은 자신의 욕구보다는 다른 사람의 욕구를 먼저 생각하도록 배워왔다. 따라서 건강을 얻고 유지하려면 무엇보다 자신의 정신과 삶에서 근본적인 변화를 모색해야만 한다.

여성 대 여성

나는 1985년부터 일종의 종합의술을 생각하기 시작했다. 현대의학만이 아니라 사회에서의 여성의 영양과 생활, 그리고 단지 여성이라는 이유로 당해야 하는 설움까지 통합시킨 치료법이었다. 뜻을 같이 한 세 명의 동료들과 나는 여성건강관리센터를 열기로 했다.

우리는 여성의 건강문제를 진지하게 다루는 어떤 대안이 있어야만 한다는 데 동의했다. 우리는 단지 질병을 치료하는 데 그치지 않고 여성들이 변화된 삶을 살고, 그렇게 함으로써 건강문제를 해결하도록 도와주고 싶었다. 그러나 그들의 문제를 개개인의 문제로만 국한시키는 데 만족할 수 없었다. 우리는 개개인의 상처, 즉 육체적·심리적 상처, 혹은 영적인 상처가 이 사회와 문화가 낳은 상처의 일부분이라는 사실을 모든 여성들에게 알리고 싶었다. 그렇게 해서 우리는 1985년 12월, 메인 주의 조그만 도시에 건강관리센터를 열었던 것이다.

참고로 할 만한 모델은 없었다. 나는 환자들에게 수술을 권하기보다는 근본적인 치유를 위해 삶의 과정을 돌이켜보도록 했다. 그 결과 그들이 건강을 되찾고 유지하는 데 놀라운 성과를 거둘 수 있었다. 한 걸음 더 나아가 우리는 환자들에게 건강증진법을 재교육시키고 싶었다. 우리는 '생각과 몸의 징후에는, 우리 몸을 치유하고 우리 자신을 더욱 깊이 이해하도록 해주는 어떤 힘이 있다'고 믿었다. 우리는 환자들에게도 그러한 믿음을 심어주고 싶었다. 내가 이 책에서 말하려는 것 역시 궁극적으로는 그러한 믿음에 관해서이다.

건강 만들기

여성건강관리센터를 운영한 처음 다섯 해 동안에는 처음의 생각이 맞았다는 결론에 도달했다. 여성의 건강상태는 그녀가 현재 살고 있는 삶의 환경이나 입장과 밀접한 관계가 있었다. 그러나 의학계는 우리가 보기에 너무나 확실한 것조차 인정하지 않았다.

문화적 환경이 여성의 삶에 영향을 미친다는 깨달음은 여성의 행복을 위한 첫걸음일 뿐이다. 우리가 준비한 다음 단계는 여성의 생활조건을 적극적으로 변화시킴으로써 건강을 개선시키겠다는 다짐이었다. 1991년, 우리는 '여성 대 여성'의 신조를 공식적으로 발표했다. "우리는 교육과 의료 서비스를 제공하는 동시에 모든 차원에서 균형과 자유를 만들어가고, 즐거운 삶을 위해 최선을 다한다." 나는 이 신조를 읽을 때마다 흥분을 느낀다. 물론 완벽함을 요구하지는 않는다. 그 누구도 우리를 대신해서 우리의 삶을 규정지을 수 없다는 진실을 잊지 않으며 최선을 다할 뿐이다.

쉬운 일은 아니지만 수많은 여성들에게 도움과 안내가 필요하다. 여성건강관리센터는 그러한 도움과 안내의 제공자가 되었으며, 내면의 이야기를 마음껏 털어놓고 미래를 꿈꾸면서 상처를 치유하는 공간이 되었다. 삶에서 건강과 즐거움을 만들어 가는 공간이 되었다.

이 책 역시 그러한 도움을 주는 안내서가 될 수 있기를 바란다. 이 책에서 당신은 많은 여성들의 치유담을 읽게 될 것이다. 그들은 자신의 목소리를 되찾으면서 건강한 삶을 만들어가기 시작했다. 물론 그들 역시 일부일 뿐이다. 아직 치유되어야 할 더 많은 여성들이 있다. 모든 여성들이 진정한 정체성과 욕구를 드러내고, 여성성을 회복하고, 스스로 결정한 방법으로 여성일 수 있어야 한다.

우리를 찾아온 사람들의 이야기는 개인적인 차원의 것이지만 여성 전체를 위해서 소중한 것이다. 이 책에서는 실제 사례를 인용하는 대신 이름과 신분에 변화를 주었다. 이 책을 읽는 동안 당신도 살아온 과정,

즉 질병이 아니라도 당신 삶의 역사에 대해 진솔하게 기억해보면서 새로운 시각으로 당신 삶을 해석할 수 있기를 바란다. 당신의 삶을 돌아보면서 기억하기 싫은 사건에 이름을 붙일 때, 당신은 치유와 더불어 새로운 삶을 회복하게 될 것이다. 이 책을 통해서 당신의 몸에 귀를 기울이고 몸의 지혜를 신뢰하게 될 때, 당신은 육체적으로나 정신적으로 행복해질 수 있을 것이다.

의학적으로 말하면 이 책은 여성의 건강과 신체기관을 다룬 책이다. 여성의 신체기관에서 발견되는 질병과 기능이상을 살펴보고 그 치유법을 소개한 책이다. 그러나 나는 이 책을 읽는 모든 여성들이 무엇보다 자기 내면에 잠든 지혜로운 직관의 목소리를 되찾을 수 있기를 바란다. 그것은 문화적 편견 때문에 오랫동안 무시되었던 몸의 목소리이기도 하다. 당신이 그 목소리에 귀를 기울이고 그 목소리에 따라 행동하는 용기를 가질 수 있기를 바란다.

이제 세계 곳곳에서 새로운 시각으로 여성의 건강과 행복, 그리고 정체성을 바라보기 시작했다. 그러한 시각의 핵심은 우리가 직감적으로 알게 된 것을 믿는 것이다. 몸은 우리 편이다. 몸은 우리가 가야 할 방향을 언제나 올바르게 알려준다.

끝으로 이 책이 독자 여러분의 치유에 도움과 안내가 될 수 있기를 진심으로 바란다.

진실의 힘

이 책이 처음 출간된 후 나는 한 달 동안 악몽에 시달렸다. 누군가 나를 죽이려 달려드는 악몽으로, 5일 동안 계속해서 비명을 지르며 잠을 깨야 했다. 그 악몽은 내가 세상에 진실을 발표하면서도 얼마나 두려워했던가를 보여주는 증거이다. 그러한 두려움에 나는 충격을 받았다. 많은 여성들이 진실을 말하려 할 때 두려움을 느낀다는 사실을 알고 있었지만 나조차도 그러리라고는 생각하지 못했기 때문이다.

책이 시판된 이후 나는 정기 산부인과 학회에 참석하는 일조차 꺼렸다. 동료들이 나를 배척할지도 모른다는 두려움 때문이었다. 그때까지 나는 직업적으로 이중적인 삶을 살고 있었다. 하나는 진찰실에서 내가 진정으로 믿고 있는 것을 환자들에게 이야기하는 삶이었고, 다른 하나는 '대외적인 나'로서 동료 의사들에게 무엇인가를 숨기는 삶이었다. 의사가 되기까지 받았던 교육 덕분에 나는 어떻게 해야 동료들에게 인정받을 수 있는지를 잘 알고 있었고 오랫동안 순탄한 길을 걸어왔다.

사실 나는 첫아이를 출산한 직후인 1980년에 〈동서저널East West Journal〉(현재 〈자연건강Natural Health〉)의 표지인물로 나온 적이 있었다. '정신과 몸의 관련성을 바탕으로 여성 건강을 다루는 전문가'라는 제목의 기사였다. 당시 내가 근무했던 병원의 누구도 그 기사를 보지 못하게 하려고 나는 그 잡지사의 지사를 찾아가 잡지를 몽땅 사들였다. 다행히 아무도 그 잡지를 읽지 못했다. 혹 그 기사를 읽은 의사가 있었는지도 모르지만 아무도 그것에 대해 언급하지는 않았다. 하지만 1994

년, 이 책이 출간되었을 때는 전국으로 배포될 책을 모두 사들일 수는 없었다. 나는 의연하게 대처하면서 의학계의 고정관념에 맞서 내 믿음을 솔직하게 보여주어야 했다.

그 첫 단계는 매주 열리는 병원 회의에 참석하는 것이었다. 회의에 참석했지만 누구도 그 책에 대해서 언급하지 않아 안도할 수 있었다. 나는 예전과 다름없는 대우를 받았으며 아무 일도 일어나지 않았다. 모두가 각자의 삶에 열중할 뿐인데 나 혼자 그들이 내게 큰 관심을 갖고 있을 거라고 착각했던 것이다.

그러한 착각에서 얻은 가장 큰 교훈은 앞서 말한 두려움이 나만의 것이라는 점이었다. 그 두려움을 떨쳐버려야만 했다. 출간 1주년 기념일에는 누군가 나를 발가벗겨놓고 비디오를 찍는 꿈을 꾸었다. 그때까지도 두려움에 사로잡혀 있었던 것이다. 그러나 적어도 1년 전처럼 살해당하는 꿈은 아니었다. 그 후 악몽은 점차 사라졌다.

1994년 이후 나는 국내외의 여러 병원에서 강연 초청을 받았으며, 매우 긍정적인 반응과 진심 어린 격려를 받았다. 분명 세상은 '여자의 지혜'를 받아들일 준비가 되어 있었다. 의사들을 포함해서 내가 독자들에게서 가장 많이 들었던 이야기는 "나도 마음 속으로는 당신이 말한 것을 이미 알고 있었다. 하지만 그것을 표현할 수가 없었다. 더구나 의사가 그렇게 말하는 것은 들어본 적이 없었다."는 것이었다.

나는 마음과 정신의 지혜가 현대의학과 결합되면 뛰어난 약이 될 수 있다는 확신을 얻었다. 여성의 직관적인 지혜—우리에게 어떤 길이 이롭고 어떤 길이 해로운지 알려주는 내면의 인도—를 개발할 여지는 없다 하더라도 이러한 내면의 인도가 확실하고 분명한 최신정보와 균형 있게 어우러질 때 최선의 효과를 발휘할 수 있다는 것을 깨달았다.

세월이 흘러도 진정한 지혜의 근본은 변하지 않지만 유용하고 실용적인 정보는 변한다. 우리에게는 두 가지 모두 필요하다. 그것은 우리에게 좌뇌와 우뇌가 모두 필요한 것과 같다. 대체의학을 의학계의 주류에서 인정하기 시작하면서 여성의 건강문제에 대한 자연치유법을 과학적으로 증명하는 자료들이 연일 쏟아져 나오고 있다. 동시에 스트레스성 요실금을 치료하는 의료장비의 발전과 자궁근종을 제거하는 수술법의 발전도 많은 여성들에게 도움을 주고 있다. 이러한 의학의 발전에 맞춰 내 생각을 재정리함으로써 독자들에게 새로운 정보를 제공하고 그들의 삶과 건강을 개선하는 데 도움을 주고 싶었다. 특히 영양섭취와 폐경기 분야는 나날이 유용한 정보가 나오고 있기 때문에 완전히 다시 써야 했다.

마침내 여성의 건강도 관심의 대상으로 부각되었다. 이 분야에서 오랫동안 일해온 나로서는 여성들에게 전해주고 싶은 이야기, 혹은 새로운 정보가 많을 수밖에 없다. 이 책의 초판이 출간되고 얼마 지나지 않아 필립스 출판사와 인연이 닿아 〈여성을 위한 건강 지혜Health Wisdom for Women〉라는 뉴스레터를 발간하게 되었다. 덕분에 진찰실에서 하루 스무 명 정도의 여성과 면담하는 대신 매달 수천 명의 여성과 만날 수 있었다. 실제로 뉴스레터에서 제공하는 건강정보는 매우 유익한 내용을 담고 있다. 덕분에 나는 예전보다 훨씬 다양하게 여성의 건강을 홍보할 수 있었다.

이 책을 통해서 나는 전세계적으로 성장하고 있는 여성의 지혜를 보다 폭넓게 만날 수 있었다. 그리고 이 책 덕분에 나는 생각지도 못했던 사람과 단체들로부터 지원을 받고 있다. 이렇듯 호의적인 반응이 없었더라면 지금의 나도 없었을 것이다. 독자들의 편지에서 나는 전세계의 여성들이 똑같은 고통을 받고 있다는 사실을 깨닫게 되었다. 현재 이 책은 미국 전역에서 간호학교와 병원의 교육책자로 이용되고 있다.

나는 진실을 말하는 힘이 얼마나 큰 것인지를 깨달았다. 진실 말하기는 나 자신을 치유하는 과정에서 상당한 부분을 차지했다. 예전보다 훨씬 강해지고 자유로워진 느낌이다. 이 책이 진실을 말하려는 여성들에게 큰 힘이 될 수 있기를 바란다. 우리 모두가 진실을 말하게 될 때, 세상과 우리의 건강은 보다 나은 방향으로 변해갈 수 있을 것이다.

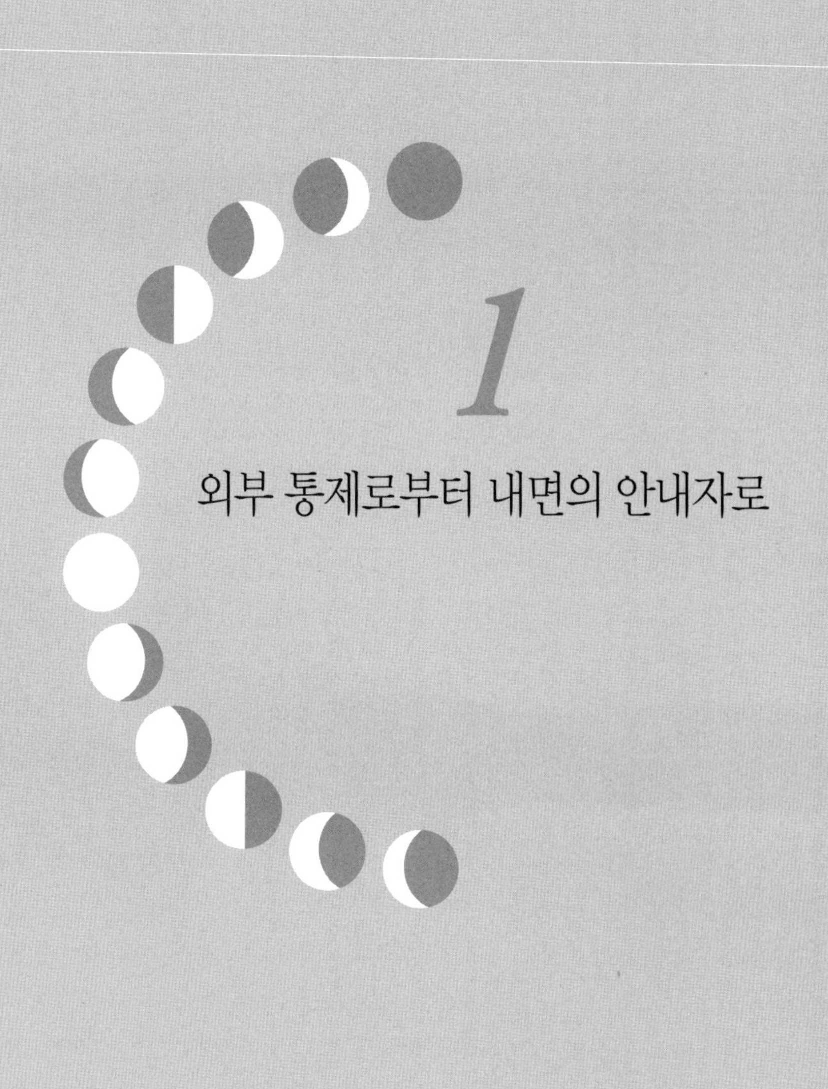

1

외부 통제로부터 내면의 안내자로

1 가부장적 신화와 중독된 사회구조

금방이라도 폭발할 듯한 화산처럼,
제도적으로 영혼을 억압하도록 질서 잡힌 사회가
조금씩 들썩이고 있다. 새로운 문명사회가
틈새를 비집고 튀어나올 것처럼 보인다.
– 데니스 브레톤Denise Breton과
크리스토퍼 라젠트Christopher Largent의
〈패러다임 공모The Paradigm Conspiracy〉중에서

의식이 몸을 만든다. 우리 몸은 역동적 에너지 시스템으로 이루어져 있으며, 식생활과 인간관계, 유전형질과 문화, 그리고 이러한 모든 요소들의 상호작용에 영향을 받는다. 우리는 몸을 구성하는 각 부분이 서로 어떻게 영향을 미치고 있는지 잘 모른다. 자신의 몸이 다른 사람의 몸과 어떤 관계를 맺고 있는지는 더더욱 모른다. 나는 지난 20년 간의 임상경험 결과, 우리가 몇 가지 선입견을 타파하지 않는 한 여성의 완전한 치유는 불가능하다는 결론에 도달했다. 다시 말해서 우리의 사고방식과 몸에 대한 사회적 편견을 먼저 이해하지 않는 한 건강을 지키려는 몸의 지혜와 본능적인 방어능력의 회복 가능성은 그만큼 멀어진다.

문화적 유산

서구문명은 지난 5천 년 동안 가부장적 신화를 바탕으로 발전되어 왔다. 남자와 아버지를 절대적으로 존중하는 문화였다. 자메이크 하이워터Jamake Highwater의 주장처럼 "인간의 모든 믿음과 행동이 저변의 신화에서 비롯된다"면, 그리고 남성이 우리 문화를 전적으로 지배하고 있다면, 여성의 몸에 대한 시각뿐만 아니라 의학체계 역시 남성적인 관점에서 정의된 것이라고 생각할 수 있다.[1] 물론 가부장제는 우리 사회를 움직여가는 수많은 시스템 중 하나일 뿐이다. 그렇더라도 현재의 문화권에서는 남성우월주의를 극복할 때 여성의 완전한 치유가 가능하다.

나는 분만실을 헤아릴 수 없이 많이 들락거렸다. 그런데 여자아이를 분만한 산모들은 하나같이 남편의 얼굴을 쳐다보며 "여보, 미안해요"라고 말한다. 남자아이를 낳지 못한 것을 미안해하는 것이다. 9개월 간의 임신, 그리고 끔찍한 진통 끝에 분만한 아기를 산모 자신이 부정하는 것이다. 나 역시 둘째 딸을 낳았을 때 남편에게 미안하다고 말해야 한다는 순간적인 강박관념 때문에 충격을 받았다. 그것은 인류의 집단무의식으로 굳어진 관념이었다. 비록 입 밖에 내지는 않았지만 남편에게 미안한 마음이 내내 머리 속에 맴돌았다. 누가 강요한 것도 아니었다. 결국 남성뿐 아니라 여성 자신이 여성을 부인하는 관습이 인간의 뇌리 속에 뿌리 박혀 있는 것이다.

여성은 단지 여성이라는 이유만으로 늘 변명거리를 찾아야 한다. 여성이 얼마나 자주 무언가에 대해 변명하고 있는지 눈여겨본 적이 있는가? '여성'이란 존재 자체에 대한 죄책감이 여성의 내면 깊은 곳에 자리잡고 있는 것이다. 앤느 윌슨 새프Anne Wilson Schaef가 말했듯이 "여성으로 태어났다는 원죄는 어떤 것으로도 구원받을 수 없다!"[2] 대학에서 제아무리 뛰어난 학점을 받고, 제아무리 많은 상을 받더라도, 여성은 여전히 자격미달이다. 여성이라는 이유만으로 태어난 그 날부터 죄책감을 느껴야 한다면, 의학체계 역시 여성의 몸이 지닌 지혜를 부인할 것이라는 사실은 간단히 짐작할 수 있다. 가부장적 사회에서는 여성의 몸이 남성에 비해서 열등하기 때문에 지배받아 마땅하다고 생각한다.

우리는 문화와 성性의 관련성을 애써 모른 척해 왔다. 수련의 시절, 나는 여성 학대가 우리 사회에 전염병처럼 만연되어 있다는 사실을 처음으로 깨달았다. 학대가 질병으로 연결된다는 사실도 알게 되었다. 글로리아 바흐만Gloria Bachmann 박사는 미국 성인여성의 38%가 성적으로 학대받고 있다는 결론에 도달했다. 그러나 겨우 20~50%만이 고발된다는 점을 고려할 때, 학대받는 여성의 비율은 훨씬 높을 것으로 예상된다. 또한 미국 여성의 3분의 1이 살면서 한 번 꼴로 강간을 당하고 있으며, 기혼여성의 절반 정도가 적어도 한 번은 남편에게 폭행을 당한다는 통계자료도 있다. 리 딕스테인Leah Dickstein 박사의 연구는 거의 충격적이다. 흑인 여성의 경우 자살을 시도하는 원인의 절반이 남편의 폭행 때문이며, 백인 여성의 경우에도 4분의 1을 차지한다. 또한 로리 헤스Lori Hesse의 연구에 따르면, 전세계에서 영양실조로 사망하는 여아는 남아의 무려 네 배에 달한다. 결국 남아에게 더 많은 음식이 제공되고 있다는 단적인 증거이기도 하다. 중국의 경우, 보름마다 14만 명의 여아가 버려지거나 팔려나간다. 여성의 지위에 대한 UN보고서에 따르면, 여성은 세계노동의 3분의 2를 담당하는 데 비해 총임금의 10분의 1을 차지하고 있다. 또한 여성이 차지하는 재산의 비율은 100분의 1에 불과하다. 미국 여교수협의회가 미국의 초·중등학교에서 벌어지는 성차별 현상을 조사한 적이 있다. 그 결과, 교사는 여학생에 비해서 남학생에게 다섯 배 정도의 관심을 기울이며, 수업 중에 호명될 가능성도 남학생이 무려 여덟 배나 더 높다는 사실이 확인되었다.[3]

가부장 문화가 낳은 중독증

서구문명을 지탱해온 기독교 문화에서 이브로 대표되는 여성은 인류를 타락시킨 장본인이었다. 수천 년 동안 여성은 학대받고 폭행당하고 화형을 당해야 했다. 또한 여성이란 이유만으로 모든 악의 근원이라는 비난의 멍에를 써야 했다. 지금 우리는 '문명인'이라고 자처한다. 그러나 여성참정권이 1920년에 이르러서야 비로소 인정되었다는 사실을 기억하는 사람이 얼마나 될까?

1953년, 시몬느 보봐르Simone de Beauvoir는 〈제2의 성The Second Sex〉에서 "남성은 그들이 제정한 규칙을 신에게 승인 받음으로써 커다란 혜택을 누리고 있다. 또한 남성이 여성을 지배한 이래로, 절대자들은 남성에게 그러한 권위를 부여해왔다. 특히 유대인, 이슬람인, 기독교인의 세계에서 남성은 신의 권리를 위임받은 주인이다. 따라서 인권을 짓밟히고 있는 여성들은 하느님을 향한 두려움 때문에 감히 반항하려는 충동심마저 억제하게 된다."[4]고 말했다. 이처럼 남성이 '여성의 지배자'라는 믿음은 서구문명에서 오랜 역사를 두고 뿌리내려왔다.

가부장 문화는 여성에게 가족의 요구와 남성을 위해서 자신의 꿈과 희망을 접도록 요구한다. 이렇듯 모든 욕구를 억제하면서 박제가 되도록 요구하는 사회 분위기는 여성에게 정서적인 고통을 안겨준다. 그리고 고통에서 벗어나기 위해서 몸부림치는 여성은 다시 학대라는 사슬에 매이게 된다. 남성에게 학대를 받든 스스로를 학대하든 간에 여성은 병자가 되어간다. 병자가 되어서도 여성은 가부장적 의료체계에 몸을 맡겨야 하므로 대부분 적절한 치료를 받지 못한다. 똑같은 질병에 대해서도 남성과 동등한 치료를 받지 못한다. 그래서 여성의 질병은 악화되거나 만성적인 문제로 발전한다. 그러나 어떤 의료기관도 그 문제에 대한 적절한 처방을 내려주지는 못한다. 의료체계의 현실이 그렇다. 게다가 감히 '남성처럼' 성공을 꿈꾸는 여성은 몸까지 망칠 위험을 각오해야만 한다.

앤느 윌슨 새프는 "어떤 것에나 중독될 수 있다. 알코올에 중독될 수도 있으며, 일에 중독될 수도 있다. 무엇인가에 중독되면 억압된 감정을 완화시킬 수 있기 때문이다. 중독증은 우리가 절실히 깨닫고 느끼는 것에서 벗어나도록 우리를 마비시킨다."[5]고 말했다. 그러나 우리가 정서적 고통을 인정하고 해소시킬 때에야 비로소 진실한 감정을 만날 수 있게 되며, 감정을 내면의 안내자로 삼을 수 있다. 다시 말해서 내면의 고통을 깨닫게 해주는 새로운 형태의 의학과 지혜가 여성의 완전한 치유를 위한 첫걸음이다.

중독증과 가부장 문화 사이의 관련성을 깨닫게 되면서 나는 여성 건강에 있어 문제의 핵심을 이해할 수 있었다. '가부장'이란 말은 남성을 비난하는 경우에도 사용된다. 그러나 비난은 우리를 악순환의 고리에서 벗어나지 못하게 만드는 주원인 중 하나이다. 서로를 비난하는 한 남성이나 여성이나 더 나은 방향으로 발전할 수 없다. 또한 완전한 치유를 기대할 수 없게 된다.

새프는 가부장적 문화를 "중독된 사회구조"라고 정의하면서 우리가 직면하고 있는 사회문제를 절실히 이해할 수 있도록 해주었다.[6] 현재의 사회구조가 남자와 여자 모두에게 해로울 뿐만 아니라 남녀 모두가 중독되어 있다는 사실을 증명해 보인 것이다. 나는 이 책에서 새프의 관점을 충실히 받아들였다. 가부장 문화를 "중독된 사회구조"라고 정의하고 이러한 사회구조가 남녀 모두에게 이익이 되지 않는다고 해석하더라도, 페미니즘의 중요성과 미래를 위협한다고는 생각하지 않는다.

나는 개인적으로 소니아 존슨Sonia Johnson의 페미니즘에 대한 정의를 좋아한다. 치유의 가능성을 엿볼 수 있기 때문이다. 그녀의 주장에 의하면, 페미니즘은 가부장 사회가 '여성적'이라 이름붙였지만 인류 전체를 위해서 반드시 필요한 가치관에서 비롯된 철학과 유서 깊은 비전통의 문화가 복합된 것이다. 가부장적 가치관과는 뚜렷한 차별성을 보이는 페미니즘의 원리와 가치관은 보편적 평등, 비폭력적 문제 해결, 자연과의 화합, 남녀의 상호부조, 다른 생명체와의 조화로운 삶이다.[7]

중독된 사회구조의 편견들

이제 당신은 중독된 사회에 능동적으로 참여하는 자세를 갖도록 노력해야 한다. 지금까지의 삶에서 당신이 맡았던 역할을 정확히 깨닫게 될 때, 개인으로서 그리고 사회구성원으로서 건강한 삶을 살게 될 것이다. 또한 여성과 건강에 대한 전통적인 편견이 당신에게도 그대로 적용되는지 확인해볼 필요가 있다. 그 과정에서 당신의 몸과 건강에 대한 문제를 보다 분명하게 깨닫게 될 것이다.

편견 1 : 질병은 적이다

우리 사회의 가치관을 확인하기 위해서는 돈을 어디에 투자하고 있는가를 확인하는 것으로 충분하다. 왜냐하면 우리 사회는 모든 가치를 돈의 액수로 판단하기 때문이다. 1분마다 무기 생산에 쏟아 붓는 돈은 영양실조로 신음하는 2천 명의 어린아이를 1년 동안이나 충분히 먹일 수 있는 액수다. 또 탱크 한 대 가격이면 3만 명의 학생에게 아늑한 교실을 제공해줄 수 있다.[8]

현대의학이 약물과 수술을 선호하는 이유 역시 공격적인 가부장 문화의 영향이 적지 않다. 자연요법과 비독성요법은 약물, 화학요법, 방사선치료 등과 같은 '성능 좋은 총'에 비해서 뒤떨어진다고 생각하는 것이다. 약물을 배제한 자연요법은 충분한 효과가 입증되더라도 무시되어 버린다.[9] 그렇게 무시되는 치료법중 하나가 바로 기도의 효과이다. 실제로 기도의 효과를 입증하는 실험이 비밀리에 행해졌다. 일단의 사람들이 모여서 기도를 했다. 의사나 환자 모두 그들이 누구를 위해 기도하는지 몰랐으며, 그들 역시 누구를 위해서 기도하는지 몰랐다. 그러나 기도를 받지 않은 중환자실의 환자들에 비해서 기도를 받은 중환자실 환자들의 상태가 훨씬 호전되었다.[10] 만약 약물이 이러한 효과를 보였다면 당연히 그 약물을 사용했을 것이다. 기도의 효과 역시 분명히 입증되었다. 진정한 과학자라면 그러한 자료에 관심을 가지고 기도의 효과에 대해 심도 있게 연구했을 것이다. 그러나 버니 시걸Bernie Siegel 박사가 연구결과를 의사 휴게실에 게시하자, 얼마 지나지 않아 그 첫 장에는 '터무니없는 낭설!' 이라는 문구가 큼직하게 쓰여있었다.

중독된 사회구조는 육체를 뇌에 종속된 것, 뇌의 명령에 따라 움직이는 것이라고 생각한다. 중독된 사회구조는 뇌에게 피로감, 허기, 불안감을 무시하도록 가르친다. 사랑받고 싶은 욕구를 무시하라고 가르친다. 육체를 적이라고 생각하게 만든다. 뇌를 짜증나게 만드는 메시지를 보낼 때 육체는 숙적이 된다. 그 메시지를 죽이는 것으로 끝나지 않고 육체가 다시는 메시지 자체를 보내지 못하도록 만들어버린다. 그러나 우리는 그 메시지를 들어야만 한다. 그렇게 될 때에만이 몸은 최적의 건강을 누릴 수 있다.

편견 2 : 의학은 전능하다

우리는 의료 시스템이 우리의 건강을 지켜주기 위한 제도라고 배웠다. 몸이나 건강에 이상이 생기면 곧바로 의사를 찾아가도록 배웠다. 또한 의사가 우리 자신보다 우리 몸에 대해서 더 많은 것을 알고 있다고 배웠다. 치료는 전문가의 영역이라고 배웠다. 그래서 의사가 환자에게 몸이 어떠하냐고 물으면 "그거야 선생님이 더 잘 알지요. 의사잖아요!" 라고 대답하는 환자가 적지 않다. 특히 여성에게 있어 의사는 권위의 화신이다. 그러나 자기보다 자신을 더 잘 아는 사람은 없다.

여성은 자신의 몸과 판단력에 대해 분명한 자신감을 갖지 못한다. 그러한 자신감의 결여가 여성을 심리적으로 불안하게 만든다. 최근에 한 여성에게서 이런 이야기를 들었다. "나는 의사를 믿지 않아요. 의학도 마찬가지이구요. 하지만 의사에게 매달릴 수밖에 없어요. 문제가 생기면 어쩔 수 없이 의사에게 달려가죠. 이 의사, 저 의사 찾아다니며 해답을 구하지만 모두들 한결같이 약물이나 수술을 권하는 통에 신경질만 날 뿐이에요." 약물이나 수술의 효과를 맹신하면서 대체요법은 철저하게 거부하는 여성도 있다. 어떤 경우이든 대부분의 여성은 건강에 대한 답을 외부에서 찾도록 길들여져 있다. 외부의 지속적인 도움이 없으면 건강을 지키기 어렵다는 의식이 팽배한 사회분위기에서 살고 있기 때문이다.

의사로서 나는 온정이 넘치고 전지전능한 전문가가 되도록 훈련받았다. 대신 일반대중에게는 의사란 건강을 지켜주는 파수꾼이라는 믿음이 심어졌다. 그래서 나를 찾아오는 환자들은 자신이 자궁암 정기검진을 건너뛰었을 때 내가 고함이라도 지르며 나무라주기를 바란다. 정작 나 자신도 가끔씩 건너뛰고 있는데도 말이다! 캘리포니아 대학에서 실시한 조사 결과에 따르면, 의사의 절반 정도가 주치의를 두고 있지 않다. 그럼에도 자신의 환자들에게는 주치의를 두라고 적극 권한다. 또한 20%의 의사가 전혀 운동을 하지 않으며, 7%는 자신이 술을 너무 많이 마신다고 생각하는 것으로 나타났다. 게다가 여의사의 절반 정도는 매달 해야 할 유방 자가검진마저 소홀히 한다.[11] 결과적으로 이처럼 건강을 소홀히 생각하는 사람들에게 자신의 건강을 맡기고 있는 셈이다.

의학은 병 자체에 초점을 맞춘다. 건강한 사람은 연구대상이 아니다. 의학적 상식을 비웃기라도 하듯 만성병이나 말기 증상에 시달리던 환자가 완전히 치유되었을 때, 의사들은 너무 쉽게 '오진'이었다고 생각하며 환자가 회복된 진정한 이유를 찾으려고 하지 않는다.[12] 의대 시절, 나는 수많은 환자와 시체를 다루어보았다. 그리고 무엇이 잘못될 수 있는지에 대해서도 배웠다. 최악의 가능성을 예측하고 준비하도록 훈련받았다. 수련의 시절에는 진통과 분만 과정은 '회고진단retrospective diagnosis'이며 아무런 경고도 없이 순식간에 재앙으로 돌변할 수도 있다고 배웠다. 분만실의 의사가 긴장하거나 두려워하는 모습을 보일 경우 임산부는 한층 불안해진다. 그러한 불안은 호르몬의 변화를 가져오고, 결국 상상을 초월한 진통을 겪거나 제왕절개를 하도록 만든다.

사람들은 의학의 발전이 우리의 생명을 구해주고 모든 변수를 고려해서 조절할 수 있다고 생각한다. 연구를 거듭하면서 자료를 축적할수록 건강도 나아지고 있다고 생각한다. 치료술이 발전하면서 더욱 행복한 삶을 살 수 있게 될 것이라고 믿는다. 양적 팽창을 질적 발전으로 해석하면서 돈이면 어떤 문제라도 해결할 수 있다고 생각한다. 내면의 안내자를 무시하고 자가치유능력을 믿지 않는다.

의사들은 확실하지 않으면 불안하기 때문에 많은 검사를 처방한다. 불확실한 것은 용납하지 않도록 교육받았기 때문이다. 그러나 확인되지 않은 정보일지라도 정보가 많을수록 처방에 자신감을 갖는다. 물론 환자 역시 의사만큼이나 불확실한 것에 불안해한다. 자기 병에 대해 확실하게 알고 싶어한다. 예를 들어 생식기 포진에 걸린 환자는 "어떻게 이런 병에 걸렸을까요?" 혹은 "다른 사람에게 전염되지는 않을까요?"라고 묻곤 한다. 그러나 이러한 질문은 결코 확실하게 대답할 수 있는 성질의 것이 아니다.

편견 3 : 여성의 몸은 비정상이다

중독된 사회구조에서는 남성이 기준이기 때문에 대부분의 여성은 자신의 몸이 '잘못된 것'이라고 생각한다. 따라서 몸의 많은 부분을 통제하고 체취와 체형을 용납할 수 없는 것이라고 생각한다. 또 남성의 기분을 위해서 청결함에 신경을 쓴다. 요즘 여성은 어머니와 할머니 세대보다 체격이 크다. 우리가 이상적으로 생각하는 모델들과 같은 체중에 속할 수 있는 여성은 17% 정도에 불과하다. 따라서 신경성 식욕부진과 거식증 환자의 비율이 남성에 비해 10배나 되고 계속 증가추세라는 것도 그리 놀라운 일은 아니다.[13)]

이와 같은 편견들 때문에 많은 여성이 자신의 몸에 혐오감을 갖는다. 예를 들어 많은 여성이 자신의 유방을 만지려고도 하지 않는다. 어떤 느낌인지 알려고도 하지 않는다. 유방을 만지는 행위를 자위행위라 생각하고 죄의식까지 느낀다. 유방은 남성을 위한 것이라는 무의식적인 편견 때문이다. 여성들뿐 아니라 의사들까지도 월경, 폐경, 출산과 같은 정상적인 기능조차 특별한 치료가 필요하다고 생각한다. 여성의 몸은 언제든지 사고가 일어날 수 있다는 편견이 어린 시절부터 깊게 심어진다. 결국 여성의 몸은 태어나는 순간부터 '의학'이란 덫에 얽매여 있는 것이다.

우리의 문화는 탄생, 질병, 치유, 삶과 같은 자연스런 과정들을 두려워한다. 우리는 매일 두려움을 곁에 두고 살아간다. 큰딸이 일곱 살 때, 아빠와 뒷마당으로 장작을 패러 나갔다가 갑자기 울면서 집 안으로 뛰어 들어왔다. 손가락에서 피가 흐르고 있었다. 풀에 손을 베인 것이었다. 나는 차가운 물로 상처를 씻어주었다. 아주 조그만 상처였다. 딸은 나를 올려다보면서 "상처를 입기 전에는 겁나지 않았어요."라고 말했다. 내가 치유의 대원칙으로 삼고 있는 말이기도 하다.

우리의 문화는 또 과학을 '객관적'이라고 믿는다. 따라서 '과학적'이라고 이름 붙은 것이면 무엇이든 옳다고 생각한다. 과학이 우리를 구원해줄 것이라고 믿는다. 그러나 현대의 과학은 중독된 사회구조의 모순으로 가득한 문화적 산물이다. 문화적 편견에 따라서 우리가 믿어야 하는 것과 무시해도 되는 것이 결정된다. 우리 중 누구도 이러한 편견에서 벗어나지 못한다. 우리 모두가 겁먹은 황소처럼 살아간다. 언젠가 학술발표회에서 "인간의 정신은 새로운 생각에 저항하는 항체를 만들도록 설계된 기관이다"라고 말했던 발표자의 지적은 정확한 것이었다.

여성의 몸에 일상적으로 행해지는 많은 치료들은 사실 과학적 자료들과 전혀 상관없는 것이다. 그나마 과학적 자료라는 것도 육체의 자연스런 치유력과 지혜를 부정하는 편견에 뿌리를 두고 있다. 많은 치료들이 과거로부터 전해 내려오는 여성에 대한 감상적 판단에 근거하고 있다. 분만시에 일상적으로 행해지는 회음절개술(아기의 머리가 쉽게 나오도록 질과 직장 사이의 조직을 절개하는 처치법)이 그 전형적인 예이다. 최근의 연구에 따르면, 회음절개술이 과다출혈과 통증, 그리고 골반저 손상의 위험을 증가시키는 것으로 밝혀졌다. 이는 산파들의 오랜 주장이기도 하다. 그러나 산부인과 의사들은 회음절개술이 골반저 손상을 막아준다고 확신하기 때문에 여전히 회음절개술을 빈번하게 행하고 있다. 최근에 들어서야 회음절개술에 유익한 점보다는 해로운 점이 많다는 사실이 밝혀지면서 산부인과 의사들도 이러한 처치법에 조금씩 의문을 제기하게 되었다.[14)]

여성의 권위를 되찾기 위하여

진정한 과학은 관찰과 실험, 그리고 경험적 사실을 바탕으로 끊임없이 수정하는 열린 자세를 갖는다. 내면의 안내자를 발견하는 과정도 마찬가지이다. 우리 몸이 기능하는 방법과 이유는 과학적 지식만으로는 완벽하게 설명할 수 없다. 결국 우리 내면의 안내자와 감정을 신뢰할 수 있을 뿐이다. 이제 과학은 자연의 미스터리와 기적과 지혜에 대해 너무도 모르고 있다는 사실을 인정해야만 한다.

나의 아버지는 "느낌도 받아들여야 할 진실이다. 느낌을 간과해서는 안된다"고 말씀하셨다. 그러나 우리는 학교 교육을 받으면서 느낌과 직관을 비롯해서 논리적이고 합리적으로 설명할 수 없거나 오감으로 감지할 수 없는 것은 무시해도 괜찮다고 배웠다. 중독된 사회구조는 감정적 대응을 경멸하며, 감정을 억제하도록 가르친다. 따라서 자연의 순환과 깊은 관계가 있는 것으로 여겨지는 여성의 몸은 감정에 휩쓸리기 쉽기 때문에 특별한 관리가 필요하다고 생각되었다. 이처럼 사회는 실제 우리가 알고 느끼는 것에서 우리를 멀리 떼어놓는 방향으로 발전되어 왔다.

중독된 사회구조에서, 특히 여성은 방어적인 자세를 취하면서 자신의 행동을 부정적으로 해석하려고 한다. 예를 들어 임산부는 혈당치가 높게 나왔을 경우 자신의 식습관에 대해 적극적으로 변명하는 모습을 보인다. 단것은 입에 댄 적도 없다고 부인한다. 단것의 포로가 되었다는 사실을 부끄럽게 생각하기 때문이다. 임산부가 단것을 찾는 것은 거의 본능적인 충동이다. 그러나 임산부는 혈당을 통해 자신의 본심을 들켜버렸다는 생각에 방어적인 태도를 취하게 되는 것이다.

새로운 상황에서 유발되는 잘못된 습관에 무의식적으로 탐닉하면 우리의 몸과 정신은 심한 타격을 입게 된다. 이러한 잘못된 습관은 내면의 안내자와 진실된 감정에 우리를 연결시켜주는 고리를 끊어버린다. 그러한 단절은 우리를 고통스럽게 만들고 우리가 단절을 부인할수록 고통은 더욱 커진다. 고통에서 벗어나기 위해서는 많은 노력이 필요하다. 그러나 대부분의 사람들은 노력 대신 알코올과 담배 등의 힘을 빌어 고통과 불행에서 벗어나려고 몸부림치게 된다. 알코올과 약물의 남용이 육체의 파멸을 초래한다는 것은 상식이다. 정형외과 의사인 남편의 말에 따르면, 응급실에 실려오는 환자의 절반 정도가 알코올 남용과 관련되어 있다. 간혹 의사들마저도 "술과 담배가 없다면 의사 노릇도 못해먹을 짓이야!"라고 말하곤 한다. 너무도 많은 사람들이 과로나 과식, 충동적인 행위가 얼마나 치명적인가를 올바르게 깨닫지 못하고 있다. 자신의 감정을 외면하고 부정하는 것이다.

섹스중독은 부인병이나 성병을 유발한다. 성병성 사마귀, 포진, 자궁경부암이 대표적이다. 환자 중에 알코올 중독에서 회복한 남자와 결혼한 뒤 만성 질염으로 고생하는 여성이 있었다. 우리는 원인을 찾을 수가 없었다. 그러다 마침내 그녀 스스로 병의 원인을 찾아냈다. 그녀는 "남편은 결혼한 이후 하루도 거르지 않고 섹스를 했어요. 내 몸이 술병이었던 셈이지요. 남편은 술을 마시듯이 나와 섹스를 했던 거예요. 남편의 뜻에 따라주는 것이 아내로서 내 의무라고 생각했거든요."라고 말했다.

내 임상경험에 따르면, 중독된 행위의 해악성과 그 뒤에 감춰진 개인적인 고통을 인정할 수 있어야 여성의 권위를 되찾으면서 건강한 삶을 살 수 있다. 스스로 건강을 조절하면서 내면의 인도를 받아들일 때, 다시 말해서 몸의 지혜를 신뢰하게 될 때에야 비로소 그러한 고통을 절실히 느낄 수 있다.

관계중독의 최면에서 깨어나기

당신의 삶과 건강에 긍정적인 변화를 주기 위한 첫 단계는, 당신이 현재 경험하고 있는 것에 이름을 붙이면서 감정적으로나 정신적으로 철저하게 느껴보는 것이다. 내면의 인도자와 만나기 전에 나는 언제나 다른 사람을 통해서 나의 존재를 확인했다. 다른 사람의 부탁이나 지시대로 행동하고 느꼈다. 결국 다른 사람의 잣대로 나 자신을 보고 있었던 셈이다.

나는 나를 필요로 하는 사람의 요청을 거절할 수 없었다. 거절하면 그들의 사랑에서 멀어질 것 같았다. 그러나 곤경에 빠진 사람에게 도움을 주려는 성향, 다른 사람의 요구에 대한 마지못한 승낙은 알고보면 결국 다른 사람을 지배하려는 욕구에서 비롯된 것이다. 그들의 사랑을 얻기 위한 것이기 때문이다. 그러한 태도는 나 자신에게도 그들에게도 좋지 않은 일이었다. 내가 누군가에게 도움을 준다는 것은 내가 그 사람 내면의 인도자 노릇을 대신한다는 것이며, 그 사람이 내면의 인도자와 만날 기회를 빼앗는 것이기 때문이다. 도움을 주려 했던 내 행동은 실제로 상대방을 더욱 의존적으로 만들었을 뿐이다. 이제 와 생각하면 그러한 행동은 일종의 관계중독이었다. 이제 누군가가 내게 도움을 청하면 상황을 지켜보면서 기다린다. 그리고 어떤 결정을 내리기 전에 내면의 인도자가 들려주는 속삭임에 귀를 기울인다.

중독된 사회구조에서 가장 공통된 특징 가운데 하나는 의존성이다. 새프 박사는 "당신이 스스로를 제대로 간수하지 못하기 때문에 외부의 것이나 사람이 당연히 당신을 돌보아줄 것이라는 생각이 바로 의존성이다. 따라서 의존적인 사람은 감정적·심리적·지적·영적 욕구를 만족시키기 위해서 다른 사람의 힘을 빌린다."고 말했다.[15] 사실 여성은 경제적인 욕구를 충족시키기 위해서 남성의 힘에 의존했으며, 남성은

〈표 1-1〉 중독된 사회구조의 특징들

특징	정의	예
비난	자신에게 일어나는 일의 원인이 외부에 있다는 믿음.	"어쩔 수 없어. 나는 항상 이 모양이야. 어머니가 알코올 중독자였거든."
부인	자신의 느낌이나 욕구 혹은 어떤 정보를 외면함.	"왜 10㎏이나 체중이 는 거지? 항상 건강식을 하려고 애썼는데 말이야."
혼돈	상황이나 자신의 감정에 대해서 명확히 알지 못함.	"대체 무슨 일이 벌어지고 있는지 모르겠어."
건망증	잊어버리거나 관심을 끊음.	약속, 열쇠, 개인 소지품, 신체적 욕구 등을 잊어버린다.
결핍 (제로섬 모델)	원하는 것에는 언제나 일정한 한계가 있다는 생각.	"내가 성공하면 그만큼 다른 사람이 고통받을 거야."
완벽주의	외적인 질서로 내면의 무질서를 보완하려는 극단적인 욕구.	완벽한 체격, 가정, 친구, 직장을 얻기 위한 냉철한 추진력.
방어	과거의 행위를 인정하지 않고 긍정적인 방향으로의 수정을 거부하는 것.	"내 월경전 증후가 가족과 관계있다구? 천만에, 어린 시절은 완벽했어."

감정적인 욕구를 충족시키기 위해서 여성의 힘을 빌렸다. 클라리사 핀콜라 에스테스Clarissa Pinkola Estes의 지적에 따르면, 여성이 창의성을 발휘하지 못하는 원인 가운데 하나는 생존경쟁에 열중하는 사람들을 돕는 데 너무 많은 시간을 할애하기 때문이다.[16)]

이런 식의 인간관계는 진정한 친교를 가로막는다. 친교는 서로에 대한 의존에 있는 것이 아니라 동등한 입장에서의 나눔이다. 나의 아버지는 내게 "어떤 남자가 너에게 '네가 필요해'라고 말하거든 그 자리를 피해버려라." 하고 가르쳤다. 그것은 정말 적절한 충고였다.

일상생활에서 발견되는 중독현상에 이름을 붙이는 일은 문화적 최

특징	정의	예
자제력 (객관성의 환상)	자신의 욕망과 느낌을 두려워하면서 어떤 식으로든 억누를 수 있다는 환상. 감정을 완전히 분리시킨 채 철저하게 객관적이고 이성적인 사람이 될 수 있다는 믿음.	"적당한 약을 찾아내지 못해도 이 정도 통증은 이겨낼 수 있을 거야." "이제 완전히 다른 사람이 될 거야. 이제 나는 예전의 내가 아니야."
부정	근시안적 시각으로 삶을 바라봄.	"벌써 마흔 살이야. 너무 늦었어."
의존성	누군가 자신을 돌보아줄 것이라는 생각.	"그 사람 없이는 살 수 없어."
위기 전도	외적인 위기를 감정에서 벗어나는 계기로 삼음.	"골치아픈 환자가 줄을 이어 들어오겠지. 오히려 힘이 솟을 지경이야." (응급실 간호원)
거짓말	진실을 말하지 않는 행위.	"그렇게 나쁘지는 않아. 얼마든지 이겨낼 수 있어."
이원론적 사고 방식	흑백론적 생각. 옳고 좋은 것과 틀리고 나쁜 것만 있음.	"비타민과 약초는 좋아. 하지만 약물이나 수술은 절대 안돼."

면상태에서 벗어나는 좋은 기회가 된다. 문화적 정의에 따르면, '착한 여성'은 자신의 욕구를 억제하면서 상대의 욕구를 충족시켜주는 여성이다. 그러나 어떠한 경험에 이름을 붙이기 위해서는 그것을 몸으로 느낄 수 있어야 한다. 그렇지 않으면 변화가 일어날 수 없다. 어떠한 경험에 의식적으로 이름을 붙이고 나면 그것은 더 이상 우리에게 무의식적으로 영향을 미칠 수 없다. 우리에게 나쁜 영향을 미치는 것에 이름을 붙이는 일은 그것의 영향력에서 벗어나 자유로워지겠다는 의지의 표현이다. 우리가 어떤 식으로 영향받고 있는가를 느낄 때 진정한 치유가 시작된다. 오랫동안 무시되고 부인되고 억제되어온 감정적·물리적 에

너지에 자유를 주는 것이다. 어떠한 편견도 없이 자신을 정확하게 느낄 수 있을 때, 우리는 그 에너지를 우리가 원하는 방향으로 전진해 나가는 데 도움이 되도록 분출시킬 수 있다. 〈표 1-1〉은 그러한 중독증의 특징들에 대략적으로 이름을 붙여본 것이다.

음문과 질에 만성적인 포진으로 고통받는 환자가 있었다. 일상적인 약물요법도 효과가 없었고 음식 조절을 통한 대안치료도 효과를 거두지 못했다. 3년 동안 갖가지 치료법을 시도해보았지만 재발을 막을 수는 없었다. 마침내 그녀는 "사람들 앞에서 내 질이 아프다고 크게 떠들고 나면 괜찮을 것 같아요. 어렸을 때 어머니에게는 그런 말을 꺼낼 수도 없었거든요."라는 결론에 이르렀다. 그때부터 그녀는 자신의 증세를 사람들 앞에서 당당히 이야기했고, 그러자 놀랍게도 조금씩 치유되기 시작했다. 어린 시절 그녀는 아버지에게 성폭행을 당했지만 어머니는 그녀의 말을 믿어주지 않았다. 그녀는 자신의 상처를 하나씩 드러내기 시작했고, 그 상처들에 이름을 붙이면서 자신을 치유해나갔다. 과거의 고통을 그대로 인정하면서, 그 상처들이 이성적 판단의 한계를 뛰어넘었던 것이다. 그때부터 통증이 조금씩 가라앉고 작가로서의 창조적인 삶도 꽃피우기 시작했다. 이제 그녀는 포진의 공포에서 완전히 벗어나 새로운 삶을 살아가고 있다.

우리 사회를 "중독된 사회"라 이름 붙이고 중독된 사회에서의 우리 행동을 "중독증"이라 이름 붙이는 것도 삶의 건강을 되찾는 데 커다란 힘이 된다.[17] 우리가 중독된 사회구조를 올바르게 이해하고 그것에 이름을 붙이면서 행동의 변화를 모색할 때 비로소 중독된 사회도 힘을 잃게 된다. 중독된 사회는 그 구성원인 개인과 같은 방향으로 움직인다. 따라서 중독자는 사회를 그대로 반영하며, 사회는 중독자를 그대로 반영한다.[18] 나는 나 자신에게서, 내 환자에게서, 내 직업에서, 내 진찰실에서 중독된 사회의 특징들을 찾아낼 수 있다. 그러나 그러한 특징들을 찾아내서 이름붙이고 행동의 변화를 모색하는 정도는 내가 얼마나 건강한가에 달려 있다. 개인으로서의 우리가 이러한 삶을 살아갈 때 사회도 건강해진다.

나는 이러한 생각에서 비롯된 건강한 삶을 꾸려가려고 애써왔다. 그렇지 않았더라면 언제나 내 욕망을 억누르는 삶을 살았을 것이다. 내가 관계중독이라고 불렀던 삶, 다시 말해서 언제나 좋은 사람, 즉 좋은 의사와 좋은 엄마와 좋은 아내가 되려고 애쓰느라 내 삶을 소진해버렸을 것이다. 내 주변에는 언제나 균형적인 삶을 살고자 하는 사람들로 가득하다. 서로에게 도움을 주고받기는 하지만 각자의 감정과 삶에 있어서 책임의식이 분명한 사람들이다. 그러나 그들마저도 파괴적인 행동, 예를 들어 이미 개인적인 계획이 있음에도 불구하고 휴일 날 당직을 기꺼이 떠맡겠다고 나서는 행동 따위로 나의 주의를 환기시켜준다.

그 누구도 다른 사람의 건강을 대신 지켜주지는 못한다. 내가 모든 환자에게 적절한 대답을 해줄 수 있는 것도 아니다. 어떤 의사라도 마찬가지이다. 오로지 자기 자신만이 내면의 인도를 향해 다가설 수 있다. 많은 여성이 직장과 가정에서 건강을 망치고 있다. 그러나 자신을 진실하게 인식하면서 중독된 행동에 이름을 붙이고 진정으로 즐거운 삶을 살고자 하면 모든 것이 변하기 시작한다. 생각을 바꾸면 삶이 크게 달라질 수 있기 때문이다.

상처에 이름붙이기

생각과 감정은 몸과 긴밀히 연결되어 있어서 우리에게 지대한 영향을 미치게 마련이다. 억압된 감정은 비록 겉으로 표현되지는 않는다 하더라도 몸에 영향을 미친다. 그리고 마치 시한폭탄처럼 몸에 축적된다. 결국 잠재된 질병인 셈이다.

여성이 처한 삶의 조건은 필연적으로 여성의 건강이란 문제를 제기한다. 수많은 여성이 만성적 골반 통증, 질염, 난소 낭종, 생식기 사마귀, 자궁내막증, 자궁경부 이형성증에 시달린다. 이것들은 모두 여성에게만 있는 신체기관에서 발병하는 질병들이다. 이러한 질병은 몸이 우리에게 던지는 하소연이다. 무의식에서 비롯되는 상처를 치유해야 한다고 소리치는 몸의 절규이다.

마흔 한 살의 한 여성 경영자가 얼굴이 심하게 붉어지는 홍조를 견디다 못해 나를 찾아왔다. 그녀에게 에스트로겐을 네 번씩이나 투여했지만 뚜렷한 효과가 나타나지 않았다. 홍조는 에스트로겐과 밀접한 관계가 있기는 하지만 신경성 내분비계의 문제이다. 즉 스트레스를 받을수록 홍조는 증가한다. 그 환자가 전형적인 경우였다. 실제로 그녀는 2년 전 극심한 자궁내막증으로 인한 골반 통증 때문에 자궁과 난소를 들어내는 수술을 받은 적이 있었다. 그런데도 그러한 증상이 나타났던 것이다. 마침내 그녀는 아무도 모르는 비밀을 털어놓았다. 여섯 살 때 사탕가게 주인에게 성폭행을 당한 적이 있다는 것이었다. 당시 그녀는 공포에 질려 아무한테도 그 사실을 말할 수가 없었다. 그녀는 "감각이 없어졌어요. 그 남자가 아무한테도 말하지 말라고 했어요. 모두가 나를 손가락질 할 거라고 협박했어요. 나는 너무 부끄러웠어요."라고 말했다. 내게 그 비밀을 털어놓던 날에도 그녀는 잘못하고 있다고 느꼈던 모양이다. 비밀을 알게 된 내가 틀림없이 자기를 손가락질 할 거라고 생각했던 것이다. 그녀의 경우 어린 시절에 당한 성폭행의 정신적 충격으로 어른이 되어서도 통증이 계속되었던 것이다. 자궁절제술을 받을 때까지 통증은 멈추지 않았다. 그녀의 말에 따르면 자궁절제술은 그녀에게는 축복이었다. 내면을 향한 여행과 진정한 치유가 시작될 수 있었기 때문이다. 이처럼 몸은 종종 우리의 관심을 '범죄현장'으로 되돌려서 근본적인 치유를 시작할 수 있도록 해준다.

그녀는 여자로 태어난 원죄와 그것에서 비롯된 감정적 고통을 이겨내려고 애썼다. 경영관리학 석사학위(MBA)를 받았을 뿐 아니라 직장에서도 성공적인 길을 걸었다. 자신의 능력을 100% 완벽하게 증명해 보임으로써 무가치하고 쓸모 없는 인간이라는 감정적인 고통에서 벗어나기 위해서 학위취득에 몰두했던 것이다. 물론 그녀의 이런 생각은 중독된 사회구조에 바탕을 둔 것이었다. 결국 그녀는 나에게 자신의 비밀을 털어놓을 때까지 그때의 경험 때문에 눈물조차 흘릴 수 없었고 억압된 감정을 해방시킬 수가 없었다. 그녀가 겪어야 했던 신체적인 고통은 심리적인 충격이 원인이었다. 어린 시절에 당한 성폭행이 자궁내막증이나 만성적 골반 통증의 직접적인 원인이었다는 뜻은 아니다. 다만 당시의 끔찍한 경험이 그녀의 몸에 깊은 상처를 남겨놓았던 것만은 틀림없는 사실이다. 따라서 진정한 치유를 위한 유일한 방법은 그때로 되돌아가서 당시의 경험을 삶에서 완전히 지워버리는 것이었다. 몸의 느낌에 충실할 때 우리는 내면의 인도자를 만날 수 있다.

치유란 상처를 잊는 것이다

중독된 사회구조를 벗어나지 못하는 한 우리는 새로운 세계를 만들 수 없다. 그럼에도 우리는 우리를 파멸시키는 사회구조에 협조하면서 살고 있다. 따라서 우리는 영원한 희생자가 되어야 하는 상황에서 벗어나지 못할 뿐 아니라 우리의 문제를 남의 탓으로 돌리게 된다. 많은 여성이 폭행을 견디다 못해 집을 뛰쳐나온다. 집을 떠나지 않으면 맞아 죽을지도 모른다는 위험을 절감하기 때문이다. 이처럼 우리는 우리를 억압하는 것에 자신이 언제 어디서 어떻게 협조하고 있는지를 분명하게 인식할 수 있어야 한다.

카톨릭 수업을 받은 적이 있는 친구가 고해성사가 몸에 미치는 영향에 대해 다음과 같은 이야기를 들려준 적이 있다. "막 일곱 살이 되었을 때 고해성사를 하러 갔던 일을 지금도 기억해. 죄와 행실에 대한 내 양심을 시험받는 시간이었지. 하지만 차마 말할 수 없는 것들 때문에 지독한 고민에 사로잡혀야 했어. 섹스에 대한 궁금증이나 자위행위 따위를 어떻게 말할 수 있겠니? 어린 계집아이가 감히 그런 것을 말할 수 있겠어? 나만 그런 고민을 했던 것은 아닐 거야. 게다가 고해성사 안내

책자에는 그런 것이 '불결한 생각과 행실'에 속한다고 쓰여 있었어. 고해성사가 모든 죄를 씻어준다지만 나는 신부님께 내 생각을 그대로 말할 수 없었어. 맞은편에 앉아 술과 담배 냄새를 풍기는 신부님께는 절대 말하고 싶지 않았어. 하지만 솔직하게 고해하지 않으면 미사시간에 성체를 받을 수가 없었어. 솔직하게 고해하면 영혼에 죄의 낙인이 찍혀서 지옥으로 떨어져야 했고. 그때 나는 처음으로 '윤리'라는 문제에 대한 고민에 빠졌어. 그러다 멋진 방법을 생각해냈지. 사춘기에 접어들던 열 한 살 무렵이었을 거야. 성체시간이 되기 직전에 어지러운 척하는 방법이었어. 그럼 누군가 나를 성당 밖으로 데려다 주지. 나는 계단 앞에 앉아 시원한 공기를 마시고 새들이 지저귀는 소리를 듣고 따사로운 햇살을 즐길 수 있었어. 그런 연극이 거의 1년 동안이나 계속되었지. 그런데 언제부터인가 성체시간이 되면 정말로 어지러워지는 거야. 식은땀이 흐르고, 귀가 울리고, 눈앞이 깜깜하게 변하는 거야. 그때 이후로 성당에 들어서기만 하면 가슴이 답답해져. 견디기 힘든 모순된 분위기가 무의식적으로 나를 그렇게 만들었던 거야."[19]

대부분의 여성이 사회의 모순된 요구를 의식하지 못한 채로 살아간다. 그러나 이제 많은 여성들이 그러한 억압에 대해 눈을 뜨고 있다. 자신만 고통받는 것이 아니며 여성에게 불리한 사회 분위기 자체에 문제가 있다는 사실을 깨닫게 될 때 골반 통증, 월경전 증후군, 만성피로 등에서 치유될 가능성은 더욱 높아진다. 따라서 비록 고통스럽더라도 그러한 고통에 이름을 붙이는 일은 일상의 기준에서 건강을 되찾고자 하는 시도이다. 어떤 불행한 과거를 지녔더라도 삶의 동인動因이 바로 우리 안에 있다는 사실을 깨닫는 것이 무엇보다 중요하다.

정신과 육체의 관련성을 인정하는 건강관리사나 의사를 찾는 것도 도움이 된다. 그러나 무엇보다 가장 중요한 것은 우리 몸과 몸에서 드러나는 징후가 내면의 인도자라는 사실을 깨닫는 것이다. 우리는 현대의학을 지나치게 맹신하고 있다. 그러나 그러한 태도는 건강을 완전하

〈표 1-2〉 과정으로서의 몸과 의학적 관점에서 본 몸

과정으로서의 몸	의학적 관점에서 본 몸
여성의 몸은 자연과 대지를 반영한다.	여성의 몸과 그 변화는 조절 불가능하며 신뢰할 수 없다. 따라서 외부의 조절이 필요하다.
생각과 감정은 면역체계, 내분비체계, 신경체계를 통해 연결되어 있다. 따라서 생각과 감정은 생화학적 결합물이다.	생각과 감정은 물리적 육체와 완전히 분리된 것이다.
육체적 · 감정적 · 정신적 · 심리적인 면은 서로 긴밀히 관련되어 있으며 분리할 수 없다.	사람은 서로 아무런 관련성을 띠지 않는 독립된 단위로 분할할 수 있다.
질병은 내면의 인도자가 전해주는 신호이다.	질병은 우연히 일어나는 자의적 현상이다. 질병을 피하기 위해서 여성이 할 수 있는 일은 거의 없다.
몸은 건강에 관심을 갖는다. 몸은 본래부터 자가치료기능을 갖는다.	몸은 세균, 질병, 부패에 취약하도록 되어 있다.
건강에 관심을 가지면서 내면의 인도에 충실한 삶을 살면 질병을 예방할 수 있다.	질병의 예방은 불가능하다. 엄격히 말해서 예방이란 병을 적발해내는 것이다.
충실한 삶을 중요시한다. 죽음을 부인하지 않으면서 긍정적인 것에 초점을 맞춘다.	어떤 대가를 치르더라도 죽음을 피하려고 한다. 부정적인 것에 초점을 맞춘다.
진실된 자아는 죽지 않는다.	죽음은 끝이며 종말이다.

게 지켜주지 못하는 현재의 의료체계를 고착화시킬 뿐이다. 자궁내막증, 자궁근종, 월경전 증후군과 같은 질병이 우리 삶의 일부라는 사실을 인정하지 않고 의학적 사안일 뿐이라고 생각하는 한 지금과 같은 중독된 사회구조는 개선되지 않을 것이다. 몸의 징후에 귀를 기울일 때 우리는 더욱 확실한 의학적 검진으로 의사들과 훨씬 만족스런 관계를 맺을 수 있다. 실험실 자료를 믿듯이 자기 자신과 경험을 믿어야 한다.

월경을 무척이나 간헐적으로 하는 환자가 있었다. 그녀는 자신이

'사랑'에 빠질 때마다 월경이 있다는 사실을 알게 되었다. 그 후 월경을 서너 달 정도 건너뛰어도 호르몬검사를 할 필요가 없다고 생각하게 되었다. 대신 그녀는 월경에 감추어진 의미를 읽기 시작했다. 그녀는 자신의 월경이 어떠한 감정과 관련 있는지 알게 되었다. 그런 환자를 두었다는 것만으로도 나로서는 행운이었다. 의사와 환자 모두가 이미 알고 있는 분야와 모르는 분야, 그리고 그 너머에 있는 미지의 분야를 인정할 수 있어야 한다.

우리에게 최적의 건강과 즐거움을 안겨줄 수 있는 영적인 도움과 내면의 인도자는 우리 모두에게 내재되어 있다. 중독된 사회구조에서 회복된다는 것은 내면의 세계를 인정하지 않는 현재의 세계에서 벗어나 내면에 충실한 삶을 산다는 뜻이다. 그러한 전제하에 우리 몸과 몸에 나타나는 다양한 징후는 강력한 원군이 된다. 특히 몸은 우리가 현재 얼마나 건강하게 살고 있는지를 보여주는 정확한 바로미터이다. 저메인 그리어Germaine Greer는 "건강한 여성의 기준이 무엇인가? 아무도 모를 것이다. 진정으로 여성적인 것이 무엇인지도 모르는데 어떻게 여성을 치료할 수 있는가?" 하고 물었다. 그러나 나는 건강한 여성들을 보았다. 나 자신도 건강한 여성이 되기 위해서 매일 노력하고 있다. 진정으로 건강하다는 것이 무엇인지 알 것 같다. 건강한 삶은 우리의 몸을 깨닫는 것으로부터 시작된다. 당신이 완전히 치유된 건강한 사람이라고 상상해보라. 여성의 몸이 지닌 지혜를 알고 있다고 상상해보라. 어떤 느낌인가? 우리의 몸과 감정은 우리를 진정한 삶으로 안내해주는 밝은 길이다.

여성의 지적 능력과 새로운 형태의 치유법 2

결국 나는 뇌와 육체를 분리할 수 없다는 사실을 깨달았다.
의식은 머리 속에 있는 것이 아니었다.
정신이 육체보다 우월한 것도 아니었다.
육체는 정신의 외적인 표현이었다.
– 캔데이스 퍼트Candace Pert 박사

정신과 육체는 면역체계, 내분비체계, 신경체계를 통해서 긴밀하게 연결되어 있다. 과거의 치유법은 육체와 정신은 하나라는 생각에서 출발했다. 요즘의 연구도 그런 생각을 뒷받침해주고 있다. 결국 정신적·심리적인 질병도 몸에 문제를 일으키게 마련이다.

에너지장과 에너지 시스템

인간은 에너지로 이루어져 있고 에너지로 지탱된다. 우리 몸은 끊임없이 변화하는 역동적인 에너지장場이다. 결코 정적인 물리적 구조물이 아니다. 또한 각 부분이 전체에 대한 정보를 포함하는 홀로그램이기도

하다. 양자물리학을 통해서 물질과 에너지-우리가 영혼이라고 부르는 것이기도 하다-가 서로 교환 가능하다는 것도 알고 있다. 물질은 영혼이 가득 들어찬 형태인 반면 영혼은 물질이 거의 없는 형태라고 한다. 따라서 우리 몸은 영적인 에너지가 외적으로 표현된 형태이다. 정신과 생각도 영적 에너지의 일부이기 때문에 물질의 영역과 우리 몸에 분명한 영향을 미친다.

심리적·감정적인 요인은 어떤 식으로든 육체에 영향을 미친다. 감정과 생각은 언제나 몸에서 생화학적 반응을 일으키기 때문이다. 인간이 끊임없이 변화하는 에너지 시스템이란 사실을 이해할 때 정신과 육체의 관련성을 좀더 분명하게 깨닫게 된다. 또한 인간은 주변을 에워싼 에너지와도 서로 영향을 주고받는다. 물론 이러한 에너지는 눈에 보이지 않지만 생명력의 근간이다. 우리가 잠을 잘 때에도 심장을 박동시키고 폐를 호흡하게 만드는 것이 바로 에너지라는 생명력이다. 사후세계를 경험한 사람이라면 죽음이 있은 직후 일어나는 변화를 감지했을 것이다. 몸은 그 자리에 있지만 죽은 사람의 몸은 더 이상 우리가 알던 그 사람이 아니다.

에너지장은 한 개인에게도 영향을 미치지만 사람과 사람, 사람과 세상 사이에도 서로 영향을 미친다. 이러한 상호작용은 우리의 성장과 건강을 위해서 상당히 중요하다. 마이애미 대학에서 실시한 조산아에 대한 연구에 따르면, 정기적으로 간호사의 손길을 받은 아기가 그렇지 못한 아기보다 체중이 49%나 더 빨리 증가했다. 물론 두 부류의 아기들에게는 똑같은 영양을 공급했다. 또한 간호사의 손길을 받은 아기는 보다 빨리 성장했을 뿐 아니라 성장하는 동안 신경계통에서도 문제를 거의 일으키지 않았다.[1] 그러나 따뜻한 손길이나 포옹을 받지 못한 아기는 충분한 영양식을 공급받았음에도 불구하고 알 수 없는 이유로 죽음을 맞는 등 건강에 대한 위험이 높은 것으로 나타났다.[2]

우리가 '우연한' 사고라고 생각하는 것도 희생자의 감정과 심리상태 혹은 에너지장과 밀접한 관계가 있는 것으로 밝혀졌다. 한 연구에 따르면, 사고를 당할 위험성이 높은 사람은 충동적이고 공격적이거나 우울증과 외로움에 시달리고 슬픔을 쉽게 해소시키지 못하는 성격이다. 그런 사람은 타인에게 분노를 느낄 때 자신을 학대하는 경향이 있다. 이처럼 한 개인의 에너지장이 주변의 에너지장과 상호충돌을 일으키면서 사고의 가능성을 높이는 것이다. 인간관계 역시 건강에 심각한 영향을 미친다. 그러한 영향은 당사자의 정신상태에 따라 긍정적일 수도 있지만 부정적일 수도 있다.

생각은 몸에 영향을 미치면서 몸을 만들어간다. 우리는 성장하는 동안 부모와 환경에서 많은 생각을 물려받거나 영향을 받게 마련이다. 레너드 사강Leonard Sagan 박사는 이러한 사실을 역설하면서 사회적 신분과 교육, 그리고 삶의 양식과 가족 간의 연대감이 수명을 좌우하는 결정적인 요인이라고 주장했다. 그 중에서도 교육이 가장 중요하다는 것은 언급할 필요조차 없다. 건강에 대한 주요한 역학자료를 검토해보면, 건강을 결정하는 데 있어 면역, 식이요법, 수분 공급, 항생제는 주요인이 아니다. 전염병으로 인한 사망률의 급감은 페니실린이나 항생제가 일상적으로 사용되기 훨씬 전부터 이미 시작되었다. 따라서 과거의 건강이나 배경이 어떻든 희망과 자존심, 그리고 교육이 건강한 삶을 만들어 가는 가장 중요한 요인이다.[3] 질병까지도 감정상태에 영향을 받는다. 암의 진행과정도 의학적 처치보다는 심리적 변수에 의해 크게 좌우된다.[4] 이처럼 우리는 스스로를 치유하고 건강하게 만들 수 있는 힘을 내면에 지니고 있다는 사실을 기억해야 한다. 이런 점에서 한 환자의 말이 특별히 기억에 남는다.

"병원에 오는 길에 옛날 일이 기억났어요. 어렸을 때 저는 어머니의 관심을 끌기 위해 아파야만 했어요. 그래서 뼈도 여러 번 부러뜨렸지요. 그런데 이제 암에 걸렸어요. 이제야 알았어요. 어머니의 관심을 끌기 위해 아플 필요까지는 없다는 것을…. 그렇게 생각하니까 희망이 생겼어요. 구름에 가려졌던 태양이 제게 다시 얼굴을 내미는 기분이에요."

육체와 정신의 연관성

현대 의학계는 환자를 끊임없이 변하는 물리적인 존재로 해석하고 있다. 몸은 정보와 에너지가 흐르는 강이다. 몸의 각 부분은 서로 긴밀하게 커뮤니케이션을 한다. 예를 들어 적혈구는 28일마다 재충전되고 간세포 전체는 6개월 정도면 재생된다. 이처럼 우리 몸이 다시 만들어질 수 있다는 사실을 감안하면 건강을 되찾을 가능성은 얼마든지 있다.

우리는 매일 수많은 자극을 받지만 신경계통과 감각기관은 우리가 이미 알고 있는 것을 더욱 확실히 해주는 자극만을 받아들인다. 이러한 가정은 실험으로도 증명되었다. 과학자들이 어린 고양이를 네 벽에 수평선만 그려진 우리 안에서 길렀다. 성장 후 정상적인 환경에 내놓자, 고양이는 수직을 이룬 것들에 계속해서 부딪치는 현상을 보였다. 수직을 이룬 것은 눈에 보이지 않았던 것이다. 반대로 수직선만 그려진 우리에서 기른 고양이 역시 수평을 이룬 것에는 여지없이 부딪쳤다. 이러한 가정은 사람에게도 그대로 적용된다. 어렸을 때 학대받으며 자란 여성은 어른이 되어서도 학대당할 가능성이 훨씬 크다. 그들은 학대당하도록 프로그램 되었고 진정으로 사랑을 베푸는 사람이 누구인지를 구별해내지 못한다. 어린 시절에 프로그램화된 결과를 변화시키려고 의식적으로 노력하지 않으면 신경체계는 과거의 습관을 계속 강화시키는 방향으로 움직이게 마련이다. 결국 많은 질병의 씨앗이 어린 시절에 뿌려지는가 하면 섣부른 선입견과 생각으로 병이 더욱 악화되기도 한다.

정신과 육체의 관련성을 찾는 학문으로서 정신신경면역학psycho-neuroimunology은 주변환경이 우리 몸에 미치는 영향을 설명해준다. 정신신경면역학을 중심으로 한 관련 학문의 연구에 따르면, 호르몬 및 신경 계통의 이상 그리고 몸과 몸 주변의 전자기장은 사회의 편견에서 비롯되는 '심리적·감정적' 상처와 여성들의 부인과 질환 사이의 밀접한 관계를 설명해준다. 예를 들어 성적 학대를 이겨낸 여성이라도 몸을 잊으려는 경향이 있다. 일부 여성은 얼굴만 살아있다고 생각한다. 월경의 흔적이 하루도 거르지 않고 계속돼 괴로워하던 한 환자는 "허리 아래는 생각하고 싶지도 않아요. 아예 없었으면 좋겠어요."라고 푸념을 늘어놓았다. 그녀의 증세를 이해하는 데, 그리고 완전한 치유를 위해 필요한 조치가 무엇인지를 말해주는 중요한 단서다. 그칠줄 모르는 월경의 흔적은 허리 아랫부분도 그녀의 일부라는 내면의 절규였다.

한 동료는 환자에게 때때로 자화상을 그려보도록 한다. 만성적인 골반 통증으로 고생하는 환자에게 자화상을 그리도록 했을 때, 그 환자는 상반신만을 그려 보였다. 허리 아랫부분은 아예 인정조차 하지 않은 것이었다. 동료의사는 그 환자에게 "골반이 통증으로 당신의 관심을 끌려고 하는 것입니다." 하고 말해주었다. 감정적·심리적 상처가 몸에 반응을 보인다는 것은 감정과 심리를 다스림으로써 몸을 치유할 수 있다는 반증이기도 하다. 고통과 고통의 치유, 건강의 회복은 심리, 감정, 정신, 육체 모두가 관련된 것이다.

우리의 신체기관은 신경 펩티드로 알려진 화학적 메신저를 매개로 뇌와 직접 교감한다. 신경 펩티드는 신경세포 사이에 메시지를 전달하며, 그때 신경 펩티드를 수용하는 분자가 감정과 생각으로 촉발된 메시지를 받아들인다. 과거에는 신경 펩티드를 수용하는 분자가 뇌와 신경조직에만 있는 것으로 생각되었지만 지금은 신체 모든 곳에 있는 것으로 알려져 있다. 결국 이러한 화학적 물질을 매개로 생각과 감정이 몸에 직접 영향을 미치는 것이다.

신체기관이 생각과 감정으로 촉발된 신경화학물질을 수용하기만 하는 것은 아니다. 신체기관과 면역체계 스스로 똑같은 화학물질을 만들어낼 수도 있다. 다시 말해서 온 몸이 감정을 느끼고 표현할 수 있다. 온 몸이 '생각'하고 '느낀다'는 뜻이다. 백혈구를 예로 들어보자. 백혈구는 모르핀처럼 통증을 완화시키는 물질을 만들어내는 동시에 그러한 물질을 받아들일 수도 있다. 그렇게 함으로써 환자가 약물의 도움 없이 스스로 통증을 완화시킬 수 있도록 해준다. 이러한 관점에서 뇌를 비롯한 다른 기관에서처럼 자궁과 난소와 유방도 똑같은 신경화학물질을 만들어낼 것이라는 사실을 증명하기 위한 연구가 진행 중이다.

호르몬은 생각과 감정을 전달하는 메신저이다. 면역세포도 그러한 메신저를 수용하는 분자를 지니고 있다. 난소와 자궁 역시 생각과 감정에 영향을 미치는 신경전달 호르몬인 에스트로겐과 프로게스테론을 만들어낸다. 또한 난소와 자궁도 뇌와 면역체계에서 보내는 메시지를 받을 수 있는 수용체를 지니고 있다. 따라서 우리가 슬픔을 느낄 때면 신체기관도 슬픔을 느끼면서 그 기능에 영향을 받게 된다.

생각과 감정 그리고 뇌는 면역체계와 신경체계와 내분비체계, 즉 우리 몸 전체의 기관과 직접 연결되어 있다. 또한 이러한 체계들이 편의상 분리되어 있기는 하지만 결국에는 하나의 체계를 이루는 부분들이다. 따라서 자궁, 난소, 백혈구, 심장이 뇌와 똑같은 화학물질을 만들어낸다면 "정신은 우리 몸의 어디에 있는가?"라는 질문에 "정신은 우리 몸 전체에 있다"고 대답해야 할 것이다.[5] 이제 정신을 뇌나 지능으로 한정시켜 편협하게 생각해서는 안된다. 정신은 우리 몸을 이루는 모든 세포 속에 존재한다. 우리 몸의 세포는 모든 생각, 우리가 느끼는 모든 감정에 대해서도 그에 상응하는 생화학물질을 갖는다.

환자 중에 서른 다섯 살의 변호사가 있었는데, 그녀는 심각한 월경불순을 겪고 있었다. 내가 병의 원인을 찾으려고 개인적인 질문을 했을 때, 그녀는 "의학적인 문제인 것 같은데요."라고 대답했다. 그녀는 자신의 문제를 육체적인 이상으로만 생각했을 뿐 과거의 어떤 경험에서도 관련성을 찾으려고 하지 않았던 것이다. 그래서 나는 다리가 부러진 환자에게도 똑같은 질문을 던지며 내적인 원인도 '육체적'으로 드러날 수 있다고 설명해주었다. 그제서야 그녀는 진실을 털어놓았다. 그녀는 혼외정사를 가졌고 그것 때문에 죄책감을 느끼고 있었다. 또 성병에 걸렸을까봐 두려워하기도 했다. 그런데 혼외정사를 가진 직후부터 월경이 불규칙하게 일어났던 것이다. 진실을 알게 된 후 나는 훨씬 효과적으로 그녀를 치료할 수 있었다.

또, 고질적인 근육긴장으로 인한 어깨 통증에 시달리던 환자가 있었다. 그녀는 생체자기제어 치료사를 찾아갔다. 생체자기제어법은 생체 계측정보를 자료로 몸의 상태를 조절하는 치료법이다. 그녀는 어깨근육을 이완시키는 법을 배우는 동안 특정한 생각을 할 때마다 통증이 극심해진다는 사실을 알게 되었다. 예를 들어 어린 시절 매를 맞았던 기억이나 남편이 갑자기 아플지도 모른다는 생각이 그것이었다. 반면에 즐거웠던 시절을 생각하면 어깨의 통증도 가라앉았다. 그녀는 곧 생각이 몸의 상태를 좌우한다는 사실을 깨닫게 되었다.

정신과 영혼은 지능보다 훨씬 폭넓은 개념이다. 내면의 인도자는 지적인 깨달음을 통해서 얻어지는 것이 아니다. 느낌과 몸의 지혜를 통해서만이 내면의 인도자를 만날 수 있다. 내면의 인도자는 언제나 우리 안에 있다. 지적 능력을 통해서만 내면의 인도자를 찾으려고 한다면 그 그림자조차 만나지 못할 것이다. 물론 지적 능력은 직관, 내면의 인도자, 영혼, 하느님 등 생명을 불어넣는 영적 에너지를 위해서 꼭 필요하다. 그러나 지적 능력 이상의 것이 필요하다는 것을 인정하고 내면의 인도자를 만날 수 있다는 확신을 가질 때, 우리는 비로소 내적인 치유 능력을 얻게 된다. 윌리암 제임스William James가 주장했듯이 "세상을 움직이는 힘은 잠재의식에 있다."

생각은 어떻게 구체화되는가

학창시절 나는 자신의 생각을 과신하지 말라고 배웠다. 이분법적인 원칙에 부합되지 않는다는 이유에서였다. 나는 많은 것들 중에서 하나를 선택해야 했고, 선택한 것이 옳은 이유를 찾아내야만 했다. 또한 언제나 '전체'를 보도록 배웠으며, 모든 것이 다른 것과 관계 있다고 배웠다. 혹시라도 잘못된 답을 찾아내면, 선생님은 "좀 더 열심히 읽어보거라. 그러면 답이 분명하게 보일 거다."라고 말했다. 그러나 답이 항상 분명한 것은 아니었다.

이제 나는 생각과 감정, 그리고 물리적인 몸이 서로 긴밀하게 관련되어 있다는 것을 알고 있다. 이제 여성의 지적 능력을 되찾을 때가 되었다. 너무나도 총명한 여성이 어수룩하게 살아가는 경우가 얼마나 많은가! 그 동안 여성의 지적 능력은 지나치게 과소평가되어 왔다. 린다 메트칼프Linda Metcalf 박사가 지적했듯이 "여성 스스로도 자신들의 지적 능력은 그들의 머리 속에 들어있는 남성적인 산물이라고 생각"해 온 것이다.

많은 여성이 그렇듯이 나도 좌뇌와 우뇌, 그리고 몸의 정보를 동시에 사용하면서 나선형으로 생각한다. 잔느 허드슨Jean Houston은 여성이 나선형 사고법multimodal thinking을 가지게 된 이유를 "동굴에 살던 시절, 여성은 한 손으로는 음식을 만들고 다른 손으로는 아기를 토닥이며 한 발로는 매머드를 쫓아내야 했다."는 식으로 설명했다. 여성은 한 번에 한 가지 이상의 일을 할 수 있도록 진화되었다. 자신의 행동이 자신만이 아니라 가족과 부족 전체에 미칠 영향을 생각해야 했기 때문이다. 이처럼 동시에 여러 가지를 처리할 수 있어야 했던 까닭에, 여성은 뇌의 구조와 생각하는 방법에서 남성과 뚜렷한 차이를 보이게 되었다.

우뇌와 좌뇌를 연결시키는 뇌량腦梁은 여성이 남성보다 굵다. 다시 말해서 여성과 남성의 뇌는 다른 식으로 '꼬여 있다' 남성은 생각하는 기능과 생각을 전달하는 데 주로 좌뇌를 사용한다. 따라서 남성의 추리력은 해결지향적이다. 즉 곧바로 핵심을 파고든다. 반면에 여성은 대화하는 데 남성보다 훨씬 넓은 영역을 사용한다. 좌뇌와 우뇌를 동시에 사용한다. 우뇌가 몸과 훨씬 긴밀한 관계를 갖기 때문에 말하고 생각할 때에도 여성은 남성에 비해 몸의 지혜를 더 많이 빌리게 된다. 그렇다고 해서 남성의 뇌에 그러한 능력이 부족하다는 것은 아니다. 다만 오랜 세월 동안 남성은 그러한 능력을 발달시킬 이유가 없었다. 지난 5천 년 동안 서구문명은 좌뇌의 명령에 충실한 직선적인 언어가 우월하다고 생각했기 때문이다. 반면에 여성적인 사고법과 언어는 열등하고 진화가 덜 된 것이라고 여겼다. 그러나 데이비드 제셀David Jessel의 주장에 의하면, 남성은 머리 속에 떠오르는 것을 일단 내뱉는 데 반해서 여성은 훨씬 광범위한 기억을 더듬으며 말한다. 즉 여성의 뇌는 더욱 폭넓고 민활하게 정보를 교환하면서 포괄적인 그림을 그려낸다.[6] 그럼에도 우리는 이렇듯 구체화된 사고법을 발전시키기보다는 오히려 그러한 사고를 배척하고 무시하는 삶을 살아왔다.

사회학자 데보라 타넨Deborah Tannen과의 인터뷰에서 로버트 블라이Robert Bly는 "대뇌의 한 쪽은 언어를 지배하고 다른 쪽은 느낌을 지배한다."고 말했다. 그러나 이러한 주장은 오른손잡이 남성의 경우에만 적용될 뿐이다. 또한 여성의 뇌가 지닌 복합적이고 독특한 특징을 완전히 간과한 주장이다. 내가 무엇인가를 조금이라도 자세히 설명하려고 하면 남편은 "좀 간단히 말해줄 수 없어? 본론만 말해보라구!"라고 말한다. 전형적인 남성의 말투이다. 내 생각을 전달하는 동안 나는 정신과 몸에서 일어나는 모든 것을 표현해내려고 한다. 언어의 유희를 즐기고 싶다. 내 생각을 말하기 전에 몸과 뇌에서 생각이 떠오르도록 만든다. 내 생각을 말이나 글로 표현하는 과정에서 나 자신에 대해 더욱 많은 것을 알게 된다. 반면에 남편은 되도록 짤막하게 말한다. 대부분의 남자는 곧바로 본론으로 들어가 해결책을 찾으려고 한다. 모든 것에는 해결책이 있으며 그렇지 못한 것은 토론할 가치조차 없다는 식이다. 대부분의 남자는 핵심에 도달하기까지의 과정을 무의미하고 따분한 것이라고 생각한다. 조지 킬러George Keeler 박사는 "남자는 동사를 즐겨 사용하고 여자는 명사를 주로 사용한다."고 결론짓는다. 또 "입자와 파동은 물질의 다른 모습일 뿐"이라고 가르쳐준 양자물리학에 빗대어 "남자는 입자

언어를 말하고 여자는 파동 언어를 말한다."고 말하기도 했다.

여성은 한 번에 여러 가지를 생각한다. 따라서 대부분의 여성은 준비 없이 슈퍼를 찾더라도 필요한 물건을 빠짐 없이 기억해낼 수 있다. 나는 수술을 하면서 '아이가 무엇을 하고 있을까?' 혹은 '퇴근길에 찬거리를 사야지'라는 생각을 하기도 한다. 이러한 모든 생각이 수술을 하는 동안에도 내 머리 속에서 동시에 진행된다. 이것이 소위 '상관적 사고'라고 칭해지는 것이다. 그러나 남편은 한 번에 한 가지, 기껏해야 두 가지 생각이나 일을 해낼 수 있을 뿐이다. 나는 단번에 해치울 수 있는 장보기를 위해서도 남편은 세 번 정도는 슈퍼에 들락거려야 한다.

나는 진찰실을 찾아온 환자의 남편들에게도 이러한 차이를 강조한다. 환자의 상태에 대해서 환자의 남편에게 설명하면서 "당신 부인의 증상에 대해 말할 테니 잘 들으세요. 내 이야기가 중구난방인 것처럼 들릴지 몰라요. 당신에게는 전혀 필요 없는 이야기로 들릴 수도 있지요. 하지만 모두가 관련된 이야기니까 끝까지 참고 들으세요. 본론에 도달하게 되면 모두가 필요한 이야기였다는 걸 당신도 이해하게 될 거예요."라는 말로 이야기를 시작하는 것이다.

여성과 남성의 생각하는 방법의 차이에 대한 나의 주장은 아직 확인되지 않은 것이다. 그러나 나는 분명히 말할 수 있다. 건강을 되찾기 위해서 여성은 사용 가능한 모든 능력을 동원할 수 있어야 한다. 몸 전체에서 전해주는 지적 능력을 활용해야 한다.

믿음이라는 육체

생각은 몸이 지닌 지혜의 일부이다. 한 가지 생각이 오랫동안 계속되면 믿음으로 변한다. 따라서 믿음도 생물학적 물질이 된다. 믿음은 우리의 삶과 건강을 떠받치는 물리적 근거를 제공하는 에너지력이다. 따라서 감정적인 고통이 해소되지 못할 때 억압된 감정이 면역체계와 내분비체계에 미치는 생화학적 영향은 육체적인 고통으로 나타난다. 류머

티스성 관절염, 다발성 경화증, 갑상선 질환, 낭창성 홍조 등과 같은 질환은 자가면역성 질환이라고 불린다. 즉 면역체계가 몸을 공격한다는 뜻이다. 몸의 어딘가에서 파괴적인 메시지를 전해주지 않았다면 면역체계가 무엇 때문에 몸을 공격하겠는가? 우울증은 자기파괴적인 행위와도 관계가 있지만 면역체계의 기능 저하와도 깊은 관계가 있다. 자가면역성 질환을 앓는 여성은 대부분 우울증 증세도 함께 보인다.[7] 예를 들어 스트레스와 소외감은 잠복되어 있던 헤르페스 균을 활동하게 만든다.[8] 만성피로 증후군과 관련 있는 엡스타인-바 Epstein-Barr 바이러스의 경우에도 마찬가지이다. 전세계 인구의 90% 이상이 엡스타인-바 바이러스에 대한 항체를 지니고 있음에도 불구하고 사람들이 만성피로증후군의 증세를 보이는 이유도 자가면역이란 몸의 지혜 때문이다. 자가면역성 질환의 80%가 여성에게 발병된다는 점에서 특히 주목할 만하다. 자궁내막증, 간질, 조기 폐경, 불임, 만성 질염도 모두 자가면역성 질환의 일종이다.

우리의 믿음은 우리가 살고 있는 사회에서 커다란 영향을 받기 때문에, 여성들은 현 사회에서 상당한 스트레스를 받으면서 살아간다. 스트레스는 면역체계의 반응을 억제한다. 감정적 쇼크는 내인성 마취물질과 코르티코스테로이드(corticosteroid : 부신피질 호르몬)를 방출하게 만들어 백혈구가 종양이나 염증으로부터 몸을 보호하지 못하도록 만든다. 절망에 빠진 사람이나 상황을 지나치게 고민스럽게 받아들이는 사람은 스트레스를 이겨내려고 노력하는 사람에 비해 코르티코스테로이드와 면역억제 수치가 상대적으로 높게 나타난다.[9] 실제로 지독한 스트레스를 받는 사람은 마취물질인 엔케팔린enkephalin이 생성되어 몸의 세포를 마비시킴으로써 스트레스성 진통을 일으킨다.[10] 따라서 만성적인 스트레스에 시달릴 경우 면역체계의 기능 저하로 암세포나 세균에 대한 공격이 불가능해진다.[11]

엄격하게 말해서 면역체계에 문제를 일으키는 것은 스트레스가 아니다. 오히려 그러한 스트레스를 불가피한 것이라고 생각해버리는 믿음이 원인이다. 믿음은 생각보다 뿌리가 깊어서 간단히 잊을 수 있는 것이 아니다. 믿음은 철저히 무의식의 세계에 자리잡고 있으며 쉽게 인식되지 않는다. 따라서 우리는 무의식적으로 품고 있는 생각이 자신의 건강을 해치고 있다는 사실조차 알지 못한다. 그러한 믿음은 지적 능력에 속하는 것이 아니며 우리가 통제할 수 있는 성질의 것도 아니다. 오래 전 우리 몸의 세포에 묻혀버린 기억에서부터 비롯되는 것이다.

잔느는 그래픽 디자이너로 마흔 다섯 살이다. 그런데 2～3년 전부터 28일 주기로 규칙적이던 월경의 주기가 25～34일 사이로 불규칙해졌다. 평상시에는 출혈도 비치지 않았고 특별한 징후도 없었다. 내가 보기에는 너무나도 정상적인 현상이었지만 다른 의사는 그러한 변화가 암의 징조일 수 있다는 진단을 내렸다. 그 의사는 자궁암 검사를 권했다. 그러나 검사장비가 들어갈 수 없을 정도로 자궁 경부가 좁아 전신마취에 의한 확장 및 소파술을 사용해야 했다. 잔느는 대안을 찾기로 했다. 적어도 초음파검사에서 자궁의 전반적인 모습은 정상이었다. 나는 그녀에게 자궁암일 가능성은 거의 없다고 안심시켜주면서 확장 및 소파술을 권하고 싶지 않다고 말했다.

나는 그녀의 결정을 돕기 위해서 어린 시절 병에 대한 특별한 기억이 있느냐고 물었다. 왜냐하면 여성의 경우 어린 시절의 경험이 건강과 질병에 대한 믿음에 깊은 영향을 주기 때문이다. 그녀는 "어렸을 때 어머니가 항상 아팠어요. 방광 때문에 고생하셨지요. 내가 어머니를 돌봐드려야 했어요. 그 후 내 몸에 문제가 생길 때마다 언제나 극단적으로 생각하는 버릇이 생겼지요. 어머니가 그랬듯이 말이에요."라고 말했다. 나는 "당신이 소파술을 받고 정상으로 밝혀지면 암에 대한 걱정을 떨쳐버릴 수 있겠어요?"라고 물었다. 그녀의 대답은 놀랍게도 아무런 변화도 없을 것이라는 것이었다. 그녀는 여전히 걱정을 떨쳐버릴 수 없을 것이라고 대답했다.

최선의 치유는 여성의 몸은 천성적으로 약하다는 그녀의 믿음에 변화를 주는 것이었다. 완전한 치유를 위해서 잔느에게 필요한 것은 그러한 두려움이 머리에서 비롯되는 것이 아니라는 사실을 깨닫는 것이었다. 두려움은 그녀의 몸과 잠재의식에 있었다. 따라서 잔느와 같은 문제를 가진 많은 여성에게 "긴장을 푸세요. 당신은 건강해요. 아무런 문제도 없습니다. 그저 당신의 생각일 뿐입니다."라고 말하는 것은 정확한 접근법이 아니다. 잔느의 믿음은 정신에서 비롯된 것이지만 정신은 몸 전체, 몸의 모든 기관에 자리잡고 있는 것이기 때문이다.

암에 대한 두려움을 떨쳐내기 위해서 잔느는 하나의 과정을 거쳐야만 했다. 완전한 치유를 위해서는 우리 모두가 거쳐야 하는 과정이기도 하다. 그러한 과정을 환자에게 설명하기 위해서 나는 모두 12단계로 이루어진 프로그램 중에서 처음 세 단계만을 사용한다. 그 프로그램은 원래 알코올 중독증 치료를 위해 고안된 것이지만, 영적 훈련을 기초로 한 것이기 때문에 내면의 안내자를 찾으려는 사람이라면 생활 속에서도 쉽게 적용할 수 있다. 첫 단계는 '알코올의 유혹을 견딜 수 없었고 그 때문에 엉망인 삶을 살게 되었다고 인정하는 것'이다. 여기에서 '알코올'이란 낱말 대신 당신을 괴롭히고 무기력하게 만드는 증상을 집어넣으면 된다. 잔느의 경우 지적 능력만으로는 암에 대한 두려움을 이겨낼 수 없다는 사실을 인정해야만 했다. 또한 뇌리에 박힌 믿음이 건강하지 못할 뿐만 아니라 그녀의 삶을 엉망으로 만드는 원인이라는 사실 또한 인정해야 했다. 따라서 그녀가 지적 능력만으로 그러한 믿음을 떨쳐버리려 한다면 완전한 치유는 불가능했을 것이다.

두 번째 단계는 '우리보다 더욱 강력한 힘이 우리를 건강하게 만들어줄 것이라고 생각하는 것'이다. 우리보다 더욱 강력한 힘이란 내면의 인도자이며 몸의 지혜이다. 이때의 '건강'은 내적인 평온을 의미한다. 결국 지적 능력보다 더욱 강력한 힘에서 전해지는 인도에 눈을 돌린다는 것은 내면의 인도자를 향한 긍정적인 접근이다.

세 번째 단계는 '우리의 의지와 삶을 하느님에게 맡기기로 결심하는 것'이다. 이때 '하느님'을 '내면의 인도자'로 바꾸어도 좋다. 이 단계는 지적 능력을 완전히 넘어서는 단계이다. 우리 모두에게 내면의 인도자가 있고 그 인도자의 힘으로 우리는 적절치 못한 믿음을 떨쳐버리게 된다. 이 단계에서는 무엇보다 '결심'이 중요하다. 건강을 되찾기 위해서는 건강해지겠다는 결심과 치유과정에 대한 적극적인 동참이 필요하다.

잔느 같은 환자들에게 필요한 것은 자기만 그러한 두려움과 강박관념에 시달리는 것이 아니라는 사실을 알게 되는 것이다. 적어도 나를 찾아오는 환자는 모두가 가족이나 사회로부터 건강을 좀먹는 잘못된 믿음을 물려받았다. 이제 우리는 몸의 지혜를 인정하고, 나아가 몸의 지혜를 건강을 지키기 위한 수단으로 사용할 수 있어야 한다. 질병이라는 것이 현실적이고 육체적인 현상이기는 하지만 무의식에 뿌리 박힌 믿음 때문에 더욱 악화된다는 사실을 깨달아야 한다. 그러한 믿음을 걷어내고 치유하는 것이 건강을 되찾는 과정이다. 물론 거기에는 끈질긴 인내심과 공감대가 필요하다.

믿음과 기억은 몸에 만들어진 생물학적 물질이다. 정신은 빙산에 비유된다. 그리하여 의식세계는 빙산의 일각에 불과하다. 수면 아래 보이지 않는 잠재의식의 세계가 훨씬 크다. 개인의 삶의 역사는 우리 몸에 축적된다. 수면 아래의 빙산처럼 몸 속에 축적된 정보들은 지적 능력만으로는 인식되지 않는다. 세포 하나하나는 자기만의 기억 창고를 갖고 있다. 의식세계가 아무리 그러한 기억을 부인하려 할지라도 과거의 기억들은 몸 속 기억의 창고에 차곡차곡 저장된다.

언젠가 호텔에 묵었을 때의 일이다. 가방을 가지러온 벨보이가 선반에 놓인 중국제 감기약 병을 보더니 갑자기 안색이 변했다. 그리고 배를 움켜쥐면서 "피마자유인 줄 알았습니다. 어렸을 때 어머니가 제게 종종 그것을 주었지요. 하지만 그걸 먹고 나면 언제나 배가 아팠습니다.

그래서 저 병을 보는 순간 갑자기 복통이 일어났어요!"라고 말했다. 그는 결국 어린 시절의 고통이 몸에 남겨놓은 기억을 통제할 수 없었던 것이다. 생김새만 비슷할 뿐 아무런 관계가 없는 병을 보는 것만으로도 몸이 자동적으로 반응을 일으켰기 때문이다.

또 다른 사례도 있다. 한 여인이 선크림을 눈에 발랐다가 하루종일 눈이 따끔거려서 눈물을 흘려야 했다. 며칠 후 옆을 지나가는 사람에게서 똑같은 크림 냄새를 맡자 그녀는 아무런 이유 없이 눈이 따끔거려서 눈물을 흘렸다. 생물학적 기억이 그녀의 눈에 각인되어서 의식으로는 조절할 수 없는 단계로까지 발전한 것이었다.

믿음은 몸에 어떻게 반응을 일으키는가

우리의 건강상태는 세상에 태어난 이후 축적된 믿음이 반영된 모습이다. 사회는 많은 사람이 공유하지만 때로는 상서롭지 못한 믿음을 중심으로 움직인다. 한 예로 우리는 주변에서 "벌써 30대야. 몸이 아픈 것은 당연해."라는 푸념을 자주 듣는다. 그러나 모든 생명체는 생각하는 방식에 따라 육체적으로 다른 반응을 보여준다. 의식의학 분야의 권위자인 디팩 초프라Deepak Chopra 박사는 덮개가 달린 병 속에 든 파리를 예로 들었다. 덮개가 달린 병 속에 들어있던 파리는 덮개를 열어주더라도 몇몇 용감한 놈을 제외하고는 병에서 벗어나려고 하지 않는다. 이러한 현상은 병이라는 울타리 속에 들어있다는 '몸의 정신에 충성을 맹세한 셈'이라고 해석된다. 또 다른 증거도 있다. 두 부류의 물고기를 칸막이로 구분된 수족관에서 일정시간 키우면, 칸막이를 없앤 후에도 물고기들은 자신의 영역을 벗어나려고 하지 않는다는 것이다.

어린 시절의 경험은 믿음을 구축하는 시작이며 결국 우리의 건강을 좌우하게 된다. 여성이 진정으로 현실을 변화시키면서 건강을 되찾으려고 한다면 먼저 무의식에 내재된 믿음에 변화를 주어야 한다. 또한 우리는 건강을 좀먹는 무의식의 세계를 이겨낼 수 있다는 것을 믿어라.

나는 그 증거를 매일매일 진찰실에서 확인하고 있다. 그 힘은 믿음이 노화과정에 미치는 효과에 대한 연구에서도 이미 밝혀진 바 있다.

엘렌 랭거Ellen Langer 박사는 70대의 남성들을 대상으로 그들에게 1959년을 살고 있다고 생각하도록 했다. 그들은 30년 전인 1959년에 유행하던 옷을 입었고, 1959년의 텔레비전 프로그램을 보았다. 당시의 신문과 잡지를 보았으며, 1959년인 것처럼 대화를 나누어야 했다. 또 당시의 사진을 매일 들여다보면서 한 순간도 떼어놓지 않도록 했다. 그런 다음 박사는 그들에게서 노화와 더불어 퇴화되는 증상들을 측정해보았다. 측정의 기준은 근력, 인식력, 지각력, 미각, 청각 등이었다. 그러한 증상들은 노인병전문가들이 자주 언급하는 생물학적 지표이다. 닷새 동안 그러한 생활을 끝낸 후 실험에 참가한 노인들은 많은 부분에서 개선된 결과를 보여주었다. 전반적으로 5년 정도는 젊어진 모습들이었다. 청력과 기억력도 개선되었다. 랭거 박사는 "노화는 '어쩔 수 없이 늙어간다는 생각'이 만들어낸 산물이다. 따라서 이렇듯 편협한 정신자세를 떨쳐낼 수만 있다면 노년을 보다 젊고 의미 있게 보낼 수 있을 것"이라고 결론지었다.

우리에게 노화를 역전시킬 만한 힘이 있다면 건강에는 어떠한 효과가 나타나게 될까? 지나치게 희망적이거나 과장된 가정은 아닐 것이다. 현재와 같이 폐쇄된 문화에서 벗어날 수만 있다면 전에는 상상조차 할 수 없었던 새로운 가능성이 열리게 된다. 그러나 무엇보다 먼저 현실 속에서 우리가 계속해서 부딪히는 장애들을 인정할 수 있어야 한다. 그러한 문제들을 인정할 때 비로소 대안의 길을 모색할 수 있을 것이다.

치유 대 치료

치유와 치료는 엄연히 다르다. 치유는 자연의 과정이며 누구에게나 내재된 천부적인 힘이다. 반면 치료는 의사가 행하는 것으로 주로 외과적인 처방이다. 즉 약물과 수술은 증상을 감추거나 없애주기는 하지만 증상을 일으킨 근본원인을 생각하지는 않는다. 치유는 치료 이상의 의미를 갖는다. 치유는 언제나, 반드시 내부에서 시작되어야 한다. 그리고 증상을 일으킨 근본문제를 따지고 든다. 치유는 질병의 원인을 삶의 감추어진 부분에서 찾으려고 한다. 물론 치료를 통한 신체기능의 회복이 치유를 수반할 수 있지만 치유는 치료와는 근본적으로 다르다. 완전히 치유되었음에도 불구하고 질병으로 죽음을 맞을 수 있다. 치유와 죽음은 서로 배타적이지 않기 때문이다. 의사로서 나는 생명을 지키고 연장하도록 훈련받았다. 그러나 때로는 그러한 선입견에서 벗어나 죽음을 신비로운 생명과정의 자연스러운 일부로 받아들일 필요가 있다. 환자의 꿈과 몸의 증상을 연구했던 패트리시아 라이스Patricia Reis는 "치유의 진정한 의미는 한 개인의 삶에서 잃어버린 것을 되찾는 것이다. 그것이 때로는 죽음일 수도 있다. 그러나 치유는 삶을 의미 있고 충만하게 살 수 있는 기회이다."고 말했다.

몸은 생각과 감정에 영향을 받지만 몸으로 나타나는 증상은 사람마다 다르다. 삶의 과정에서 어떠한 경험을 했든지간에 그 경험이 우리에게 갖는 의미를 변화시킬 수 있으며, 감정적・육체적으로 그 경험을 새롭게 할 수 있다. 그때 진정한 의미의 치유가 존재한다. 몸에서 전해지는 메시지를 해독하는 특별한 공식이 있는 것은 아니다. 환자 자신만이 그 메시지의 의미를 알 수 있을 뿐이다. 만성 질염은 환자에게 성관계의 중단을 요구하는 것일 수 있다. 매번 되풀이되는 월경 전의 두통은 카페인의 섭취를 중단하라는 요구일 수 있다. 물론 다른 사람에게는 같은 징후라도 다른 뜻으로 해석될 수 있다. 따라서 몸의 증상을 사회적 편견 없이 적극적으로 수용할 때 각자의 몸에서 일어나는 증상을 올바르게 해석할 수 있게 된다.

남편에게 버림받을 경우 감정적으로 정신적으로 심지어 육체적으로 심하게 고통받는 여자가 있는 반면, 자기만의 생산적인 삶을 살아가는 여자도 있다. 이처럼 극단적인 차이가 나는 원인을 우리는 아직 정확히 파악하지 못하고 있다. 어떤 사람은 고통스럽고 충격적인 상황을 오히려 성장의 기회로 삼는다. 어린 시절의 학대, 부모의 죽음 등 충격적인 사건들이 반드시 성년의 고통으로 나타나는 것은 아니다. 결국 그러한 사건들이 육체·정신·감정에 미치는 영향은 그 사건들을 어떻게 해석하고, 거기에 어떤 의미를 부여하느냐에 달려있다.

감정적인 요인들은 주로 산부인과적 문제로 나타난다. 다이어트, 유전, 성관계 파트너, 불운도 마찬가지이다. 만성적인 생식기 사마귀, 음부포진, 난소낭종 등으로 고생하는 대부분의 여성이 감정적이고 심리적인 스트레스나 불안을 경험하고 있다. 특히 성폭행을 당한 경험이 있거나 유산의 경험을 감정적으로 완전히 해소하지 못한 여성이 대개 이러한 증상을 보인다. 내적 갈등이 몸의 에너지장에서 떠나지 않고 관심을 끌면서 치유의 기회를 기다리는 것이다.

산부인과 의사인 모드 게렝Maude Guerin은 그 전형적인 예로 조안이란 환자를 보여주었다. 조안은 심각한 자궁내막증과 골반 통증으로 고생하는 환자였다. 게렝 박사는 조안의 자궁은 물론 난소와 나팔관까지 완전히 제거했다. 의학적 관점에 따라 당연한 조치였다. 그러나 대대적인 수술을 받고 난 후 조안은 등의 통증과 우울증을 호소했다. 게다가 홍조 때문에 호르몬 주사를 여러 번 맞아야만 했다. 골반 통증은 '치료' 되었지만 예전보다 나아진 것은 전혀 없었다. 결국 치유된 것은 아니었다. 골반 통증을 다른 통증과 맞바꾼 것에 불과했던 것이다. 외과적으로는 자궁과 난소를 제거했지만 문제의 근본원인으로 몸의 에너지장에 남아있는 감정적인 갈등을 해결하지 못했기 때문이었다. 게렝 박사는 마침내 조안의 과거를 알게 되었다. 그녀는 여섯 살 때 성폭행을 당했고 열 여섯 살에 사랑하던 언니의 죽음을 경험했으며, 지독한 알중독에 빠짐으로써 그러한 상처들을 잊으려고 했다. 그러한 충격에도 불구하고 그녀는 단 한 번도 마음놓고 울어본 적이 없었다. 게렝 박사는 조안에 대해 다음과 같은 기록을 남겼다.

"이 환자는 나에게 많은 교훈을 남겨주었다. 나는 생각과 느낌이 육체적인 건강에 영향을 미친다는 주장을 무시하지는 않았지만, 그러한 영향은 언제나 상대적일 것이라고 생각했다. 하지만 이 환자를 통해서 정신과 육체의 관련성이 모든 환자에게 적용된다는 사실을 깨달았다. 수술 후 나는 조안을 완치시켰다고 생각했다. 6주 간 지켜본 결과도 만족스러웠다. 수술로 '치료'는 되었지만 완전히 '치유'되지 않았다는 사실을 깨닫는 데에는 여러 해가 걸렸다. 나는 지금도 그녀가 나를 처음 찾아왔던 때를 생생하게 기억한다. 그녀에게는 당시 내가 미처 눈치채지 못한 많은 특징들이 있었다. 그녀는 진찰대에 누우면서 스타킹 벗기를 망설였을 뿐 아니라 진찰을 위해 몸을 눕히는 것조차 거북스러워했다. 또한 지나치게 불안해하면서 근육이 경직되어 질에 검사경을 넣기도 어려웠다. 조안 이후 나는 환자를 진찰할 때마다 전체를 보려고 애쓴다. 정신과 육체의 관련성을 무시하면서도 많은 환자를 '치료'할 수는 있다. 그러나 그들을 '치유'할 수는 없다는 사실을 깨달았기 때문이다."[12]

자궁암 검사결과 정상이 아닌 환자가 있었다. 그녀는 자궁경부에서 비정상세포를 제거하는 치료만으로는 완전치 않다는 사실을 알고 있었다. 몸의 에너지 불균형이 비정상의 근본원인이라는 사실을 스스로 알고 있었던 것이다. 그녀는 치유를 위해 매일 아침 일기를 쓰기 시작했다. 또한 그 징후가 그녀에게 의미하는 바에 대해서 진지하게 생각했다. 몇 주 간에 걸친 내적 치유에서 그녀는 무의식 속에 품고 있던 믿음을 찾아냈다. 비정상적인 세포는 자신의 성행위에 대한 죄값이라는 믿음이었다. 그녀는 그러한 믿음을 찾아낸 후 거기에 이름을 붙였다. 그리고 '치유'와 '치료'를 동시에 시작했다. 레이저 치료를 약속하던 날, 그녀는 몸에서 자신이 부도덕하다고 여겼던 성행위에 대한 용서의 파장을 느낄 수 있었다. 감동에 겨워 눈물까지 쏟았다. 몸에서 어떤 변화가 일어나는 느낌이었다. 다시 진찰을 받았을 때, 그녀의 몸 속에 있던 비정상적인 세포들은 깨끗이 사라지고 없었다. 외과적인 수술은 필요 없었다. 그녀는 그렇게 해서 자신의 몸을 치료한 것은 물론 심리적이고 감정적인 치유까지 할 수 있었다.

현대사회에서 의사가 여성의 내적 치유능력을 인정한다는 것은 오로지 여성 자신에게 질병의 원인이 있다고 말하는 것처럼 들릴 수도 있다. 그러나 여성의 질병은 단순한 인간관계에서 비롯되는 것이 아니다. 여성이 의식적으로 혹은 의도적으로 질병을 만들어냈다고 생각하는 것은 단순하면서도 위험천만한 발상이다. 여성의 질병은 당사자의 관심을 끌면서 과거를 되돌아보도록 촉구하는 것이다. 질병의 책임이 여성 자신에게 있다고 생각하는 것은 어린 시절의 상처를 무작정 들추는 행동이며 전혀 올바른 치유법이 아니다. 어떠한 질병을 만들어낸 부분은 그 질병으로 인해 고통받는 부분이 아니다. 치유의 과정이 시작될 때 의식세계가 영향을 미칠 수 있는 부분이다. 그러나 많은 의사들이 질병에 대한 환자의 책임을 거론한다. 중독된 사회구조에서 우리는 책임진 만큼의 비난을 감수할 수 있어야 한다. 이와는 반대로 환자는 질병에 아무런 책임이 없으므로 그 치료과정에도 전혀 간섭해서는 안된다고 생각하는 의사도 있다. 어찌되었든 진정한 치유를 위해서는 당신의 치유능력을 북돋워줄 수 있는 의사를 만나는 것이 중요하다.

우리가 몸을 소중히 여기고 몸이 전해주는 메시지를 귀담아 들을 때 우리는 삶을 근본적으로 치유할 수 있게 된다. 몸의 지혜를 믿는다는 것은 정신과 육체의 관련성을 인식하지 못하는 사회구조를 뛰어넘는다는 뜻이다. 몸의 지혜는 다른 것이 아니다. "몸의 징후는 영혼이 우리의 관심을 끌기 위해 겉으로 드러낸 표현"이라고 믿는 것이다. 그러한 징후를 외적인 '치료'만으로 덮어버릴 때 관심과 변화를 요구하는 삶의 치유는 점점 더 어려워진다.

나는 환자들에게 건강관리에 적극 동참하도록 권하면서 종종 '책임의 벽'에 부딪혀야 했다. 예를 들어 자궁근종(양성 자궁종양)을 앓는 환자가 있었다. 나는 그 병이 그녀의 인간관계와 관련이 있을지도 모른다고 설명했다. 그러자 그녀는 버럭 화를 내면서 "그럼 병에 걸린 것이 내 책임이란 말입니까?" 하고 물었다. 내가 자신을 나무란다고 생각했던 것이다. 나는 그렇게 인과관계를 따질 필요가 없으며 책임의 한계를 따질 이유도 없다고 설명해주었다. 치유를 위해서, 그녀는 자궁근종을 새로운 시각에서 생각해볼 필요가 있었다. 자신의 병을 단지 치료해야 할 '적'이 아니라 건강한 삶을 위해 관심을 끌려는 '내면의 안내자'라고 생각해야 했다. 이처럼 질병에 적극 대응하면서 새로운 것을 배우려고 할 때 우리는 중독된 사회구조를 이겨낼 수 있다.

치유를 위해서는 질병에 대해 책임지려고 하기보다는 질병을 적극 수용할 수 있어야 한다. 내가 아는 한 건강한 사람은 자신의 질병이나 삶을 자기만의 것이라고 인식하지 않는다. 그들은 질병이나 삶의 환경으로 고민하지 않는다. 다만 하루하루를 충실하게 살아간다. 이런 점에서 "나는 암에 걸렸고 암을 이겨내야 한다. 그러나 그 책임이 반드시 나에게 있다고는 생각하지 않는다. 오히려 내 삶에 던져진 암울한 이 순간을 받아들이는 방법에 책임감을 느낄 뿐이다."라고 썼던 한 젊은 환자의 글은 많은 것을 느끼게 해준다.

가까운 친구였던 마사의 사례는 비록 평범한 경우는 아니지만 우리가 치유의 과정을 시작할 때 맞게 되는 여러 가지 상황, 즉 질병과 몸의 징후를 분명하게 보여주는 이야기이다. 마사는 50대 후반이 되자 어린 시절의 괴로웠던 기억들이 무의식중에 떠오르기 시작했다. 그녀는 그러한 고통을 억제하지 않았다. 마음껏 느끼려고 애썼다. 며칠 동안 하루에도 몇 시간씩 실컷 눈물을 흘리면서 그러한 감정들을 토해냈다. 그 과정에서 그녀는 밀매업자였던 아버지 손에 이끌려 어두컴컴한 술집을 들락거리던 시간들을 자세히 기억해낼 수 있었다. 그녀가 술집에 앉아있는 동안 낯선 여자들과 키스하던 아버지의 모습도 떠올랐다. 또 어머니가 교도소로 아버지를 면회하러 간 동안 그녀는 숙모와 지내야 했는데, 외눈이었던 숙모가 그녀와 여동생을 바퀴벌레가 우글거리는 골방에 가두어 놓았던 기억도 떠올랐다. 먹을 것은 크래커뿐이었고 천장에는 작은 전구 하나만이 달랑 매달려 있었다. 55년 동안이나 마음 속 깊은 곳에 감추어 두었던 기억들이 떠올랐을 때 마사는 비로소 마음껏 통곡할 수 있었다. 믿을 수 있는 친구를 옆에 두고 지칠 때까지 울었다. 그렇게 아픈 기억을 씻어내는 작업이 며칠 동안 계속되었다. 과거의 삶을 기억하면서 그로 인한 감정을 토해내자 '척추의 퇴행성 변화' 탓으로 진단되었던 목과 어깨의 만성적인 통증이 깨끗이 사라지고 재발되지도 않았다.

어느 봄 날 마사가 내게 전화를 걸었다. 예전과는 전혀 다른 죽음의 공포가 느껴진다는 것이었다. 몸의 징후를 남달리 믿었던 그녀는 그러한 느낌과 징후를 약물로 억누르려고 하지 않았다. 그저 그 느낌을 그대로 받아들이면서 자신에게 무엇을 가르쳐 주려고 하는지를 알아내려고 했다. 마사는 이미 두 자식과 남편의 죽음을 경험했기 때문에 죽음이 낯설지 않았다. 그러나 죽음의 공포가 밤낮으로 그녀를 따라다닌다고 말했다. 죽음의 공포는 왼쪽 상복부의 통증으로 나타났다. 처음에는 치과 치료에서 받은 페니실린의 부작용으로 잘못 해석했다. 그러나 죽음의 공포가 너무 강력해서 그녀는 한동안 아무 말도 하지 않았다. 공포와 복통이 더욱 악화되자 그녀는 직접 차를 몰고 그녀가 살고 있는 뉴잉글랜드를 떠나 뉴멕시코의 타오스에 살고 있는 딸을 찾아갔다. 본능적인 행동이었다. 그녀는 혼자 있고 싶었고, 혼자 있기 위해서는 장거리 운전이 최고라고 생각했던 것이다. 나는 마사가 그토록 불안해하는 것을 본 적이 없었다. 그러나 걱정하지는 않았다. 그녀가 틀림없이 이겨낼 수 있을 것이라고 믿었기 때문이다. 며칠 후 그녀가 전화를 걸어왔다. 여전히 불안을 떨쳐버리지 못한 목소리였다.

"모든 것은 평원에서 시작되었어. 200마일쯤 달렸을 거야. 그때 극심한 통증이 밀려왔어. 가축우리 옆을 지나고 있었어. 배설물로 가득했어. 순간 우리도 그처럼 더러운 세상에서 살고 있다는 생각이 들었어.

다만 향기 나는 화장지로 감추고 있을 뿐이라는 느낌이었지. 이런 세상에서 살고 있다는 것이 너무 슬펐어. 환경문제 때문에도 슬펐어. 항상 이러한 두려움 속에서 살고 있었다는 생각이 들었어. 나는 마치 개척자라도 된 듯한 기분이었어. 그 평원을 지나는 동안 온갖 유형의 여자들을 '만났어.' 그들의 힘겨운 노동을 통해서 세상을 알게 되었어. 모든 여성들의 고통과 두려움을 느꼈어."

상상이 계속되는 동안 그녀의 복통은 더욱 심해졌다. 입에서 피가 흐른다는 기분이 들어서 휴지로 닦았지만 핏자국은 없었다.

"그때 번쩍 하는 빛이 지나갔어. 나는 바이킹이 되었지. 남자 바이킹이었어. 엄청나게 큰칼을 들고 있었어. 임신한 여자를 죽였어. 그 칼로 뱃속의 아기까지 죽였어. 생각만 해도 끔찍한 일이었지. 나는 괴로워서 눈물을 펑펑 쏟으면서 운전했어. 생각해봐. 내가 그런 끔찍한 짓을 하다니! 남자들이 불쌍했어. 그렇게 잔인한 짓을 하도록 훈련받았잖아. 복통과 눈물과 빈민이 네 시간 정도나 계속되었어. 로키 산맥을 넘자 날이 밝아왔지. 고통이 사라지기를 바랐지만 두려움은 여전했어. 악몽을 꾼 기분이었지. 마치 현실처럼 생생했지만 절대 현실은 아니었어. 집이 아닌 다른 곳에서 혼자 보낼 시간이 필요했던 거야. 집을 떠났던 금요일 밤 내내 복통이 있었지만 조금씩 사라지는 기분이었어. 하지만 일요일에 다시 여행을 시작하자 왼쪽 배에 견디기 힘든 파장이 느껴졌어. 내가 바이킹이 되었을 때 칼을 차고 있던 곳이었어."

그녀는 계속해서 자신의 특별한 체험을 들려주었다.

"타오스에 도착했을 때 나는 메리에게 모든 것을 털어놓았어. 너도 알다시피 메리는 직관력이 뛰어난 아이잖아. 메리는 내 이야기를 듣더니 그 정도면 됐다고 말했어. 개척자가 된 것이나 임신한 여자를 살해하는 바이킹이 되었던 환상이 죽음의 공포를 떨쳐버리는 데 도움이 되었다는 거야. 나도 그쯤에서 끝내야 한다는 것을 알았어. 환상에서 보았던 것을 인정해야만 했어. 그래 어쩌면 그 여자는 죽어야만 했을 거야.

내가 끔찍한 짓을 한 것은 사실이지만, 그것은 어쩌면 내가 하느님과 나 자신에게서 감추려고 했던 본성이었을 거야. 또 하나 깨달은 것은, 인간은 언제나 그런 짓을 하고 있다는 거야. 우리는 서로를 죽이고 있어. 이제 나는 새롭게 태어나고 있어. 예전으로 돌아갈 수는 없어. 너무나 많은 일이 일어났고 엄청난 경험이었어. 그 경험 덕분에 나는 죽음이 무엇인지를 깨달았어. 환경, 지구, 그리고 인간이 저지르는 행위들이 내 몸 깊숙이 스며들었어. 두려움 때문에 자식에게 의존하고 싶었던 마음을 완전히 떨쳐버릴 수 있었어. 이제 나는 자유로워."

마사는 통증의 원인을 지적 차원만으로는 완전히 치유할 수 없다는 사실을 알고 있었다. "바이킹이었다"는 환상을 과거의 경험으로 해석할 필요는 없었다. 다만 그녀의 내면에서 용솟음치는 것을 느껴야 했다. 살인을 인정했을 때 그녀는 부담감에서 벗어나 새롭게 태어날 수 있었다. 또한 그 동안 살아왔던 삶의 방식에 변화를 주어야 한다는 사실도 깨달았다. 그녀는 이제 삶에 아무런 도움도 되지 않는 교제, 습관의 틀에 짜맞추어진 교제를 위해 낭비해버리는 시간에서 벗어날 수 있어야 했다.

마사는 1주일 후 집으로 돌아왔다. 하지만 두려움의 앙금은 여전히 남아있었다. 그녀는 그 느낌에서 벗어나고 싶었다. 그녀는 그때의 경험을 빠짐없이 글로 썼다. 그리고 뒷마당으로 나갔다. 하늘에는 별이 총총히 박혀 있었다. 그녀는 마당에 구덩이를 파고 글을 쓴 종이를 태운 뒤 흙으로 덮었다. 몇 주일 후 그녀는 두려움에서 완전히 벗어날 수 있었다.

그로부터 3주 후, 그녀는 오하이오에 살고 있는 숙모 부부를 찾아갔다. 로이 삼촌은 그녀를 옆에 앉혀 놓고 앞으로 오래 살지 못할 것 같다고 말했다. 그러면서 줄 것이 있다며 그녀를 뒷방으로 데려갔다. 삼촌은 선반에서 청동상을 꺼내어 그녀에게 주었는데, 그것은 칼을 든 바이킹의 모습이었다.

이제 우리는 질병의 책임이 우리에게 있다는 주장이 매우 편협하고 잘못된 해석이란 사실을 알 수 있다. 우리에게는 알 수 없는 이유로 자기 마음대로 조절되지 않는 의식세계가 있다. 그리고 우리에게는 또 다른 부분, 즉 영혼과 내면의 지혜라는 부분이 있다. 따라서 자아라는 개념을 확대해석할 필요가 있다. 시간과 공간은 절대적인 개념이 아니다. 우리는 내면의 힘을 통해 치유의 능력을 발휘할 수 있다.

몸은 우리가 해야 할 것을 가장 훌륭하게 해낼 수 있는 원동력이다. 맹인가수 스티비 원더Stevie Wonder는 "맹인이었기 때문에 더욱 절실하게 사랑을 느낄 수 있었다"고 말했다. 그가 정상인이었다면 최정상의 가수로 성장하지 못했을는지도 모른다. 또 엘리자베스 퀴블러 로스Elisabeth Kuebler-Ross는 "우리 몸에 이상이 생기면 정신적인 능력이 평상시 이상으로 확장된다"고 말했다.[13] 나는 로스의 주장을 전적으로 신뢰한다. 논리적이고 학문적인 분석으로 그의 주장을 뒷받침할 수는 없다. 그러나 이 세상에는 우리가 꿈꾸는 이상의 것이 실제로 존재한다.

몸이 전해주는 메시지, 몸의 징후에 마음의 문을 열어라. 그 메시지를 귀담아 듣고 섣불리 판단하지 말라. 몸의 메시지에는 당신의 생명을 구원하는 열쇠가 들어있다.

3 내면의 인도자

자애로운 부모가 자식을 인도하듯
우리의 삶을 인도하는 보이지 않는
힘이 있다.
–피티아 피이 Pythia Peay

메리 루는 유방암 진단을 받자마자 내게 전화를 걸어 어찌 하면 좋을지를 물었다. 나는 "여러 의사들에게 자문을 구한 후에 자신감을 가지고 스스로 결정하는 것이 치유의 한 방법"이라고 대답해주었다. 얼마 후 그녀는 내게 다음과 같은 편지를 보내왔다.

"내가 스스로 암을 이겨내는 방법을 알게 될 것이라고 했던 당신의 확신에 찬 목소리를 들었을 때 나는 솔직히 무척이나 놀랐습니다. 삶과 죽음이 걸려있는 문제였는데도 말입니다. 당신의 말을 듣는 순간, 내가 그 동안 내 영혼을 잊고 지냈다는 생각이 떠올랐습니다. 앤느 윌슨 새프는 내게 1981년 당시를 기억하게 해주었습니다. 당시 나는 궤양성 대장염 진단을 받은 직후였고 죽을지도 모른다는 두려움에 떨고 있었습니다. 이제 나는 정신과 몸과 영혼의 관련성을 굳게 믿습니다. 암을 치유할 방법을 결정하면서도 나는 내면의 인도자를 신뢰할 진정한 기회를 얻었다고 생각했습니다. 비록 어려운 결정이었지만, 몇 달 후 그러한 생각은 놀라운 효과를 보여주었습니다. 내가 스스로를 치유해낼 수 있다고 생각할 때마다 그것은 내게 새로운 용기를 북돋워주고 있습니다."

내면의 인도자는 우리를 생명이 충만한 삶으로 이끌어준다. 유방암이라는 최악의 상황을 맞이해서 메리 루는 최고의 외과의사와 최선의 치료법을 찾아낼 수 있었다. 그뿐 아니라 그런 상황에서도 삶을 즐길 수 있다는 사실을 깨달았다. 그 모든 것이 삶의 매 순간마다 자신의 느낌에 충실했기 때문에 가능한 것이었다. 매 순간마다 그녀는 '최적'이라고 느껴지는 결정을 내렸던 것이다.

생명이 충만한 삶을 향해 나아갈 때, 그 순간 당신의 건강이 어떤 상태이든 치유가 있게 된다. 내면의 인도자는 생각, 감정, 꿈, 몸의 느낌을 통해서 전해진다. 우리의 몸은 에너지와 정보를 받고 전달하는 정류장과도 같다. 내면의 인도자와 함께 하는 삶은 정신, 몸, 감정, 영혼 등 모든 것을 활용해서 자신의 삶을 느끼는 것이다. 그렇게 할 때 우리는 삶과 행동, 타인과의 관계, 그리고 건강에서 의식적인 변화를 꾀할 수 있게 된다.

몸의 요구

때로는 '본능적인 느낌'이 정확한 정보일 수 있다. 그러한 본능적 반응을 느끼는 신체부위, 즉 태양신경총(명치) 역시 또 다른 뇌이기 때문이다. 또한 그 곳은 우리가 안전한지, 올바른 방향을 향하고 있는지를 알게 해주는 직관의 중심처이기도 하다.

우리는 몸의 요구에 순응하는 방법을 터득해야만 한다. 단순한 것부터 시작할 수 있다. 예를 들어 피곤하면 쉬어라. 화장실에 가고 싶으면

〈표 3-1〉 외적인 지도와 내면의 인도

외적인 지도(지배문화)	내면의 인도
물리적인 세계는 정신보다 열등하다.	영혼은 모든 것을 말해준다.
자연은 신보다 열등하며 정복의 대상이다.	자연은 신령의 반영체이다.
인간은 자연보다 우월한 존재이다.	인간은 영혼 및 자연과 더불어 공동의 창조자이다.
행동은 공포와 판단에서 비롯된다.	행동은 자아의 존중이며, 자아의 존중은 결국 타인의 존중으로 귀결된다.
차이점은 의혹의 대상이며, 따라서 정복되어야 한다.	차이점은 영혼의 창조성을 증거해주는 것이다.
올바른 삶의 방법은 한 가지 뿐이다.	성취와 환희에 이르는 방법은 많으며, 어떤 방법이 더 우월하다고는 할 수 없다.
자신의 기쁨과 성취를 우선시 한다.	매순간 충실한 삶을 살면서 창조의 과정을 즐긴다.
개인의 내적 가치에는 우열이 있다.	삶은 상호의존적인 협동의 과정이며, 모든 존재가 긴밀한 관계를 갖는다.

가라. 이 책을 읽는 도중 울고 싶어지면 마음껏 울어라. 어떤 부분이 쉽게 읽혀지지 않는다면 더 열심히 읽어라. 그 부분의 내용이 당신을 힘들게 하는 문제일 수도 있기 때문이다. 그리고 나서 당신에게서 일어나는 반응을 상세하게 기록해두라. 책을 읽으면서 당신의 호흡이 어떻게 변하는지 주목해보라. 호흡이 달라지는가? 심장 박동은 어떤가? 자궁이나 월경주기에 대한 부분을 읽을 때, 옛 기억이나 몸의 느낌이 떠오르지는 않는가?

여성은 매순간 닥쳐오는 몸의 느낌에 관심을 기울여야 한다. 치유를

외적인 지도(지배문화)	내면의 인도
외적인 제도와 법이 행동을 결정한다.	행동은 내면의 인도자와 관계하며, 결정된다.
의식세계와 구분되는 객관적 현실이 있다.	우주 전체가 의식세계의 투영이다.
원하지 않는 것에 반발하는 것이 무언가를 성취하는 유일한 방법이다.	의식이 존재하는 모든 것을 창조한다. 생각과 느낌이 현실을 만들어낸다.
지원과 도움은 외부의 사람과 제도에서 얻어야만 한다.	각 개체는 내면의 존재와 인도자와의 교감을 통해서 스스로 성장하는 존재이다.
행복은 타인에게서 인정을 받는 데 있다.	자신을 인정하는 것이 행복의 열쇠이다.
인간은 본래부터 결함이 있는 존재이다. 따라서 가치는 쟁취하는 것이다.	우리는 존재한다는 것 자체로 가치 있고 소중한 존재이다.
영적인 인도는 신부, 목사 등 성직자의 몫이다.	내면의 인도자와 영혼은 본래 자상하고 자비롭다.
하느님이 가치의 궁극적인 심판관이다.	우주의 비밀이 계속해서 밝혀지고 있다.
모든 것, 모든 사람을 지배할 수 있다.	인간은 물리적인 관점에서 모든 것을 이해할 수 없다. 생명의 경이로움은 신비로움에 있다.

위해 여성은 몸으로 들어가 다시 경험할 수 있어야 한다. 몸이 지닌 내면의 지혜를 믿어야 한다. 몸에서 일어나는 느낌에 대한 이유를 찾을 것도 없다. 왜 심장박동이 빨라지고, 왜 갑자기 울고 싶은지 이유를 따질 필요가 없다. 그러한 느낌을 마음껏 경험하고 나면 자연스럽게 이유를 알게 된다. 치유는 몸과 머리에서 일어나는 유기적인 과정이다. 따라서 기분이 언짢거나 짜증스럽다면 그러한 느낌에 자연스럽게 순응하면 된다. 그러한 느낌을 마음껏 발산하라. 그렇게 하고 나서 몇 시간, 혹은 며칠 뒤에 그때의 기분을 돌이켜보라. 몸이 아프다면 최근에 일어났던

일들을 돌이켜보아야 한다. 그러면 그러한 징후의 원인이 되는 단서를 찾아낼 수 있을 것이다.

나의 경우에는 이 책을 쓰는 동안 손과 얼굴이 마비되는 기분을 느꼈다. 조만간 편두통이 닥칠 것이라는 징조였다. 나는 열 두 살 때 전형적인 편두통을 앓았다. 그 후 대학교 2학년 때까지는 매달 한두 번씩 겪는 행사였지만, 거의 20년 동안은 또 전혀 증세가 없었다. 성인이 되면서 나는 편두통을 잊기 위해 수업과 과외활동에 몰두했다. 스트레스가 내 몸의 전자기 계통의 통로를 완전히 차단시켰다.

그러나 과거 친숙했던 고약한 느낌이 다시 닥쳐왔을 때, 나는 지체 없이 그 느낌을 무언가 새롭게 배울 기회로 삼았다. 그리고 얼음주머니를 목에 괴고 누워 조용한 분위기에서 두 손을 따뜻하게 하는 데 열중했다. 생체자기제어 치료사에 따르면, 몸의 긴장을 풀면서 손을 따뜻하게 하면 편두통을 미연에 방지할 수 있다고 한다. 실제로 효과가 있어서 나는 지독한 두통을 피해갈 수 있었고, 약 1시간 후에는 다시 일을 시작할 수 있었다. 하지만 마음이 편치 않았다. 나는 사흘 전으로 되돌아갔다. 나는 몇 년 간 팽개쳐두었던 집안 일을 단 이틀 만에 정리해야 했다. 일요일 저녁, 나는 몹시 초조해졌다. 밥 먹을 틈도 없고 샤워할 시간도 없었다. 심지어 허리를 펼 시간조차 없었다. 잠자리에 들 때쯤에는 머리가 묵지근했다. 그리고 다음날 아침 편두통 증세가 있었다. 내 몸이 절대적인 휴식을 요구하는 것이었다. 나는 그런 증세를 경고로 받아들였다.

내가 이상의 경험에서 얻은 치유의 원칙을 요약하면 다음과 같다.

처음에 몸에서 전해지는 메시지를 무시하면 다음에는 더 큰 고통이 찾아온다. 어떠한 감정이든, 감정은 우리에게 느낌을 전해주며 삶에 더욱 충실하도록 해준다. 내면의 인도자를 인식하기 위해서 우리는 감정을 철저히 신뢰해야 한다. 물론 쉬운 일은 아니다. 우리는 언제나 위급한 상황에 있는 것처럼 바쁘게 살아가기 때문이다. 대개는 "감정은 나

중에 생각할 거야. 지금은 시간이 없어. 저녁 준비하기도 바빠."라고 말한다. 그러나 감정의 해결을 뒤로 미루고 부정함으로써 몸은 더욱 우리의 관심을 얻으려고 몸부림치게 된다. 이제부터라도 웃고 싶거나 울고 싶으면 하던 일을 멈추고 그러한 감정을 마음껏 느껴라.

우리는 항상 명랑하고 즐겁다고 '생각'하도록 배웠다. 그렇게 느끼도록 길들여진 것이다. 슬픔이나 고통은 삶의 자연스러운 부분이며 누구나 경험하는 것이다. 따라서 슬픔이나 고통에서도 배울 것이 있다. 그러나 우리 문화는 슬픔이나 고통은 나쁜 것이라고 가르친다. 따라서 어떤 대가를 치르더라도 피해가야만 하는 대상이다. 하지만 그 대가는 너무 크다.

우리에게는 고통을 이겨낼 내면의 능력이 있으며, 우리 몸은 그 방법을 알고 있다. 울음은 몸에서 독성을 씻어내는 한 방법이다. 울음은 에너지를 몸으로 모아준다. 그리고 그 에너지를 다른 방향으로 흘려보내거나 다른 방식으로 해석하게 해준다. 그러나 감정을 억압하면서 운동이나 진정제 등 인위적인 방법을 사용하면 눈물, 즉 감정의 표현을 억제하는 호르몬인 엔케팔린을 생성하게 된다.[1] 눈물에는 몸이 씻어내는 독성이 들어있다.[2] 기쁨의 눈물과 슬픔의 눈물은 화학적 성분이 다르며, 호르몬의 영향을 받는다. 그 때문에 감정을 마음껏 드러낼 수 있을 때 몸과 정신이 깨끗해지고 해방되는 느낌을 받게 되는 것이다. 주어진 상황에 대한 감정을 충분히 느끼고 필요한 경우 마음껏 울다보면 종종 그 상황에서 벗어날 수 있는 혜안이 얻어진다. 기쁨의 눈물은 슬픔의 눈물과 생리학적·화학적으로 다르지만, 기쁨과 슬픔은 밀접한 관계를 갖는다. 슬픔의 깊은 맛을 느끼지 못하면 기쁨의 깊은 맛도 느끼지 못한다. 둘은 서로 다른 감정이지만 몸이 느낌을 '소화'해내는 과정에서 나타나는 자연스러운 현상이기 때문이다.

많은 질병들이 사실은 오랫동안 무시되어온 감정의 표출일 수 있다. 상당히 오랫동안 편두통을 앓아온 한 환자가 있었다. 그녀가 최근에 털어놓은 경험담 역시 그러한 사실을 입증해준다. "신경과 의사가 나에게 리튬을 처방하려 했을 때 나는 이번 기회에 두통과의 전쟁을 아예 끝내기로 마음먹었어요. 그러나 내 몸에 그따위 약물을 주입하고 싶지는 않았어요. 나는 생체자기제어 치료사를 찾아가 긴장해소법을 배웠습니다. 나는 무척이나 고통스러운 어린 시절을 보냈는데 그러한 고통을 쏟아낼 곳이 없었죠. 그런데 어느 날 문득 자신에 대한 관심을 등한시할 때마다 두통이 시작된다는 것을 깨닫게 되었어요. 충분한 휴식을 취하지 못하거나 잠이 부족할 때, 가족과 불화의 분위기를 느낄 때 두통이 시작되었죠. 결국 두통이 나에게 무언가를 알려주기 위한 신호라는 것을 알게 되었습니다."

감정의 정화

우리가 자신을 억압하면서 잊으려고 애쓰던 과거의 감정을 느끼고 표현할 때 비로소 치유는 시작될 수 있다. 결국 과거의 어두운 감정을 잘라내고 쏟아내는 과정이 필요하다. 나는 종종 이러한 과정을 종기 처치법에 비유한다. 종기를 처치하려면 우선 종기를 찢어낸 다음 종기 안의 고름을 빼내야만 한다. 그렇게 하고 나면 통증이 금세 사라지고 새로운 조직이 생겨난다. 감정도 마찬가지이다. 감정을 쏟아내지 않으면 억압된 감정은 에너지를 고갈시키고 고통의 원인이 된다.

어린이는 감정을 곧바로 자연스럽게 쏟아낸다. 인간은 원래 그러한 능력을 타고나는 것이다. 그러나 자라면서 되도록 감정을 억제하는 것이 미덕이라고 배운다. 심한 공포가 밀려온다거나 마구 울고 싶은 때가 있다면 어떠한 감정이 모습을 드러내려고 준비하는 것이다. 그러나 그러한 경험이 없는 사람에게는 '자제력을 잃었거나 정신을 잃은 것'으로 보인다. 하지만 결코 그렇지 않다. 그것은 몸에서 시작된 치유의 과정을 받아들이는 것이다. 머리가 조절력을 상실하면서 몸의 내적인 지혜에게 그 권리를 양보한 것이다. 이럴 때 의사들은 대부분 약을 처방해준다.

그 결과 여성의 자연치유력은 몇 달에서 몇 년씩 제자리걸음을 하게 된다. 약이 처방되지 않더라도 대부분의 사람들은 몸에서 일어나는 감정에 불편해한다. 그래서 울음을 터뜨리거나 자제력을 잃은 사람을 보게 되면 곧바로 달려가 달래려고 애쓴다. 그럼으로써 상대의 감정표출을 억제하고 동시에 상대의 모습에서 자신이 느낄 수 있는 감정마저 차단하게 된다. 결국 양쪽 모두에게서 치유의 과정이 중단되는 것이다.

반면 마음껏 감정에 몰입해서 표현하고 원하는 만큼 울부짖고 눈물을 흘리면서 내적 자아와 완전히 하나가 되는 경험을 하게 되면, 우리 몸 안에 과거의 고통스런 기억을 치유하는 본연의 능력이 있다는 사실을 깨닫게 된다. 현재의 상태에서 달아나기보다는 현재의 상태와 기꺼이 하나가 될 때 오랫동안 잠재되어 우리의 에너지를 고갈시켜온 고통스러운 경험을 이겨낼 수 있는 것이다. 스티븐 레빈Stephen Levine은 이러한 경험을 "고통을 끝내는 고통"이라고 불렀다. 이처럼 감정을 마음껏 발산할 때 몸과 정신이 맑아지면서 자유를 느끼게 된다. 또한 새로운 혜안을 얻으면서 오랫동안 잊혀져 있던 자신을 되찾게 된다. 치유의 과정은 과거 고통스러운 사건과의 궁극적인 화해이다. 따라서 치유의 과정을 겪은 사람은 자신과 다른 사람을 쉽게 용서할 수 있다.

불임 전문의였던 캐롤이 그 전형적인 예다. 캐롤은 한 환자를 위해 가능한 모든 첨단의 수법을 동원했지만 그녀의 불임을 치료할 수 없었다. 캐롤은 그 일이 무척 곤혹스럽고 고통스럽게 느껴졌다. 불임치료는 결코 완벽한 성공을 거둘 수 없는 처치법이다. 그런데도 캐롤은 그러한 실패를 자신의 문제로 받아들이고 의사라는 직업까지 서글프게 여겼다.

내가 주최한 워크숍에서 토론의 주제는 자연스럽게 산모의 문제로 넘어갔다. 많은 참석자들이 가슴에 쌓아두었던 감정을 마음껏 토로했다. 캐롤은 옆에서 지켜보기가 민망할 정도로 통곡을 했다. 그녀는 울면서 "난 이제 엄마를 만들 자격이 없어. 난 이제 엄마를 만들 자격이 없어." 라고 소리쳤다. 그러다 그녀는 자신이 단 한 번도 감정적인 의미에서 어머니를 생각해본 적이 없다는 사실을 깨달았다. 그녀는 어린 시절 어머니에게 무척이나 심한 매질을 당했다. 그때의 고통을 완전히 해소하지 못했기 때문에 불임 전문의를 선택했던 것이다. 다시 말해서, 무의식 속에서 그녀는 감정적인 차원의 어머니를 만들 생각으로 불임 전문의가 되었던 것이다. 이러한 깨달음이 있은 후 그녀는 새로운 마음으로 일에 열중할 수 있었다. 그리고 불임 환자의 임신에 대한 절대적인 책임감에서 벗어날 수 있게 되었다.

꿈, 무의식의 세계로 가는 문

꿈은 내면의 인도자로 향하는 또 하나의 길이다. 과학적인 증거도 충분하다. 즉 꿈을 꿀 때와 깨어있을 때 뇌의 활동량은 동일하다. 꿈을 꾸는 동안 내면의 인도자는 뇌와 더불어 활동하면서 건강하고 균형 잡힌 미래에 대한 우리의 욕망을 보여준다. 또한 꿈은 우리 몸의 에너지가 어떠한 방향으로 집중되고 있는지, 그리고 어디에서 어떻게 균형을 이루어야 하는지를 보여준다.

만성 골반 통증에서 치유되고 있던 한 환자는 "치유의 과정에서 꿈이 더욱 생생하고 또렷해졌다. 다음 장면을 보기 위해서 잠자리에 드는 것이 즐거울 정도였다."고 말했다. 또한 근친상간의 충격에서 회복되고 있던 환자는 "최근에 이런 꿈을 꾸었어요. 네 살짜리 어린 여자아이가 누군가에게 맞았다고 말하려고 했어요. 그런데 그 여자아이는 다름아닌 바로 나였어요. 꿈에서 그때의 고통스러운 장면을 본 거예요."라고 말했다. 만성 질염으로 고생하던 한 환자는 현대의학에서 아무런 도움을 얻지 못하자 꿈에서 안내자를 찾으려고 했다. 1주일 후 다시 찾아온 그녀는 "꿈을 꾸었어요. 모든 것이 검은색이었어요. 그리고 '래리에게서 벗어나면 문제가 해결될 거야' 라는 목소리가 들렸어요." 하고 말했다. 그 후 그녀의 증세는 깨끗이 완쾌되었다.

꿈을 가볍게 넘기지 말라. 아침에 일어나면 곧바로 꿈을 기록해두어

라. 그리고 밤에 잠들기 전 그 꿈을 되새겨라. 항상 침대 옆에 공책과 연필을 준비해두어라.

직관과 직관의 인도

직관도 진실이나 사실의 직접적인 인식이지만 이성적인 추론과는 전혀 다른 방식의 접근법이다. 예를 들어, 당신이 칠흑같이 어두운 방에 들어갔다고 하자. 아무것도 보이지 않고 그 안에 누군가 있다는 이야기도 듣지 못했다. 그런데도 당신은 방 안에 누군가 있다는 사실을 알 수 있다. 그것이 바로 직관이다. 직관은 우리 모두가 타고난 능력이다. 잘 알고 있듯이 어린아이는 무척 직관적이다. 그러나 자라면서 이러한 능력을 지워버리는 교육을 받으므로 고등교육을 받을수록 직관을 믿지 않게 된다. 현대사회는 논리적이고 합리적인 사고영역을 담당하는 좌뇌의 추론만을 인정할 뿐 다른 형태의 지식은 원시적인 것이라고 무시하는 경향을 띤다. 따라서 직관력은 신뢰할 수 없다는 편견 때문에 제대로 활용되지 않았다. 그러나 직관 역시 무엇인가를 알게 되는 자연스러운 수단이므로 결코 무시해는 안된다. 중독된 사회구조는 우리에게 직관을 멀리 하도록 하지만, 우리가 내면을 중시하는 삶을 살면서 내면의 인도자를 가까이 할 때 직관은 자연스럽게 우리 곁에 찾아온다.

천재라고 일컬어지는 사람도 뇌 능력의 불과 25%만을 활용할 수 있다는 것이 정설이다. 따라서 직관을 사용한다는 것은 일상적인 수준 이상으로 지적 능력을 활용한다는 뜻이 된다. 직관은 에너지장을 읽어내는 능력이다. 직관은 이미 오래 전부터 치유의 한 수단으로 활용되어 왔다. 엄밀히 말하자면 무속인들도 직관의 능력을 최대한으로 활용하는 사람들이다.[3] 직관은 에너지장의 장애가 몸의 증상으로 드러나기 전에 미리 탐색해내는 능력이다. 따라서 직관 역시 건강한 삶을 위한 한 수단임에 틀림없다.

내면의 인도자

요통으로 고생하는 의과대학 동기생이 있었다. 그녀는 하고 싶지 않은 일을 해야 할 때 요통이 생긴다는 것을 알게 되었다. 요즘 그녀는 연구보고서를 작성하는 중이다. 그런데 보고서를 써야 한다는 생각을 할 때마다 목의 통증과 복통으로 시달린다. 사회적 관습에 따라 그녀는 그 보고서가 장래를 위해서 필수적이라고 생각하지만 내면의 인도자는 몸의 느낌을 통해서 전혀 다른 이야기를 해주고 있는 것이다. 그녀는 지금 내면의 인도자와 사회적 관습 사이에서 선택의 기로에 서 있다.

우리가 옳다고 느껴지는 일을 할 때 우리 몸은 최적의 기능을 하도록 설계되어 있다. 하느님의 뜻을 진정 알고자 한다면 우리에게 주어진 선천적인 능력과 재능을 소중히 여겨야 한다. 그러한 능력을 제대로 활용하는 사람은 건강할 수 있다. 그러한 능력과 재능이 무엇인지 알고자 한다면 사회제도에 물들기 이전인 아홉 살이나 열 한 살까지의 시절로 되돌아갈 수 있어야 한다. 그때 무엇을 하고 싶었던가? 무엇이 되고 싶었던가? 어떤 사람이라고 생각했던가? 또 하나의 방법은 6개월의 시한부 인생을 선고받았다고 상상하면서 가장 하고 싶은 일이 무엇인가를 생각해보는 것이다. 현재의 일을 계속할 것인가? 현재의 배우자와 남은 6개월을 함께 할 것인가? 결국 가장 큰 충만감과 자유를 느끼게 해주는 방향으로 나아가야 한다. 우리는 어떤 생각, 어떤 행동, 어떤 느낌이 자신에게 충만감과 자유를 주는지 본능적으로 알고 있다. 따라서 자신을 믿으면서 치유를 향한 방향으로 자연스럽게 나아가면 된다.

우리는 원한다고 해서 모두 가질 수는 없으며, 환희로 가득한 삶보다는 투쟁적인 삶이 더욱 명예롭다고 배웠다. 또한 지나치게 만족감을 주는 것은 믿지 말라고도 배웠다. 그러한 가르침이 우리 몸에 그대로 배어 있다. 그러나 자신이 원하는 것과 그 이유를 분명하게 말할 수 있을 때 내면의 인도자를 만나게 된다. 그때 내면의 인도자는 우리 몸 안에서 편안함을 느끼고 우리도 그러한 생각과 느낌에 짜릿한 흥분감을 맛보게 된다. 내면의 깨달음과 영적인 에너지를 얻음으로써 환희와 기쁨을 누리게 된다. 그러나 사회는 개인적인 욕망과 꿈을 추구하며 즐기는 것은 이기적인 행동이라고 가르친다. 내면의 힘을 추구하는 많은 여성들이 "당신이 대체 뭐라고 생각하는 거야? 시바의 여왕이라도 된다는 거야?"라는 빈정거림을 듣게 된다. 또한 여성이 자부심이라도 가질 만한 일을 하려고 하면 "무리하지 마. 몸이라도 상하면 어쩌려고 그래?"라고 만류한다. 그러한 질책들이 여성을 꼼짝 못하게 만들어왔다. 이렇듯 여성이 관심 있는 일이나 자신의 삶에 열중하면 어김없이 이기적이라는 비난이 쏟아지므로, 이기적이라는 비난을 피하기 위해서 여성들은 온갖 희생을 감내해야 했다.

우리 사회에서 여성은 개인적인 욕구를 추구하는 데 어려움을 겪는다. 육아와 식사 준비가 여성의 주된 임무라는 편견 때문이다. 여성이 그런 일들을 진심으로 열심히 하더라도 그러한 일은 과소평가되게 마련이다. 그러나 다른 사람의 삶을 소중히 생각하면서 최대한 지원하도록 배운 그대로 살면서 자신의 삶이나 재능은 소중히 생각하지 않는다면, 여성의 외적인 환경은 전혀 변하지 않을 것이다. 선택받은 사람이 되고 싶다면 먼저 자신을 선택해야만 한다! 대부분의 여성이 항상 다른 사람을 먼저 생각하는 것이 옳은 일이라고 배웠다. 그러나 우리 자신부터 소중하게 생각할 수 있어야 한다.

간호사였던 다나 존슨은 몸의 증상에 충실히 순응함으로써 루게릭병(근위축성 측삭경화증)에서 회복될 수 있었다. 루게릭으로 그녀는 호흡근육뿐만 아니라 몸 전체의 조절력을 상실하기 시작했다. 호흡조차 하기 힘들어지자 그녀는 죽음을 생각했다. 그때 그녀는 죽기 전에라도 자신을 조건 없이 사랑해보기로 결심했다. 그녀의 표현대로 그녀의 몸은 "휠체어에 놓인 젤리병"과도 같았다. 그녀는 매일 15분씩 거울 앞에 앉아서 사랑할 수 있을 만한 부분을 찾았다. 처음에는 손을 택했다. 두 손을 조건 없이 사랑하기로 마음먹었다. 그리고 매일 다른 부분을 하나씩 찾아나갔다. 그처럼 자신의 몸을 사랑하게 되자 병세가 눈에 띄게 호전되기 시작했다. 그녀는 그 과정을 일기로 남겼다. 치유의 과정에서 그녀는 어린 시절부터 남에게 인정받고 사랑받기 위해서 언제나 자신의 욕구를 희생시켜야 했다는 사실을 깨닫게 되었다. 자기 희생을 통한 봉사에 종지부를 찍기 위해서 그처럼 생명을 위협하는 질병이 필요했던 것이다.

희생과 봉사에서 유쾌한 기분을 느낄 때에도 건강에 도움이 되기는 하지만 너무나 많은 여성들이 당연한 일처럼 요리를 하고 빨래를 해야 한다. 심지어 그렇게 하지 못할 때는 죄의식까지 느껴야 한다. 결국 의무감에서 남에게 봉사하는 것은 피로감과 원망을 쌓이게 할 뿐이다.

원하지 않는 것을 알아내는 법

우리에게는 원하는 것을 알아내는 능력도 있지만 원하지 않는 것을 알아내는 능력도 있다. 그것 역시 타고난 능력이다. 신생아는 좋은 느낌과 싫은 느낌을 분명하게 구별한다. 여섯 살이 될 때까지, 어린아이는 좋은 느낌을 주는 것에는 자연스럽게 끌려가지만 그렇지 못한 것은 멀리한다. 그러한 능력은 "싫어"라는 말을 처음으로 할 수 있게 되는 두 살 때 가장 분명하게 확인된다. 내면의 인도자를 만나기 위해서는 "싫어"라고 말할 수 있어야 한다. 당신을 피로하게 만드는 것에는 "싫어"라고 말하고, 당신을 충만하게 만들어주는 것에는 "좋아"라고 말할 수 있어야 한다.

- 친구가 전화로 도움을 청하면 잠시 여유를 두고 '내가 정말로 도움이 되기를 원하는가? 아니면 다른 일이 하고 싶은가?' 정직하게 생각해보라.
- 누군가 당신에게 도움을 청하면 당신 몸을 점검하라. 긴장하고 있는가? 어떤 형태로든 본능적인 반응이 있는가? 당신 몸이 "좋아,

재미있을 것 같은데"라고 말하는가? 아니면 "피곤할 것 같아!"라고 말하는가?

- 하루 일을 끝냈을 때 피곤하거나 짜증이 나면 어떤 생각, 어떤 사람이 당신 에너지를 그렇게 만들었는가를 생각해보라.
- 기분이 좋은 날에는 어떤 생각, 어떤 사람이 당신 에너지를 그렇게 충만하게 만들었는가를 생각해보라.
- 일기를 써라. 당신에게 충만감을 느끼게 해주는 긍정적인 에너지에 주목해라. 그렇게 할 때 당신을 더욱 충만하게 해주는 에너지를 얻게 될 것이다.

사회사업가인 환자가 있었다. 그녀는 원래 월경전 증후군과 가벼운 불안 발작증 때문에 나를 찾아왔다. 나는 그녀가 개인적인 시간을 전혀 갖지 못한다는 사실을 알아냈다. 또한 다른 사람을 위해서 자신의 욕구를 철저히 억제한다는 것도 알아냈다. 그래서 그녀에게 진정으로 즐거운 일과 억지로 하는 일을 구분할 수 있어야 한다고 충고했다. 또한 몸의 치유를 위해서, 에너지의 재충전을 위해서 적어도 하루에 한 시간씩은 휴식을 취하거나 하고 싶은 일을 해야 한다고 말해주었다. 다행히 그녀는 내 말을 따랐다. 한 달 후, 그녀의 증세는 말끔히 사라졌다. 그녀는 "일기를 쓰려고 책상 앞에 앉거나 침대에 누웠을 때 정말로 에너지가 내 몸으로 돌아오는 것을 느낄 수 있어요. 내 몸과 마음의 평온을 위해서 그러한 휴식이 필요하다는 것을 깨달았을 때, 마치 어떤 계시라도 얻은 기분이었어요."라고 말했다.

몸은 건강에 도움이 되는 것과 그렇지 못한 것을 정기적으로 우리에게 알려준다. 우리가 건강에 전혀 도움이 안되는 것을 하거나 생각할 때 몸은 그것을 즉각 알아챈다. 한 친구는 부모를 만나러 갈 때마다 설사나 위경련을 일으킨다. 어린 시절 육체적 · 감정적으로 무척이나 학대를 받았기 때문이다. 그때의 기억이 어른이 되어서도 사라지지 않은 것이다. 결국 부모와의 만남이 그녀를 불편하게 한다는 것을 몸이 알아채고 메시지를 보냈던 것이다. 물론 부모를 만나려는 생각을 포기해버리면 위경련 증세가 금방 사라졌다.

건강한 생활을 위해서는 몸이 보내오는 미묘한 신호에 귀를 기울일 수 있어야 한다. 몽롱함, 현기증, 심계항진, 여드름, 두통, 요통, 골반 통증 등의 증상들은 원하지 않는 일을 떨쳐버리라는 몸의 신호이다.

1980년대에 나는 두 아이의 엄마였지만 거의 하루종일 일에 얽매여야 했다. 게다가 내가 하는 일을 동료들도 마땅치 않게 생각했다. 그들의 거부감을 나는 분명히 느낄 수 있었다. 어느 날 얼굴에 커다란 반점이 생겼다. 나는 비타민을 열심히 복용하고 음식에도 변화를 주고 연고도 발라보았다. 하지만 효과가 없었다. 내가 그 직장을 그만둔 후에야 조금씩 효과가 나타났다. 6개월이 지난 후 반점은 완전히 사라졌으며 다시는 재발되지 않았다. 결국 얼굴이 그 당시 나의 행복을 가늠해준 바로미터였던 셈이다. 그 직장이 나에게 적절하지 않다는 것을 몸이 말해주고 있었던 것이다. 직장 동료들에 대한 분노의 감정을 소홀하게 다루자 감정이 피부로 몰려와 얼굴의 반점으로 나타났던 것이다. 그러다 내가 내적 욕구에 순응하면서 직장을 떠나자 얼굴의 반점도 자동적으로 치유되었다.

원하지 않는 일을 하게 될 때 우리 내면에는 부정적인 감정이 생기게 된다. 우리 몸과 몸의 느낌이 도움이 되는 것과 그렇지 못한 것을 지적해주는 동맹군이라는 사실을 깨닫게 될 때 우리는 자유로워진다. 화가 치밀거나 심란할 때, 두통 등이 몸의 징후로 나타날 때 잠시 휴식을 취하면서 그 징후가 당신에게 전하고자 하는 바를 생각해보라. 부정적인 감정으로 침울해질 때 나는 내면의 인도자로부터 멀어진 것을 느낀다. 원하지 않는 일에 얽매여 있음을 알게 된다. 그래서 울적한 기분이 들면 즉시 모든 일을 멈춘다. 그리고 에너지를 긍정적인 방향으로 되돌리기 위해서 다음과 같은 과정을 밟는다.

1. 섣부른 판단 대신에 우선 느끼려고 한다. 부정적인 감정에서 벗어나려고 애쓰지만, 동시에 그 감정을 완전히 느껴보려고 한다. 그 감정을 인정하는 것이다.
2. 내가 부정적인 감정을 갖게 된 이유가 있을 것이라고 인정한다.
3. 에너지를 부정적으로 흐르게 만든 원인을 생각해본다.
4. 부정적인 감정의 원인을 확인한 후 내가 원하는 것이 무엇인지를 생각한다. 내가 원하는 것은 내 기분을 울적하게 만든 순간에 경험한 것과 정반대의 것일 수 있다. 내가 원하는 것이 무엇인지를 생각하는 것 자체가 긍정적인 생각을 도모하는 것이며, 몸의 에너지를 내가 원하는 것으로 향하게 하는 단초가 된다.
5. 내가 원하는 것에 이름을 붙인다. 그렇게 함으로써 내가 원하는 것을 분명히 할 수 있으며 창조적인 에너지를 집중시킬 수 있다. 또한 원하는 것을 생각하거나 말로 표현하는 것만으로도 부정적인 에너지는 저절로 사라진다.
6. 내면의 인도자를 통해서 내가 원하는 것을 얻어내는 힘이 나에게 있다는 확신을 다진다.

이러한 과정은 내 감정을 완전히 인정하고 느끼도록 만들면서, 내가 원하는 것으로 향하게 하는 인도자가 된다.

나는 규칙적으로 책상 앞에 앉아, 어떤 특정한 상황에서 내가 원하는 것이 무엇인지 목록을 작성해본다. 그렇게 하면 생각이 정리되면서 기분이 좋아진다. 무엇을 해야 할지도 알게 된다. 하지만 이러한 과정을 거쳐 내가 원하는 것을 완전히 알게 되기 전까지는 내가 해야 할 일에 대해 성급하게 짐작하지 않으려고 노력한다. 내가 원하지 않는 일을 억지로 할 때마다 스스로에 대한 연민만 깊어지며, 원하지 않는 것을 고착화시킬 뿐이다. 예를 들어보자. 예전에 남편은 병원에서 많은 시간을 보내느라 저녁시간에 맞춰 퇴근하지 못했다. 나는 습관적으로 창 밖을 내다보면서 남편을 기다렸다. 그럴 때마다 남편이 밉고 나 자신이 불쌍하게 느껴졌다. 남편을 기다리는 시간이 길어질수록 남편과의 관계도 원만하지 못했다. 어느 날 나는 더 이상 남편을 기다리지 않기로 결심했다. 혼자 저녁식사를 끝내고 나만의 시간을 즐겼다. 남편이 약속을 어기고 늦어질 때마다 그렇게 했다. 그 후 남편은 정확하게 저녁시간에 맞춰서 퇴근을 했으며 우리 관계에도 아무런 문제가 생기지 않았다.

불행히도 우리는 자신의 느낌을 내면의 인도자로 활용하지 못한다. 오히려 부정적인 감정이나 느낌을 두려워하거나 부인하도록 배웠다. 자제력을 발휘하여 감정을 억제하는 것을 성공의 상징처럼 여겼다. 존 에프 케네디John F. Kennedy가 암살당했을 때 내 어머니는 재키Jackie Kennedy가 국민에게 모범을 보여주었다고 칭찬을 아끼지 않았다. 남편의 죽음 앞에서도 위엄을 잃지 않았고 감정에 흔들리지 않았으며, 눈물조차 흘리지 않았기 때문이었다. 그렇듯 감정을 다스리는 모습이 칭찬을 받을 수는 있겠지만, 그러한 자제력이 습관처럼 굳어지면 치유를 위한 감정표현이 필요할 때 문제가 생기게 된다. 여성에 비해서 남성이 더욱 그러한 압력을 많이 받는다. "남자는 울지 않는다"는 고정관념 때문이다. 그러나 소리내어 우는 것도 감정을 소화시키고 에너지를 몸 전체에 원활히 흐르게 하는 데 필요한 부분이다.

앤느 윌슨 섀프의 지적에 따르면, 중독된 사회구조는 '생명 없는' 방향성을 갖는다. 그 방향은 우리에게 "모든 것을 덮어두라"고 가르친다. 절제 없는 감정표출은 부끄러운 짓이고 내면의 인도나 몸을 믿어서는 안된다고 가르친다. 원하지 않는 것에도 "싫어"라고 말해서는 안되며, 내면의 욕구를 멀리 하도록 가르친다. 종교까지도 본능적인 즐거움과 창의력을 억제하라고 가르친다. 즐거운 감정은 죄악이라고 가르친다. 그러나 내면의 인도에 기초한 삶의 본질은 풍요로운 즐거움과 환희를 찾는 데 있다!

여성의 에너지 시스템 4

당신이 할 수 있는 것, 당신이 할 수
있다고 꿈꿀 수 있는 것이 있다면
무엇이든 시작하라. 그러한 대담함에
천재성, 힘, 마법이 깃들인다.
지금 당장 시작하도록 하자.
– 괴테 Goethe

여성의 몸에서 에너지가 어떻게 운용되는지를 알게 되면 몸이 전해주는 메시지를 해독하는 데 많은 도움이 된다. 몸의 어떤 부위에 질병이 생기는 이면에는 심리적인 의미가 있으며 몸의 위치마다 감정적인 패턴이 다르다. 생각과 감정과 행동은 뇌와 척수, 여러 기관과 혈액, 그리고 림프성(면역) 조직에서, 달리 말하면 모든 부분을 에워싸고 스며드는 전자기장에서 동시에 반영되고 패턴화된다. 따라서 우리 몸에서 생성되고 활동하는 역동적인 에너지를 이해할 때 긍정적, 부정적인 에너지가 우리 몸에서 어떻게 나타나는지를 알게 된다.

물질과 에너지의 관련성

우리 몸의 에너지 시스템은 항상 변한다. 따라서 질병은 언제든지 발생할 수 있고 치유도 가능하다. 예를 들어 전암세포前癌細胞는 우리 몸에서 정기적으로 생성된다. 다만 내적 조절력이 상실되었을 때 침윤성 암세포로 발전하는 것이다.[1] 정신적 · 감정적인 에너지도 정기적으로 드나든다. 몸 안으로 드나드는 에너지들은 우리 몸에서 육체화된다.

만성적인 감정적 스트레스를 해소하지 못했을 때, 스트레스는 에너지장에 혼란을 일으키면서 몸의 질병으로 나타난다. 그 과정은 다음과 같다. 어떤 사람이나 사건에 의해 충격을 받았을 때 우리 몸에서는 생명 에너지가 빠져나간다. 또 스트레스에 사로잡힐 때 에너지는 세포에서 부정적인 방향으로 왜곡된다. 분노나 두려움이 긍정적으로 살아가려는 본능을 억제하면서 에너지를 역류시킨다. 이러한 주장을 뒷받침할 수 있는 의학보고서도 적지 않다. 예를 들어 암세포는 인근의 정상조직에서 에너지를 '훔치는' 현상을 보여준다.[2]

에너지장과 에너지 유출의 개념은 치유과정을 이해하는 데 도움이 된다. 예를 들어 우리에게 상처를 남긴 사람을 향한 분노가 해소되지 않으면 영혼의 일부가 그 사람에게 얽매여 완전한 치유를 힘들게 만든다. 무속인들의 말에 따르면, 누군가에게 심한 학대를 당할 경우 영혼의 일부가 학대를 피해서 어디론가 달아난다고 한다. 따라서 무속에서 행해지는 '영혼 회복'의 치유법은 달아난 영혼을 다시 불러들이는 작업이라 할 수 있다. 실제로 어린 시절 성적 학대를 당한 여성들은 그러한 학대를 당하는 동안 "몸을 떠나 있었다"고 말한다.

대부분의 경우 우리는 에너지 유출을 의식하지 못한다. 그러나 치유 없이 에너지 유출이 계속될 경우 십중팔구 육체적인 질병이 따르게 된다. 그리고 몸의 징후는 특정한 부위에 우리의 관심을 끌어들여 치유를 시작하도록 만든다. 폐경기를 맞아 불면증과 우울증으로 고생하던 한 환자는 어린 시절 성적 학대를 받았던 경험을 털어놓았다. 나를 찾아오기 1주일 전까지만 해도 의식하지 못했던 기억이었다. 그녀는 40대에 이혼의 고통을 겪어야 했고 나를 찾아오기 직전에도 7년 동안이나 사귀던 남자와 헤어져야 했다. 그녀는 "이제야 알았어요. 어린 시절을 기억하지 않으려고 일생을 바친 꼴이에요. 하지만 그동안 왜 한 번도 만족스런 관계를 가지지 못했는지 이유를 깨달았어요. 나는 항상 사람들을 멀리 하려고만 했어요. 어떻게 하면 만족한 관계를 가질 수 있는지도 몰랐어요. 이제 알 것 같아요. 어린 시절의 악몽에서 벗어나는 데 너무 오래 걸렸지만 항상 나를 짓누르는 것 같던 기분이 사라졌어요. 이제 자유를 느낄 수 있어요. 드디어 나는 해방된 거예요."라고 말했다. 어린 시절 악몽의 에너지장에서 풀려나면서 그녀의 불면증과 우울증도 깨끗이 사라졌다.

에너지 유출의 치유

건강한 삶을 위해서는 에너지가 어디로 유출되는지를 눈여겨보아야 한다. 매일 밤 잠들기 전이 가장 적절한 시간이다. 에너지 유출을 치유하기 위해서는 당신이 누구를 혹은 무엇을 생각하고 걱정하고 있는지 따져보아야 한다. 어떤 생각, 감정, 사건, 사람이 당신이 머리 속에 떠오르는가? 당신을 계속 따라다니는 생각이나 감정이 있는가? 원망을 품을 만한 사람이 있는가? 이러한 의문에 대한 답을 찾기 위해서는 당신의 영혼이 필요하다. 과거나 현재의 상황이 당신을 언짢게 만든다면 그러한 상황에 얽매인 당신의 부분을 되찾겠다는 의지가 필요하다. 의지가 있다면 "영혼아 돌아와. 네가 필요해."라고 크게 소리쳐보라. 쉽지는 않겠지만, 당신의 노력이 계속된다면 잃었던 부분이 응답하고 에너지도 회복될 것이다.

에너지 시스템에 장애를 일으키는 가장 큰 원인은 감정이다. 에너지 시스템은 흐르는 물과 같다. 에너지의 흐름이 원활하고 기분도 유쾌하다면 질병에 걸릴 위험은 그만큼 줄어든다. 몸의 에너지 시스템에 장애가 일어나지 않으면 환경의 독성, 나쁜 식습관, 과도한 설탕이나 알코올도 질병으로 발전되지는 않는다. 환경이나 식습관은 몸의 에너지 시스템이 순환 중에 남겨놓은 파편들과 관계가 깊다. 흐르는 물에서는 파편도 계속 흘러 다닌다. 그러나 파편은 물이 정체되는 곳으로 흘러들어 계속 쌓이게 마련이다. 몸도 마찬가지이다. 에너지의 흐름이 정체되는 곳에서 질병을 일으키게 된다. 결국 세포들 사이의 정보의 흐름이 막힌 것과 같기 때문이다. 이렇듯 세포간의 정보교환을 저해하는 육체적인 장애가 암의 원인이 된다.[3] 예를 들어 자궁근종의 원인이 되는 지방과 그 결합조직은 자궁 주변의 에너지 흐름에 문제가 있을 때 생성된다.

감정을 완전히 털어버리지 못했을 때 감정은 어린아이의 수준에 머물게 된다. 지식과 감정을 분리하도록 가르치는 현대 사회에서는, 지식은 박사에 버금가지만 정서 수준은 두 살바기에 불과한 사람도 있을 수 있다. 감정이 억눌리고 감추어지면 에너지 시스템의 어느 한 곳에 축적되지만, 마음껏 표현된 감정은 에너지 시스템 내에서 원활하게 흐르면서 어떠한 찌꺼기도 남기지 않는다.

암을 비롯한 여러 가지 질병들을 피해가기 위해서는 에너지 시스템에 변화를 주면서 건강한 삶으로 우리를 안내하려는 메시지를 받아들여야 한다. 그 누구도 공포, 분노, 스트레스에서 완전히 자유로울 수는 없다. 그러나 그러한 감정들이 심리적이고 감정적인 평온에 영향을 줄 때 그것들을 건강한 방법으로 해소하지 못한 사람만이 육체적인 질병을 겪게 된다. 조금씩 축적되는 공포, 분노, 좌절감이 우리 몸에서 생명력과 건강 에너지를 빼앗아가기 때문이다. 따라서 우리는 일상의 생각과 감정을 깊이 이해하면서 치유의 길을 걸어야 한다.

어린 시절 학대당하고 소외된 생활을 했더라도 육체적인 질병에서 자유로운 삶을 살 수 있다. 어린 시절의 문제가 에너지 시스템에 반드시 장애를 일으킨다거나 육체적인 질병으로 발전하는 것은 아니다. 대개 성장하면서 자신의 정체성과 생각이 가족과 확연히 다르다는 것을 깨닫기 시작할 때 에너지 시스템의 장애가 나타난다. 이때 대부분의 사람들은 어린 시절의 경험을 합당치 않았던 것으로 생각하지만, 그러한 불합리함을 어린 시절의 시각이 아닌 어른의 시각에서 생각하려고 한다. 과거의 상처가 잠재적 병인病因이 되는 것은 어린 시절에 겪었던 일들이 옳지 못하다는 사실을 깨닫게 되는 때이다. 그러한 일들은 결코 일어나지 않았어야 했는데 가족이 의도적이고 의식적으로 자신을 학대했다는 생각을 갖게 되는 것이다. 그때부터 여성은 과거의 삶을 원망하면서 감정적·심리적 갈등을 겪게 되고, 그러한 갈등은 몸에 해로운 영향을 미치기 시작한다. 즉 과거와는 다른 삶을 살 수 있다고 여성 스스로 깨닫게 되는 순간 어린 시절의 학대가 몸에 영향을 미치게 되는 것이다. 이때 여성은 범죄현장을 검증하는 어른의 시각으로 어린 시절을 재평가하기 시작한다. 그리고 감정적·심리적인 고통을 용서와 이해로 해소하지 못할 때 에너지 시스템의 혼란과 그로 인한 질병을 앓게 되는 것이다.

갈등이나 정당한 분노에는 두 가지 에너지가 필요하다. 하나는 본인이 어떤 식으로든 학대당했다는 사실을 기억하는 것이며, 다른 하나는 가족이 의도적으로나 의식적으로 자기를 그렇게 대했다는 관점에서 그 사건을 해석하는 것이다. 하지만 그러한 에너지에서 오랫동안 벗어나지 못할 때 정당한 분노도 몸을 파괴하는 원인으로 발전한다. 우리에게 가해진 학대의 책임자에게 얽매일수록 우리 몸의 에너지는 더욱 고갈된다.

근친상간을 예로 들어보자. 근친상간을 비롯한 그 밖의 인권학대는 지난 5천 년 동안 하나의 규범처럼 여겨졌다. 캐롤린 미씨Caroline Myss는 "우리 사회에서 한 개인의 한계를 재평가할 때까지 그러한 학대는 전혀 범죄가 아니었다."고 말했다. 그러나 어린 시절 가족환경을 비롯한 성장 배경은 성격과 건강에 커다란 영향을 끼친다. 캐롤린 토마스Caroline Thomas 박사의 분석에 따르면, 부모와 친밀한 관계를 갖지 못한 사람 혹은 육체적으로나 감정적으로 지나치게 엄격한 아버지 밑에서 자란 사람은 자살로 인한 불구나 죽음, 고혈압, 관상동맥 질환, 종양의 희생자가 될 가능성이 높다고 한다.[4)]

지구 에너지와 여성 에너지

동양철학은 지구 에너지와 인간의 몸 사이에 깊은 관계가 있다고 주장한다. 특히 여성 에너지와 지구의 인력은 밀접한 관계가 있다고 한다. 동양철학에 따르면 지구 에너지는 여성의 몸 안으로 들어온다. 이런 점에서 여성의 몸은 남성의 몸과 다르다. 여성 에너지, 즉 지구 에너지는 '안으로 끌어당기는' 에너지, 한마디로 구심력을 갖는 에너지이다. 이러한 힘에 저항할 수는 없다. 예를 들어, 보통 단란한 가정에서 가족은 가장 강력한 구심력을 가진 사람, 즉 어머니를 중심으로 이끌려간다. 그 때문에 어머니의 빈자리는 유난히 크게 느껴진다. 내가 집에 있을 때에도 아이들은 내가 어디에 있는지 알고 싶어한다. 그들 곁을 떠나면 금세 "엄마, 어디 있어요?"라고 찾는 소리가 들려온다. 지금보다 어렸을 때 아이들은 언제나 나와 같은 방에 있으려고 했다. 큰딸이 아홉 살이 될 때까지 나는 혼자서 샤워조차 할 수 없었다. 그러나 남편을 찾는 경우는 드물었다. 이처럼 여성의 끌어들이는 에너지는 아기를 품에 안을 때, 남성의 성기를 질 속으로 받아들일 때, 정자에게 난자를 향해 헤엄쳐가도록 화학적 신호를 보낼 때에도 작용한다.

서양 독자에게 이러한 에너지를 처음 소개했던 장수식품 전문가 미치코 쿠쉬Michico Kushi에 따르면, 하늘에서 내려와 머리를 통해 몸으로 들어오는 하늘의 힘(원심력)이 남성뿐만 아니라 여성에게도 존재하듯이, 발 밑에서 올라오는 지구의 구심력 역시 여성뿐만 아니라 남성에게도 존재한다. 각 에너지가 몸에 존재하는 정도가 다를 뿐이다. 일반적으로 여성의 몸에는 '상승하는 지구 에너지', 즉 구심력이 주 세력을 이룬다. 실제로 나바호 족의 여성이 치마를 입는 이유는 지구 에너지를 받아들이기 쉽게 하기 위해서라고 한다.

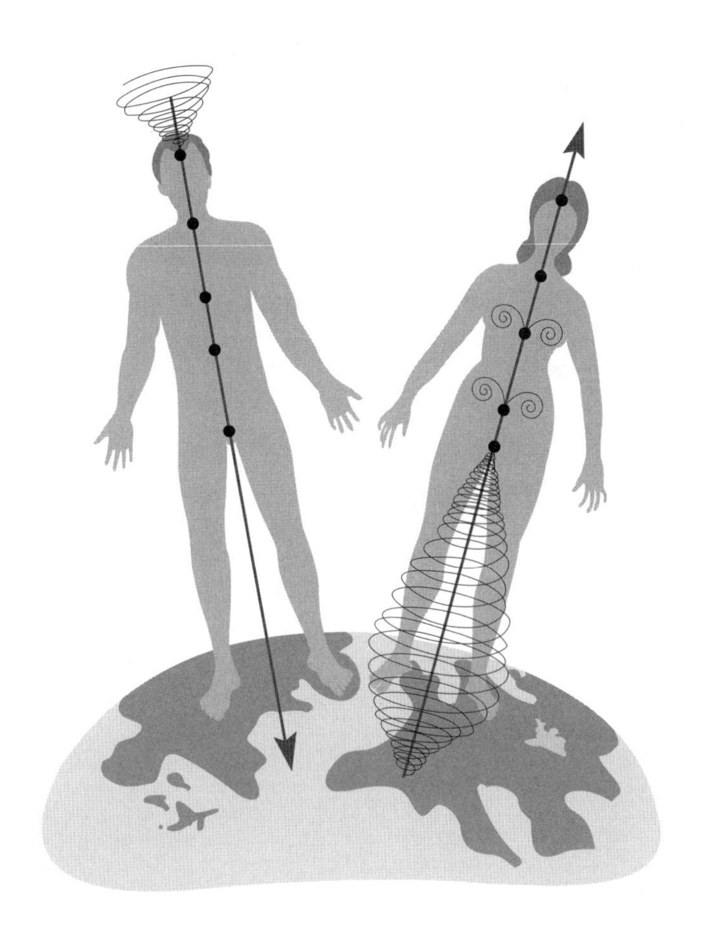

〈그림 4-1〉 땅에서 올라오는 지구 에너지
여성 에너지는 구심력, 즉 끌어당기는 힘이다. 지구 에너지는 발을 통해서 몸 안으로 들어오며, 자궁과 유방과 편도선 부근에서 소용돌이친다.

구심력은 주변의 모든 사람들에게 영향을 미치는 원천이다. 따라서 여성은 가정의 중심이면서 가족의 행복에 대한 심리적인 책임을 떠안게 된다. 어머니가 삶을 보람차게 보낼 때 가족 전체가 혜택을 받게 된다. 결국 여성의 건강이 가정과 사회의 행복을 좌우한다. 따라서 건강한 삶을 위해서는 여성 에너지의 힘과 거기에 함축된 의미를 알아야 한다.

사랑하는 주변 사람들의 건강도 여성의 건강과 밀접한 관계를 갖는다. 따라서 여성은 무엇보다도 자신을 치유할 시간을 가져야만 한다.

차크라 The Chakras

여성 에너지는 '끌어당기는' 힘이다. 우리 몸에는 차크라로 알려진 일곱 군데의 에너지 중심점이 있다. 심리상태는 여성의 몸과 에너지 중심점, 즉 차크라에 영향을 미친다. 현재 당신의 건강을 해치고 있는 과거의 사건 때문에 자책할 이유는 없다. 다만 그 사건을 기억하면서 치유의 과정을 시작하라. 남성이든 여성이든 사람은 모두 똑같은 차크라를 갖고 있다. 차크라는 신경, 호르몬, 감정과 밀접히 연결되어 있다. 차크라의 위치는 몸의 신경내분비면역 시스템과 동일하며 에너지와 몸을 연결시킨다. 몸의 에너지 시스템은 몸의 성장, 발육, 재생에 관련된 정보를 전달하는 레이저장holographic field이다. 이 레이저장은 몸의 세포를 조직과 기관으로 변형시키는 과정을 조절한다.

서양의학에서는 아직 차크라를 인정하지 않고 있지만, 동양문화권에서는 오래 전부터 차크라를 인정해왔다. 직관의술로 세계적인 명성을 얻고 있는 캐롤린 미씨는 질병을 에너지의 왜곡과 관련시킨다. 감정과 몸을 연계시키는 에너지의 중심점으로서 차크라를 인정할 때, 사회적 분위기에서 유발된 상처가 어떻게 심리적 · 감정적인 결과를 낳게 되고, 다시 그 결과가 어떻게 산부인과적인 문제로 발전되는지를 알 수 있다. 차크라는 정신과 몸의 관련성을 깨닫게 해주면서 치유에 도움을 준다.

각각의 차크라는 신체기관, 그리고 감정상태와 긴밀하게 관련되어 있으며, 생각이나 느낌에 따라서 강해질 수도 있고 약해질 수도 있다. 달리 말하면 특정한 감정은 몸의 특정한 부위를 목표로 삼는다.

차크라의 위치와 이름은 문화권마다 다르지만, 이 책에서 소개하는 차크라 시스템은 신경외과 의사이자 에너지 의학 연구가인 노만 쉴리 Norman Shealy 박사, 직관의술을 신봉하는 신경정신과 의사인 모나 리자

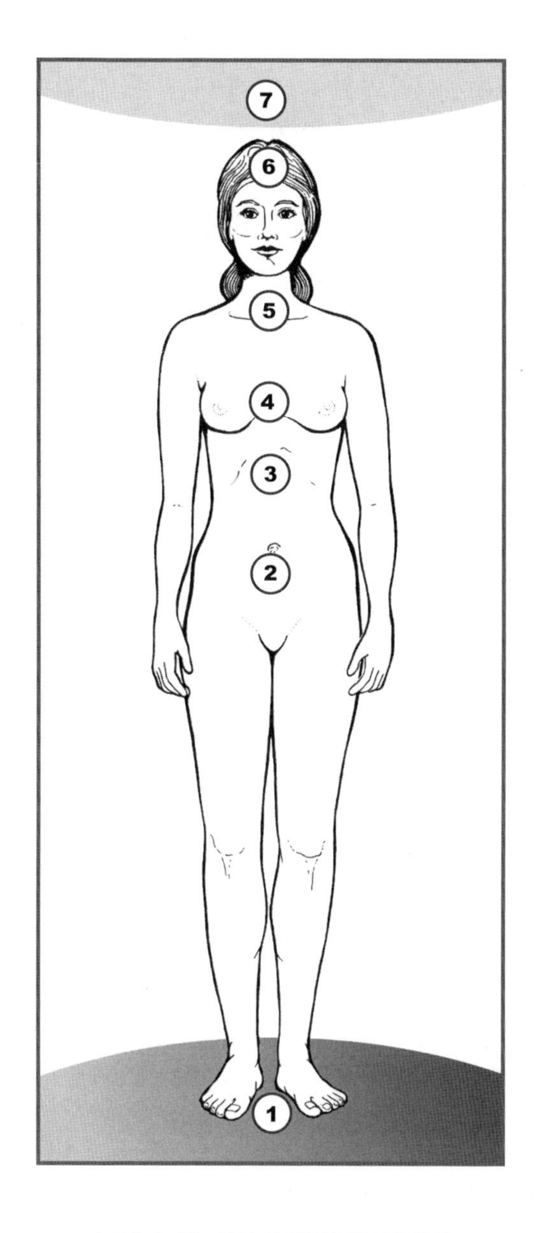

〈그림 4-2〉 여성 몸에서의 차크라 위치

슐츠Mona Lisa Schulz 박사, 그리고 캐롤린 미씨의 연구결과를 나의 임상 경험과 결부시킨 것이다.[5] 차크라를 알고 싶다면 먼저 자신의 몸을 느낄 수 있어야 한다. 그리고 현재 상황에 대한 자신의 직관을 신뢰할 수 있어야 한다. 각 차크라의 에너지장을 마음속으로 그리면서 그 상태를 느껴본다.

일곱 차크라가 모두 중요하고 서로 관련되어 있지만, 이 책에서는 여성의 건강과 직접적인 관련이 있는 부분, 산부인과적인 문제와 유방에 관련된 차크라를 중점적으로 다루려고 한다. 일부에서는 상부의 차크라가 '영적인 부분을 담당'하므로 더욱 중요하다고 주장하기도 하지만, 그러한 해석도 전형적인 가부장적 사고방식에서 비롯된 오해라고 생각한다. 아랫부분의 차크라가 덜 중요하다고 생각하면 삶의 환경이나 건강을 개선할 희망마저 사라진다. 하지만 아랫부분의 차크라를 상부의 차크라에 종속된 부분이 아니라 절대적으로 필요한 부분이라고 해석하면 여성의 삶이나 세계도 활짝 꽃피우게 될 것이다. 영적인 부분이 물리적인 부분보다 더 중요하다고 생각하는 태도는 오히려 영적인 태도가 아니다. 당신이 차크라를 통해 건강을 되찾고 싶다면 되도록 피하고 싶은 차크라가 무엇인지를 찾아내고 그 이유를 살펴보라. 그리고 그 차크라와 친숙해질 수 있도록 노력하라.

각 차크라에는 질병과 관련된 양극단이 있다. 각 차크라와 관련된 건강을 위해서는 해당되는 차크라와 관련된 감정의 양극단에서 균형을 찾아야 한다. 몸의 지혜는 이렇게 감정의 중심점, 즉 차크라를 통해서 우리를 건강하고 균형 잡힌 상태로 이끌어간다. 죄책감, 분노, 상실감 등과 관련된 에너지가 몸의 특정 부위와 관련이 있다는 주장이 있지만, 심신의학 분야의 최근 연구에 따르면 이러한 주장은 확실한 것이 아니다. 그러한 에너지가 우리 몸의 취약한 부분에 문제를 일으키기는 하지만 몸의 어떤 부위든 영향을 미칠 수 있다. 사랑, 희망, 용서 등과 같이 건강을 고취시켜주는 에너지도 마찬가지이다.

차크라1에서 차크라4까지

아래쪽에 위치한 세 곳의 차크라는 물리적인 삶과 관련을 갖는다. 즉 사람, 사건, 기억, 경험 등을 비롯해서 과거와 현재의 환경에서 만나게 되는 물리적인 대상들이다. 여성 에너지의 아래쪽에 해당하는 세 중심점은 서로 밀접한 관계를 갖는다. 그리고 궁극적으로는 일곱 차크라 모두가 서로 영향을 미치면서 상호연관성을 갖는다.

차크라1의 영역은 우리가 이 세상을 얼마나 안전한 곳으로 느끼는가에 따라, 그리고 믿음과 불신, 독립과 의존, 소속감과 소외감 사이의 균형의식에 의해 영향을 받는다. 또한 두려움을 받아들이는 방법에 의해서도 영향을 받는다. 결국 차크라1의 영역은 우리가 지구와 얼마나 긴밀하게 연관되어 있느냐에 영향을 받는다고 할 수 있다. 차크라1과 관련된 신체부위는 척추, 직장, 대퇴관절, 혈액, 그리고 면역체계이다. 안전감은 어린 시절에 주로 결정된다. 따라서 가족이나 신체 등에 대해 해소되지 않는 문제 – 집, 가족, 성의 정체성, 인종 등에 관련된 문제 – 는 차크라1에서 드러난다. 차크라1에 문제를 가진 사람은 일반적으로 "아무도 나에게 도움이 되지 않아", "나는 혼자야" 혹은 "아무도 나에게 관심이 없어", "나는 사랑에 굶주렸어"라고 습관적으로 말하곤 한다.

차크라2의 건강은 두 가지 문제와 관련이 있다. 하나는 세상을 향한 외적인 욕구로 원하는 것을 성취하려는 태도와 관계된 문제이다. 원하는 것이 있을 때 적극적으로 행동하는가 아니면 기다리는 편인가? 금지된 것이 많은가? 아니면 자유로운가? 수완가적 기질을 발휘하여 당신에게 찾아오게 만드는가? 원하는 것이 있을 때 부끄럼 없이 달려드는가 아니면 가질 만한 자격이 없다고 생각하면서 부끄러워하는가? 두 번째 문제는 인간관계에 관련된 문제이다. 당신은 독립적인가 의존적인가? 다른 사람에게 필요한 사람인가 아니면 다른 사람을 필요로 하는 사람인가? 상대방에게서 많은 것을 얻으려 하는가 아니면 주려고 하는가? 분명한 한계를 갖는가 아니면 한계를 무시하는가? 주도적인가 아니면 순종적인가? 다른 사람을 보호하는 입장인가 보호받는 입장인가? 다른 사람의 생각이나 행동에 과감히 반대할 수 있는가?

골반을 비롯한 음문, 질, 자궁, 자궁경부, 난소 등 생식기관은 차크라2의 영역에 속한다. 방광과 충수(맹장)도 마찬가지이다. 이 영역의 건강은 인간관계에서의 신뢰감, 혹은 억압이나 죄책감의 정도에 따라 영향을 받는다. 섹스, 돈, 비난, 죄책감 등을 동원해서 인간관계의 역동성을 조절할 때 차크라2에 관련된 신체기관이 영향을 받게 된다. 차크라2에 문제를 가진 사람은 보통 "당신은 내 말을 들어주는 것 같지 않아", "당신은 한 번도 나를 찾아와주지 않았어", "그 사람은 편지도 전화도 해주지 않아", "아무도 나를 사랑하지 않을 거야", "당신은 절대 나에게 도움이 되지 않아"라고 말하고 생각하는 습관을 갖는다.

차크라3은 자존심, 자신감, 자긍심과 관련된다. 무엇인가를 성취하려할 때 열등감을 느끼지는 않는가? 과민반응을 보이는가 아니면 책임지지 않으려고 하는가? 공격적인가 아니면 주춤하며 소극적이 되는가? 다른 사람을 위협하고 협박하는 성격인가 아니면 덫에 걸렸다는 강박관념으로 벗어나고자 하는가? 한계를 지나치게 의식하는가 아니면 한계를 넘어 문제를 처리하는가? 당신의 경쟁력을 십분 활용하는 방법을 아는가? 명예로운 승리와 패배를 얻어낼 방법을 아는가? 얻은 것과 잃은 것을 어떤 식으로 처리하는가? 이런 모든 문제들이 차크라3의 영역에 영향을 미친다.

여성의 자의식은 차크라1과 2의 에너지장에 저장된 감정, 기억, 지혜로 형성된다. 올바른 자긍심을 형성하기 위해서 여성은 이 세상을 안전하다고 느낄 수 있어야 하고(차크라1), 상호간의 존중심을 바탕으로 한 인간관계를 가질 수 있어야 한다(차크라2). 담낭(쓸개), 간, 췌장, 위, 소장은 차크라3에 속하는 신체기관이다. 차크라3에 문제를 가진 사람은 주로 "내가 그것을 하지 않으면 그 일은 안 될 거야", "아직 충분하지 않아", "좋아, 내가 직접 하겠어"라고 말한다.

어린 시절의 삶에 관련된 사람, 사건, 기억 등에서 해소되지 않는 스트레스는 원천적으로 처음의 세 차크라에서 비롯된다. 세 차크라와 관련된 여성의 스트레스는 다음과 같다.

- 분노
- 따돌림받았다는 느낌과 원망
- 복수심
- 인간관계를 정리하고 싶지만 금전적인 문제에 대한 두려움
- 몸에 대한 수치심
- 가족의 배경이나 남편의 사회적 지위에 대한 수치심
- 아동학대자일지도 모른다는 두려움, 또는 어린 시절 학대당한 기억
- 근친상간이나 강간당한 경험
- 유산이나 낙태에 대한 죄책감
- 임신불능
- 창의성과 관련된 무력감

이러한 모든 문제들이 세 차크라와 관련을 가지기 때문에, 이것들은 '허리 아래'의 기관에 영향을 미칠 수 있다. 이제 각 차크라의 문제에 대해서 좀 더 자세히 살펴보자.

차크라1 : 가족이 남겨준 상처의 흔적

차크라1의 건강은 어린 시절과 관계가 있다. 여기에는 좁은 의미에서의 가족만이 아니라 넓은 개념의 가족, 즉 인종, 사회적 지위, 교육수준, 몇 세대에 걸쳐 전해진 가족의 유산이나 기대감까지 포함된다. 차크라1에 포함되는 범위를 캐롤린 미씨는 일족一族이라는 단어로 표현했다. 말하자면 강씨네, 이씨네, 한민족, 불교도 등이다. 이 외에도 차크라1을 만들어내는 또 다른 '유산'이 있는데, 예를 들어 자신을 희생하더라

도 후세를 위해 의미 있는 일을 하겠다는 의지로 미국 땅을 밟은 이민 1, 2세대가 남겨놓은 믿음이 그것이다. 또 가족의 상처와 문화권의 친숙한 정보도 한 개인의 현실에 대한 인식을 결정하면서 차크라1의 영역과 깊은 관계를 갖는다.

일족의 정신은 한 개인의 정신이 아니다. 일족의 정신은 이 세상에서 생존할 방법을 모색하는 집단의 정신으로 사랑이나 친절보다는 충성을 강조한다. 그들에게 '사랑'은 일족에 대한 의무이다. 따라서 "네가 진정으로 나를 사랑한다면 나를 더욱 자주 찾아와야 할 거야"라고 요구하게 된다. 결코 바람직한 것은 아니지만 대개는 이러한 의식을 떨쳐버리지 못한다. 많은 여성이 나이가 들면서 이러한 의식을 느끼게 된다고 인정한다. 실제로 많은 환자들이 "때로는 옛날에 어머니가 말했던 식으로 내가 말하고 있다는 것을 알게 되지요. 정말 믿어지지가 않아요."라고 말한다. 나는 때때로 이러한 일족의 정신을 '광주리 속의 게'라고 표현한다. 광주리 속에 담긴 게들을 눈여겨보라. 한 마리가 광주리에서 빠져나가려고 하면 다른 게들이 그 녀석을 끌어내린다. 여성이 가족이란 울타리에서 빠져나가려고 할 때 다른 가족들이 보이는 반응 역시 똑같다. 모든 가족들이 자유를 찾아 떠나려는 여성을 방해한다. 또한 많은 여성이 학대나 차별, 근친상간을 문제로 부모에게 항의하지만 일관된 변명만을 들었을 것이다. 일족을 지키려는 무의식적인 본능 때문에 부모들은 가족을 학대했다는 사실을 부인한다.

질병을 일으킬 수 있는 차크라1에 관련된 문제는 다음과 같다.

- 부모와 해결하지 못한 갈등
- 근친상간(이것은 차크라2의 문제이기도 하다)
- 어린 시절의 학대와 소외
- 어린 시절부터 뇌리에 박힌 부정적인 말들

"멍청이 같으니라고", "쓸모 없는 계집애", "너는 못된 계집애야"

"기독교 신자만이 천국에 갈 수 있다."
"몸매가 왜 그 모양이니."
"안돼. 남자가 먼저야."
"여자는 야망을 가져서는 안돼.", "여자가 똑똑해서 뭐 하니."
"여자가 돈을 벌어 뭘 해. 결혼이나 잘하면 돼."

일족이나 가족이 그 구성원을 일부러 억압하는 것은 아니다. 단지 일족의 지혜라고 생각하는 것을 전해주려고 노력할 뿐이다. 그러나 그 지혜가 우리를 억압하고 고통스럽게 만드는 족쇄의 가면이라면 그러한 잘못된 지혜로부터 벗어날 수 있어야 한다.

클라라라는 친구가 있다. 그녀는 여러가지 병으로 고생하다가 모두 완쾌된 후에야 질병의 원인이 어린 시절에서 비롯되었다는 사실을 깨달았다. 그녀는 어린 시절 어머니에게 상습적으로 매를 맞았다. 그렇다고 그녀가 늘 잘못을 한다거나 어머니의 사랑이 부족해서 매를 맞았던 것은 아니다. 다만 딸을 어른으로 준비시키고자 하는 사랑의 방법이 그랬던 것뿐이다. 어머니는 클라라를 때리는 이유가 사랑하기 때문이라고 말하곤 했다. 클라라의 어머니는 인생을 무척이나 어렵고 고통으로 가득한 것이라 믿었다. 그래서 클라라도 무엇인가를 성취하려면 고통이 따른다고 믿게 되었다. 그 후 클라라는 무엇인가 결실을 맺을 때마다 심각한 병을 앓았다. 그러나 내면의 안내자를 깨닫게 된 후 그녀는 즐거운 마음으로 성취감을 즐긴다. 지겹게 반복되던 질병을 완전히 떨쳐버린 것이다.

차크라2 : 창조적인 영역

차크라2는 삶의 물리적인 일상 과정, 우리가 관계하는 사람, 그리고 그들과의 인간관계와 관련이 있다. 즉 차크라2는 기억, 인간관계, 소유물 등과 관계를 갖는다. 어린 시절에 각인된 관념은 대부분 일족을 최

우선으로 삼는 것이기 때문에 많은 사람들이 무의식적으로 이 두 번째 차크라를 중요시한다. 그리고 두 번째 차크라를 충족시켜줄 짝을 찾는다. 여성은 육체적 안정감, 돈, 자식, 사회적 신분을 보장하고 소외감을 벗어나게 해줄 남편을 선택한다. 그리고 그러한 욕구 내에서 역할을 다하려고 한다. 이처럼 우리는 일족의 욕구를 만족시키도록 프로그램화되어 있으며 두 번째 차크라에 의해 조절 당한다.

다음과 같은 요인에 의해 인간관계에서 받은 상처가 몸에 축적되며, 이것은 차크라2에 영향을 미친다.

- 소외감에 대한 두려움
- 경제적 안정
- 사회적 지위
- 자식
- 창의성

자궁과 난소는 차크라2의 주요기관이다. 차크라2의 영역은 문자 그대로 창조의 공간이다. 이 공간을 통해서 여성은 아기, 인간관계, 소설 등 창조적이고 예술적인 결실을 창조해낸다. 따라서 이 부분의 에너지가 원활하게 흐르지 않을 때 자궁근종과 같은 부인과적 질환이 발생할 수 있다.

자궁은 속어로 '가방'이라 일컬어진다. 여성이 무엇인가를 '저장'하는 곳임을 상징하는 말이다. 자궁을 가졌다는 이유로 여성은 다른 사람이 갖고 싶지 않은 것을 떠맡는 사람이 된다. 결혼해서 자식을 가진 여성은 놀라운 경험을 하게 된다. 자식들은 먹다 남긴 음식 등 귀찮은 물건들을 십중팔구 어머니에게 맡긴다. 늙은 여성은 '낡은 가방'으로 불리기도 한다. 그래서 임신한 몸으로 어린 자식까지 돌보아야 할 때 대부분의 어머니들은 '많은 가방을 짊어진 아줌마'라는 기분을 떨쳐버릴 수 없게 된다.

직접적으로 가해지는 육체적인 부담 외에도 다른 사람, 특히 남성에 대한 부담감 역시 크다. 세 명의 자식을 두었지만 최근에 은퇴한 남편과 단 둘이 살고 있는 환자가 있다. 요즘 그녀는 오랫동안 별러오던 여행과 습작을 하고 싶어한다. 그러나 남편은 그녀의 욕구에 무덤덤할 뿐이다. 남편은 일에서 해방된 기분을 어떻게 다스려야 할지 모르고 있다. 그녀는 "남편은 여전히 내가 자기의 기분을 맞춰주기를 원해요. 간혹 남편을 모른 체하고 내 기분을 그대로 드러내면 금세 안색이 달라져요."라고 말한다. 칼 융Carl Jung이 말한 아니마anima의 전형이다. 아니마는 남성속에 내재된 여성성으로, 남성이 자신의 감정을 느끼고 싶지 않을 때 주변에 있는 여성에게로 투영되는 것이다. 이처럼 누구도 갖고 싶어하지 않는 무엇이 우리 몸의 중심에 축적되어 있는 것일까? 차크라 2와 관련된 인간관계, 창의성, 안정감의 문제가 완전히 해소되지 않을 때 요통이나 골반 통증 같은 질병에 걸리기 쉽다.

차크라2와 관련된 문제는 질병의 원인이 될 수 있다. 글로리아 바흐만Gloria Bachmann 박사의 연구에 따르면, 어린 시절의 성적 학대는 거식증, 비만, 비뇨생식기 계통에서의 이상징후, 약물 남용 등 건강에 해로운 행동의 원인이 된다.[6] 또 로버트 라이터Robert Reiter 박사의 연구에서는 성적 학대를 받은 여성은 만성적 골반 통증을 앓게 될 가능성이 큰 것으로 밝혀졌다.[7] 자궁에 문제를 가진 여성을 진찰할 때 나는 항상 그녀의 인간관계, 창의성 그리고 안정감에 대해 묻는다. 자궁근종, 자궁내막증, 난소 질환 등 골반에 이상이 생긴 질환은 에너지의 흐름이 골반에서 경색되었다는 뜻이기 때문이다. 따라서 전체 여성 인구의 40%에 달하는 여성이 성적 학대를 받고 33%의 여성이 강간을 당하는 이런 문화권에서, 그러한 질환이 보편적인 것은 당연한 현상이라고 할 수 있다.

지나라는 환자가 있었다. 당시 서른 여덟 살이던 지나를 정기검진하던 중 나는 작은 자궁근종을 발견해냈다. 나는 그녀에게 골반에서 에너지가 경색된 원인을 찾아보라고 충고했다. 훗날 그녀는 "집에 돌아가서 그 문제에 대해 잠시 생각해보았어요. 남동생이 교통사고로 사망했을 때 화가 끓어오르던 기억이 떠올랐지요. 그때 나는 스물 다섯 살이었지만 분노를 마음껏 풀어놓을 수 없었어요. 그 분노가 골반에 저장된 거예요."라고 말했다. 석 달 후 그녀는 다시 검진을 받았다. 놀랍게도 자궁근종이 흔적도 없이 사라져있었다. 그녀는 결국 당시의 분노를 겉으로 드러냄으로써 골반의 에너지 패턴에 변화를 겪었던 것이다. 치유과정을 통해 자궁근종을 에너지로 전환시킨 셈이다. 그녀는 "진찰실을 들어오는 순간 자궁근종이 사라졌을 줄 알았어요. 내 느낌도 그랬거든요."라고 말했다.

차크라3 : 자긍심과 개인의 힘

여성의 자아에 대한 의식, 즉 자긍심(차크라3)은 세상에서의 안전감(차크라1)과 인간관계의 정도(차크라2)에 따라 결정된다. 안전감을 느끼고 유익한 인간관계를 누린다면 자존심과 자긍심을 북돋워주는 일을 하면서 외부세계에서 목표를 달성하는 데 한층 유리하다. 차크라3의 건강상태는 자신감과 열등감, 그리고 삶의 선택에서 책임을 지는 능력과 그러한 힘을 타인에게 떠넘겨버리는 정도에 따라 달라진다. 승리와 패배를 통해 무엇인가를 깨우치는 능력이 이 영역의 건강을 좌우한다. 반면에 승리를 향한 지나친 욕망은 차크라3의 영역을 약하게 만들 수 있다. 또한 적극성과 수동성 사이의 균형감에 의해서도 영향을 받는다.

대부분의 여성은 자긍심이 부족하다. 오랜 세월 동안 여성은 능력을 무시당한 채 언제나 다른 사람을 위해 봉사하는 사람으로 살아왔다. 따라서 사회에서 무엇인가를 성취하고픈 자연스러운 욕망은 어린 시절부터 좌절당해야 했다. 여성이 온전한 권리를 지닌 어른으로 성장했을 때에도 가족의 지원을 기대할 수 없는 경우가 대부분이다. 이유는 분명하다. 가족의 무의식 속에 여성이 자기 개발에 나설 경우 가족을 버릴지도 모른다는 두려움이 감추어져 있기 때문이다. 달리 말하면 여성이 자기 개발을 하면서 동시에 가족에게 봉사하고 희생할 수는 없다는 믿음이 우리 모두의 뇌리 깊숙히 심어져 있기 때문이다.

이렇듯 여성은 개인적인 관심사와 책임감을 저울질해야 하는 전통적인 투쟁을 치뤄야 하기 때문에 자신의 자존심을 남편의 사이클에 맞추게 된다. 남편의 성공으로 사회적 지위가 갑작스럽게 달라질 경우 여성은 남편과 보조를 맞출 수 없어 우울증에 사로잡힐 수도 있다. 남편이 떠날지도 모른다는 두려움 때문에 남편이 맞이한 새로운 세계를 창의적인 방식으로 지원할 수 없게 되는 것이다. 거꾸로 남편이 실패를 거듭하면서 좌절하고 폭력적인 사람으로 변할 때에도 여성은 차크라 3(1과 2도 포함)에 영향을 받는다. 이와 같은 갈등은 차크라3에서의 에너지 왜곡을 가져오면서 신경성 식욕부진과 거식증, 혹은 위궤양, 과민성 장염, 당뇨 그리고 담낭과 간 등에 관련된 질병을 일으킬 수 있다.

원형과 차크라 1, 2, 3

어떤 일에 억지로 끼여들었다는 느낌을 갖게 될 때 여성은 정신과 육체 모두 심각한 피해를 입게 된다.[8] 의지와는 달리 자기학대에 빠지거나 타인의 학대를 받는 경우, 에너지 의학에서 말하는 강간 원형强姦原型의 영향을 받게 되는 것이다. 원형archetype이란 무의식의 차원에서 우리에게 영향을 미치는 심리 및 감정의 패턴이다. 쉽게 말해서 원형은 잠재의식 속에서 우리 모두가 공유하고 있는 생각의 패턴이다.

개념의 이해를 돕기 위해 '모성 원형'을 예로 들어보자. 모성 원형은 어떤 문화권에나 존재하는데 설명하자면 다음과 같다. 어머니는 자신을 희생해서라도 자식의 요구를 들어주려고 한다. 자식이 스스로 책임질 수 있는 나이가 되어도 어머니는 자식이 배불리 먹었는지, 기분이 좋은지, 날씨에 맞추어 옷을 입는지 등에 대한 생각으로 여념이 없다. 이처럼 걱정으로 일관하는 모성 원형은 사회의 찬사를 받지만 정작 여성에게는 해로운 인습이 된다. 영웅 원형도 흥미롭다. '영웅'이란 말을 들을 때 우리는 강하고 대담하며 용감한 사람을 떠올린다. 영웅은 자신의 안전을 돌보지 않고 두려움 없이 다른 사람을 구해낸다. 다른 사람을 '구원'해야 한다는 충동 때문이다. 이러한 행동도 무의식적이기는 하지만 건강을 해치는 원인이 될 수 있다.

이처럼 원형적 패턴에 따라 무의식적으로 행동할 때 우리는 내면의 자아와 욕구를 잃게 된다. 여성이 자신의 욕망을 희생시키면서까지 일방적으로 타인의 욕구에만 맞추어 행동할 때, 상황에 따라서는 강간 원형이나 매춘부 원형 혹은 모성 원형의 영향에 놓이게 된다. 강간 원형과 매춘부 원형은 서로 밀접한 관계가 있다. 한 여성이 원하지 않는 성행위를 하지만 벗어날 도리가 없다고 느낄 때 그녀는 강간 원형의 영향을 받게 된다. 상황을 뒤바꿀 힘이 없기 때문에 성행위를 할 뿐 여성 자신은 성적 쾌감을 받아들이지 않을 때에도 강간 원형의 영향을 받는다. 또 남자는 원하지만 자신은 원하지 않는 낙태를 했을 때에도 강간 원형이 일어날 수 있다. 한편 남자를 미워하면서도 경제적인 문제로 관계를 유지할 수밖에 없는 여성은 매춘부 원형을 벗어나지 못한 대표적인 예이다. 여성은 자신을 질책하거나 분노를 억누르면서 이러한 원형을 이어나가려고 한다. 그러한 감정을 겉으로 드러냄으로써 버림받는 상황을 자초하면 안된다는 염려 때문이다.

여성은 공격자가 되거나 희생자가 되거나 차크라2와 관련된 신체기관에 피해를 입는다. 예를 들어 자녀의 육체적·심리적 경계를 침범했다는 생각으로 여성은 강간 원형에 사로잡힌다. 여성이 매일 관장제를 사용하고 외음부를 아프도록 씻어대는 행위는 침범자라는 강박관념에서 보여주는 공통된 모습이다. 이처럼 남을 희생시켰다는 생각은 차크라2와 관련된 여성의 신체기관을 중심으로 차크라1과 3의 기관에 문제를 일으킨다. 캐롤린 미씨에 따르면 공격적인 행동은 차크라 1, 2, 3에 관련된 기관에 암을 일으킬 수 있다. 따라서 여성도 공격적일 수 있다는 사실을 인정하는 것이 중요하다. 가부장적인 영향력에서 벗어난다는 것이 남성에게 책임을 돌린다는 뜻은 아니다. 현 사회에서는 우리 모두가 그러한 문화의 희생자들이기 때문이다.

캐롤린 미씨와 처음 강독회를 가졌을 때, 그녀는 내 몸에 스물 한 살부터 스물 아홉 살 사이에 강간의 흔적이 있다고 말했다. 수련의 과정을 밟고 있던 그 시기는 내 몸의 에너지 시스템이 감정적이고 심리적인 차원에서 '강간'당한 시기였다. 미씨의 주장에 따르면, 오늘날 거의 모든 사람들의 내면의 자아가 심리적이고 감정적인 차원에서 적어도 한 번은 강간을 당하는 고통을 겪는다고 한다. 실제로는 성적 학대의 경험이 없는 수많은 여성들이 만성적인 골반 통증을 비롯한 문제들을 갖는 이유도 그것으로 설명될 수 있다. 이처럼 강간 원형이나 매춘부 원형은 이제 일상적인 현실이 되어버렸다.

여성이 자신을 희생자로만 보면 정작 자신이 스스로에게 또는 다른 사람에게 피해를 주고 있다는 사실을 인정하지 않게 된다. 그러나 여성 학대를 당해보았거나 자신이 학대의 장본인이란 사실을 깨닫게 될 때 차크라의 의미를 더욱 분명하게 이해할 수 있게 될 것이다.

수치심과 차크라 1, 2, 3

많은 여성이 겪고 있는 또 하나의 문제는 수치심이다. 수치심은 차크라 1, 2, 3의 영역인 자궁, 그리고 난소와 관련된 신체기관에 영향을 미친다. 수치심은 여성을 열등한 존재라고 주장하는 사회적 편견의 결과일 수 있으며, 자식과의 바람직하지 못한 관계에서 오는 수치심 혹은 남편의 사회적 지위에 대한 수치심일 수도 있다. 한편 어떤 형태의 강간, 즉 육체적 강간만이 아니라 감정적이고 심리적인 강간에 이르기까지 강간에 덧붙여지는 수치심은 질에도 영향을 미친다.

최근의 연구에 따르면 신체 내부에 종양을 가진 환자는 신체 외부에 종양을 가진 환자와 성격에 있어 확연한 차이를 보인다고 한다.[9] 감정적이든 육체적이든 외부의 영향에 몸이 쉽게 상처 입을 수 있다는 인식이 암의 원인으로 발전할 수 있다. 결론적으로 자기 몸이 약하다고 생각하는 여성의 경우 자궁이나 난소처럼 몸 깊숙한 곳에서 암이 발생하지만, 충분히 건강하기 때문에 외부의 영향을 이겨낼 수 있다고 생각하는 여성의 경우에는 암이 외음부 같은 곳에서 발생한다.

차크라 4

차크라 4에 관련된 영역은 심장, 유방, 허파, 늑골, 등, 어깨 등이다. 차크라 4는 솔직하게 감정을 표현하는 능력, 서로의 장단점을 공유하는 진정한 인간관계에 영향을 받는다. 감정을 표현할 때는 사랑과 분노, 그리고 환희와 절제 사이의 균형감각이 필요하다. 때로는 절제하고 때로는 감정을 솔직하게 표현할 수 있는가? 슬픔과 상실감을 마음껏 느끼고 있는가? 사랑하는 사람과 같이 있을 때에도 혼자 있을 때처럼 균형 잡힌 친밀감을 유지하려고 하는가? 다른 사람을 사랑하는 만큼 다른 사람의 사랑을 받아들이는가? 차크라 4의 영역에서 발생하는 질병과 관련된 심리적이고 감정적인 문제는 사랑을 주고받지 못하는 데서 오는 무력감, 용서의 부족, 해소되지 않는 슬픔, 적대감 등이다.

차크라 2와 4는 독특한 상관관계를 갖는다. 때때로 자궁은 '아래쪽 심장'이라 불린다. 아래 심장이 강간, 근친상간, 학대, 수치심 등으로 폐색될 때 여성은 심장마저도 완전히 얼어붙는다. 현 사회는 '착한 여자'는 성행위를 멀리한다고 가르치기 때문에 여성은 성적 욕구를 억제하게 된다. 그러나 감정과 느낌에 솔직한 것이 좋다고 배우기도 하기 때문에 차크라 2와 4사이에서 갈등하게 된다. 게다가 여성이 성공할 경우 따돌림을 받게 되면서 진정한 애정을 나눌 수 없다는 주장도 만만치 않다. 이러한 이유 때문에 오늘날 많은 성공한 여성들이 남편과의 관계를 재정립해야 할 필요성을 느끼게 된다.

여성이 사랑의 에너지(차크라 4)와 창의적인 에너지(차크라 2)를 동시에 사용하는 데 어려움을 느낄 때 에너지 왜곡 현상이 일어난다. 대부분의 여성은 사랑받기 위해, 누군가 자신을 필요로 한다는 확신을 얻기 위해 사랑하는 사람의 성적인 욕구에 순응해야 한다고 생각한다. 현 사회에서 차크라 2와 4의 에너지 왜곡이 동시에 일어나는 것은 보편적인 현상이다. 무의식의 차원에서 여성들은 강간 원형과 모성 원형을 동시에 발현하기 때문이다.

스물 여섯 살로 식당에서 일하는 샐리라는 환자가 있었다. 나는 그녀에게서 초기단계의 자궁경부암(차크라2)과 상당한 유방낭종(차크라4)을 확인할 수 있었다. 어렸을 때 그녀는 아버지와 감정적·물리적으로 무척이나 소원한 관계였다. 10대 초 그녀는 그러한 공허감을 메꾸기 위해서 많은 남자와 성관계를 맺었다. 사랑할 것도 존경할 것도 없는 또래의 소년들이었다. 이처럼 중독된 행동, 즉 강간 원형과 매춘부 원형은 차크라 2의 에너지 흐름에 심각한 영향을 주었고, 그녀는 빈번하게 발생하는 질의 포진으로 무척이나 고생해야 했다. 그리고 생식기 사마귀까지 생겼다. 아버지와 마찬가지로 그녀의 어머니도 딸의 육체적이고 감정적인 욕구에는 전혀 무관심했다. 샐리는 감정적인 욕구를 다스리는 법을 배울 수 없었다. 누구도 그녀에게 그러한 모범을 보여주지 않았던 것이다. 이러한 자긍심과 자기 존중의 부족이 차크라 4의 영역에서 에너지 혼란을 일으켰고, 그 결과 유방에 문제가 발생했던 것이다. 샐리의 어머니는 오래 전에 유방암 진단을 받았으며, 샐리 역시 두 번씩이나 유방암 조직검사를 받아야 했다.

여성이 자신의 내적 욕구를 등한시할 때, 중독증 환자처럼 가족의 욕구에 무조건 순응하며 청소하고 요리할 때, 강박관념에 사로잡혀 지나치게 일에만 열중할 때, 그리고 죄책감이나 의무감으로 섹스에 응할 때, 차크라 2와 4에 관련된 신체기관에서 질병을 일으킬 확률이 높아진다. 버림받을지도 모른다는 불안감, 착한 여자가 되어야 한다는 불안감, 자기존중에 대한 불안감을 감추려고 하는 탓에 감정 에너지를 소진시켜버리는 것이다.

한 연구에 따르면, 차크라2에서만 질병을 일으킨 여성은 차크라4에서만 질병을 일으킨 여성과는 성격에서 다르다. 이러한 차이도 에너지 시스템 이론을 뒷받침해주는 현상이다. 예를 들면, 유방암 환자는 자궁경부암 환자와 성격적으로 다르다. 연구에 따르면, 자궁경부암(차크라2) 환자의 50%가 어린 시절에 아버지를 여의었다. 반면에 유방암(차크라4) 환자는 대개 아버지와 감정적으로 소원한 관계에 있었다.[10] 다른 연구에서도 자궁경부암 환자의 대부분이 차크라2에서의 에너지 불균형을 암시하는 특징을 보여주고 있다. 그들은 두 번 이상 결혼하고, 애정도 없는 남자와 성관계가 잦으며, 몸매에 상당한 신경을 기울인다. 또한 그들은 대개 어린 시절부터 버림받았다는 느낌을 안고 살아왔다. 반면 유방암 환자는 차크라4에 관련된 특징을 보여준다. 그들은 애정 없는 결혼을 유지하려 애쓰고, 어린 시절부터 동생을 떠맡는 무거운 책임감에 시달렸으며, 자신의 몸은 돌보려고 하지 않는 사람들이다. 캐롤린 미씨와 모나 리자 슐츠의 연구에 따르면, 분노에서 비롯되는 감정은 허리 아랫부분에 타격을 가한다. 반면에 마음껏 표출되지 못한 슬픔은 허리 윗부분에 질병을 일으킨다고 한다.

차크라의 상처 치유

아래쪽 차크라의 상처는 입증된 다음에야 치유될 수 있다. 따라서 상처의 존재를 확인하기 위해서는 입증 과정이 필요하며, 그런 다음에야 치유를 시작할 수 있다. 중요한 것은 자신의 상처를 인정하면서 치유의 필요성을 절감하는 것이다. 여성이 자신의 상처에 대해 부인을 거듭하는 한 절대로 자신에게 진실해질 수 없다. 상처가 입증된 후에는 그 상처가 자신의 삶에 과연 어떠한 영향을 남겼는지를 살펴보아야 한다. 소위 이름을 붙이는 단계로, 누군가 자신에게 나쁜 영향을 남겼다는 사실을 깨닫는 단계이다. 이 단계에서 만나게 되는 부인의 벽과 마주쳤을 때 많은 여성이 이를 극복해내지 못한다. 여성 에너지 시스템의 최적화와 치유를 위한 마지막 단계는 삶을 억누르는 상처의 힘을 해소시키는 것이다. 그때 용서가 필요하다. 이때는 다른 사람만이 아니라 자신까지 용서할 수 있어야 한다.

차크라 5, 6, 7

차크라5는 커뮤니케이션, 기회 포착, 의지력과 관계가 있다. 자신의 생각을 전달할 때 당신이 상대방의 말을 들어주는 만큼 말을 하는가? 다른 사람이 쉽게 이해하도록 당신의 생각을 분명히 표현하는가? 당신은 기회를 만들어 가는가 아니면 기다리는가? 당신은 신념을 굽히지 않는 편인가 아니면 다른 의견에 쉽게 응하는 편인가? 차크라5에 관련된 신체부위는 목, 입, 이, 잇몸, 갑상선, 기도, 목뼈 등이다. 이 부분에 관련된 질병으로는 만성 인후염, 인후궤양, 구강염, 잇몸 질환, 경부통, 악관절 질환, 갑상선 질환, 목디스크, 후두염이 있다. 갑상선 기능저하증 등의 질환을 앓는 여성은 말을 하는데도 힘겨워하며 의지력마저도 약해진다. 또 말을 하더라도 목소리가 너무 낮아 옆사람조차 듣기 힘들 정도가 된다. 반면에 지나친 고집은 갑상선 기능항진증과 같은 질환으로 발전될 수 있다. 따라서 지적인 의지력을 너무 과신한 나머지 "몸에는 신경쓸 필요 없어. 어떤 식으로든 해낼 수 있을 거야."라고 말하게 된다.

차크라6은 때때로 제3의 눈이라고 불려지는 영역으로 인식력, 생각, 도덕심과 관계가 있다. 외부세계를 인식할 때 당신은 모호함을 용인하면서도 분명하게 인식할 수 있는가? 때에 따라서 집중할 수도 있고 느긋하게 긴장을 풀 수도 있는가? 다른 사람의 생각에 언제 민감하고 언제 둔감해야 하는지를 아는가? 새로운 것에 대해 항상 마음을 열어두고 있는가? 자신의 무지를 기꺼이 인정할 수 있는가? 좌뇌의 합리적이고 논리적인 생각을 소중히 하지만 비논리적 사고 영역인 우뇌의 예술적인 재능도 인정할 수 있는가? 사색이 엄격하게 규정된 틀 안에서 이루

〈표 4-1〉 에너지 흐름도 : 정신과 감정의 패턴, 차크라, 물리적인 몸

차크라	신체기관	신체질환 및 감정의 문제
7	모든 기관	발육 장애(뇌성마비), 유전 질환, 루게릭(근위축성 측삭경화증), 여러 계통에서의 이상 증상이나 생명을 위협하는 질병, 새로운 깨달음을 안겨주는 사건
6	뇌, 눈, 귀, 코	뇌종양, 뇌출혈, 뇌졸중, 신경계 장애, 실명, 난청, 메니에르 증후군, 현기증, 이명, 파킨스씨 병, 학습 부진, 발작
5	갑상선, 기도, 목뼈, 인후, 입	기관지염, 애성(쉰 목소리), 만성 인후염, 구강염, 잇몸 질환, 악관절 문제, 목 디스크, 만성 경부통(목의 통증), 후두염, 갑상선 질환
4	심장, 폐, 혈관, 어깨, 늑골, 유방, 횡경막, 식도 상부	관상동맥 질환, 심근경색증(심장 발작), 고혈압, 심장 부정맥, 가슴 통증, 승모판 탈출증, 심 비대증, 울혈성 심부전, 천식, 알레르기, 폐암, 결핵, 어깨 통증, 유방 계통의 질환
3	복부, 상부의 내장, 간, 쓸개, 식도 하부, 위, 신장, 췌장, 부신, 비장, 중간 척추부	위궤양, 십이지장궤양, 결장 등 내장에 관련된 질환, 궤양성 결장염, 과민성 장염, 가슴앓이, 위염, 췌장염, 당뇨병, 변비, 설사, 만성 혹은 급성 소화불량, 식욕부진, 거식증, 간 기능 이상, 간염, 부신 질환
2	자궁, 난소, 질, 자궁 경부, 대장, 요부腰部, 골반, 충수(맹장)	산부인과적 질환, 골반통증, 요통, 창의성, 성 능력, 비교기 계통의 질환, 충수염
1	대퇴관절, 척추, 면역체계	만성 척추질환, 요통, 좌골 신경통, 척추 측만증, 직장암, 만성피로, 섬유근육통, 자가면역 질환, 관절염, 피부 질환

어지는가 아니면 상황에 따라 유연하게 대처하는가? 당신 자신과 다른 사람에게 도덕적인 기준을 어떻게 적용하는가? 당신은 엄격한 기준에 맞춰 자신과 다른 사람을 판단하는, 절제되고 꼼꼼한 사람인가 아니면 경우에 따라 위험을 감수하면서도 자유롭고 유연하게 대처하는 사람인가?

차크라6은 양미간, 귀, 코, 뇌, 송과선 가까이에 위치한다. 이 차크라에 관련된 기능장애는 시력, 뇌종양, 신경계 장애, 실명, 난청, 발작, 학습능력 저하 등이다.

차크라7은 삶의 원대한 목표와 관계가 있으며 마음가짐, 신앙, 가치관, 양심, 용기, 휴머니즘과도 관계가 있다. 분명한 목표의식이 있는가? 개인으로서의 삶을 꾸려갈 힘이 있다고 인정하는가? 그와 동시에 우주에 작용하는 거대한 힘이 있음을 인정하는가? 우리가 세상 일에 영향을 미칠 수 있지만, 한편으로는 우리가 전혀 통제할 수도 없고 그 목적을 이해할 수도 없는 일이 일어나고 있음을 인정할 수 있는가? 차크라7은 정수리 근처에 위치한다. 결국 차크라7은 양심과 도덕심을 형성하는 형이상학적인 뼈대이다. 생명을 위협하는 사건이나 치명적인 질병은 이 영역에 담긴 지혜를 일깨워줄 수 있다. 다시 말해서 당신에게 광범위한 우주관을 갖게 하며, 우주에서의 당신의 목표를 생각하게 만든다. 죽음의 고비를 넘긴 사람들은 종종 완전히 변화된 삶을 살면서 남은 여생을 최대한 보람차게 보내고자 한다. 생명을 위협하는 질병이 차크라7과 관계가 있기는 하지만 이 차크라에 담긴 지혜와 특별히 관련된 질병은 근육계통과 신경계통에 영향을 미치는 마비성 질환으로, 다발성 경화증이나 루게릭(근위축성 측삭경화증)이 대표적이다. 또한 유전 질환과 같은 선천성 질환을 안고 태어나는 사람도 차크라7과 관련이 있다.

진정한 치유를 위해서는 에너지의 흐름을 이해할 수 있어야 한다. 우리가 건강과 질병을 동시에 만들고 있다는 심신상관설은 에너지의 흐름을 중요시한다. 무엇보다 현재에 충실한 삶을 살 때 몸은 최상의 치유효과를 거둔다. 건강한 삶을 위한 치유의 힘은 현재의 순간에 있다. 현재에 충실한 삶을 살 때 우리는 거의 모든 병을 치유할 수 있다. 그러나 많은 사람이 과거의 상처에 에너지를 묶어 두고 있으며, 미래에 대한 불안으로 에너지를 소진시킨다. 이제 에너지를 현재의 순간에 투자할 수 있어야 한다. 그래야 치유가 가능해진다. 건강한 삶은 현재의 순간에 당신을 투자하는 삶이다. 그럼에도 불구하고 사실 현재에 충실한 삶을 사는 사람은 드물다. 현재에 산다는 것은 내적 성찰과 묵상으로 얻어지는 것이며 자유와 기쁨을 얻기 위한 도약이다. 왜냐하면 치유가 가능한 유일한 시간이 바로 '현재' 이기 때문이다.

당신의 느낌을 소중히 하라. 많은 질병이 억압된 감정에서 시작된다는 사실을 기억하라. 당신은 어떤 기억을 갖고 있는가? 지금까지 읽은 내용에서 당신도 당장 해보고 싶은 것이 있는가? 15장의 '치유를 위한 단계별 접근' 은 그러한 당신을 위해서 쓰여진 것이다.

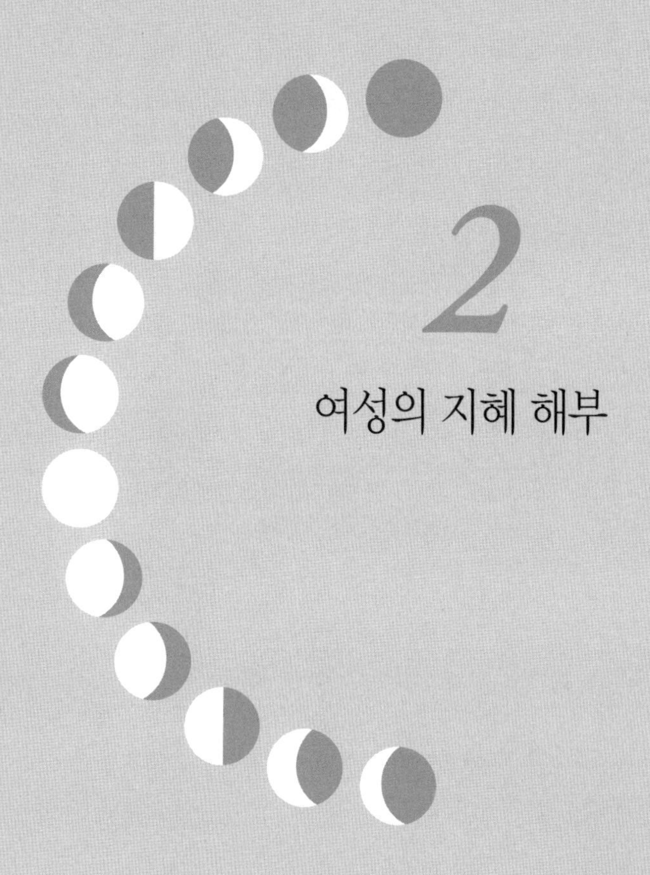

2

여성의 지혜 해부

월경주기 5

처음으로 월경을 하던 날,
어머니가 꽃다발과 근사한 점심을 사주고, 귀를 뚫게 해주고,
아버지는 기념으로 귀걸이와 당신이 처음으로 바르게 될 립스틱을 사주고,
그리고 당신은 난생 처음으로 여자의 지혜에 관하여 배우러 갔었다면
당신의 인생은 얼마나 많이 달라졌을까?
– 쥬디스 더크Judith Duerk

월경주기를 여성적인 힘의 원천으로 찬양하면서 그 주기적인 속성과 조화를 맞추어 나간다면 월경주기에 담긴 지혜를 찾을 수 있을 것이다. 월경주기의 여러 부분과 관계하면서 변하는 꿈, 창조성, 호르몬 등은 우리의 내면을 더욱 깊이있게 알 수 있도록 해준다. 서서히 이루어지는 이 과정은 개인적인 역사를 드러내고, 매일 다른 방식으로 월경주기에 대해서 생각하고 새로운 방식으로 월경주기에 맞추어 살아가도록 하는 과정인 것이다.

〈표 5-1〉 여성의 지혜 해부도

신체기관 및 과정	기호화된 지혜
월경주기	직관적 지혜와 감정의 주기적인 순환과 작용
자궁	자아에 대한 창조성의 근원
난소	외부세계에 대한 창조적인 욕구, 균형을 상실한 경제력 · 창조성 · 대인관계에 대한 목표
유방	감정의 표현과 협조
임신	아이디어나 생명을 품고, 양육하고, 탄생시키는 능력
자궁경부 · 질 · 외음부	친밀함에 대한 분별력, 건강한 한계를 설정하는 능력
요로 · 방광	감정을 표현하고 분출하는 능력
폐경기	지혜의 시기로 이동, 직관적인 지식에 대한 포용력, 공동체에 새로운 씨를 뿌려줌

주기적인 속성

월경주기는 여성이면 누구나 겪어야 하는 것으로, 대지의 주기이자 원형적인 여성성과 우리의 관계를 그대로 반영한다. 밀물과 썰물, 계절의 변화와 같은 자연의 주기가 여성에게 월경주기로 반영되는 셈이다. 매달 난자가 성숙하고 그것이 임신이 되거나 월경으로 출혈되는 것은,

에너지 기능 장애	신체 증상
불쾌하거나 유쾌한 감정을 인정하지 않음, 어두운 부분을 드러내거나 부딪쳐 보려 하지 않음	월경을 건너뜀, 과다 월경, 불규칙한 월경, 월경전 증후군
타인의 감정에 얽매임, 창조적인 자아를 표출하지 못함	자궁근종
외부의 권위와 승인에 대한 집착	난소의 기능 이상, 난소낭종, 난소암
감정을 표현하거나 해소하지 못함, 건강한 대인관계를 형성하지 못함	유방낭종, 유방통, 유방암
새 생명을 탄생시키고 부양할 에너지 부족, 출산에 대한 믿음 부족, 인생·신체 이미지·개인적 욕구에 출산과 양육이 끼치게 될 영향에 대한 양면가치의 대립	불임, 유산, 분만의 기능 장애
잘못 정의된 관계의 한계, 행복하지 못한 성적 관계 또는 그 밖의 관계, 성적 쾌락에 대한 죄책감	헤르페스, 사마귀, 외음부 전정염, 질 감염, 자궁경부암
대인관계에서의 감정 흐름의 정체, 대인관계에서의 의존성	만성적인 요로 감염, 간질성 방광염
해결하지 못한 과거의 감정적·정신적 상처, 노화과정에 대한 두려움	홍조, 우울증, 심계항진, 불안, 건망증

창조의 과정이 자연뿐 아니라 인간에게도 무의식적으로 발생한다는 사실을 보여주는 것이다. 따라서 많은 문화권에서 월경주기는 옛부터 신성한 것으로 여겨졌다.

자연의 리듬과 단절된 채 살아가는 현대사회에서조차 배란주기는 달의 영향을 받는다. 연구에 따르면, 임신율이 가장 높고 십중팔구 배란을 하게 되는 날은 보름날이나 보름 전날이라고 한다. 새로운 달이 차오르는 동안에는 배란이나 임신가능성이 전반적으로 줄어들고 월경을 시작하는 여성들의 수는 늘어난다. 연구결과에 따르면, 달의 변화는 조수, 즉 바다의 밀물과 썰물만이 아니라 인체의 밀물과 썰물에도 영향을 끼치며, 인간의 무의식과 꿈에도 영향을 미친다고 한다.[1] 여성의 월경주기와 생식능력을 조절하는 데 있어서 빛, 달, 그리고 조수와 같은 환경의 역할은 이미 증명되었다. 월경주기가 불규칙한 2천여 명의 여성들을 대상으로 한 실험에서, 배란기 즈음의 사흘 동안 침대 곁에 불을 밝혀 둔 채 수면을 취하게 하자 피실험자의 반 이상이 규칙적인 월경주기를 회복하였다.[2]

월경주기는 또 정보나 창의력의 흐름을 다스린다. 월경주기에 따라 우리는 각 단계별로 다른 종류의 정보를 얻고 개발한다. 월경주기의 지혜에 대해서 나는 이렇게 이야기하고 싶다. 우리는 월경을 시작해서 배란 때까지 난자를 성숙시키고 누군가에게 생명을 줄 준비를 한다. 많은 여성들은 월경주기가 시작되는 날부터 배란일까지 외적으로 가장 많은 것을 표현하게 된다고 한다. 외향성과 상승기조를 띠게 되며, 열정과 새로운 아이디어로 충만해진다. 월경주기의 중기로 접어들면 주변 사람들과 새로운 아이디어에 대해서 더욱 포용력을 가지게 된다. 이 시기에는 성욕이 최고조에 이르고, 성적 매력과 관련된 호르몬을 발산하게 된다.[3] (현재의 남성지배 사회에서는 이 점을 매우 높이 평가하므로 우리는 이 시기를 월경주기 중 '좋은' 단계로 받아들인다.) 주로 트럭 운전사들이 이용하는 간이식당에서 일하는 한 웨이트리스에 의하면, 월경주기의 중기에 팁을 가장 많이 받게 된다고 한다. 또 어떤 남자는 자신의 아내가 이 시기에 있을 때가 가장 "생기발랄하고 자극적"이라고 평했다.

난포기와 황체기

월경주기는 의식이 구체화되고 사고가 현실을 창조하는 과정을 반영한다. '난포기' 라고 알려진 월경과 배란 사이의 시기에는, 난자가 만들어지고 발달하며 자궁벽에 자리잡고 있는 면역체계의 세포 또한 발달하기 시작한다.[4] 사고와 창조력의 차원에서 월경주기 초반은 새로운 프로젝트를 시작하기에 매우 좋은 시기이다. 주기의 중기에 이르러 배란을 하게 되면, FSH(난포자극 호르몬)와 LH(황체자극 호르몬)가 갑자기 증가한다. 이들과 함께 에스트로겐이 증가하게 되면, 좌뇌의 활동(어휘력)은 활발해지고 우뇌의 활동(공간능력)은 위축된다.[5] 배란은 정신적 · 감정적 창의력이 최고의 수준에 달했음을 나타내는 것이다. 배란기가 끝나고 몇 주가 지나면 월경을 하게 된다. 이 시기는 우리가 창조한 것과 삶에서 바뀌고 조정될 필요가 있는 부정적이고 어려운 측면을 평

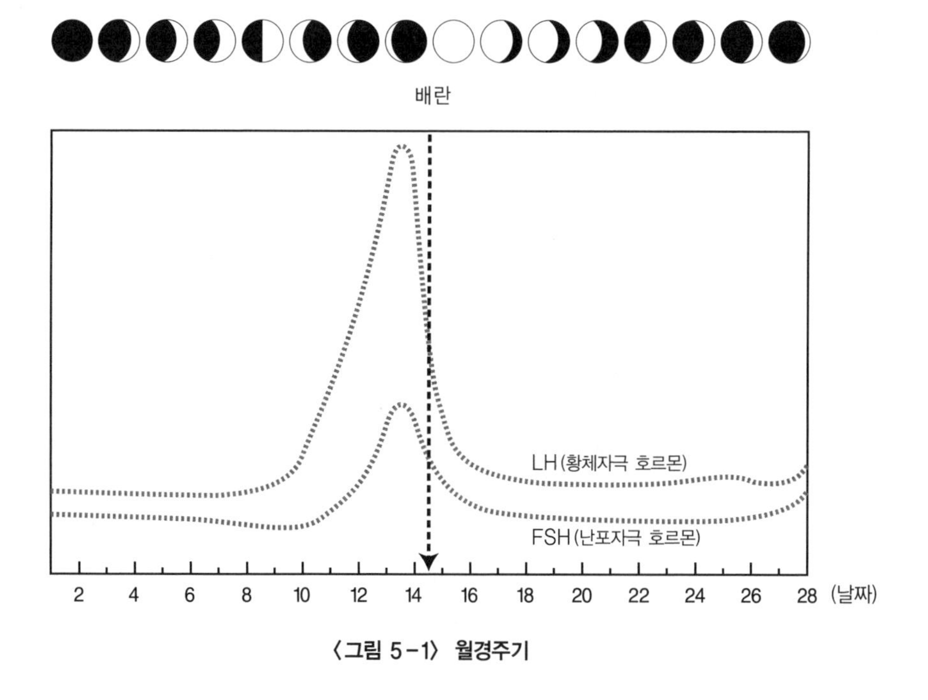

〈그림 5-1〉 월경주기

가해보고 반성하는 시기이다.

생물학적 · 심리적 주기는 달의 변화와 나란히 진행된다. 고대의 한 문화권에서는 월경 중인 여성을 달과 호흡하는 중이라고 생각했다. 자연과 함께 생활하는 여성들은 보름달이면 배란을 하고, 달이 완전히 기울어지면 월경을 시작하고 자기 반성의 시간을 가지게 된다. 달이 완전히 어둠에 묻혀 버리는 시기를 거친 후 다시 조금씩 차 오르면서 우리에게 그 모습을 드러내는 것처럼, 여성들 또한 매달 잠시 동안 생명력이 사라져버리는 것 같은 어둠의 시기를 거친다. 그것이 월경 전과 월경기간이다.[6] 매번 며칠 동안씩은 온 몸의 기운이 빠지고 기분이 처지

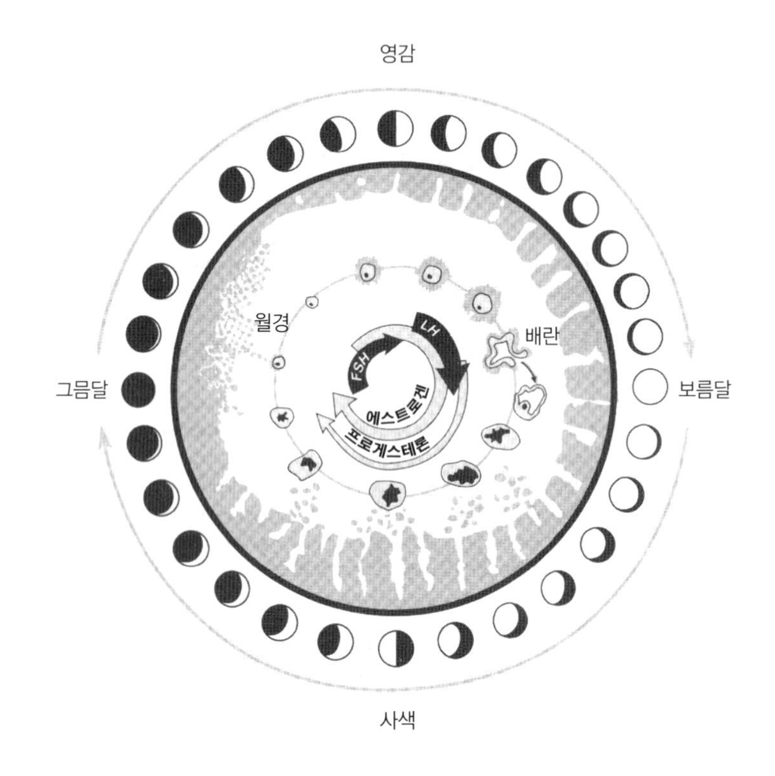

〈그림 5-2〉 월경주기에 따른 달의 변화

는데, 그렇다고 해서 병에 걸린 것은 아닌가 걱정할 필요는 없다. 여러 논문들을 통해 많은 여성들이 새로운 달을 준비하는, 즉 달이 완전히 져 버린 시기에 월경을 시작하고, 하루 중 가장 어두운 시간인 새벽 4 ~6시 사이에 출혈을 시작한다는 사실을 보여주고 있다.[7]

배란기에 임신을 하지 않으면 자연스럽게 월경주기의 후기인 황체기로 접어들게 된다. 이 시기에는 외향적인 활동들에서 내향적인 분위기로 바뀌게 된다. 즉 내면의 깊숙한 곳으로부터 무언가를 탄생시키거나 발전시킬 준비를 하기 위해서 더욱 내면으로 향하게 되는 것이다. 오늘날 합리적인 이해에만 가치를 두는 대부분의 문화적인 분위기 때문에, 많은 여성들은 월경 전이나 월경 동안의 내향적인 분위기를 비생산적인 것이라고 간주하고 무의식적인 정보의 흐름을 막아버린다. 달의 정보는 반사적이고 직관적이며 꿈, 감정, 갈망의 형태로 우리를 찾아온다. 월경주기의 후기에 찾아오는 이러한 정보들을 대수롭지 않게 생각하고 차단해버리면, 이것은 월경전 증후군이나 폐경기 증상 등의 형태로 우리에게 되돌아오게 된다.

배란에서 월경에 이르는 황체기는 여성들이 내면의 지식과 인생에서 순조롭게 진행되지 않는 일들을 가장 구체적으로 자각할 수 있는 시기이다. 월경 전이나 월경을 하는 동안 여성들은 더욱 자주, 그리고 생생하게 꿈을 꾸게 된다. 월경 전에는 보이는 세계와 보이지 않는 세계, 그리고 의식과 무의식 사이에 드리워져 있던 베일이 훨씬 얇아져서 한 달 중 그 어느 때보다 무의식적인 자아에 쉽게 접근할 수 있게 된다. 월경 전 시기에는 우리가 삶의 어렵고 고통스러운 부분들을 인식하고 변화시킬 수 있는 능력에 보다 가까이 접근할 수 있고, 삶에서 가장 의미 있는 것들과 더욱 자연스럽게 조화를 이룰 수 있다.

월경 전에는 또 자주 울고 싶어지기도 하는데, 눈물은 항상 우리에게 의미 있는 무언가와 관련이 있다. 여성들은 월경 전에 떠오르는 문제의 중요성을 믿을 필요가 있다. 내면의 지혜가 우리에게 아무리 주의를 요구해도 월경주기의 전기에는 몸과 마음이 이러한 문제들을 표현하지 않을 수도 있다. 하지만 월경주기의 후기, 즉 월경을 하기 전에는 보다 감정적이 되어서 분노를 표출한다. 한 여성은 월경을 시작하기 전이면 집, 차, 그 밖의 투자가 모두 남편의 명의로만 되어있는 것이 걱정스러워진다고 한다. 나는 이러한 현상을 우리가 주의를 기울일 필요가 있는 '월경 전 현실점검 현상'이라고 말하고 싶다.

어떤 남편은 자신의 아내가 월경주기 중 난포기일 때에는 밝고 명랑하며 집을 잘 정돈하고 요리도 자주 하지만, 배란 후에는 곧잘 자제심을 잃고 대학으로 돌아가고 싶다거나 더 자주 외출하고 싶어한다고 털어놓았다. 나는 그에게 월경 전에 발생하는 이러한 문제들을 신중하게 다루어야 한다고 일러주었고, 부인의 욕구가 그녀의 개인적인 성장에 어떤 영향을 끼칠지를 생각해보라고 충고해주었다. 그리고 그의 아내가 월경 전에 보여주는 이해하기 힘든 행동들은 그녀 내면의 욕구들을 표현하는 나름의 방식이라는 사실을 지적해주었다.

여성의 심리와 난소의 기능 사이에는 밀접한 관계가 있다. 배란하기 전 여성들은 외향적이고 낙관적이며, 배란 중에는 포용력이 넘치고, 배란 후, 즉 월경 전에는 내향적이고 사색적이다. 1930년, 정신분석학자 데레즈 베네덱Therese Benedek 박사는 일련의 환자들을 대상으로 심리치료의 기록을 연구하였다. 동시에 그녀의 동료 보리스 루빈스타인Boris Rubenstein 박사는 같은 여성들을 대상으로 난소 호르몬의 주기를 연구하였다. 베네덱 박사는 여성들의 감정적인 만족도를 관찰함으로써 그 여성이 월경주기 중 정확하게 어느 단계에 있는지를 맞추었다. 그녀는 두 가지 방법에 의해서 상호독립적으로 결정된 배란일이 정확하게 일치한다는 것을 발견하였다. 또한 배란을 하기 전, 즉 에스트로겐의 수치가 가장 높을 때 여성의 감정과 행동은 외부세계를 지향하게 된다는 사실을 알게 되었다. 그리고 배란을 하는 동안은 긴장이 풀어지고 만족스러워하며, 다른 사람들로부터 사랑받고 보살핌을 받는다는 것에 대해서 포용력을 가지게 되고, 배란이 끝나고 월경 전까지, 즉 프로게스테론의 양이 가장 많을 때에는 자기 자신에게 초점을 맞추고, 내면 지향적인 행동에 참여하는 경향이 있다는 것을 밝혀냈다.

월경주기에 대한 전통적인 관념이나 믿음을 고려해 보면, 왜 여성들이 월경 전 시기를 사색과 새로워질 수 있는 시기로 보지 않게 되었는지 쉽게 이해할 수 있다. 사실 자궁이나 난소에 대해 각 문화가 사용하고 있는 언어들이 여성의 월경주기에 미치는 영향력에 대해서는 이미 경험적으로 밝혀졌다. 여성들이 월경주기를 긍정적으로 받아들인다면 월경과 관련된 증상들로 인해 덜 힘들어하게 될 것이다.[8] 다른 한 논문에 의하면, 현재 월경 전이라고 믿도록 유도된 여성들보다는 월경 전이 아니라고 믿도록 유도된 여성들이 부종, 월경통, 흥분 등의 신체적인 증상을 훨씬 덜 나타냈다고 한다.[9] 이러한 논문들은 믿음이나 생각이 우리 몸에 생화학적으로 어떤 영향을 미치는지를 잘 보여주고 있다.

월경주기를 통한 치유

일단 여성 자신이 월경주기를 내면의 인도자로 인정하게 되면 치유를 시작할 수 있다. 월경 전에는 많은 여성들이 자신의 개인적인 고통이나 세상의 아픔에 더욱 관심을 가지게 되며, 창의력이 풍부해져서 최상의 아이디어를 얻게 된다. 월경을 하기 전 여성에게는 혼자 지내고, 휴식을 취하고, 일상적인 의무에서 잠시 벗어나 있을 시간이 필요하다. 하지만 이러한 시간을 가진다는 것 자체가 대부분의 여성들에게는 색다른 경험이고 연습이 필요한 일이다.

월경전 증후군은 조수처럼 밀려왔다가 밀려가는 내면의 욕구를 소중히 다루지 않았을 때 발생한다. 활동적인 것을 선호하는 현대 사회의 분위기 탓으로 우리는 종종 이러한 휴식과 재충전에 대한 욕구를 인정하려고 하지 않는다. 월경을 시작하기 전에 지쳤다고 느껴지면 하루나 이틀 정도 쉬면서 자신을 돌볼 필요가 있다. 나는 여성들이 매달 3-4일

동안만이라도 모든 의무에서 벗어나 다른 사람이 차려주는 밥상을 받을 수 있다면, 월경전 증후군으로부터 자유로워질 수 있을 것이라고 생각한다.

개인적으로 나는 남편에게 내가 다달이 침체되어야 할 필요가 있다는 사실을 당당하게 이야기하는 것만으로도 충분하다는 사실을 발견하게 되었다. 내가 먼저 내 몸이 겪고 있는 과정을 존중하면, 남편 또한 그것을 존중하게 되고, 그러고 나면 내 몸은 편안해하고 고마워한다. 나 자신과 내 인생, 내 글쓰기 등에 관한 가장 의미있는 통찰이 월경을 시작하기 하루나 이틀 전에 이루어진다는 사실을 알게 된 후부터 나는 월경주기를 다르게 경험하기 시작했다. 월경에 대한 문화적 편견은 여전하지만 월경주기가 성스러운 시간임을 이해하게 된 후로, 나는 나의 월경주기를 관찰하기 시작했다. 월경을 하기 전에 나를 눈물나게 만드는 일들은 대체로 나에게 아주 중요한 일들이었고, 그 시기의 감수성은 일종의 통찰력의 선물이었다. 나는 또한 달의 변화와 나의 월경주기를 비교해보았다. 보름달에 배란을 하고 달이 기울어졌을 때 월경을 하게 되면, 달이 기울었을 때 내적인 반성의 시간을 갖게 되는 것이다. 반면 보름달에 월경을 하게 될 경우에는 월경전 증후군이 더욱 심해졌다. 평소보다 훨씬 더 신경이 곤두서고 출혈량도 많았다. 달의 주기와 나의 주기를 연결해서 생각해보는 일은 나를 의식적으로 대지와 연결시켜주고, 과거와 현재의 여성들이 연결되어 있다고 느끼도록 해주었다.

문화적 유산

고대 유럽의 평화롭던 모계중심 문화가 깨어지기 전까지만 해도, 월경주기와 여성의 몸은 성스러운 것으로 여겨졌다.[10] 또한 여성들의 꿈과 통찰력은 종종 부족을 인도하는 데 사용되기도 하였다. 하지만 그 후 서양의 역사서나 종교적인 법전들은 월경을 수치스럽고 퇴폐적이며, 어둡고 통제할 수 없는 여성의 속성이라고 이야기하고 있다. 따라서 월경 중인 여성들을 불결하다고 생각했다. 기원 전 65년, 플리니Pliny는 다음과 같은 글을 썼다.

하지만 다달이 진행되는 여자들의 하혈보다 더 주목할 만한 것은 없다. 이것과 접촉하게 되면, 신선한 와인은 쉬어버리고 농작물은 황폐해지며, 정원의 씨는 말라버리고 과일들은 떨어져버린다. 단지 그 모습을 비추기만 해도 거울은 흐려지고, 칼날과 상아의 빛깔은 탁해진다. 벌떼도 전멸해버릴 것이다. 심지어 청동과 철도 녹슬어버리고, 끔찍한 냄새가 대기를 가득 채운다. 그 냄새를 맡으면 개는 미쳐버리고 그 개에게 물리면 불치의 독에 감염된다.[11]

월경주기에 관한 이러한 금기는 오늘날까지 전해 내려왔다. 몇 세대에 걸쳐서 여성들은 월경 중인 여성의 몸은 상처받기 쉽다고 배워왔다. 그래서 월경 중에는 수영이나 목욕도 할 수 없으며, 머리를 감을 수도 없다고 믿었다. 이러한 믿음들은 목욕이나 머리를 감고 수영을 하게 되면 월경혈이 역류되어 발작이나 정신착란, 또는 급성 결핵을 초래할 수도 있다는 빅토리아 시대의 이론에 근거한 것이다.[12] 아무런 과학적인 근거가 없는 이러한 금기들은 수세대에 걸쳐 여성들로 하여금 몸의 자연스러운 변화를 두려워하게 만들었다.

월경을 시작하면 대부분의 여성들은 부끄러워 하거나 수치스러워 한다. 그러나 월경주기에 관해서 전해 내려오는 좋지 않은 미신에 대해서 제대로 아는 것도 치유과정에 있어 중요한 일부이다. 우리도 모르는 사이에 내면화 되어버린 부정적인 태도를 인정하고 우리의 주기적인 속성을 존중해준다면, 우리는 월경의 지혜를 되찾을 수 있을 것이다.

대부분의 소녀들은 자신의 몸과 성본능에 대한 애정이나 존경심도 없이 건조한 태도로 월경주기에 관해 배우게 된다. 이러한 성교육에서는 여성의 몸과 성이 월경주기와 어떤 관계가 있는지 거의 언급조차 하지 않는다. 반면 월경을 긍정적인 절차로 배우는 소녀들은 극소수에 불과하다.

나보다 열 한 달 늦게 태어난 나의 여동생은 어머니에게 이렇게 물었다. "엄마, 난 아기가 어떻게 태어나는지 알아요. 하지만 어떻게 해서 그 곳에 들어가 있게 되는 거예요?" 어머니는 우리를 침실로 데리고 가서 책을 읽어주었다. 그 책에는 소녀들이 열 두 살 정도면 월경을 하게 되고, 월경을 하게 되고부터는 성관계를 가지면 아기를 가질 수 있다고 쓰여 있었다. 나는 기분이 썩 좋지 않았다. 나는 어머니가 설명해주었던 혐오스러운 행위보다는 그냥 키스만으로도 임신을 할 수 있었으면 하고 희망했다. 섹스와 월경에 대한 그 당시 나의 혐오감은 상당 부분 어머니의 영향이었다.

어머니는 월경주기의 의미나 몸의 신성함에는 별로 관심이 없었다. 어머니가 소녀 시절에 가장 좋아했던 놀이는 남자아이들과 야구를 하거나 나무를 타는 것이었다고 한다. 하지만 어머니가 일단 '여자'가 되고 나자, 어머니는 더 이상 소년들과 노는 것을 허락 받지 못했다. 몇 년 후 어머니는 할머니에게 더 이상 월경을 하지 않게, 그래서 야구를 계속할 수 있도록 수술을 시켜 달라고 졸랐다고 한다. 그 후 예순 살이 될 때까지도 월경주기에 관한 사춘기적인 감정을 완전히 풀어내지 못했기 때문에, 어머니가 나에게 월경을 삶의 정상적인 한 부분으로 설명해주었음에도 불구하고, 나는 월경에 관한 어머니의 감정을 무의식적으로 흡수했던 것이다.

우리 문화는 여성의 주기적인 속성을 긍정적인 특징으로 축복해주지 않고, 여성이 배우자나 자녀들에 대한 의무를 게을리 하지 못하도록 여성으로 하여금 자신의 주기를 인정해서는 안된다고 가르쳐왔다. 1963년도에 만들어진 탐폰상자에는 이런 문구가 있었다.

아내들이여, 남편을 이용하지 마십시오. 이것은 좋은 결혼생활을 위한 오랜 규칙입니다. 물론 당신에게 남편을 이용하려는 의도는 없겠지만, 은연중에 이용하고 있을 수도 있습니다. 예를 들면, 월경을 핑계로 삼지 마십시오. 만일 매달의 월경이 정상적인 시기라는 단순한 규칙을 무시하고, 마치 무슨 병에라도 걸린 듯이 며칠씩 의무에서 물러나 있는다면, 이것은 남편의 좋은 성품을 이용하고 있는 것입니다. 당신의 남편은 아르바이트 아내와 결혼을 한 것은 아닙니다. 따라서 당신은 매일 활동적이고, 원기왕성하며, 명랑해야 합니다.

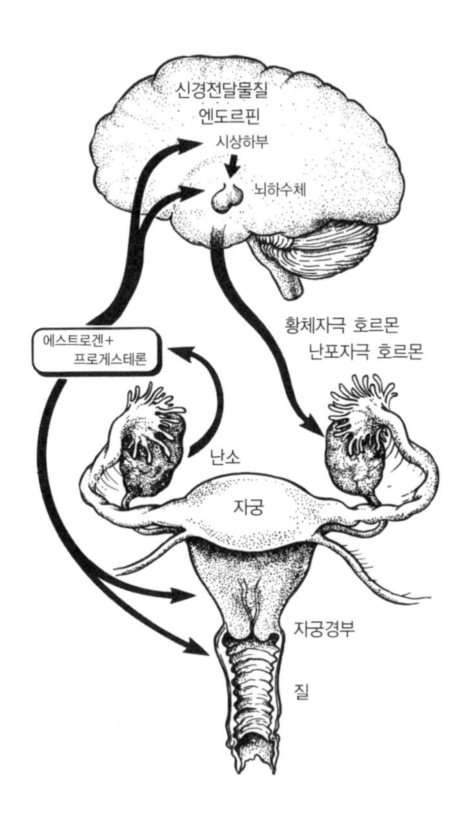

〈그림 5-3〉 여성의 몸과 마음의 연속체 : 뇌와 골반의 상호작용

항상 명랑하라니! 그렇게 많은 여성들이 월경전 증후군으로 고생한다는 현실이 이상할 게 하나도 없다!

피임약과 직관력

직관력은 월경주기의 단계에 따라 다르게 작용한다. 그리고 폐경기를 지나고 나면 또 다시 달라진다. 정형외과 의사인 한 동료는 자신의 한 환자를 피임 문제 때문에 나에게 보냈다. 당시 그는 이미 직관력과 월경주기의 관계를 잘 알고 있었다. 환자는 몇 년 동안이나 경구피임약을 사용해왔다. 내 동료는 경구피임약을 지속적으로 사용한다면 그 환자는 자기 인생의 다음 단계에서 어떤 일이 일어날지 예감하는 능력을 방해받을 것이라고 생각했다. 나에게 준 의뢰서에는 다음과 같이 적혀 있었다. "피임약은 직관력을 떨어뜨립니다. 대안책을 처방해주세요." 나는 그의 통찰력에 박수를 보냈다. 경구피임약의 복용으로 인해 수백만 여성들의 몸이 달의 변화주기보다는 제약회사와 더 조화를 이루게 되었다. 이러한 상황에서 수많은 여성들에게 많은 편리를 가져다준 약물에 대해서 다시 생각하게 하는 일은 결코 사소한 일이 아니다. 피임약 덕분에 여성들은 월경을 하더라도 주말을 망치지 않을 수도 있고, 월경통을 완화시킬 수도 있으며, 난소와 자궁내막의 종양 위험을 줄일 수도 있게 되었기 때문이다.

산부인과 동료의사인 로리는 생각을 바꾸기 전까지 피임약의 이러한 이점 때문에 9년 동안이나 피임약을 사용했다. 그녀는 자신의 경험을 바탕으로 자신의 모든 환자들에게, 피임약을 마치 무슨 만병통치약이라도 되는 것처럼 추천했다. 그러다 내면에 잠재되어 있던 영혼의 병들이 육체적으로 나타나는 것을 깨닫기 시작하고부터 피임약에 대한 자신의 입장을 다시 평가해볼 수 있었다.

그녀는 이미 불화로 치닫고 있던 남편과의 관계에서 그 해결책을 부분적으로나마 찾아볼 수 있었다. 그들은 섹스를 주제로 자주 논쟁을 벌이곤 했다. 로리가 말했다. "그는 우리 관계에서 일어나는 모든 일들과 섹스를 철저하게 분리시키는 것 같아. 하지만 내 몸에 대한 혼란스러움, 섹스를 하는 동안의 어색함, 섹스와 유혹에 관한 어린 시절의 복잡한 기억들 때문에 나에게 섹스는 부정적이고 넘을 수 없는 장애물로 여겨져."

로리는 몸의 부분들이 내면의 인도자로서 어떤 방식으로 그 징후를 드러내 우리에게 이야기를 해주는지 배우고 있었다. 로리는 늘 그래왔던 것처럼 피임약을 계속 사용한다면 자기 몸과의 원활한 의사소통이 불가능하며, 특히 자신의 성 정체성과 관련된 위기를 알 수 없을 것이라는 사실을 깨닫게 되었다. 로리는 자신이 내면의 인도자 대신 이 시대의 지배자인 문화의 지시를 따르면서 자신의 몸에서 얼마나 멀리 떨어져 있었는지를 깨닫기 시작했다. 이러한 깨달음으로 인해 로리는 태어나서 처음으로 페미니즘에 관심을 갖게 되었다. 그 전까지 그녀는 스스로를 성공한 커리어우먼이며 유능하다고 생각했다. 하지만 이것은 표면상으로 드러난 것일 뿐, 그녀는 양성 난소낭종 때문에 몇 년에 걸쳐 여러 번 수술을 받았고 산부인과 수련의 시절에는 갑상선종양 수술도 받았다. 내면의 인도자는 이러한 질병들이, 몸이 그녀의 관심을 끌어 삶에서 무언가 균형이 깨지고 있음을 알게 하려는 것이었다는 사실을 알려주었다. 이제 그녀는 자신의 몸이 들려 주려는 메시지에 주의를 기울인다.

로리가 알게 된 또 다른 사실은, 자신의 월경주기와 타고난 성 본능과의 관계였다. "매달 배란할 즈음이면 며칠 동안씩 뇌리를 맴도는 거친 욕망이 있어. 나는 몇 년 동안 다른 귀찮은 피임법 대신 피임약이 성생활에 훨씬 유용하다고 생각했어." 그녀는 단지 아기에게 모유를 먹이는 동안만 페사리를 사용했고, 그 때문에 성욕이 줄어드는 것이라고 생각했다. 하지만 이제 그녀는 성욕 문제가 페사리 때문이 아니라 수유와 관련된 호르몬과 그로 인해 기운이 탈진된 까닭이라는 사실을 이해하게 되었다. 젖을 먹이고 있는 많은 엄마들은 성생활에 별로 관심이 없다. 그들의 기운이 갓 태어난 아기에 의해서 다 소진되어버리기 때문이다. 또한 로리는 매우 보편적인 또 다른 변화를 알게 되었다. 피임약을 먹지 않게 되자 그녀의 몸은 일시적으로 배란을 더 자주 하게 되었고, 그런 다음 한 달에 한 번으로 월경주기가 돌아왔던 것이다.

로리의 이야기는 우리가 월경의 지혜와 힘을 되찾는다는 것이 어떤 의미인지를 잘 보여주고 있다. 피임약에도 이점이 있기는 하지만, 여성의 지혜와는 본질적으로 맞지 않다. 예를 들어, 친밀한 사람들이 의사소통을 하는 방법 중의 하나는 페로몬(pheromone : 어떤 개체의 체외로 분비되는 물질로서 동족의 다른 개체에 의하여 감지되고, 냄새 등으로 인해 특수한 행동과 반응을 유발한다)을 통해서라고 한다. 경구피임약은 남성과의 성적인 의사소통을 포함하여, 페로몬을 통한 의사소통의 길을 없애버린다. 한 논문에 따르면, 코퓰린(copulin : 암원숭이가 내는 성 유인물질)이라고 불리는 질 분비물에 섞인 휘발성의 지방산은 수컷의 관심과 행동을 자극한다고 한다. 그러나 피임약을 사용하면 코퓰린은 분비되지 않는다.[13] 또 함께 생활하는 여성들은 종종 비슷한 시기나 같은 시기에 주기를 맞이하게 되는데, 이러한 현상 역시 피임약을 사용하는 여성들에게는 일어나지 않는다. 몇몇 연구에 따르면, 다른 사람들과 밀접한 관계를 가진 여성들은 더 짧고 규칙적인 월경주기를 가지고 있는 반면, 다소 사람들로부터 고립된 여성들은 불규칙적인 주기를 가지고 있다고 한다.[14]

월경통과 치료

모든 여성들 중 60%가 월경통으로 고생을 한다. 그 중 소수의 여성들은 통증이 너무 심해서 매달 하루 이상씩은 정상적인 생활을 할 수가 없을 정도이다. 이것은 우리가 월경의 지혜와 많이 멀어져있다는 증거이기도 하다. 1950년대에 발표된 논문에서는 월경통이 단순히 여자들

스스로 자신이 여자임을 불행해한다는 것과 관련이 있는 심리적인 증상이라고 하였다. 또 캐롤린 미씨의 주장에 의하면, 월경통과 월경전 증후군은 자신이 여자라는 사실과 종족에서의 자신의 역할, 그리고 자신에 대한 종족의 기대 등에 대한 심리적 혼란의 전형적인 징후라고 하였다. 그러나 월경통은 월경전 증후군과는 다르다.

월경통은 두 가지 타입으로 나눌 수 있다. 1차적인 월경통은 골반의 다른 기능적인 질병과는 상관없는 통증이다. 그리고 2차적인 월경통은 자궁내막증이나 다른 골반의 질병에 의해서 유발되는 통증이다. 1차적인 월경통에 효과가 있는 처방은 대부분 2차적인 월경통에도 효과가 있다.

1970년대 말부터는, 월경통을 겪는 여자들의 생리혈 중에는 프로스타글란딘 F2 α 호르몬의 수치가 높다는 논문들이 발표되기 시작했다. 자궁내막이 허물어질 때 이 호르몬이 혈관 속으로 흘러 들어가게 되면, 자궁이 경련을 일으킴으로써 결국 월경통을 일으키게 된다는 것이다.[15]

처음으로 월경을 했을 때, 나는 근시가 되어 안경을 껴야 했다. 나는 이 사실에 화가 났다. 우리 가족 중에는 안경을 끼는 사람이 아무도 없었다. 눈이 쉴 수 있는 적당한 휴식 없이 계속 책을 읽었기 때문에 나의 시력은 더욱 악화되었다. 이것은 내가 성장한다는 것, 어머니가 그랬던 것처럼 여자로 자란다는 것에 대해 거부감 때문이었던 것 같다. 여기에 내가 늘 먹던 유제품들과 사춘기부터 늘어난 스트레스가 혈중 아드레날린(adrenalin : 흥분, 분노, 공포 등을 느낄 때 생체 내에 생기는 호르몬의 일종)과 프로스타글란딘 F2 α 호르몬의 양을 증가시켜서 지독한 월경통을 유발한 것이었다. 첫아이를 낳고 나서는 월경통이 잠깐 사라졌지만, 둘째 아이가 다섯 살이 되던 해부터는 월경통이 재발했을 뿐 아니라 더욱 심해졌다. 하지만 매번 그랬던 것은 아니었다. 월경통을 하지 않았던 시간들은 내 삶이 균형 잡혀 있다는 것을 확인시켜 주었다. 아주 바쁘거나 스트레스에 지쳐있을 때면 월경을 시작하는 첫날에 몇 시간씩 월경통을 앓게 된다. 이것은 나를 금방 지치게 만들었지만, 또한 내가 몸의 지혜와 조화를 이루고 삶을 약간 조절할 필요가 있다는 것을 상기시켜주었다.

식이요법

영양소가 빈약한 정제된 식품 위주의 식습관은 호르몬의 불균형을 초래할 수 있고, 따라서 많은 여성들에게 건강상의 문제를 유발시킨다. 그렇다면 무엇을 먹어야 할까?

나는 월경전 증후군에서 폐경기 증후군까지의 모든 문제에 대해서, 혹은 단순히 건강유지 차원에서라도 고탄수화물 저지방식을 추천한다. 이 식사법은 대부분의 경우에는 효과가 있지만, 단순히 이런 식이요법 처방만으로는 효과를 볼 수 없는 여성도 많다. 특히 몇 년째 이 방법을 사용해온 경우라면 이 방법만으로 효과를 보기는 더욱 어렵다. 지방을 지나치게 적게 섭취하고 탄수화물을 지나치게 많이 섭취하면 머리카락과 손톱이 부스러지기 쉽고, 기력이 쇠약해지고, 면역체계를 약화시킬 수 있으며, 우울증과 비만을 유발할 수 있다. 그리고 사람에 따라서는 혈당의 균형을 유지하기 위해 필요한 단백질을 충분히 얻지 못하는 경우도 있다.

이 분야를 좀 더 연구해본 결과, 나는 고탄수화물 저지방식이 혈중 인슐린의 양을 지나치게 높게 하고 글루코겐의 양을 낮추는 것과 상당히 밀접한 관계가 있다는 사실을 발견하게 되었다. 이러한 불균형은 에이코사노이드라고 알려진 호르몬과 비슷한 성분의 상호작용에 영향을 끼친다. 에이코사노이드는 프로스타글란딘(Prostglandin : 전립선 등에 함유되는 물질로 혈관 확장, 자궁근 수축 등의 약리 작용이 있음)을 함유하고 있으며, 체내의 거의 모든 세포 형성과정에 관여한다. 문제를 더욱 복잡하게 만드는 것은 에이코사노이드의 분비가 모든 종류의 스트레스에 영향을 받는다는 것이다.

결국 월경통과 그 외 건강문제를 다루는 데 있어 핵심은 에이코사노이드의 균형을 맞출 수 있는 식이요법이다. 따라서 필수지방산을 충분히 섭취하고, 적당한 양의 비타민C, 비타민B_6, 그리고 마그네슘을 섭취해야만 한다. 스트레스를 많이 받고 영양섭취가 불균형한 여성들은 프로스타글란딘 F2α 호르몬을 지나치게 많이 생성하게 되고, 그 결과 월경통을 겪게 된다.

영양학적 치료

- 유제품, 아이스크림, 코티지 치즈, 요구르트는 피하라. 많은 여성들이 유제품을 끊는 것만으로도 월경통, 과다출혈, 유방통, 자궁내막증으로 인한 통증 등이 완화되는 효과를 보았다. 따라서 충분히 시도해 볼 만한 가치가 있다. 유제품과 골반 증상과의 관련성은 명확하게 밝혀지지 않았다. 하지만 오늘날 대부분의 유제품은 소의 유선을 지나치게 자극하는 BGH(소 성장호르몬)를 투여한 젖소들에게서 만들어진다는 점 때문인 듯하다. 이 젖소들은 주로 유선이 감염되어 있고, 그 때문에 항생제를 필요로 한다. 이때 우유 속에 남아 있는 호르몬과 항생제가 먹이사슬을 통해 여성의 몸으로 들어와 호르몬 시스템을 자극하는 것이다. 항생제와 호르몬은 장에서 신진대사의 절차를 바꾸고, 그로 인해서 호르몬의 양을 변화시킬 수도 있다.
- 정제된 탄수화물의 섭취를 줄여라. 탄수화물(특히 쿠키, 케익, 크래커 등 정제된 탄수화물로 만들어진 것들)의 과잉 섭취는 에이코사노이드의 불균형을 초래하여 월경통을 유발할 수 있다.
- 육류나 달걀 노른자는 1주일에 두 끼 정도로 제한하거나 아예 먹지 말라. 만일 육류를 섭취한다면 유기적으로 기른 동물의 지방이 적은 살코기 부위를 먹는 것이 좋다. 육류와 달걀 노른자에는 아라키돈산(arachidonic acid : 고도불포화필수지방산. 레시틴 성분이며

몇 종의 프로스타글라딘의 생합성원이다)이 풍부하므로, 민감한 사람의 경우에는 2차 에이코사노이드의 증가와 자궁의 통증을 유발할 수 있다. 하지만 모든 사람들이 아라키돈산에 민감한 것은 아니므로 이 방법 역시 모두에게 효과가 있는 것은 아니다. 아라키돈산에 대한 민감성 여부를 알아보려면 3주 정도 육류나 달걀 노른자를 전혀 먹지 않다가 하루에 집중적으로 여러 차례 먹고 증상을 관찰해 보면 된다. 육류에 풍부한 포화지방도 2차 에이코사노이드의 생성을 증가시킬 수 있다.

- 필수지방산을 섭취하라. 생선 기름에 있는 지방산은 DHA와 EPA를 함유하고 있어서 다른 식이요법에 효과를 보지 못한 사람들에게도 효과가 있다. 그러나 산소에 노출되면 변질되므로, 비타민E가 첨가된 캡슐 제제를 복용하는 것이 좋다.
- 복합 비타민제를 복용하라.
- 매일 비타민B 복합체와 함께 비타민B_6를 100mg씩 섭취하라. 비타민 B_6는 월경통의 통증을 줄여 주고 기간도 단축시켜줄 것이다.[16]
- 월경기간 동안은 2시간 간격으로 100mg의 마그네슘을 섭취하고, 월경기간 외에는 하루에 서너 번 정도 섭취하도록 하라. 마그네슘은 근육의 긴장을 풀어줄 것이다.
- 월경주기 내내 하루에 세 차례씩 50mg의 비타민E를 섭취하라. 비타민 E는 월경곤란증에도 효과가 있다.[17]

약물 치료

월경을 시작할 때, 혹은 월경통이 시작되기 직전이나 가능하면 직후에 비스테로이드성의 항염증성 약품을 복용하면 프로스타글란딘 F2α 호르몬의 합성을 막을 수 있다. 그러나 일단 자궁 내막이 헐기 시작하고, 프로스타글란딘 F2α 호르몬이 혈류 속으로 방출되면, 통증을 유발하는 자궁의 경련을 막기가 힘들어진다.

배란을 억제함으로써 월경통과 관련 있는 호르몬의 변화를 막아주는 피임약은 생활습관이나 식습관을 바꾸기가 힘든 여성들에게 효과적일 수도 있지만, 경구피임약을 복용하더라도 월경통을 느끼는 여성도 있다.

행동요법

- 스트레스를 줄여라.
- 월경주기의 리듬을 즐기는 방법을 배워라.
- 아랫배에 피마자유 팩을 하면 면역체계를 강화하고 스트레스와 아드레날린을 줄여 준다. 하지만 출혈이 심할 때는 사용하지 않는 것이 좋다.
- 침을 맞아보는 것도 좋은 방법이다. 대개 열 차례 정도 침을 맞아야 하지만, 세 차례 정도로도 통증이 많이 완화된다고 한다.[18]

약초요법

한의학에서는 월경통을 종종 '간경화'와 연결시켜서 생각하는데, 부프레우룸이 월경통에 효과적이라고 한다. 이 한약재는 한약방에서 구할 수 있으며, 월경이 시작되기 두 주 전부터 월경을 시작하는 첫날까지 하루에 네 번씩 환약으로 된 것을 4～5알씩 먹으면 된다. 최상의 효과를 보려면 2～3달 정도 걸린다.

그 외에 마사지나 요가, 동종요법으로 효과를 보는 여성들도 많이 있다.

제인은 스물 여섯 살의 나이에 나를 찾아 왔다. 그녀는 열 세 살에 월경을 처음 시작했을 때부터 월경통이 아주 심했으며, 월경을 시작한 날부터 끝날 때까지 통증이 지속된다고 했다. 제인은 자궁내막증이나 난소낭종을 걱정하고 있었다. 제인은 지난 몇 년 동안 매달 피임약을 복용했지만 느낌이 별로 좋지 않아서 복용을 중단했다고 말했다. 월경 기간 동안 제인은 월경통뿐만 아니라 출혈량도 너무 많아서 견디기 힘들었다며, 여드름, 부종, 유방통, 월경 전 질의 가려움증 같은 증상을 호소했다. 제인의 다른 두 자매는 월경통이나 다른 부인과 질환을 전혀 가지고 있지 않았다.

제인은 주로 유제품 위주의 식습관을 지속해왔으며, 그 중에서도 특히 코티지 치즈, 아이스크림, 요구르트를 자주 먹는 편이라고 했다. 또 초등학교 교사였지만 자신의 일에 만족하지 못했다. 제인은 아이다호로 가고 싶었지만, 그녀의 부모님은 제인이 그렇게 먼 곳으로 가는 것을 원하지 않았다. 제인의 부모님은 제인이 자신의 이익만을 추구하고자 하는 것은 이기적인 행동이라고 생각했으므로, 제인은 자신의 선택에 다소 죄책감을 느껴야 했다. 그들은 제인이 자신들 곁에 머물면서 아이들을 가르치고, 결혼해서 아이를 키우는 안정된 생활을 하기를 원했다.

제인의 경우에는 어린 시절부터 자신을 줄곧 따라다녔던 생각, 즉 부모님을 기쁘게 해드려야 한다는 강박관념이 자신의 개인적인 성장에 대한 필요와 직접적으로 부딪치고 있었다. 제인은 자신의 꿈을 무시해왔기 때문에 병이 생긴 것이라는 사실을 깨닫게 되었다. 부모님의 기대에 맞추어야 할 뿐만 아니라 보람을 느끼지 못하는 일을 계속 해야 한다는 스트레스가 그녀를 무겁게 짓누르고 있었던 것이다. 제인은 골반검사를 받아보았지만, 낭종이나 압통, 그 외의 다른 어떤 생식기 질병의 징후도 발견되지 않았다.

나는 제인에게 다음과 같은 방법을 추천하였다.

- 1주일에 두 번씩 하복부에 피마자유 팩을 할 것.
- 유제품과 육류는 먹지 말 것.
- 하루에 두세 번 복합 비타민제를 복용할 것.
- 아이다호로 옮기기 위한 계획을 세워볼 것.

세 달 후 제인이 다시 병원을 찾아왔다. 제인의 월경통은 놀라울 정도로 나아져 있었다. 제인은 유제품과 육류를 먹지 않았을 때 느꼈던 차이에 충격을 받았다고 말했다. 월경의 양도 놀라울 정도로 줄어들었다. 식이요법이 월경통에 큰 효과가 있었으며, 피마자유 팩의 효과도 대단했다고 말했다. 팩을 하는 동안 제인은 자기 자신과 자신의 욕구에 대해 생각해보는 시간을 가질 수 있었고, 자신에게 맞지 않는 일상을 과감히 버리고 꿈을 펼치면서 살아야겠다고 생각하게 되었다. 제인은 종속관계에 관한 책을 읽었으며, 자신이 어린 시절부터 '다른 사람을 즐겁게 해주는 사람'으로 길들여져 왔다는 사실을 깨닫게 되었다. 그녀는 만족스러운 삶을 살기 위해서는 자기 자신을 기쁘게 해주는 방법을 배워야 한다는 것을 깨닫게 되었다. 가족들의 착하고 작은 소녀로 남아 있기에 그녀는 너무 커버렸던 것이다.

다시 세 달이 지나자 제인은 월경기간을 지내기가 훨씬 더 쉬워졌고, 식습관을 바꾸고 스트레스를 줄임으로써 아나프록스의 복용량도 상당히 줄일 수 있었다. 가장 인상적이었던 것은 제인이 아이다호로 옮길 계획을 세웠으며, 더 이상 좋아하지 않는 일을 하지 않기로 결정했다는 사실이었다. 낯선 곳에서의 미래가 두렵긴 했지만, 이것은 또한 그녀를 들뜨게 하는 일이었다. 만일 제인이 부모로부터 독립해서 자신의 삶을 살아야겠다는 계획을 세우지 않았더라면, 제인의 건강은 '착한 아이 콤플렉스' 때문에 아주 위태로워졌을지도 모른다. 제인은 몸의 지혜를 이용해 월경통뿐만 아니라 인생까지 치유할 수 있었던 셈이다.

월경전 증후군

월경전 증후군만큼 월경에 대한 우리의 생각을 바꾸도록 요구하고 월경주기의 지혜를 회복할 것을 요구하는 질병은 없다. 월경전 증후군으로 고생하는 수백 명의 여성들을 진료해오면서, 나는 월경주기에 관해 보편화되버린 우리의 생각을 고치는 것이 월경전 증후군의 근본적인 원인을 해결하는 데 필수적이라는 사실을 알게 되었다. 물론 식이요법, 운동, 비타민, 프로게스테론 치료요법, 이 모든 것이 월경전 증후군을 치료하는 데 유용하다. 나는 초기 단계의 월경전 증후군 여성들에게는 이러한 방법들을 추천한다. 하지만 지속적으로 월경전 증후군으로 고생해온 경우라면, 생활 스타일을 바꾸는 것만으로는 효과를 보지 못하는 보다 깊은 불균형이 존재하고 있을 것이다. 여러 가지 논문을 통해서 이미 확인되었듯이, 해결하지 못한 감정적인 문제들은 월경의 리듬과 정상적인 호르몬 환경을 파괴할 수도 있다.[19)]

적어도 60%의 여성이 월경전 증후군으로 고생하고 있다. 이른 경우에는 사춘기에 시작하기도 하고 늦으면 폐경기 직전에 그증상을 경험하기도 하지만, 30대가 가장 일반적인 시기이다. 월경전 증후군이 대중적으로 알려지게 된 것은 1980년대에 〈패밀리 써클Family Circle〉이라는 잡지를 통해서였다. 한 가지 흥미로운 사실은 〈패밀리 서클〉에서 기사를 다루고 여성들이 자가진단으로 의사들을 찾아오기 전까지는, 일반적인 산부인과 학회에서는 월경전 증후군이라는 주제를 전혀 다루지 않았다는 점이다. 의사들은 대부분 월경전 증후군에 대해서 아무런 준비가 되어있지 않았다. 그러나 여성들과 언론의 요구로 인해서 월경전 증후군은 중요한 산부인과 전문의 학회에서 토론의 주요한 주제가 되었고, 그 연구결과가 신문지상에 발표되기 시작했다. 자연분만에 대한 욕구가 의사들로 하여금 산과진료에 대한 가부장적인 태도를 바꾸게 했던 것처럼, 월경전 증후군에 대해 알고싶어하는 여성들의 요구는 진료에 많은 영향을 끼쳤으며, 우리 사회가 여성의 몸에 대해 보다 개방적인 태도를 가지게 해주었다.

월경전 증후군에는 다양한 증상들이 있다. 월경전 증후군을 진단하는 데 있어서 월경 전에 나타나는 특별한 증상은 중요하지 않다. 중요한 것은 주기적인 방식으로 나타나는 증상들이다. 세 달 동안 나타나는 증상들을 도표로 만들어보면, 그 패턴과 주기 중 어느 때에 그러한 증상들이 나타나는지를 알 수 있을 것이다. 월경주기의 후기에는 녹내장, 관절염, 우울증과 같은 원래 가지고 있던 여러 질병들이 더욱 악화되기도 한다. 잠복해 있던 증상들이 악화되는 것은 월경전 증후군과 관련이 있기는 하지만 월경전 증후군으로 정의되지는 않는다. 월경전 증후군의 증상으로 알려진 것은 백 가지도 넘는다.[20] 각각의 증상들은 감정적 요소, 신체적 요소, 유전적 요소의 복합적인 상호작용에 의한 에이코사노이드의 불균형과 관련이 있다.

월경전 증후군의 증상

복부 팽만감, 부종, 복부 통증, 정서불안, 지병(관절염, 궤양, 루푸스 등)의 악화, 분노, 여드름, 시력 감퇴, 불안, 기절, 피로, 탐식, 가슴 팽창과 통증, 두통, 비뇨기 질환, 우울, 불면증, 설탕 탐식증, 다래끼, 편두통, 자살 충동, 구역질 등의 월경전 증후군은 적절한 조치를 취하지 않는다면, 시간이 지날수록 더욱 악화될 것이다. 초기단계의 월경전 증후군은 월경을 시작하기 며칠 전에 나타났다가 출혈이 시작되면 즉시 사라진다. 그런 다음, 이러한 증상들은 점점 월경을 시작하기 한두 주 전에 나타나기 시작한다. 어떤 여성들은 배란기에 여러 가지 증상들이 한꺼번에 나타났다가 다음 한 주 동안은 아무런 증상도 없이 사라진 다음 월경을 하기 1주일 전에 다시 증상들이 재발한다고도 한다. 시간이 지날수록 이런 증상들로부터 완전히 자유로울 수 있는 날은 한 달 중 단지 2～3일 정도로 줄어들게 된다. 결국 '좋은' 날과 '나쁜' 날의 구분은 점점 사라지고, 한 달 내내 월경전 증후군을 느끼게 되는 것이다.

월경전 증후군은 월경통과는 다르다. 월경통은 자궁의 수축과 월경기간 동안의 프로스타글란딘 F2 α 호르몬의 과도한 분비로 인해 발생하는 통증이다. 하지만 어떤 연구 결과에 따르면, 프로스타글란딘이 월경전 증후군의 증상에도 관여한다고 한다. 이런 이유에서 식습관의 변화, 복합 비타민제, 항프로스타글란딘 제제는 월경통과 월경전 증후군 모두에 효과가 있다.[21] 의사들은 여전히 월경전 증후군의 원인을 '생화학적인 기능장애'에서 찾으려고 하지만, 이 주제에 관해 수많은 논문이 발표되었음에도 불구하고 누구도 이것을 치료할 수 있는 마법의 알약은 발견하지 못했다. 월경전 증후군의 원인은 복합적이므로 전체적인 관점에서 다루어져야만 한다. 즉 마음, 감정, 식습관, 빛, 운동, 대인관계, 유전적 요인, 그리고 유년기의 특별한 기억 등 모든 것을 고려해야만 한다.

몸 속의 호르몬을 변하게 하는 사건들은 다음과 같다. 치료가 시작되지 않는다면 호르몬 변화로 인해서 월경전 증후군이 나타나기 시작하거나 더욱 악화될 수도 있다.

월경전 증후군의 시작과 관련 있는 사건들

- 월경 시작 또는 폐경기의 한두 해 전
- 피임약의 복용 중단
- 무월경 후의 월경
- 출산 또는 임신 중절
- 임신 중독증, 불임수술(특히 전기소작술)
- 가족의 죽음과 같은 정신적 충격
- 계절적 변화에 따른 태양빛의 감소

월경전 증후군은 다양한 영양학적인 요소에 의해서 발생될 수도 있다. 월경전 증후군을 가진 여성들은 주로 다음과 같은 영양학적 · 생리학적 특징들을 가지고 있다.

- 유제품의 과다 섭취[22]
- 청량음료, 커피, 초콜릿 등 카페인의 과다 섭취[23]
- 정제된 설탕의 과다 섭취와 신선한 야채와 같은 완전식품의 섭취

부족
- 혈중 에스트로겐의 수치가 상대적으로 높은 경우
- 과다한 에스트로겐의 균형을 맞춰줄 수 있는 프로게스테론의 수치가 상대적으로 낮은 경우
- 에스트로겐의 과다 분비를 유도하는 과체중 (체지방은 에스트로겐의 일종인 에스트론을 생성한다)[24]
- 과다한 에스트로겐을 신진대사할 수 있는 비타민C, 비타민E와 셀렌의 결핍
- 에스트로겐을 신진대사할 수 있는 마그네슘 결핍[25]

계절 증후군과 월경전 증후군

월경전 증후군이 있는 여성들은 대부분 해가 짧아지는 가을에 증상이 더욱 심해지는 것을 경험하였을 것이다. 월경전 증후군과 관련된 많은 증상들은 계절 증후군(SAD)이라고 알려진 일종의 우울증 증상들과 거의 흡사하다.

빛은 몸 속에서 영양소로 작용한다. 빛이 망막에 부딪히면 시상하부와 송과체를 통해서 신경내분비계에 직접적으로 영향을 미친다. 한 연구 결과에 의하면, 월경전 증후군을 가진 환자들을 밝은 빛으로 치료하였을 때 큰 효과가 있다고 한다. 저녁마다 두 시간 동안 풀-스펙트럼 광선을 쬐게 하였을 때 체중 증가, 우울, 탄수화물 탐식증, 대인 기피, 피로, 과민 등의 증상은 완전히 역전되었다.[26] 자연광과 탄수화물은 기분을 편안하게 만들어 주는 세로토닌의 양을 증가시켜 주기 때문이다. 따라서 규칙적으로 자연광에 노출되지 않고 인공조명 아래에서만 긴 시간을 보내게 되면, 월경주기가 불규칙해질 수도 있고 월경전 증후군을 유발할 수도 있다.[27]

달의 주기, 월경의 주기, 그리고 계절의 주기를 함께 비교해보면, 달의 주기에서 계절 증후군이 나타나는 시기와 월경주기에서 월경전 증

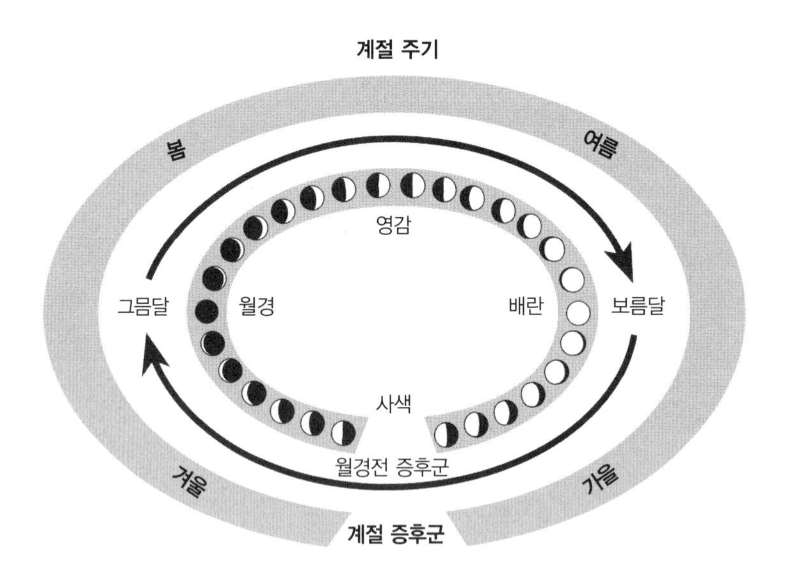

〈그림 5-4〉 계절 증후군과 월경전 증후군

후군이 나타나는 시기가 동시에 진행된다는 것을 알 수 있다. 월경 전에 여성들은 내면으로 향하는 경향이 있는데, 이는 자연의 속성에서 내면으로 향하는 계절인 가을에 해당한다. 가을과 겨울이면 나무는 에너지를 뿌리로 내려보내고 가장 본질적인 활동과 재생활동을 하지만 우리에게 드러나지 않을 뿐이다. 배란을 유도하는 황체기에도 에너지는 우리의 근원으로 향하여 성장을 준비하고 검토하게 된다. 하지만 우리는 이러한 자연스러운 에너지를 의심해야 하는, 지나쳐버리고 무시해야 하는 약점으로 간주하도록 배워왔다.

계절 증후군이 한 해를 주기로 한다면, 월경전 증후군은 한 달을 주기로 나타난다. 두 가지 증상에 대한 치료는 똑같이 월경주기의 지혜와 더 깊이 접촉할 것을 요구한다. 월경주기의 후기와 사계절에서 가을은 우리가 보고 싶지 않았던 모든 것을 볼 수 있도록 그 모습을 드러내는 시기이다. 여성들은 이 시기에 달과 해에서 보내지는 유용한 정보들에 주의를 집중하는 법을 배울 필요가 있다. 이러한 정보들을, 살아가면서 우리가 새로운 성장을 위해 사용하게 될 밑거름이라고 생각하라.

대부분의 여성들이 월경전 증후군의 증상에 따른 치료를 받아보았지만 별로 효과가 보지 못했을 것이다. 부종에는 이뇨제, 두통에는 진통제, 불안에는 진정제로만 치료하는 것은 종종 약 자체의 역효과로를 나타낼 수도 있고, 무엇보다 월경전 증후군에 내재된 불균형을 무시할 수도 있다. 약으로 월경전 증후군을 치료하려는 여성들도 많은데, 월경전 증후군이 우리 몸에 광범위하게 자리잡고 있는 불균형의 일부라는 점을 모르고 이런 약들을 사용한다면, 월경전 증후군으로부터 진실한 무언가를 배우고 또 그것을 기회로 건강을 회복하는 데 아무런 도움도 줄 수 없을 것이다.

월경전 증후군 완화를 위한 프로그램

- 복합 비타민제는 항상 복용하는 것이 좋다.
- 정제된 설탕이나 정제된 밀가루 제품, 전이지방산의 섭취를 삼가라.
- 카페인의 섭취를 삼가라. 수년 간의 경험에 의하면, 하루에 커피 한 잔이나 콜라 한 잔 정도의 카페인도 월경전 증후군에 아주 나쁜 영향을 미칠 수 있다.
- 필수지방산을 충분히 섭취하라. 필수지방산은 견과류, 씨앗, 연어나 정어리 같은 차가운 물에 사는 생선에 많이 들어있다. 참기름, 해바라기, 잇꽃, 호두기름도 효과가 탁월하다.
- 명상을 통해서 몸의 긴장을 풀어주면 스트레스 감소로 월경전 증후군의 증상을 줄일 수 있다.
- 귀, 손, 발의 지압점에 지압을 해준다.
- 1주일에 세 번씩 20분 이상 에어로빅 등의 운동을 하라.[28] 활기차게 걷는 것도 도움이 된다. 운동은 엔돌핀의 분비를 증가시켜서

우울증에 효과적이다.

- 저녁이나 아침마다 2시간씩 자연광이나 풀-스텍트럼 광선을 쪼이도록 한다.[29]
- 천연 프로게스테론 요법을 이용하라. 프로게스테론은 신경을 이완시키고 기분을 안정시켜 준다.

나는 월경전 증후군의 증세가 심각해서 생활습관의 변화로는 아무런 효과도 없는 여성들에게 천연 프로게스테론을 추천한다. 천연 프로게스테론은 합성 프로게스테론(프로게스틴)과는 다르며 부작용도 거의 없다. 간혹 월경을 건너뛰거나 늦어지게 할 수도 있지만, 한두 달 지나면 괜찮아진다. 천연 프로게스테론은 경구용이나 크림 타입으로 이용할 수 있다. 나는 특히 프로게스트와 같은 2% 프로게스테론 크림을 선호한다. 2% 프로게스테론 크림을 월경주기 중 14일째 되는 날부터 28일째 되는 날까지 아침 저녁으로 가슴, 복부, 목, 얼굴, 팔 안쪽, 손 등 부드러운 피부에 발라주되, 바를 때마다 위치를 바꾸어 발라주는 것이 좋다. 사용 기간이나 용량은 개인마다 차이가 있을 수 있지만, 중요한 점은 몸의 변화를 느끼기 전에 프로게스테론 크림을 발라주어야 한다는 것이다.

천연 프로게스테론과 달리 합성 프로게스틴은 부종, 두통, 체중 증가 등과 같은 부작용이 있다. 대부분의 여성들이 합성 프로게스틴을 천연 프로게스테론과 같은 것으로 알고 있는데, 합성 프로게스틴은 월경전 증후군을 오히려 악화시킬 수도 있다. 천연 프로게스테론을 이용하여 에스트로겐과 프로게스테론의 균형을 맞춰주면, 매 주기마다 증상이 서서히 개선될 것이다. 증상이 개선되는 정도에 따라 천연 프로게스테론의 사용량을 줄여도 된다.

무엇보다 궁극적으로 여성들이 월경전 증후군 뒤에 감춰져 있는 감정적인 문제들을 직면한다면, 호르몬을 사용하지 않고서도 몸 속의 호르몬 상태를 변화시킬 수 있다. 감정적이고 심리적인 스트레스를 치유해 나가는 과정은 결국 우리 몸의 생화학적인 변화를 가져다줄 수 있다.

겐돌린은 서른 여섯 살에 처음 나를 찾아왔다. 키가 크고 날씬한 몸매에 인상이 강했고, 유머감각이 풍부한 여자였다. 하지만 월경전 증후군 증상이 너무 지독해서 쉽게 화를 내거나 조증燥症 증세를 보이곤 했다. 또 월경을 시작하기 전에는 에너지가 너무 넘쳐서 밤새도록 부엌에 페인트칠을 다시 하거나 하루종일 잠시도 쉬지 않고 일을 하였다. 하지만 그러고 나면 며칠 동안은 우울과 피로 때문에 침대 밖으로 나올 수조차 없었다. 어느 순간부터 가족들은 그녀의 이런 행동을 걱정하기 시작했고, 그녀를 아이들과 잠시 떨어져있게 하고서 내게 도움을 요청했다. 겐돌린의 월경전 증후군과 조울증은 10대 초에 시작되었는데, 이것은 종종 그녀 자신을 위험에 빠뜨리는 자해행위로 이어지기도 했다. 그 시기에 그녀는 한꺼번에 여러 남자들에게 윤간을 당했다. 그 사건이 있은 후 또 다시 강간을 당했고, 임신중절을 해야만 했다. 겐돌린의 증상이 너무 심각해서 나는 처음부터 다량의 프로게스테론을 복용하게 하였다. 하지만 겐돌린의 월경전 증후군 치유는 그녀 스스로가 자신의 삶에서 흔들리고 있는 부분들을 다루면서부터 시작되었다. 월경전 증후군에서 완전히 벗어난 후에 겐돌린은 나에게 이렇게 말했다. "월경을 하기 전이면 항상 너무 화가 나고 슬프고 배신감이 느껴져서 견딜 수가 없었어요. 결혼생활을 유지하고, 자폐증에 걸린 딸아이와 그 밑의 두 아이를 돌보기가 점점 힘들어졌어요."

식생활과 생활습관의 변화만으로도 월경전 증후군을 충분히 치료할 수 있는 경우도 있지만, 겐돌린의 경우 이런 방법만으로는 효과가 없었다. 프로게스테론 치료를 시작했을 때, 그녀의 삶은 여러 가지 면에서 통제하기 힘든 지경이었다. 치료의 과정에서 그녀는 월경 전마다 느꼈던 무너질 듯한 감정의 원인이, 그녀가 살아오면서 부인해왔던 것들을 한 꺼풀씩 벗겨내라는 내면의 지혜의 목소리였다는 사실을 알게 되었다. 이러한 과정이 치유의 핵심이었다. 그녀는 자신이 남자들과 습관적으로 중독적인 관계에 빠져 헤매였으며, 늘 곁에 있는 사람에게 집착함으로써 스스로를 힘들게 만들었다는 사실을 자각하게 되었다. 한 번은 화가였던 남자친구가 월경을 시작하기 전날 이별을 선언했다. 그녀는 자신도 모르는 사이에 격분해서 그를 마구 때렸고, 그녀의 이런 행동은 남자친구는 물론 그녀 자신까지 놀라게 했다. 겐돌린은 자신이 관계형성에 심각한 문제를 있다는 사실을 깨닫고서 자신의 폭력성을 상담하고 치유하기 위해서 나를 찾아왔다. "가끔은 버림받았다는 느낌이 들어서 어떻게 해야 될지를 모르겠어요. 하지만 슬픔을 있는 그대로 받아들인다면, 결국 더 강해질 수 있을 거예요."

사랑에 대한 지나친 집착은 어린 시절에 경험했던 성적 학대 때문이었다. 겐돌린은 어린 시절의 학대와 강간에 대한 기억들을 현재의 자해적인 행동들과 연결시켜서 생각해보기 시작했다. 그리고 명상을 통해 그 문제에 대해서 깊이 생각하면서 운동과 식습관에도 신경을 썼다. 나는 아무리 나쁜 감정이라도 진지한 태도로 느껴볼 필요가 있다고 말해주었다. 그녀는 분노를 솔직하게 느낄 필요가 있었으며, 그 분노로 다른 사람을 공격하는 대신에 분노를 메시지로 받아들일 필요가 있었다. 치유를 계속해 나가는 동안, 월경 전에 느꼈던 분노와 우울의 밑바닥에 지혜와 진리가 기다리고 있음을 알게 되었다.

프로게스테론 치료를 받기 시작한 지 아홉 달이 지나자 복용량을 점차 줄일 수 있었다. 겐돌린은 또한 자신의 분노를 인정하고 변형시킬 수 있게 되면서 월경주기에 담긴 지혜를 이해할 수 있게 되었다. 전보다 조금씩 나아지고 있었다. 그녀는 자신의 상처를 돌보고, 자신에게 상처를 준 사람들에게 진실을 이야기하면서 마음 속에 남아있던 앙금을 털어 내고 있었다.

월경전 증후군과 종속관계

알코올 중독자가 있는 집안에서의 성장 배경과 월경전 증후군 사이에는 강한 상관관계가 있다. 알코올 중독자의 자녀들이 알코올 중독자가 될 가능성이 40%나 되는 것은, 그들이 어떤 특별한 유전자적 요소를 가지고 태어나서가 아니라 자신의 감정을 다스리는 법을 오로지 술을 통해서만 배우며 자랐기 때문이다. 알코올 중독자가 있는 가정에서 자랐거나 알코올 중독자인 남편을 가진 여성들은 대개 자신의 감정을 부인하며 잘라내 버리려고 한다. 그 결과 월경전 증후군 증상이 나타나게 되는 것이다.

전직 교사인 마흔 아홉 살의 가정주부, 레슬리는 월경을 하기 전이면 기분변화가 너무 심하고, 참기 힘들 정도로 단것을 갈망하게 되고, 쉽게 피곤해졌다. 그녀의 병력을 살펴보다가 나는 그녀의 남편이 알코올 중독자이며, 그녀가 가르치는 일을 아주 싫어했다는 사실을 알게 되었다. 그녀의 어머니와 언니도 알코올 중독자였지만, 그녀는 자신의 가족문제에 대해서는 아무런 이야기도 하지 않았다. 처음에 나는 그녀에게 월경기간 동안 영양가 있는 음식과 운동으로 몸을 잘 관리해보라고 충고해주었다. 그리고 가족사항에 대해 몸이 보내는 메시지를 들으려고 하지 않는다면 월경 전의 불쾌감은 치료되지 않을 것이라고 강조하였다. 하지만 그녀는 내 말에 귀를 기울이지 않았다.

7년 후 레슬리는 다시 진찰을 받으러 와서 나에게 말했다. "처음 선생님의 충고를 들었을 때는, 도대체 의존성과 월경전 증후군이 무슨 관계가 있다는 것인지 이해할 수 없었습니다. 그런데 이제 내 생활과 월경전 증후군과의 관계를 알게 되었습니다. 난 이제서야 내 남편이 수년 동안 나에게 언어로 폭력을 휘둘러왔다는 사실을 깨닫게 되었습니다. 지금 나는 이혼절차를 밟고 있습니다. 그리고 무엇보다 이제서야 나를 망가뜨린 사람은 바로 나 자신이었다는 사실을 깨닫게 되었습니다."

레슬리는 자기 삶의 단편들을 들춰보면서, 수년 동안 언어폭력과 알코올 중독이 자신에게 어떤 영향을 끼치고 있었는지를 구체적으로 알게 되었다. 그녀는 자신을 회복하고 있었고, 자신이 무엇이 될지, 가족의 행동을 어떻게 받아들일지에 대해 스스로 결정하고 있었다. 최근 몇 달 동안 레슬리는 월경전 증후군의 증세를 나타내지는 않았지만, 월경전 증후군의 조짐이 느껴질 때면 주의를 집중하고서 천천히 긴장을 풀고, 자신의 삶에서 필요한 부분들을 조절하고 자신의 욕구를 충족시키고 있다.

불규칙한 월경주기

20여 년 동안 진료를 해오면서, 나는 월경주기와 출혈이 주변상황과 밀접하게 결부되어 있다는 사실에 놀랐다. 비정상적인 자궁출혈은 거의 대부분, 어떤 식으로든 가족문제와 관련이 있었다. 캐롤린 미씨에 의하면, 피는 항상 가족을 나타낸다고 한다.

여동생과 각각 다른 장소에 떨어져 살고 있던 한 여성은, 동생이 유산을 하던 그 달에 월경을 건너뛰었다고 한다. 또 쉰 다섯 살의 한 환자는, 쉰 두 살에 마지막 월경을 하였고 그 후 안면 홍조 등 전형적인 폐경기가 시작되었으며 병원 검사에서도 이 사실을 확인시켜주었는데, 그녀의 어머니가 돌아가시자마자 다시 정상적인 월경을 하게 되었다고 한다. 폐경기의 여성이 출혈을 한 경우, 나는 항상 여성 자신과 가족 주변에 무슨 문제가 있는지를 물어본다. 그러면 그들은 한결같이 출혈이 있기 전에 감정적으로 중요한 가족문제가 있었다고 대답한다.

특히 불규칙한 출혈은 크든 작든 메시지이다. 즉 일종의 지혜를 담고 있는 것이다. 미씨에 의하면, 여성이 가족이나 사회적 인식으로 성적 쾌락과 성적 욕구에 대해 혼란스러운 감정을 느끼게 되면 불규칙한 출혈이 더욱 심해진다고 한다. 예를 들어, 한 여자가 성적인 쾌락을 원하면서도 그 사실에 대해서 죄책감을 느끼고, 그래서 자신이 원하는 것을 직접적으로 요구할 수 없었다고 하자. 그녀 자신은 의식적으로 이러한 사실을 자각하지 못하고 있다고 하더라도, 그녀의 몸은 이러한 내적 혼동을 감지하고 표출할 수도 있다. 이러한 감정의 혼란은 월경의 리듬을 파괴하고, 자궁출혈을 앞당기고, 배란 시기에도 영향을 줄 수 있다. 자궁과 뇌를 연결하는 신경조직들이 감정과 자궁, 난소의 기능을 조정할 수 있다.[30)]

불규칙한 월경주기에 대한 문제를 다루려면, 우선 정상적인 월경주기에 대해 설명할 필요가 있다. 대부분의 여성들은 28일마다 월경이 오지 않으면 월경주기가 불규칙한 것이라고 배워왔다. 하지만 나는 월경이 24~35일 사이에만 일어난다면 규칙적인 것이라고 간주한다. 마치 시계태엽처럼 정확한 28일 주기가 가능한 여성도 있겠지만, 모든 여성이 그런 것은 아니다. 하지만 28일 주기에 맞지 않는 수천 명의 여성들은 완벽하게 정상적이면서도, 자신의 월경주기가 불규칙하다고 생각하고 있다.

월경주기의 불규칙성은 뇌, 난소, 그리고 자궁 사이의 복잡한 상호작용에 의해서 결정된다. 계절과 일조량, 식생활이나 여행 등으로 인한 환경의 변화, 또는 가족문제 등에 따라서 월경주기는 바뀔 수 있다. 여성들은 대체로 월경을 시작한 날로부터 12~16일째 되는 날 배란을 하게 된다. 배란기에는 "월경부수 증상"이라고 불리는 증상들이 나타나기도 한다. 몸이 붓는다든지, 유방이나 아랫배에서 통증을 느끼게 되고, 다소 기분이 침체되고 움츠러드는 증상들이 월경부수증상이다. 배란을 하지 않는 여성들은 이러한 변화를 느끼지 못하게 되므로, 월경이 시작될 때를 스스로 짐작하지 못한 채 불시에 월경을 하게 된다. 따라서 무배란성 월경을 하는 여성들은 훨씬 더 불규칙한 경향을 띤다.

자궁내막증식증

월경주기가 불규칙한 여성들의 자궁내막 조직검사를 해보면, 종종 자궁내막의 분비선조직이 지나치게 성장해있는 것을 발견하게 된다. 현미경으로 자세히 살펴보면, 자궁내막의 선腺은 마치 서로 포개져서 단단히 묶여있는 것처럼 보인다. 프로게스테론과 에스트로겐이 균형을 이루지 못해서 에스트로겐이 자궁의 내벽을 지나치게 자극하면 자궁내막의 분비선이 과도하게 성장하게 되는데, 이것을 자궁내막증식증이라고 한다.

자궁내막증식증은 난소가 규칙적으로 난자를 만들어내지 못할 때 발생한다. 자궁내막이 규칙적으로 증식하고 벗겨지지 못하면 자궁내막은 균형을 잃게 되기 때문이다. 자궁내막의 어떤 부분에서는 월경주기 중 '7일째' 되는 날이라고 생각하고, 동시에 다른 부분에서는 '28일째' 되는 날이라고 생각함으로써 불규칙적이고 간헐적으로 출혈을 하게 되는 것이다.

낭성증식증과 선종성증식증이나 자궁내막증식증은 비정상적인 세포가 자궁내막에서 발견되지 않는 한 위험한 것으로 간주되지는 않는다. 단순한 자궁내막의 증식은 아주 정상적인 것이며, 한두 번 정도라면 놀랄 만한 일도 아니다. 게다가 대부분의 단순한 자궁내막증식증은 저절로 사라진다. 조직검사에서 이형異形 세포가 발견되는 경우는 아주 드물다. 하지만 의사들은 모든 사람들을 잠재적인 암 환자로 다루도록 교육받고 있다. 따라서 자궁내막증식증에 대해서도 일단 프로베라나 에이게스틴과 같은 합성 프로게스틴 호르몬을 처방하고, 1～3개월 정도 후에 다시 조직검사를 실시해서 그 증상이 사라졌는지 확인해본다.

나는 같은 목적으로 천연 프로게스테론을 사용한다. 합성 프로게스틴 제제는 한꺼번에 일괄적으로 자궁내벽을 헐게 함으로써 자궁에서 과다 증식된 조직을 제거해주는 반면 천연 프로게스테론은 에스트로겐의 수용체를 조절하여서 에스트로겐에 대한 세포의 민감성을 완화시켜주고, 따라서 양성의 자궁내막 증식을 없애주도록 되어있다. 그러나 지속적으로 자궁내막이 증식해온 여자들의 경우에는 프로게스틴이나 프로게스테론 치료도 효과가 없으며, 수술실에서 외과적인 자궁 소파술을 받아야 할 수도 있다. 또 아주 드물기는 하지만, 증상이 사라지지 않고 비정상적인 세포가 계속 증식한다면 자궁적출술이 필요할 수도 있다.

기능성 자궁출혈

월경을 자주 건너뛰거나 월경기간 사이의 출혈이 잦거나 속옷에 피가 비치는 현상을 기능성 자궁출혈이라고 한다. 제왕절개술을 받은 여성들은 자궁의 상처 때문에 간간이 비정상적인 출혈을 하기도 한다. 대부분의 비정상적인 출혈은 뇌, 난소, 자궁 사이의 상호작용과 관련이 있는데, 지나친 불안과 우울증은 뇌로 전달되는 신경전달물질의 양을 변화시키고 시상하부의 기능에 영향을 끼친다. 기능성 자궁출혈은 무배란성 월경이나 프로게스테론에 비해 상대적으로 많은 에스트로겐의 양과도 관계가 있다.

기능성 자궁출혈은 혈액검사나 조직검사만으로는 발견할 수 있다. 이것에 대해서 일반적으로 행해지고 있는 치료법은 주로 피임약과 같은 호르몬으로 월경주기를 조절해주는 방법이다. 피임약은 너무 바빠서 생활습관을 바꿀 여유가 없는 여성들에게는 최선의 선택일 수 있다. 하지만 피임약은 어떤 것도 근본적으로 치유할 수 없다. 피임약은 단지 우리 몸 속에 내재되어 있는 문제들을 감춰주고 일시적으로 몸의 불균형을 덮어줄 뿐이다. 그럼에도 불구하고 대부분의 산부인과 의사들은 많은 여성들에게 피임을 위해서 뿐만 아니라 기능성 자궁출혈에 대해서도 피임약을 처방한다. 문제의 원인을 제공하는 인생의 어떤 부분을 변화시키는 번거로운 작업을 하지 않고서도 증상을 없앨 수 있는 가장 쉬운 방법이 피임약이기 때문이다.

40대 이상의 여성들이 기능성 자궁출혈 증상을 보인다면, 이들은 통계적으로 자궁내막증식증에 걸릴 확률도 아주 높다. 또 과체중으로 인해서 기능성 자궁출혈의 증상이 나타나는 경우도 있는데, 이런 경우 배란이 불규칙할 수도 있다. 왜냐하면 체지방에서 과다 분비된 에스트로겐이 자궁내벽을 지나치게 자극해서 무배란성 월경을 초래할 수 있기 때문이다. 이미 여러 가지 논문을 통해서 밝혀졌듯이, 정상 체형보다는 비만인 여자들의 경우에 월경주기의 불규칙성은 2～3배 정도 더 높다.[31)]

스트레스의 누적, 정제된 식품의 과잉 섭취, 영양 부족, 일조량의 부족은 모두 기능성 자궁출혈을 유발할 수 있다. 기능성 자궁출혈은 단지 생활습관과 식습관을 바꾸는 것만으로도 큰 효과를 볼 수 있다. 간혹 경우에 따라서는 여기에 호르몬 치료를 덧붙일 수 있다.

선택적인 치료 프로그램

- 식습관 개선(구체적인 방법은 월경통에서 언급한 식이요법을 참고).
- 복합 비타민제와 필수 지방산을 복용한다. 비타민과 필수 지방산은 과다한 에스트로겐의 신진대사를 촉진시켜서 프로스타글라딘 호르몬과의 균형을 맞춰준다.
- 천연 프로게스테론을 복용하거나 피부에 직접 바르는 방법이 있으며 용량은 증상에 따라 다르다. 경구용일 때는 월경주기의 14～28일째까지 세 달 이상 복용해야 효과가 있다. 크림 타입의 천연 프로게스테론을 이용하려면 2%의 프로게스테론 크림을 사용하는 것이 좋다. 천연 프로게스테론은 질이나 직장에 삽입하는 좌약 형태도 있다.
- 피마자유 팩을 한다. 1주일에 세 번 이상, 적어도 세 달 이상은 꾸준히 해야 효과가 있다. 하지만 출혈이 심한 경우 하지 않는 것이 낫다. 피마자유 팩을 하는 방법은 다음과 같다.
  우선 모나 면 조각을 네 번 정도 접어서 차갑게 만든 피마자유가 스며들게 한다. 피마자유가 스며든 천조각을 아랫배 위에다 직접 갖다대고 그 위를 플라스틱 조각으로 덮어준다. 그런 다음 더운 물병이나 히팅 패드로 가열하거나 담요나 타월을 이용해서 식지 않도록 한 채 60분 동안 가만히 있어야 한다. 나는 환자들에게 팩을 하는 동안 마음속에 떠오르는 생각, 이미지나 감정들에 집중해보라고 권한다.

- 빛 치료도 좋은 방법이다. 월경주기의 14~17일째까지 100와트의 백열전구 스탠드를 켜두고 자는 것이다. 될 수 있으면 스탠드를 침대 옆쪽 바닥에 놓아두거나 빛을 천장이나 바닥으로 향하게 해서 최대한 수면을 방해받지 않도록 해야 한다. 여섯 달 정도는 계속해야 효과가 있다. 2천 명을 대상으로 실험해본 결과, 50% 이상의 여성들이 불규칙한 월경주기를 28일의 규칙적인 주기로 조절할 수 있었다고 한다.[32)]
- 명상을 통해 스트레스를 해소한다. 감정적·심리적 스트레스와 체내 생화학적 균형 상실은 깊은 연관성이 있다. 따라서 스트레스를 줄이는 것도 월경의 규칙성을 회복하는 데 효과가 있다.

데보라가 대학에 진학하기 위해서 가족을 떠난 것은 그녀 나이 열일곱 살 때였다. 데보라의 가족은 중하위층으로 대학교육을 지향하는 편이 아니었다. 사실 그녀의 가족 중에서 결혼을 제외한 다른 이유로 집을 떠난 사람은 데보라가 처음이었다. 그녀의 가족은 데보라가 독립해서 사는 것을 전혀 지지해주지 않았고 주말마다 집에 오기를 원했다.

대학 1학년 동안 데보라는 재미있고 흥미로운 사람들을 많이 만났다. 지적인 도전과 성공의 가능성이 넘쳐나는 완전히 새로운 세계가 그녀에게 펼쳐지기 시작했다. 데보라는 다른 어느 때보다 행복했으며 충족감을 느꼈다. 그러나 불행하게도 데보라의 어머니는 데보라를 잃을까봐 두려워하며 매일 저녁 데보라에게 전화를 걸어서, 그녀가 실패자이며 대학을 계속 다니는 한 어떤 일에서도 성공할 수 없을 것이라고 말하곤 했다. 데보라의 어머니는 대학총장에게까지 전화를 걸어서, 데보라가 집으로 돌아올 수 있도록 자격을 박탈해달라고 협박을 하기도 했다. 데보라는 우울해졌다. 그리고 초경 이후 처음으로 월경주기가 불규칙해졌다. 한 달에 두세 번씩 월경을 하기도 하고, 두세 달 동안 월경을 전혀 하지 않기도 하였다.

기분전환을 위해서 데보라는 달리기를 시작하였다. 처음에는 몸이 더 튼튼해지고 자립심도 생기고 자신의 몸을 잘 관리할 수 있을 것처럼 느껴졌지만, 불규칙한 월경주기에는 아무런 효과도 없었다. 골반 검사도 받아보았지만 아무런 이상도 발견되지 않았다. 그 의사는 데보라의 문제가 너무 많은 사내들에 둘러싸여 지내는 것에서 생겼을지도 모른다고 말했다. 하지만 그 당시 데보라는 어떤 남자와도 만나고 있지 않았으므로 의사에게서는 아무런 도움도 받을 수 없다고 생각하고, 그 후 11년 동안 산부인과 의사를 기피해왔다. 데보라는 침술사도 찾아갔다. 침술사는 데보라에게 침을 놓아주었고, 한약재를 지어 주었다. 이 방법을 사용한 지 두 달 만에 데보라의 월경주기는 규칙성을 회복하였다. 하지만 데보라가 침과 한약재를 끊자마자 비정상적인 패턴이 되돌아왔다.

그녀는 결국 우울증의 원인을 치료해야만 한다는 사실을 깨닫게 되었다. 데보라는 어머니와의 관계가 문제의 원인이라는 것을 깨달았다. 결국 그녀는 어머니의 통제로부터 벗어나기 위해서 이사를 하기로 결정했다. 데보라를 처음 만났을 때, 그녀는 운동 중독과 어머니와의 관계로부터 회복 중이었다. 데보라는 심리치료를 받고 있었고, 자신의 모든 문제들을 들춰보고 있었다.

나는 데보라에게 자신의 감정과 만날 수 있는 강도 높은 워크숍과 충분한 영양 섭취, 천연 프로게스테론 크림, 그리고 칼슘과 마그네슘 영양제를 추천해주었다. 여섯 달 후, 데보라의 월경주기는 완전히 정상을 회복하였으며 더 이상 우울해하지도 않았다. 데보라는 대학을 마치고 철학박사 과정까지 무사히 끝냈다. 데보라는 자기 문제의 근원이었던 가족의 속박으로부터 벗어남으로써 삶의 모든 부분에서 균형을 회복했던 것이다.

월경과다

어떤 여성들은 월경기간 동안 출혈이 너무 심해서, 한두 개의 탐폰과 생리대를 한꺼번에 사용해야 하고, 심지어 겉옷에까지 피가 스며나오기도 한다. 또 어떤 여성들은 월경 양이 너무 많아서 월경기간 동안은 집 밖에도 나가지 못하곤 한다. 한 환자는 유럽으로 출장을 가던 중 두 번씩이나 옷뿐만 아니라 비행기 시트에까지 피를 묻히게 되자 자궁적출술을 결심했다고 한다.

월경과다인 여성들은 월경주기는 규칙적이지만 그 출혈량이 지나치게 많은 경우이다. 따라서 철을 보충해주거나 매달 손실하는 만큼의 혈액을 보충해주지 않으면 빈혈이 생길 수 있다. 월경과다의 원인은 자궁근종, 자궁내막증, 자궁선근증일 수 있으며, 드물기는 하지만 갑상선 질환 때문일 수도 있다. 통증과 과다출혈의 일반적인 원인인 자궁선근증은 정상적으로 자궁내막에서만 자라는 선이 자궁의 깊은 층에서 자라나는 증상이다. 이러한 증상은 월경을 할 때마다 자궁벽에서 출혈을 하게 만든다. 하지만 뚜렷한 이유 없이 과다출혈을 하는 여성들도 있다.

상습적인 월경과다는 창조성, 대인관계, 금전문제 등을 포함한 차크라2의 문제와 관련된 만성적인 스트레스와 관계가 있을 수 있다. 월경과다였던 한 환자는, 흥분하거나 울고 싶을 때면 출혈량이 더욱 많아진다고 했다. 그녀는 이렇게 말하였다. "이렇게 피가 쏟아져 나올 때면, 마치 내 하체가 삶의 고통스러운 상실감에 대해서 울고 있는 것처럼 느껴져요." 그러나 시간을 가지고 자신의 여러 가지 문제들에 주의를 기울이고, 실망감과 고통을 충분히 느낄 수 있도록 자신을 내버려두면 정상으로 회복된다고 했다. 또 매달 월경통이 심하고 출혈량이 많았던 한 환자는, 자신의 골반통증을 창조활동에 대한 강렬한 욕구와 연결시켜서 생각했다. 그래서 하루에 한 시간씩 조각을 하기 시작했다. 그녀는 조각을 할 때마다 자신을 위해서 창조활동을 한다는 완전한 기쁨을 느꼈고, 골반통증과 출혈도 서서히 완화되기 시작했다.

월경주기의 모든 증상들과 마찬가지로, 인체의 전자기장을 변화시키고 골반의 에너지를 풀어주는 방법은 월경과다에도 효과적이다. 침, 명상, 마사지가 여기에 속한다.

식생활의 변화 에이코사노이드의 균형을 맞추고 과다한 인슐린과 에스트로겐의 양을 줄여 줄 수 있는 식이요법.

영양 보조식품 비타민A는 과다한 에스트로겐의 양을 조절하고, 비타민E는 지나친 응고를 막아서 정상적인 출혈을 유지할 수 있도록 해준다. 비타민A, 비오플라보노이드(bioflavonoid : 비타민 P, 감귤류 등에 포함되어 있으며, 세포나 모세혈관벽의 출혈에 대하여 저항성을 유지하는 수용성 비타민)와 함께 비타민C를 섭취하면 월경량을 줄일 수 있다. 따라서 나는 모든 비타민을 적당히 함유하고 있는 복합 비타민제를 추천한다. 석 달 정도 유제품을 끊어보는 것도 효과가 있을 것이다.

약물치료 식이요법으로 효과가 없다면 합성 프로게스틴을 이용해서 출혈량을 조절하는 것도 좋은 방법이다. 피임약도 대부분의 경우에 효과가 있으며, 천연 프로게스테론을 이용해도 좋다.

수술 여러 가지 방법을 동원해보았지만 과다출혈을 치료할 수 없었다면 자궁내막 절제술을 고려해보아야 한다. 이 수술은 과다출혈을 통제하는 데 85% 이상의 효과가 있다. 하지만 모든 여성에게 효과가 있는 것은 아니므로, 사전에 검사를 잘 받고 수술을 받아야 한다. 자궁적출술도 그 중 한 가지 선택일 수 있다.

미래의 딸들을 위하여

수많은 여성들이 고통스러운 월경의 경험을 다르게 생각하고, 정당한 유산인 몸과 월경의 지혜를 회복하기 시작했다. 이렇게 함으로써 여성은 다음 세대에게 몸에 대하여 보다 긍정적인 이미지와 관계를 넘겨줄 수 있으며, 자기 자신과 다른 사람들을 남존여비의 가부장적 사상으로부터 자유롭게 해줄 수 있고, 모든 여성들의 주기를 치유할 수 있는 가능성을 더욱 강화할 수 있을 것이다.

대부분의 소녀들은 자신들의 자궁, 나팔관, 그리고 난소의 작용과 주기적인 월경의 속성을 이해하고서야 자신의 여성성을 완전히 이해할 수 있게 된다. 월경의 지혜를 회복한다는 것은 월경의 경험에 대해 생각하고 말하는 보다 새롭고 긍정적인 방식을 우리 자신과 우리 딸들, 그리고 남자들의 마음속에 만들어 나가는 것을 말한다.

아버지들은 딸의 사춘기에 대해서 말하기를 불편해한다. 그리고 많은 여성들은 초경을 시작했을 때 아버지로부터 별로 환영받지 못했다고 기억한다. "제가 월경을 시작하자마자 아버지와 나 사이의 관계는 변했어요. 아버지는 더 이상 나를 껴안아주려고 하지 않아요. 우리 관계는 결코 예전 같지 않답니다." 자궁근종이 있는 한 여성은 열 네 살 때 데이트를 위해서 꾸며 입고 집을 나서는 자신을 향해, 그녀의 아버지가 "이 화냥년 같은 것!"이라고 소리를 질렀다고 말했다. 그녀는 몇 년 동안 이 일을 잊고 지냈지만, 결국 아버지의 그 말이 자신의 몸 속으로 들어와 몸 안에 머물면서 20년 동안이나 여성으로서의 자아형성에 영향을 끼치고 있었던 것 같다고 말했다.

월경주기에 대해서 달리 어떻게 생각할 수 있을까? 우리가 피를 흘리는 시간, 우리가 힘을 가지는 시간, 지구상의 모든 여성과 연결되는 시간을 어떻게 축복할 수 있을까?

오늘날의 10대 소녀들은 자신들의 월경주기에 대해서 아무런 지식이 없고, 성 정체성과 성행위를 통과의례로 생각해버리기 때문에 마치 시한폭탄과도 같다. 나는 모든 10대 소녀들에게 자신을 사랑하는 방법을 가르쳐서, 소년들의 배출구 역할을 해주어야 할 필요가 없다는 것을 느끼게 하고 싶다. 우리가 젊은 여성들에게 자신의 몸과 월경주기를 존중하라고 가르칠 때, 그리고 스스로를 치유해 나갈 때, 우리는 수백 년 동안 내려온 학대의 주기를 끊어버릴 수 있을 것이다.

월경주기를 통한 건강관리

조용히 자기 자신에게 질문을 던져보자. "월경주기에 관한 나의 진실은 무엇인가? 나는 이러한 정보들에 대해서 어떻게 느끼고 있는가? 나는 가족들로부터 월경과 호르몬에 관한 어떤 메시지를 배워왔는가? 후배들에게 내 삶의 어떤 정보를 전해줄 수 있을까? 내 월경주기에 관하여 나 자신에게 뭐라고 말할 수 있을까? 내 월경주기는 나에게 무엇을 가르쳐 줄 수 있을까?" 당신이 지금 어떤 상황에 있든지 당신은 자신에게 너그러워야 한다.

세 달 동안, 달의 주기와 당신의 주기 사이에는 어떤 상호관계가 있는지 관찰해 보자. 월경을 하기 전에는 어떤 음식을 갈망하게 되는지도 알아보라. 초콜릿을 듬뿍 얹은 아이스크림을 먹는 대신 정성들여 긴 목욕을 해보는 것은 어떨까?

당신의 주기적인 속성과 조화를 이루고 회복하기 위해서 당신 자신에게 시간을 줄 필요가 있다. 또 매일 짤막한 일기를 써본다면 기대 이상의 대가를 얻게 될 것이다. 이제 당신만의 방법으로 월경의 여신을 찬양해보자

자궁 6

땅, 바다, 그리고 하늘의 어머니를 모시는, 그리스의 가장 오래된 신탁은
'델포스delphos' 라는 단어에서 유래된 단어인 '델포이delphoi' 라고 불렀다.
델포스는 '자궁' 을 의미한다.
–바바라 워커 Barbara Walker

자궁은 골반의 아래쪽 중앙에 위치하고 있으며, 자궁경부에 의해서 질과 연결되고 광인대와 주인대에 의해서 골반의 양쪽 벽에 연결되어 있다. 또 자궁의 아래쪽 앞부분은 방광의 뒷부분과 붙어 있다. 난관은 자궁의 양쪽 윗부분에서 뻗어있으며, 난소는 난관의 끝에 있는 난관채 부 아래쪽에 위치하고 있다. 채부는 섬세한 양치류의 엽상체처럼 보인다. 난소, 난관, 그리고 자궁은 모두 여성호르몬 시스템의 일부이며, 서로 밀접하게 연결되어 있다.[1] 자궁 그 자체는 호르몬의 영향에 아주 민감하다. 따라서 자궁적출술을 받은 후 난소에 대한 혈액공급에 장애가 생기면 폐경이 빨리 올 수도 있다.

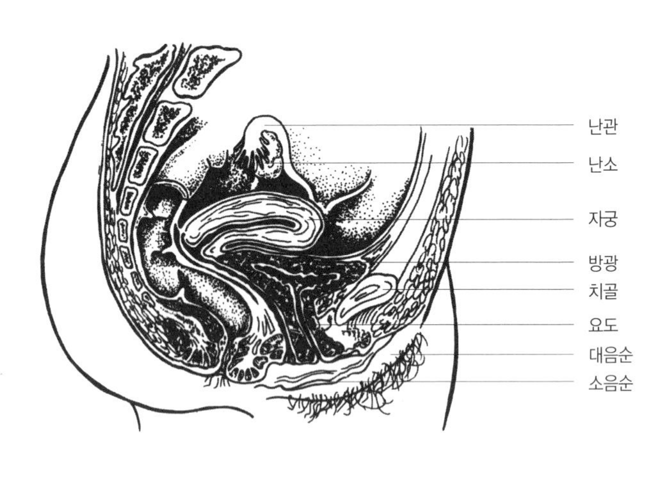

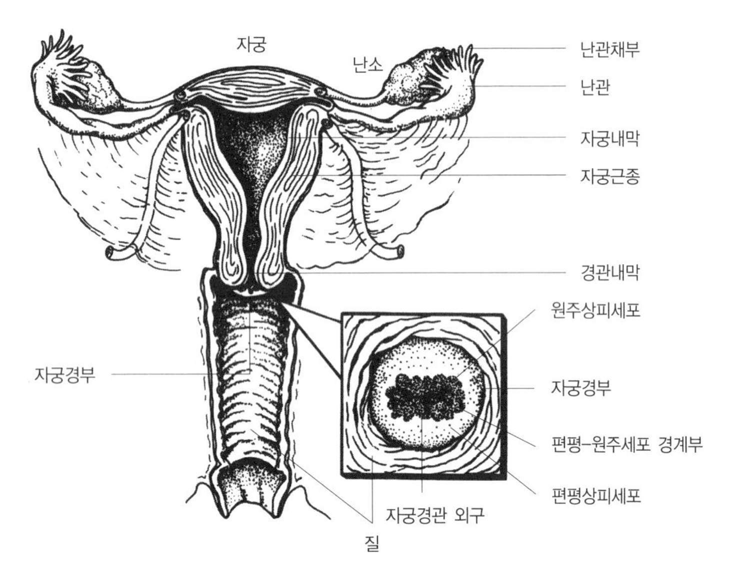

〈그림 6-1〉 자궁, 난소, 자궁경부의 해부도

문화적 유산

자궁에 대해서 출산의 역할 외에 따로 연구한 적이 거의 없다는 사실은 우리 사회의 문화적인 편견을 잘 반영해준다. 자궁은 다른 누군가를 위한 잠재적인 집으로 간주되며, 그 역할을 수행할 수 있을 때에만 가치를 인정받아왔다. 출산기능이 이미 끝났거나 더 이상 아이를 갖지 않기로 결정했다면, 현대의학은 자궁이 그 고유의 가치를 잃어버린 것으로 간주한다. 난소 또한 같은 관점에서 취급되고 있다. 무엇보다 여성 스스로 이같은 방식으로 생각하도록 교육받는다.

"자궁은 아기를 키우기 위한 것이거나 암을 키우기 위한 것이다." 나를 가르친 의사선생님 중 한 분은 완전히 정상적으로 보이는 자궁을 제거하기도 했다. 일반적인 산부인과 교육과정에서는 자궁이 출산이나 종양 생성 외에 다른 기능을 할 수도 있다는 사실을 충분히 다루지 않는다. 심지어 오늘날에도 생식기 부위에 질병이 있는 여성이 출산할 의사가 없으면서도 자궁을 고수하기를 원한다면, 의사들은 그녀가 지나치게 감정적이고 감상적이거나 아니면 미신적이라고 생각한다.

자궁적출술을 원하지 않는 마흔 여덟 살 여성의 자궁에서 자궁근종을 제거한 적이 있다. 그때 나를 도와주었던 레지던트는 이렇게 말했다. "왜 자궁적출술을 받지 않으세요? 다시 자궁을 원한다면 나라도 언제든지 자궁을 떼어 줄 수 있어요. 아이도 다 낳았고, 이제 내 자궁은 단지 암이나 키우기 좋을 뿐이거든요."

의사들이 자궁을 과소평가 해왔기 때문에, 자궁적출술은 제왕절개술 다음으로 널리 시행되고 있는 외과수술이 되었다. 자궁적출술은 1985년에 정점에 도달했다가 점점 줄어들고 있기는 하지만, 다른 선택이 가능한 경우조차 여전히 너무나 자주 시행되고 있다. 자궁적출술의 시행률은 여성이 자신의 골반기관에 대한 믿음을 바꾸지 않는 한 크게 변하지 않을 것이다. 생각은 몸에 영향을 미친다. 따라서 우리가 살아오는 동안 내면화되어 온 자궁에 관한 부정적인 메시지는 자궁과 관련된 많은 여

성 자신의 문제들과 관련이 있다.[2)]

에너지 해부학

자궁의 에너지와 골반 에너지 사이에는 분명한 차이가 있음에도 불구하고, 두 기관에서 동시에 문제가 발생하는 경우가 빈번하다. 예를 들어, 난소가 자궁내막증에 의해 영향을 받고 있다면 자궁에도 자궁근종이 있는 경우가 많다. 따라서 골반기관에 질병을 일으키거나 건강유지와 관련이 있는 감정적・심리적인 에너지 패턴의 전반적인 속성을 살펴보는 것이 건강에 유용할 것이다.

골반의 내부기관(난소, 난관, 자궁)은 차크라2의 문제들과 관계가 있다. 난소, 난관, 자궁의 건강은 여성이 경제적・감정적 여유와 안정감을 느끼고 자신의 창조성을 표현할 수 있는 감정능력에 달려있다. 여성은 자기 자신, 그리고 자신의 삶에 개입되어 있는 다른 사람들과의 관계에 대해서도 긍정적으로 느낄 수 있어야 한다. 긴장과 구속으로 맺어진 대인관계는 여성의 골반기관에 부정적인 영향을 미칠 수 있다. 따라서 경제적・감정적으로 지지 받지 못한다고 느끼는 여성은 골반기관과 관련된 질병에 노출될 위험이 훨씬 크다.

여성이 자신의 삶을 변화시킬 필요가 있는 부분에서 좌절을 겪지 않는다면 병은 생기지 않는다. 건강과 삶을 구성하는 각 부분들이 얼마나 잘 기능하고 있는지에 따라 병이 생길 수도 있고 악화될 수도 있다. 골반의 문제와 관련있는 전형적인 심리적 패턴은, 여성이 구속에서 벗어나고자 하면서도 변화와 독립에 대한 두려움을 회피하려고 한다는 것이다. 다른 사람들로부터 자신의 자유를 구속받고 있다고 생각하더라도 주된 갈등은 자기 내면의 두려움인 것이다.

마흔 살의 한 환자는 자궁근종과 난소낭종를 가지고 있었다. 나는 그녀에게 무언가 새로운 것을 하고 싶은 욕구를 느낀 적이 없었는지 물어보았다. 그녀는 직장을 그만두고 꽃가게를 시작하고 싶다고 대답했다.

어린 시절부터 그녀는 꽃에 관심이 많았다. 하지만 그런 일은 시시하다고 생각하는 부모님 때문에 그녀는 체념할 수밖에 없었다. 대신 비서업무를 익히라는 부모님의 말씀에 복종하며 그녀는 그럭저럭 잘 지내 왔다. 결국 그녀는 회계회사의 수석비서가 되었다. 일이 적성에 맞지는 않았지만 고정적인 수입과 그 외의 다른 장점들이 있었고, 무엇보다 새로운 도전에 대한 용기의 부족과 실패할지도 모른다는 두려움 때문에 그녀는 그 일을 계속할 수밖에 없었다. 하지만 마흔 번째 생일이 다가오자 그녀는 다시 어린 시절의 열정을 추구하고픈 욕구를 느꼈다. 그녀는 자신의 몸이 난소의 낭종과 자궁근종을 통해서 그녀에게 무언가를 말해주려 하고 있다는 것을 깨닫게 되었다.

내면의 다양한 욕구들이 서로 충돌하면 골반기관에 영향을 끼칠 수 있다. 다른 사람으로부터 감정적인 지지를 얻고 싶다는 욕구와 성공하고 인정받고 싶다는 욕구가 서로 부딪치게 되면, 이것은 여성의 골반기관들, 즉 난소와 자궁을 통해서 표출된다. 우리는 감정적인 충족과 경제적인 성공, 두 가지를 한꺼번에 가질 수는 없으며, 이 두 가지는 서로 배타적인 것이라고 배워왔다. 특히 여성은 두 가지를 한꺼번에 가질 수 없다는 것이다.

자궁의 에너지는 여성의 내면세계와 강하게 연결되어 있으며, 꿈과 자아를 상징한다. 자궁의 건강상태는 자신에 대한 믿음과 내면의 감정상태를 반영하게 된다. 따라서 자궁의 건강은 여성이 자신을 믿지 못하고 지나치게 자신에 대해 비판적일 때 위태로워질 수 있다. 자궁 에너지는 난소의 에너지보다 더 느리다. 태아를 잉태하고 있는 기간은 아홉 달이지만, 난자를 잉태하고 있는 기간은 단지 한 달뿐이다. 자궁은 상징적 · 생물학적 의미에서 난소가 씨앗을 뿌릴 수 있는 토양이다.

난소의 에너지는 자궁의 에너지보다 훨씬 더 역동적이고 빠르게 변화한다. 생식력이 있는 동안 건강한 난소는 매달 역동적으로 새로운 씨앗을 배출한다. 이런 역동적인 특성을 지닌 난소의 에너지가 우리의 관심을 끌고자 한다면 난소는 재빠르게 변할 수 있다. 난소의 낭종은 단 며칠 사이에도 아주 크게 자랄 수 있다. 난소의 건강은 자신을 둘러싼 사람이나 일과 직접 관련되어 있다. 여성이 다른 사람으로부터 통제당하고 비난받고 있다고 느끼거나 자신이 다른 사람을 통제하거나 비난하고 있다고 생각하면, 난소의 건강은 위태로워진다.

만성적인 골반통

골반통은 골반이 제거된 후에도 느껴질 수 있다. 만성적인 골반통을 가진 극소수의 여성들은 수술이나 내과치료로는 아무런 효과를 볼 수가 없다. 골반통 때문에 자궁적출술을 받는 여성 중 4분의 1은 증상을 완화시키는 데 실패하는데, 그 이유는 주로 심리적이고 감정적인 문제를 가지고 있는 경우가 많기 때문이다.[3)]

파트너 또는 업무 스트레스, 성폭행, 강간 등으로 인한 마음의 상처는 육체적인 고통으로 이어진다. 따라서 자기 스스로 해결할 수 없다고 생각하는 스트레스가 골반통의 가장 큰 원인이 된다. 우리 몸은 이러한 통증을 통해서 우리에게 주의를 기울이고 돌봐줄 것을 요구하는 것이다. 즉, 몸은 그 지혜를 통해서 아픔이 담겨있는 신체부위에 관심을 끌어들임으로써 치유를 시작하게 하는 것이다.

골반통의 경우 대부분 어떤 물리적인 원인도 발견되지 않는 경우가 많기 때문에, 의료전문가도 심각하게 생각하지 않을 수 있다. 하지만 해결하지 못한 감정적인 아픔에서 비롯된 만성적인 골반통은 지어낸 것이 아니라 현실적인 것이다. 그 통증은 신경계, 면역계, 내분비계에 물리적 · 화학적으로 스며들고 축적된다. 따라서 수술만으로는 잘라낼 수 없다.

자궁내막증

자궁내막증은 분명하게 밝혀내기가 힘든 질병이지만 계속 증가하고 있는 보편적인 질병이다. 자궁의 내막을 형성하고 있는 조직은 정상적인 경우라면 자궁강 안에서만 자란다. 하지만 이 조직이 골반의 다른 부위에서 자라거나 경우에 따라 골반의 외부에서 성장할 때, 이것을 자궁내막증이라고 한다.

자궁내막증이 발생하는 가장 일반적인 위치는 골반기관 내부와 골반의 옆벽이며, 드물게는 창자 위에서 발생하기도 한다. 또 항상 그런 것은 아니지만 자궁내막증은 불임과 골반통으로 이어지기도 한다. 자궁근종과 자궁내막증은 동시에 발생하는 경우가 빈번하기 때문에 자궁근종에 관한 설명은 자궁내막증에도 똑같이 적용될 수 있다. 자궁근종과 마찬가지로 자궁내막증은 식습관이 잘못되거나 골반 에너지가 차단된 경우에 발생한다.

자궁내막증은 경쟁심에서 기인한 질병으로 여성의 감정적인 욕구가 외부세계에서의 기능과 서로 경쟁할 때 나타난다. 자신의 욕구와 세상에서 원하는 것이 서로 충돌하게 되면, 여성의 몸은 이 문제에 관하여 우리의 관심을 끌기 위해서 자궁내막증으로 신호를 보내는 것이다.

엘리사는 골반통과 자궁내막증 때문에 나를 찾아왔다. 그녀는 자기의 질병을 대학 시절의 임신과 낙태 경험과 연결지어 생각하고 있었다. 엘리사는 자신의 결정에 대해서 진심으로 슬퍼했다. 아이를 가지고도 싶었지만, 당시 엘리사는 대학을 마치고 로스쿨에 가야 한다는 압박감을 느끼고 있었다. 엘리사는 아기를 가지고 싶다는 욕구와 일하고 싶다는 욕구 사이에서의 갈등을 해결할 수 없었다.

만성적인 자궁내막증이나 통증과 관련이 있는 심리적 패턴은 종종 이런 종류의 갈등이다. 엘리사의 고민은 너무나 전형적인 것이다. 이제 여성들도 전통적인 남성사회에서의 경쟁에 참여하고 있다. 하지만 많은 여성이 자신의 가정이나 개인적인 삶에서 감정적으로 지지를 받지 못하고 있다. 내가 만난 자궁내막증을 가진 여성들 중에는 자기 자신을 무자비하게 외부세상으로 몰아붙이고 있는 경우가 많았다.

역사적으로 자궁내막증은 '직업여성의 병'이라고 불린다. 때문에 의사들은 자궁내막증을 가진 많은 여성들에게 집에서 쉬면서 아이를 갖는다면 괜찮아질 것이라고 말한다. 하지만 최근의 한 연구결과에 따르면, 임신을 했던 여성과 임신을 하지 않았던 여성들 중 자궁내막증이 발병할 확률은 별로 차이가 없다고 한다. 이 질병을 막을 수 있는 것은 정신적·감정적 균열을 요구하지 않는 직업이나 개인적인 환경이다. 이러한 변화가 서서히 이루어진다면, 여성은 자신의 몸과 몸이 전해주는 메시지에 귀를 기울이고 이해하면서 스스로를 치유하기 위한 일들을 시작할 수 있을 것이다.

자궁내막증은 골반통, 비정상적인 월경주기, 불임 등의 증상과 관련이 있다. 그러나 이런 증상들은 사람에 따라 많은 차이가 있다. 간혹 아무런 증상을 느끼지 못하다가 의사의 진단을 받고 나서야 병이 있다는 사실을 알게 되기도 한다. 또 어떤 여성의 경우에는 아주 미세한 자궁내막증임에도 불구하고, 거의 지속적으로 견디기 힘든 골반통과 월경통을 경험하기도 한다. 대부분의 여성은 이 두 가지의 극단적인 경우 사이에 있다.

자궁내막증이 발생하는 가장 일반적인 부위는 자궁과 직장 사이에 있는 더글라스와窩이다. 이 부위에 자궁내막증이 있으면 성관계를 가질 때 참기 힘든 통증을 느끼게 되고, 직장 부위에 압박감이 느껴지며, 장이 운동할 때도 통증이 느껴진다. 그리고 특히 월경 전에는 이러한 증상들이 더욱 심해진다.

골반통이 있거나 간헐성 출혈을 하는 여성을 종종 자궁내막증으로 의심하기도 하지만, 자궁내막증은 복강경 검사를 통해서만 확실하게 진단할 수 있다. 자궁내막증은 과민성 대장증후군과 비슷한 증상이 많기 때문에 사실 진단하기가 쉽지 않다. 거의 모든 여성이 골반에 자궁내막 조직으로 자랄 수 있는 초기세포를 가지고 있다. 그렇다면 어떤 여성은 그 증상을 드러내는 반면 또 어떤 여성은 그렇지 않은 이유는 무엇일까? 그 해답은 우리 안에 있다. 즉 몸의 증상이 우리에게 말해주고자 하는 것이 무엇인지를 어떻게 해석하느냐에 달린 것이다.

자궁내막증에 걸린 여성이 왜 그렇게 많은가?

이 질병이 증가하게 된 데에는 몇 가지 이유가 있다. 첫째, 복강경 검사법이 출현하면서 더 자주 진단을 할 수 있게 된 것이다. 복강경 검사의 출현으로 환자는 병원에 입원한 날 바로 퇴원할 수 있게 되었다. 그리고 골반통을 앓고 있는 환자들의 골반을 수술하지 않고도 자궁을 들여다 볼 수 있게 되었다.

자궁내막증이 증가한 또 다른 이유는, 오늘날 여성들이 출산을 미루고 아이를 적게 가지면서 과거 여성들보다 월경을 하는 횟수가 더 많아졌기 때문이다. 자궁내막증은 호르몬으로 인한 질병이므로, 임신이나 수유 등으로 중단되는 경우가 없으면 몸은 상대적으로 더욱 많은 양의 에스트로겐을 가지게 되고, 자궁내막증이 나타날 가능성이 높아지는 것이다.

자궁내막증은 유전되는가?

자궁내막증 역시 유전적인 고리를 가지고 있기도 하지만, 자궁내막증에 걸린 자매가 있다고 해서 나 또한 자궁내막증에 걸리는 것은 아니다. 특히 내가 가족과 다른 방식으로 살고 있다면 더욱 그러하다. 자궁내막증에 대한 유전인자는 환경이나 생활습관이 뒷받침되지 않으면 반드시 드러나는 것은 아니다. 임상경험에 의하면, 유제품을 많이 먹을수록 자궁내막증의 통증이 더욱 심해졌다.

자궁내막증이 있으면 임신하기가 힘든가?

자궁내막증이 불임을 유발하는 것은 아니지만 불임의 주요한 요소로 여겨진다. 불임 진단을 위해 복강경 검사를 받은 여성의 40~50%가 자궁내막증이 있는 것으로 나타났다.[4] 자궁내막증을 가진 많은 여성들은 대개 골반 여기저기에 불임과 관련한 상처가 나있다. 결론적으로 자궁내막증을 유발할 수 있는 어떤 것이 불임도 유발할 수는 있지만, 자궁내막증과 불임이 서로 직접적인 원인이 되지는 않는다.[5]

자궁내막증의 원인은 무엇인가?

자궁내막증에 관한 많은 의학이론이 있지만, 누구도 왜 그렇게 많은 여성들에게 자궁내막증이 발생하는지는 정확히 알아내지 못했다. 일반적인 이론에 따르면, 자궁내막증은 역류성 월경, 즉 월경의 피와 조직이 난관으로 거꾸로 올라가서 골반조직 속에 이식되어 성장하기 때문이라고 한다.[6] 이 역류성 월경은 모든 여성에게 어느 정도씩은 발생할 수 있으며, 경우에 따라서 질병이 될 수도 있다. 하지만 자궁내막증의 직접적인 원인으로 단정지을 수는 없다. 또 다른 이론에 의하면, 에스트로겐과 비슷한 활동을 하는 다이옥신 등의 환경 독소로부터 자극을 받거나 호르몬 활동에 의해서 골반조직이 자발적으로 자궁조직으로 전환되기 때문이라는 것이다. 자궁내막증의 경우에는 통증을 일으키는 원인도 확실하게 밝혀지지 않았다. 단지 부분적으로 월경주기에 관여하는 호르몬으로부터 자극을 받게 되므로 배란기나 월경 전, 또는 월경 중에는 통증이 더욱 심해진다고 한다.

내가 가장 공감하는 이론은 자궁내막증은 선천적인 질병으로 태어나면서부터 이미 가지고 있다는 것이다. 이 이론에 따르면, 자궁내막증은 성장하는 동안 자궁의 내부에서 만들어지지 못한 미발달 여성 생식기 조직으로부터 발생한다는 것이다. 이러한 이론으로, 자궁내막증이 가족력을 띨 수도 있고 월경을 시작하자마자 심한 골반통을 느낄 수도 있다는 것이 설명된다. 따라서 모든 여성은 자궁내막증에 대한 가능성을 이미 가지고 있으며, 특별한 상황으로부터 자극을 받게 되면 자궁내막증으로 발전한다는 것을 알 수 있다.

대부분의 산부인과 의사들이 자궁내막증을 시간이 지날수록 악화되는 진행성 질병이라고 알고 있지만, 레드윈Redwine 박사를 포함한 여러 학자들은 자궁내막증은 시간이 지난다고 해서 퍼지거나 악화되지는 않으며, 수술로 완전히 제거해버린다면 재발하지 않는다고 주장한다.

골반통을 진단해내기 위해서 복강경 검사를 하더라도, 많은 산부인과 의사들이 초기단계의 자궁내막증을 놓쳐버리곤 한다. 초기단계의 병변은 대부분 너무 미세해서 적합한 기구 없이는 진단하기가 힘들다.

신경내분비계와 면역계의 관계

생각, 감정, 면역체 사이의 긴밀한 상호작용은 자궁내막증이 여성 개인에 대해서 지니고 있는 메시지를 해석할 수 있는 중요한 열쇠를 쥐고 있다. 자궁내막증 증세를 보이는 여성들의 면역체계를 연구한 논문에 의하면, 이런 여성들은 자기항체라는 자신의 조직에 대항하는 항체를 가지고 있다고 한다. 자기항체는 인간의 다양한 생식과정, 즉, 정자의 활동, 수정, 정상적인 임신과정을 방해한다. 따라서 불임과 자궁내막증을 동시에 가지고 있는 여성들의 경우, 그 원인을 자기항체의 존재로 설명할 수 있다. 임상치료사인 니라비 페인Niravi Payne에 의하면, 자궁내막증과 불임증을 함께 가지고 있는 여성들은 무의식적으로 임신에 대해서 혼란스러워한다고 한다. 그녀들의 지성은 임신을 원하지만, 이성은 임신에 대해서 확신을 못한다는 것이다. 자궁내막증을 가진 환자들에게서 발견되는 이런 비정상적인 자기항체의 존재는 과학적으로 설명할 수 없는 질병의 특징들을 이해할 수 있는 열쇠가 된다.[7]

자신의 몸의 조직에 대항하여 자기항체를 만드는 것은 일반적인 의미로는 치료될 수 없는 다른 자가면역성 질병들의 특징이기도 하다. 면역체계는 아주 민감하다. 면역체계가 자기파괴 기능을 수행한다면 과연 어떤 일이 벌어질까? 우리는 스스로를 치유하기 위해서 면역체계가 우리 마음으로부터의 메시지를 전달하고 있다는 사실을 잘 이용해야 한다.

자궁내막증의 치료

환자들은 다양한 방법으로 자궁내막증을 치유했다. 무엇보다 중요한 것은 환자 대부분이 신체적인 증상뿐만 아니라 진정한 치유를 위해 무엇을 배워야 하는지에 대해 더 많이 이해하게 되었다는 점이다.

호르몬 요법 자궁내막증 진단 후 가장 일반적인 치료법은 피임약과 같은 합성 프로게스틴 등을 이용한 호르몬 요법이다. 모든 종류의 호르몬 요법은 시스템 내의 에스트로겐과 다른 호르몬의 양을 변화시켜서 자궁내막증이 활성화되는 것을 막도록 되어있다. 호르몬 수치가 낮아지면 증상이 사라지거나 질병 자체가 불활성화되기도 한다. 그러나 이러한 처방은 호르몬이 실질적으로 질병을 치료하는 것이 아니라 단지 일시적으로 호르몬의 자극을 막아줄 뿐이라는 문제를 안고 있다. 게다가 목소리가 굵어지는 등 남성화 현상이나 안면 홍조 같은 호르몬 처방의 부작용을 견디지 못하는 여성들도 많다.

나는 특히 월경주기가 불규칙하거나 중앙신경계의 기능에 문제가 있는 여성들에 대해서는 호르몬 요법을 조심스럽게 처방하는데, 그러한 환자들에게는 어느 정도 기억력 문제를 유발할 가능성이 있기 때문이다. 호르몬 요법이 필요한 환자는 주로 일에 대한 중압감을 가지고 있거나 과로, 잦은 출장, 직장을 바꾸고 자기만의 시간을 갖겠다는 욕구와 능력이 부족하다는 특징을 가지고 있다. 이러한 상황에 있는 환자들에게 호르몬을 사용하게 되면, 호르몬이 결국 해가 될 수 있는 이들의 활동을 지속하도록 도울 수도 있다.

천연 프로게스테론은 자궁내막증의 증상을 완화시키는 데 큰 효과가 있다. 나는 식이요법과 함께 가장 우선적으로 천연 프로게스테론 요법을 추천하는데, 천연 프로게스테론은 부작용도 없다.

수술 몇 년 동안이나 호르몬과 약물치료를 받았지만 자궁내막증의 증세가 여전히 심각한 경우에는 종종 난소를 포함한 자궁적출술을 시행하기도 한다. 하지만 이런 경우라면 자궁내막증만을 제거하고 골반기관들은 보존하는 수술방법이 더욱 효과적이다. 만일 수술을 통해서도 자궁내막증이 완전히 제거되지 않았다면 통증은 재발할 수도 있다.

에너지 치료 면역기능을 강화하고 체내의 에너지 흐름을 원활하도록 하는 방법은 자궁내막증에도 효과가 있다. 자신에게 다음과 같은 질문을 던지고 솔직하게 대답해보라.

- 감정적으로 당신에게 필요한 것은 무엇입니까?
- 당신이 성장하기 위해서 직업이나 인생에 어떤 변화가 일어나기를 기대하십니까?
- 살아오면서 경쟁을 해본 적이 있습니까? 혹은 당신의 인생을 변화시키고자 하는 의지가 있습니까?
- 휴식은 충분히 취합니까?
- 인생의 상황을 변화시킬 능력을 가지고 있다고 믿습니까?

월경량이 많을 때를 제외하고, 1주일에 세 번 정도 아랫배에 피마자유 팩을 하면서 당신에게 떠오르는 모든 생각, 이미지, 느낌에 주의를 집중하라. 한약을 복용하거나 침을 맞는 것도 고려해볼 만하다. 두 달 동안 적어도 2주일에 한 번 이상씩은 몸의 메시지를 경청하라. 무엇을 알게 되었는가?

식이요법 자궁내막증은 에스트로겐에 민감하며 에스트로겐 때문에 증상이 악화될 수도 있다. 따라서 식이요법의 목적은 몸 속의 과다한 에스트로겐과 2차 에이코사노이드의 분비를 줄이는 것이다. 에이코사노이드의 균형을 맞추기 위해서는 매일 필수지방산을 섭취하고 육류나 유제품의 섭취를 줄이는 것이 좋다.

오랫동안 자궁내막증을 앓았던 환자가 있었다. 다노크린을 사용해보고 수술을 받았지만 성공적인 결과를 얻지 못했다. 하지만 그 환자의 식단에서 유제품을 완전히 빼버리자 그녀의 자궁내막증 증세는 완전히 사라졌으며, 그 후 10년 동안 계속 그 상태를 유지하고 있다. 또한 어떤 의사들은 그녀에게 임신할 수 없을 것이라고 말했음에도 불구하고, 그녀는 최근 별 문제없이 첫아이를 임신했다.

에스트로겐의 분비량을 조절해주는 식품들은 주로 케일, 콜라드 잎, 겨자 잎, 브로콜리, 양배추, 순무와 같은 겨자과의 야채들이다. 매일 한 끼나 두 끼 정도 이런 야채를 먹도록 하라. 콩제품도 자궁내막증에 효과가 있으며, 섬유질이 풍부한 식품도 에스트로겐의 분비량을 줄일 수 있다. 비타민B 복합제와 아연, 셀렌, 비타민E, 마그네슘이 풍부한 복합비타민제를 복용하는 것도 좋다. 식생활의 변화로 최상의 결과를 얻기 위해서는, 적어도 두세 달 동안 식이요법을 지속하여야 한다.

도리스가 나를 처음 찾아왔을 때 그녀는 마흔 한 살이었다. 도리스는 성공한 커리어 우먼이었고, 출장을 자주 다녔으며, 바쁘게 일하느라 자신이나 개인적인 욕구는 거의 돌보지 못하고 살았다. 도리스는 또 여러 차례 유산과 낙태를 하였고, 불임의 병력을 가지고 있었다. 월경량이 아주 많았으며, 밤이면 양이 더욱 많아져서 침대 시트까지 적실 정도였다. 도리스는 수분 정체, 부종, 극심한 월경통 등의 증상을 호소하였다. 도리스의 자궁은 자궁근종 때문에 임신 12주 크기만큼이나 커져 있었다. 다른 의사는 복강경 검사를 통해 그녀의 자궁에 근종뿐만 아니라 자궁내막증도 있다는 사실을 확인시켜주었다. 또한 그 원인이 유산 때문인 것 같다고 하면서, 앞으로 월경을 할 때마다 더 힘들어질 것이고 언젠가는 수술을 받게 될 테니까 자궁적출술을 받아보라고 권하였다. 그러나 도리스는 그의 진단이 별로 마음에 들지 않았으므로 다른 방법을 알아보기 위해 나를 찾아온 것이었다.

내가 그녀를 처음 진찰했을 때 그녀는 자궁 뒤쪽에 상당히 심한 압통을 가지고 있었는데, 이러한 증상은 자궁내막증을 가진 여성들에게는 보편적인 것이었다. 나는 도리스에게 생활습관, 식습관, 유산이나 낙태의 경험, 운동, 스트레스 등에 대해 질문했다. 우리는 수술이 꼭 필요한 것만은 아니라는 사실에 동의했고 나는 대안책을 제시했다. 되도록 유제품을 피하고, 피마자유 팩과 비타민을 복용하고, 완벽주의와 중독증, 자연식품 등에 관한 책들을 읽어보라고 권했다.

도리스가 내게 자신의 이야기를 들려주었을 때, 나는 유산과 낙태에 대한 그녀의 감정들을 치유할 필요가 있다고 생각했다. 도리스는 내 제안을 받아들였다. 도리스는 자신의 생식력에 관한 감정들에서 자유로워지기 위해서 자신의 몸 속에 있었던 태어나지 못한 잠재적인 존재들에게 편지를 쓰기로 했다. "분명히 그들은 내 마음속에서 어떤 형태로 자리를 잡고 있었습니다. 아마도 내 몸 속에 있는 자궁근종과 자궁내막증의 형태를 취하고 있었던 것 같습니다. 그러나 편지를 쓴 후 믿을 수 없는 일이 일어났습니다. 어느 날 밤 꿈을 꾸었는데, 나는 꿈 속에서도 내 몸을 완전히 의식하고 있었습니다. 수천 마리의 하얀 비둘기가 내 자궁에서 날아오르는 꿈이었습니다. 믿을 수 없을 정도로 몸이 가벼워진 느낌에 나는 기뻐하면서 잠을 깼습니다."

도리스가 꿈을 꾼 지 세 달 후, 나는 그녀를 다시 검사해보았다. 그녀의 자궁근종과 자궁의 압통은 대부분 사라졌으며, 남아있는 자궁근종은 부드러운 덩어리로 뭉쳐져서 처음 검사했을 때보다 훨씬 작아져 있었다. 도리스는 자신을 돌보고 식이요법과 운동을 하면서, 자신을 위해 어떤 일을 하고 있을 때는 기분이 훨씬 더 좋아지고 골반의 통증도 전혀 느껴지지 않는다는 것을 깨닫게 되었다. 도리스의 자궁근종이 완전히 없어진 것은 아니었지만, 몇 년 동안 더 이상 커지지는 않았으며 압통도 전혀 느끼지 않았다. 그녀의 자궁내막증이 완전히 불활성화되었다는 증거였다.

도리스는 몸의 지혜를 이용해서 가슴속에 묻어 두었던 슬픔의 고통스러운 경험을 치유했다. 도리스는 스스로에 대한 생각을 완전히 바꾸기 위해서 어떤 어려운 일도 감수하고자 했고, 이런 변화는 완전한 치유를 원하는 여성에게는 꼭 필요한 일이었다. 어떤 관점에서 보면, 이런 일은 여성임에 대해서 스스로가 얼마나 잘 느끼고 있는지를 솔직하게 점검해 보는 일이기도 하다. 이 일은 또한 외부세계에서의 지나친 활동을 자제하고 내적 자아와 외적 자아의 균형을 맞추는 일일 수 있다.

자궁근종

자궁근종은 자궁의 양성 종양으로 자궁벽의 안쪽과 바깥쪽, 자궁강 내부 등 다양한 위치에서 성장한다. 자궁근종의 크기를 측정하는 방법은 자궁근종을 가진 자궁의 크기를 임신의 각 단계와 비교하는 것이다. 만일 자궁이 임신 14주의 크기와 같다면, 14주 크기의 자궁근종을 가지고 있는 셈이다. 자궁근종은 전체 여성 중 20～50%의 여성에게 존재한다. 그리고 백인보다는 흑인의 발병률이 3～9배나 더 높다. 많은 여성들이 골반 정기검진을 통해서 자궁근종이 발견될 때까지 자신에게 자궁근종이 있다는 사실조차 모르고 지내는 경우가 많다.

캐롤린 미씨는 육경 자궁근종을 "세상의 빛을 보지 못한 자아에 대한 환상적인 이미지를 포함한, 탄생되지 못한 창조성을 나타내는 것"이라고 하였다. 자궁근종은 또한 우리가 삶의 에너지를 주로 일이나 대인관계와 같은 생명력이 없는 목표에 쏟아 부으며 살아갈 때에도 발생할 수 있다. 자궁근종을 가진 여성들에게 나는 다른 사람들과의 관계나 자신의 창조성을 표현하는 방법에 대해서 잘 생각해 보라고 한다. 자궁근종은 창조성, 생식력, 그리고 대인관계에 관한 모순된 감정과 관련이 있다.[8] 급변하는 문화 속에서 여성의 역할은 유동적이며, 양육과 자아실현 사이에서 여성의 갈등은 더 이상 개인적인 문제가 아니라 일반적인 현상이다. 한 환자는 자신의 자궁근종을 달랠 수 없는 분노의 한 형태라고 생각했다. 자궁근종을 키우고 있는 여성이 많다는 사실은 우리 문화가 여성들의 창조 에너지를 차단하고 있다는 증거이기도 하다.

대부분의 여성은 자궁근종으로 인한 증상을 감지하지 못한다. 자궁근종이 증상을 나타내는지의 여부는 자궁근종의 크기와 위치에 달려 있다. 자궁의 근육 벽에 위치한 자궁근종은 아무런 증상도 나타내지 않

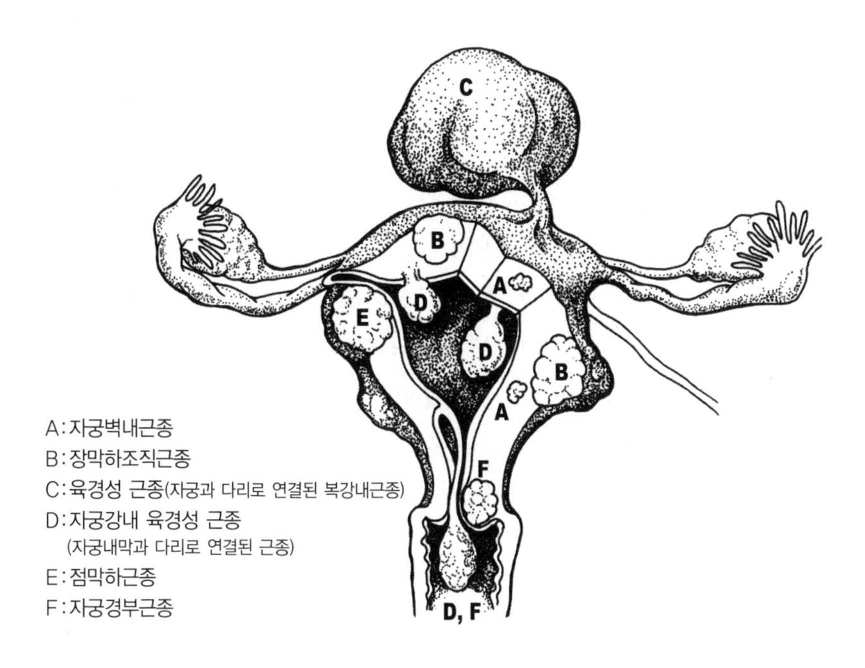

〈그림 6-2〉 자궁근종의 유형

는다. 하지만 자궁근종이 자궁벽에서 자라고 있으면 월경을 할 때 출혈이 심하고 주기가 불규칙해진다. 가느다란 경상조직으로 이루어진 자궁근종은 자궁의 바깥쪽이나 안쪽에 생기기도 한다. 이러한 자궁근종을 육종 자궁근종이라고 하며, 만일 이것이 자궁 바깥쪽에 자리잡고 있다면 종종 난소암과 혼동되기도 한다. 이러한 경우에는 경상조직을 절단하고 봉합해주는 간단한 방법만으로도 자궁근종을 제거할 수 있으며, 더 까다로운 문제가 발견되는 경우는 거의 없다.

자궁근종이 있으면 월경의 양이 아주 많아지고 이것 때문에 결국 빈혈과 피로를 느낄 수 있으며, 심지어 월경의 양이 가장 많은 날에는 외출조차 할 수 없게 된다. 자궁근종은 월경의 흐름을 조절하는 자궁의 근육수축 작용을 방해한다. 따라서 불규칙한 간격으로 출혈을 심하게 하는 여성이라면 종양이 아니라 자궁근종 때문일 것이다.

자궁근종은 빠르게 성장한 후 변성되기 시작한다. 2차 변성은 특히 스트레스가 심하고 감정적으로 힘든 시기, 즉 임신기간, 폐경기, 폐경 직전에 나타날 수 있다. 2차 변성이 나타나게 되면, 자궁근종은 혈액으로부터 산소를 공급받지 못하게 되므로 조직 깊은 곳에 자리잡고 있는 신경이 통증을 유발한다. 그 증상은 마치 동상에 걸린 발가락과 같아서, 통증이 불쾌할 수도 있지만 언제나 위험한 것은 아니다. 자궁근종의 중앙에서 변성이 발생하면 종종 근종의 크기가 줄어들거나 경우에 따라서는 완전히 퇴화되거나 사라질 수도 있기 때문이다. 근종이 수축되거나 사라지면 통증은 1주일 안에 사라진다.

때로는 자궁근종이 직장이나 방광 등 다른 기관을 압박함으로써 증상을 나타내기도 한다. 자궁근종이 자궁의 앞쪽의 상대적으로 낮은 곳에 위치하고 있다면 방광에 압력을 주어서 다뇨증을 유발할 수 있다. 이러한 증상들은 성가신 것이기는 하지만 대체로 인체에 해로운 것은 아니다. 비뇨기과 전문의나 산부인과 전문의도 자궁근종의 위치가 방광 문제를 유발한 것인지는 확신하지 못하고 있다. 요도관에 압력을 줄 정도로 큰 자궁근종을 가진 여성은 대부분 수술을 선호한다. 하지만 수술을 하지 않고도 잘 지내는 환자도 있었는데 한 환자는 10년 동안 아주 큰 자궁근종을 가지고 있었고 이 자궁근종이 때때로 수뇨관을 차단하기도 했지만, 폐경기에 접어들자 자궁근종이 빠르게 수축되었다.

내가 자궁근종을 가지고 있다면 무엇을 해야 하는가?

나는 환자에게서 처음으로 자궁근종을 발견하게 되면, 자궁근종을 측정하고 난소의 위치를 체크하기 위해서 골반 초음파 검사를 실시한다. 하지만 경우에 따라 골반 검사로는 난소의 크기와 자궁내근종의 차이를 구별해내기 힘든 경우도 있다.

자궁근종은 암으로 발전할 수도 있는가?

대부분의 경우 근종은 암으로 발전하지는 않는다. 다만 아주 드물게 자궁근육종양의 일종인 자궁육종으로 전환되기도 한다. 자궁근종의 가장 보편적인 문제는 크기가 커져서 출혈을 유발할 수 있다는 것이다. 하지만 내가 진료했던 여성들의 경우, 근종과 관련이 있는 에너지 패턴, 인생문제, 갈등이나 감정적인 문제를 다루고 변화시키자 자궁근종이 더 커지거나 문제를 일으키는 경우는 없었다.

자궁근종은 유전되는가?

자궁근종은 유전될 수 있다. 어떤 환자는 집안의 여자들이 3대에 걸쳐 모두 자궁근종을 가지고 있었다고 말했다. 그래서 그녀는 자기 집안에서 자궁을 손상시키지 않고 폐경기를 맞이할 수 있는 첫 번째 여자가 되고 싶다고 했다. 그녀는 식습관을 바꾸었고, 지금은 모든 증상들로부터 완전히 자유로워졌다. 우리는 대체로 병에 대한 유전자적 소인을 반드시 병에 걸리고 말 것이라는 피할 수 없는 '선고'로 받아들이는 경향이 있지만, 유전자적 요인의 표출 여부는 환경이 좌우한다.

자궁근종은 임신을 방해하는가?

임신을 하게 되면 호르몬의 양이 증가하기 때문에 이미 존재하는 근종은 빠르게 성장한다. 만일 이때 자궁근종이 변종되기 시작하면 자궁이 수축되게 함으로써 조기분만을 유발할 수도 있다. 하지만 이러한 현상이 자궁근종을 가진 모든 임산부에게 해당되는 것은 아니다. 내가 알고 있는 한 여성은 14주 크기의 자궁근종을 가진 상태에서 임신을 했지만, 분만예정일에 아무런 문제없이 정상적인 진통과 분만을 했다.

29세의 임신 12주째인 한 여성이 자궁 뒤쪽에 있는 큰 자궁근종 때문에 나를 찾아왔다. 뜻밖의 임신으로 그녀는 두려워하고 있었다. 그녀의 담당의사는 그녀에게 일단 중절수술을 하고, 근종을 제거한 후에 다시 임신을 하도록 권했다. 그 의사는 그녀에게 자궁근종은 조기분만을 유발하여 생명이 위태로운 미숙아를 낳을 수도 있다고 했다. 그녀 역시 문제가 있다는 것은 알고 있지만, 그녀는 임신이 그대로 진행될 수 있도록 도와줄 수 있는 의사를 원했다. 그녀의 임신은 정상적으로 진행되었고, 출산 전까지 아무런 통증이나 출혈 없이 나머지 시간을 지낼 수 있었다. 그녀는 8시간의 진통 끝에 건강한 딸을 출산하였으며, 6주 후 산후 검진을 하였을 때, 그녀의 근종은 8주 크기로 축소되어 있었다.

자궁근종이 자궁 내에서 어느 위치에 있는지, 또는 태아나 태반과 얼마나 가까이에 위치하고 있는지에 따라서 자궁근종은 낙태나 불임을 유발할 수도 있다. 자궁근종이 자궁강으로부터 멀리 떨어져 있을수록 문제가 덜 발생하게 되는 것이다. 그러므로 임신을 하기 전 초음파 검사나 자궁난관조영술을 통해서 자궁근종의 위치를 알아보는 것도 유용할 것이다.

자궁근종이 더 커질 것인가, 사라질 것인가?

자궁근종을 가진 많은 여성들은 종종 위험부담이 크고 더욱 복잡한 자궁적출술을 받아야 될 상황에 이르기 전에, 즉 상대적으로 자궁근종의 크기가 작을 때 의사로부터 자궁적출술을 받아야 한다는 이야기를 듣게 된다. 경우에 따라 자궁근종이 성장을 하기도 하지만, 늘 그런 것은 아니다. 실제로, 근종은 호르몬의 수치가 불규칙한 폐경 전의 몇 년 동안 급격하게 성장하였다가 폐경기가 지나고 나면 놀라울 정도로 수축되곤 한다. 자궁근종의 크기는 월경주기에 따라 변화하기도 하는데, 배란과 월경이 시작되기 직전에 그 크기가 가장 커진다. 근종은 또 스트레스로 인해서 커지기도 한다. 따라서 만일 당신의 자궁근종을 호르몬 요법이나 다른 처방으로는 도저히 치료할 수 없고 아주 고통스러운 출혈이 반복되지만 않는다면, 성급하게 수술을 할 필요는 없다.

마흔 세 살의 음악가이자 음악치료사인 펄시스라는 환자는 4~5개월 크기의 자궁근종이 있을 때 나를 찾아왔다. 그러나 엄격한 식이요법과 자기성찰, 마사지, 음악 치료를 2년 동안 꾸준히 한 결과, 그녀의 자궁은 거의 정상으로 되돌아왔다.[9] 그녀는 지금도 여전히 정상적인 월경을 하고 있다. 요즘 그녀는 이렇게 말하곤 한다. "이제 통증도 거의 없고 기분도 아주 좋아요. 앞으로 나는 늘 내 인생의 모든 것을 느끼면서 살아갈 거예요. 명상과 음악 치유를 통해서 난 자신에 대한 내적 믿음을 새롭게 할 수 있었습니다. 다른 사람들뿐만 아니라 나 자신을 치유하기 위해서 내 인생과 내 능력을 받아들일 것입니다. 다른 사람들을 위해서 내가 노력하는 것만큼 나 자신을 위해서도 노력할 것입니다."

수술 후 재발할 가능성은?

개인에 따라 다를 수 있다. 대체로 폐경기가 지나고 5년이 지나지 않은 여성의 경우라면 이미 제거한 자궁근종이 재발할 가능성은 없다. 에스트로겐 분비량이 자연스럽게 줄어들기 때문이다. 적어도 내 환자들 중에는 자궁근종이 재발하거나 악화된 경우가 없었다. 나를 찾아오는 여성들은 이미 이런 문제들 뒤에 감춰져 있는 메시지를 찾아내는 힘든 작업을 할 각오가 되어 있었기 때문이다. 수술만으로 몸 속에 내재되어 있는 근종의 성장을 부추기는 기본적인 패턴을 바꿀 수는 없다. 자궁근종을 다루는 데 있어서 가장 중요한 점은 몸이 우리에게 가르쳐 주고자 하는 메시지를 경청하는 태도이다.

자궁근종의 치료

나는 환자들의 자궁에 대해서 어떠한 독단적인 처방도 내리지 않는다. 이런 방식에 대해서 옳다거나 틀리다고 말할 수는 없다. 나의 방식은 그들이 자신의 자궁과 난소, 그리고 몸에 대해서 생각해볼 수 있는 기회를 제공함으로써, 그들이 호르몬 요법, 약물요법, 수술 중에서 선택을 해야만 할 때, 이러한 기관들에 대한 개개인의 진실은 무엇인지를 스스로 깨닫게 해주고자 하는 것이다. 많은 여성들이 자신에게 선택권이 있다는 사실만으로도 크게 안도한다.

다음은 자궁에서 발생하는 문제들을 다루는 다양한 치료법이다. 이 방법들이 자궁문제를 치료할 수 있는 유일한 방법은 아니며, 공통된 증상을 가진 여성이라도 각자 나름대로 다른 치료법을 선택하기도 한다. 의료기술은 개인의 특성에 맞춰서 의식적으로 사용될 때 비로소 치유에 도움을 줄 수 있다.

일반적인 방법 만일 자궁근종이 어떤 문제도 일으키지 않는다면, 나는 환자의 상황에 맞춰 여섯 달마다 골반 검사를 받아보게 한다. 그리고 근종이 난소낭종이나 종양이 아닌지 확인하기 위해서 초음파 검사도 받게 한다. 이런 보수적인 치료법을 '시간 처방'이라고 말할 수 있으며, 이것은 때로 최상의 치료법이 될 수 있다.

자궁적출술 자궁적출술은 아마도 자궁근종을 가진 미국 여성에게 가장 일반적으로 제공되는 치료법일 것이다. 몇 달, 혹은 몇 년 동안 과다한 월경 출혈을 했을 때, 그로 인해 빈혈이 생겼을 때, 임신한 것처럼 배가 불러올 때, 근종이 방광을 압박해서 지나치게 자주 소변을 보게 될 때 취해지는 방법이 자궁적출술이다. 만약 자신의 의지대로 자궁적출술을 선택한 것이라면, 수술을 통해서 삶의 질을 높일 수도 있다.[10] 하지만 스스로 준비되지 않고 다른 방법에 대해서 충분히 생각해보지 않은 채로 자궁적출술을 받게 되면, 그 결과는 끔찍할 수도 있다.

외동딸을 둔 교사 프랜은 마흔 두 살 때 나를 만나러 왔다. 지난 여섯 달 동안, 프랜은 월경기간 사이에 출혈이 있었고, 월경통이 점점 심해졌으며, 성관계를 가질 때마다 통증을 느꼈다고 했다. 프랜을 검진하다가 나는 그녀에게서 직경 11cm 정도의 자궁근종을 발견했다. 프랜은 내가 오래 전부터 아는 사람으로, 그녀가 딸을 낳을 때도 내가 도와주었다. 교사생활을 하면서 프랜은 여러 학교를 옮겨 다녀야만 했기 때문에 건강한 식습관을 유지하기가 힘들었다. 프랜은 상당히 비만이었고, 프랜의 남편은 자신의 일을 끔찍하게 싫어하는 다소 우울한 분위기의 남자였다. 프랜의 생활환경을 고려해보았을 때, 그녀에게 적합한 치료법은 난소를 보존한 채 자궁만을 제거하는 자궁적출술이었다. 프랜은 내가 자궁을 손상시키지 않고 근종을 제거한다고 해도, 그녀의 월경통과 불규칙적인 출혈이 완전히 치료된다는 보장은 할 수 없다는 사실을 알고 있었다. 프랜은 다른 치료법에 대해서 생각해보고 싶어하지도 않았고, 자신의 자궁근종이 자기에게 무슨 말을 하려고 하는지에 대해서도 관심이 없었다. 월경주기와 월경통, 임신에 대한 두려움으로부터 자유로와질 수 있을 거라는 생각만이 그녀를 사로잡고 있었다. 결국 프랜은 수술을 받았고, 아무런 합병증도 나타나지 않았으며, 한 달 만에 일상으로 되돌아갈 수 있었다. 프랜은 자궁적출술에 대해서 전혀 후회하지 않았다. 자신의 선택에 대한 확신이 있었던 것이다.

자궁적출술이나 그와 비슷한 다른 수술을 하기 전에, 나는 항상 신체기관을 제거하는 것이 여성으로 하여금 자신의 몸에 대한 기대를 어떻게 변화시킬 것인지부터 짚어본다. 자궁적출술이 여성의 신체적 · 감정적 · 심리적인 건강과 자신의 몸에 대한 이미지에 어떤 영향을 끼치는지에 대해서는 더 많은 연구가 이루어질 필요가 있다.

성적 반응 대부분의 의사들은 자궁적출술과 성적 반응 사이의 관계에 대해서 별로 관심을 가지지 않는다. 자궁적출술을 받고 나서 성적 반응이 변하거나 섹스에 대한 관심이 줄어드는 것을 단지 심인성 반응으로 간주해버리는 것이다. 여성들의 난소, 자궁경부, 자궁은 여성들의 성욕과는 아무런 관계가 없으며 성적 만족의 요소가 아니라는 심인성 이론은 가부장적인 가설에 근거한다. 이러한 가부장적 사고방식은 몸으로부터 마음과 감정을 따로 떼어 생각하고 있다. 즉 성욕을 단지 심리적인 것으로만 보는 것이다. 하지만 연구결과에 의하면, 수술을 받은 후 성욕이 줄어드는 것은 난소의 제거로 인한 안드로겐 호르몬의 감소 때문이라고 한다. 자궁적출술을 받은 후 성욕이 줄어들거나 기력이 없어 힘들어하는 여성들은 에스트로겐, 테스토스테론, DHEA의 수치를 체크해볼 필요가 있다. 호르몬 수치를 정상으로 회복하기 위해서는 천연 호르몬을 사용하는 것도 좋은 방법이다.

폐경기 자궁을 제거한다고 해서 배란을 하고 있는 여성의 호르몬 수치가 반드시 폐경기 상태로 바뀌는 것은 아니지만, 자궁을 제거함으로써 월경이 중단되거나 난소를 보존한 경우라 하더라도 혈액공급량이 바뀌게 된다. 따라서 체내 호르몬 환경의 변화로 폐경기 증상이 나타나거나 조기 폐경이 유발될 수도 있다.

비뇨기 문제 자궁적출술을 받은 여성은 시간이 경과한 후 스트레스성 요실금 증상을 나타낼 수도 있다. 그 이유는 방광을 자극하는 신경이 자궁과 아주 가깝게 위치하고 있어서, 경우에 따라서는 자궁적출술 도중 약간의 신경섬유가 손상될 수도 있기 때문이다.[11]

근종절제술 근종절제술은 자궁근종을 제거하되 자궁은 치료해서 원래의 위치대로 보존하는 수술법이다. 근종절제술은 골반기관을 보존하고 아기를 원하는 여성들에게 가장 좋은 방법이다.

글로리아가 나를 처음 찾아왔을 때 그녀는 마흔 다섯 살이었다. 그녀는 이미 두 아이를 출산했으며, 그녀의 남편은 정관절제술을 받은 상태였다. 글로리아는 방광을 압박하는 커다란 자궁근종을 가지고 있었는데, 이것 때문에 자다가도 화장실에 가기 위해 자주 깨어나야만 했다. 그녀의 담당의사는 자궁적출술을 추천해주었지만 글로리아는 근종절제술을 원했다. 그녀의 담당의사는 나이 때문에 근종절제술을 할 수 없다고 했다. 다른 많은 산부인과 의사들처럼 그 의사도 글로리아가 이미 마흔 살이 지난 데다 출산을 끝낸 상태이기 때문에 자궁이 불필요하다고 생각했던 것이다. 하지만 근종절제술만으로도 글로리아는 비뇨기 증상을 완전히 치료할 수 있었고 밤에 편안하게 잠을 이룰 수 있었다. 글로리아는 자궁을 보존할 수 있었던 것에 대해서 아주 행복해한다.

자궁근종의 크기나 위치 때문에 임신능력에 문제가 생긴다면 근종절제술은 좋은 선택일 수 있다. 일반적으로 근종절제술은 불임시술을 전공한 의사들이 가장 선호하는 방법이다. 이런 유형의 수술은 골반기관을 제거하는 것이 아니라 치료하는 데 초점을 맞추고 있다.

호르몬 요법 주요 증상이 출혈과 관련된 문제로 나타나는 여성이라면, 자궁벽이 지나치게 증식되는 것을 막아주는 합성 프로게스틴이나 천연 프로게스테론을 사용하는 것이 좋다. 그러나 합성 프로게스틴으로 치료를 받으면 우울증, 팽창감, 두통 등의 부작용이 나타날 수도 있다. 그러므로 호르몬 요법으로 치료를 할 때에는 개개인의 특성에 맞추어 처방을 내려야만 한다.

성선자극호르몬 분비인자 촉진제 성선자극호르몬 분비인자 촉진제는 뇌하수체로 하여금 난소의 기능을 차단하게 만든다. 이 약을 한 달 간 복용하면 여성의 몸은 인위적으로 폐경을 시작하게 된다. 또 에스트로겐의 수치가 크게 떨어지고 월경도 멈추게 된다. 따라서 자궁근종 조직에 대한 주기적인 자극도 멈추게 되므로, 대부분의 경우 근종의 크기가 줄어든다. 성선자극호르몬 분비인자 촉진제는 주로 수술을 하기 전에 자궁근종을 수축시키거나 가능하면 수술을 피할 수 있도록 근종을 수축시키기 위해서 사용된다.

그러나 성선자극호르몬 분비인자 촉진제를 6개월 이상 사용해서는 안된다. 일단 약의 복용을 중단하게 되면, 약을 복용하던 도중에 자연스럽게 폐경기를 맞이하게 된 여성의 경우를 제외하고는 증상들이 급속하게 재발한다. 따라서 이 방법은 폐경기가 임박해있고 자궁적출술을 고려하고 있는 여성들에게 유용하게 사용될 수 있다.

자궁경 검사를 통한 자궁내막절제술 자궁경 검사는 질에서 자궁경부로 검사기를 통과시킴으로써 자궁의 내막을 보면서 수술하는 것으로, 자궁내막을 마취한 후 자궁에서 매달 출혈을 유발하는 부위를 제거해버리는 방법이다. 만일 수술이 성공한다면 월경주기가 끝나버리거나 견디기가 매우 수월해질 것이다. 그러나 자궁근종의 위치에 따라서 이 수술을 해서는 안되는 경우도 있으므로 모든 사람에게 적합한 것은 아니다.

폐경 후의 호르몬 변화 일단 폐경기를 맞이하게 되면 자궁근종은 종종 놀라울 정도로 수축된다.

독신 교사인 비는 자궁근종과 월경을 할 때마다 12～18시간 동안 지속되는 과다한 출혈 때문에 나를 찾아왔다. 비는 자연식품 식이요법으로 치유를 시작했지만 출혈량은 오히려 더 많아지는 듯했다. 식이요법을 시작한 지 몇 달 후 비는 시아추 마사지shiatsu massage 치료를 받기 시작했다. 그녀에게는 식이요법보다는 시아추 마사지가 훨씬 더 효과가 있는 듯했다. 하지만 비의 근종은 계속 커졌다. 결국 나는 비에게 근종절제술이나 자궁적출술을 권유할 수밖에 없었다. 하지만 비는 어떤 종류의 수술도 원하지 않았다. 때로 비의 출혈은 너무 심해서 가족들까지 놀라게 만들곤 했지만 그녀는 여전히 수술을 피했다. 그러는 동안 폐경기가 시작되었다. 그런데 폐경기에 접어들자 그녀의 근종은 아주 빠른 속도로 수축되었다. 이제 비는 더 이상 월경을 하지 않게 되었다는 사실을 슬퍼할 수 있을 정도로 여유를 갖게 되었다.

식이요법 약물치료나 수술을 원하지 않는 환자들에게 내가 가장 많이 추천하는 방법이다. 정제된 식품이나 영양이 불충분한 음식 위주의 식습관에서 과일, 야채, 그 밖의 자연식품 위주의 식습관으로 바꾸는 것은, 과다출혈을 완화시키고 부종을 덜어주며 자궁근종의 크기를 줄여주는 효과가 있다.

자궁근종 때문에 식이요법을 실천하는 경우라면, 에스트로겐의 양을 줄이기 위해서 얼마 동안은 아주 엄격하게 실천해야 한다. 메티오닌, 콜린, 이노시톨 등을 보충제로 사용하는 것도 좋은 방법이며, 비타민B 복합제는 과도한 에스트로겐의 양을 줄여 주고 증상을 완화시켜준다. 따라서 600mg 이상의 마그네슘, 같은 양의 비타민B 복합제와 함께 다른 영양소들을 모두 함유하고 있는 복합 비타민제가 유용하다.

식이요법을 시작한 지 3~6개월이 지나면 통증과 과다출혈 증상은 대부분 사라진다. 하지만 엄격하게 자연식 식이요법을 지키는 데도 여전히 근종이 자라는 여성들도 있다. 이런 경우의 여성들은 주로 근친상간과 같은 미처 해결하지 못한 어린 시절의 문제를 가지고 있거나 폭력적인 남자와 결혼한 경우이다.

차단된 에너지의 방출 다른 요법으로는 효과를 볼 수 없었던 경우라 할지라도 침술, 지압, 극성요법, 마사지는 자궁근종을 치료하는 데 상당히 효과적이다. NEAT(남부드리파드 알레르기 제거술Nambudripad Allergy Elimination Techique)라고 알려진 새로운 치료법은 근종뿐만 아니라 다른 여러 가지 질병을 치료하기 위한 목적으로 사용되고 있다. 운동과학으로 알려진 이 과정을 통해서 NEAT 전문의는 감정을 상하게 하는 알레르기 항원과 그에 수반되는 감정 패턴을 정확하게 짚어낸다. 그리고 나서 특별한 침술이나 지압법을 사용하면 이러한 패턴은 몸에서 완전히 제거된다. 이 방법의 철학적인 기초는 꽤 타당하므로, 나는 이 방법을 사용하고 싶다면 반드시 잘 훈련된 전문가를 찾아보라고 말하고 싶다.

자궁근종 치유 프로그램

- 에이코사노이드의 균형을 맞춰줄 수 있는 자연식품 위주의 식이요법 – 적어도 세 달 이상 유제품을 끊고 녹색잎 채소, 콩 제품, 겨자과의 야채를 많이 먹어야 한다.
- 영양제 – 비타민B를 함유하고 있는 복합비타민제를 복용한다.
- 2%의 프로게스테론 크림 – 월경을 시작하기 전의 2~3주 동안 하루에 한두 번씩 2%의 프로게스테론 크림을 발라주면, 에스트로겐의 과잉생성으로 인한 증상을 막을 수 있다.
- 에어로빅 류의 운동 – 매주 세 차례 20분씩 운동하라.
- 피마자유 팩 – 1주일에 세 차례 이상 해야 한다. 팩을 하는 동안 떠오르는 생각, 이미지, 느낌에 주의를 기울여보라.

- 일기 쓰기 – 당신의 인생에서 이루고 싶은 모든 것을 일기에 적어보라. 단지 당신의 창조적인 재능이나 비밀스러운 자아를 완전히 드러내면 어떠할지에 대해서 상상하는 것만으로도 당신은 엄청난 열정과 에너지를 얻을 수 있을 것이다. 그리고 이러한 과정의 방해물이 어디에 있는지도 살펴보라.

이 프로그램을 세 달 이상 실시한 후에 당신의 필요에 맞추어 조절하라. 당신이 자신의 몸에 관해서 무엇을 배울 수 있는지, 이런 새로운 처방에 자신의 몸이 어떻게 반응하는지 느껴보고 당신의 몸이 주는 메시지에 귀를 기울여라.

만일 당신이 자궁의 메시지에 귀를 기울이면서 자궁과 관계를 가지고자 한다면, 단순히 증상을 감추거나 완화시키는 것이 아닌 진정한 치유를 향해 한 발짝 다가갈 수 있을 것이다. 당신에게 가장 적합한 치료법(수술, 식이요법, 혹은 침술요법)을 선택하기에 앞서 무엇보다도 당신은 자궁의 메시지에 접촉해야만 한다. 많은 여성들의 경우, 자궁근종은 배우자의 폭력적인 언어, 스트레스, 대인관계에서의 문제와 연결되어 있다. 내면의 문제해결은 이렇게 해롭고 한정적인 상황을 다룰 수 있는 새로운 방법을 제시해 줄 것이다.

마사지 치료사인 마르샤는 1986년에 마흔 한 살의 나이에 처음 나를 찾아왔다. 그녀의 자궁은 임신 12주 크기로 상당히 커져 있었는데, 그녀 자신은 아무런 증상도 자각하지 못한 채 자궁적출술을 받아야 한다는 진단을 받았다고 했다. 그녀의 어머니도 자궁근종을 가지고 있었으며, 그것 때문에 자궁적출술을 받았다고 한다. 마르샤는 수술만은 피하고 싶어했다. 마르샤는 수 년 동안 폭식의 습관과 남성의 폭력에 자신을 아무렇게나 방치하고 있었다. 세 번이나 낙태를 했지만 아이는 없었다. 마르샤가 처음 나를 찾아왔을 때, 그녀는 자궁근종의 성장을 막기 위해서 자연식품 식이요법을 실천하는 중이었다. 초음파 검사결과 다른 모든 것은 정상이었으므로, 나는 식이요법만으로도 충분할 것이라고 그녀의 선택을 확신시켜주었다. 그리고 여섯 달 후 다시 산부인과 의사를 찾아가 보라고 제안했다.

4년 후 마르샤는 과다출혈 증상을 나타냈고, 담당의사가 강력하게 수술을 권유했기 때문에 다시 나를 찾아왔다. 마르샤는 4년 동안 지속해왔던 관계를 정리했다고 말했다. 두 사람의 합의하에 관계를 정리하였음에도 불구하고, 마르샤는 여전히 그 관계로 인해서 탈진한 상태였다. 마르샤는 "그를 향한 분노는 단지 나 자신, 나의 감정과 과거를 회피하기 위한 수단이었어요."라고 말했다. 이제 그녀는 자신의 삶에 대해서 스스로 책임을 느끼고 자아를 치유하기 시작했다.

마르샤는 대인관계와 자기정체성 사이의 깊은 연관성, 그리고 그것들이 몸에서 어떻게 드러나는지를 인식하기 시작했다. 식습관은 단지 자신의 감정을 감추기 위한 대용품이었을 뿐 자궁근종의 직접적인 원인은 아니었던 것이다. 회복을 하면서, 마르샤는 자기 내면의 지혜와 접촉할 수 있었다. 내가 마르샤를 다시 검사했을 때, 마르샤의 자궁근종은 더 이상 성장하지 않은 상태였고 그녀는 규칙적인 월경을 하고 있었다. 마르샤는 더욱 중심을 잡아가고, 더욱 긍정적이고, 더욱 강해져 있었다. 마르샤는 자신의 자궁근종이 자신과 삶을 되돌아보라는 신호였다는 것을 알게 되었다.

나는 가끔 낙태와 관련해서 자궁근종이 나타나는 경우도 보았다. 물론 관련되었다는 말은 직접적 원인이라는 뜻은 아니다. 연구결과 낙태는 신체에 어떠한 부작용도 유발하지 않는 것으로 밝혀졌다. 낙태를 경험한 여성들에게 만약 문제가 발생한다면, 그것은 아마도 그 여성들이 속해있는 삶이나 사회 속에서 낙태가 가지는 의미 때문일 것이다.

1987년, 당시 서른 여섯 살이던 폴라는 정기검진을 받기 위해 나를 찾아왔다. 그녀는 10대와 20대에 걸쳐 세 차례의 낙태수술을 받은 적이 있었고, 당시에 아이는 없었다. 나는 그녀의 낙태에 관한 객관적 사실 외에 그녀의 상황에 대해서 아는 것이 없었다. 폴라는 30대 초반에 처음 자궁근종이 생기기 시작했고, 5년 이상 골반통으로 고생하고 있었다. 하지만 내가 그녀를 만났을 때 그녀는 밝고 건강해 보였다. 그녀의 행복은 모두 다음 이야기와 관련이 있는 것 같다. "월경 기간 사이의 출혈과 골반통 때문에 제 문제는 점점 심각해지고 있었어요. 수술이나 호르몬 요법, 어떤 것도 내키지 않았죠. 그래서 전 인디언 주술사를 찾아갔어요. 그는 나에게 내가 낙태하기 전에 가지고 있었던 존재의 영혼을 풀어 주어야 한다고 말하더군요. 그 주술사는 나에게 영혼을 풀어주는 의식을 치뤄주었고, 의식이 진행되는 동안 나는 정말로 골반 아래쪽에서 하얀 날개가 빠져나와 떠나가는 것을 보고 느꼈습니다. 나는 몇 시간 동안 슬픔과 안도의 눈물을 흘렸죠. 그 일이 있은 후, 내 월경은 다시 정상으로 회복되었고, 이제는 아무런 통증도 없어요."

폴라의 이야기는 감정을 쏟아낸다는 것이 치유에 있어 얼마나 큰 위력을 발휘할 수 있는지를 보여주고 있다. 그녀의 자궁 안에는 여전히 8주 크기의 근종이 있지만, 더 이상 정기검진 외의 다른 특별한 처방을 요구하는 문제가는 아니다.

진정한 치유는 몸을 치료하거나 다독거려 주는데 그치지 않고, 우리의 에너지장과 의식의 전환을 필요로 한다. 내가 언급한 여성들의 치유가 가능했던 것은 자궁근종이나 월경과 관련된 문제와 증상들에서 그 여성들이 의미를 창출해냈기 때문이다.

난소 7

그녀는 난소의 지식, 즉 우리 몸의 깊은 곳으로부터의,
마음의 깊은 곳으로부터의,
우리 영혼의 깊은 곳으로부터의 지식을 노래한다.
- 클라리사 핀콜라 에스테스Clarissa Pinkola Estes

에너지 의학의 관점에서 보면, 여성의 난소는 남성 생식기의 고환에 해당한다. 일이 힘들거나 사람을 다루는 데 있어 용기가 필요할 때 남성들은 고환의 힘을 사용한다고 말한다. 여성들도 남성 중심의 세상으로 나아갈 때 고환의 힘을 이용한다는 말을 쓰곤 하는데, 여성들은 난소의 에너지를 이용해야만 한다. 난소와 난소의 에너지는 여성들이 세상과 맺고 있는 관계로부터 역으로 영향을 받을 수도 있다.

난소의 지혜는 우리에게 내재되어 있는 가장 심오한 창조성을 나타낸다. 이러한 창조성은 우리 내부에서 탄생되기만을 기다리고 있다. 생물학적으로 여자가 배란을 하면 난자는 정자에게 신호를 보내 정자를

끌어들인다. 난자는 단지 정자가 도착하기만을 기다린다. 결코 적극적으로 정자를 찾아 나서지 않는다. 이러한 생물학적 창조활동의 결과가 아기인데, 아기는 나름대로의 생명과 의식을 지니게 된다. 태아의 성장은 본질적으로 엄마로부터 영향을 받지만 동시에 엄마와 독립적이다. 엄마들은 결코 자신의 의지대로 아기를 자라게 할 수 없다.

일단 아기가 태어나면, 여성은 자신의 창조물이 비록 자신의 몸에서 만들어졌다고 하더라도 자기 나름대로 생명과 인성을 가지고 있으며, 앞으로도 영원히 그럴 것이라는 사실을 인정해야만 한다. 마찬가지로 심오한 창조성은 강요될 수 없는 것이다. 내적인 리듬과 조화를 이루기 위해서는 시간과 공간을 마련해야만 한다. 내면의 창조성을 따르고 지성으로는 그 창조성을 통제할 수 없다는 사실을 인정할 때, 우리는 난소의 힘을 이해할 수 있을 것이다. 우리는 이 힘이 우리를 통해서 드러날 수 있도록 허락해야만 한다.

해부학

자궁 양끝의 난관 바로 아래쪽에 위치하고 있는 난소는, 크기가 작고 옆으로 길쭉한 모양에 진주 빛깔을 띠고 있다. 여성이 열 네 살이나 열 다섯 살이 되면 난소는 한 달에 한 번씩 난자를 만들어낸다. 난자가 매달 만들어지기 시작하면 난자 주변에는 영양분이 풍부한 유액 덩이가 캡슐 모양으로 형성되는데, 낭포라고 하는 이 유액 덩이는 생리학적으로 정상적인 것으로 난소의 다른 부분들로부터 난자를 보호해준다. 또 배란기에는 난자가 방출되고 난관으로 잡혀들어가는데, 배란과정의 일부로 낭포 역시 터지게 되며 이때 낭포액이 난자와 함께 골반강으로 흘러나온다.

만성적인 골반통이나 자궁근종, 또는 다른 이유로 골반 초음파 검사를 받게 되면 난소와 함께 낭포들도 보인다. 1～3cm 크기의 작은 낭포들은 대부분의 경우 정상적인 것들이다. 나타났다가 사라지는 작은 낭포를 만들어내는 일도 난소의 기능 중 하나이다. 난소는 작은 난자, 작은 낭포를 잉태한다.

난소는 또한 호르몬을 생산한다. 나이에 따라서 그 양은 달라지지만, 평생 동안 에스트로겐, 프로게스테론, 안드로겐과 같은 호르몬을 만들어낸다. 이 중 안드로겐은 성욕과 같이 원시적인 충동에서 유발되는 본능적인 욕망인 리비도libido와 관련된 호르몬이다. 연구 결과에 따르면 우리 몸에서 일생 동안 생산되는 안드로겐의 50% 정도가 폐경을 전후로 하여 만들어진다고 한다.[1]

일반적으로 월경을 멈추게 되면 난소의 기본적인 기능도 사라진다고 생각하지만, 난소는 폐경기가 지나고 나서도 수십 년 동안이나 스테로이드 호르몬을 만들어낸다. 사실 30대가 되면 난소의 일부가 작아지기 시작하고, 평균 마흔 다섯 살이 지나면 더욱 빠르게 그 부피가 줄어든다. 하지만 난소는 우리가 생각해온 것처럼 불활성 섬유조직이 아니다. 나이를 먹으면 난소의 표면을 덮고 있는 외피만이 퇴화하게 되는 것이다. 외피가 퇴화함과 동시에 난소의 가장 깊숙한 부분인 내부 기질은 태어난 후 처음으로 매우 활성화된다. 인생의 후반기에 안드로스테디온이라는 안드로겐 호르몬이 분비되어 지방조직에서 에스트론으로 전환된다. 한 가지 기능이 위축되기 시작하면서 다른 기능은 새롭게 시작되는 것이다. 또한 난소는 폐경이 지나서도, 골다공증을 예방하고 기력과 리비도를 유지하는 데 중요한 역할을 하는 프로게스테론과 에스트라디올을 생성해낼 수 있다.

아주 최근까지도 폐경기는 '결핍성 질병'으로 간주되었다. 폐경기에 대한 이러한 태도 때문에 연구가들은 결핍된 어떤 것을 찾아내는 데 연구의 초점을 맞추어왔다. 만일 우리가 폐경이 지난 후의 난소를 활동적이고 유용한 것으로 보았더라면, 난소가 몸의 균형을 정상적으로 유지시키기 위해서 어떤 기능을 하는지에 대해 더 많은 것을 알아낼 수 있었을 것이다.

난소에서의 문제는 바깥세상에 대한 두려움과 불안감 때문에 여성이 자신의 가장 내면적인 창조적 지혜를 돌보지 못하는 경우 발생할 수 있다. 외부의 압력에 의해 자신이 통제받고 있다거나 비난받고 있다고 느낄 때 역시 마찬가지이다. 바깥세상으로부터 작용하는 경제적·물리적 위협도 난소에 영향을 끼친다. 특히 여성 스스로가 이러한 위협을 극복할 수 없다고 믿는다면 더욱 그러하다. 난소의 문제는 외부에서 부과되는 것이다. 따라서 복수심이나 원한, 갈망은 자궁이 아니라 난소에 영향을 끼치게 된다. 여성이 자신의 감정적인 욕구는 제쳐놓고 남성의 권위와 승인을 갈망할 때 난소암과 같은 문제가 발생할 수 있다. 난소암으로 위험에 처해있는 여성들은 대체로 자기 스스로 자신의 악조건을 개선하거나 바꿀 수 있는 어떤 힘이나 경제력이 없다고 생각한다.

수년 동안 서서히 진행되는 자궁경부암과는 대조적으로 난소암은 빠르게 진행된다. 한 친구의 경우가 그랬다. 일이 적성에 맞지 않고 남편과의 관계가 원만하지 못하다는 사실을 서서히 느끼기 시작했을 때, 그녀의 몸에서는 난소낭종이 동시에 진행되고 있었다. 그 동안 그녀의 남편은 바람을 피웠다. 낭종을 치료하는 동안 그녀는 자신의 일상생활 속에 해결해야 할 진짜 문제가 있었다는 사실을 깨닫게 되었다. 그녀의 몸은 감정적인 불만족을 구체적으로 드러내고, 그녀가 몸의 지혜를 통해서 스스로를 돌볼 수 있도록 그녀의 관심을 끌었던 것이다.

난소낭종

우리가 우리 몸의 깊숙한 곳으로부터 흘러나오는 창조성을 충분히 표출해낸다면 난소는 아무런 문제도 일으키지 않을 것이다. 하지만 우리의 창조성이 어떤 식으로든 차단되면 비정상적으로 커다란 낭종들이 만들어지는 상태가 계속될 것이다. 난소낭종을 초래하는 에너지의 차단은 스트레스로 인해서 발생될 수 있다. 그렇다고 해서 스트레스가 반드시 부정적이라는 말은 아니다. 예를 들어, 한 여성이 자신의 직업을 좋아하기는 하지만 휴식에 대한 필요성마저 무시해버리고 오로지 일에만 몰두한다면, 몸은 경고 차원에서 낭종을 만들 수도 있다.

우리 몸의 왼쪽은 여성적이고 예술적이고 사색적인 면을 나타내고 오른쪽은 보다 분석적이고 남성적인 면을 나타낸다. 놀랍게도 이러한 차이는 뇌와 각 난소의 관계에서도 드러난다.[2] 내가 본 대부분의 난소 낭종은 왼쪽 난소에 있었다. 이것은 문화론적 편견으로 상처받은 여성성을 상징한다. 많은 여성들이 세상의 대열에 참여하기 위해서 내면의 욕구와 충돌하는 남성들의 방식을 모방하고자 했기 때문인 것이다.

일반적으로 폐경 이전의 여성이 직경 4cm 이하의 낭종을 가지고 있다면, 이것은 정상적인 것으로 간주된다. 난소낭종은 배란과정의 일부로 만들어지는 것이므로 기능성 낭종이라고도 부른다. 하지만 4cm 이상의 낭종은 몇 달 동안 진행상황을 지켜볼 필요가 있다. 비정상적인 낭종에는 유액, 혈액, 세포 조각이 담겨져 있다.

다낭성 난소

다낭성 난소는 호르몬의 기능장애에 대한 신호로서 여성의 감정, 생각, 식습관, 개인의 병력 등 다양한 원인으로부터 영향을 받기 때문에 복합적인 증상이다. 이것은 질병이라기보다는 내재된 불균형에 대한 일종의 신호라고 할 수 있다.

다낭성 난소는 유전되는 경우도 있지만 대부분의 경우 유전적인 고리는 밝혀지지 않았다. 다낭성 난소의 정확한 원인 역시 밝혀지지 않았는데, 과다한 체지방과 밀접한 관계가 있다고 한다. 다낭성 난소를 가진 여성들 가운데 50%는 비만이다. 다낭성 난소를 가진 여성들의 가장 큰 문제점은 난소가 난자를 만들어내지 못하고 안드로겐이라는 호르몬을 과잉생성한다는 점이다. 그 결과, 월경이 멎거나 아주 불규칙해진다.

만성적으로 안드로겐의 수치가 높으면 난자가 난소에서 완전히 성숙하기도 전에 성장을 방해받게 된다. 정상적인 호르몬의 흐름이 만성적인 안드로겐의 과잉생성으로 방해를 받게 되는 것이다. 따라서 난소는 정상적인 난소의 기능에 따른 주기적인 변화를 느낄 수 없게 된다. 즉, 호르몬의 양이 정체되어 있는 상황에서 난소에 수많은 작은 낭포가 생기게 되는 것이다.

다낭성 난소의 치료

일반의학계에서는 대부분의 다낭성 난소의 원인이 밝혀지지 않았기 때문에 치료의 목적을 단지 그 증상을 가라앉히는 것에만 집중하고 있다. 따라서 다낭성 난소를 가진 대부분의 여성들은 호르몬으로부터 자궁내막의 자극을 막아주는 피임약, 항 안드로겐 제제, 프로게스틴 등으로 치료를 받게 된다. 피임약이나 다른 호르몬 요법이 다낭성 난소와 관련된 위험이나 증상을 막아준다 하더라도, 이것은 단지 부분적으로 문제를 감추어주는 것이지 근본적인 원인을 다루는 방법은 아니다.

과거에는 난소의 각 부분을 제거하는 수술인 쐐기절제술을 다낭성 난소의 치료에 이용하였다. 이 수술은 때로 호르몬의 수치를 낮추어서 (이 수술은 난소의 크기를 작게 만들기 때문에 난소가 생성하는 호르몬의 양도 줄어든다) 난소의 주기적인 기능을 회복시켜 주기도 한다. 반면 상처와 유착을 남길 수 있기 때문에 지금은 거의 시술되지 않는다. 다낭성 난소를 가진 여성들이 배란의 기능을 회복하는 데에는 다음과 같은 방법이 효과적이다.

- 여성의 생식력에 대해서 어린 시절부터 당신이 가지고 있는 부정적인 메시지에 주의를 기울여 보라. 이런 메시지가 더 이상 당신의 몸과 자궁을 통제할 수 없도록 의식하고 있어야 한다.
- 주기적인 감정의 흐름을 회복하라. 화나는 일이 있다면 참지 말고 화를 내라. 당신의 감정과 기분을 일기로 써서 그 감정과 기분이 어떤 리듬을 가지고 있는지, 그리고 감정과 기분의 흐름이 계절,

시간, 그 밖의 다른 주기와 관련이 있는지를 알아보라. 단지 환경적인 원인에 주의를 기울이는 것만으로도 월경주기와 생식력을 조절할 수 있다.[3]

- 인슐린/글루코겐과 에이코사노이드(배란에 중요한 역할을 하는 프로스타 글란딘의 원료)의 균형을 유지할 수 있도록 영양이 풍부한 자연식품을 섭취하여 몸에 충분한 영양을 공급하도록 하라. 불필요한 지방을 제거하여도 인슐린에 대한 민감도가 증가되고 인슐린의 생성이 정상으로 회복되어서, 결국 혈당을 정상으로 회복시키고 과도한 에스트로겐의 양을 줄일 수 있다. 이 방법은 당뇨병 환자에게도 효과가 있다.
- 양질의 복합비타민제를 복용하라. 충분한 영양공급은 정신력과 직관력의 조화에 도움을 줌으로써 감정의 흐름과 호르몬 수치를 정상으로 회복시켜서 다낭성 난소가 완화되게 해준다.
- 에스트로겐 과다로 인해 유발되는 증상들을 완화시킬 수 있는 2% 프로게스테론 크림을 사용하라.

증후성 기능성 난소낭종

난포낭종 난자를 둘러싸고 있는 난포가 정상적인 방법으로 성장하지 못하고 난자를 배출하지 못하였을 때도 낭종이 만들어질 수 있다. 이런 경우에 난포는 배란이 일어나야 할 시점을 지나쳐버리고 성장을 계속하게 된다. 때로는 직경 7～8cm의 크기까지 자라며 통증이 있을 수도 있다.

이런 종류의 낭종은 대부분 시간이 지나면 저절로 사라진다. 하지만 지속적인 경우라면 수술을 해야 할 것이다. 어떤 의사들은 피임약을 처방하여 인위적으로 배란을 멈추게 해서 낭포를 퇴화시키려고도 하지만, 새로 나오는 저용량의 피임약은 배란을 막고 낭종에 영향을 주기에는 그 효과가 약하다.

황체낭종 또 다른 형태의 기능성 낭종은 황체낭종이다. 황체는 배란기에 난포로부터 성숙한 난자가 배출될 때 만들어진다. 이 과정에는 약간의 출혈이 동반되기도 한다. 경우에 따라 황체낭종은 아무런 징후도 나타내지 않기도 하고, 통증을 유발하기도 한다. 만일 낭종이 터져서 내용물이 골반강으로 쏟아져 나오게 되면 칼로 찌르는 듯한 통증을 느낄 것이다. 하지만 이런 증상이 보다 만성적인 경우라면, 그 통증은 훨씬 둔하고 약간 쑤시는 정도일 수도 있다.

난포든 황체든 기능성 난소낭종이 암으로 이어지는 경우는 거의 없다. 어떤 여성들은 평생 동안 단 한 번 증상을 느끼기도 하고, 또 어떤 여성들은 반복적으로 증상을 느끼기도 한다. 하지만 반드시 기억해 둘 것은 문제가 발생한 지 단 몇 시간, 몇 일 만에도 난소낭종은 빠르게 발생할 수 있다는 점이다. 물론 난소낭종은 빠르게 사라질 수도 있다.

양성 난소낭종 난소는 완전한 인간으로 성장할 수 있는 세포를 가지고 있기 때문에 다양한 낭포가 될 수 있는 세포도 가지고 있다. 양성의 비기능적인 난소낭종은 배란과는 상관없는 난소의 세포가 성장하기 시작할 때 만들어진다. 창조성이 표현되지 못하면, 창조 에너지는 몸을 통해서 우리의 주의를 끌면서 난소에서 구체적으로 증상을 드러낸다.

무월경에 대한 몸과 마음의 관계

만일 한 여성이 배란과정만큼이나 복잡한 문제를 가지고 있다면, 월경주기의 메커니즘에도 문제가 생길 수 있다. 시상하부는 스트레스나 과거의 상처와 같은 감정적 · 심리적인 요소로부터 영향을 받는다. 대부분 무월경의 원인이 시상하부에서부터 비롯되기 때문에 다낭성 난소도 시상하부와 관련이 있을 수 있다. 다낭성 난소를 가진 여성들은 뇌에서의 시상하부 호르몬의 주기적인 방출량이 정상적인 배란을 하는 여성들과는 다르다. 이러한 변화가 난소문제의 원인인지 결과인지는 밝혀지지 않았지만, 자신이 여성인 것에 대한 부정적인 감정을 포함한 스트레스는 난소와 월경의 기능을 차단할 수 있다. 따라서 여성이라는 사실을 스스로 못마땅해하는 여성들의 경우, 배란을 하지 않거나 중성적으로 변하게 되는 경우가 많다.

배란을 하지 않는 여성들은 배란을 하는 여성들에 비해 더욱 긴장하고, 불안해하고, 의존적이고, 비생산적인 경향이 있다. 이런 여성들은 대체로 부모의 보살핌과 보호를 갈망하면서 그들의 보호를 잃을까봐 두려워한다. 따라서 성장하여 성숙한 여인이 되는 것을 두려워하고, 자신의 성장을 멈추려는 시도가 '무월경' 증세로 나타나게 된다.

메리 제인은 남성지배적인 분위기의 연구소에서 대부분의 시간을 보내는 분자생물학자였다. 고등학교 때 메리는 의학과 고급수학을 배우고 싶어했지만, 의대 교수였던 그녀의 아버지는 그녀가 타이핑을 배우는 편이 훨씬 더 유용할 것이라고 생각했다. 그 세대의 다른 남자들처럼 그녀의 아버지 역시 자신의 딸이 고등교육을 받느라 아까운 시간을 허비하는 것보다는 빨리 시집이나 가서 아이를 낳아 기르는 편이 더 낫다고 생각했던 것이다. 그러나 메리 제인은 결국 과학분야에서 고등학위를 취득하였고, 그녀의 아버지보다 더 많은 연구논문을 발표하였다. 그녀는 이혼을 했으며 아이도 하나 있었다. 그녀는 신혼 때부터 결혼생활에 만족할 수 없었으므로, 이혼 후에는 일에만 파묻혀 지냈다.

나는 그녀의 왼쪽 난소에서 7cm 크기의 낭종을 발견하였다. 메리는 아주 의식적인 방법으로 자기 몸의 증상들에 대해서 기꺼이 대처하고자 하였다. 나는 그녀에게 이러한 징후들은 주로 차크라2, 특히 대인관계와 창조성에 관련된 문제들이 그녀의 관심을 끌기 위해서 나타나는 것이라고 말해준 다음 난소와 이야기를 나누어보라고 권하였다. 그리고 세 달 정도 지난 후에 그녀를 다시 검진해보기로 했다. 에너지 치유 결과 메리의 낭종은 어떤 폭행에 대한 분노로 가득 차 있었다. 또한 물리적으로 아직 종양은 아니었지만 이미 종양으로 진행되고 있었다. 메리의 낭종 속에 들어있는 분노의 에너지가 너무도 강했기 때문에 낭종을 빨리 제거해야만 했다.

자신의 난소와 대화를 시작한 후 메리는 다음과 같은 사실을 알게 되었다. "내 낭종은 분노와 배신, 질투로 가득 차 있습니다. 하지만 그곳에는 사랑도 있죠. 가끔씩 나도 사랑을 느끼곤 했지만 표현할 수가 없었습니다. 나에게는 이런 모든 감정들을 가두어둘 장소가 필요했고, 그 장소가 바로 난소였던 것입니다."

메리 제인은 잠시 일을 중단하고 휴가를 얻어, 휴식을 겸해 수술도 받기로 결정했다. 수술은 치유적인 선택이었고, 실제로 그녀의 삶을 다양한 차원에서 치유할 수 있도록 해주었다. 메리 제인이 개인적으로 치유해야 할 또 다른 문제는 그녀의 아버지와 일과의 관계였다. 수술은 성공적이었고 모든 일은 잘 마무리되었다. 회복기 동안, 그녀는 늘 원했지만 다가갈 수 없었던 아버지와의 관계에 대해서 깊이 생각했다. 메리는 아버지로부터 인정받고 싶다는 채워지지 않는 갈망 때문에 일과 대인관계에서도 늘 불만족스러울 수밖에 없었다는 것을 알게 되었다. 그리고 아버지에 대한 기대와 요구를 모두 풀어버려야 한다는 사실을 깨닫게 되었다. 또한 메리는 자신이 과학적 발견에 대한 기쁨이 아니라 동료들로부터 인정받기 위해서 연구를 이용하고 있었다는 사실을 깨닫게 되었다. 4주 후 다시 검사를 했을 때, 그녀의 난소는 그녀가 삶의 진실을 밝혀준 것에 대해서 고마움을 나타내고 있었다. 메리 제인은 난소의 성장을 계기로 일에 대한 진정한 기쁨과 몸이 가르쳐 주는 지혜를 회복하게 되었다.

코니의 왼쪽 난소에서 6cm의 양성 낭종을 발견한 것은 그녀가 서른여덟 살 때였다. 우리는 정상적인 난소조직은 남겨두기로 하고 이 낭종만을 수술로 제거하였다. 몸 속에서 낭종이 자라는 동안 코니는 아이를 가져야 할지 고민하던 중이었다. 하지만 그녀를 가장 숨막히게 했던 것은 직장에서의 일이었다. 코니는 도자기 만드는 일을 하고 싶어했고, 사실 그 일에 재능도 있었다. 하지만 직장도 이점이 많았다. 나는 코니에게 그런 이점들이 자신을 죽게 해도 좋을 만큼 가치가 있는지 생각해보라고 했다.

수술을 받은 지 1년 후에 코니는 낭종이 있었던 왼쪽 난소의 통증을 호소하며 다시 병원을 찾아왔다. 낭종은 없었지만 통증은 낭종이 있을 때와 같았다. 통증은 그녀가 직장으로 되돌아가자마자 시작되었고, 전보다 더욱 심해졌다. 그녀의 몸이 이번에는 더욱 큰 소리로 그녀에게 말하기 시작한 것이었다. 수술을 받았다고 해서 몸의 에너지 패턴이 바뀐 것은 아니었기 때문이다.

코니는 자신의 딜레마를 이해했고, 무언가 달라져야 한다는 사실을 깨닫게 되었다. 하지만 창조적 본능을 따르기 위해서 직장을 그만두어야겠다고 생각할 때마다 마음 속 깊은 곳에서 아버지의 목소리가 들리는 듯했다. "안정된 직장을 버리다니, 넌 참 바보로구나. 예술은 직업이 될 수 없어. 그런 건 취미 삼아 하는 것일 뿐이다. 그런 일은 일과를 끝낸 후에나 하는 거라구." 코니는 어린 시절부터 아버지의 기대에 어긋나지 않도록 행동해왔다. 직장도 아버지로부터 인정받기 위한 것이었다. 그러는 동안, 코니는 이런 상황에 대해서 자신이 느끼는 분노와 노여움은 외면해왔던 것이었다.

나는 코니에게 앞으로 살게 될 날이 여섯 달밖에 남지 않았다면 과연 무엇을 할 것인지를 생각해 보라고 했다. 많은 생각 후 지치고 우울하고 고통스러워 하던 코니는, 자신에게 가장 중요한 것을 가려내기 위해서 직장으로부터 세 달 간의 휴가를 얻었다. 그러자 통증은 사라졌고, 기운이 났으며, 예술적인 재능도 다시 샘솟는 듯했다. 코니는 일과 창조적인 욕구 사이의 균형을 적절히 조절해보고자 하였다.

휴가를 보내고 첫 출근을 하였을 때, 회사에서는 코니를 다른 자리로 옮겨주었고, 그 자리에서 그녀는 고객을 직접 상대할 필요가 없었다. 하지만 이런 변화도 일시적인 효과밖에 없었다. 그 일 역시 만족스러운 일은 아니었다. 그녀는 여전히 아버지와 상사로부터 인정받기 위해서 자신의 삶이 통제당하도록 방치하고 있었다. 정기 골반 검사를 받은 지 채 세 달도 지나지 않아서 그녀의 왼쪽 난소에서는 전암 증상의 종양이 발견되었다. 종양은 빠르게 자라고 있었고, 배도 부풀어올랐다. 종양이 왼쪽 난소에서만 자라고 있는 것으로 확인되었으므로, 우리는 왼쪽 난소만 제거하고 자궁과 오른쪽 난소는 그대로 남겨두기로 하였다.

결국 코니는 자신의 창조성이 절망에 빠져있고, 자신의 몸이 내면의 지혜를 따르는 것 외에는 어떤 것도 받아들이려 하지 않고 있다는 사실을 알게 되었다. 코니는 직장을 그만두고 가능한 한 많은 시간을 도자기를 만들면서 보냈다. 그리고 심신상관의학 공부를 시작할 계획을 세우고 있었다. 그녀를 마지막으로 만났을 때, 지난 3년 동안 드리워져 있던 우울의 그림자는 더 이상 찾아볼 수 없었다. 코니의 부모님과의 관계는 좋아지지 않았다. 다만, 코니는 부모님이 자신의 창조성에 대한 욕구를 이해해 주지 않는다고 해서 그들과 관계를 유지할 수 없는 것은 아니라는 사실에 만족하기로 했다. 코니는 그녀의 난소가 그녀의 위기 상황을 알려주었던 것으로 생각하고, 지금은 난소에 대해서 감사해하고 있다.

난소암

대부분의 미국 산부인과 의사들은 마흔 살 이후의 여성을 대상으로 골반 수술을 하는 경우 난소도 함께 제거해야 한다고 교육받아왔다. 난소암을 예방하기 위해서이다. 그러나 미국 여성의 난소암 발병률은 80명 가운데 1명 정도이다. 따라서 미국에 살고 있는 수천 명의 여성이 실제로는 거의 발병할 가능성도 없는 질병을 예방하기 위해서 정상적인 난소를 제거하고 있는 것이다. 사실 너무 성급하게 난소를 제거하면 골다공증과 심장 질환에 걸릴 위험이 높아지고, 피부가 얇아져서 나이가 들어 보이거나 타박상 등 상처를 입기 쉽게 된다.[4)]

난소의 불필요한 희생을 막기 위해서는 무엇보다도 먼저 난소가 가지고 있는 지혜와 에너지를 이해해야만 한다. 난소는 표출되지 않은 분노와 후회의 에너지를 난소암으로 드러낼 수 있다. 만일 어떤 여성이 구타를 당하면서도 육체적·감정적·경제적인 부분들을 포기할 수 없어서 그 상태에 머물러 있다면, 이 여성은 자신의 타고난 힘을 방치하고 있는 것이므로 그녀의 몸은 난소를 통해서 이러한 사실을 그녀에게 알려주고자 한다.

여성들은 자신의 감정이 알려지는 것을 두려워한다. 자신의 솔직한 감정이 알려짐으로써 버림받을까봐 두려워하는 것이다. 그러나 이러한 여성들이 자신이 느끼는 분노를 인정하고 표현하면서 몸의 지혜에 귀기울인다면, 내면의 인도자가 삶에서 필요한 변화를 이루어낼 수 있도록 도와줄 것이다.

의학적 관점에서 보면, 난소암은 사회경제적인 지위와 관계가 있다고 한다. 사회경제적으로 지위가 높은 여성들에게서 종종 황금수갑 증후군을 발견하게 된다. 황금수갑 증후군이란, 여성이 결혼이나 일에 만족하지 못하고 심지어 남편이나 일을 경멸하면서도 경제적인 혜택 때문에 그 상황에 할 수 없이 매여있는 것을 말한다. 이런 여성들은 대체로 자신의 감정을 몸 속에 꼭꼭 눌러두고서 비참한 기분을 숨기면서 덫에 걸린 기분으로 살아간다. 이런 경우 난소암은 아주 빠르게 성장할 수 있다. 내가 알고 지내는 거의 대부분의 산부인과 의사들은 골반내진 검사에서 정상으로 나온 지 채 여섯 달도 지나지 않아 골반에 난소암이 급속도로 퍼져있는 경우를 다루어 본 적이 있다고 한다.

고지방식과 유제품 섭취가 역학적으로 난소암과 관련이 있다고도 하지만 난소암을 일으키는 정확한 원인은 밝혀지지 않았다. 그러나 난소암 환자들의 식생활을 연구한 논문을 보면, 난소암 환자들은 버터, 우유, 고기 등 동물성 지방을 보통 사람보다 평균 7% 이상 많이 섭취하고 있으며, 요구르트와 아이스크림, 코티지 치즈 등 유제품 또한 많이 섭취하는 경향이 있다.[5] 유제품의 소화과정에서 생성되는 당분인 갈락토스는 난소암과 관련이 있다고 한다. 따라서 코티지 치즈와 요구르트는 난소에서 독소를 생성하는 가장 나쁜 용의자로 지목받고 있다. 즉, 사회경제적인 지위가 높고 값비싸고 기름진 음식을 많이 먹을수록 난소암 확률은 높아지는 것이다.

또 몇몇 연구 결과에 의하면, 가장 보편적인 난소암인 상피성 난소암은 외음부에 뿌리거나 생리대에 사용하는 탈크 가루와 관계가 있다고 한다. 탈크 가루는 자궁경부와 질, 난관을 통해서 골반으로 옮겨가 난소의 표면에 염증을 일으킬 수도 있고, 난소암의 원인이 될 수 있다.[6] 난소암을 유발할 수 있는 또 다른 원인은 다음과 같다.

- 여러 종류의 독소
- 방사선, 유행성 이하선염, 바이러스
- 담배 연기, 카페인, 타닌산에 존재하는 다환성 탄화수소
- 불임 치료제
- 안드로겐의 과잉생성

난관결찰술이나 자궁적출술을 받은 후에는 난소암의 위험률이 크게 줄어든다고 하는데, 그 이유는 이 수술들로 인하여 외음부에서 골반강으로 이어지는 통로가 차단되기 때문이다.

결국 난소암을 예방하려면, 서른 다섯 살 이후의 여성들은 되도록 유제품, 특히 요구르트와 코티지 치즈의 섭취를 줄이거나 삼가야 한다. 그리고 40세 이후의 경구피임약 복용은 난소암의 위험을 줄여 주기는 하지만 부작용이 있을 수 있으므로, 일률적으로 권하기는 어렵다.

초기단계의 난소암은 별다른 증상이 거의 없기 때문에 진단하기가 쉽지 않다. 그래서 대부분의 난소암은 이미 치료가 불가능한 말기에 발견되곤 한다. 지금까지도 초기단계의 난소암을 진단할 수 있는, 그 효능

이 인정된 검사방법은 발견되지 않았다. 따라서 난소암을 진단하기 위해서 많은 여성들은 초음파나 종양 항원을 체크하는 Ca-125라고 알려진 혈액검사를 받고 있다. 하지만 이 두 가지 방법 모두 난소암에 대해 확실한 진단을 내리기는 어렵다. 따라서 의사와 여성들 모두 지난 40년간 사용해 온 방법과는 완전히 다른 방식으로 난소암에 대해서 생각해 볼 필요가 있다. 면역체계, 감정, 영양상태와 난소암 유전자 사이의 상호관계 또한 새롭고 창조적인 방식으로 더 깊이 연구해 볼 만한 가치가 있다.

어머니, 자매, 외사촌, 이모가 난소암에 걸렸거나 난소암에 걸린 다른 가까운 여성 친척이 있는 여성은 난소암에 걸릴 확률이 더욱 높다. 난소암의 가족력이 있는 어떤 여성들은 난소암을 예방하기 위해서 미리 난소적출술을 받기도 한다. 하지만 난소를 제거한다고 해서 반드시 암을 예방할 수 있는 것은 아니다. 심지어 난소가 제거된 후에도 여전히 난소암과 거의 차이가 없는 종양이 골반강의 내벽세포에서 발생할 수도 있다.[7]

여성들은 간혹 자신의 절친한 친구를 난소암으로 잃은 후 난소암에 대한 두려움으로 난소를 제거하려고 한다. 비과학적이라고 생각할 수도 있지만, 인생의 중요한 결정들은 주로 감정적인 실체에 근거하지 통계에 근거하는 것은 아니다. 어떤 병이 집안 대대로 전해 내려온다면, 거기에는 단지 유전자적 요소만이 아니라 집안 대대로 전해 내려오는 어떤 태도가 개입되어 있을 수도 있다. 난소암의 내력이 있는 집안에서 난소암에 걸리지 않은 여성들을 보면, 그들이 대체로 에너지적으로나 물리적으로 가족의 틀을 깨고 멀리 떨어져 지내는 경우가 많은 것을 알 수 있다.

난소적출술

만일 한 여성이 자궁근종이나 다른 양성의 질병 때문에 자궁적출술을 받기로 결정한다면, 이 여성은 난소를 함께 제거할 것인지를 결정해야만 한다. 나는 자궁적출술을 하기 전에 환자가 난소암에 대해서 얼마나 두려워하고 있는지를 미리 물어보면서 환자에게 자신의 난소에 대해서 어떻게 생각하는지를 스스로 확인해보라고 한다. 사실 난소에서 발생하는 질병들은 수술실에 들어갈 때까지도 분간하기 힘든 경우가 허다하다. 따라서 수술 도중 문제가 발견되어서 갑작스럽게 난소를 제거해야 하는 경우가 생길 수도 있으므로 난소에 대한 환자의 감정을 미리 확인해두는 것이다.

가끔씩 이러한 상황에서 어떤 결정을 내릴지에 대해서 논의하기 위해서 수술하는 동안 깨어있기를 원하는 환자도 있다. 나로서는 좋은 일이다. 나는 환자의 난소를 어떻게 해야 할지 대신 결정해주고 싶지 않다. 몸에 관한 중요한 결정들에는 의식적이고 무의식적인 많은 요소들이 작용하며, 이러한 결정들은 우리에게 많은 영향을 끼치게 되기 때문이다.

대부분의 환자들은 자궁적출술을 받더라도 난소를 보존하기를 원한다. 그녀들도 나처럼 자신들의 여성적인 신체기관을 가치 있게 생각하기 때문이다. 나 역시 서른 다섯 살이 지난 여성의 난소는 가능한 한 빨리 제거해야 한다고 교육을 받았지만, 나의 난소가 내가 살아있는 한은 기능할 것이며 나를 지지해줄 수 있는 가치 있는 신체의 일부분이라고 생각한다. 난소가 내면의 인도 체계의 일부를 이루고 있으며, 그들의 건강을 위해서 조정이 필요하다면 언제라도 나에게 신호를 보내올 것임을 나는 알고 있다.

내가 일했던 한 병원은 우리 주의 주요한 위탁병원이었다. 그 곳에서 일하는 부인과 종양학 전문의는 무수한 난소암을 보게 된다. 그 중 한 병리학자는 이렇게 말했다. "나는 난소암이 두려습니다. 아내가 마흔 살이 되던 해에 난소를 제거하게 하였고, 아내의 유방도 예방 차원에서 제거하는 것이 낫지 않을까 고려하고 있습니다." 그가 심각하게 이런 말을 한 것은 아니었다. 하지만 이 병리학자는 대부분의 시간을 유방암이나 자궁암으로 죽은 미국 동북부 전역의 여자 시체를 해부하면서 보내고 있었으며, 그의 일과에는 이런 질병들의 잔해를 보는 것도 포함되어 있었다. 그는 매일 종양으로 뒤덮여있는 여자들의 자궁, 난관, 질, 방광, 장에서 거대한 종양을 잘라낸 후 표본을 추출해야 하고, 흉곽벽까지 좀먹고 있는 유방암의 잔해를 보아야만 한다. 그러니 그가 이런 식으로 생각하는 것은 당연하고, 오늘날 난소제거가 의사들에 의해서 그토록 강력하게 옹호되고 있는 것이 당연할 수도 있다.

지난 40년 간, 난소암으로 인한 사망률은 그다지 줄어들지 않았다. 난소암은 다루기 힘든 질병이다. 가장 일반적인 치료법은 수술이며, 종양이 퍼진 정도에 따라서 화학요법이나 방사선 치료를 하기도 한다. 만일 난소의 성장이 양성이라면, 일반적으로 난소, 난관, 자궁, 망과 골반에 퍼져있는 종양까지 제거해야 한다. 아주 초기 단계의 난소암에는 수술이 효과적이다. 난소암으로 사망한 한 환자는 인생의 마지막 몇 달 동안 다른 어느 때보다 더 많이 자신의 삶과 감정적인 문제들을 치유할 수 있었다. 그녀는 대수술을 받았고 식이요법도 실시하는 등 치유에 도움이 되는 것은 모두 시도해보았다. 하지만 종양은 여전히 자라고 있었다. 물리적인 치료법을 찾던 도중 자신을 치유하게 되긴 했지만, 단지 물리적인 치료만으로는 그녀를 치유할 수 없었다.

그녀를 함께 치료했던 나의 동료의사는 그녀에게 최면을 걸고, 그녀의 몸에서 종양을 키우고 있는 것이 무엇인지를 물어보았다. 그녀는 "두려움과 슬픔"이라고 대답했다. 그 다음 그녀에게 두려움과 슬픔을 느끼지 않았던 때를 기억해보고 그때를 다시 한번 느껴보라고 하자, 그녀는 어머니의 자궁 속에서 12주의 태아로 있었던 때로 되돌아갔다. 그녀의 어머니는 붉은색과 흰색의 약으로 그녀를 낙태시키려고 했던 것이다. 생애 마지막 날 그녀는 이러한 사실을 의식하게 되었고, 그때의 일들을 자신의 어머니와 함께 나눌 수 있었다. 그녀의 어머니 역시 이 오래된 사건을 치유할 필요가 있었다. 그 환자는 일생 동안 짊어지고 왔던 짐을 벗어버리고 고통에서 자유로워진 채 어머니의 품에 안겨 생을 마감하였다.

자궁과 난소, 또는 골반 돌보기

- 당신의 난소가 상징하는 창조성은 당신의 몸 속에 물리적으로 존재하든 아니든 항상 당신의 몸 속에 있다.
- 식사를 잊어버릴 정도로 몰두할 수 있는 창조적인 활동이나 모임이 있는가? 있다면 무엇인가?
- 매일 시간을 내서 당신에게 의미 있는 창조적인 일을 하라.
- 나름대로의 생명력을 가지고 있는 창조물을 만들어낸 적이 있는가? 당신이 그들에게 생명을 주고 그들을 떠나보내는 여자라는 사실을 축복할 수 있는가? 당신이 창조한 어떤 것에 집착하거나 그것을 통제하고자 하는가?
- 지금 바깥세상은 당신의 창조적인 힘을 필요로 한다. 당신이 이 힘에 가까이 다가가고 통제하거나 강요하려고 하지 않을 때, 이 힘은 당신과 다른 사람들을 도와줄 것이다. 이제 난소의 힘을 인정하라.

성적 욕망의 복구 8

성적 욕망은 여성들의 생명력이자
하늘로부터 부여받은 창조적 에너지이다.
우리는 언어, 역사, 춤, 사랑, 일, 인생에서
성적 욕망에 대한 지식을 되찾고 있다.
– 오드레 로드 Audre Lorde

성적 존재로서의 여성

우리 문화는 성욕을 외음부에 국한시켜서 생각한다. 하지만 성욕의 표현은 그 이상이다. 인간은 성적 욕구와 그 기능이 단지 생식활동에만 국한되어 있지 않은 유일한 영장류이다. 여성의 성 정체성은 생식활동뿐만 아니라 성적 쾌락과도 관련이 있다. 성적 쾌락을 만들어내는 역할을 하는 음핵(클리토리스clitoris)은 인간에게서만 찾아볼 수 있는 기관이다. 여성은 외음부를 통해서만 성을 경험할 수 있는 것이 아니다. 그것은 남성의 성이 페니스에 한정되어 있지 않은 것과 같다.

사실, 척수脊髓 장애가 있거나 하반신 마비인 여성들이 오르가슴을 느낄 수 있다는 사실은 이미 증명되었다. 그 이유는 뇌가 척수가 아닌 다른 통로를 통해서 성적 반응의 징후를 받아들일 수 있기 때문이다. 유명한 성 정체성 연구가인 지나 오젠Gina Ogden 박사에 의하면, 여성들은 성적 자극을 유발하는 어떤 것을 생각하는 것만으로도 오르가슴에 도달할 수 있다고 한다.[1]

성은 인간의 삶에서 유기적이고 · 정상적이고 · 육체적이고 · 감정적인 기능을 담당하고 있다. 여성의 질은 남성이 발기하는 동안 약 15분 간격으로 윤활제라는 주기적인 성적 반응을 나타낸다. 성적으로 자극을 받으면 여성의 음핵은 피로 충혈되고 아주 민감해지며, 질은 늘어나고 질의 가장 깊숙한 부분은 팽창한다. 여성이 성적으로 완전히 반응한 후에 삽입이 이루어지면, 질에서의 이러한 변화는 정자가 자궁경부로 이동할 수 있도록 도와줌으로써 임신을 쉽게 만들어준다.

성적인 자극을 받은 질은 다양한 위치에서 윤활제를 분비한다. 어떤 여성들은 오르가슴을 느끼면 질에서 많은 양의 액체가 분출한다고 말한다. 이런 사정액은 비뇨생식기계의 여러 부분에서 만들어진 다양한 액체들로 "아마리타amarita" 또는 "여신의 즙"이라고 불린다.[2] 많은 여성들이 이것을 소변으로 잘못 알고 있다. 그러나 요도를 통해 배출되기는 하지만 소변은 아니다. 이 액체는 사랑을 나누는 동안 한 차례 이상, 그리고 한 컵 이상 배출되기도 한다. 이와 같은 현상은 여성이 성적으로 흥분했을 때 나타나는 매우 정상적인 현상이므로 걱정할 필요는 없다. 아마리타는 오르가슴이 아닌 다른 기쁨이나 즐거움, 사랑을 통해서도 배출될 수 있으며, 모든 여성에게는 아마리타를 배출할 수 있는 잠재된 가능성이 있다.[3] 하지만 이것이 성적인 것이든 아니든 간에 자신을 깊은 행복감에 내맡길 수 있을 때에만이 가능하다.

뮈르 부부Carodine and Charles Muir에 의하면, 여성의 질 깊숙한 곳에는 '성스러운 지점'이 감추어져 있어서, 여성들은 이곳에 자신의 성 정체성과 관련된 개인적인 상처나 고통을 쌓아둔다고 한다. 따라서 여성들이 이 지점을 자극 받게 되는 처음 몇 번 동안은 고통스럽고 불쾌한 기억을 떠올리게 된다는 것이다.[4] 이같은 사실들을 잘 이해하고 여성 자신과 남성 파트너가 천천히 성관계를 진행시키면서 견디어낸다면, 이러한 고통은 모든 면에서 치유를 시작할 것이다. 그리고 일단 치유가 이루어지고 나면, 여성들은 전에는 결코 느낄 수 없었던 즐거움을 맛볼 수 있게 된다.

폐경기에 막 접어들고 있는 마흔 일곱 살의 회계사, 엘리자베스가 최근에 건강검진을 받으러 왔다. "추사감사절 연휴 동안 친구 소개로 멋진 남자를 만났어요. 우리는 첫눈에 서로에게 이끌려 자주 만나게 되었죠. 그와 처음으로 사랑을 나누었던 순간은 너무나 아름다웠어요. 하지만 그가 질 속의 깊은 어딘가를 자극하는 순간 갑자기 성폭행의 기억이 떠올랐죠. 나는 몸을 떨면서 마구 울기 시작했어요. 도저히 어떻게 할 수가 없었어요. 한편으로는 그가 자기 탓이라고 생각할까봐 걱정도 되었고요. 그런데 그는 나를 안아 주면서 위로해주더군요. 이제 그와 사랑을 나눌 때면 나는 언제나 흥분하게 되요. 길게 지속되는 것은 아니지만 매번 훨씬 더 편안해지지요. 전에는 남자와 함께 있는 것이 이렇게 아름다운 일인지 몰랐습니다. 그는 부드럽고 헌신적이고 여유가 있어요. 난 정말 감사해요."

성 정체성을 회복하기 위해서는 여성의 성적 경험이 단지 외음부에만 국한되어 있는 것이 아니라 온 몸으로 느낄 수 있는 것임을 알 필요가 있다. 여성들은 단지 성적인 접촉을 위해서 파트너를 필요로 하지는 않는다. 여성에게는 오르가슴이나 육체적인 접촉이 꼭 필요하지 않을 수도 있다. 여성의 몸의 지혜는 스스로에게 성적으로 옳은 것이 어떤 것인지를 알려줄 것이다. 하지만 요즘 사회에 만연되어 있는 섹스와 관계 중독증, 여성들의 자신감 부족, 버림받을지도 모른다는 두려움이 여성들로 하여금 몸의 지혜와 메시지를 들을 수 있는 능력을 방해하고 있다.

우리 문화가 여성들에 대해서 성적으로 정상적이라고 간주하는 것은, 사실 여성들이 원하는 것과 아주 많이 다를 수도 있다. 우리 사회에서 여성의 성 정체성은 몸에 대한 이미지, 그리고 자기 평가와 밀접한 관계를 가지고 있다. 여성들은 자신이 어떤 모습으로 보여지고 어느 정도의 몸무게가 나갈 때에만 성적인 쾌락을 느낄 가치가 있다고 길들여져 왔다. 뿐만 아니라 여성들은 페니스를 질 속으로 밀어 넣는 것이 성행위의 가장 큰 즐거움이라고 믿어왔다. 이는 어떤 여성들에게는 사실일 수 있지만 모든 여성에게 그런 것은 아니다. 이것은 단지 성행위의 한 부분일 뿐이다.

여성의 가치를 남성과의 관계나 성적인 매력에 국한시켜 판단하는 문화적인 편견은 뿌리가 깊다. 많은 여성들이 남성의 욕구와 섹스 스타일을 자신의 것으로 받아들여왔다. 또 많은 여성들이 파트너의 성욕을 채워주는 것이 자신의 의무라고 믿고 자신의 성적 욕망을 무시해버린다. 여성들은 자기 자신을 대가로 성관계에 너무 많은 것을 쏟아 붓고 있다. 그들은 파트너와의 관계를 위태롭게 만드느니 차라리 임신이나 성병을 택함으로써 자신을 위험하게 만든다. 그러나 다른 사람을 해롭게 하고 통제할 목적으로 섹스를 이용한다면, 결국 양자 모두에게 해로운 결과를 초래하게 된다.

수년 간 우리 병원에서 함께 일했던 패트리샤 레이가 내 환자, 리디아에게 만성적인 질염을 상담해 준 적이 있다. 상담 도중 레이는 리디아의 남편이 오럴 섹스를 아주 좋아하고, 그녀를 자극해 오럴 섹스를 하도록 만들기 위해서 무수한 포르노 비디오를 빌려 오곤 했다는 사실을 알게 되었다. 리디아는 십대에 강간당한 경험이 있었다. 강간당하는 동안 그녀는 강간범에게 오럴 섹스를 해주어야만 했다. 그 기억이 너무나 역겹고 충격적인 것이어서 그녀에게 오럴 섹스는 매우 혐오스러운 것으로 남아있었다. 치료를 시작한 지 두 달이 지나자, 리디아는 결국 남편에게 오럴 섹스에 응하기 힘들다고 단호하게 말할 수 있었다. 그녀는 지난 몇 년 동안 자신이 성적으로 이용당해왔다는 기분을 지울 수 없었다. 그 때문에 잠시 동안 섹스를 멀리하고 자신의 성 정체성을 회복할 필요가 있다고 판단하였다.

진정한 성 정체성을 찾아서

문화에 의해 왜곡된 성에 관한 편견들에서 개인적인 진실을 가려내는 것은 오늘을 사는 여성들의 의무이다. 내면으로부터 여성의 정체성을 밝혀내기 위한 첫 번째 단계는, 우리 자신을 객체가 아닌 주체로 보는 것이다. 여성의 정체성은 무엇으로 이루어져 있는가? 사회에서 우리 마음속으로 흡수된 생각은 어떤 것이며, 우리의 본래 생각은 어떤 것인가? 여성의 정체성을 되찾고 나면, 그것이 문화가 우리로 하여금 믿도록 유도해온 것과는 많이 다르다는 사실을 발견하게 된다. 예를 들어, 하루 일과를 끝내고 잠들기 전에 성관계를 준비하는 여성이 도대체 몇 명이나 될까? 나는 수많은 여성을 진료하는 동안 밤에 성관계를 원하지 않기 때문에 자신에게 문제가 있다고 생각하는 여성들을 많이 보아왔다.

여성의 성욕은 파트너와의 친밀도와 직접적인 관계가 있다. 섹스는 일종의 비언어적 커뮤니케이션이다. 따라서 두 사람 사이의 훌륭한 커뮤니케이션이 만족스러운 성관계로 이어질 수 있다. 남성과 여성 모두에게 배려와 애정은 성행위가 실제로 이루어지든 이루어지지 않든 '사랑을 나누는 과정'의 일부이다. 남성과 여성 모두가 서로를 배려하며 사랑을 나누고 성적인 접촉을 즐겨야 한다.

'처녀'라는 단어는 성관계를 가진 적이 없다는 것을 의미한다. 하지만 나는 어떤 남성에게도 속하지 않고 스스로에게 완전하고 충실한 여성에게 이 단어를 사용하고 싶다.[5] 그런 의미에서 많은 여성들이 진정한 처녀성을 회복하기 위해서 노력해야 할 것이다. 다행스러운 점은 요즘 들어 많은 젊은 여성들이 점점 더 처녀성을 옹호하고 실천하려 한다는 사실이다. 만일 여성이 남편에 대한 의무감으로 원하지 않는 성관계를 가지게 되면 그녀의 삶은 결코 건강할 수 없다. 성관계를 갖는 데 있어서 옳고 그른 것이란 없다. 중요한 것은 여성은 다른 무엇보다 몸의 결정을 따를 필요가 있다는 점이다.

여성의 성 본능과 자연

여성의 성적 본능은 대자연과 관련이 있다. 한 친구는 어느 늦봄의 일요일 아침 교회문을 나설 때, 경작을 시작한 벌판에서 피어오르는 따뜻한 기운과 땅냄새가 감각을 자극했다고 한다. 그녀는 그 냄새와 햇빛의 결합이 너무나 에로틱했다고 회상한다. 그녀의 말에도 일리가 있다. 냄새가 뇌로 전달되는 경로는 성적인 본능과 반응이 전달되는 경로와 아주 가까이에 있다. 레즈비언인 또 다른 여성은, 사랑을 나눌 때면 그랜드 캐니언이 생각난다고 한다. 또 어떤 여성은 돌고래와 함께 수영했던 때가 그녀의 인생에서 가장 에로틱한 경험이었다고 말했다. 그런가 하면 일광욕은 남녀 모두에게 성적인 자극과 관련이 있다. 고대 그리스의 남성들은 페니스를 태양에 드러낸 채 해변을 달리곤 했다고 한다. 햇빛이 테스토스테론의 양을 증가시켜준다는 사실은 이미 확인되었다. 또한 햇빛은 여성의 성욕과 관련된 테스토스테론 류의 호르몬인 안드로겐의 양을 증가시켜준다고 한다.

고대 도교의 철학가들은 성적인 에너지를 생명 에너지로 간주했다. 명상을 하면서 의식적으로 성적인 에너지에 집중하면, 이 에너지가 신체기관의 건강을 회복시켜준다는 것이다. 실제 성적인 에너지는 건강을 유지하는 데 필요한 가장 강력한 에너지 중 하나이다. 섹스와 관계없이 성적인 에너지를 의식적으로 사용함으로써 우리는 젊음과 생기의 근원에 가까이 다가갈 수 있다. 또 의식적으로 어떤 기술을 사용해서 오르가슴에 도달함으로써 원기를 회복할 수도 있다.[6]

여성의 경우 오르가슴을 느끼는 동안 수축작용을 하는 주요한 근육인 치골미골근부터 이용한다면 건강상 많은 혜택을 받을 수 있다. 그러기 위해서는 우선 치골미골근을 찾아내야 한다. 소변을 보는 도중 의도적으로 소변의 흐름을 끊어보라. 이때 작용하는 근육이 치골미골근이다. 이 근육을 알아내는 또 다른 방법은 질 속에 두 개의 손가락을 넣고 가볍게 손가락 사이를 벌려보는 것이다. 그런 다음 치골미골근을 수축시켜 손가락을 붙여보라. 복부와 항문의 괄약근도 동시에 수축되겠지만, 소변의 흐름을 끊어주고 손가락을 단단히 붙여 주는 근육은 바로 치골미골근이다.

케겔 운동Kegel's exercises은 케겔 박사가 골반을 강화시키기 위해서 개발한 방법이다. 케겔 운동은 가벼운 스트레스성 요실금을 완화시키는 데에도 효과가 있는데, 우선 치골미골근을 수축시키는 방법을 배워야만 한다. 소변을 볼 때마다 두세 차례씩 소변의 배출을 참아 보라. 하루에 세 차례씩 치골미골근을 수축시키면서 마음속으로 하나, 둘, 셋을 세어 보라. 점차 열까지 올려 세면서 이것을 다섯 차례 내지 여섯 차례씩 반복하라. 한달 내에 차이를 느낄 수 있을 것이다.

인간을 가장 황홀하게 하고 또한 가장 고통스럽게 하는 것은 섹스, 사랑, 그리고 종교이다. 이것들이 고통을 유발하는 경우는 문화적인 이유로 우리가 자신에게 자연스러운 기쁨과 쾌락을 허락하지 않으려고 할 때이다. 그러나 인간이 기쁨과 쾌락을 추구하는 것은 지극히 자연스러운 일이다. 성적인 에너지나 에로스는 모든 창조물에 스며있는 생명력이며 즐거움의 일부이다. 에로스는 죽음으로 이끌고 가는 힘을 상징하는 타나토스와 대립되는 개념이다. 우리 문화는 너무도 오랫동안 이 타나토스에 머물러왔다. 타나토스는 우리로 하여금 자신의 에로티즘을 두려워하고, 더럽히고, 억제하도록 가르쳐 왔다.

황홀감을 경험하는 능력은 우리를 형성하는 정상적인 일상의 일부이고 영적인 능력일 수 있다는 사실을 이해해야만 한다. 단지 황홀경과 영성靈性이 인간 본성의 일부임을 인정하는 것만으로도 우리는 황홀감을 경험할 수 있으며 다른 사람과 비파괴적이고 비중독적인 관계를 형성하는 방법을 찾아낼 수 있다. 이제 육체만이 아니라 영혼도 살찌워야 한다.

사회적 관습으로 인해 우리는 자신에게 이롭지 않은 일이나 생각도 해야만 한다. 대부분의 여성들에게 삶은 이러한 과정이다.

엘렌은 30대 초에 처음 나를 찾아왔다. 그녀는 오랫동안 골반통을 앓아왔고, 특히 질 부위의 통증을 호소했다. 성관계를 가질 때마다 그녀는 통증에 시달렸다. 질에서 통증을 일으키는 조직을 제거하기 위해 여러 가지 치료를 시도했지만 어떤 방법도 성공하지 못했다. 표준적인 의료처방, 장수식 식이요법, 요가 등으로 많이 건강해지기는 했지만 엘렌의 통증은 나아지지 않았다. 엘렌은 어린 시절을 별로 기억하지 못하면서도 자신이 성폭행을 당한 적이 있지나 않았을까 의문스러워했다.

엘렌의 인생에는 또 다른 문제가 있었다. 그녀의 급격한 감정 변화는 그녀 자신조차 힘들게 만들었다. 그녀는 감정적으로나 육체적으로 상처만 남겨주고 끝나는 관계를 반복해왔고, 20대 중반과 30대 초에는 성관계를 가지면서 마리화나 같은 마약도 사용했다. 또한 엘렌은 단지 서로 잘 어울리지 않는다는 이유로 남편과 이혼했다. 몇 년 뒤 그녀는 또 다른 사람을 만났지만, 결국 같은 이유로 헤어졌다. 그녀의 골반통증은 더욱 악화되었고 재발성 요로 감염과 헤르페스 발진 증상까지 나타났다.

얼마 후 엘렌은 흥분한 채 나를 찾아와서 이렇게 말했다. "도대체 영문을 모르겠어요. 왜 나에게는 이런 일만 계속되는 거죠? 이제는 무엇을 먹어야 할지조차 모르겠어요. 내 체질이 지나치게 산성인가요, 아니면 알칼리성인가요? 내가 주스를 너무 많이 마셔서인가요? 언제쯤이면 나도 건강한 성생활을 할 수 있을까요? 언제쯤이면 정상이라고 느낄 수 있을까요?" 이러한 생각들이 그녀의 머리속을 맴돌며 떠나지 않고 있었던 것이다.

나는 엘렌에게, 절망이 느껴지면 당장 해결책을 찾기 위해 덤벼들지 말고 절망적인 감정상태에 머물러 있어보라고 말해주었다. 몇 주 동안 그녀는 자신의 절망감을 철저하게 느껴보았다. 그러던 중 엘렌은 어머니 자궁 속에서의 기억을 체험하게 되었다. 이러한 경험은 어떤 특별한 기술이나 처방, 치료로 이루어지는 것은 아니다. 여성이 자기 인생의 의미를 찾고자 할 때 종종 자발적으로 발생하게 된다. 자궁 속에서 엘렌은 자궁의 벽을 통해 양막을 누르는 아버지의 페니스를 경험했다. 그리고 그 순간 어머니의 혐오감과 빨리 끝나기만을 기다리는 어머니의 무관심을 느꼈다. 엘렌은 자신이 그때의 기억에 의해 희생당했고, 당시 어머니의 혐오감이 현재 자신이 안고 있는 문제들의 원인이 되었다고 결론 내렸다.

이러한 기억들을 떠올리고 그 기억과 함께 밀려오는 감정들을 완전히 느껴본 후, 엘렌의 골반통증과 성교 통증은 완화되었다. 하지만 몇 달 뒤 통증은 또 다시 재발하였다. 엘렌은 평생 동안 안고 왔던 감정적·육체적·성적인 문제의 원인을 찾아보겠다는 희망을 던져버렸다. 내가 보기에 엘렌의 뇌와 몸에 각인되어 있던 믿음이 그녀를 꼼짝 못하게 붙들고 있는 듯했다. 엘렌은 자신은 사랑받을 수 없으며, 어머니가 남겨준 상처 때문에 결코 만족스러운 성관계를 경험할 수 없을 거라고 믿고 있었던 것이다.

엘렌이 어린 시절에 정신적인 충격을 경험한 것은 사실이지만 이러한 충격이 가져다준 감정과 기분을 스스로 해결할 수 있는 것도 사실이었다. 그 즈음 나는 엘렌에게 비교적 새로운 형태의 인지행동요법인 '변증법적인 행동치료'에 관해서 이야기해주었다. 1년 동안 엘렌은 자신의 감정과 육체적인 고통을 다루는 많은 기술을 배우게 되었다. 엘렌은 이제 안정되고 만족스러운 성관계를 가질 수 있게 되었다. 엘렌은 섹스에 대해 강요받을 때, 그것을 싫다고 말할 수 없을 때, 그리고 자신의 인생이 원하지 않는 방향으로 진행되고 있다고 느낄 때면, 자신이 느끼고 있는 감정들에 이름을 붙여 보고 그 감정들의 기능을 서술해보는 방법으로 자신의 감정적인 욕구를 다루면서 상황을 극복해 나가고 있다. 개인에 따라 이 과정에 걸리는 시간이 다르기는 하지만, 나는 변증법적인 행동치료가 정신적인 충격이나 폭행으로 인해서 발생하는 문제들을 해결하는 데 아주 실질적이고 효율적인 방법이라고 생각한다.

한 현명한 여성이 나에게 이렇게 말한 적이 있다. "만일 당신이 다른 사람으로부터 기대하는 배려, 사랑, 보살핌을 스스로에게 줄 수 없다면, 당신은 다른 어디에서도 그것들을 찾을 수 없을 것입니다." 내가 만났던 환자들을 보더라도, 여성이 자신을 사랑하고 배려할 수 있을 때 개인적인 삶과 대인관계가 놀라울 정도로 향상된다.

서른 다섯 살의 카렌은 오르가슴 문제로 나를 찾아왔다. 골반 검사상으로는 모든 것이 정상이었다. 카렌의 아버지는 성공한 사업가였고 늘 집에 없었기 때문에, 카렌은 아버지의 존재를 거의 느끼지 못한 채 성장하였다. 그녀는 항상 감정적 · 육체적으로 거리감이 느껴지는 남자를 사랑하게 된다고 말했다. 그녀가 사랑한 남자들은 주로 여행을 많이 하는 사람들이었으며, 데이트 몇 분 전에 약속을 취소하곤 하는 사람들이었다. 그러나 이런 일이 반복될 때마다 카렌은 자신이 버림받은 것 같고 그들을 더 이상 믿을 수 없을 것 같아서 화가 났다. 결국 그녀는 심리치료 과정에 참가하였고, 자신이 왜 중독적인 관계에 이끌리는지에 대해서 생각해보기 시작했다.

"생각해보니 사랑을 나누면서 내가 전혀 쾌락을 경험할 수 없는 것은 당연한 일이었어요. 나는 단지 파트너를 즐겁게 해주기 위해서 관계를 가졌고, 관계를 가지면서도 즐기는 척 위장했어요. 진정한 사랑과 열정의 가능성에 나를 열어둔다는 것이 나에게는 소녀 시절에 느꼈던 것들, 내가 처음으로 관계를 가진 남성에 대한 실망, 상처, 배신감을 다시 느껴야 한다는 것을 의미했거든요. 물론 나는 이러한 사실을 의식하지 못하고 있었죠. 하지만 반복되는 해로운 관계들로 인해서 완전히 절망감을 느끼고 나서야 내게도 도움이 필요하다는 사실을 알게 되었어요. 나는 살아오는 동안 내가 달아나고 싶어했던 어린 시절의 고통과 절망을 천천히 느껴보았어요. 이제 나는 회복되어가고 있어요. 그리고 최근 들어 이웃에 살고 있는 남자와 친구로 지내기 시작했지요. 그는 출장도 거의 다니지 않아요. 사실 처음에는 그에게서 아무런 매력도 느끼지 못했어요. 고리타분한 남자라고 생각했거든요. 하지만 그는 결코 나를 속박하려고 하지 않아요. 그 때문에 과거의 다른 남자들에게서 느꼈던 매력이나 집착을 느끼지 않았던 것이죠. 살아가는 동안 경험하게 되는 감각적인 선물에 보다 주의를 기울이기로 결심하자 나와 나 자신의 관계가 나도 모르는 사이에 치유되고 있었어요. 그리고 남자와 관계를 가진다는 것은 단지 하나의 가능성일 뿐이라는 사실을 알게 되었어요. 이제 나 자신을 위해서 혼자 지내볼까 해요. 요즘 난 살아있음을 느낄 수 있어요. 이제 내 얼굴을 간지럽히는 미풍이 얼마나 부드러운지, 피부에 와 닿는 햇살의 온기가 얼마나 사랑스러운지 알아요. 배란기가 되면 성욕이 증가하는 것도 느낄 수 있지요. 이제 난 자유롭게 모든 것을 느낄 수 있지만, 그렇다고 해서 행동으로 옮기지는 않아요. 결국 내 몸과 감각의 지혜를 회복하게 된 셈이지요."

성 정체성에 대해 다시 생각하기

- 여성으로서 가장 은밀한 자아에 충실할 때 처녀성을 회복할 수 있다. 우리는 원하는 것을 실천하고 우리 본연의 모습으로 살아가야 한다. 다른 사람을 기쁘게 해주기 위해서가 아니라 그것이 우리의 진실이기 때문이다.
- 우리 모두는 생명력, 즉 존재의 에로틱하고 황홀한 에너지에 접근할 수 있다.
- 만일 우리가 성의 본능을 신성하고 거룩하다고 생각한다면 과연 어떨지 한 번 상상해보라.
- 우리는 각자 성의 본능을 창조적인 생명력과 다시 연결시켜야 한다.
- 자신이 가장 즐겁고 행복할 수 있도록 성적인 에너지를 이용하고

관리하는 방법을 배울 필요가 있다. 우리 삶에 개입하고 있는 다른 사람들에게도 도움을 줄 수 있도록 이 에너지를 사용하는 법을 배워야 한다.

- 우리는 성에 대한 태도를 새롭게 생각해볼 필요가 있다. 만일 당신이 자신의 생각과 행동을 바꾼다면 당신의 감정적·정신적인 건강이 얼마나 나아질 수 있을지 자문해보라.

외음부, 질, 자궁경부 9

이 책을 … 아무런 죄가 없는 질膣에게 애정과 존경을 보내면서 바칩니다.

－앨리스 워커Alice Walker 〈쾌락의 비밀Possessing the Secret of Joy〉

여성들에 대해서 호의적인 문화권에서조차 여성들 몸의 아래쪽 출구를 단지 출산, 출혈, 성행위, 배출의 기능을 담당하는 곳으로만 본다. 모든 사람들이 세상에 태어나기 위해서 반드시 거쳐야만 하는 곳이 바로 몸의 이 부분이다. 생명의 출구로서 외음부, 질, 자궁경부, 그리고 요로는 축복받아야 마땅하다.

서구 문명은 여성의 외음부를 불결한 곳으로 간주하고, 이러한 태도로 이곳을 모독하고 있다. 이 부위의 모든 기능은 심리상태와 밀접한 관계가 있다. 어린 시절부터 여성들은 자기 몸의 일부인 외음부에 대해 다른 부위와는 다르다는 생각을 가져왔다. 그곳은 금지되고, 더럽고, 무가치한 곳이었다. 골반 검사를 받으러 오는 여성들은 내게 이런 질문을 던지곤 한다. "어떻게 이런 일을 하게 되셨어요? 역겹지 않나요?" 한 여성은 효모성 감염을 치료받기 위해서 병원에 갔다가 한 젊은 남성 의사로부터 이런 말도 들었다고 한다. "여자의 성기는 오물통 같아." 여성은 어머니로부터 물려받은 외음부가 불결한 곳이라는 잘못된 믿음 때문에 질을 세정한다. 질 세정이 사실 불필요하고 심지어 해가 될 수 있음에도 불구하고 여성들 중 3분의 1 정도는 규칙적으로 질 세정을 하는 것이다.[1]

문화적 유산

라틴어에서 유래한 '바기나 vagina' 라는 단어는 원래 '칼집' 혹은 페니스의 집이라는 뜻이다.[2] 여성의 몸을 남성들의 관점에서 정의한 것이다. 그러나 선사시대의 남녀가 평등한 사회에서는 음부와 치골의 삼각지대는 성스러운 장소, 즉 생명의 관문을 상징하는 것으로, 동굴벽에 그려지거나 새겨지는 신성한 대상이었다. 남성지배 사회에서도 질은 남성들에게 두려움의 대상이었다. '이빨 달린 질 *Vagina dentata* - the toothed vagina' 은 남성들의 질에 대한 두려움을 나타내는 대표적인 개념이다. 프로이트Freud에 의해서 대중화된 이 개념은, 남성들이 성행위 도중 여성에 의해서 자신의 페니스를 먹히거나 거세당할 수도 있다는 두려움을 무의식적으로 가지고 있다는 것을 뜻한다.

역사적인 관점에서 고려해보더라도 그토록 많은 여성들이 몸의 출입구와 관련된 문제를 가지고 있다는 것은 어쩌면 당연한 일일 수 있다. 외음부, 질, 자궁경부, 하요로의 문제들은 여성이 다른 사람과의 관계나 일에서 폭행을 당하고 있다고 느낄 때 발생할 수 있다. 여성의 몸에 존재하는 면역세포의 80%가 질, 요로, 자궁경부, 그리고 방광 점막의 표면에 존재하고 있으며, 이러한 세포의 기능은 코티졸과 같은 스트레스성 호르몬으로부터 많은 영향을 받는다. 따라서 여성의 스트레스와 그로 인한 호르몬 장애는 이 기관들의 기능을 방해할 수 있다.

질, 외음부, 자궁경부에 문제가 있는 여성들은 일이나 성관계에서 만족을 느끼지 못하고, 자신이 이용당하거나 끌려 다니고 있다고 생각하는 경우가 많다. 이용당하거나 강간당했다는 느낌은 만성적인 질염, 만성적인 음부 통증, 재발성 성병성 사마귀, 헤르페스Herpes(포진), 자궁경부암으로 표출될 수 있다. 또한 여성들이 서로의 즐거움을 위해서가 아니라 경제적 안정 또는 육체적·감정적 안정을 확보하기 위해서, 혹은 다른 사람을 이용하기 위해서 섹스를 이용할 때도 육체적인 문제가 나타날 수 있다.

요로 감염은 여성의 몸이 분노를 표출하는 방법일 수 있다. 나는 재발성 요로 감염 환자들에게 증상이 나타나기 24~48시간 전, 생활속에서 혹은 인간관계에서 발생한 문제들에 대해 주의를 기울여보라고 이야기한다. 훈련을 통해서 환자들은 자신이 어떤 상황에서 불쾌감을 느꼈었는지를 자각하게 되고, 이러한 상황과 그로 인해서 생겨난 신체적인 증상들을 변화시킬 수 있는 조치를 취하게 된다. 만일 분노가 만성적이어서 의식적인 차원에서 자각하기 힘든 경우라면 다뇨증의 형태로 나타날 수도 있다. 또 통증이나 가려움과 같은 만성적인 외음부의 문제는 다른 사람이나 특정상황에 의해 통제받고 있다는 불안이나 짜증과 같은 스트레스와 관련이 있다.

재발성 질염과 요로 감염으로 고생하던 루스는 항진균 연고나 항생제로는 효과가 없자 나를 찾아왔다. 루스의 남편은 매일 밤 섹스를 원했고 루스는 그의 성욕을 채워주는 것이 자기 '일'의 일부라고 생각했다. 루스는 진심으로 남편을 사랑했다. 하지만 매일 밤 사랑을 나누기에는 너무 피곤했으므로 남편의 성욕은 그녀를 불안하게 만들었다. 자신의 불만이 쌓여 가고 있다는 것조차 의식하지 못한 채 루스는 그의 요구를 받아들였다. 대부분의 여자들처럼 루스는 성행위의 빈도를 성생활의 만족도와 동일시하고 있었다. 처음에 루스는 자신의 성생활에 문제가 있다는 사실을 부인했다. 나는 루스에게 원치 않는 관계를 가지면 윤활제가 분비되지 않으므로, 질과 요로가 자극을 받아 염증을 일으킬 수 있다는 사실을 지적해주었다. 결국 그녀는 치료를 시작하고, 치료과정의 일부로서 자신의 감정적인 욕구를 결혼생활에 도움이 되는 긍정적인 방식으로 표출하는 방법을 배웠다. 외음부, 질, 자궁경부에서 나타나는 문제는 종종 여성 자신은 관계를 원하지 않지만 "안돼요"라고 말할 수 없기 때문에 발생한다. 이러한 문제들은 말 그대로 여성이 스스로를 '엉망이 되도록' 내버려두었기 때문에 발생하는 것이다.

만성적인 질염을 가지고 있던 한 환자는, 불법으로 입학한 대학에서 이수한 과목에 대한 학점을 주지 않으려고 하자 질염이 재발되었다. 처음에 그녀는 문제를 일으키고 싶지 않았으므로 부당한 처우를 감내해야 한다고 생각했다. 하지만 이 문제에 대해 그녀가 대학에 정식으로 건의해야겠다고 결정할 때까지, 그녀의 질염은 그 어떤 치료에도 전혀 나아지지 않았다. 결국 그녀가 학점을 인정받자 더불어 질염도 완치되었다.

초조, 분노와 더불어 건강을 악화시킬 수 있는 또 다른 감정은 죄책감이다. 성관계를 가지면서 죄책감을 느끼면 특히 성기에 문제가 생길 수 있다. 다른 종류의 암을 가진 여성들과 자궁경부암을 가진 여성들을 비교해 보았을 때, 자궁경부암을 가진 여성들은 섹스를 하는 동안 불안해하고 오르가슴을 거의 느끼지 못하며, 이로 인해서 성행위에 대한 반감을 가지고 있는 경우가 많았다. 한 연구결과에 따르면, 가족과 아내에게 불성실하거나 알코올 중독 또는 바람기가 있는 남편과 남자친구를 둔 자궁경부암 환자들은, 항상 "그를 떠나야 한다고 생각하지만 애들 때문에 어쩔 수가 없어요." 혹은 "그에게는 내가 필요해요."라고 말한다. 또한 이 연구에 따르면, 가족구성원 중 한 사람이 심각한 병에 걸리거나 사망할 경우 자궁경부암을 가진 여성들은 "내가 더 열심히 노력해서 그를 더 잘 보살폈어야 하는 건데."라고 말한다. 반면 자궁경부암을

가지지 않은 여성들은 다른 사람들에 대한 자신의 능력의 한계에 대해 보다 현실적으로 생각한다고 한다.[3]

질, 요로, 외음부에 만성적인 문제를 가지고 있는 여성의 경우, 이러한 문제는 대부분 그들이 살아오면서 오랫동안 표현하지 않고 마음속에 쌓아온 불만과 연결되어 있다. 임상학적으로도 이러한 속성을 가진 만성적인 질병을 치료하면서 심리적이고 감정적인 문제들을 무시해버린다면 성공적인 결과를 얻기가 힘들다.

에너지적 관점에서, 여성이 자신의 건강하지 못한 관계의 부정적인 측면들을 변화시킬 용기가 부족할 때, 외음부, 질, 요로에 자기도 모르게 만성적인 문제가 생긴다. 다시 말해서 여성이 어떤 이유에서든 사랑하지 않거나 존경하지 않는 사람과 지속적으로 성관계를 가진다면, 그녀는 질, 자궁경부 그리고 외음부에서 문제를 일으킬 수 있는 여지를 스스로 만드는 셈이다.

해부학

외음부와 질은 여성 생식기의 가장 바깥쪽 성기를 형성하고 있다. 자궁경부와 자궁외구로 알려져 있는 자궁경부의 출입구는 자궁과 내부의 골반기관으로 들어가는 통로이다. 외음부는 대음순과 소음순으로 이루어져 있다. 외음부를 덮고 있는 음모는 질과 자궁의 보다 섬세한 조직들을 보호해 주는 역할을 한다. 또 외음부의 아포크린 샘은 물리적인 활동보다는 감정적인 상황에 의해서 분비된다는 점에서 일반적인 땀샘과는 구분된다. 방광은 질의 바로 위쪽에 위치하고 있고, 방광을 바깥세계로 연결해주는 요도는 질 입구 바로 위에서부터 질의 윗부분을 따라 위치하고 있다. 항문은 질의 바로 아랫쪽 뒤편에 위치하고 있다.

만성적인 질염이나 헤르페스와 같이 성행위를 통해서 감염되는 질병은 전염될 수 있다. 이런 질병들은 또한 질, 외음부, 자궁경부에서 동시에 발생할 수도 있다. 요도와 방광 역시 이 부위에 인접해 있기 때문에 쉽게 감염될 수 있는 부위이다. 이런 질병들의 원인을 일종의 바이러스로 생각하기도 하는데, 같은 종류의 바이러스를 몸 속에 가지고 있으면서도 그 증상을 나타내지 않는 여성들도 많다.

산부인과 의사들은 여성의 가장 은밀하고 고통스러운 문제를 다룬다. 산부인과 의사들은 여성이 성적으로 상처받기 쉬우며, 산부인과 검사 자체를 꺼려하거나 주저할 수 있다는 사실을 인정해야 한다. 만일 여성이 성행위로 인해서 질병에 감염되었거나 세포진 검사의 결과가 비정상으로 나왔다면, 그 여성은 성행위나 자신의 몸에 대해서 두려움을 갖거나 오해를 할 수도 있다. 질병뿐 아니라 이러한 감정을 섬세하게 배려해주고 스트레스와 슬픔을 덜어주기 위해 노력하는 것도, 치유자로서 산부인과 의사가 꼭 해야 하는 일이다.

골반 검사 도중 어떤 강렬한 감정이 북받쳐 오르는 것을 느낄 수도 있다. 그러한 감정을 느낀다고 해서 당장에 그 이유를 캐내려고 하지는 말라. 단지 그 상황을 치유하겠다는 의도를 가지고 관조하는 태도로 당신의 감정을 가만히 느껴보라. 긴장을 풀고 치유되기를 기다리고 있으면 당신 내면의 인도자가 나타날 것이다. 당신만 준비되어 있다면, 당신은 어떤 상황에서든 필요한 통찰력을 얻게 될 것이다.

인유두종 바이러스(HPV)

인유두종人乳頭腫 바이러스Human Papilloma Virus는 성병성 사마귀를 유발하고, 비정상적인 세포진 검사나 자궁경부 이형성증異刑成症과 관련이 있는 아주 보편적인 바이러스이다. 적어도 정상적인 성인 인구의 50%와 어린이의 40%가 HPV의 감염 징후가 있는 것으로 추정된다.[4] HPV에 노출되어 있는 여성들이 꼭 사마귀나 자궁경부 이형성증으로 발전하는 것은 아니지만, 경우에 따라서 HPV는 자궁경부암으로도 진행될 수도 있다.

HPV는 마치 죽어가는 송아지 주변을 맴돌고 있는 말똥가리처럼 기회주의자 같은 속성을 가지고 있다. 이 바이러스는 말뚱가리가 송아지를 죽게 만드는 원인은 아닌 것과 마찬가지로 암을 유발하는 직접적인 '원인'은 아니다. 즉 HPV를 나타내더라도 곧바로 비정상적인 세포진 검사를 나타내거나 자궁경부암으로 진행되는 것은 아니다. 하지만 일단 송아지가 아프거나 죽어가고 있으면 말뚱가리가 어슬렁거리기 시작하는 것과 마찬가지로, HPV를 가진 대부분의 여성도 감정적인 스트레스 등 다양한 원인으로 인해 면역체계가 약해지면 자궁경부나 질 속에 존재하던 HPV가 이미 약해져있는 세포를 공격하게 된다.

HPV가 있는 여성들은 대체로 음부 바깥쪽에 사마귀를 가지고 있다. 이 사마귀는 통증을 일으키지는 않지만 보고 느낄 수는 있다. 그리고 일단 임신을 하게 되면, 임신과 관련된 호르몬의 자극으로 사마귀가 더욱 커지고 그 수가 불어나는데, 출산을 해서 호르몬 환경이 또 다시 변하게 되면 저절로 사라지기도 한다. 사마귀는 다양한 형태를 취하고 있으며 혀, 입술, 성대 등 다양한 위치에서 성장한다. 때로는 외음부가 아닌 질이나 자궁경부에 사마귀가 생길 수도 있으며, 당사자가 이것을 느끼지 못할 수도 있다. 사실 HPV가 외음부나 질에서 염증이나 사마귀를 유발하지 않는다면, HPV를 가진 여성들은 자신의 몸 속에 HPV가 있다는 사실조차 모를 수도 있다.

외음부, 질, 자궁경부 등에 사마귀가 생기거나 혹은 세포진 검사나 자궁경부 조직검사에서 비정상적인 세포가 발견되는 것은 대부분 HPV 때문이다. HPV가 발견되면 조직검사를 통해 확실하게 진단하기 위해서 실험실로 보내진다. 때때로 HPV는 질 확대경 검사를 통해 진단되기도 한다. 이 방법은 확대경을 통해 조직에 묽은 초산이나 식초를 떨어뜨려서 조직이 하얗게 변하면 HPV가 있는 것으로 진단하는 방법이다.

왜 그렇게도 많은 여성들이 HPV를 가지고 있는 것일까? HPV는 아마 인간의 생식기에 항상 존재해왔을 것이다. 단지 예전에는 오늘날 만큼 많이 진단되거나 연구되지 않았을 뿐이다. 오늘날에는 질 확대경 검사법이 나온 이후 HPV와 관련된 세포의 변화를 더욱 자주 발견하게 되었다. 그 외 개방적인 성문화 역시 보다 많은 여성들이 HPV에 노출되게 하는 원인 중 하나이다. 이 바이러스는 페니스 외에 음낭과 같은 부위에도 존재하므로 콘돔이 늘 HPV의 감염을 막아줄 수 있는 것은 아니다. 물론 사용하지 않는 것보다는 낫다.

대부분의 여성들은 어떻게 해서 이 바이러스가 자신에게 옮겨지는지, 누가 옮기는 것인지에 대해 매우 궁금해한다. 다른 헤르페스 바이러스와 마찬가지로 HPV는 DNA조직에 침투한 후 몇 년 간은 잠복기간을 가질 수 있다. 이론적으로는 1973년에 바이러스에 감염된 여인이 1998년까지 아무런 증상을 나타내지 않을 수도 있다. 따라서 누가 이 바이러스를 옮겼다고 하더라도 옮긴 사람조차 그 자신이 바이러스를 가지고 있었다는 사실을 모를 수 있다.

남성 중심의 종교를 가지고 있는 많은 여성들은 헤르페스나 사마귀 진단을 받게 되면 수치스러워한다. 대다수의 여성들은 이것으로 인해 자신이 영원히 더럽혀졌다고 생각하기도 한다. 한편으로는 자신이 다른 사람에게 이 바이러스를 옮기게 될까봐 불안에 떨게 된다. HPV 감염 진단은 여성들에게 자신에 대한 평가를 더욱 떨어뜨리고 스스로를 무가치하다고 생각하게 만들기도 한다. 이렇게 시작되는 악순환은 면역 시스템을 약하게 만들고, 결국 HPV의 활성화를 유발하게 되는 것이다. 두려움과 수치심은 면역 시스템에 매우 치명적이다.

HPV가 임신을 방해할 수도 있을까? 음부 사마귀는 종종 임신과 관련된 호르몬의 자극 때문에 성장하기도 한다. 또 드문 경우이기는 하지만, 음부 사마귀는 분만시 출혈을 일으키기도 한다. 하지만 그렇다고 해서 음부 사마귀가 임신을 방해하지는 않는다. 또 분만을 하고 나면 치료 없이 사라지기도 한다. 이론적으로 HPV를 가진 여성은 HPV를 아기에게 감염시키고, 또 아기는 HPV로 인해 성대유두종에 걸릴 수도 있다. 하지만 이것은 아주 드물게 발생하는 일이다. 나 역시 한 번도 이런 경우를 본 적이 없으며, 단지 이런 이유 때문에 제왕절개술을 받을 필요는 없다고 생각한다. 아기의 면역 시스템도 이 정도는 충분히 방어할 능력이 있기 때문이다.

일단 HPV를 갖게 되면, HPV는 몸 속에 영원히 존재한다. 따라서 치료의 목적은 눈에 보이는 사마귀를 제거하고, 사마귀와 관련하여 전암 증상을 나타내는 세포나 다른 비정상적인 세포의 성장을 막는 데 있다. 일단 사마귀를 제거해주면, 우리 몸의 면역 시스템은 나머지 사마귀를 보다 쉽게 처리하고 제거할 수 있다. 하지만 사마귀를 제거했거나 사마귀가 사라졌다고 해서 재발이나 전염가능성이 없어지는 것은 아니다.

레이저 치료 몇 년 전까지만 해도 인기가 있었던 레이저 요법은 의사들이 처음 의도했던 대로 결과가 나오지 않았다. 몇 가지 연구결과에 따르면, 자궁경부나 외음부의 사마귀를 레이저로 제거하고 나면, 다른 처방을 받았을 때보다 훨씬 더 빨리 재발할 가능성이 있다고 한다. 아마도 레이저가 섬유조직을 기화시켜서, 사마귀 바이러스를 주변지역으로 더욱 퍼지도록 하기 때문일 것이다. 어쨌든 레이저 치료법의 효용성은 인정받지 못하고 있으며, 다른 방법이 더욱 선호되고 있다.

포도필린 포도필린은 포도필름 나무에서 추출한 진액이다. 포도필린은 세포분열에 관여하고, 외음부의 사마귀가 성장하는 것을 막아준다. 이 방법은 단지 밖으로 드러난 사마귀에만 효과적으로 사용할 수 있다. 포도필린이 정상적으로 세포분열을 하고 있는 주변조직에까지 독성의 효과를 나타낼 수도 있기 때문이다. 포도필린은 사마귀에 한정해서 사용해야 하며, 사용 후 몇 시간 내에 반드시 세정을 해야만 한다.

산酸 산은 사마귀에 아주 효과적이지만, 사마귀를 근본적으로 치료하는 것은 아니고 단지 눈에 보이는 사마귀를 태워 없애주는 것이다. 산은 건강한 조직을 태워서 통증을 일으킬 수 있으므로, 사마귀가 있는 부위에만 최소량을 발라야 한다. 또 한 번 이상 발라야 효과가 있다.

동결부식기 동결부식기로 사마귀를 냉각할 수도 있다. 냉각된 사마귀는 1~2주 내에 사라진다. 하지만 이 방법은 다소 시간이 걸리고 환자에 따라 아주 고통스러울 수도 있다.

전기소작기 아주 광범위하게 퍼져있는 사마귀에는 전기소작기를 사용하는 것이 효과적이다. 전기소작기를 사용하려면 먼저 수술실에서 마취를 받아야 한다. 하지만 이 방법은 다른 방법들로 효과를 보지 못한 경우에만 사용되어야 한다.

루프 전극절제술 비교적 새로운 방법인 루프 전극절제술은 전기가 통하는 루프로 된 전기소작기로 사마귀를 제거하는 방법이다. 이 방법은 자궁경부 이형성증에도 이용될 수 있으며, 효과 또한 뛰어나다.

단지 사마귀를 제거하는 것이 근본적인 치료는 아니라고 하더라도, 이러한 처방들은 우리 몸이 HPV에 대항할 수 있도록 도와준다. 또 한 가지 이유는 이러한 처방으로 바이러스의 숫자를 줄일 수 있다는 점이다. 또한 사마귀를 치료하고 제거하면 우리 몸에서 자신이 '돌봐지고' 있다는 느낌을 받게 되고, 면역체계가 이러한 메시지를 받아들여 지속적으로 몸을 '돌보게' 된다.

영양학적 방법 사마귀의 제거를 위해서는 식생활을 바꾸고, 영양제를 복용하고, 면역체계의 기능에 대한 교육을 받음으로써 그 효과를 한층 강화시킬 수 있다. 만일 면역체계가 정상적으로 기능하고 있다면 대부분의 바이러스는 활동이나 감염을 중단하므로, 지속적인 사마귀는 우리 몸의 면역체계가 약해져 있다는 신호이다. 사마귀는 우리 몸을 돌보는 상태에 따라서 나타날 수 있다. 비타민C, 엽산, 비타민A, 비타민E, 베타 카로틴, 셀렌과 같은 산화방지제가 풍부한 영양소는 자궁경부 이형성증을 예방하거나 치유할 수 있다. 또 HPV는 자궁경부 이형성증이나 자궁암과도 관련이 있을 수 있으므로, HPV를 가진 여성들은 매일 복합비타민제를 복용하고 자연식품을 섭취하는 것이 좋다.

에너지 치료 또한 에너지 치료의 관점에서 볼때 HPV문제는 야외활동이나 자신이 특별히 애정을 갖고 있는 활동을 자주 하게 되면 면역체계의 기능이 강화된다. 물론 우리 중 누구도 몸 속의 바이러스를 완전히 통제할 수는 없다. 하지만 사마귀나 바이러스가 지속적인 경우라면 사랑과 용서, 좋은 음식, 비타민 등으로 몸을 돌봄으로써 재발을 막아주는 데 놀라운 효과를 볼 수 있다.

헤르페스(포진)

헤르페스는 외음부나, 질, 자궁경부 위에 크기는 작지만 통증이 아주 심한 궤양을 일으키는 바이러스의 일종이다. 헤르페스 바이러스는 여러 종류로 나뉠 수 있다. 안면 헤르페스를 유발하는 타입1은 주로 '벨트 위'에서 살고 있지만 때로는 생식기 감염을 일으킬 수도 있다. 타입2는 '벨트 아래'에 기생하는 것으로 주로 생식기 헤르페스와 관련된 바이러스이다. 일단 헤르페스를 가지게 되면 평생 동안 지속되는데, 잠복 중인 헤르페스 바이러스는 입술이나 척수신경 주변의 감염된 조직에 거주하게 된다.

몸 속에 존재하던 헤르페스가 처음으로 발진하면 통증이 아주 심하다. 열이 나거나 혹은 몸살이 나거나 생식기의 임파선이 붓거나 통증이 느껴지고, 통증 때문에 소변을 보기 힘들어지며, 방광이나 요도까지 헤르페스에 감염될 수 있다. 일단 헤르페스가 한 번 발진하고 나면 우리 몸에서 헤르페스에 대한 항체를 만들어내므로, 그 다음부터는 처음만큼 증상이 심각하지는 않다.

그 뒤에 이어지는 발진을 2차적인 헤르페스라고 한다. 2차적인 헤르페스는 실제로 염증이 생기기 전에 감염 부위가 따끔거리는 느낌으로 시작되곤 한다. 어떤 여성들은 다리 아래쪽으로 통증을 느끼기도 하는데, 이것은 헤르페스 바이러스가 척수신경 부근에 살고 있고, 척수신경이 생식기와 넓적다리 안쪽 등에 영향을 미치기 때문이다. 우울과 걱정, 적대감과 같은 감정적인 요소는 헤르페스 바이러스의 생성을 증가시켜서 만성적인 질염을 유발할 수도 있다. 하지만 헤르페스는 몇 년이 지나고 나면 저절로 없어지는 경향이 있다.

당신이 헤르페스를 가지고 있는지 알아볼 수 있는 가장 좋은 방법은 전문의에게 찾아가는 것이다. 헤르페스 궤양이 특징적인 모습을 가지고 있다고 하더라도, 가끔씩 외음부 주변에서 발생하는 만성적 효모 감염이 헤르페스처럼 보일 수도 있기 때문이다. 헤르페스 바이러스에 대한 항체를 가지고 있는지를 알아보기 위해서는 혈액 검사를 받아볼 수도 있다. 하지만 헤르페스는 너무나 보편적인 증상이기 때문에 대다수의 사람들은 이미 헤르페스에 대한 항체를 가지고 있다.

그렇다면 헤르페스는 어떻게 감염되는가? 이 문제에 대한 대답은 HPV의 경우와 같다. 이 바이러스 역시 수년 동안 잠복기를 가질 수도 있기 때문에 감염된 지 20년이 지나서 처음으로 발진될 수도 있다. 나는 20년 동안이나 과부로 혼자서 살아온 여든 다섯의 할머니 생식기에서 헤르페스 발진이 일어나는 경우도 보았다. 또 부부가 전혀 혼외정사를 가지지 않았음에도 불구하고, 부부 중 한 명은 헤르페스가 발진하고 다른 한 명은 전혀 증상을 나타내지 않는 경우도 보았다. 더구나 이 부부는 수년 동안 성관계를 가져오면서 콘돔조차 전혀 사용하지 않았다고 한다. 하지만 헤르페스를 가진 사람이라면 다른 사람에게 감염시킬지 모르는 위험을 줄이기 위해서라도 콘돔을 사용하는 것이 좋다.

헤르페스 역시 분만을 하기 전까지는 임신에 아무런 문제도 일으키지 않는다. 이는 물론 임신기간 중에 최초로 헤르페스에 노출되거나 바이러스가 혈액 속으로 심각하게 침투한 경우가 아닐 때의 이야기이다. 여성들이 가장 걱정하는 문제는 분만할 때, 외음부나 질, 자궁경부에서 활동하고 있는 헤르페스 때문에 제왕절개를 받아야 하는지의 여부이다. 하지만 아기가 엄마로부터 바이러스에 감염되는 것을 예방하기 위해서 제왕절개로 분만을 하는 경우는 거의 없으며, 엄마에게서 헤르페스가 감염되는 아기의 숫자도 극소수에 불과하다. 그런데도 헤르페스 때문에 제왕절개를 하기도 하는데, 이유는 소수의 아기에게 감염된 헤르페스가 아기의 생명을 위협할 정도로 치명적이기 때문이다. 임신기간 동안, 혹은 분만을 하다가 헤르페스가 활성화되지 않을까 걱정하는 태도는 오히려 헤르페스의 발진 가능성을 증가시킬 수 있다. 따라서 헤르페스를 예방하려면 무엇보다도 긍정적인 태도가 필요하다.

약물요법 시중에서 판매되고 있는 항 헤르페스 처방제를 복용하면 바이러스는 24시간 내에 불활성화된다. 하지만 이 방법은 추천할 만한 것은 아니다. 만성적으로 복용할 경우 바이러스의 내성을 강화시켜서 오히려 다루기가 더 힘들어질 수도 있기 때문이다.

영양학적 처방과 약초 강력한 항 바이러스, 항 박테리아, 그리고 항진균의 속성을 가지고 있는 마늘은 헤르페스 재발방지에 놀라운 효과가 있으며, 부작용도 없다.[5] 마늘은 또한 안면 헤르페스에도 잘 듣는다. 따라서 발진이 시작된다는 신호로 따끔거리기 시작하자마자 마늘을 먹으면 헤르페스의 발진을 막을 수 있다. 여즘은 건강식품점에서 냄새를 제거한, 캡슐로 만들어진 마늘도 판매하고 있다. 특히 헤르페스 병력이 있는 여성이 임신을 계획하거나 임신 중이라면, 나는 마늘 캡슐을 매일 두 알씩 먹으라고 권한다. 평소보다 스트레스가 심한 날에는 6~8알로 양을 늘리는 것도 좋을 것이다. 임상학적 경험에 비춰 볼 때, 이 방법을 사용한 여성들은 헤르페스가 발진하지 않았다.

레몬 밤이라고 알려진 멜리사 추출물도 헤르페스 감염에 대해 항 바이러스 작용을 한다. 증상이 나타나기 시작할 때 멜리사 추출물을 사용하면 궤양을 예방하고 치유를 촉진시킬 수 있다.[6] 멜리사 추출물은 주로 크림 형태로 건강식품점에서 판매되고 있는데, 5~10일 정도 감염 부위에 발라주면 증상이 사라진다.

오스트리아 차나무로 만든 멜라로이카 오일도 헤르페스에 잘 듣는다. 헤르페스는 대부분의 경우 국부적인 처방만으로도 발진을 예방할 수 있다. 마늘, 멜리사 추출물, 멜라로이카 오일로 발진을 예방하지 못한 경우라면 다음과 같은 방법을 이용해보라.

- 증상이 느껴지면 비타민C, 아연, 비타민P를 하루 세 번 정도 복용하라.
- 헤르페스가 발진하기 시작한 지 48시간 이내에 리튬, 아연, 비타민E 등으로 만든 연고제를 발라라.[7]
- 라이진이라는 아미노산을 복용해도 헤르페스의 발진을 예방할 수 있다.

자궁경부염

자궁경부염은 트리코모나스나 효모와 같이 질염을 유발하는 동일한 세균에 의해 자궁경부에 발생하는 염증이다. 자궁경부염과 질염은 주로 동시에 발생하며, 그 치료법 또한 동일하다.

자궁경부 이형성증

자궁경부 이형성증이란 자궁경부나 자궁관내막에서 발생하는 세포의 기형성을 일컫는 말이다. 자궁경부 세포의 비정상 여부는 세포진 검사를 통해서 알 수 있다. 세포진 검사의 결과가 비정상으로 판명되면, 여성들은 당장 가장 비극적인 시나리오를 상상하곤 한다. "오, 세상에! 제가 암이라니요!" 물론 자궁경부 이형성증을 제대로 치료하지 않으면 자궁경부암으로 진행될 수도 있지만, 자궁경부 이형성증이 곧 자궁경부암을 뜻하는 것은 아니다.

자궁경부 이형성증은 주로 슈퍼우먼 콤플렉스를 가진 여성, 즉 좋은 엄마와 훌륭한 직장인 노릇을 동시에 하면서 두 가지 역할을 모두 잘해낼 수 없을까봐 긴장하는 여성에게서 발생한다. 늘 틀에 박힌 듯 끌려

다니고 있다는 느낌으로 살아간다면 우리의 면역체계는 튼튼해질 수 없다. 그리고 주로 불충분한 영양 섭취, 오염물질, 자기 비하, 종교적인 수치심 같은 요소들이 자궁경부 이형성증의 토대가 된다.

연구결과에 의하면, 자궁경부 이형성증이 진행 중인 여성과 자궁경부 이형성증이 경증이거나 이미 사라진 여성들 사이에는 감정적인 차이가 있다고 한다. 자궁경부 이형성증이 악화되고 있는 여성들은 대체로 스트레스에 보다 수동적이고 비관적이다. 이런 여성들은 자신의 걱정거리를 의도적으로 회피하려고 하기 때문에 몸이 그러한 걱정거리를 표출하게 된다. 반면 이형성증이 경증인 상태로 남아있는 여성들은 스트레스에 대해서 보다 긍정적이고 적극적으로 대처하고 자신들의 문제에 대한 창조적인 해결책을 찾아서 삶을 변화시키기 위해 노력한다.

자궁경부 이형성증이 늘 증상을 나타내는 것은 아니다. 자궁경부 이형성증이 있는 어떤 여성들은 자궁경부 부위가 타오르는 것처럼 느껴진다고도 하지만, 대부분의 경우에는 어떤 증상도 나타나지 않는다. 대체로 증상이 없는 것은 자궁경부암도 마찬가지인데, 단 자궁경부암은 종종 월경기간 사이의 출혈, 골반 통증, 불쾌한 배설물, 성교 후의 출혈 등의 증세를 나타낸다.

세포진 검사는 의학계에 알려진 가장 경제적인 검사법이다. 1940년대 후반 조지 파파니콜로George Papanicolou 박사에 의해 세포진 검사가 소개된 이후, 침습적인 자궁경부암의 발병률과 이로 인한 사망률은 현저하게 줄어들었다. 아마도 자궁경부암으로 사망할 뻔했던 환자의 약 70%가 경제적이고 비침습적인 이 테스트 덕분에 병을 예방할 수 있었던 것으로 추정된다.

세포진 검사는 세포채취솔이라는 부드러운 솔을 이용하여 세포를 채취해서 슬라이드 위에 펼쳐놓고, 그 세포를 세포보존 화학물질로 덮은 후 현미경을 통해 전문가가 세포의 샘플을 읽어내는 방법이다. 물론 세포진 검사가 완벽한 것은 아니다. 세포진 검사가 완벽했더라면 자궁경부암은 이미 없어졌을 것이다. 하지만 아직도 해마다 약 7천 명의 여성들이 자궁경부암으로 죽어가고 있으며 이렇게 죽어가고 있는 모든 여성들이 정기적인 세포진 검사를 받지 못했던 것은 아니다. 우리 병원의 세포진 검사의 위음성도 약 13%에 달한다. 이는 주로 샘플링 에러라는 기술적인 문제에서 비롯되는데, 세포진 검사를 하기 위해서 세포를 채취할 때 자궁경부로부터 비정상적인 세포를 채취해내지 못했기 때문이다.

다음 사항들 중 해당되는 항목이 있다면 정기적인 세포진 검사를 받을 필요가 있다.

- 성관계가 복잡하거나 성관계가 복잡한 남자와 성관계를 가진 경우
- 어린 나이에 첫 성관계를 가진 경우
- 자궁경부암에 걸린 여성과 성관계를 가졌던 남성과 성관계를 가진 경우
- HPV 감염병력이 있는 경우
- 생식기의 헤르페스 감염병력이 있는 경우
- 장기이식술로 인한 면역의 억제
- 흡연, 알코올, 코카인, 또는 그와 유사한 기호품의 지속적인 사용
- 자궁경부 이형성증, 자궁경부암, 요도나 질 혹은 외음부 종양의 병력이 있는 경우
- 사회・경제적 지위가 낮은 경우

어떤 검사든 100% 믿을 수 있는 테스트는 없다. 세포진 검사 역시 마찬가지이다. 여러 가지 논문들에 의하면, 세포진 검사의 위음성은 5～50%에 달한다고 한다.

자궁경부 이형성증의 정확한 원인은 밝혀지지 않았다. 하지만 HPV와 마찬가지로 자궁경부 이형성증 역시 면역체계의 기능과 관련이 있다고 한다. 흡연도 자궁경부에서 나타나는 비정상적 증상들을 자궁경부

암으로 발전시키는 결정적인 위험요소로 작용한다. 자궁경부 이형성증이 있는 여성들은 대체로 혈중 항산화제와 엽산의 양이 적은 것으로 나타났다. 특히 피임약은 비타민B 등 혈액 속에 존재하는 영양소를 감소시키기 때문에 자궁경부 이형성증과 관련이 있다고 볼 수 있다.

흡연 역시 자궁경부 이형성증에 영향을 끼친다. 담배로 인해 생기는 독성물질 니코틴이 흡연가들의 자궁경부 점막에서까지 이미 검출된 바 있다. 만일 당신이 담배를 피운다면, 당신의 점막 면역체계는 당신의 자궁경부와 질에서 그 기능이 떨어질 것이다.

자궁경부 이형성증이 비교적 가벼운 경우라면 50% 이상이 특별한 치료 없이도 정상으로 되돌아간다. 좀 더 심각한 경우라도 앞의 경우보다 약간 적은 비율의 자궁경부 이형성증은 퇴행하게 된다. 하지만 경우에 따라 급속하게 악화되기도 한다. 어떤 경우에 자궁경부 이형성증이 사라지고 어떤 경우에 급속하게 진행될지 알 수 없으므로, 증상이 있는 경우 일단 치료를 시작하는 것이 좋다.

자궁경부의 비정상적인 조직을 파괴하는 방법에는 레이저, 동결부식기, 삼클로르아세틱산, 루프 전극절제술 등의 방법이 있다.

영양학적 접근 비타민 A와 B의 결핍은 자궁경부 이형성증과 관련이 있다. 경구피임약은 혈중 비타민B의 수치를 떨어뜨리므로 자궁경부 이형성증이 발생할 수 있는 기회를 증가시킨다. 그러나 이때 빈혈의 특효약인 엽산을 복용하면 증상을 역전시킬 수도 있다. 따라서 피임약을 복용하려면 비타민D와 엽산이 풍부한 복합비타민제를 함께 복용하는 것이 좋다.

만일 한 여성이 자신의 인생에서 힘들었던 순간을 기꺼이 직면하고 나서 정신적인 문제해결과 표준의학기술을 병행한다면, 완쾌는 거의 보장받은 것이나 다름없다.

서른 아홉 살의 바바라를 처음 만났을 때, 그녀는 금발머리와 자그

마하고 맵시 있는 몸매에 완벽한 정장차림을 하고 있었다. 하지만 그녀의 미소는 마치 땅 밑에서 진행되고 있는 모든 것들을 감추고 있는 가면처럼 느껴졌다. 바바라는 교사로서 자신의 일을 사랑하고 있었지만, 그녀의 몸은 여러 차례 그녀에게 경고를 보내왔다. 바바라의 어머니는 예순 셋에 난소암으로 돌아가셨다. 그녀의 외할머니도 같은 병으로 돌아가셨다. 지난 9년 동안, 바바라 역시 초기 단계의 종양 때문에 열 다섯 차례나 서로 다른 종류의 외과수술을 받아야 했다.

"시간이 지날수록 의사들은 계속해서 이런저런 전암 세포들을 보여주더군요. 검사를 받고 또 받고, 수술도 여러 번 했죠. 레이저 치료도 효과가 없었어요. 결국 비정상적인 세포가 발견된 지 9년 만에 난소를 포함한 자궁적출술을 받아야 했습니다. 걱정하지 말라고 위로해주더군요. 아직 정상적인 조직도 남아있다고요. 난 감사했습니다."

바바라는 서른 여섯 살에 자궁적출술을 받았다. 그녀가 처음으로 우리 병원을 방문했을 때, 우리는 그녀의 질에 대한 세포진 검사를 실시했는데, 결과는 또 비정상이었다. 질 확대경 검사와 조직 검사까지 모두 해보았지만, 그녀의 질 속에는 여전히 비정상적인 세포가 남아있었다. 우리는 비정상적인 세포를 제거하기 위해 치료를 시작했다. 그리고 가능하다면 그녀가 자신의 내면으로 들어가서 왜 그녀의 몸이 같은 메시지를 반복해서 보내주는지를 알아보는 수밖에 없다고 생각했다.

그녀의 병력을 좀 더 깊이 살펴보다가 우리는 바바라의 남편이 결혼 후 15년 동안 알코올 중독이었고, 여러 번 외도를 한 사실도 알게 되었다. "아침엔 내 손을 잡고 있던 그가 오후에는 다른 여자의 손을 잡았던 거죠. 그가 내게 했던 말들이 모두 거짓이었다는 사실을 그에게 떠나달라고 말하기 며칠 전에야 확인했습니다. 예전에는 그런 사실들을 부인했거든요. 하지만 나의 마음은 그 모든 진실들을 이미 느끼고 있었고, 결국 그것이 나를 공허하고 외롭게 만들었던 셈입니다."

바바라는 자신의 가족사를 다시 이어 맞춰 보았다. 바바라의 인생은 점점 제자리를 찾아가고 있었다. 바바라는 이렇게 말했다.

"나는 여행을 떠났습니다. 여행 덕분에 나 자신에 대한 믿음을 얻었어요. 남편에게 떠나달라고 요구한 것은 처음으로 잘 생각해서 내린 결정이었지요. 모두 나 혼자 결정한 일이었어요. 이제 난 용감하게 결혼생활을 정리하고 새로운 삶을 시작할 수 있을 것 같아요. 물론 결혼생활에서 느낄 수 있는 친밀감과 유대감이 아쉽기도 해요. 내 곁에 특별한 누군가가 있고 집으로 돌아올 누군가를 기대할 수 있다는 느낌이 그립기도 하고요. 그는 내게 바위와도 같은 존재였어요. 언제나 나를 정의해주었죠. 그는 나를 소유하고 있었어요. 하지만 나를 폭행하고, 나를 떠났습니다. 그것은 상처였지요. 하지만 시간이 지나면서 고통의 무게도 많이 가벼워졌고 언젠가는 완전히 사라질 거라고 믿어요."

바바라는 일기를 썼다. 그녀의 일기에는 두려움에 떠는 여자의 모습이 담겨 있었다. 바바라는 내일이 두려웠으며, 긍정적인 상황이 자신에게는 부자연스럽고 불편하게 느껴진다고 말했다. 외로움과 혼자 사는 법을 배우는 일이 바바라에게는 극복할 수 없는 일처럼 여겨졌다. 이제 그녀의 유일한 즐거움은 열 한 살인 딸이 자라는 모습을 지켜보는 것이었다.

바바라는 버니 시걸Bernie Siegel과 루이스 헤이Louise Hay 박사와의 컨퍼런스에 참가하면서 "나 자신을 받아들이기 위해 나는 열려있다"는 신념으로 치료과정에 계속 참가하였다. 이러한 모든 노력에도 불구하고 치료를 받기 시작한 지 여섯 달이 지난 뒤의 세포진 검사결과는 또 비정상이었다. 그 즈음 바바라의 아버지가 돌아가시고, 그녀의 또 다른 과거가 표면화되기 시작했다.

바바라가 태어난 이래 바바라의 가족은 정신적으로 문제가 있는 여자와 함께 살았다. 케리라는 여자였는데, 그녀는 막강한 힘을 행사하면서 교묘한 수법으로 가족 전체를 통제하고 있었다. 바바라는 케리와 자신의 어머니가 레즈비언 관계가 아니었는지 의심스럽다고 말했다. 바바라의 어머니에게는 남편이나 자식보다 케리가 우선이었던 것이다. 바바라는 당시에 대해 다음과 같은 글을 썼다.

"케리는 어린 나를 성폭행했어요. 그리고는 내가 더럽다고 말하더군요. 지금도 내 몸 위에 그녀의 손길이 느껴지는 것 같아요. 그리고 나서 케리는 나를 욕조에다 세워놓고 모든 더러움을 씻어내야 한다면서 살이 벗겨질 정도로 음부를 문질러댔습니다. 난 너무나 수치스러웠고, 한편으로는 사랑하는 사람들을 잃게 될까봐 두려웠습니다. 부모님이 왜 나를 그 마녀로부터 구해주지 않았는지 이해할 수가 없어요. 하지만 늙고 병든 케리는 더 이상 내게 상처를 줄 수 없어요. 나는 이제 케리가 내게서 어머니와 아버지를 빼앗아갔던 일을 용서하려고 노력하는 중입니다. 그녀는 나의 자유, 존엄성, 성 정체성을 빼앗아갔죠. 하지만 이 모든 것은 다시 되돌아왔고, 나는 비로소 나 자신을 사랑하기 시작했습니다. 나는 내 인생에서 또 다른 케리의 모습을 인정하기로 했습니다." 바바라는 어머니, 아버지, 오빠를 빼앗겼던 것에 대해 화해를 하고 있었다.

바바라는 요즘 특별한 누군가가 자신의 인생으로 들어와서 자신을 이 외로움으로부터 구해줄 것이라는 꿈을 버려야 한다는 사실을 슬퍼하는 중이라고 말했다. 바바라는 어느 누구도 다른 사람을 구해줄 수는 없다는 사실을 깨닫는 데 너무나 오랜 시간이 걸렸다는 사실에 화가 난다고 했다. "나는 이제서야 누구도 나를 감동시키거나 나 자신을 위해서 내가 해야만 하는 것들을 대신해줄 수 없다는 사실을 알게 되었습니다. 나에게 외로움은 더 이상 부정할 수 없는 새로운 현실입니다. 이제 나를 억지로 변화시키려고 하지 않을 겁니다. 나는 내가 좋아요. 그리고 내 안에서 가끔씩 머리를 내미는 따뜻하고 사랑스러운 그녀도 좋아합니다. 이제는 더 자주 그녀를 자랑스럽게 내보일 거예요. 이제 보니 나에게도 세상에 내놓을 수 있는 훌륭한 장점들이 많더군요."

바바라의 몸은 건강을 회복하였다. 이제 가면은 사라졌고, 그녀의 얼굴엔 내면으로부터 우러나온 미소가 가득하다.

실비아는 서른 아홉 살에 처음으로 나를 찾아왔다. 나를 찾아오기 2년 전에 그녀는 초기단계의 자궁경부암을 진단 받고 자궁경부 원추절제술을 받았다. 그 이후 2년 간 정상 세포진 검사가 정상으로 나왔는데, 얼마 전 이형성증이 나타났다. 실비아는 이제까지 술과 담배, 카페인을 끊어야겠다는 생각이 별로 없었다고 했다. 하지만 생사가 달린 문제였으므로 이제 그러한 습관들을 고쳐야만 한다는 사실을 알고 있었다.

실비아는 내게 "더 이상 엄마를 미워하지 않기로 했어요. 1년 전까지만 해도 나는 전형적인 나쁜 딸이었어요. 치유를 위해 이런저런 작업들을 하는 동안, 나는 여러 세대 동안 우리 집안 여자들이 서로를 미워했고, 나 또한 그래왔다는 사실을 깨닫게 되었어요. 하루에 담배를 네 갑씩이나 피워대던 올케는 폐암으로 죽었어요. 올케의 장례식 날 엄마는 내게 아주 심한 말을 했죠. 그 일이 있은 지 이틀 뒤에 자궁경부암을 진단 받았습니다. 하지만 나는 오히려 감사했어요. 왜냐하면 그때서야 내가 살아있다는 것을 깨달을 수 있었거든요."라고 말했다.

실비아의 자매들은 모두 자궁적출술을 받았고, 그 중 한 명은 유방암 때문에 한쪽 유방을 제거했다고 한다. "엄마도 자궁을 제거했어요. 엄마는 자기혐오로 가득 찬 여성이었죠." 실비아는 지금까지의 행동패턴에서 벗어나기로 결심했다. 그녀는 식습관을 바꾸고, 담배를 끊고, 일기를 쓰면서 자신의 생각들을 적어 보기 시작했다. 그리고 모든 면에서 자신을 존중하기 시작했다. 이형성증을 절개해낸 이후 그녀는 세포진 검사에서 계속 정상을 유지하고 있다.

자궁경부암

세포진 검사에서 초기단계의 암이 발견된다 하더라도 자궁적출술이나 다른 어떤 치료도 받지 않으려는 여성들이 간혹 있다. 일반적인 생각으로는 그녀들의 선택을 이해하기 힘들 수도 있겠지만, 이런 여성들 중에는 수년 동안 암에 걸리지 않는 경우도 있다.

침습성 자궁경부암을 진단 받았던 콘스탄스는 이렇게 말했다. "난 암에 대항할 수 있어요. 암은 마치 까다로운 남자 같아요. 나는 자궁경부암을 내 인생을 재평가해보라는 신호로 받아들였죠. 매일 명상하고, 운동하고, 영양에도 신경을 썼지만 감정적인 부분은 통제할 수가 없더군요. 나의 가장 깊숙한 내면에서 '나의 여성성'은 내 파트너가 나를 성적으로 거부한 것에 대해 화가 나있었던 거예요. 그는 내게 분명하게 자신의 뜻을 밝히지 않았어요. 그는 '우리 이제 친구로 지내자'라고 말하는 대신 내 주변을 맴돌기만 했어요. 우리 관계는 몇 년 동안 정체되었어요. 첫 아이가 네 살 되던 해에 교통사고로 죽고 나서 우리는 아기를 다시 가지기로 했지요. 다시 딸을 얻었지만 우리 관계는 내가 원하는 대로 진행되지 않더군요. 나의 실망감과 분노는 깊어갔고, 그것들은 결국 자궁경부의 세포에서 모습을 드러냈어요."

"내 몸을 통해 증명되었듯이 문제의 핵심은 내가 늘 남자들을 위해 나를 희생하려고 했던 것이었어요. 우리 아버지는 내가 1학년이 되던 해에 돌아가셨어요. 아버지는 아이를 사랑하는 아주 따뜻하고 쾌활한 사람이었지요. 특히 나를 사랑하셨어요. 하지만 나보다 일곱 살 많은 오빠는 변덕이 심해서 가끔씩 나를 괴롭히곤 했습니다. 나는 10대에 어머니의 남자친구이자 의부였던 사람에게 성폭행을 당했습니다. 어머니에게 이 사실을 말했지만 믿어주지 않더군요. 하버드대 학생이었던 첫 남편은 내게 육체적으로 감정적으로 폭행을 휘둘렀고 노름에 빠져있었어요. 두 번째 남편은 알코올 중독자였죠. 그는 늘 말을 심하게 해서 내 감정을 상하게 만들곤 했어요."

"세포진 검사를 받고 나서 냉동 쐐기절제술을 받기까지 한 달 동안 나는 건강에 보다 적극적으로 대처하기로 했습니다. 그래서 내 영혼과 무의식에 짧은 주문을 걸었죠. '나는 원래 자유롭다. 자유롭다. 자유롭다. 내 분노는 사라진다. 용서가 찾아온다. 나는 그를 원하지도 필요로 하지도 않는다. 나는 원래 자유롭다. 자유롭다. 자유롭다. 내 여성성은 고운 푸른빛으로 치유된다.' 내가 치유를 시작하려고 하자, 이 주문은 내 마음속에 저절로 떠올랐습니다. 나의 목표는 고통과 분노에서 벗어나는 것이었죠. 사실 처음에는 단지 머리 속에만 머물러있던 생각들이었어요. 그래서 이러한 생각들을 세포에 각인시키기 위해 노래를 불렀습니다. 또 영혼을 치유하려는 다른 사람들의 이야기도 읽어보았습니다. 그러다 나도 그들처럼 고통을 풀어놓고 용서를 해야 한다는 사실을 알게 되었지요. 나는 아버지가 돌아가신 후 서서히 잃어버렸던 진정한 자아를 찾아냄으로써 암에 대처해보기로 했습니다. 이제 난 '아니오', '생각해본 후에 대답하겠어요' 라고 말할 수 있게 되었어요. 요즘 나는 예전보다 훨씬 더 많이 나를 존중하고 배려하고 있지요. 그리고 나의 정신적인 자아와 사랑을 만들어가고 있습니다."

질염

여성의 질에서는 여러 종류의 분비물이 배출된다. 이로 인해 수많은 여성이 감염을 걱정하지만, 이것은 대부분 정상적인 현상이며 굳이 산부인과 의사를 찾아갈 필요도 없다. 경우에 따라서는 초경을 하기 전에도 질 분비물이 배출될 수 있다. 질 분비물은 질과 자궁경부의 세포와 점액으로 이루어져 있으며, 월경주기나 스트레스의 정도에 따라서 양이 달라진다. 대부분의 여성은 배란기 때나 스트레스가 심할 때 질 분비물의 양이 많아지는 것을 느끼게 된다. 배란기 때의 질 분비물은 달걀 흰자위와 비슷한 형태를 띠고 있다.

어떤 여성들은 월경을 하기 전에 갈색의 질 분비물이 비치기도 하는데, 이것 역시 전혀 이상한 증상이 아니다. 정상적인 산성지수를 유지하고 있는 질에는 효모와 같은 다양한 유기체가 살고 있다. 건강하다면 이러한 유기체들은 아무런 문제도 일으키지 않는다. 다만 이 부위의 균형이 깨졌을 때 이러한 유기체들은 염증을 유발하게 된다. 질에 염증이 생기면 질 분비물이 변하고 양이 많아지며, 화끈거리고 찌르는 듯한 통증을 느끼게 된다. 질은 월경기간을 전후로 하여 가장 감염되기 쉽다. 이 시기에는 질 점막의 면역기능이 한 달 중 가장 저하되기 때문이다. 면역 그로불린 A와 M은 에스트로겐과 프로게스테론의 양에 따라 영향을 받는데 에스트로겐과 프로게스테론의 양은 월경을 시작하기 전에 줄어들기 때문에, 이때 감염의 가능성이 높아진다. 또 폐경기 이후의 여성들이 이와 같은 민감한 반응을 나타내는 이유는 폐경기 역시 두 가지 호르몬과 점액의 분비량이 줄어들기 때문이다.

질염의 원인

질에 염증을 일으키는 원인으로는 우선 짧은 기간 동안의 반복적인 성행위를 들 수 있다. 정자의 산성도는 pH9이다. 성관계를 한 차례 가지게 되면 질의 산성도는 8시간 동안 높아진다. 질의 산성도가 높아지면 박테리아의 균형이 깨지기 쉽다. 특히 오랜 기간 동안 성관계를 갖지 않다가 며칠 동안 집중적으로 성관계를 가지게 되면, 질은 며칠 동안 정상적인 산성도를 회복할 수 없게 되므로 박테리아에 감염되기가 더욱 쉬워진다. 이러한 문제를 예방하기 위해서는 성관계를 가진 후 몇 시간 이내에 요오드 칼륨이 함유되어 질의 산성도를 낮춰줄 수 있는 질 세정액으로 세정을 해야 한다.

질은 또한 신체의 다른 부위에 비해서 습한 부위이며, 특히 스트레스를 받으면 더욱 습해진다. 따라서 통풍이 잘 되지 않고 피부에 밀착되는 합성소재의 옷을 입으면 피부가 옷에 쓸려서 염증이 생길 수 있다. 더구나 이런 류의 옷을 입고 자전거를 타거나 승마를 하면 질에 염증이 생길 수도 있다. 이 외에도 향기와 색깔을 첨가한 부드러운 화장지, 목욕비누, 탈취제가 함유된 생리대나 탐폰은 화학자극제가 함유되어 있어서 질염을 유발할 수 있다. 탐폰은 절대로 8～12시간 연속해서 사용해서는 안된다.

대부분의 효모 감염은 월경 전에 발생한다. 이 시기에는 여성들이 스트레스를 더 많이 표출하게 되고 호르몬 환경이 더욱 민감해지기 때문이다. 하지만 이러한 염증은 대부분 월경이 시작되면 저절로 사라진다. 1940년대와 1950년대에 광범위 항생물질이 소개된 이후 효모에 의한 질염의 발병률은 놀라울 정도로 증가했다. 항생제는 질과 장에 있는 유기체의 균형을 깨뜨려서 효모 감염이 발생하기 쉬운 환경을 만들기 때문이다. 그 때문에 여드름 치료를 위해 항생제를 사용한 10대 소녀에게까지 질염이 나타나게 되었다. 또한 정제된 설탕과 정제된 밀가루로 만들어진 음식물을 과잉섭취하면 질에 기생하는 효모의 성장을 촉진시킬 수 있다. 유제품 속에 들어있는 락토스(유당) 역시 장과 질에 있는 효모를 과잉촉진함으로써 질염을 유발할 수 있다.

한 환자는 아침식사 대용품으로 판매되는 인스턴트 유제품을 너무 많이 먹어서 재발성 효모 감염에 걸리기도 했다. 보통 건강식 식사대용품에는 설탕이 지나치게 많이 함유되어 있어서 효모의 과잉성장을 억제하는 몸의 능력을 떨어뜨릴 수 있다.

대부분의 일반적인 질염은 현미경을 통해 질 분비물을 관찰하거나 산성도 테스트를 하는 방법으로 진단할 수 있다. 하지만 클라미디아나 헤르페스와 같은 염증들은 배양을 실험실로 보내 정밀검사를 해야만 한다.

매약(의사의 처방 없이 팔 수 있는 약) 질의 화끈거림이나 가려움증은 현재 널리 이용되고 있는 매약만으로도 치료할 수 있다. 만약 1주일 이상 매약을 사용했는데도 증상이 나아지지 않는다면 다른 원인이 있을 가능성이 있으므로 의사와 상담해보아야 한다. 일단 질염이라는 진단을 받게 되면 의사로부터 적절한 치료법을 처방 받는 것이 좋다. 세균성 질염 중 잘 낫지 않는 경우에는 항생제 질 크림을 쓸 수도 있다.

트리코모나스에 감염된 경우에는 경구용 항생제 메트로니다졸로 치료할 수 있다. 하지만 이 약은 구역질이나 알코올에 대한 거부반응 등

역효과가 있을 수 있다. 트리코모나스에 감염된 여성이 성관계를 가지고 있다면 파트너도 함께 치료를 받아야 한다. 그렇게 하지 않으면 서로에게 재감염시킬 우려가 있기 때문이다. 남성의 경우에는 증상을 나타내지는 않지만 그의 생식관을 통해 트리코모나스를 전달할 수 있다.

재발 예방 민감한 여성들은 외음부 및 질의 염증을 일으킬 수 있는 화학자극제의 사용을 가급적 피하는 것이 좋다. 또 반복적으로 감염되었던 여성이라면 여섯 달 정도는 탐폰을 사용하지 않는 것이 좋다. 가능하다면 팬티 스타킹도 피하라.

좌욕 특별한 증상을 나타내는 경우를 제외하고는 좌욕은 가급적 권하고 싶지 않다. 특히 상업적으로 조제된 질 세정제는 질 속의 정상적인 분포를 파괴하여 감염의 위험을 높일 수 있다.

식이요법 재발성 효모 감염이 있는 여성들은 설탕과 탄수화물을 제거한 자연식품 식이요법을 따르는 것이 좋다. 특히 쿠키, 케익, 주스, 청량음료나 그 유사품은 피하는 것이 좋다. 그리고 항생제 역시 사용하지 않는 것이 좋다.

질염을 완전하게 치료하기 위해서는 만성적인 질염과 외음부 염증을 유발한 감정적인 문제를 해결해야만 한다. 그렇다고 해서 질염이 항상 심인성 질병이라는 뜻은 아니다. 다만 머리 속에서 시작된 어떤 것이 질병으로 구체화된 것이다. 쉴츠 박사가 만성적인 질염이 있는 환자를 다룬 적이 있는데, 그 환자는 어릴 때 근친상간을 경험한 후로 다시는 그 누구도 자신의 질 부근에 접근하지 못하게 하겠다고 결심했다고 한다. 그러나 이러한 결정은 충분히 이성적으로 이루어진 것이 아니었기 때문에 그녀의 몸을 통해서 질병으로 나타났다.

만성적인 질염은 사회적으로 용인될 수 있는, 여성들의 성행위에 대한 거부표시일 수도 있다. 많은 여성이 쾌락과 관계없이 섹스를 의무라고 믿고 있다. 이러한 믿음은 자신도 모르는 사이에 만성적인 질염으로 표출될 수 있다. 만성적인 질염이나 외음부염과 관련된 또 다른 일반적인 문제는 파트너에 대한 불신이다. 만일 한 여성이 의식적으로는 남편의 외도 사실을 모르더라도, 그녀의 몸이 이러한 사실을 먼저 감지하고 느끼고 있을 수도 있다. 실제로 나는 배우자가 바람을 피우기 시작했던 시점에 만성적인 질염에 감염되기 시작한 여성들을 많이 보았다. 물론 남편이 세균을 옮겼을 수도 있지만, 대부분의 여성에게서는 질염에 대한 물리적인 원인을 발견할 수가 없었다. 반대로 자신의 혼외정사에 대한 죄책감 때문에 질염이 악화된 경우도 있다.

몇몇 환자들은, 특히 월경을 시작하기 전에 남편이 자기에게 거짓말하는 꿈을 꾸게 된다고 말한다. 그리고 당시에는 자신의 정신상태를 의심하면서 그냥 지나쳐버렸는데, 몇 년이 지나고 나서 그 꿈이 정확했다는 사실을 확인하게 되었다고 한다. 여성의 몸은 아주 민감해서 이처럼 지적 능력으로 어떠한 사실을 깨닫기 훨씬 전이라도 진실을 느낄 수 있다.

쉰 세 살의 조이스는 거의 20년 동안이나 만성적인 질염을 앓아왔고, 치료를 받아도 늘 재발한다고 했다. 내가 그녀를 처음 만났을 때 그녀는 이혼한 지 얼마 되지 않은 때였고, 그러한 사실을 매우 힘들어하고 있었다. 꽤 오랫동안 함께 살았던 조이스의 전남편은 부유하고 매력적이긴 했지만 알코올 중독자였다. 게다가 그는 다름 아닌 조이스의 친구 때문에 그녀를 떠났다. 조이스는 감당하기 힘든 배신감을 느꼈고 자신이 버려졌다는 생각에서 벗어날 수 없었다. 상담 과정에서 남편과의 관계는 이미 오래 전부터 만족스럽지 못한 상태였던 것으로 밝혀졌다. 늘 남편의 음주 버릇과 일 중독증이 문제가 되었다. 그리고 20년 동안 그들의 성생활은 성교 통증과 잦은 감염 때문에 엉망이었다.

조이스의 질 조직이 얇고 민감한 편이긴 했지만 검사결과는 정상이었다. 조이스가 더 이상의 성관계를 가지지 않는 한 질염이나 다른 문제는 생길 것 같지 않았으므로 치료를 할 필요도 없었다. 그 후 몇 년 동안 나는 정기검진 때마다 조이스를 만났다. 해가 갈수록 조이스는 전 남편의 배신에 대해서 덜 힘들어하고 그가 없어도 잘 지낼 수 있다는 것을 알아 가는 듯했다. 그 후 조이스는 재혼했고 새로운 남편과의 성생활이 아주 황홀하다고 했다. 사실 그녀는 성행위가 그렇게 좋을 수 있다는 것을 짐작도 못했다고 한다. 더 이상 질 감염이 발생하지 않았을 뿐 아니라 그녀의 질조직은 여러 면에서 정상적이고 건강해졌다. 조이스는 자신이 이성적으로 알게 되기도 전에, 몸이 먼저 만성적인 질염을 통해서 전남편과의 관계에 대한 메시지를 보내오고 있었다는 사실을 깨달았다.

성병 관련 주의사항

대중매체들은 여성들로 하여금 낯선 사람과의 첫 번째 혹은 두 번째 만남에서 육체관계를 가지는 것이 자연스러운 일이라고 생각하도록 유도하고 있다. 하지만 상황이 이럴수록 여성들은 에이즈를 포함해 성접촉으로 감염될 수 있는 모든 질병에 대해서 촉각을 곤두 세우고 있어야만 한다.

적극적인 성생활을 하는 사람들이 성병 감염을 피할 수 있는 확실한 방법은 없다. 그렇다고 해서 바이러스에의 노출 자체가 반드시 성병 감염을 일으키는 것은 아니다. 심지어 에이즈에 감염된 사람과 한 차례의 성관계를 가졌을 경우 면역결핍성 바이러스에 감염될 확률은 1000분의 1에 불과하다.[8] 어떤 경우에는 면역결핍성 바이러스에 반복적으로 노출된다고 하더라도 혈청 양성반응을 보이지 않는 경우도 있다.[9] 면역체계의 기능은 부분적으로 스스로의 삶에 대해 얼마나 안정감을 느끼느냐에 달려있다. 그렇다고 해서 여성들이 콘돔의 사용이나 성관계의 안전수칙을 무시해도 된다는 뜻은 아니다. 내가 하고 싶은 말은, 인간의 몸 속에는 복원력과 건강을 유지하려는 엄청난 잠재력이 내재되어 있다는 것이다. 사실 성병에 대한 가장 좋은 방어책은 자존심과 자긍심을 가지고 살면서 콘돔을 사용하고 잘 분별하여 성관계를 갖는 것과 같은 상식적인 대책들이다.

나는 성접촉에 의한 질병의 감염에서 벗어날 수 있는 유일한 방법이 우리 몸을 소중히 생각하는 것이라고 믿는다. 자신을 위험에 빠트릴 수 있는 상황을 구별해내고, 남자를 붙잡기 위해 혹은 공허함을 채우기 위한 수단으로서가 아니라 상호존중을 바탕으로 한 의사소통의 한 방법으로서 여성의 정체성을 다루는 법을 배워야 한다.

외음부 전정염

만성적인 외음부의 통증과 화끈거림은 외음부 전정염의 징후일 수 있다. 이러한 증상이 있는 여성들이 성관계를 가지면, 질이 열릴 때 건조한 통증을 느끼거나 때로는 참기 힘든 통증, 화끈거림, 찌르는 듯한 아픔을 느낄 수도 있다. 또 외음부 전정염에 걸렸을 경우, 질의 바로 아래에 위치한 전정선의 둥근 부위를 누르면 압통으로 인해 성관계를 방해한다.

수많은 연구가 이루어졌음에도 불구하고 외음부 전정염의 정확한 원인은 아직 밝혀지지 않았다. 하지만 몇몇 연구가들은 외음부 전정염의 원인을 질의 효모성 감염, 산부인과적 수술, 그리고 출산과 결부시켜 생각하기도 한다. 하지만 알레르기, 인유두종 바이러스, 박테리아의 과잉성장이 외음부 전정염의 원인인지는 명확하게 증명되지 않았다.

외음부 전정염과 관련하여 한 가지 흥미로운 사실은, 외음부의 선腺이 세로토닌과 크로모그라닌이라는 신경전달물질에 포함되어 있는 신경구조와 연결되어 있다는 것이다. 감정적인 문제를 해결하는 것이 외음부 전정염을 치료하는 데 효과가 있는 것은 바로 이런 이유에서이다.[10)]

나는 외음부 전정염 환자들에게 주로 영양관리와 마음의 문제부터 우선 해결하라고 권한다. 그리고 나서 필요하다면 다음의 다른 치료법을 이용해보라고 추천한다.

영양학적 치료

몇몇 연구결과에 의하면, 외음부 전정염은 소변에 함유된 칼슘 수산염과 관련이 있다고 한다.[11] 민감한 여성의 경우, 소변 속의 칼슘 수산염은 음문의 피부를 심하게 자극할 수 있다. 아직 확실하게 증명되지는 않았지만, 수산염의 섭취를 줄이고 칼슘 구연산을 매일 복용하면 외음부 전정염을 치료하는 데 확실히 도움이 된다고 한다. 저수산염 식이요법이 효력을 나타내는 데는 3~6개월이 걸린다.

수산염이 풍부한 음식에는 대황, 샐러리, 초콜릿, 딸기, 시금치 등이 있으며, 칼슘 구연산은 수산염의 흡수를 방해한다. 따라서 칼슘 구연산을 이용하려면 되도록 비타민D가 함유되어 있지 않은 제품을 이용하는 것이 좋다. 또 비타민, 미네랄, 항산화 제제도 면역체계의 기능을 증진시키고 세포의 치유와 재생을 돕는다고 한다.

심리적 치료

다른 모든 증상들과 마찬가지로, 외음부 전정염도 육체적·감정적·정신적인 측면에서 다루어져야 한다. 외음부 전정염과 감정의 관계를 다룬 한 논문에서는, 외음부 전정염 환자와 질염 등 다른 환자들을 비교하면서, 외음부 전정염 환자들이 심리적으로 훨씬 지쳐있으며 성적인 기능장애를 가지고 있는 경우가 많고, 몸의 감각에 지나치게 촉각을 곤두 세우고 있는 경우가 많다고 보고했다. 그들은 또한 자신들의 몸이 완전히 정상적임에도 불구하고 심각한 병에 걸렸을 것이라고 믿고 있는 경우가 많다고 한다. 또한 외음부 전정염 환자들은 질에 문제가 있는 다른 환자들에 비해 성폭행이나 폭력의 경험이 있는 경우가 많다. 성적으로나 육체적으로 폭행이나 강간을 당했던 여성들이 건강한 성관계를 가지는 데 더 힘들어한다는 사실은 이미 충분히 증명되었다. 결국 그러한 문제의 치유를 위해서 여성의 내면의 지혜가 외음부를 통해 관심을 끌고자 하는 것일 수도 있다.

우리는 생체자기제어법을 통해 신경계에서 외음부로 전달되는 메시지를 바꿀 수 있다. 골반근육을 이완시키고 회복시켜주는 질의 생체자기제어법은 통증을 완화시키는 데 83% 정도의 효과가 있다. 그리고 대부분의 여성들이 치료 후에는 정상적인 성생활을 할 수 있다고 한다. 케겔 운동 역시 집에서 쉽게 할 수 있는 효과적인 방법이다.

기타 치료 방법

항디프테리아 제제 항디프테리아 제제는 세로토닌과 노르에피네프린과 같은 신경전달물질의 재흡수를 막아 전정선이나 음부신경의 기능을 도와준다. 어떤 임상의는 신경을 쉬게 해줄 필요가 있을 경우 항디프테리아 제제를 처방한다고 한다. 하지만 부작용이 있을 수 있으므로 처음에는 가능한 한 적은 양으로 시작하여야 하며, 필요에 따라 양을 조금씩 늘려 가는 것이 좋다.

인터페론 인터페론은 면역체계의 자연살自然殺세포를 자극하는 항바이러스성 물질이다. 이유는 정확하게 밝혀지지 않았지만, 인터페론도 외음부 전정염에 효과가 있다고 한다. 인터페론을 4～6주 동안 사용하면 40～80%의 경우에 그 증상이 완화된다고 한다.

수술 수술을 통해 전정선을 잘라내는 것이 성공적인 치료법이 될 수도 있다. 하지만 모든 여성에게 해당되는 것은 아니다. 수술은 몸 속에 내재되어 있는 불균형을 다루는 방법이 아니므로 최후의 수단으로 추천하고 싶다. 사실 몸 속에 내재되어 있는 불균형을 다루지 않는다면 어떠한 치료도 근본적인 치유 효과는 없다.

과학적인 증거와 선택가능한 치료법을 모두 고려해볼 때, 외음부 전정염을 성공적으로 치료하기 위해서는 육체적 · 감정적 · 심리적 측면을 동시에 다루어야 한다. 만성적인 질의 통증처럼 증상이 지속적인 경우라면 당신의 내적인 지혜에 대한 믿음, 동정심, 인내심이 아주 많이 필요하다.

간질성 방광염

간질성 방광염은 요로 감염보다는 외음부 전정염과 함께 나타나는 경우가 더 많다. 이것은 요로 감염과는 달리 감염에 의한 것은 아니지만, 만성적인 통증을 느끼게 된다. 간질성 방광염은 40~60세 사이의 여성에게 가장 흔한 질병 중 하나이다. 간질성 방광염에 걸리면, 소변을 자주 볼 뿐 아니라 참기가 힘들어지고 자다가도 화장실에 가기 위해서 잠을 깨어야 하며, 배뇨를 할 때 통증이 느껴지고 경우에 따라서는 소변에 피가 섞여 나오기도 한다. 게다가 골반, 요로, 질, 회음부뿐만 아니라 골반뼈에서 통증이 느껴지기도 한다. 방광을 비우면 이러한 통증들은 부분적으로 완화된다. 아직 정확한 원인이 밝혀지지는 않았지만, 간질성 방광염은 자가면역과 관련된 질병이라는 것이 일반적인 견해이다.

생체자기제어와 행동요법은 이런 문제가 있는 여성들에게 효과가 있다. 행동요법은 근육이완법, 명상, 그 밖에 면역기능을 향상시키고 신경조직을 안정시킬 수 있는 기술을 이용해 몸이 스스로를 치유하도록 돕는 방법이다. 이때 커피, 담배, 알코올처럼 방광을 자극할 수 있는 기호품은 반드시 삼가야 한다. 면역기능을 강화시켜주는 피마자유 팩도 효과가 있으며 외음부 전정염에 효과가 있는 항산화제요법도 좋은 방법이다.

재발성 요로염

대부분의 여성은 평생 동안 몇 번 정도는 요로염을 경험하게 된다. 재발성 요로염에 감염되면, 배뇨시 화끈거리거나 소변 속에 피가 섞여 나오고 발열증상이 있을 수 있다. 또 요로염을 잘 치료하지 않으면 신장까지 감염되거나 더욱 위험해질 수도 있다.

타인에 대한 분노나 비난의 감정을 스스로 인정하지 않으려고 억지로 애를 쓸 때 발생하는 스트레스는 주로 방광과 비뇨기를 자극한다. 특히 이성문제로 인한 스트레스인 경우가 빈번하다.

많은 여성에게서 발생하는 재발성 방광염은 요로염과는 다른 질병이므로 다른 방식으로 접근해야만 한다. 재발성 방광염은 주로 항생제를 반복 사용하여 치료하게 되는데, 습관적으로 항생제를 사용하는 것은 몸 속에 내재되어 있는 불균형을 다루는 데 있어 좋은 방법이 아니다. 오히려 항생제가 질의 이로운 세균까지 모두 죽여서 효모 감염이나 설사, 재발성 요로염을 유발할 수도 있기 때문이다.

영양학적 치료 요로 감염을 치료하려면 우선 질의 세균총을 회복하여야 한다. 요구르트 탐폰은 질의 세균총 회복에 효과가 있다. 요구르트를 적신 탐폰을 질에 삽입하는 이 방법은 질의 세균총을 보충해줌으로써 효모문제와 관련이 있을지도 모르는 반복적인 감염의 위험을 줄여 준다. 요구르트로 질을 세정하거나 질에 친생물학 제제를 직접 삽입하는 것도 좋은 방법이다. 반면 디카페인 커피를 포함한 모든 종류의 커피는 요도에 아주 해로우며 방광을 자극한다. 만일 커피를 마시고 있다면 당장 끊는 것이 여러 모로 좋을 것이다.

방광염에는 크랜베리도 효과가 있다. 크랜베리는 박테리아가 방광의 벽에 달라붙는 것을 막아서 감염을 방지해준다. 또 크랜베리 주스는 소변을 산성화시켜서 박테리아가 성장하기 힘들게 만든다. 그러나 설탕을 첨가하면 크랜베리 주스의 효능이 사라질 수 있으므로 반드시 가당하지 않은 제품을 사용하여야 한다. 비타민C 또한 재감염을 예방하는 데 효과가 있다.

성행위를 하기 전에 물을 많이 마시고 성관계 후 1시간 이내에 소변을 보라. 물을 많이 마시고 소변을 보게 되면 박테리아가 조직에 달라붙어서 감염되는 것을 막아주므로 성관계로 인한 감염의 위험을 줄일 수 있다.

호르몬 폐경기나 폐경 직전인 여성들은 에스트로겐 부족으로 바깥쪽 요도벽이 얇아져서 배뇨할 때 화끈거림을 느끼게 된다. 이런 경우에 발생한 요로염이라면 질의 바로 위쪽 요도를 따라 에스트로겐 크림을 발라줌으로써 치료할 수 있다. 에스트로겐 크림은 질섬유를 정상적인 두께로 회복시켜 화끈거리는 증상을 없애준다.

성행위 성관계를 자주 가지거나 성관계로 인해 외상을 입게 되어도 방광염에 걸릴 수 있다. 장거리출장 때문에 따로 떨어져 있던 부부가 주말 동안 반복적으로 성관계를 가지게 되면 질과 요도 조직이 갑자기 자극을 받을 수 있다. 이런 경우에 생긴 방광염이라면 성행위를 적당히 조절할 필요가 있다. 질건조증 또한 방광염을 유발할 수 있으므로 질 윤활제를 사용하는 것이 좋다.

이 밖에도 방광염을 예방하기 위해서는 무엇보다 요도 부위에 박테리아가 침투하지 못하도록 하는 것이 중요하다. 배변 후 화장지로 뒤처리를 할 때 가능한 한 다른 방향은 피하고 앞뒤로만 확실하게 닦아주는 것도 한 방법이다. 또 피마자유 팩도 방광염을 예방하는 데 놀라운 효과가 있으며, 침을 맞는 것도 좋은 방법이다.

심리적 치료 타인에 대한 분노나 비난의 감정을 스스로 인정하지 않으려고 할 때 발생하는 스트레스는 주로 방광과 비뇨기를 자극한다. 특히 이성으로 인한 스트레스인 경우가 빈번하다. 그런 경우라면 느긋하게 크랜베리 주스를 마시거나 피마자유 팩을 하면서 다음과 같이 소리 내어 말해보라. "나는 내 질병을 유발한 모든 패턴을 드러낼 것이다. 나는 변할 수 있으며, 나를 사랑하고 인정한다."

서른 두 살의 크리샤는 정기검진을 받기 위해서 나를 찾아왔다. 크리샤는 비교적 건강한 편이었지만 월경통과 간헐적으로 발생하는 골반통, 재발성 요로염의 병력이 있었다. 나는 크리샤에게 그녀의 인생에서 지금 어떤 일이 일어나고 있는지를 물어보았다. 그녀는 자신의 남편이

한 달에 2주는 출장을 가야 하는 직업을 가지고 있어서 힘들다고 대답했다. 그의 불규칙한 스케줄 때문에 그녀도 계획적인 생활을 하기가 힘들었다. 또 크리샤는 아기를 가지고 싶었지만, 그녀의 남편은 그 부분에 대해서 약간 혼란스러워했다.

내가 다시 그녀의 성생활에 대해서 질문하자 그녀는 이렇게 대답했다. "우리는 그가 원하는 시간에 재빠르게 관계를 가져요. 콘돔, 피임용 격막, 질용 젤을 번갈아 사용하고 있죠." 남편과의 성관계를 가진 후에도 요로염이 나타나는지를 물어보자, 그녀는 성관계를 가지고 나서 하루나 이틀이 지난 후에 요로염이 재발한다고 대답했다. 나는 피임용 격막이 크리샤에게 잘 맞는지를 확인하기 위해서 그녀의 피임용 격막을 체크해보았다. 그리고 나서 크리샤가 요로염 예방에 신경쓸 필요가 있다고 판단하고 그녀에게 특별한 영양관리 프로그램을 처방해주었다. 우선 정제된 설탕과 밀가루 제품은 피하고, 자연식품을 섭취하고 복합 비타민제를 복용하도록 했다. 또, 성관계를 가진 후에는 가능한 한 빨리 복합비타민제를 1~2g 정도 복용하고, 성관계를 가지기 전날부터 다음 날까지 친생물학 제재를 복용하도록 했다. 나는 또 크리샤에게 그녀의 감정을 주로 자극하는 것이 무엇인지, 특히 남편에게 말하지 않은 불만은 없는지를 물어보았다.

세 달 후 크리샤는 검사를 받기 위해서 나를 다시 찾아왔다. 크리샤는 크랜베리와 비타민C 덕분에 증상이 빠르게 사라졌다고 말했다. 그리고 "요로염 재발의 가장 중요한 원인은 내 감정이었어요. 이제 남편과 문제가 있다고 느껴지면, 나는 몸이 알려주기 전에 먼저 남편에게 말해요. 그리고 내가 화가 났을 때는 절대로 성관계를 갖지 않기로 남편과 약속했죠. 그런 것들이 감염의 원인이었다는 것을 알게 되었거든요. 병을 예방하기 위해서 내가 할 수 있는 일은 아주 많았어요."라고 말했다.

스트레스성 요실금

여성인구의 거의 30~50%에 달하는 여성들이 복합성 요실금을 경험하지만, 그들은 의사에게조차 이러한 사실에 대해 말하기를 꺼려한다. 대부분의 경우 이것은 기침, 재채기 또는 크게 웃다가 발생하는 일시적인 문제일 뿐이다. 하지만 40~65세의 여성 6명 중 1명 정도는 일상생활에 지장을 줄 만큼 큰 문제가 되기도 한다.

요실금의 종류에는 여러 가지가 있는데, 그 중에서도 복합성 요실금이 가장 일반적이다. 복합성 요실금은 재채기나 기침 등으로 배에 압력이 지나치게 들어가는 경우 배뇨를 조절하는 요도괄약근이 소변을 통제하지 못하게 되는 경우에 발생한다.

요도괄약근은 다음과 같은 이유로 약해질 수 있다.

- 전반적인 골반근육의 약화
- 임신
- 출산으로 인한 외상
- 결체조직을 약화시키는 유전자적인 요인
- 흡연으로 인한 지속적이고 만성적인 기침
- 복부 내의 압력을 가중시키는 과도한 복부지방

골반근육의 강화 복합성 요실금을 치료하기 위해서 가장 먼저 해야 할 일은 케겔 운동을 이용해서 골반근육을 강화시키는 것이다. 케겔 운동을 정확한 방법으로 꾸준히 하게 되면 복합성 요실금 환자들 중 75%는 효과를 볼 수 있다. 케겔 운동은 치골미골근에 힘을 준 상태를 3초간 유지하는 운동방법이다. 그 다음 5초 간 이완시키고, 다시 10초 간 힘을 준다. 하루에 세 차례씩 다섯 번 반복하면, 6~8주 이내에 효과가 나타난다. 이 운동은 규칙적으로 실시해야 큰 효과가 있다. 치골미골근을 강화하면 스트레스성 요실금을 예방해주고 치료해 줄 뿐만 아니라, 요로 감염에 대한 내성을 길러주고 골반으로 가는 혈액의 양도 증가된다.

영양학적 치료 커피나 차 등을 많이 마셔서 배뇨량이 증가하는 경우에만 스트레스성 요실금이 나타나는 여성들도 많다. 커피나 추운 날씨는 배뇨를 촉진시킨다. 또 월경을 하는 첫날에는 배뇨량이 많아지는데, 이는 월경 전에 체내에 축적되었던 수분을 배출하기 때문이다. 이런 상황에서는 방광이 항상 가득 차 있기 때문에 스트레스성 요실금이 더욱 악화될 수 있다. 따라서 방광을 자극하는 커피를 끊는 것만으로도 스트레스성 요실금이 치료되는 경우도 빈번하다. 체지방을 줄이는 것도 요실금에 효과가 있다.

호르몬 폐경기 이후의 호르몬 변화나 요도조직이 얇아짐으로 인해서 스트레스성 요실금 증상이 나타나기도 한다. 만일 이런 이유로 스트레스성 요실금이 발생한다면, 요도조직을 재생시켜주는 에스트로겐 크림을 사용하는 것이 좋다.

페서리와 배뇨조절 삽입물 페서리는 자궁탈출증을 치료하기 위해서 질속에 삽입하는 플라스틱이나 고무로 만들어진 장치이다. 스트레스성 요실금의 경우 페서리를 사용해도 효과가 있다.

최근에 복합성 요실금에 대한 성능을 인정받은 배뇨조절 삽입물이라는 새로운 장치는, 임상실험 결과 이 장치를 사용한 환자의 97%가 완치되거나 그 증상이 완화되었다. 배뇨조절 삽입물은 크기가 작고 휴대가 간편하다. 따라서 골프나 에어로빅, 감기로 인한 재채기나 기침을 할 때와 같은 특별한 경우에만 요실금이 발생하는 여성들이 효과적으로 사용할 수 있다. 이 장치는 또 케겔 운동으로 효과가 없었거나 수술을 원치 않는 여성들에게 좋은 대안책이 될 수 있다.

수술 스트레스성 요실금은, 수술하면 대부분의 경우 성공적인 결과를 얻을 수 있다. 이런 경우에는 비뇨기과의 의사로부터 수술을 받는 것이 더 좋을 것이다. 요도에 테프론이나 콜라겐을 주사하는 방법도 경우에 따라 놀라운 효력을 발휘한다.

지금 당신이 당신 몸의 이곳과 어떤 관계에 놓여있든지 간에, 우리는 모두 외음부와 요도 부위에 대한 편견과 오해를 물려받았다. 과거로부터 물려받은 수치심을 벗어 던질 수 있는 유일한 방법은 우리의 욕구를 솔직하게 이야기하고, 자신을 교육시키는 방법이다. 우리가 이 곳의 지혜에 귀기울이고 그 지혜를 되찾기 시작한다면, 외음부 역시 우리 몸의 다른 곳과 마찬가지로 충분한 존경과 보살핌을 받을 가치가 있다는 사실을 알게 될 것이다.

10 유방

유방에 대한 집착은 가장 유아적이고
가장 미국적인 성적 페티시즘이다.
– 몰리 하스켈Molly Haskell 〈인용할 만한 여성The Quotable Woman〉 중에서

문화적 유산

여성과 남성 모두가 바비인형이나 〈플레이보이〉 지의 사진에 길들여져 있는 문화적 환경 속에서, 유방은 물리적으로나 은유적인 측면에서 매우 자극적인 부분이다. 놈 섈리Norm Shealy 박사는 유방에 관해 다음과 같이 촌평하였다. "프로이트는 잘못 알고 있었다. 나는 남근을 동경하는 여성은 한 번도 보지 못했지만 유방을 동경하는 남성은 숱하게 보아왔다." 대부분의 사람들이 어린 시절에 어머니의 유방과 이상적인 회수만큼 접촉하지 못하고 자란다. 그리고 너무나 많은 사람들이 모유보다는 차가운 플라스틱 젖꼭지와 다국적기업에 의해 만들어진 화학 유동

식으로 성장한다. 그런 면에서 우리 사회가 여성의 유방에 집착을 보이는 것은 어쩌면 당연한 일인지도 모른다.

우리 문화는 적어도 C컵 이상의 봉긋한 모양의 유방을 이상적이라고 생각한다. 이상형에 맞지 않는 유방을 가진 여성들은 자신들의 유방에 불만족스러워하고 잘못됐다는 생각으로 괴로워한다. 그러고 이러한 태도는 유방 질병이나 유방 성형수술을 유도하기도 한다. 유방의 크기와 모양은 각 개인마다 다양한 차이가 있다. 이러한 사실을 이해하는 여성들은 자신이 유방에 대해서 얼마나 잘못 생각하고 있었는지를 깨닫고는 불가능한 이상형과 비교하는 대신 자신의 유방을 사랑하게 된다.

여성은 종종 자신의 유방이 자기가 아닌 다른 누군가를 위해서, 또는 다른 누군가에게 즐거움을 주기 위해서 존재한다고 믿는다. 그러나 유방삽입술을 둘러싼 지금의 열기는 분명 문화적으로 지지받지 못한 어떤 것에 대한 보다 깊은 불만족의 표현이다. 유방은 또 '주고받는다'는 것에 대한 육체적인 은유이다. 고대에는 자연의 풍요로움을 상징하기도 했다. 1980년 초 내가 만난 한 여성의 경우에는 유방이 양육의 상징이라는 사실을 잘 보여주고 있다.

폐경기가 지난 지 4년이 된 제니퍼는 오른쪽 유방에 생긴 두 개의 커다란 낭종 때문에 나를 찾아왔다. 그녀의 증세는 하룻밤 사이에 나타난 것이라고 했다. 그래서 나는 그녀가 자녀를 양육하는 데 문제가 생겼는지, 아니면 주변과의 관계에 문제가 생겼는지 물어보았다. 그녀는 막내딸이 대학에 가기 위해서 집을 떠나려고 하며, 15년 동안이나 길러온 사랑하는 고양이가 최근에 죽었다고 이야기했다. 제니퍼는 딸과 고양이에 대한 상실감으로 슬퍼하고 있었다. 낭종이 나타나기 전날 밤, 제니퍼는 자신의 어린 딸에게 젖을 먹이는 꿈을 꾸었다고 한다. 낭종의 액을 뽑아내 검사해본 결과 낭종은 젖으로 채워져 있었다. 제니퍼의 몸이 역할의 변화를 모유로 보여주었던 것이다.

의료과학자인 모나 리자 슐츠는, '유선乳腺이 과도하게 성장한' 여성에게서는 종종 심장과 더 가까운 왼쪽 유방에서 그들이 돌보고 있는 소중한 사람의 에너지를 볼 수 있다고 말한다. 그 이유는 여성들이 양육을 근원적인 사랑의 표현이라고 배웠기 때문이라는 것이다. 그러나 아무런 문제없이 잘 양육하고 있음에도 불구하고 자신을 더 많이 희생해가면서 양육하는 행동양식은 병을 유발할 수 있다. 건강한 여성이나 남성에게서는 이러한 행동양식을 발견할 수 없다고 한다.

유방암은 스스로를 억제하거나 스스로를 양육하고자 하는 욕구와도 관련이 있다. 캐롤린 미씨Caroline Myss에 의하면, 유방의 혹이나 유방암 뒤에 숨어있는 주요한 감정적인 원인은 양육과 관련된 상처, 슬픔, 풀어버리지 못한 감정적인 문제들이다. 유방은 심장 부근의 차크라4 에너지의 중심에 위치하고 있는데, 후회와 슬픔 같은 감정의 에너지는 주로 이곳에 쌓이게 된다. 따라서 자신이나 타인을 용서할 수 없다는 것에 대한 죄책감은 유방의 에너지를 차단하게 된다.

1995년의 한 중요한 논문에서는 사별이나 직장으로부터의 해고, 이혼한 지 5년이 경과하지 않은 여성은 유방암에 걸릴 확률이 거의 12배나 높아진다고 밝혔다.[1] 그리고 오랫동안 끌어온 감정적인 어려움들은 유방암과 상관없다고 지적하였다. 하지만 또 다른 논문에서는 생활 속에서 발생하는 견디기 힘든 스트레스가 유방암에 걸릴 확률을 높일 수 있다고 주장한다.[2] 여기서 우리가 기억해야 할 것은 문제를 일으키는 것이 감정 그 자체는 아니라는 점이다. 즉, 문제는 감정을 완전히 표현하고, 해소하고, 건강하고 적합한 방식으로 상황에 적응하지 못하는 무능력인 것이다. 스트레스에 찌든 힘든 삶 그 자체는 유방암을 유발하는 원인은 아니지만 그에 대응하는 방식에 의해서 위험률이 결정된다는 이야기이다.

상황을 바꾸거나 통제하려고 노력하고, 다른 사람으로부터 지지를 받으려고 하는 일은 스트레스를 증가시킬 수 있다. 상실감은 피할 수 없는 것이며 우리가 살아가는 과정의 일부이다. 슬퍼해야 할 것은 슬퍼

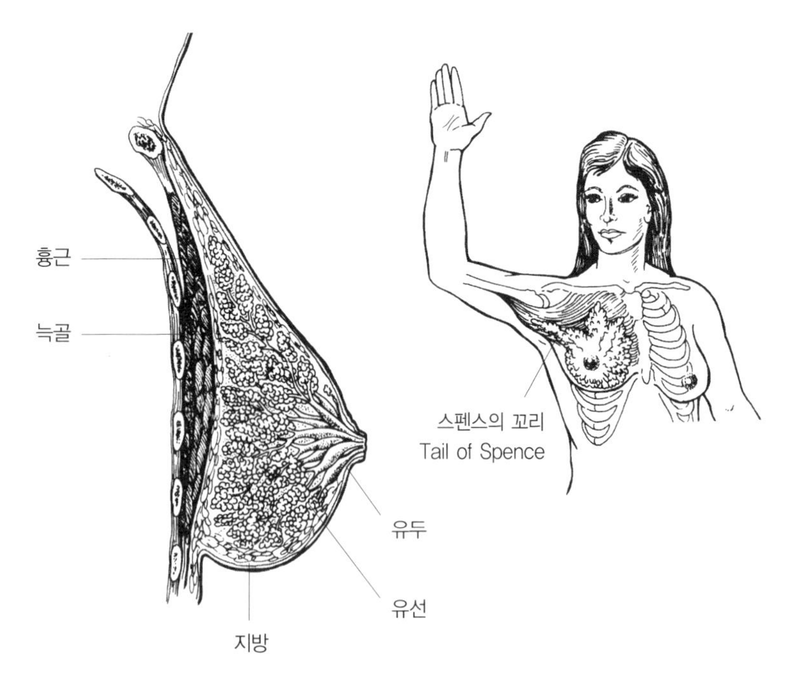

〈그림 10-1〉 유방의 해부도

하면서 상황을 인정하고, 능력 밖의 일은 포기하는 것이 더 나을 수도 있다.

해부학

여성의 유방은 아기에게 가장 좋은 영양분을 제공할 뿐 아니라 여성 자신에게 성적인 즐거움을 줄 수 있도록 설계되어 있다. 유방은 선腺 조직으로서 호르몬의 변화에 아주 민감하다. 그 때문에 월경주기에 따라서도 주기적으로 변화한다. 유방은 또한 여성의 생식기와 아주 밀접하게 연결되어 있어서, 유두를 자극하면 뇌하수체선으로부터 프로락틴의 분비가 증가되며, 유즙 배출을 촉진시키고 자궁을 수축시키는 옥시토신이 같이 분배된다.

〈그림 10-2〉 유방 자가검진

유방은 크기와 모양이 매우 다양하며, 유두 역시 마찬가지이다. 또한 대부분의 여성들은 유방의 크기가 서로 다르다.

유방 자가검진법

유방 자가검진은 유방조직에 대한 호르몬의 자극이 가장 적은, 월경이 끝난 직후에 하는 것이 가장 좋다.

유방의 해부학적인 특징을 제대로 이해하지 못하고 있는 대부분의 여성들은, 완전히 정상적인 유방을 가졌으면서도 자신의 유방에 문제가 있다고 생각한다. 정상적인 유방을 해부학적인 도표로 나타낸 것을 보면, 작은 덩어리로 느껴지는 것은 단지 정상적인 선일 뿐이다. 경우에 따라서 이런 도관이나 선은 부풀기도 하고 딱딱한 완두콩처럼 느껴지기도 한다. 대체로 이러한 덩어리들은 시간이 지나면 저절로 없어지는데, 정 의심스럽다면 의사를 찾아가서 검사를 받고 확신을 얻는 것이 좋다.

아무리 지식적인 정보를 많이 가지고 있다 하더라도, 임상적이고 체계적인 방식으로만 유방 자가검진을 한다면 오히려 유방에 대한 불안감을 증폭시킬 수 있다. 발견하고 싶지 않은 것을 굳이 왜 매달 꼼꼼하게 찾아내려고 하는가? 우리는 무언가 잘못되었다고 믿을 준비를 지나치게 많이 하고 있다. 유방암을 자가검진할 때는 유방을 만질 때마다 지나치게 의심하면서 어떤 덩어리를 찾아내려고 하지 말고, 유방에게 보살피고 존중하고 있다는 에너지를 전달해야 한다. 존경심을 가지고 유방에 접근해야만 한다.

만일 당신이 유방에 대해 두려움을 느끼고 스스로 '너무 많은 덩어리'가 있다고 생각한다면, 샤워나 목욕을 하는 동안 유방에 특별한 관심을 쏟으면서 유방에 대한 태도를 바꿀 필요가 있다. 유방을 씻으면서, 손가락 아래로 피부가 어떻게 느껴지는지에 집중해보라. 그리고 당신 손에는 치유의 힘이 있다고 상상해보라. 당신의 유방과 겨드랑이를 축복하는 마음으로 다룬다면, 유방의 기본적인 등고선의 생김새와 그 느낌이 어떠한지를 알게 될 것이다. 매일 샤워를 할 때마다 이것을 반복하면 당신은 유방에 대한 존경심을 회복할 수 있다. 이것이 익숙해지면 손에 압력을 더 넣어서 유방의 섬유조직이 어떻게 느껴지는지에 주의를 기울여보라. 이 단계에서는 약간의 의심을 가지고 유방을 대해도 괜찮다.

한 손으로 머리를 받치고 똑바로 누워보라. 이런 자세를 취하면 흉곽 쪽으로 유방이 평평해져서 유방의 조직을 감지하고 느끼기가 더욱 쉬워진다. 먼저 오른쪽 손가락의 안쪽 면으로 왼쪽 유방을 검사해보라. 손끝은 아주 민감해서 작은 소관도 감지할 수 있다. 당신의 유방이 완전히 정상이라는 것이 느껴질 때까지 이 동작을 반복한 다음, 다시 왼손으로 오른쪽 유방을 검사해보라. 처음에는 유방을 네 부위로 나누어서 한 부분씩 따로 검사해보는 것이 좋다. 각각의 유방을 검사한 다음에는 겨드랑이에서 유두 쪽으로 손을 움직여보라. 결국 당신은 유방의 각 부분이 서로 다르다는 것과 그것이 정상이라는 사실을 알게 될 것이다.

모든 여성은 자신의 유방이 아주 정상적인 신체의 일부이고, 유방도 헤어스타일이나 외모 만큼 사랑과 보살핌을 받을 가치가 있다는 사실을 알 필요가 있다. 이와 같은 방식으로 유방을 다룬다면 유방은 긍정적인 에너지로 가득 차 아무런 문제도 일으키지 않을 것이다.

양성의 유방 증상과 치료

여성이 유방에 관한 문제로 의사를 찾게 되는 가장 일반적인 이유는 유방에 생긴 혹이나 낭종 때문이다. 양성인 경우가 대부분이지만, 이런 혹이나 낭종이 종양이 아닌지를 확실하게 밝혀두기 위해서는 정밀검사를 받을 필요가 있다.

만성적인 유방통이나 월경주기에 따라 발생하는 유방통은 종종 카페인의 과다섭취, 스트레스, 하이퍼스트로겐 등으로 인해서 호르몬이 유방을 지나치게 자극하는 경우에 발생한다. 하지만 이런 것들이 유방암의 위험요소는 아니다.

섬유낭종성 유방 질병

약 70%의 여성들은 의사로부터 섬유낭종성 유방 질병이 있다는 진단을 받은 경험이 있을 것이다. 사실 섬유낭종성 유방 질병의 70~80%는 유방의 정상적인 변화일 뿐 유방암과 관련 있는 증상은 아니다. 유방은 지방과 결체조직으로 구성되어 있다. 그런데 시간이 지남에 따라 지방에 대한 결체조직의 비율이 변화하기 때문에, 검사결과 유방의 어떤 부위가 다른 부위보다 더 밀집되어 있는 것은 지극히 정상이다. 이처럼 섬유낭종성 질병에 대한 잘못된 정보나 유방에 대한 문화적인 편견은 오히려 많은 여성들로 하여금 질병을 유발할 수 있는 심리적 원동력이 되기도 한다.

성관계 등을 통해서 유두를 자극하면 유두 분비물이 생성되는데, 이것 역시 위험한 것은 아니다. 또 아기에게 모유를 먹인 후 젖의 분비가 완전히 멎으려면 1년 이상의 시간이 필요하다. 그러나 유두에 대한 자극과는 상관없이 분비물이 지속적으로 나온다면 뇌하수체 미세선종과 같은 뇌하수체 종양이 있을 가능성이 있으므로 혈액 검사를 받아보아야 한다. 분비물에 피가 섞여있는 경우에도 암이 아닌지를 확인하기 위해서 검사를 받아보는 것이 좋다.

유방은 호르몬의 변화에 아주 민감해서 유방덩어리나 비대증은 시간이 지나면 저절로 사라진다. 액체로 가득 차 있는 유방의 낭종은 국부마취 후 주사바늘로 낭종의 내용물을 뽑아내 검사해볼 수 있다. 때때로 의사들이 이러한 검사만으로는 단단한 혹과 낭종를 구분할 수 없는 경우도 있는데, 이런 경우에는 초음파 검사를 받아보아야 한다. 혹이 낭종라면 내용물은 주로 노르스름한 초록빛이 도는 갈색의 액체인데 주사바늘만으로도 흡출해낼 수 있다. 흡출을 하고 나면 낭종은 대부분 사라지고 더 이상의 치료가 필요없게 된다. 만일 이 혹이 확실히 낭종이 아니라면 보다 정밀한 검사를 받아볼 필요가 있다.

대부분의 여성은 유방에서 통증을 느껴보았을 것이다. 여성이 유방 클리닉을 찾게 되는 가장 큰 이유는 유방통 때문이다. 그러나 불행하게도 다른 많은 여성건강 문제들과 마찬가지로, 유방통은 종종 의사들에 의해 단지 상상의 질병으로 취급되곤 한다. 따라서 소홀하게 취급당하고 적절한 보살핌을 받지 못하기가 쉽다. 하지만 우리는 이 통증이 우리 삶의 어느 부분에서 균형이 깨지고 있다는 사실을 알려주는 신호라는 것을 알 필요가 있다.

유방통을 호소하는 여성들이 가장 걱정스러워하는 것은, 이 통증이 혹시 암의 신호가 아닐까 하는 두려움이다. 대부분의 경우 암이 아니지만 아주 드물게는 암인 경우도 있다. 그러나 몇 년 동안 유방통을 호소하는 수백 명의 여성을 진료해온 내 경험에 비추어 보면, 유방통과 유방암의 관련성은 아주 희박하다. 유방통이 있는 여성의 1%, 더 정확히 말하면 0.5%만이 실제로 암으로 진행될 소지를 가지고 있다.[3]

유방통에 대해서 안심하려면 먼저 통증이 왜 생기는지에 대해 정확하게 이해해야 한다. 대부분의 유방통은 월경 전의 체내호르몬 변화로 발생한다. 사실 월경주기 중 황체기에는 수분 증가로 인해 체중이 약간 불어난다. 그리고 민감한 여성의 경우 가벼운 수분 증가로도 유방섬유를 압박하거나 염증을 일으켜서 통증을 느끼기도 한다.

월경주기와는 전혀 상관없이 유방통을 느끼는 여성도 있다. 정확한 이유는 밝혀지지 않았지만, 주로 몸에 염증이 생겼거나 환경, 지각, 호르몬, 면역체계 사이의 민감한 상호작용으로 인한 신경내분비계의 변화 때문인 것으로 생각된다.

유방통이 심각한 여성들은 대체로 걱정이나 공포, 그 외의 수많은 만성적인 통증을 가지고 있다는 연구결과가 있다. 이런 경우 약물로는 유방통을 치료할 수 없는데, 통증을 완화시키기 위해서는 충격, 우울, 걱정 등 다양한 감정상태를 인정하고 해소함으로써 우리 몸의 면역체계와 호르몬 환경을 바꿔야 한다.[4]

유방증상 완화를 위한 프로그램

아래 열거한 방법들 중 당신에게 가장 적합하고, 당신이 스트레스를 받지 않고 손쉽게 할 수 있는 방법을 선택하라. 여기 열거된 모든 것을 다 할 필요는 없다.

우선, 의사와 상담하라 이것은 유방암이 아니라는 확신을 얻기 위해 매우 중요한 일이다.

에스트로겐의 양을 줄여라 에스트로겐의 과잉분비는 유방조직을 자극해서 유방통과 낭종의 형성을 초래할 수 있으므로 에스트로겐 과잉분비를 억제할 수 있는 식이요법을 실천하는 것이 좋다.[5]

지방을 많이 섭취할수록 체내 에스트로겐의 양은 많아져서 유방암이나 다른 산부인과적 암에 걸릴 위험이 커진다.[6] 반면 양배추, 브로콜리, 케일과 같은 겨자 류의 채소나 콩 제품은 과도한 에스트로겐의 배설을 촉진시켜주는 효과가 있다.

유제품을 끊어라 유제품만 끊어도 유방통이 사라질 수 있다. 유제품이 유방의 통증과 낭종을 유발하는 이유는 우유 생산량을 증가시키기 위해서 젖소에게 지나치게 많은 양의 항생제와 호르몬을 주입하기 때문이다. 이러한 항생제와 호르몬이 우유를 통해서 사람의 유방을 자극하게 되는 것이다.

카페인을 삼가라 콜라나 맥주, 커피, 초콜릿 속에 함유된 메틸크산틴은 유방조직을 지나치게 자극할 수 있으므로, 이런 류의 카페인이 첨가된 기호식품은 끊는 것이 좋다. 이에 대해서는 여전히 논란이 계속되고 있지만, 나는 민감한 환자들에게는 초콜릿 한 조각도 유방통을 유발시킬 수 있다고 생각한다. 따라서 유제품과 함께 카페인 제품을 끊는 것도 충분히 시도해볼 만한 가치가 있다.

프로게스테론 크림을 발라라 유방통은 종종 에스트로겐의 지나친 자극으로 인해 발생할 수 있으므로, 이런 경우라면 에스트로겐의 균형을 맞춰줄 수 있는 프로게스테론의 양을 증가시켜서 통증을 완화시킬 수 있다. 2% 프로게스테론 크림을 유방에 직접 펴서 발라주면 유방조직의 세포증식을 감소시켜서 유방암을 예방할 수 있다.

영양보조제를 이용하라 비타민E는 유방통과 관련 있는 혈청 뇌하수체 호르몬(LH와 FSH)의 양을 낮추는 효과가 있으므로, d-**α**토코페롤 형태로 만들어진 비타민E를 많이 함유하고 있는 복합비타민제를 복용하는 것이 좋다.[7]

피마자유 팩을 하라 유방에 염증이 있는 경우라면 1주일에 세 번 정도 유방에 피마자유 팩을 하도록 하라. 2~3개월 정도만 계속하면 통증이 가벼워질 것이다.

옥소를 섭취하라 옥소는 유방의 에스트로겐 수용체가 에스트로겐을 흡입하는 능력을 떨어뜨린다.[8] 옥소를 섭취하는 가장 좋은 방법은 해산물을 규칙적으로 먹는 것이다. 약국에서 판매하는 칼륨 옥소를 주스 혹은 물에 타서 마시거나 옥소 연고제를 피부에 직접 발라주는 것도 효과가 있다.

브래지어를 바꿔라 와이어가 삽입된 브래지어는 유방과 흉곽, 그리고 주변 섬유조직의 혈액과 림프의 순환을 차단하므로 유방의 건강을 위해서는 착용하지 않는 것이 좋다.

유방에 대해서 새롭게 생각하라 유방의 해부학적 특성을 이해하고 월경주기에 따른 유방의 변화를 알게 되면, 당신은 주기적으로 발생하는 유방 통증을 전혀 두려워하지 않게 될 것이다.

호르몬 제제와 피임약의 복용을 삼가라 호르몬 제제와 피임약은 월경주기의 규칙성을 변화시키거나 구토, 저혈압, 현기증, 우울증, 질 가려움증, 체중 증가 등의 역효과를 발생시킬 수 있다.

다른 사람의 도움을 받아라 다른 사람으로부터 도움을 받는 데 더욱 개방적일 필요가 있다. 정신적·심리적 충격이 유방 통증을 유발한다는 것은 이미 증명된 사실이다. 유방의 증상들은 종종 우리 자신을 더욱 고양하고 다른 사람들로부터 도움을 받아들이라는 몸의 신호일 수 있다.

숨겨진 메시지 발견하기

유방통은 때로 여성이 더 깊이 내재되어 있는 상처를 다룰 때까지 지속되기도 한다. 유방통이 있던 한 환자는, 다섯 살 때 헛간에서 놀다가 사내아이들이 강제로 그들 앞에서 옷을 벗게 했던 일을 기억해내고 나서야 유방통으로부터 자유로워질 수 있었다. 그녀는 그때 그 장난의 초점이 자신의 유방이었던 것으로 기억했다. 때문에 사춘기에 유방이 점점 커질수록 주기적으로 심리적·감정적 불편을 겪었고, 결국 그것이 육체적인 통증으로 나타났던 것이다.

또 마흔 일곱 살의 한 부인은 자신의 딸이 열 세 살이 된 후 자신에게서 점점 독립하려고 하자 유방에 날카로운 통증이 생겼다고 한다. 동시에 그녀의 유방은 아기에게 젖을 먹이고 싶어하는 듯하다고 했다. 그녀의 딸은 입양아였다. 그녀는 "폐경기가 가까워질수록 나는 내 딸의 아기 때 얼굴을 본 적도, 그 애에게 젖을 먹인 적도 없다는 사실이 자꾸만 마음속에 떠올랐습니다. 그리고 가능한 한 오랫동안 그 아이를 붙들고 싶다는 강한 욕망을 느꼈습니다. 그로부터 몇 달 후, 정기검진 결과 왼쪽 유방이 비대해져 있다고 하더군요. 바로 심장 부근이었죠. 나는 그 이유를 알 것 같았습니다. 나는 아름다운 그 아이를 내가 직접 낳지 않았다는 사실을 매우 슬퍼하고 있었거든요. 몸은 내가 그러한 사실에 대해 유감스러워한다는 것을 나에게 계속해서 알려주고 있었던 것이지요." 하고 말했다. 그녀가 이러한 사실을 깨달은 지 두 달 후, 그녀의 유방 비대증은 사라졌다.

때로 당신의 몸은 당신이 몸으로부터의 메시지에 귀를 기울이는 것만으로도 치유될 수 있다.

유방조직 검사

유방덩어리가 지속적이라면 확실한 진단을 위해 조직검사와 같은 정밀검사를 받아볼 필요가 있다. 대부분의 유방조직 검사는 입원할 필요 없이 국부마취만으로 간단하게 이루어진다. 또 어떤 유방전문 클리닉에서는 침생검법을 실시한 바로 그 날 환자에게 검사결과를 알려주기도 한다. 하지만 유방조직의 상태에 따라 검사결과가 나오려면 며칠씩 기다려야 하는 경우도 있다.

여성들에게 가장 불쾌한 경험 중 하나는 아마 자신의 유방에 있는 혹이 암일지도 모른다는 불안한 기분에 휩싸이는 일일 것이다. 따라서 유방에 대해 약간이라도 의심이 생긴다면 즉시 검사를 받아서 확인해 보는 것이 좋다.

프로게스테론에 관한 비망록

프로게스테론은 혈액응고를 줄여 주고, 면역체계의 자연살세포를 증가시키고, 유방세포의 증식을 감소시킨다. 이러한 세 가지 사실에 비춰 볼 때, 프로게스테론은 유방암 수술 동안 암세포가 주변 부위로 퍼져나갈 가능성을 줄여 줄 수 있다.[9] 따라서 유방암 수술을 계획하고 있는 폐경 이전의 여성이라면, 수술을 받기 전에 프로게스테론의 양을 최상의 상태로 조절하는 것이 좋다. 한편 월경을 하고 있거나 폐경 전인 여성이 적당한 양의 프로게스테론을 유지하고 있을 경우에는 유방암에 걸릴 위험도 낮다.

유방암

현재 1～90세까지의 미국여성 9명 중 1명은 유방암에 걸릴 수 있다. 국립 암센터의 보고에 의하면, 20대 여성의 유방암 발병률은 2,500대 1, 40대 여성의 경우에는 63대 1, 60대 여성의 경우에는 28대 1이라고 한다. 또한 40～55세 사이의 암으로 사망한 여성 중에서는 유방암으로 사망한 여성이 가장 많다고 한다.[10] 나 역시 많은 유방암 환자들을 만났다. 사실 유방암은 에이즈보다도 더 많이 여성을 죽음으로 몰고간다. 통계적으로 유방암이 계속 증가하고 있고 산업 독소와 살충제가 암의 중요한 요소로 작용하고 있다는 사실과는 상관없이, 모든 여성은 자신의 유방 건강에 대한 대책을 스스로 가지고 있어야만 한다.

유방은 에스트로겐에 민감한 기관이므로 피임약이나 에스트로겐 대체요법을 사용하면 더욱 확대되거나 민감하게 된다. 또 고지방, 고탄수화물, 저식이성 식생활과 함께 이런 류의 약물을 사용하게 되면 유방조직이 더욱 많은 자극을 받게 되어 결국 암으로 진행될 수 있다.

수년 동안 유방암은 지방의 과다섭취나 다른 영양소의 결핍과 관련이 있다고 생각되어왔다. 체지방과 유방암의 관계에 대한 논쟁은 아직도 합의에 도달하지 못한 채 의견이 분분하다. 하지만 내 생각은 다음과 같다. 지방을 많이 섭취하면 동시에 정제된 탄수화물과 정제된 설탕의 섭취가 많아지고, 신선한 과일과 야채는 적게 섭취하는 경향이 있다. 이러한 식습관은 만성적인 에이코사노이드의 불균형을 가져와서 결국 암을 유발할 수 있다. 또 체지방과 에스트로겐의 관계가 유방암의 원인이 되는지는 확실히 증명되지 않았지만, 몇 가지 연구논문에서 그 단서를 찾아볼 수 있다.

- 유방통, 월경전 증후군, 자궁근종, 그 외 다른 에스트로겐에 의한 질병의 병력이 있는 여성은 충분한 양의 프로게스테론을 복용하여야 한다.
- 동물성 지방은 대장 박테리아를 자극함으로써 식이성 콜레스테롤로부터 에스트로겐의 합성을 도와주어 결국 체내 에스트로겐의 과다분비를 유도할 수 있다.
- 체지방에서도 에스트론이라는 에스트로겐을 생성한다.
- 콩 제품 위주의 전통식을 고수하는 아시아 지역의 여성들은 그렇지 않은 여성들보다 더 많은 양의 에스트로겐을 배설하기 때문에 유방암에 걸릴 확률이 훨씬 낮다. 콩 제품은 과다분비된 에스트로겐의 자극으로부터 세포의 에스트로겐 수용기를 차단하는 역할을 하므로 유방암을 예방하는 데 효과가 있다.[11)]
- 양배추, 브로콜리, 싹양배추, 케일 등은 에스트로겐의 신진대사를 도와주는 성분을 함유하고 있다.
- 유방암에 걸린 여성은 그렇지 않은 여성보다 셀레늄의 수치가 낮다.[12)]
- 유산균은 장내 에스트로겐의 신진대사를 돕는다.[13)] 그러나 요구르트에는 유산균이 너무 적게 함유되어 있어서 그 차이를 느끼기가 힘들기 때문에 건강식품점 등에서 판매하는 유산균 제제를 사용하는 것이 좋다.
- 혈중 호르몬의 양을 증가시키는 알코올 섭취도 유방암과 관련이

있다.[14)]

- 규칙적인 운동은 암에 걸릴 확률을 37% 정도 줄여 준다는 연구결과가 있다. 규칙적인 운동이 체지방률을 낮추어 에스트로겐을 줄여 줄 수 있기 때문이다.[15)]

가족에 따라서 유방암과 난소암에 걸릴 확률이 유전적으로 더 높게 나타나기도 한다.[16)] 이런 가족의 남성들은 대체로 대장암과 전립선암에 걸릴 확률이 높다고 한다. 또 다른 논문에서는 유방암에 걸린 젊은 여성 중 10%가 유방암 유전인자를 가지고 있었다고 밝혔다. 유전인자를 가지고 있지 않은 여성이 일생 동안 유방암에 걸릴 확률은 12%다. 그러므로 유방암 유전인자를 가진 여성, 특히 유방암에 걸린 어머니를 둔 여성에게 제일 먼저 해주고 싶은 말은, 자신을 어머니와 동일시할 필요는 없으며 우리가 가지고 태어나는 유전인자는 질병을 유발하는 요소의 일부일 뿐이라는 사실이다. 실제로 이러한 유전인자가 질병을 유발하는 데 보다 중요한 역할을 하는 것은 식생활, 환경, 감정, 그리고 행동양식이다.

유방암에 대한 구체적인 치료법은 그 범위가 너무도 광대하다. 하지만 내 경험에 의하면, 유방종양절제술이나 유방절제술, 방사선 치료와 화학 치료 등 어떤 치료를 받든지 간에 유방암과 관련된 감정적인 패턴을 바꿀 수 있는 정신적인 문제의 해결, 주변사람들의 원조와 지지, 식생활의 개선 등이 치료에 있어서 중요하게 작용하였다는 사실이다.

밀드리드는 마흔 세 살이 되던 해에 유방암을 진단 받았다. 밀드리드는 대학교수와 결혼해서 미국 중서부의 대학촌에 살고 있었고, 20대에 결혼하여 세 아이를 기르는 일을 선택한 후로 집 밖의 일은 해본 적이 없었다. 서른 다섯 살 때 밀드리드는 남편이 제자들과 바람을 피운다는 사실을 알게 되었다. 그러나 경제적인 이유 때문에 그녀는 아이들이 더 자랄 때까지 참고 기다리기로 했다. 하지만 유방암 진단을 받게 되자, 밀드리드는 결국 결혼생활을 청산하고 공부를 더 해서 일자리를 구하기로 결심하였다.

수술 후 딸이 그녀에게 왜 정기검진을 받지 않느냐고 물어보았을 때 밀드리드는 이렇게 대답했다고 한다. "엄마는 유방암이 왜 생겼는지 잘 알고 있단다. 내 인생에 어떤 문제가 있었다는 사실도 알게 되었고, 종양도 이미 제거했어. 이제 절대로 재발하지 않을 거야." 밀드리드는 성적으로 자신에게 충실하지 못한 남편과 계속 지내는 한 자신이 건강을 유지하지 못할 것이라는 사실을 알고 있었던 것이다.

또 다른 환자, 줄리아는 서른 여덟 살에 유방종양절제술을 받았다. 하지만 조직 검사상으로는 종양이 완전히 제거되지 않은 것으로 나타났다. 그녀가 가지고 있던 암의 속성상 의사는 유방절제술과 림프절 절개술을 권했다. 하지만 그녀는 남부에 있는 고향으로 돌아가서 결혼과 집착의 고통에서 벗어나기로 결정했다. 이 과정에서 그녀는 깊은 감정의 정화를 경험하고 과거의 건강하지 못한 행동과 습관들을 모두 흘려보낼 수 있었다. 줄리아는 또한 식습관을 채식 위주의 식단으로 바꾸었다. 이제 암으로부터 자유로워졌지만, 줄리아는 자신의 가장 내적인 욕구와 몸이 알려주는 지혜에 계속 머물러 있어야 한다는 사실을 알고 있다.

최근 줄리아는 내면으로부터 남서부로 이사해야 한다는 느낌을 받았다고 한다. 그녀는 자신이 그곳에서 어떻게 살아가야 할지 확실하지는 않지만 일단 이사를 하기로 결정했다. 이사 후 그곳의 환경은 그녀의 치유에 많은 도움을 주었으며 자연과 더 가까이 지낼 수 있는 시간과 여유도 안겨주었다. 줄리아는 놀라울 정도로 용감해졌고, 지금은 아주 잘 지내고 있다.

캐롤린 미씨와 다른 전문가들은, 암은 시간이 필요한 질병이라고 말한다. 암은 오래된 상처, 혹은 벗어날 수 없는 과거에 대한 분노심을 가지고 있거나 기운이 쇠약해져있는 사람에게 발생할 수 있는 병이라는 것이다. 이러한 상처들은 치유가 시작되기 전에 미리 밝혀둘 필요가 있다. 시간과의 관계 역시 우리를 병들게 할 수 있다. 우리는 주어진 시간을 즐기면서 살아가지 못하고 시간에 쫓기고 있다. 늘 허둥거리면서 할 일은 너무 많고 시간은 너무 부족하다고 생각한다. 따라서 우리의 몸과 세포가 이러한 생각을 반영하게 되는 것이다.

모니카는 마흔 여덟 살에 나를 처음 찾아왔다. 그녀는 나를 찾아오기 직전에 조직검사를 통해서 유방암 진단을 받았다고 했다. 그녀의 담당의사는 그녀에게 오른팔 겨드랑이에서부터 림프절을 제거해야 하고 유방절제술까지 받아야 한다고 했다. 모니카와 남편은 고서점을 운영하고 있어서 구하기 힘든 책을 많이 가지고 있었다. 그들은 유방암에 관한 책을 열심히 읽었다. 결국 모니카는 유방절제술을 받지 않기로 결심했지만, 긴 토론 후 그녀의 담당의사는 유방종양제거술이라도 받을 것을 권했다. 모니카와 그녀의 남편은 다른 종양 전문의를 찾아갔고, 그녀가 가진 유형의 종양에는 화학요법이 좋을 것이라는 사실을 알게 되었다. 하지만 그들은 다른 치료법을 원했던 것이다.

나는 모니카에게 에스트로겐의 양을 줄일 수 있는 식이요법과 면역체계를 강화시켜주는 피마자유 팩을 추천하였다. 그리고 이런 방법들은 전통적인 의미의 '치료'로 간주되지 않으며, 수술이나 화학요법만큼 많이 연구된 방법도 아니라는 사실을 강조하였다. 다행히 모니카는 이 점을 잘 이해해주었다. 나는 모니카에게 몇 달 동안 자신을 잘 돌보고, 자신에게 기쁨을 줄 수 있는 일을 찾아보라고 말해주었다. 그녀의 가족들도 그녀가 선택할 수 있도록 간섭하지 않았다. 우리는 세 달 후 다시 만나기로 했다.

세 달 후 모니카가 다시 찾아왔을 때, 그녀는 15년은 더 젊고 건강해 보였다. 나는 그녀에게 어떻게 지냈는지 물어보았다. 그녀는 이렇게 대답했다. "이곳을 떠나면서 나는 내 인생을 변화시켜야 한다는 것을 알게 되었습니다. 나는 아름답게 느껴지고 치유에 도움이 될 만한 모든 일들을 해보기로 결심했습니다. 지난 세 달 동안 나는 매일 자전거를 타거나 몇 시간씩 구름과 하늘을 바라보며 들판에 누워있었습니다. 나는 여름을 세포 속으로 받아들였습니다. 나는 어려서부터 한 번도 이같은 여름을 보내본 적이 없습니다. 그 여름은 마치 영원할 것 같았습니다."

모니카는 시간과의 관계를 바꾸었다. 시간을 멈추고 자신의 세포들에게 선물을 가져다준 것이다. 우리는 모두 '우리 몸의 세포 속으로 여름을 받아들일 수 있는' 시간을 가질 필요가 있다. 암이 발견된 지 이미 6년이 지났고 그녀는 어떤 화학요법이나 수술도 받지 않았지만, 지금도 종양은 진행되지 않고 있다.

미용 유방성형

뉴스매체들은 주로 실리콘 유방삽입물의 문제점만을 강조하고 있다. 어떤 여성들은 이런 삽입물 때문에 만성 피로, 관절염, 면역체계 기능저하가 나타났다고 생각한다. 하지만 연구를 거듭한 결과, 유방삽입물이 소수의 사람들에게는 역효과를 나타낼 수도 있지만, 대부분의 경우 거의 또는 전혀 문제가 없다는 것이 밝혀졌다. 면역체계기능에 이상이 있는 여성들은 가능한 한 모든 종류의 삽입물을 피하는 것이 좋지만, 실리콘 유방삽입물이 문제를 일으킬 가능성은 1%라고 한다.

사실 실리콘 삽입물에 대한 소동은 우리 사회에 더욱 깊이 내재되어 있는 문화적인 문제들을 감추고 있다. 대부분의 여성들은 유방의 크기에 대해서 걱정하는 것이 건강하지 못한 일이라는 것을 알지만, 왜 건강하지 못한 일인지는 모르고 있다. 여성은 자신의 몸을 어릴 때부터 대중매체를 통해 세뇌된 이미지처럼 보이고 싶어한다. 여성의 몸은 문화적인 전쟁터이다. 우리는 현실과는 맞지 않는 터무니없는 기준에 완벽하게 맞추어야 한다는 불가능한 임무를 떠맡은 셈이다.

유방삽입물은 성적인 즐거움을 느끼게 해줄 수 있는 유두의 감각을 줄이거나 없앨 수도 있다. 또 어떤 경우에는 실리콘의 삽입으로 인해 아기에게 젖을 먹이기 힘들어질 수도 있다. 한편 유방삽입물은 암으로 인해 한쪽 유방을 잃어버린 여성에게 몸에 대한 이미지를 완벽하게 회복시켜줌으로써 치유의 핵심이 될 수도 있다. 모든 여성은 자신의 몸에 가장 좋은 것이 무엇인지, 왜 그런 것인지를 스스로 결정해야 한다.

사라가 나를 처음 찾아왔을 때 그녀는 쉰 다섯 살이었다. 사라는 아이를 키우고 있었고, 알코올 중독자인 남편과 25년째 살고 있었다. 그녀와 같은 경우의 사람들이 대부분 그렇듯이 사라의 아버지도 알코올 중독자였다. 사라의 남편은 15년 전에 성불구가 되었다. 그는 자신의 질병이 사라의 탓이며, 그녀의 몸이 그가 발기할 수 있을 만큼 매력적이지 않다고 비난했다. 중독된 관계에 있는 다른 많은 여성들처럼 사라는 그의 말을 믿었고, 그의 문제를 자신의 것으로 받아들였다. 사라의 남편은 또 사라의 유방이 조금만 더 컸더라면 자신이 성불구가 되지 않았을 것이라고 말했다. 사라는 남편에 대한 의무감으로 유방확대수술을 받았다. 그러나 사라는 처음부터 그 삽입물이 싫었으며, 남편의 성불능도 나아지지 않았다. 오히려 그는 이제 사라의 질에 문제가 있다고 트집을 잡았다. 그들의 관계는 더욱 나빠졌고 남편의 알코올 중독도 더욱 심각해졌다.

몇 년 뒤 남편은 그녀를 떠났다. 사라는 남편의 성불능의 원인이 자신이 아니며, 결코 그랬던 적도 없었다는 사실을 깨닫게 되었다. 하지만 사라는 마음에 들지 않는 실리콘 삽입물 때문에 곤경에 빠지게 되었다. 사라는 바깥 날씨가 추울 때면 유방삽입물이 데워지는 데 시간이 너무 많이 걸리기 때문에 몸이 쉽게 따뜻해지지 않는다고 말했다. 사라는 삽입물을 제거하고 싶어했지만, 수술을 받으려면 3천 달러나 들고 보험도 적용되지 않았다. 사라는 매일 자신의 몸이 지불한 대가를 떠올린다고 한다.

킴은 30대 후반의 생기발랄한 여자이다. 지금은 패션산업 분야에서 일하고 있지만, 그 전의 몇 년 동안 그녀는 교사였다. 10대 때의 킴은 엉덩이는 아주 크고 유방은 매우 작았다. 그래서 그녀는 몸에 꼭 맞는 옷을 살 수가 없었다. 킴은 재능이 많은 여성이었지만 자신의 외모에는 만족할 수가 없었다. 그녀는 몸매의 균형을 잡기 위해서 운동과 식이요법 등 자신이 할 수 있는 모든 것을 다 해보았다. 그러다 여러 해 동안 생각을 거듭한 끝에, 결국 유방확대수술을 받기로 결정했다.

수술은 성공적이었고 심리적인 면에서도 그녀를 치유해주었다. 킴이 스스로를 위해서 최선의 선택을 했기 때문에 가능한 일이었다. 킴은 자신감도 있었고 수술에 대해서 적절한 기대감도 가지고 있었다. 삽입물의 기분 나쁜 압박감이 그녀를 약간 불안하게 만들었지만, 그녀는 만일 자기 내면의 지혜가 삽입물을 제거하라고 하면 언제든지 제거할 수 있다는 사실도 알고 있었다. 삽입물을 이식하고 난 후 킴은 만족스러운 외모로 인해서 더욱 행복해졌다. 비로소 모든 것이 안정되었고 킴은 만족스러웠다. 최근 그녀를 만났을 때, 그녀는 자신의 삽입물을 사랑하며 아무런 문제도 없을 것이라고 말했다. 나는 유방절제술을 받은 여성의 실리콘 삽입물도 킴과 같은 효과를 발휘할 것이라고 생각한다.

삽입물에 대한 치유 프로그램

- 삽입물을 가진 수천 명의 여성에게 아무런 문제도 일어나지 않았다는 사실을 기억하라.
- 실리콘 삽입물을 가진 엄마의 모유를 먹은 아기의 면역기능에 문제가 발생한다는 가설은 증명되지 못했다.[17]
- 베타 카로틴, 식물성 에스트로겐(콩에 많이 함유됨), 비타민, 미네랄이 풍부한 야채를 많이 섭취하면 면역기능이 강화된다.
- 1주일에 한 번씩 피마자유 팩을 하면서 면역기능을 강화시키고 긴장을 풀어주라. 당신이 유방을 좋아하고 있다는 사실을 알릴 수 있는 기회가 되므로 삽입물로 인한 부작용을 줄일 수 있다.
- 경우에 따라서 삽입물을 제거하는 것도 올바른 선택일 수 있다.

• 삽입물이나 다른 성형수술에 관해서 가장 좋은 결정을 할 수 있는 것은 오직 당신뿐이라는 사실을 명심하라.

샤론의 유방은 열 한 살 때부터 성장을 시작하여 열 다섯 살이 되었을 때는 38D 사이즈의 브라를 착용해야 할 정도가 되었다. 학교에서도 너무 큰 유방 때문에 종종 당황스러웠으며, 운동을 할 때는 더욱 신경이 쓰였다. 달리기는 그녀에게 가장 불편한 일이었으며, 여름이면 유방 밑에 고인 땀 때문에 뾰루지가 생겼다. 유방에 비해서 엉덩이는 작았으므로 맞는 옷을 사기도 힘들었다. 서른 살이 되었을 때, 샤론은 유방축소술을 받았다. 유방을 가로질러서 칼자국이 남았음에도 불구하고 그녀는 수술의 결과에 짜릿한 만족을 느꼈다.

30대의 놀라울 만큼 아름다운 에린은 난관결찰술을 받기 위해 나를 찾아왔다. 신체검사를 하던 도중 나는 그녀가 유방축소술을 받았다는 사실을 알게 되었다. 그래서 나는 그녀에게 수술을 언제 받았는지 물어보았다. 그녀는 20대 중반에 수술을 받았으며, 그때는 지나치게 큰 유방으로 시선을 받는 것이 싫었다고 대답했다. 그녀의 유방은 38C로 그리 큰 편은 아니었지만, 그녀를 불편하게 했으므로 수술을 결정했던 것이다. 유방축소술이 유두의 감각을 줄이거나 없앨 수 있음에도 불구하고 수술을 받은 여성들은 대부분 결과에 만족스러워한다.

자넷 헐리Janet Hurley 박사에 의하면, 유방축소술을 받은 여성이 자신의 선택에 대해서 만족한다면 유방의 기능에 별다른 문제가 발생하지 않을 뿐만 아니라 수유도 훌륭하게 해낼 수 있다고 한다.

유방이나 신체의 다른 부위를 인위적으로 수술하는 것에 대해서 옳거나 틀리다고 판단할 수는 없다. 수술이 가져다주는 변화는 그럴 만한 가치가 충분히 있는 것이다. 반면 수술은 만병통치약이 아니며 여성의 인생이나 몸과의 관계까지 치유해주지는 못한다. 성공적인 결과를 얻기 위해서 가장 중요한 것은 수술에 담겨진 의미와 그 수술에 대해서 가지고 있는 기대감이다.

몸에 영향을 끼치는 마음의 위력

한 연구는 최면술과 창의적인 시각화를 이용해서 유방의 크기와 모양을 변형시킬 수 있다는 사실을 밝혀냈다. 12주 동안 최면술을 실시한 여성의 경우 유방이 더 커지고 탄력이 생겼으며, 어떤 여성은 허리 사이즈와 몸무게가 줄어들기도 했다고 한다. 또 다른 논문에서는 지원자들에게 타월의 온기를 유방으로 느껴보거나 유방의 따뜻한 감각을 직접 느껴보라고 요구하였다. 그리고 나서 심장의 기운이 유방으로 흘러들어가고 있다고 생각하라고 지시했다. 지원자들은 12주 동안 하루에 한 번씩 집에서도 같은 이미지를 실행할 것을 요구받았다. 12주가 끝나갈 무렵, 지원자 중 85%가 유방의 크기가 놀라울 정도로 변하는 것을 느꼈다고 한다. 덧붙여 시각화 이미지에 익숙한 여성은 더 좋은 결과를 얻기도 하지만, 익숙하지 못한 여성에게도 효과가 있었다고 밝혔다. 처음 시작할 때 유방의 크기가 어떠했는지는 중요하지 않다. 또한 이 기술은 50세 이상의 여성들에게도 효과가 있는 것으로 나타났다.

만일 우리가 유방의 크기와 탄력성을 바꾸기 위한 의도로 집중하고 시각화의 힘을 이용할 수 있다면, 우리는 유방이 건강하고 아름답다고 상상하는 것만으로도 아름다운 유방을 유지하고 만들 수 있을 것이다. 우리가 가지고 있는 몸에 대한 이상은 몸을 소중하게 다룰 때 표출될 수 있다.

유방 돌보기

당신의 몸을 존중하라. 여성으로서 우리가 해야 할 일은 유방의 크기와는 상관없이 몸과 자신을 존중하는 법을 배우는 것이다. 유방을 양육과 기쁨의 원천으로 소중하게 여긴다면 유방과 우리의 관계는 충분히 개선될 수 있다. 유방을 존중하고, 유방이 우리 몸의 가치있는 부분이라는 사실을 인정해야만 한다. 생각과 느낌은 육체에 영향을 끼친다는 사실을 늘 기억해야 한다. 슬프거나 화나고 고통스러운 일이 있다면, 그런 감정들을 완전하게 느끼고, 슬퍼하고, 흘려 보냄으로써 유방에 아무런 감정의 찌꺼기도 남겨두지 말아야 한다.

산부인과 전문의인 바바라 조셉Barbara Joseph 박사는 유방암 치유를 위해서 우리가 해야 할 일을 다음과 같이 정리하였다. 이 방법은 유방암 예방에도 효과적이다.

- 자신에게 너그러워야 한다.
- 자신을 사랑하자.
- 자기에게 친절하자.
- 자신을 돌보자.
- 자기에게 필요한 것을 요구하자.
- 자신이 원하지 않는 것에 대해서는 "아니오"라고 말하자.

나는 이 리스트에 "매일 맛있고 영양가 풍부한 음식을 즐기자"라는 항목을 덧붙이고 싶다. 만일 당신이 유방절제술을 받았다면, 당신은 그로 인한 흉터를 존중하고 숭배하는 마음으로 어루만져주어야 한다.

스물 한 살에 유방을 제거한 중년부인을 만난 적이 있다. 그녀는 나에게 이렇게 말했다. "돌이켜 보면 나는 아주 어려서부터 유방을 철저하게 거부했습니다. 왜냐하면 나는 태어나면서부터 늘 내가 남자였어야 한다는 메시지를 받았기 때문입니다." 그녀의 유방암은 여성으로 태어난 것에 대한 그녀의 만성적인 거부감 때문이었다. 유방절제술을 받은 지 거의 20년이 지난 지금, 그녀는 자신의 인조유방을 없애기로 결정했다. 그녀는 인조유방이 자신의 가슴과 심장이 느낄 필요가 있는 사랑의 기운을 차단하고 있는 것 같다고 말했다. 인조유방을 제거한 후 그녀는 누군가로부터 애무를 받으면 유방의 모든 부분으로 사랑의 기운을 받아들일 수 있게 되었다고 한다.

하지만 유방절제술 후의 유방복원술은 축복일 수도 있다. 만일 당신이 그런 경우라면 정기적으로 수술의 결과에 감사를 보냄으로써 몸의 치유 능력을 강화시켜야 한다. 당신이 지금 어떤 상황에 있든지 당신의 몸은 그것을 치유하는 법과 건강해지는 법을 알고 있다는 사실을 받아들여라.

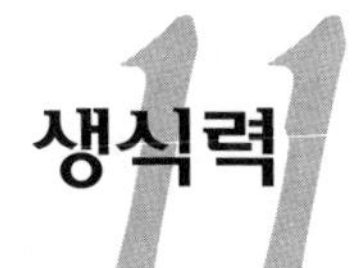

생식력

> 생식력은 단지 생물학적 의미에서
> 아이를 가질 수 있는지, 없는지에 의해서 결정되는 것이 아니다.
> 생식력은 의학적 조건이 아니라 평생에 걸친 자아와의 관계이다.
> – 조안 보리센코Joan Borysenko

어머니의 심장과 가장 가까운 곳에서 지내는 뱃속에서의 시간들은 태아에게 더없이 기쁜 순간이다. 여성들은 임신에 대해 현명하게 선택할 필요가 있다. 여성들이 어떻게 하느냐에 따라 자기 자신과 아기에게 아주 많은 영향을 끼칠 수 있기 때문이다. 아기들은 그들 인생의 모든 부분을 기억하며, 그 경험은 잠재적으로 그들의 삶에 큰 영향을 끼치게 된다.

우리는 삶의 모든 흔적들을 세포에 담고 살아간다. 따라서 상처받기 쉬운 처음 아홉 달 동안 어머니가 아기에게 애정을 쏟지 않으면, 아기는 이것을 모두 알아차리고 이러한 사실을 그들의 세포에 각인하게 된다. 태어나기 전과 태어날 때의 기억이 아기에게 끼치게 되는 잠재적인 영향력을 인식하고 여성들은 자신의 생식력을 잘 조절하고 사려 깊게 임신하는 방법을 배워야만 한다.

어떤 여성들은 자신의 부모가 자신을 원하지 않았다는 것을 알고 있고, 그 사실을 평생 동안 느끼면서 살아간다고 말한다. 비버리는 나에게 이렇게 말했다. "엄마가 아홉 달 전에 죽은 오빠에 대해서 슬퍼하고 있을 때 저를 임신하게 되었어요. 나는 엄마의 자궁에서 이미 이 사실을 알아차렸고, 엄마를 위해서 더 잘해야겠다고 다짐했죠. 나는 64년을 엄마를 위해서 노력하면서 살았어요. 하지만 아무 소용이 없었어요." 비버리의 어머니는 자신의 딸에게, 늘 그녀를 낳을 때 얼마나 고통스러웠는지, 그녀가 태어났을 때 얼마나 못생겼었는지를 이야기하곤 했다. 그러면서 죽은 비버리의 오빠를 분만할 때는 하나도 힘들지 않았으며, 그 아이는 태어날 때부터 아름다웠다는 이야기를 늘어놓았다.

원하지 않는 임신으로 출생한 사람들은 존재론적인 우울감을 가질 수 있다. 이런 여성은 어디에도 소속감을 느껴본 적이 없으며, 자신이 그 자리에 있는 것 자체가 다른 사람들에게 고통을 준다고 생각한다. 비버리는 기억할 수 있는 한 오래 전부터 그렇게 느껴왔다고 한다.

50대의 의사인 한 여성도 자신이 원하지 않았던 아이였음을 기억해냈다. "나와 너무나 가까이 있었던 어머니의 심장박동 소리는 나를 편안하게 해주지도, 확신시켜주지도 않았어요." 그녀의 어머니는 이미 돌아가셨지만, 그녀는 어머니를 용서하는 과정을 시작하였다. 그녀는 눈물을 흘리며 말했다. "어머니가 너무도 그리워요. 이제서야 어머니도 최선을 다하고 있었다는 사실을 깨닫게 되었습니다. 단지 어머니는 자기를 위한 기회를 가지지 못했던 거예요."

낙태

많은 여성들에게 낙태는 '해결하지 못한 문제'이다. 어머니와 아이의 결합은 인간이 경험할 수 있는 가장 친밀한 결합이다. 이와 같은 가장 근원적인 인간의 관계에는 충분한 사랑, 환영, 포용이 존재해야 한다. 한 여성에게 억지로 아기를 가지게 하고 기르게 하는 것은 폭력이다. 이런 상황에서 어머니와 아이의 결합은 순조롭게 이루어질 수 없으며, 사랑보다는 혐오의 씨앗을 심어줄 수도 있다. 범죄자들의 아동기가 종종 결핍과 절망으로 가득 차 있다는 사실에서도 알 수 있듯이, 원하지 않았던 존재를 세상으로 데리고 오는 것은 심지어 위험할 수도 있다. 아이로 하여금 자신에 대해서 적대감을 가지고 있는 몸 안에 있도록 강요하는 것보다 더 끔찍한 출발이 있을까? 여성이 자신의 생식력을 통제할 수 있는 권리를 가져야 한다는 사실을 인정하지 않는 사람들도 이러한 정도는 알고 있을 것이다.

산부인과 의사로 일하면서 몇 년에 걸쳐 내가 알게 된 사실은 여성에게 성적 자유 같은 것은 없다는 사실이다. 그렇기 때문에 우리는 '절박한 필요에 의한 낙태'라는 말에 대해서도 불편해하는 것이다. 몇 년 동안 여성의 생식기를 다루는 일을 해오면서, 나는 낙태를 둘러싼 논쟁들이 우리 사회의 더 깊은 문제들을 감추고 있다는 사실을 알게 되었다. 여성이 자신의 성적 욕구를 충족시키는 방법을 잘못 이해하고 남성의 성적 쾌락을 위해 자신의 몸을 희생하는 한, 그리고 낙태가 단지 여성의 문제로만 다루어지는 한 우리는 해결책을 얻을 수 없을 것이다.

한 여성이 자신과 자신의 인생을 위해서 낙태를 선택하려면, 그녀는 5천 년 간 이어져온 남성중심의 사회적 풍토에 맞서야만 한다. 남성들에 의하면, 여성의 주된 인생의 목표는 결혼과 더불어 출산, 양육, 그리고 남편을 위해 헌신하는 것이다. 여성들이 자신의 삶을 선택할 수 있도록 내버려두는 것은 그들의 성미에 전혀 맞지 않는 일인 것이다. 하지만 오늘날 이러한 여성들은 엄청나게 증가하였고, 따라서 여성들로 하여금 그들이 만들어준 위치에 머무르게 하려는 정치적·사회적인 압력 또한 그 목소리를 더욱 높이고 있다. 한 세기 반 동안, 수사학에서조차 여성들로 하여금 낙태를 통해서 모성애 대신 자기 개발을 선택하는 것에 대해서 죄책감과 수치심을 갖도록 조장해왔다. 따라서 낙태는 여성들이 자유롭게 말할 수 있는 화제거리도 되지 못했다. 만일 낙태를 경험한 모든 여성들이 자신들의 경험에 대해서 수치스러워하지 않고 정직하게 이야기할 수만 있다면 보다 빨리 치유될 수 있을 것이다.

낙태의 정신적인 상처

기술적인 측면에서 낙태시술은 아주 단순하며, 대개의 경우 어떠한 육체적인 문제도 일으키지 않는다. 단지 외적인 개입에 의해서 임신이 갑작스럽게 중단됨으로써 몸에 다소 충격을 줄 수 있을 뿐이다. 그러나 낙태를 경험한 여성들은 대부분 수십 년 동안 죄책감과 수치심에 시달리며 낙태에 대한 감정들을 흘려보내지 못한다. 대부분 자신이 낙태를 했다는 사실을 다른 누구에게 말하지도 않는다. 이런 여성은 낙태에 대한 수치심과 후회를 자신의 세포조직 속에 각인한 채 오랜 시간을 보내게 된다. 낙태와 유방암의 상관관계가 처음 발표되었을 때 그럴 듯하게 들린 것은 이러한 이유 때문이다.[1] 미처 풀지 못한 감정적 상처는 몸을 통해서 구체화되고, 자궁근종이나 골반통 같은 산부인과적 문제를 일으킬 수 있다. 낙태로 인해서 상처를 입게 되는 것은 낙태시술 그 자체 때문이 아니라 낙태시술에 대한 의미 때문이라는 사실을 기억하도록 해야 한다. 낙태의 물리적인 안정성은 이미 입증되었지만, 사실 반복적인 낙태는 여성성의 에너지 중심을 약하게 만들 수도 있다.

50대의 한 환자는 골반통을 동반한 자궁내막의 낭상선종성 증식증과 만성적인 간헐성 출혈을 가지고 있었다. 문제는 딸의 출산과정과 출산에 대한 사위의 무조건적인 지지를 지켜보면서 처음 시작되었다고 한다. 이 과정에서 그녀는 자신의 남편에 대한 분노와 깊은 슬픔을 느꼈다. 그녀 자신도 이성적으로는 도저히 이해할 수 없는 감정이었다. 좀 더 시간이 지난 후에 그녀는 이 감정이 예전의 원하지 않았던 낙태로 인해 가슴속에 남아있던 응어리진 감정 때문이라는 사실을 알게 되었다. 임신에 대해서 우호적이지 않았던 남편 때문에 그녀는 낙태를 해야만 했던 것이다. 그때서야 그녀는 지금까지 미루어두었던 치유를 시작할 수 있었었다.

1980년 중반에 나는 낙태시술을 그만두기로 했다. 여성들이 모순된 감정으로 자신의 생식력을 무책임하게 다루는 모습들에 지쳤고, 해마다 낙태를 반복하는 여성들에게도 싫증이 났다. 나는 이 일을 잠시 동안만이라도 쉴 필요가 있었었다. 그래서 낙태문제의 다른 측면, 즉 여성들로 하여금 자신들의 성 정체성을 이해하고 자존심과 자긍심을 가질 수 있도록 돕는 일을 하기로 했다. 자신의 생식력과 성 정체성을 주체적으로 다루려는 의지나 능력이 없는 여성들은 아직도 많다. 따라서 낙태는 앞으로도 한참 동안이나 더 피임의 수단으로 이용될 것이다. 나는 낙태의 유용성을 지지한다. 하지만 여전히 여성과 남성이 협력해서 주의 깊고 사려 깊게 임신을 하는, 그럼으로써 낙태가 사라질 날을 기대하고 있다.

낙태 기억으로부터의 치유

- 당신은 낙태에 대해서 충분히 상의하고 동의를 얻었는가?
- 하루나 이틀 정도 일상에서 벗어나 낙태에 대해 충분히 생각할 시간을 가졌는가?
- 낙태에 대해서 충분히 슬퍼했는가? 혹은 그럴 필요를 느꼈는가?
- 낙태에 대해서 죄책감을 느꼈는가? 아직도 죄책감을 느끼는가?
- 당신의 종교적인 가정교육은 낙태를 함으로써 자신의 인생을 선택하는 것이 잘못된 일이라고 강조하고 있지는 않는가?
- 당신의 가족이나 믿을 수 있는 친구들과 낙태의 경험을 나눌 수 있었는가? 그리고 그들은 당신을 지지해주었는가?
- 만일 당신이 또 다시 낙태를 해야 한다면 어떻게 하겠는가?
- 낙태를 당신의 마음속에서 용기 있는 행위로 바꾸어 생각할 수 있

는가?

- 어떤 여성에게는 낙태를 선택하는 것이 자아를 위한 축복일 수도 있다. 당신도 그런 경우였다면 자축하라. 만일 그런 경우가 아니었다면 당신은 거기에서 무엇을 배웠는가?

낙태에 대한 또 다른 견해

나는 글래디스 맥거레이Gladys McGarey 박사의 〈살아가기 위해서 태어나다Born to Live〉에서 태아와의 의사소통에 관해 처음 알게 되었다. 의학과 여성의 건강관리에 대한 그녀의 깊이 있는 영적 접근법은 수년 동안 나를 이끌어주었다. 맥거레이 박사는 다음과 같이 말했다.

"나는 낙태가 이성적으로 납득할 만한 선택이었고, 당연히 해야 하는 옳은 일이었던 경우를 자주 보았습니다. 네 살 난 도로시라는 아이의 어머니인 한 환자는 이런 이야기를 해주었어요. 그들은 가끔씩 점심을 먹으러 나가서 이런저런 이야기를 나누곤 했답니다. 그 아이는 말을 아주 잘했죠. 어느 날 도로시가 갑자기 이렇게 말했다는군요. '지난 번에 내가 작은 여자아이였을 때, 내게는 다른 엄마가 있었어요.' 그런 다음 그 아이는 다른 언어로 말을 했답니다. 놀라운 순간이 끝나자 도로시는 또 다른 이야기를 시작했답니다. '하지만 그 일이 가장 최근의 일은 아니에요. 내가 엄마 뱃속에서 키가 4인치 만했을 때 아빠는 결혼할 준비가 안되었다고 했어요. 그래서 난 가버렸죠. 하지만 다시 돌아왔어요.' 그 아이 엄마의 설명에 의하면, 그 아이는 4년 전의 일에 대해서 얘기하고 있었던 거라는군요. 그녀는 아무 말도 할 수가 없었답니다. 그녀의 남편과 의사, 그녀 자신을 제외한 어느 누구도 그 일을 몰랐거든요. 그녀와 그녀의 남편은 결혼할 준비가 되기 2년 전에 임신을 하게 되었죠. 그녀는 아이를 가질 준비가 되어있었지만 남편 될 사람은 아니었기 때문에 어쩔 수 없이 낙태를 했대요. 그런데 두 사람이 결혼을 하고 아이를 가질 준비가 되자 다시 똑같은 존재가 만들어졌던 겁니다.

그리고 이 작은 아이는 실제로 이런 말을 했답니다. '나는 엄마가 낙태했던 것이 화나지 않아요. 난 이해해요. 왜 그래야 했는지 알고 있으니까요. 괜찮아요. 난 다시 여기 있잖아요. 그건 지나간 일이에요. 나도 그 일에서 배웠고 엄마도 그렇잖아요.'"[2)]

나의 여동생은 세 명의 씩씩한 아들들을 두었으면서 부주의하게 또 다시 임신을 하게 되었다. 그녀는 임신이 자신에게 적합하지 않으며 모든 것이 잘못될지도 모른다고 생각했다. 그래서 아직 태어나지 않은 아기와 이야기를 나누기 시작했고 아기의 영혼에게 떠나달라고 부탁했다. 그녀는 2주 동안 매일 이 일을 반복했다. 하지만 그녀의 임신은 지속되었다. 결국 그녀는 낙태 클리닉에 전화를 걸어 예약을 해야만 했다. 그런데 전화를 끊자마자 갑자기 출혈을 시작되었고, 그 날 밤 늦게 자연유산하였다.

이런 이야기들은 낙태를 새롭게 생각해볼 여지를 남겨준다. 캐롤린 미씨에 의하면 영혼의 에너지는 낙태 후에도 계속 남게 되므로 이것을 완전히 풀어줄 필요가 있다고 한다. 여러 가지 고대의 전통에서도 이러한 가설이 인정받았다는 흔적을 찾아볼 수 있다.

1985년, 분만 전과 후의 심리학회 국제모임에 참석했을 때, 나는 제닌 파바티 베이커Janine Parvati Baker에 의해서 행해진 '치유를 위한 낙태의식'에 참가하게 되었다. 그녀는 이 의식을 인디언 주술사 여성에게서 배웠다고 했다. 그 모임에 참석한 모든 여성들은 낙태를 경험했거나 낙태에 관심이 많은 사람들이었다. 오후 내내 그리고 또 저녁 내내, 그곳에 참석한 남자와 여자들은 그 전에는 이야기할 수 없었던 낙태에 관한 자신들의 아픔에 대해 이야기를 나누었다. 그리고 베이커는 낙태된 영혼의 에너지를 자유롭게 풀어주는 것을 도와주었다. 이것은 많은 사람들에게 치유를 향한 첫걸음이었다.

임신에 관한 여성 개개인의 상황은 누구와도 비교할 수 없는 것이고, 누군가가 대신 선택해줄 수도 없다. 여성이 무엇을 선택하였든지 간에 그에 따른 결론은 있게 마련이다. 중요한 것은 여성이 자신의 선택에 대한 확신을 가지고 있어야 한다는 사실이다.

계획적인 임신과 피임

만일 여성들이 세상에서의 개인적·직업적 위치를 개선하고자 한다면, 우선 자신의 창조성에 대한 책임을 질 수 있어야 하고 자신의 힘을 되찾아야 한다. 단지 공허함을 채울 목적으로, 또는 남자를 붙잡아두기 위한 수단으로서가 아니라 자기 자신을 위해서 충분히 생각해본 후에 출산할 수 있어야 한다. 남자를 위해서 임신을 한다는 것은 더 이상 우리에게 맞지 않는, 시대에 뒤떨어진 집단무의식적 발상일 뿐이다.

나는 임신을 계획하고 있는 여성들에게 아이를 갖게 해달라는 바람을 가지고 남편과 함께 명상과 기도하는 시간을 가져볼 것을 제안하고 싶다. 티벳의 여성들은 임신을 하기 전에 기도와 명상으로 시간을 보낸다고 한다. 중요한 것은 여성이 자신의 몸을 새로운 영혼을 위한 관문으로 생각하고, 새로운 경험을 받아들일 수 있도록 자신을 완전히 열어둔다는 점이다.

요즘 사용되고 있는 모든 피임법, 피임약, 자궁내 장치, 피임용 격막, 그리고 그 밖의 방법들은 나름대로의 특성에 맞춰 잘 사용되고 있다. 하지만 대부분의 의사들은 피임법을 객관적으로 처방하지 않는다. 내가 수련의였던 시절에는 대체로 경구피임약을 적극 추천하면서 피임용 격막이나 콘돔의 사용을 경시하는 경향이 만연해있었다. 이런 풍토는 지금도 크게 달라지지 않았다. 피임약은 처방과 복용이 간편하며, 그 효과 또한 믿을 만한 아주 편리한 방법이다. 그러나 대부분의 다른 피임법은 피임약에 비해서 몸에 대한 보다 많은 지식과 보다 적극적인 참여를 요구한다. 때문에 이러한 방법들은 대체로 의사의 바쁜 스케줄과는 잘 맞지 않는다. 많은 의사들이 여성들에게 페사리나 콘돔, 피임용 포말과 같은 피임법은 실패율이 높으므로 사용하지 말라고 말하는데, 어떤 여성들에게는 이 말이 진실일 수도 있지만 모두에게 그런 것은 아니다. 통계에 의하면, 이것들도 적절하게 잘만 사용하면 95～98% 정도의 효과가 있다고 한다.[3)]

많은 여성들은 자신의 파트너에게 피임에 대한 책임을 지우지 말아야 한다고 사회화되어왔다. 하지만 피임이 단지 여자의 몫이라고 생각하는 남자와는 성관계를 가지지 않는 편이 더 가치 있을 것이다. 한편 지금과 같은 사회적 상황에서는 여성들이 남성의 도움 없이 가능한 피임법을 사용하는 것이 최선일 수도 있다.

당신에게 가장 적합한 피임법을 선택하기 위해서는, 당신이 지금 인생의 어디쯤에 서 있는지, 그리고 당신의 생식력에 대해서 얼마나 책임질 수 있는지부터 솔직하게 결정해야만 한다.

어떤 여성들은 심지어 자신의 배란기가 언제인지조차 알려고 하지 않고, 자궁경부의 점액을 체크하거나 피임용 격막의 사용법을 알고 싶어하지도 않는다. '자연스러운' 피임에 실패하고 세 번, 네 번 반복해서 낙태를 하는 여성들은 주로 자신의 몸에 부자연스러운 것을 주입하기를 거부하는 경향이 있다. 나는 자연스러운 피임법에 실패하는 여성들에게 낙태 역시 '자연스러운' 것은 아무것도 없다고 충고해주고 싶다. 이런 여성들은 대부분 아무리 음식과 환경에 신경을 쓴다고 하더라도 타고난 몸과 마음의 균열, 즉 파트너에게 피임에 대한 책임을 요구하지 않고 성적으로 자유롭게 행동하는 여성이 이상적인 여성이라는, 자신의 몸에 맞지 않는 생각들 때문에 힘들어하는 경우가 대부분이다.

응급 피임법

응급 피임법은 20년 동안이나 유럽에서 널리 사용되어 왔음에도 불구하고 '미국에서 가장 잘 지켜지는 피임의 비밀'로 알려져 있다. 이 방법에 대해서 아는 여성은 거의 없으며, 이 방법을 처방하는 의사도 거의 없다. 이 방법은 주로 응급실이나 대학병원에서 강간 희생자들에게 제한적으로 사용되어왔다. 하지만 나는 수년 동안 이 방법을 별다른 문제없이 처방해왔고, 필요한 경우에는 적극 추천하였다. 이 방법은 원하지 않는 임신을 예방하는 데 75%의 효과가 있으며, 무방비의 성관계를 가진 후 72시간까지도 유효하다. 무엇보다 이 방법은 낙태와는 근본적으로 다르다.

응급 피임법은 에스트로겐과 프로게스테론을 함유하고 있는 피임약과 그 성분이 비슷한 호르몬 제제를 이용하는 방법이다. 30~66%는 구역질 등 부작용을 느끼게 되지만 구역질을 억제하는 약을 함께 복용하면 부작용을 방지할 수 있다. 이 약을 복용한 대부분의 여성들은 약을 복용한 지 21일 이내에 월경을 시작한다.

IDU를 삽입해도 임신을 막을 수 있다. 하지만 이 방법은 단지 성병에 감염될 위험이 적고, 일부일처제의 관계를 유지하고 있으며, 피임을 계속하고자 하는 여성들에게만 추천할 만한 방법이다.

이제 우리 스스로 문제를 해결해야만 한다. 나는 고대 여성들이 이미 태고 적에 잊혀져버린, 생식력을 조절할 수 있는 자신들만의 방법을 가지고 있었을 것이라고 짐작한다. 한의학에서는 '금지된 지압'이라고 알려진, 임신을 방해하는 24군데의 지압점이 우리 몸에 있다고 말한다. 이 지압점을 적당한 때 정확하게 자극해 주면, 여성은 자신의 월경주기를 마음대로 조절해 피임법으로 사용할 수 있을 뿐 아니라 초기상태의 임신을 끝낼 수도 있다고 알려져 있다. 이 지압법의 사용방법에 관한 정확한 자료는 찾지 못했지만, 지압사 블럼Blum은 그녀의 고객들을 대상으로 이 방법을 실시해 본 결과 그 효과가 뛰어났다고 말했다. 지압점과 지압의 사용방법은 그녀의 책 〈여성의 자기 치유—현대 여성을 위한 고대의 치유 시스템Woman Heal Thyself-An Ancient Healing System for Contemporary Woman〉에 자세하게 나와있다.

자궁내 장치

자궁내 장치는 골반 감염의 위험을 증가시킬 우려가 있기는 하지만 어떤 여성들에게는 잘 맞을 수도 있다. 나는 20년 동안 아무런 문제없이 자궁내 장치를 사용해온 여성도 만난 적이 있다. 하지만 자궁내 장치는 난관 임신의 가능성을 증가시킬 수도 있다. 따라서 이 피임법은 자녀를 가진 여성들에게 효과적이다. 어떤 여성의 경우에는 자궁내 장치를 사용하면 월경통과 출혈이 더 심해진다고도 한다.

경구피임약

경구피임약은 많은 여성들에게 큰 축복이었다. 하지만 개인에 따라서 피임약의 복용과 함께 그에 따른 영양섭취를 조절해줄 필요가 있다.[4] 피임약을 복용하는 여성들은 비타민B를 함유하고 있는 양질의 복합비타민제를 함께 복용해야 한다.

피임약 때문에 건강상 심각한 문제를 떠안게 되는 경우는, 우선 흡연 때문이다. 흡연을 하는 여성들의 경우 서른 다섯 살이 넘어서는 피임약을 사용하지 않는 것이 좋다. 화학적인 피임약의 효력이 아무리 뛰어나다고 하더라도 그것의 잠재적인 위험을 무시해서는 안되기 때문이다. 하지만 많은 여성들이 이러한 위험을 무시하고 있다. 이런 식으로 호르몬을 사용하는 여성들은 결국 자궁과 난소로부터 정상적으로 얻을 수 있는 메시지를 놓치게 된다.

프로게스틴으로 만든 피임약

노르플란트와 데포-프로베라는 모두 합성 프로게스틴으로 만들어진 피임약이다. 노르플란트는 위쪽 팔을 국부마취한 후 피부 아래 주입할 수 있도록 만들어진 캡슐로 5년마다 교체해주어야 한다. 데포-프로베라는 12주 간격으로 주사로 맞아야 한다.

모든 종류의 합성 호르몬은 사람에 따라 두통, 부종, 신경과민을 유발할 수 있다. 합성 호르몬으로 만들어진 피임약의 효과에 대해서 한 산부인과 의사는 이렇게 말했다. "데포-프로베라가 피임에 효과적인 것은 당연해요. 데포-프로베라는 여자들을 아주 고약하게 만들어서 어느 누구도 그녀 가까이 가고 싶지 않게 만들어주거든요." 출혈이나 여드름을 유발할 수 있다는 것도 이 약의 또 다른 문제점이다. 하지만 이 약들은 효과가 탁월하며 다른 방법들에 비해서는 비교적 '자동적인' 방법이다.

자연가족계획법

많은 사람들이 이 방법을 리듬요법과 같은 것이라고 생각한다. 하지만 자연가족계획법은 다소 시대에 뒤떨어진 리듬요법보다는 훨씬 정확하다. 가정의학 박사이자 가족계획 분야의 전문가인 조셉 스탠포드 Joseph Stanford 박사는 자연가족계획법을 다음과 같이 정의했다. "월경주기에 따른 육체적인 증상들을 이용해서 월경주기 중 임신이 가능한 시기와 불가능한 시기를 가려내는 방법이다. 이렇게 얻어지는 정보는 가족계획이나 불임 진단, 그리고 그 처방에 이용할 수 있다."

자연가족계획법은 쉽게 말해서 배란기를 알아내는 방법이라고 할 수 있다. 그 구체적인 방법은 자궁경부의 점액 검사, 질 분비물 관찰, 기초체온 측정(BBT) 등으로 다양하다. 배란기를 알아내기 위한 열 다섯 가지 방법들을 비교 실험한 결과, 가장 정확하고 현실적인 방법은 질 분비물을 관찰하는 배란측정법이었다.[5)]

부부가 함께 생식 가능한 시기를 알아내는 방법을 사용한다면 그들은 서로에 대해, 그들의 생식력에 대해, 그리고 그들의 성 정체성에 대해 보다 깊이 존중할 수 있을 것이다. 이 방법은 부부관계를 모든 면에서 더욱 강화시켜준다. 이 방법은 영적인 작업이다. 자연가족계획법을 효과적으로 이용하는 부부들은 자신들의 생식력에 대한 책임감을 공유함으로써 보다 친밀감을 느끼게 된다고 한다. 자연가족계획법을 피임의 목적으로 사용하든 임신의 목적으로 사용하든지 간에, 자신의 생식주기를 안다는 것은 힘을 부여받는 일이다.

임신 가능한 시기 난자는 배란 후 6~24시간까지 생존한다. 정자의 생존능력은 생식력이 있는 점액의 존재 여부에 달려있다. 생식력 있는 점액이 있는 경우라면 정자는 5일 동안 생존할 수 있다. 하지만 생식력 있는 점액이 없는 경우 몇 시간 내에 죽게 된다. 따라서 이론적으로 임신이 일어날 수 있는 시기는 매 월경주기 중에서 약 7일 정도이다. 즉 배란을 하기 6일 전부터 배란하는 날까지가 임신이 가능한 시기이다.

한편 격일로 성관계를 가지는 것과 매일 성관계를 가지는 것은 임신을 하는 데 있어서 똑같은 효과를 지닌다고 한다. 따라서 만일 당신이 임신을 하고자 한다면 임신 가능한 주간 동안 모두 네 차례의 성관계를 가지는 것이 좋다. 이 방법은 격일 스케줄을 고집하는 것보다는 훨씬 효과적이고 스트레스도 덜하다.[6]

점액 검사(배란측정법) 월경이 끝나면 자궁내막의 점액량은 최소가 된다. 따라서 이 시기에는 다소 건조하게 느껴질 것이다. 이 시기에는 질의 입구에 점액이 없을 뿐 아니라 속옷에도 아무런 분비물이 묻어나지 않는다. 점액의 부족은 불임과 관련이 있다. 이런 날에는 대체로 무방비 상태로 성관계를 가져도 안전하다. 자궁경부는 배란을 하기 6일 전에 E-type의 점액을 분비하기 시작한다. 따라서 이 방법을 사용하면 배란이 시작되기 전에 언제쯤 배란이 시작될지를 예감할 수 있다. 속옷에 점액이 묻어나는 것을 눈으로 볼 수 있고 휴지로 닦아낼 수도 있을 정도라면 임신이 가능한 시기가 시작된 것이다.

생식력이 있는 점액은 날계란의 흰자위와 느낌이 비슷하다. 점액이 처음으로 나타나는 날부터 점액이 가장 많이 분비되는 4일째 되는 날까지가 임신 가능한 시기이다. 점액이 분비되는 마지막 날에는 점액이 다소 투명하고 탄력성이 있다. 이 날이 점액 분비물이 가장 많은 날로서 배란일과 가장 밀접한 관련이 있으며, 이 날을 기준으로 이틀 전후

〈표 11-1〉 피임법의 비교

방법	효과	요구사항
자연가족계획법	98.5%	생식주기에 대한 이해, 의식적이고 지속적인 참여
피임용 격막	96%	전문의로부터의 검진, 성교 때마다 꾸준한 사용
콘돔	98%	신중한 사용
여성용 콘돔	95%	신중한 사용
피임약	95.5%	매일 복용
자궁내 장치	96～98%	전문의에 의한 시술
피임용 포말	94%	신중한 사용
프로게스틴 주사	거의 100%	세 달마다 주사
프로게스틴 이식	거의 100%	전문의에 의한 시술
정관절제술	거의 100%	수술
난관결찰술	거의 100%	수술

에 배란이 발생한다.[7]

배란이 끝나면 G-Type의 점액이 나타난다. 이 점액은 탄력성이 떨어지고 불투명하고 끈끈하다. 이런 유형의 점액은 정자의 이동을 차단함으로써 임신을 막아준다.

기초체온 측정 자궁경부의 점액을 조사하는 것이 더욱 정확하기는 하지만, 몇 주기 동안 기초체온을 측정해서 기록하는 것도 당신의 몸과 내적인 리듬을 알아내는 흥미로운 방법 중 하나이다. 배란기에는 프로

장점	단점
타고난 호르몬 – 생식주기 유지	파트너 상호 협조와 의식적인 자각 요구
골반염이나 자궁경부 이형성증 예방, 정상적인 호르몬 – 생식주기 유지	외음부 염증 유발, 주 3회 이상 성관계를 가질 경우 실패가능성 증가
남성 파트너의 협조 요구	라텍스 콘돔에 대한 알레르기 주의
성병 예방, 자궁경부 이형성증 위험률 감소, 파트너의 도움이 필요 없음	
난소암과 자궁암의 위험률 감소, 출혈 및 철 결핍 감소, 양성 유방종양 감소, 계획이 필요없음	타고난 호르몬 – 생식주기 방해, 자궁경부 이형성증, 유방암 증가, 우울증, 구역질, 구토, 두통
계획이 필요없음	골반염증이나 성병에의 노출기회 증가
성병에 대한 부분적인 예방, 계획이 필요 없음. 처방 없이도 이용 가능	외음부염증, 성교 때마다 반복삽입
계획이 필요없음	간헐적인 출혈 및 두통
계획이 필요없음	이식물 제거의 어려움
계획이 필요없음	영구적
계획이 필요 없음	영구적

게스테론의 영향 때문에 체온이 상승하기 때문이다. 만일 이 기간에 임신을 하게 되면 체온은 그 상태에 계속 머무르면서 다시 떨어지지 않는다. 체온의 상승은 임신의 가장 초기징후이다.

기초체온은 월경주기의 첫날부터 매일 아침마다 측정하도록 한다. 3주 동안 반복해서 각 주기별로 각각의 도표를 만들어보라. 배란기에는 다른 날보다 체온이 0.6~0.8도쯤 상승할 것이다. 일반적으로 임신이 가능한 시기는 체온이 올라간 셋째 날에 끝나게 된다. 자궁경부 역시

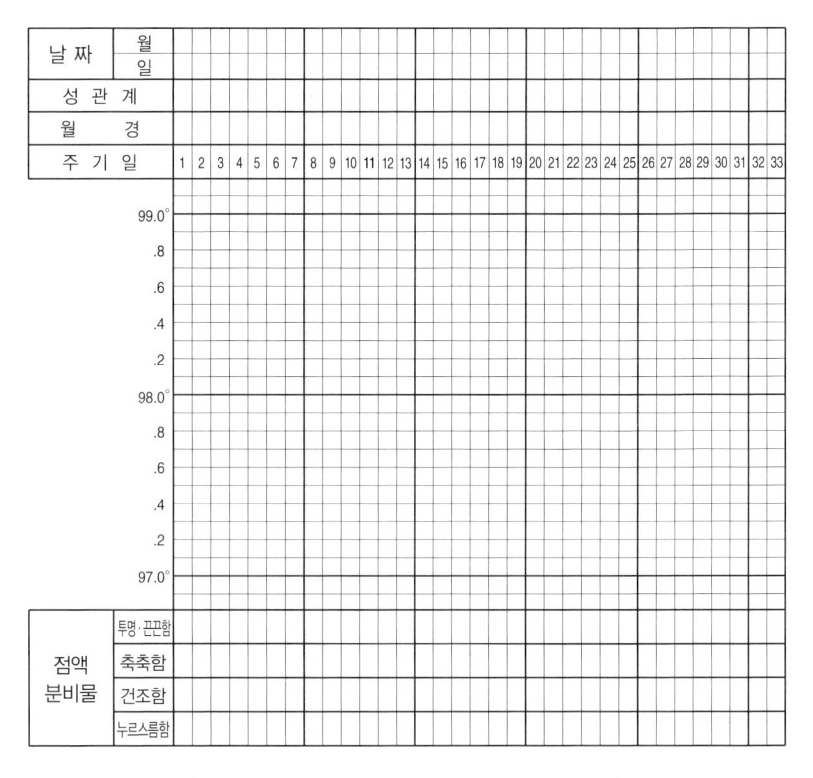

〈그림 11-1〉 자연가족계획법 : 배란과 기초체온

주기에 따라 변화한다. 배란기 동안은 다른 어느 때보다 자궁경부가 더 넓고 부드럽게 열린다.

당신의 생식력을 조절하는 방법들에 대해서 일방적으로 옳다거나 틀리다고 판단할 수는 없다. 우리는 지금까지 외적인 호르몬의 조작 없이는 자신의 몸을 믿을 수 없다고 세뇌 당해왔다. 하지만 당신의 몸을 믿고 그 힘을 제대로 이해한다면 의식적인 선택을 할 수 있을 것이다.

난관결찰술

미국에서 가장 보편적으로 이용되고 있는 영구 피임법이다. 많은 여성

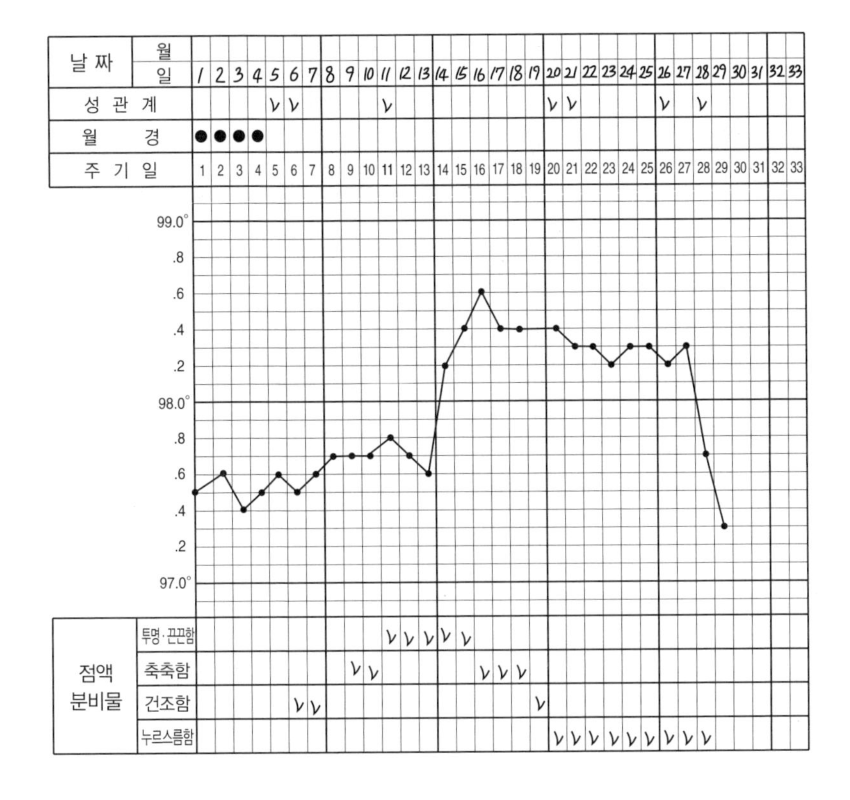

들은 난관결찰술에 대해서 이중적인 감정을 느낀다. 심지어 더 이상 아이를 원하지 않는다는 사실을 스스로 확신할 때조차 마찬가지이다. 우리는 임신할 수 있는 능력을 높이 평가한다. 이것은 그 능력을 사용하지 않기로 결정한 경우라도 마찬가지이다. 수백 년 동안, 여성들은 아기를 가질 수 있는 능력에 의해서만 평가받아왔다. 아기를 가진다는 것은 여성의 창조적인 능력을 발산할 수 있는 유일한 출구였다. 따라서 이 능력을 포기하는 일은 근원적인 두려움을 일으킬 수 있다. 하지만 임신의 공포로부터 자유로워지는 것이 자신의 성 정체성을 강화하고 젊음을 되찾을 수 있는 방법이라고 생각하는 여성도 많다.

모두에게 그런 것은 아니지만, 난관결찰술은 어떤 여성에게는 훌륭한 선택일 수 있다. 나는 막내가 네 살이 될 때까지 기다렸다가 수술을 하기로 결심했다. 난관결찰술을 받기로 결정하는 것은 어려운 일이 아니었다. 나는 자신이 더 이상 아이를 원하지 않는다는 사실을 잘 알고 있었다. 그래서 정관절제술의 시술이 훨씬 간편함에도 불구하고 내가 난관결찰술을 받아야 한다고 생각했던 것이다.

난관결찰술을 받게 되면 난소로 공급되는 혈액량이 다소 변화된다. 난관결찰술은 폐경기를 앞당길 우려가 있기는 하지만 이런 경우는 아주 드물다. 어떤 여성들은 난관결찰술의 후유증을 경험한다고도 한다. 하지만 월경통의 심화, 불규칙한 생리, 과다출혈을 포괄적으로 일컫는 이 후유증은 다소 잘못 정의된 것이다. 대개가 수술을 받기 전에 이미 몇 년 동안 피임약을 사용함으로써 자연스러운 월경을 하지 못했던 여성들에게 국한되어 일어나는 문제들이기 때문이다. 사실 이런 여성들은 난관결찰술이 아니라 다른 어떤 이유로도 일단 피임약을 복용하지 않게 되면 출혈 등을 경험하게 된다. 난관결찰술은 또한 난소암을 어느 정도는 예방하게 해준다.[8]

캐롤린 미씨에 따르면 난관결찰술이나 정관절제술과 관련된 문제들은 대개 수술에 대한 마음이 정리되지 못하고 확신이 없는 상태에서 수술을 받았을 경우에 발생한다고 했다. 낙태와 마찬가지로 문제를 일으킬 수 있는 잠재요소는 수술 그 자체가 아니라 수술을 어떻게 인식하느냐와 관련이 깊다. 사실 나는 원하지 않는 임신으로 인한 불편함에 비하면 난관결찰술과 관련된 잠재적인 문제들은 아무것도 아니라고 생각한다.

더 큰 창조력으로의 이동

내가 난관결찰술을 결정하기 1년 전 동생 페니는 유산을 했다. 유산하고 나서 나는 그녀에게 "난관결찰술을 하는 것이 어떠니? 그럼 이런 일도 없을 텐데." 하고 권했다. 그러자 동생은 내가 하면 자기도 하겠다고 했다. 그래서 나는 난관결찰술을 받기로 결정하자마자 동생에게 전화를 걸어 함께 수술을 받을지 물어보았고, 우리는 함께 수술을 받기로 결정했다.

우리는 그때 우리 두 사람에게 아주 의미 있는 일을 하기로 결정한 것이었다. 페니에게는 딸이 없었고 나에게는 아들이 없었다. 우리는 먼저 그 부분과 타협을 해야만 했다. 우리는 수술을 받기 전에 가졌던 기념식을 '더 큰 창조력으로의 이동'이라고 이름 붙였다. 왜냐하면 출산을 끝낸 후의 인생에 대해, 자신을 더욱 발전시킬 수 있는 잠재력이 풍부한 시기라고 생각했기 때문이다. 수술일자는 5월의 어느 금요일 아침 9시와 9시 30분으로 정해졌다. 봄은 새롭게 탄생하는 생식력을 축복하기에 완벽한 시기였다.

수술을 받기 전날 페니와 나는 쥬디스 버웰이 마련해준 아름다운 의식에 참가했다. 또 다른 친구, 지나 올랜도는 우리가 의식을 치르는 동안 머리에 쓰고 있을, 봄꽃으로 만든 멋진 화관을 선물해주었다. 우리는 우리가 겪게 될 일에 대한 느낌들을 차례로 이야기했다. 의식을 치르는 동안 페니와 나는 태어나지 않은 아이들, 즉 페니의 태어나지 않은 딸과 나의 태어나지 않은 아들을 위해 소리내어 슬퍼할 수 있는 시간도 가졌다.

다음날 아침, 우리는 집에서 3마일 정도 떨어진 병원에 도착했다. 수술이 국소마취로 이루어지므로, 우리는 수술을 받는 동안 들을 수 있는 음악 테이프를 가지고 들어갔다. 페니가 먼저 수술실로 들어갔다. 얼마 후 페니는 걸어서 회복실로 갔으며, 그 다음에 내가 수술을 받았다. 수술을 하는 동안 나는 아무런 통증도 느낄 수 없었다. 수술이 끝나자 남편은 우리를 집까지 태워다주었고, 우리가 침상에 누워 아랫배에 얼음팩을 하고서 비디오를 보며 쉬는 동안 점심과 저녁을 준비해주었다. 우리는 어깨에서 통증을 느꼈다. 복강이 열리면서 몸 속으로 너무 많은 가스가 들어갔기 때문에 횡경막을 자극하여 생기는 통증이었다. 하지만 하루, 이틀 지나면서 가스가 빠져나가자 어깨의 통증도 사라졌다.

동생도 나도 후회하지 않았다. 우리 인생의 제1장은 끝났으며, 이제 완전히 새로운 장이 열린 것이다.

불임

대부분의 여성들은 언젠가는 자신이 아이를 가질 수 있을 것이라고 믿는다. 아이를 원한다는 확신이 없는 여성들도 마찬가지이다. 아이를 가질 수 있다는 잠재능력은 결코 이러한 잠재능력을 사용하기를 원하지 않는 여성들에게 있어서도 중요하다. 아기를 임신하는 능력은 여성의 자아형성에도 크게 영향을 미친다. 따라서 자신이 임신할 수 없다는 사실을 알게 된 여성들은 종종 깊은 절망에 빠지고 자신이 부당하게 취급당한다고 생각한다. "왜 하필 나죠?" 불임이 목숨을 위협하는 질병이 아님에도 불구하고 불임여성들은 마치 암이나 심장 질환을 진단 받은 것처럼 우울해한다.[9]

열 쌍의 부부 중 여섯 쌍 내지 한 쌍은 불임 문제를 가지고 있다. 불임은 대체로 40%는 남성에게 그 원인이 있으며, 나머지 60%는 여성에게 원인이 있다. 통계상으로 정자의 숫자는 과거에 비해 점점 줄어들고 있다고 한다. 정자의 숫자가 줄어드는 것은 환경적인 원인뿐 아니라 흡연, 마약, 음주 등 생활태도와도 관련이 있다. 불임의 약 20% 정도는 그 정확한 원인이 밝혀지지 않았지만, 생식력은 식생활과 환경 등 많은 다양한 요소들로부터 영향을 받는다. 하지만 내 경험에 의하면, 생식력의 여러 가지 측면들과 함께 자신의 몸과 마음의 관계를 들여다보고자 하는 부부가 가장 성공적으로 임신을 하고 자신들을 치유하였다.

불임의 가장 일반적인 원인은 다음과 같다.

- 불규칙한 배란

- 자궁내막증
- 난관을 손상시킬 수 있는 자궁내 장치나 다른 원인으로 인한 골반 감염의 병력
- 미묘한 호르몬의 불균형을 초래할 수 있는 해소하지 못한 감정적인 스트레스
- 면역체계의 이상

최근에 만난 한 불임전문가는 이렇게 말했다. "나는 임신을 가능하게 하기 위해 최신 첨단기법으로 수술과 호르몬 치료 등 할 수 있는 모든 것을 다 이용합니다. 하지만 모든 방법을 다 동원한 후에도 누가 임신을 하고 누가 임신을 할 수 없을지, 왜 그런지를 판단할 수가 없습니다. 수년 간 연구를 했지만 이 부분만큼은 내가 통제할 수 없는 불가사의입니다." 임신은 육체적 · 감정적 · 심리적인 다양한 요소들과 관련이 있다. 따라서 생식력의 문제를 단지 적당한 호르몬을 투여해주어야 하는 문제로 축소시키는 것은 매우 어리석은 일이다.[10)]

불임의 심리적인 원인

아이를 원하지 않거나 아이가 자신들에게 요구하게 될 어떤 것들에 대한 불안감 때문에 임신을 못하는 여성들도 무수하다. 한 논문에 의하면, 불임치료에서 효과가 없었던 여성들은 주로 사회적으로 성공한 여성인 경우가 많다고 한다. 이 논문의 저자는 이런 여성들의 사회적인 성공을 "아이를 갖는다는 것에 대한 두려움, 의심, 모순된 감정을 극복하기 위한 지나치게 과장된 긍정적 태도"의 결과라고 해석했다.[11)]

임신은 수동적인 행동이며, 마라톤처럼 인생의 계획표에 짜여진 대로 진행시킬 수 있는 일이 아니다. 몇몇 연구결과에 의하면, 임신을 해야 한다는 목표에 대해서 지나치게 집착하게 되면 임신준비가 되어있지 않은 미성숙한 난자를 배란하게 될 수도 있다고 한다.[12)] 또 출산이나

자녀, 육아로 인한 여러 가지 제약들에 대한 혼란스럽고 이중적인 감정 때문에 불임이 될 수도 있다. 해부학적으로는 전혀 문제가 없는 여성들의 불임 원인을 다룬 한 논문에서는, 불임의 원인이 대부분 부모가 된다는 것에 대한 심리적인 갈등이었다고 밝혔다.[13)]

이미 결혼한 여성이 여전히 의존적인 아이로 남기를 원할 때에도 불임이 나타날 수 있다. 몇 가지 논문에서 밝혀진 흥미로운 사실은, 불임 여성들은 주로 월경에 대해서 긍정적으로 받아들이지 않으며 영원히 아이처럼 지내기를 원한다는 점이다. 이런 여성들은 주로 앳된 얼굴과 체형을 가지고 있으며, 부모로부터 과잉보호를 받고 자란 경우가 대부분이고, 자신들이 여자로 성장하기에는 너무 약하다고 생각한다고 한다.[14)]

불임 부부의 남편과 아내의 관계 또한 연구되었다. 이 연구의 대상이 된 많은 여성들은 성관계를 가지는 것에 대해서 혐오감을 가지고 있는 경우가 많았다고 한다. 그들은 오르가슴을 느껴본 적이 거의 없으며, 파트너와 성적으로 잘 맞지 않는다고 생각한다. 이런 여성들은 보다 잘 맞는 상대를 만나면 불임을 치유할 수 있다.[15)]

어떤 여성의 경우에는 어머니로부터, 아이를 가지는 것은 여자의 인생을 망치는 일이라고 들으면서 자랐기 때문에 불임이 된 경우도 있었다. 우리 어머니들은 대부분 많은 재능과 야망을 가지고 있음에도 불구하고 육아와 살림을 선택할 수밖에 없었다. 따라서 이런 여성들은 딸들이 그런 고통을 물려받지 않기를 원하고, 그러한 여성의 딸들은 어머니의 욕구불만을 물려받게 되는 것이다.

생식력을 강화하기 위한 몸과 마음의 강령

생식력에 대한 접근은 새로운 정보에 기초한 인식의 변화가 내분비계, 신경계, 면역계에 미묘한 변화를 일으키기에 충분할 만큼 강력한 것이라는 믿음을 바탕으로 이루어져야 한다. 지금까지 당신이 생식력에 관해 어떤 말을 들어왔든지 간에 당신의 임신능력은 사회심리적 · 심리적 · 감정적 요소들 사이의 복합적인 상호작용에 의해 영향을 받으므로, 임신능력을 강화시키기 위해서는 이러한 상호작용을 의식적으로 다룰 수 있어야 한다.

생식력과 관련된 분야에서 가장 먼저 필요한 것은 새로운 언어이다. '불임' 이라는 꼬리표만큼 여성에게 상처를 주는 것도 없다. 이 꼬리표는 당사자의 자신감과 자아상에 큰 타격을 준다. '불임' 이라는 진단을 받은 많은 여성들이 자신을 불완전하다고 느끼며 자신의 상황을 비관하게 되고, 이것은 결국 그녀들 내부에 악순환의 고리를 만든다. '불임', '불모' 라는 단어는 말 그대로 빈약하고 건조하고 척박해서 열매를 맺을 수 없다는 뜻이다. 만일 당신이 이러한 꼬리표를 달고 있다면 "나는 관능적이고 성적이며 생식력이 있는 존재이고, 다른 사람에게 나누어줄 수 있는 많은 사랑과 자양분을 가지고 있다"라는 말과 바꾸도록 노력해보라. 이 말에서 전해지는 느낌이 내면화되면 당신의 자아상도 변할 것이다.

1단계 : 넓게 보라. 당신은 혼자가 아니라는 것을 알게 될 것이다.

2단계 : 아이를 갖기에는 너무 늙었다고 생각하고 있지는 않은지 생각해보라. 휘촐Huichol이라는 인디언 마을에서는 50~60대 여성이 임신하는 경우가 흔하다고 한다. 아마도 그들은 자신의 난자가 너무 늙었다는 말을 듣지 않기 때문에 임신하는 데 아무런 문제가 없었던 듯하다.

3단계 : 당신의 감정, 당신의 가족, 당신의 생식력과의 관계를 분명히 하라. 당신의 육체는 당신의 어린 시절과 가족관계에 대해서 무의식적이고 자동적인 반응을 나타낸다. 대부분의 사람들이 어린 시절의 고통스러운 경험은 잊어버리는 것이 더 쉽고 건강한 방법이라고 믿고 있지만, 이것은 문제를 회피하는 것에 불과하다. 과거의 경험에 묶여있는 당신의 감정을 기억해내서 풀어주는 것은 불임을 치료하는 데 많은 도움이 된다.

어린 시절의 아픈 기억을 끄집어내는 것이 행복한 기억을 대가로 하는 것이 아니라는 사실도 명심하라. 때로 당신은 이 작업을 통해서 당신 자신이나 부모님에게 보다 큰 사랑과 용서를 가져다줄 깊은 슬픔과 기쁨을 느끼게 될 것이다.

4단계 : 당신의 모순된 감정을 인정하라. 아이를 갖는 것에 대해서 혼란스러워하는 것은 매우 정상적인 일이다. 사실은 아이를 원하면서도 동시에 그 과정을 두려워할 수도 있다. 왜 그럴까? 임신과 출산은 당신의 삶을 영원히 변화시킬 것이고, 계획하지 않은 방향으로 당신을 변화시킬 수도 있기 때문이다. 혼란스러운 감정은 단지 그 감정을 인정하거나 받아들이려고 하지 않을 때에만 문제가 된다.

5단계 : 긴장을 풀고, 숨을 깊게 쉬고, 명상하는 방법을 배워라. 이러한 기술은 당신을 임신과 관련된 내면의 지혜와 만날 수 있게 해준다. 당신이 고난도의 불임 치료를 받아야 하는 경우라면, 집중과 근육이완 훈련이 특히 중요하다. 풀지 못한 감정적이고 심리적인 스트레스는 육체적으로 그 증상을 드러내며, 결국 불임 치료를 방해하기 때문이다.[16)] 따라서 감정적인 스트레스가 해결되면 임신가능성도 높아진다.

6단계 : 도움을 구하라. 여러 사람이어도 좋고 단 한 사람이어도 괜찮다. 다른 사람들과 함께 당신의 문제를 해결해 나가는 것은 불임을 치유하는 데 있어 매우 이상적인 방법이다.

인공조명과 자연조명

규칙적으로 태양빛을 쬐기 위해 밖으로 나가지 않고 인공조명 아래서만 지낸다면 임신에 나쁜 영향을 끼칠 수 있다. 왜냐하면 빛 그 자체도 영양소이기 때문이다. 그러나 너무 많은 사람들이 직장으로부터 스트레스를 받을 뿐 아니라 직장에 매여 외출조차 못하고 있다.

내가 첫아이를 임신하려고 계획했을 때, 나의 기초체온은 배란기까지 너무나 느리게 상승했다. 이미 말했듯이 배란은 0.8도 정도의 체온 상승을 유발한다. 나는 하루에 20분씩 안경이나 콘택트 렌즈를 착용하지 않고 햇살을 받으며 산책하기로 결정했다. 임신에 좋은 효과를 얻기 위해서는 자연광이 직접 망막과 닿아야 하기 때문이다. 그렇다고 해서 태양을 직접 바라볼 필요는 없다. 단지 낮시간 동안 바깥에 나가 있기만 하면 된다. 나의 경우 이 방법을 사용한 지 한 주기 만에 배란 때의 기초체온이 급격하게 상승하기 시작했으며, 두 주기 만에 임신을 할 수 있었다. 물론 이에 대해서는 아무런 과학적인 근거가 없지만, 단순한 습관의 변화가 엄청난 효과를 가져온 좋은 예이다.

영양학적 요소

영양소는 몸 속 호르몬의 상호작용에 영향을 끼치고, 충분한 양의 호르몬은 재생능력에 중요한 역할을 한다. 한 연구자료에 의하면, 비타민C와 아연의 복용은 불임에 효과가 있다고 한다.[17] 또 엽산과 B_{12}의 이로운 효과를 주장하는 논문도 많이 발표되었다.[18] 만일 피임약을 복용하던 여성이 임신을 위해 피임약을 끊는다면 복합비타민을 보다 많이 복용하는 것이 좋다. 또 오늘날 현대인의 표준 식생활과 스트레스 정도를 고려해봤을 때, 임신을 계획하고 있는 부부들은 복합비타민과 미네랄 제제를 복용하는 것이 좋을 것이다. 영양소의 결핍은 건강한 정자의 생산에 영향을 미칠 수 있다.

불규칙한 식습관도 불임과 관련이 있다. 한 논문에서는, 조사대상 불임여성 중 16.7%가 대식증이나 식욕감퇴 등 섭식 장애를 가지고 있었다고 밝혔다.

흡연, 알코올 그리고 약물

흡연, 알코올, 마리화나나 코카인 같은 마약은 생식능력, 특히 임신, 진통, 분만에 해로운 영향을 끼친다. 담배를 피우는 여성은 담배를 피우지 않는 여성에 비해 모든 종류의 불임 치료에서 그 효과가 떨어진다. 만일 당신이 임신을 신중하게 고려하고 있다면, 이러한 중독증에 대한 치료부터 받아야 한다. 침을 맞는 것도 효과가 있을 것이다.

난관의 문제

임신하기 위해서는 난관이 난자가 자궁으로 이동하는 것을 도울 수 있어야 한다. 난관이 열려있기는 하지만 완전히 정상적으로 기능하지 않는다면 감정적인 문제해결이 필요한 경우일 수도 있다. 캐롤린 미씨에 의하면, 난관의 문제는 여성 '내면의 어린 시절'을 중심으로 발생한다고 한다. 즉 난관은 치유되지 않은 어린 시절의 에너지를 나타낸다는 것이다. 난소의 문제 뒤에 내재되어 있는 에너지 패턴은, 당신의 내면적인 존재는 스스로를 임신할 수 있을 정도로 충분히 '나이가 찼다', '성숙하다', '치유되었다'고 생각하지 않기 때문에 난자의 흐름이 차단되어 있는 경우이다.

불임문제로 나를 찾아온 그레이스는 중서부지역 출신의 성공한 사업가였다. 그레이스는 결혼한 지 3년이 지났지만 임신을 하지 못하고 있었다. 다른 많은 환자들처럼 그녀도 광범위하고 침습적인 검사는 꼭 필요한 것이 아니라면 가능한 한 피하고 싶어했다. 그녀는 다른 사람이 '자신의 몸을 뒤적거리는 것'을 원하지 않는다고 말했다.

그레이스의 배란과 월경은 규칙적이었고, 월경통도 없었으며, 골반검사결과도 정상이었다. 또 감염된 적도 없었고, 자궁내 장치를 사용하거나 골반 수술을 받은 적도 없었다. 간단히 말해서 그녀의 병력으로는 그녀의 생식기에서 아무런 이상도 발견할 수가 없었다. 게다가 그녀 남편의 정자수도 정상적이었다.

치료를 받는 동안 그레이스는 네 살 때의 기억과 마주하게 되었다. 그때 그녀는 병원에 입원한 적이 있었다. 그녀는 며칠 동안 앓으면서 상태가 악화되어 요폐증으로 발전할 때까지 엄마 아빠에게 아무 말도 하지 않았다. 병원에서 그녀의 방광에 도뇨관을 삽입하는 동안 간호사와 병원 잡역부들이 그녀를 꽉 누르고 있어야 했다. 그녀의 어머니는 그러한 상황이 자신의 딸이 버릇없게 굴었기 때문이라고 생각했다. 그레이스의 몸이 회복되자 어머니는 그녀를 다시 병원으로 데리고 가 그녀를 돌보아주었던 간호사들에게 차례로 사과를 하게 했다. 그녀는 정말 창피했다. 하지만 그레이스는 그때의 일을 기억하고 있지 않았을 뿐 아니라 자신이 행복한 어린 시절을 보냈다고 생각해왔다. 그럼에도 불구하고 짧은 시간 동안 병원에서의 경험과 어머니의 폭력적인 행동은 그녀에게 깊은 상처를 남겼던 것이다.

어린 시절의 기억을 듣고 나니까 그녀가 침습적인 테스트를 끔찍해 하는 것을 이해할 수 있었다. 그녀는 치료사로부터 치료를 받으면서 오래된 두려움을 변형시켜보기로 했다. 그녀는 최근에 나에게 이렇게 말했다. "나는 이제서야 내가 아이를 가질 준비가 되어있지 않았다는 사실을 알게 되었어요. 아이를 갖기 전에 우선 나 자신을 위해 해야 할 일들이 너무도 많아요. 내가 해결하지 못한 문제들을 아이에게 넘겨주고 싶지는 않거든요."

한 환자는 오랫동안 자궁내막증과 수술, 불임으로 고생한 끝에, 왼손으로 자신의 감정을 기록하고 그림으로 표현함으로써 자신을 치유하였다. 왼손으로 그림을 그리면 오른쪽 뇌가 활성화되어 상상력과 감정이 풍부해지고, 이것은 치유과정에서 중요한 역할을 하게 된다. 어린 시절의 기억 또한 표면으로 드러나게 되는데, 우리가 평소 잘 사용하지 않는 손으로 글을 쓰고 그림을 그리는 일이 우리를 잠깐 동안 '어린아이 같은' 상황에 있다고 느끼게 해주기 때문이다.[19] 어쨌든 그녀의 불임 때문에 그녀와 남편은 일시적으로 사이가 멀어졌다. 그녀는 이런 글들을 썼다.

"시간이 지나면서 나와 남편 사이의 틈은 아주 깊어졌고, 우리 사이에는 마치 오를 수 없는 산이 생겨버린 것 같았습니다. 그리고 나는 그

〈그림 11-2〉 결합에 대한 갈망을 표현한 환자의 그림

장애물을 어떻게 극복해야 할지 알 수가 없었습니다. 나는 내가 할 수 있는 모든 것을 시도하려고 했습니다. 부부상담, 개인상담도 받으러 다녔죠. 나는 화를 내고 있었습니다. 나는 사랑하고 있었습니다. 나는 거부하고 있었습니다. 결국 나를 분리해서 나만의 길을 가기로 했습니다. 나는 나 자신을 위한 치유의식을 만들었습니다. 소나무 가지, 전나무, 솔방울, 말린 씨앗 등을 모아서 '아이'를 만들었습니다. 나무의 모든 아름다움이 그 아이 속으로 스며들어갔습니다. 나는 그 아이에게 내 이름을 붙여 주었습니다. 그리고 그 아이를 연못가에 있는 나무 옆에 앉혀 놓았습니다. 그 아이는 금방 시들어 죽었습니다. 호수를 산책할 때마다 나는 그 아이를 보게 됩니다. 지금은 나무막대기로 만들어진 그 아이의 뼈밖에 남아있지 않습니다. 나는 불임을 치료하려는 다른 여성들에게서 역할 모델을 찾기 위해 책을 읽었습니다. 많은 모델을 찾을 수는 없었지만, 기네비아 여왕의 이야기를 읽으면서 약간 편안해지는 것을 느낄 수 있었습니다. 그녀는 아더 왕에게 아이를 안겨주지 못했고, 그 때문에

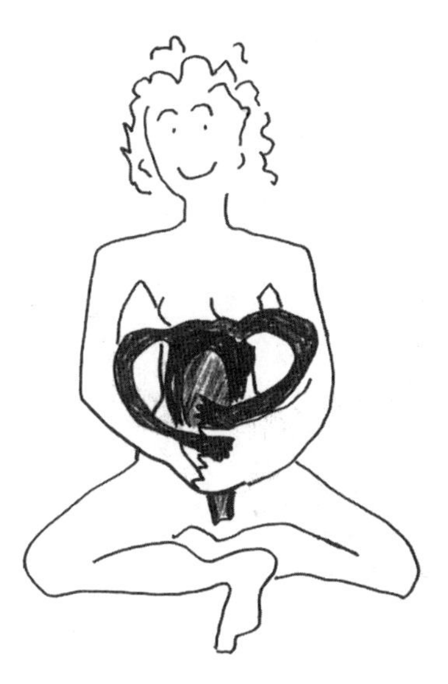

〈그림 11-3〉 조화로운 재결합을 표현한 환자의 그림

아주 힘들어했습니다. 그 이야기를 읽고 나자 혼자라는 느낌과 비참함이 조금은 사라지는 것 같았습니다. 나는 결혼한 모든 공주들이 아이를 가지고 영원히 행복하게 사는 것은 아니라는 사실을 알게 되었습니다. 나 같은 여성이 적어도 한 명은 더 있다는 사실을 깨닫게 된 것입니다."

결국 그녀는 글쓰기와 그림 그리기를 통해 스스로를 치유하기 시작했다.

"이제 나는 자신을 비난하지도 거부하지도 않습니다. 나는 난소, 난관, 자궁을 사랑하는 법을 배웠습니다. 나는 생식기를 찬양하는 그림을 그렸습니다. 처음에 그것들은 내 몸에서 완전히 따로 떨어져 있었습니다. 하지만 그림을 통해서 그들은 다시 결합하기로 했습니다. 그 다음 나는 생식기가 찾아와서 나에게 합쳐지는 그림을 그렸습니다. 그림을 그릴 때, 생식기 부위에서 부드러우면서 따끔거리는 어떤 느낌을 받았습니다. 자궁, 난소, 그리고 난관으로 생명력이 되돌아오는 느낌이었습니다. 나는 그것들을 여왕, 공주, 그리고 왕관, 마음, 따뜻함, 사랑이라고 이름 붙였습니다. 결국 나는 그림을 통해서 자궁, 난관, 난소가 내 몸에서 어떻게 분리되어 있었는지를 보았고, 다시 나에 대해서 긍정적이고 사랑스러운 상을 만들 수 있었으며, 내 생식기관에게 제자리를 찾아줄 수 있었습니다. 나는 이제 나에게 아들을 선물해주고, 나를 여성으로 만들어준 그들에게 고마워하고 있습니다."

유산과 사산

대략 여섯 명 중 한 명의 임산부는 유산을 경험하게 된다. 나는 여성들에게 유산이란 건강한 아이로 태어날 수 없는 태아를 없애는 자연의 방법이라고 말해주고 싶다. 그러나 유산을 한 여성들은 비록 원했던 임신이 아니었던 경우라도 태어나지 않은 아이에 대해 슬퍼해 주어야 한다. 유산을 경험한 여성이 다시 유산할 확률은 증가하지 않는다. 그럼에도 불구하고, 많은 여성들은 유산을 경험하고 나면 자신의 몸에 대한 믿음을 잃어버리게 된다. 따라서 충분히 슬퍼한 후 믿음을 회복하는 것이 유산을 경험한 여성들에게 무엇보다 중요하다. 유산과 관련된 또 다른 중요한 문제는 죄책감이다. 여성들은 대부분 자신이 무언가를 잘못해서 유산이 되었다고 생각한다. 이런 환자들에게 해주고 싶은 이야기는, 건강한 아기들은 유산되지 않는다는 것이다.

하지만 흡연을 하는 여성들의 경우에는 그렇지 않은 여성에 비해서 유산의 확률이 두 배나 높다. 또 어떤 논문에 의하면, 임신기간 동안 하루에 세 잔의 커피와 맞먹는 양의 카페인을 섭취하는 것도 유산확률을 세 배는 높인다고 한다.[20] 이런 논문들이 카페인의 영향에 대해서 명쾌하게 밝히지는 못했지만, 그래도 임신을 준비하고 있거나 임신 중이라면 카페인의 섭취를 줄이거나 삼가는 것이 현명하다. 만일 당신이 유산을 했다면 왜 그렇게 되었을까를 밝혀내느라 시간을 허비하지 말라. 단지 당신의 느낌에 머물면서 당신이 잃어버린 것을 애도하는 시간을 가져라.

습관성 유산을 하거나 건강하지 못한 자궁내막을 가진 여성들은 때때로 어머니로서, 그리고 여자로서의 역할을 받아들이는 것을 힘들어한다. 이런 여성들은 주로 '여성이란, 봉사하고 남편을 섬기고 남편의 비위를 맞춰주어야 하는' 수동적인 존재라고 생각한다. 또 대개는 '남편이 너무도 원하기 때문에' 임신을 한다. 그들은 '아이를 가지는 것은 여성의 주된 임무이며, 아이를 낳지 못하면 여자로서의 자격이 없다'고 생각한다.[21] 이런 여성들은 종종 의존적이며, 말수가 적은 남편을 선택하고, 사회적 출구가 한정되어 있거나 사회적응력이 부족해서 무관심한 남편의 주변만을 맴돌며 생활한다.

한 연구결과에 의하면, 유산을 경험하지 않은 여성들은 여성이 된다는 것에 대해 훨씬 긍정적인 이미지를 가지고 있다고 한다.[22] 또 습관성 유산을 하는 여성의 경우에는 다른 사람들의 기대에 어긋나지 않게 사는 것을 자기 삶의 즐거움으로 생각한다고 한다. 그들은 자신의 몸에 긴장과 적개심을 쌓으면서까지 다른 사람들의 요구에는 고분고분하게 반응한다. 그들은 다른 사람들의 요구에 대해서 직접적으로 분노를 표현하는 일에 죄책감을 느끼기 때문에, 자신의 몸이 육체적인 질병을 통해 분노를 표현하도록 방치한다. 유산은 몸 속에 쌓여 있던 긴장감을 덜어주는 방법일 수 있다. 이러한 유형의 여성들이 심리치료를 받아서 분노를 해소하면 임신에 성공할 확률이 80%로 높아진다고 한다.[23] 참고로, 치료를 받지 않은 여성들의 임신성공률은 6%에 불과하다. 또한 남편이나 사회로부터 지지를 받고 있는 여성들은 유산이나 임신과 관련된 문제들을 경험하는 경우가 훨씬 적다고 한다.

수련의 시절, 나는 사랑스러운 젊은 카톨릭 신자인 여성이 일란성 쌍둥이를 출산하는 것을 도와주었다. 그러나 불행하게도 이 쌍둥이는 탯줄이 서로에게 얽혀 있었고, 산통이 시작되기도 전에 죽어버렸다. 이것은 아주 드문 일이었다. 나는 두 아기의 분만을 도왔으므로, 아기의 엄마에게 그 아기들을 보거나 안아 보고 싶은지 물어보았다. 나는 분만

후 아기들을 담요에 싸서 그들이 엄마 곁에서 잠시나마 시간을 보내게 해주고 싶었다. 하지만 의사는 나를 나무라며 그녀에게 이렇게 말했다. "레지나, 아기들을 보지 않는 것이 좋아요. 진정할 수 있도록 수면제를 처방해줄게요. 아기들을 보면 괴로울 겁니다." 그녀는 고분고분하게 의사의 말에 복종하였다. 나는 더 이상 논쟁을 일으키지는 않았지만 그 의사의 생각이 잘못되었다고 생각했다. 아기 엄마가 최소한 얼굴 없는 아기들에 대한 꿈으로 몇 년 동안 괴로워하지 않기 위해서는 자신이 만든 창조물과 직접 접촉을 해야 한다고 생각했기 때문이다. 그녀의 아기들은 정말 예뻤다. 그녀는 그들의 손, 그들의 완전한 몸, 그리고 천사 같은 얼굴을 볼 필요가 있었다. 아기들이 어떠했을지를 상상하는 것보다는 직접 보는 것이 훨씬 도움이 되기 때문이다.

여성들은 자신의 창조물이 비록 '사산아'라 할지라도 마주 대할 필요가 있다. 그렇게 하지 않으면 영원히 풀리지 않는 감정이 가슴속에 쌓이게 된다. 기형아나 사산아를 출산했을 경우, 그 아이의 존재를 보고, 만지고, 사진을 찍어두고, 그 아이가 존재했다는 것을 인정하기 위한 일종의 의식을 가져야 한다. 요즘은 많은 병원에서 카메라를 준비해두고 이러한 아기들의 사진을 찍을 수 있게 해준다. 이제 병원도 죽음을 회피하거나 부정하는 것이 치유에는 아무런 도움이 되지 않는다는 사실을 인정하게 된 것이다.

사실 아기를 잃은 많은 여성들이 자신의 슬픔을 충분히 표현하지 못한다. 아기를 잃은 여성들은 주로 "집에 있는 다른 아이들도 생각하셔야죠." 혹은 "아이는 또 가질 수 있어요." 따위의 위로를 듣게 된다. 그리고 그들이 죽은 아기를 위해 슬퍼하는 것은 자신을 방치하는 행위로 여겨진다. 하지만 충분히 슬퍼해 주지 않으면 그 기억으로부터 영원히 풀려날 수 없으며, 이것이 불임의 원인이 될 수도 있다. 임신 실패의 고통을 치유하는 것은 다음 임신을 위한 하나의 과정이기도 하다. 따라서 진정으로 슬퍼하고 치유하기 위해서는 충분한 시간과 공간을 가질 필요가 있다.

바브 프랭크는 정상적인 임신과정을 거친 후에 생각지도 않게 사산아를 출산하게 되었다. 사산 후 그녀는 사산아로 태어난 미카에게 다음과 같은 편지를 썼다.

"이 경험이 나에게는 너무나도 쓰라립니다. 하지만 내게는 정말 감동적이고 정신적인 성장을 위한 시간이었습니다. 또한 다른 사람들 앞에서 우는 일은 치유에 많은 도움이 되었고, 새로운 경험이었습니다. 친구들을 불러모은 자리에서 나는 미카를 품에 안고 있었습니다. 삶과 죽음의 에너지가 신비롭게 공존하는 공간 속에서 시간을 보내는 일은 내게 감정적인 전이를 경험하게 해주었고, 결국 더 깊은 동정과 이해를 만들어주었습니다."

바브는 또한 짧은 안내문을 만들어서 자신의 출산을 알렸으며, 감사카드와 크리스마스 카드 등에 이것을 첨부해서 보냈다. 그 내용은 이런 것이었다.

삶과 죽음의 신비로움을 마주하고서
우리는 사랑하는 아들, 미카의 죽음을 애도합니다.
미카는 내 뱃속에서 건강하고 희망차게 자라고 있었습니다.
하지만 애석하게도 9월 21일, 19인치 크기의
사산아로 태어났습니다.

산파의 도움으로, 바브는 회복기 동안 자신에게 필요한 리스트를 작성했다. 이 리스트는 어떤 종류의 상실감으로 슬퍼하는 사람이라면 누구에게나 도움이 될 것이다.

- 아기와 충분한 시간을 가지고 나중을 위해서 사진을 찍어두어라.

- 당신이 의지하는 가까운 사람에게 아기를 보여주어라. 이것은 내가 겪은 경험을 확인시켜주는 일이다.
- 사람들 앞에서 소리내어 울어라. 그리고 다른 사람들이 우는 것을 보아라. 이것이 우리를 편안하게 만들어줄 것이다. 단지 '강해' 보이기 위해서 감정을 감추려고 하면 당신은 더욱 힘들어질 것이다.
- 당신의 경험에 대해서 다른 사람들에게 편지를 쓰거나 전화를 걸어 이야기하라. 특히 처음 며칠이나 첫 주 동안은 다른 사람들과 함께 있거나 신체적인 접촉을 가질 필요가 있다.
- 아기와 관련된 중요한 선물, 기록, 사진, 기념물 등을 보관할 수 있는 '유물함'을 만들어라.
- 많이 움직이도록 하라.
- 밖에서 많은 시간을 보내라.

그 후 바브는 건강한 딸을 낳았다. 바브는 태어나게 될 아이의 건강이 늘 걱정스러웠기 때문에 임신이 힘들었다고 말했다. 하지만 산파와 산부인과 의사들의 도움으로 모든 과정을 잘 겪어냈고, 지금은 자신의 딸과 즐겁게 지내고 있다.

입양

수년 동안 나는 자신의 아이를 다른 사람에게 입양 보낸 사람들이나 입양한 사람들과 함께 일해왔다. 과거에 입양기관은 비밀과 부인의 그늘 속에서 일을 진행시켰다. 아이를 포기하는 것과 아이를 입양하는 일에는 둘 다 책임이 따른다. 당신이 만약 입양을 하게 된다면 비밀은 통하지 않는다는 사실을 뼈저리게 절감할 것이다.

아이를 입양하는 환자들은 때가 되면 아이들에게 알려주기 위해서 아이들의 출생상황에 관해 가능한 한 많이 알아두려고 한다. 대부분의 아이들은 자신의 출생에 관해 알고 싶어한다. 또 아기를 낳은 엄마들 역시 늘 자신의 아이가 어디서 어떻게 지내는지를 궁금해한다. 따라서 입양으로 인한 문제들에 대한 유일한 해결책은 정직이다.

현재 미국의 많은 부부들이 외국아이를 입양하고 있다. 나는 이것이 썩 좋은 방법이라고는 생각하지 않는다. 두 명의 중국아이를 입양한 한 환자는 나에게 이런 이야기를 들려주었다.

1981년 11월, 수잔과 밥은 아이를 입양하기 위해서 대만으로 갔다. 한 달 후 그들은 아니오 니콜라스라는 여섯 살 된 아이와 샤오-마 애니라는 네 살 된 아이를 데리고 돌아왔다. "1981년의 크리스마스는 새로운 가족의 탄생을 축하하면서 정말 아름답게 보냈어요." 하고 수잔은 말했다. 그 다음 추수감사절에 수잔은 '새로운' 가족과 함께 휴가를 즐기기 위해 친척을 방문했다. 그런데 계단에 앉아있던 애니가 갑자기 수잔을 힐난하는 투로 물었다. "왜 대만에 있는 우리를 데리고 오셨어요?" 수잔은 무엇이 아이로 하여금 그런 질문을 하게 만들었는지 어리둥절했다. 입양을 한 후 처음으로 수잔에게 그림자가 드리워졌다.

딸의 질문에 대해서 곰곰이 생각하다가 수잔은 진실을 깨닫게 되었다. 수잔은 행복했고 친구와 가족도 많았으며 일과 여가도 즐길 수 있었다. 하지만 그녀는 여전히 완전히 고갈되지 않은 자신의 사랑을 누군가에게 나누어주고 싶은 욕구를 느꼈다. 그래서 남편과 함께 사랑을 나누어주기 위한 누군가를 찾기 위해 대만으로 갔었던 것이다. 이 이야기를 듣던 애니는 잠깐 멈추고서 생각에 빠진 듯이 머리를 갸우뚱거리다가 양치질을 하러 가버렸다. 잠시 후, 밤의 의식을 위해 수잔은 애니와 다시 함께 있게 되었다. 애니는 칫솔에 치약을 짜면서 도전적으로 말했다. "난 대만으로 가서 중국 엄마를 만나고 싶어요." 애니 역시 자신의 친엄마에 대한 기록이 없고, 누가 그녀를 데려왔는지도 모른다는 사실을 알고 있었다. 그때 수잔은 그녀의 딸이 대만으로 돌아가고 싶어하는 것이 매우 상징적이고 중요한 일이라는 것을 알아차렸다. 그래서 애니에게 물어보았다. "너와 함께 가줄까? 아니면 혼자 가겠니?" 애니는 대답했다. "저 혼자 가겠어요." 수잔은 상실감, 공허함, 절망감으로 충격을 받았다. 그녀는 나중에 내게 이렇게 말했다. "내 욕구를 채우려고 했던 것이 문제였습니다."

수잔은 "나는 너를 지금도 사랑하고, 진심으로 사랑한단다. 충분하지 않았니? 나에 대해서는 어떻게 생각하니?" 하고 애니에게 물었다. 그리고 애니를 바라보다가, 중국엄마에 대한 아이의 갈망이 단지 자신의 출생과 자신이 누구였는지에 대한 궁금증의 일부분이었다는 것을 알게 되었다. "애니는 우리 중 누구도 단 한 번 만나지 못했던 여인과 자신의 깊은 내면의 자아를 함께 나누고 있었습니다. 이제 나는 애니와 그녀의 존재, 그녀의 사랑에 대해 함께 나눌 수 있게 되었습니다. 결국 진심으로 애니의 내면의 이야기를 들을 수 있게 된 것이지요." 몇 번의 크리스마스가 더 지난 후의 어느 날, 애니는 수잔과 밥의 손을 잡고 날아다니듯 걷고 있었다. 애니는 하늘에다 대고 이렇게 외쳤다. "안녕하세요, 중국 엄마! 잘 지내시죠? 난 행복해요. 당신도 행복했으면 좋겠군요. 사랑합니다. 행복하세요."

나는 아이를 입양하는 모든 부부에게 일종의 의식을 치르도록 권하고 싶다. 이것은 아이를 새로운 공동체로 데려오는 감동적이고 의식적인 방법일 수 있다. 말하자면, 주변 사람들을 불러놓고 새로운 공동체에 오게 된 아이를 차례로 환영해주는 것이다. 우리가 새로운 아이를 환영해주고 그 아이의 탄생과 새로운 부모를 축하해주는 일은, 그 아이가 정말로 원했던 아이라는 것을 상징한다. 이러한 과정을 거치게 되면 아이는 과거에 무슨 일을 겪었든지 간에 자신의 탄생이 얼마나 의미 있는 것인지, 그리고 사람들이 자신을 얼마나 원하고 축복하는지를 알게 될 것이다. 또한 이러한 의식은 많은 사람들에게 아주 큰 치유의 효과가 있다.

은유로서의 생식력

지구의 인구는 끊임없이 증가하고 있다. 인간은 점점 줄어드는 땅에서 보다 많은 음식을 만들어낸다. 그리고 그것을 다시 채우기 위한 끝없는 생산력은 이제 종말을 맞이하고 있다. 여성으로서 우리는 다음세대를 생산해내기 위해, 그리고 우리의 행성을 재생시키기 위해 타고난 창조력을 활용할 수 있어야 한다. 더 이상 결과를 생각하지 않고 아기를 낳아서는 안된다. 여성들은 모두 자신의 생식력을 어떻게 사용할지, 삶의 이 분야를 어떻게 치유할지에 대한 자신의 진실을 찾아내야만 한다.

나는 다른 여성들에게 무엇이 최선인지에 대해 모두 알고 있다는 듯이 굴고 싶지는 않다. 이것은 각자가 스스로 찾아내야만 한다. 내가 정말 원하는 것은, 이 장을 통해서 여성들이 자기 몸의 창조적인 경험을 더 깊이 들여다보고 스스로를 이해하고 치유할 수 있도록 돕고 자극하는 것이다.

12

임신과 출산

영원히, 신은 생명을 주면서 분만의 침대 위에 누워계신다.
신의 본질은 출산이다.
-마이스터 에크하르트 Meister Eckhart

임신은 엄마와 아기, 둘 다에게 책임을 부여한다. 아기를 가진다는 것은 논리적으로 결정할 수 없고 이성만으로 판단할 수도 없는 일이지만, 이것은 또한 의식적이고 진심으로 결정해야 하는 일이기도 하다. 모든 여성들에 대한 나의 바람은 여성들이 의식적으로, 그리고 현명하게 임신을 선택할 수 있는 용기를 획득하는 것이다.

내가 아이를 가지려고 했던 이유를 돌이켜 생각해보면, 그것은 아주 감정적이고 본능적인, 그리고 무의식적인 결정이었다. 그것은 마치 종족 번식의 본능 같은 것이었다. 그리고 무엇보다 생물학적인 원동력이 강하게 작용했다. 나를 포함한 많은 여성들은 아기가 우리의 감정과 육체에 건강하지 못한 방식으로 부담을 지워준 것을 알면서도 또 다른 아기를 갈망하곤 한다.

어떤 여성은 임신 그 자체를 사랑한다. 또 어떤 여성은 아기의 존재를 사랑하고, 늘 한 명의 아기를 곁에 두고 싶어한다. 임신과 출산에 집착을 보이는 여성도 있다. 이유는 가족 중에서 완벽하게 그녀가 차지할 수 있는 유일한 사람이 아기이기 때문이다. 아기를 다시 가지고 싶어하는 30대 후반이나 40대 초반의 여성들을 진료한 적이 있는데, 이들이 아기를 가지고 싶어하는 이유는, 아기를 임신하고 돌봄으로써 인생의 중요한 결정들을 적어도 5년은 뒤로 미룰 수 있다고 생각하기 때문이었다. 임신은 다른 사람이 결코 채워줄 수 없는 삶의 공허를 채우기 위한 수단으로 이용될 수도 있다. 하지만 다른 사람과 가까워지기 위해서는 먼저 자기 자신과 친해져야만 한다는 사실을 알아야 한다.

임신은 초자연적인 과정이며, 산모가 주변의 지지 속에서 자신의 몸과 아기가 조화를 이룰 수 있도록 많은 노력을 기울여야 하는 시기이다. 지난 수세기 동안, 산파들은 의료적 · 감정적 원조를 제공하면서 산모의 임신과 출산 과정을 가장 가까이에서 지켜보고 도와주었다. '산파'라는 단어는 '대기하다'를 뜻하는 라틴어 'stare'에서 파생된 단어이다. 하지만 현대의 산파는 인내심을 가지고 '대기'하는 방식에서 많이 변화되었다. 사실 여성의 몸은 본능적으로 출산하는 방법을 알고 있다. 그러나 현대사회의 문화적인 환경은 여성들로 하여금 출산에 대한 타고난 지식과 힘을 잊어버리고, 테스트와 기계에 의존하는 전문가에게 자신들을 내맡기도록 이끌고 있다. 하지만 지난 몇 년 동안 나는 임신, 진통, 분만의 경험만큼 여성들에게 힘을 부여해주는 일은 없다는 사실을 깨닫게 되었고, 그것에 감사하게 되었다.

질병으로서의 임신

우리의 어머니 세대에 임신한 여성들은 대문을 나설 수도, 여행을 갈 수도 없었다. 임신복은 보기 흉하고 여성 신체의 이미지를 손상시키는 것이었다. 많은 여성들이 임신을 하면 직장을 잃었으며, 직장을 잃지 않은 여성들이라도 1980년대 초까지는 공식적인 출산휴가가 없었다. 전 직장에서 출산휴가를 가지게 되었을 때, 나는 몇몇 동료들로부터 적대감을 느꼈다. 그들은 임신이 다리부상과 같은 것으로 취급될 수 없다고 생각했다. 즉 임신은 스스로 조절할 수 있는 것이며, 스스로 '선택한 무능력'이라는 것이었다. 그러나 임신한 여성이 다른 사람과 똑같이 행동하고 도움이 전혀 필요하지 않다는 듯이 행동하는 것은, 너무도 근시안적이며 산모와 아기의 건강을 한꺼번에 위험하게 만드는 일이다. 임신은 그것이 원한 것이든 원하지 않은 것이든 간에 휴식과 보살핌이 필요한 특별한 시간이다.

미숙아, 임신중독증, 둔위의 예방

조산에 대한 많은 연구가 있었음에도 불구하고 조산율은 지난 50년 동안 전혀 감소하지 않았다. 현재 조산율은 전체 임신의 10%에 해당하며, 출산 감염을 제외한 유아사망의 가장 큰 원인이다.

내 경험에 의하면, 결과가 좋지 않은 임신은 대부분 원하지 않았거나 계획하지 않았던 임신이거나 산모가 임신에 대한 혼란스러운 감정을 수습하지 못한 경우였다. 한 조사자료에 따르면, 임신한 사람의 50% 이상이 임신을 원하지 않았다고 한다.[1] 하지만 대부분의 여성들은 원하지 않았던 임신에도 잘 적응하고 바람직한 결론을 내리기 때문에, 과연 어떤 임신이 원하지 않았던 것인지를 가려내기는 힘들다. 산모가 임신에 대한 혼란스러운 감정을 임신기간 동안 해결하지 못하면 복잡한 문제가 발생할 수 있다. 자신의 생활을 되찾고 자신의 몸을 회복하기 위해서 임신을 가능한 한 빨리 끝내고 싶어한다면, 이런 생각들은 실제로 조산이나 임신을 빨리 끝나게 만드는 다른 문제로 이어질 수 있다.

조산은 주로 산모가 임신에 대해서 감정적·육체적인 투자를 하지 않았을 때 발생한다.[2] 동물실험에서도 자궁에서 죽은 동물들의 사망원인이 그 어미의 근심과 관련이 있는 것으로 밝혀졌다. 임신한 원숭이나 토끼에게 감정적인 스트레스를 주면 아드레날린이 생성되어서 자궁과 태반으로의 혈액공급량을 감소시키게 되고, 결국 충분한 산소를 공급받지 못한 태아는 질식사하게 되는 것이다. 산모가 느끼는 스트레스가 태아에게 자동으로 전달된다면 건강한 감정 또한 태아에게 전달될 것이다. 결국 아기는 여성의 몸의 일부이다. 내 경험에 의하면, 여성들이 자기 내면의 지혜와 접촉하는 방법을 배울 경우 자신의 아기를 안전하게 지키고, 조산을 방지하고, 임신중독증을 예방하는 방법을 자연스럽게 알게 된다.

임신중독증이란 산모에게서 나타나는 부종, 고혈압, 단백질뇨 등의 증상을 말한다. 신장병이나 고혈압, 당뇨병이 있는 여성은 다른 여성들에 비해 임신중독증에 걸릴 가능성이 훨씬 높다. 또한 임신중독증은 조산이나 그 밖의 다른 문제들을 유발할 수 있다. 그리고 제대로 관리해 주지 않을 경우, 자간이라고 불리는 경련을 일으킬 수도 있다. 자간은 임부나 산욕부 등에게서 일어나는 경련 및 혼수를 말하는 것으로, 고혈압이나 부종, 단백뇨 등을 수반한다. 임신 후기에 관찰되는 중독증으로 고혈압, 단백뇨 및 부종의 증상을 보이는 전前자간증을 유발하는 이유에 대해서는 여러 가지 이론들이 있지만, 그 정확한 원인은 아직 밝혀지지 않았다.

한 연구 결과에 의하면, 임신중독증에 걸린 여성들은 그렇지 않은 여성들에 비해서 스스로를 매력이 없거나 사랑받지 못하고 있으며, 의지할 데가 없다고 생각하는 경향이 있다고 한다. 뿐만 아니라 임신중독증에 걸린 여성들은 다른 사람의 의견에 지나치게 민감하게 반응하고, 다른 사람들의 기대에 맞추어 행동하려는 경향이 있다. 이들에게 임신이란 이미 스트레스로 가득 차 있는 삶에 스트레스를 가중시키는 위험요소인 것이다. 그리고 이런 여성들은 대체로 자신의 곤란한 감정을 결

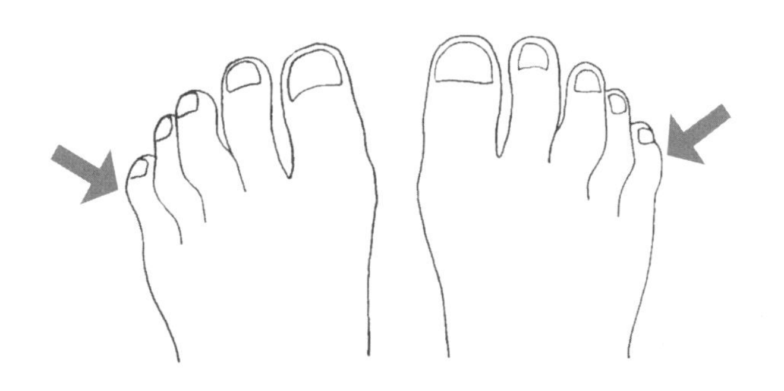

〈그림 12-1〉 태위를 바꿀 수 있는 지압점

코 드러내지 않으려는 경향 때문에 몸이 대신해서 혈압상승 등으로 스트레스를 표출하게 된다. 다시 말해서 임신중독증에 걸린 여성들은 자신의 감정을 자율신경조직을 통해서 몸으로 드러내는 것이다. 따라서 얼굴과 목을 자주 붉히며, 말을 빨리 하고, 혈압상승과 빈혈, 빠른 심장박동을 자주 경험한다고 한다.[3] 하지만 이런 여성이라도 극진한 보살핌을 받으면서 임신의 참된 의미를 이해하면, 자신의 몸이 아기에게 가장 좋은 공간임을 인정하게 되고 임신중독증으로부터 자유로워질 수 있다.

아기가 머리가 아닌 발이나 엉덩이를 아래 쪽으로 향하는 자세를 취하는 둔위만큼이나 몸과 마음의 연관성을 흥미롭게 보여주는 증상도 없을 것이다. 임신 37주에 도달하게 되면 아기는 머리를 아래로 두는 자세로 골반에 자리를 잡게 된다. 하지만 임신 여성의 3% 정도는 태아가 발이나 엉덩이를 아래로 하여 자리를 잡기도 하는데, 임신 도중 아기가 언제든지 다시 자세를 바꿀 수는 있지만 임신 37주 이후에 아기가 자발적으로 둔위에서 두정위로 자세를 바꾸게 될 가능성은 12%뿐이다. 이런 상태로 진통이 시작되면 대부분 제왕절개를 해야만 한다. 격막이나 자궁벽의 구조적인 문제가 아기의 위치를 방해해서 아기가 거꾸로 서는 경우도 있는데, 대부분의 경우 그 이유는 밝혀지지 않았다.

하지만 산모가 몸의 아래 부분을 지나치게 긴장하고 있어서 아기가 둔위 자세를 취하게 되는 경우도 있다. 따라서 산모가 초조해하고 불안해하면 둔위의 가능성은 더욱 높아진다.[4]

아기가 자발적으로 자세를 바꿀 수 있게 하려면, 우선 산모가 긴장을 풀어야 한다. 생체에너지 호흡법도 아기가 방향을 틀 수 있도록 하는 데 효과적이다. 또 침이나 뜸과 같은 다양한 방법으로 이 부위를 자극할 수 있다. 〈그림 12-1〉과 같이 손톱으로 양쪽 발가락 부위를 눌러주어도 좋은데, 아프지 않을 정도로 충분히 꾹꾹 눌러주어야 한다. 매일 한두 차례씩 1～2분 동안 눌러준 후 곧장 15분 동안 무릎을 가슴 쪽으로 구부리는 자세를 취하면 태아가 방향을 바꾸게 하는 데 도움이 된다. 이 방법은 임신 7개월부터 사용할 수 있지만 자궁이나 골반의 이상, 습관성 유산 또는 임신과 관련된 다른 문제가 있다면 하지 않는 것이 좋다.

집단적인 긴박감

임신을 하게 되면 여성의 모든 감각은 엉망진창이 되어버린다. 그리고 갑자기 자신의 몸이 더 이상 자신만의 것이 아니게 된다. 산모의 가족들은 먹을 것, 입을 것, 해야 할 것에 대한 충고를 아끼지 않는다. 내가 임신을 했을 때도 얼마나 많은 낯선 사람들이 나에게 다가와서 배를 토닥거려보거나 조언을 해주었는지 모른다. 산모의 친구들은 마치 산모에게 제왕절개나 진통, 좋지 않은 임신결과 등에 관한 최악의 상황을 이야기해주는 것이 자신들의 의무라고 생각하는 것 같았다. 출산의 혹독함에 관한 이야기는 세대를 걸쳐 전해 내려오고 있다. 또한 대중매체는 임신한 여성들이 금방이라도 바닥에 쓰러질 듯이 "오! 존, 아기가…!"라고 비명을 지르는 모습만을 보여줌으로써 임신이 위험하고 예측하기 힘든 시기라는 인식을 우리의 의식 속에 심어준다. 즉 임신을 언제 재앙을 몰고올지 알 수 없는 위기상황으로 생각하게 만들고 있다.

일반적으로 30대 이상의 산모들은 20대의 산모들보다 훨씬 위험하다고 여겨진다. 하지만 누구나 다 그런 것은 아니다. 출산의 위험도는 개인의 건강상태에 달려있는 것이지 나이에 달려있는 것은 아니다. 하루에 두 갑씩 담배를 피워대거나 매일 한 사발씩 다이어트 콜라를 마셔대는 25세의 여성보다는, 사려 깊게 임신을 계획하고 최상의 건강상태를 유지한 40세 여성의 임신이 훨씬 더 안전하다. 그러나 많은 의사들이 30~40대의 임신이 위험하다는 최면에 걸려있다. 40대의 임산부들은 단지 그들의 임신이 특별한 상황이라는 이유만으로 제왕절개를 해야 한다는 말을 종종 듣게 된다. 그러나 나이는 분만의 강도나 시간을 결정짓는 척도가 될 수 없다.

나의 한 친구는 마흔 한 살에 첫아이를 임신했다. 그녀의 초기 진통은 3시간 동안 지속되었는데, 이것은 비교적 짧은 편에 속한다. 만일 그녀의 골반이 그렇게 작지만 않았더라면 그녀의 분만은 4시간 안에 모두 끝났을 것이다. 나의 경험에 의하면, 나이 많은 여성들도 충분히 성공적인 출산과 분만을 할 수 있다.

여성이 30대 후반이나 40대 초반에 첫아이를 갖게 되었을 때 가장 좋은 점은, 그때쯤이면 여성들이 일에서 자신의 위치를 확고하게 만들어놓은 상태라는 것이다. 그런 여성들은 이미 바깥세계를 모두 경험한 상태이므로 임신을 즐길 수 있는 시간과 여유를 보다 많이 가질 수 있다. 나이 많은 산모들은 대부분 젊은 산모들보다 자신의 몸과 접촉할 시간을 많이 가져왔으므로 자신에 대해서도 여유가 있다. 사실 나는 이런 여성들의 출산위험률이 훨씬 낮다고 생각한다.

변형된 임신의 힘

여성은 임신을 음미하고 축복해야 한다. 임신이 아기의 성장이나 산모에게 있어서 아주 중요한 시간이기는 하지만, 그렇다고 해서 그것이 치료를 받아야 하는 어떤 질병이라는 이야기는 아니다. 임신은 다만 아기와 조화를 이루기 위해서 휴식과 조용한 사색의 시간이 필요한 시기이다.

임신기간 동안에는 프로게스테론이 자연스럽게 분비되어서 기분을 가라앉혀 주고 긴장을 풀어준다. 물론 가끔은 장을 이완시켜서 변비를 유발할 수도 있다. 임신기간 동안 여성의 몸은 아기를 성장시키기 위해서 수많은 내적인 작업을 하게 된다. 그리고 임신기간을 어떻게 보내는지에 따라서 아기의 체질이 결정된다.

우리 문화는 임신 중인 여성들을 보다 귀하고 가치 있게 생각한다. 아마도 여성들이 다른 어느 때보다 임신기간 동안에 자기 자신을 더욱 잘 돌보려고 노력하기 때문일 것이다. 임신은 여성이 자기 자신과 자신에게 내재되어 있는 힘에 관해 많은 것을 배울 수 있는 환상적인 기회이다. 아기는 임신한 여성의 몸의 일부이며, 엄마와 아기 사이의 긍정적인 내적 커뮤니케이션은 출산 후까지 두 사람 사이에 더욱 깊은 믿음을 만들어준다. 따라서 강하고 동시에 가장 상처받기 쉬운 산모들에 대한 배려가 무엇보다 우선되어야 한다.

첫아이를 임신했을 때, 나는 4년 간의 수련의 생활을 끝내고 본격적으로 수백 명의 임산부들을 위해 산전 건강관리와 진통, 분만을 도와주고 있었다. 수련의 시절 동안 나는 아무런 약물도 사용하지 않는 자연분만 옹호자였다. 그리고 나 자신의 경우에 대해서도 매우 낙관적으로 생각하고 있었다. 임신기간 동안 나는 자궁이 겪고 있는 경험을 관찰하였다. 내 몸이 변해 가는 과정을 지켜보는 것은 또 얼마나 재미있었던가! 그때 나는 임신이 매우 계획적이고 원했던 것이었음에도 불구하고, 임신에 대한 사치스러운 흥분감과 기대감을 결코 나 자신에게 허락하지 않았다.

나는 임신 3개월 때에 벌써 아기의 방을 완전히 꾸며놓은 여자들도 보았다. 그 시기는 6명 중 1명은 유산할 수 있는 아주 위험한 시기인데도 말이다. 나는 그런 종류의 슬픔을 갖고 싶지 않았고, 그러한 감정적 투자가 너무 성급하다고 생각했다. 몇 년이 지나고 나서야 나는 아기들이 자궁 속에서도 무슨 일이 있었는지를 다 알고 있으며, 그들이 태어나기 훨씬 이전부터 듣고 감각하고 감정을 경험할 수 있다는 사실을 알게 되었다. 어머니가 임신에 신경을 쓰거나 애정을 쏟아 붓지 않으면, 아기들은 재빨리 이것을 감지하게 된다.

하지만 나는 아기에 대해 전혀 흥미가 없었고, 아기용품 진열장 앞에서의 여자들의 행동을 이해할 수 없었다. 아기옷을 보면서 감탄을 연발하는 것도 내게는 어울리지 않는 일이었다. 임신 말기쯤 간호사들이 내게 아기의 방이 준비되었는지를 물었을 때, 나는 이렇게 대답했다. "아니요. 난 아직 티셔츠 한 장도 사두지 않았는 걸요." 나는 아기용품을 하나도 가지고 있지 않았다. 심지어 기저귀조차…. 남편은 정형외과 특별연구원 과정 중이었고, 늘 그렇듯이 나보다 더 바빴다. 그 역시 아기용품을 사러 다닐 여력은 없었다. 사실 나는 아기용품을 어떻게 사야 할지도 몰랐던 것이다.

나는 좋은 부모가 되기 위한 지침서를 읽는 것보다 좋은 엄마가 될 수 있을 것이라는 나의 능력을 믿고 있었다. 나는 아기를 지나치게 감상적으로 대하는 것은 좋은 엄마가 되기 위한 필요조건이 아니라고 생각했다. 우리 어머니도 '암사자' 유형의 어머니였다. 엄마는 결코 어떤 '전문가'에게도 자신의 고집을 굽히지 않았다.

나는 아기가 자라면서 변해 가는 모습을 흥미롭게 지켜보았다. 임신 중의 입덧, 흉곽의 통증, 변비, 과도한 가스, 가슴앓이 등에 관해서도 많은 것을 배우게 되었다. 나는 산모들이 이러한 증상을 호소하는 것을 수년 동안 들어왔지만, 그때서야 그 이유를 제대로 알 수 있었다. 남편은 내 신체적인 변화가 아름답다고 말했지만 나는 확신할 수 없었다. 무엇보다 몸무게가 너무 많이 불어서 걱정이었다. 하지만 지금은 임신했을 때의 사진을 찍어두지 않은 것이 후회가 된다. 1980년대 초 한 환자가 자신의 임신과 분만 과정을 찍어둔 사진앨범을 가져와 보여주었을 때, 나는 많이 놀랐다. 그녀는 자신의 몸을 전혀 부끄러워하지 않았을 뿐 아니라 오히려 자랑스러워했다. 그러나 그때는 그녀가 다른 행성에서 온 별종 같아 보였다.

두 번째 임신을 했을 때는 임신을 하자마자 허리가 없어지고 임신한 티가 나기 시작했다. 이것은 아주 일반적인 현상이다. 두 번째 임신 때는 첫 임신 때보다 더 바빴지만, 나는 아기와 더 많은 대화를 나누려고 노력했다. 사실 나는 임신한 9개월 동안 아들일 것이라는 짐작만으로 내 아기를 "윌리엄"이라고 불렀다. 그 때문에 둘째 딸이 첫째 딸보다 더 적극적인 것 같기도 하다. 임신 말기로 진행되자 치골이 벌어져서 걷기가 힘들었다. 아기가 골반에 자리잡으면서 생기는 현상이었다. 그러나 대체로 나의 임신은 정상적이었으며, 배는 첫아이 때보다 많이 커졌지만 몸무게는 같았다.

나는 최근 30대 중반에 첫아이를 임신 중인 세련된 전문직 여성을 만났다. 그녀는 더 이상 임신을 감추기가 힘들어졌으며, 몸에 꼭붙는 스커트와 하이힐 대신 보기 흉한 옷과 신발을 사야 한다고 투덜거렸다. 그녀는 임신이란 견뎌내고, 무시하고, 극복해야 하는 일로 취급하고 있었다. 이것은 임신에 대한 보편적인 생각이기도 하다. 임신을 한 티가 덜 날수록 사람들은 더 좋아 보인다고 말한다. 나 또한 임신으로 인해 어떤 식으로든 내 생활을 방해받고 싶지 않았었다.

두 번째 아이를 임신한 동안에는 아기를 받아주기 위해서 한밤중에도 자다말고 병원으로 달려가야 했다. 그 시기에는 정말 너무나 지쳐서 눈을 감은 채로 옷을 갈아입곤 했다. 또 다섯 살 난 첫아이가 밤에 잠을 자지 않아 애를 먹는 중이기도 했다. 하지만 어느 누구도 내게 일을 줄이라는 말은 해주지 않았다. 게다가 나는 아이를 가졌음에도 불구하고 내가 여전히 가치 있는 의사임을 증명해 보이려고 고군분투했다.

진통과 분만

내가 경험한 대부분의 진통과 분만은 순조로웠지만 우리 사회는 출산의 과정을 지나치게 과민하게 다루는 경향이 있다. 임신과 출산을 지나치게 걱정하는 것은 출산에 대한 집단주의적인 충격 때문이다. 우리 모두는 각자의 출생에 대해 스스로 해결하지 못한 문제들에 비추어 산모들을 바라보는 것이다. 옛날에는 각 집안마다 출산하다가 사망한 여성들이 수십 명씩은 있었다. 뉴잉글랜드의 묘지에만 가보아도 죽은 아기의 무덤에 둘러싸여 있는 죽은 여성의 묘비가 여기저기 널려있다. 이렇듯 죽음에 대한 공포심은 출산에 대한 무의식적인 집단 히스테리를 더욱 가중시킨다.

그러나 출산과정에서의 죽음은 대부분 적절한 치료를 받지 못해서가 아니라 영양실조, 과로, 도움의 부족 등에서 유발된 것이다.[5] 여러 가지 자료에 의하면, 분만 중에 도움을 받지 못하는 여성들은 진통시간이 길어지거나 좋지 않은 결과를 초래할 가능성이 훨씬 높다고 한다. 몇몇 논문들은 또, 분만과정에 산모를 어머니처럼 돌봐주는 "둘라 doula"라고 불리는 여성이 곁에 있어주면 진통시간이 평균 19.3시간에서 8.8시간으로 줄어든다고 밝혔다. 그리고 출산 후에도 깨어있어서 자신의 아기를 쓰다듬어주고, 미소를 보내고, 말을 걸어주는 경우가 더 많았다고 한다.[6]

원시 수렵사회에서는 모유로 아기를 키웠기 때문에 2~4년 간격으로 임신을 했다. 수유를 하게 되면 프로락틴의 분비량이 많아져서 자연스럽게 피임을 할 수 있다. 평생 동안 500번의 월경주기를 갖는 서구 여성들에 비해서 이러한 여성들은 평생 200번 정도의 주기를 가졌을 것이다.[7] 이런 사회에서의 출산준비는 주로 산모를 배려해주고, 분만을 도와주는 것으로 이루어졌다. 그리고 출산은 공동체의 경사로 축하를 받았다. 물론 여성들이 영양을 충분히 섭취하고 주변의 축하를 받을 수 있는 사회에서 출산한다고 해서 아무런 문제도 발생하지 않고 출산이

〈표 12-1〉 분만의 잠재적인 위험요소

위험도가 높은 분만	위험도가 낮은 분만
수동성	능동성
의존성	독립성
타인으로부터의 지지를 받아들이지 못함	타인으로부터의 지지를 받아들임
여성임에 대한 거부감	여성임을 인정함
억압된 성 본능	건강한 성 본능
자신을 성적 객체로 봄	자신을 성적 주체로 봄
출산에 대한 한정된 믿음	출산에 유용한 믿음
스스로를 약하다고 생각함	스스로를 강하다고 생각함
혼란스러운 가정	편안한 가정
아이를 원하지 않음	아이를 원함
자신의 삶에 대한 외적인 통제	자신의 삶에 대한 내적인 통제
출산의 고통스러운 현실을 거부함	출산의 고통스러운 현실을 인정함

항상 영예로운 과정이라는 뜻은 아니다. 하지만 현대의 의료기술에 원시적이고 자연적인 여성의 지혜를 결합시킨다면 우리는 더 많은 것을 배울 수 있을 것이다.

몇 년 동안 제왕절개나 그 밖의 의료기술을 이용하는 분만에 참가하면서, 나는 출산 중에 발생할 수 있는 곤란한 상황이 출산을 시작하기 오래 전, 혹은 임신 전에 이미 시작된다는 것을 알게 되었다. 우리는 각자의 내부에 씨앗을 가지고 있다. 우리는 왜 자신이 결코 최상이 아닌 치료를 어쩔 수 없이 받게 되는지에 대해서 정확히 짚고 넘어가야 할 필요가 있다.

임신에 대한 여성의 태도는 분만실에서 드러난다. 내가 아는 한 전문직 여성은 아무것도 느끼지 않은 채 분만이 진행되기를 원했다. 그녀는 이렇게 말했다. "나를 기절시켜주세요. 난 인디언이 아니란 말이에요." 이 여성은 진통과 분만의 위력을 전혀 이해하지 못하고 있었다. 그녀의 말에는 진통은 단지 '원시인'들이나 겪는 것이고, 세련된 지식인들은 손가락 하나 까딱하지 않고 눈살 한 번 찌푸리지 않은 채 과학기술을 이용해서 아기를 얻어야 한다는 뜻이 함축되어 있었다.

여성의 인성과 진통시간의 상관관계에 대한 논문에 의하면, 진통시간이 긴 여성들은 대체로 생식능력과 모성애에 대해서 심리적인 갈등을 가지고 있으며 분만할 때의 불안감을 스스로 이해하거나 인정하지 못한다고 한다. 이러한 심리적인 요소들이 자궁운동을 방해하고 분만시간을 지연시키는 것이다.[8]

너무나 많은 여성들이 말로 표현하든 표현하지 않든 간에 "제발 나를 어떻게 좀 해주세요. 난 아무것도 느끼고 싶지 않아요. 모든 것이 끝나면 아기만 저에게 건네주세요."라는 기대를 어느 정도 가지고서 분만에 접근한다. 분만 중인 여성에게 가장 필요한 것은 아기를 출산할 수 있는 여성의 타고난 능력을 인정해주는 사랑과 용기이다. 그럼에도 불구하고 의사와 간호사들은 분만을 가능한 한 빨리 치료해주어야 하는 응급상황으로 대처하곤 한다.

여성의 살아온 과정도 분만실에서 드러난다. 가장 은밀하게 감춰두었던 여성의 공포 역시 자신도 모르는 사이 분만 도중에 드러난다. 한 환자는 자기 아버지의 아이를 낳을지도 모른다는 무의식적인 두려움 때문에 진통 도중 쇼크상태에 빠졌다. 한 성폭행 희생자는 희생자의 역할에 너무나 충실하게 길들여져 있어서 자기 힘으로는 아기도 낳을 수 없다고 생각했다. 무력하게 살고 있는 대부분의 사람들처럼, 이런 류의 여성들은 병원과 의료진이 자신의 분만을 모두 떠맡아주기를 기대한다. 나는 이러한 태도에 길들여져 있는 여성들을 무수히 많이 만나 왔다. 산모들 중에는 병원에 대한 요구조건이 특히 까다로운 여성들도 있다. 모니터를 사용해서도 안되고, 의대생이 참관해서도 안되고, 음모를 면도하거나 관장을 해서도 안되고…등등. 요구사항이 복잡하고 많을수록 제왕절개와 같은 계획하지 않았던 일을 당하게 되는 경우가 많다. 요구 조건이 까다롭고 많은 여성들일수록 사실은 자신이 겪게 될 상황에 대해서 더 많이 불안해하고 있기 때문이다.

분만은 또한 남편이나 주변사람들과 산모와의 본질적인 관계를 드러낸다. 진통 중인 여성이 갑자기 남편에게 악의에 찬 공격을 하는 경우도 있다. 나는 이러한 행동이 단지 우발적인 것이라고 배웠지만 잘 납득할 수가 없었다. 그리고 점차 이러한 행동들이 단순히 우발적인 일만은 아니라는 사실을 알게 되었다. 진통을 하는 동안 드러나는 타인에 대한 적대감은, 진통이 시작되기 오래 전에 이미 존재했다가 분만과정의 원초적인 속성 때문에 체면이나 겉치레가 모두 사라지면서 진실이 밝혀지는 경우가 대부분이다.

게일 피터슨Gayle Peterson은 〈일반적인 탄생Birthing Normally〉에서, 여성들은 자신이 살아온 방식대로 분만한다는 사실을 지적하였다. 분만은 대부분의 여성들에게 위기상황이다. 따라서 여성들은 평소 위기에 대처하던 방식대로 분만에 접근하게 된다. 어떤 사람은 상황을 통제하려고 하고, 어떤 사람은 스스로를 너무 무력하다고 생각해버린다. 유도분만을 하는 여성들과 자연분만을 하는 여성들의 차이를 비교한 논문에 의하면, 유도분만을 하게 되는 여성들은 주로 자신의 생식기에 대한 믿음이 부족하다고 한다. 또 이런 여성들은 월경주기 동안 불평이 많으며, 산과적인 병력도 많고, 분만을 상당히 걱정스러워하는 경향이 있다고 한다.[9]

진통 중인 여성이 남편에게 무슨 수를 써서라도 자신을 고통으로부터 구해달라고 요구하는 것은 특별한 일이 아니다. 자궁수축이 진행되는 동안 아내들은 "여보, 어떻게 좀 해줘!"라고 소리를 지르면서 남편에게 도움을 청한다. 그러면 남편들은 대개 "도대체 얼마나 더 오래 이러고 있어야 하는 겁니까? 지금 당장 어떻게든 조치를 취해주십시오. 그렇지 않으면 당신들을 가만두지 않겠소." 라고 소리를 지른다. 나는 아내의 진통을 멈춰달라는 남편들로부터 수도 없이 협박을 당해왔다.

자기 아내의 괴로움을 조절해줄 수 없고 자신들이 아무것도 해줄 수 없다는 무력감에 화가 난 남편들은 산부인과 의사들에게 폭력적이다. "이 고통을 당장 끝내주시오!" 그들의 아내는 어찌해볼 도리 없이 지켜만 보거나 자신의 남편이 '해결사' 역할을 잘해내기만을 기대한다. 하지만 이런 류의 여성들은 진정한 자기 자신과의 만남에서 더욱 멀어지게 된다. 만일 부부가 진통은 목숨을 위협하지 않으며 정상적이고 자연스러운 과정이라는 사실을 이해하고 서로에게 용기를 불어넣어 줄 수 있다면, 자궁의 수축이나 진통을 경험하는 데 많은 도움이 될 것이다.

어떤 남편들은 아내를 대신해 아기를 가지거나 진통을 대신해줄 수 없다는 사실에 대해 안타까워하기도 한다. 하지만 그들이 해줄 수 있는 일은 진정으로 자신의 아내를 사랑하는 것이다. 진통 중인 여성들에게는 이것이 무엇보다 큰 선물이다. 진통 중에 태도를 바꾼 여성들은, 자신이 무엇이든 해낼 수 있으며 내적인 자원을 가지고 있다는 것을 깨닫고 영원히 변하기도 한다. 이것이 가능하려면 물론 지속적인 배려가 필요하다. 어떤 여성도 주위의 지지 없이는 순산할 수 없다.

출산 기술

아기의 출생과정에는 기대, 사랑, 지지를 보내면서 기다려주는 자질을 겸비한 산파가 필요하다. 병원은 분만하는 여성의 두려움을 조절하고 치료해주기 위한 준비가 되어있어야 한다. 하지만 대부분의 병원에서는 여성들의 끔찍한 두려움을 돌봐주려고 하지 않고 출산을 의료화해버린다. 기술력에 대한 동경과 출산과정에 대한 두려움 때문에 지금도 쉴새없이 새로운 치료기술들이 쏟아져 나오고 있다. 우리 문화가 몸의 타고난 지혜보다는 기술의 우월성을 믿기 때문에, 의사들은 산과학産科學에서 보다 나은 성과를 얻기 위해서 어떤 기술이든지 기꺼이 사용한다.

우리는 경험이나 사랑하는 사람의 지지보다 의료기술을 더 많이 믿으며 이러한 믿음이 만연해있다는 사실은 불행한 일이다. 이러한 믿음의 결과로 자연분만을 원하면서 병원에 갔던 산모들도 어떤 종류든 의술의 개입을 받고 나오게 된다. 그 이유는 분만을 할 때에는 모든 여성들이 아주 민감해지기 때문일 것이다. 정상적으로 분만할 수 있을 것이라고 믿어주는 사람들로부터 지지를 받지 못하면 산모는 거의 모든 것에 설득당하게 된다.

태아감시장치와 제왕절개

출산을 의료의 한 분야로 다루게 된 이후 제왕절개만큼 남용된 기술도 없을 것이다. 재왕절개 시술률은 의사와 병원에 따라 많은 차이가 있는데, 대학병원이 평균 25% 정도인 데 반해 어떤 병원에서는 의료보험이 있는 백인환자의 50%가 제왕절개술을 받는다고 한다.[10] 출산을 위한 대수술이 그렇게 많은 여성들에게 정말로 필요한 것이라면 인류가 어떻게 지금까지 살아남을 수 있었을까?

나는 모든 사람을 잠재적인 발병가능성이 있는 환자로 다루어야 한다고 배웠다. 정상적인 분만도 한순간에 위기상황으로 바뀔 수 있다는 것이다. 산모가 분만실에 도착하면, 일단 태아감시장치로 자궁 내의 압력을 측정하기 위해서 즉시 정맥선을 끼워 넣고, 피를 뽑고, 태아를 둘러싼 양수막을 터뜨리고, 태아의 머리에 두피전극을 부착하고, 산모의 자궁에 카테테르를 삽입한다. 그러고 나면 의사와 간호사들은 모니터를 응시하면서 다음에 해야 할 일을 말해주기를 기다린다. 때문에 산모의 자세는 산모 자신이 가장 편안하다고 느끼는 자세가 아닌, 모니터가 기록하기에 좋은 자세로 진통할 것을 요구받게 된다. 나 역시 수련의 시절에는 막 아기가 분만되려는 여성들에게까지 병원문에 들어서자마자 모니터링을 실시했다. 증거가 될 수 있는 검사결과표를 가지고 있지 않은데 나쁜 결과가 나올 경우 의사가 곤경에 처하게 되기 때문이었다. 그러나 후에 발표된 논문들에 의하면, 태아감시장치를 이용하는 것과 간호사들이 정기적으로 심장박동을 듣는 것을 비교했을 때, 실제 분만 결과에는 별 차이가 없었다고 한다.[11]

수련의 2년차 시절에 나는 국제출산교육위원회 모임에 참석한 적이 있다. 이 모임에서 나는 정상적인 경우에 양수막은 산모가 밀어내기 시작할 때까지는 파열되지 않으며, 인위적으로 양수막을 파열할 경우 자궁 속의 아기가 스트레스를 더욱 많이 받게 된다는 사실을 알게 되었다. 그리고 양수막이 무엇보다 완벽한 보호막이라는 것도 알게 되었다. 양수막은 자궁이 수축되는 동안 아기의 몸을 보호해준다. 그런데 우리는 왜 쓸데없이 자연이 만들어준 보호물마저 간섭하고 싶어하는 것일까? 과학적인 모니터를 사용하기 위해서? 상처받기 쉬운 산모에게 서너 개의 다른 종류의 관과 선을 설치하고 양수를 찢어 산모와 아기에게 상처를 주는 것보다는, 산모를 편안하게 해주고 산모로 하여금 자신의 내부에 집중해서 아기가 어떤 상황에 있는지 느끼고 안심시키게 하는 편이 훨씬 효과적이다.

수많은 산부인과 의사들이 자연분만은 아주 위험하며 태아의 외상을 증가시킬 수 있다고 생각한다. 그리고 제왕절개를 했던 여성들 중 50~80%는 다음 번에도 당연히 제왕절개로 분만을 해야 한다고 생각한다. 한때는 '한 번 제왕절개를 하면 영원히 제왕절개를 해야 한다'는 것이 공식이 되다시피 했었지만, 이제 더 이상 그렇지 않다. 실제로 이미 1970년대 후반에, 제왕절개 후 자연분만을 해도 안전하다는 사실을 입증하는 과학자료들이 발표되기도 했다. 요즘은 의사들도 제왕절개를 했던 산모들에게 자연분만을 선택할 것인지를 물어본다. 하지만 의례적인 제안일 뿐, 이것이 산모들에게 선택의 기회를 주는 것은 아니다. 대부분의 산모들이 '제왕절개 후의 자연분만은 위험하다'는 잘못된 통념 때문에 너무나도 겁에 질려있기 때문이다.

최근 한 산부인과 의학잡지에 "환자가 제왕절개를 요구한다면"이라는 기사가 실렸다. 이 기사를 위한 인터뷰 도중 브루스 플램Bruce Flamn 박사는 핵심을 찔러서 답변하였다. "환자가 단지 겁에 질려있다는 것은 수술이 필요하다는 징후가 아니라 환자를 교육시킬 필요가 있다는 징후입니다."[12] 의사들이 자연분만에 대한 두려움을 만들어내고 있다는 이야기이다. 그리고 나서 의사들은 자연분만을 두려워하는 환자들을 비난한다.

회음절개

분만과정에서 대부분의 경우에 필요하지 않은 또 다른 외과절차가 회음절개이다. 1987년 미국에서 자연분만을 한 여성들 중 61.9%가 회음절개를 한 것으로 추정된다. 회음절개란 분만을 돕기 위해서 질과 외음부 사이의 조직을 외과적으로 절개하는 방법이다.[13] 자연분만을 하는 초산 산모들은 80%가 이 회음절개를 하게 된다.[14] 사실 거의 100%의 산모에게 이러한 외과적인 방법을 사용하는 병원들도 많다.

그러나 불행하게도 회음절개를 한 여성들은 열상으로 인해서 회음절개를 하지 않은 여성들보다 50배는 더 고통스러워한다.[15] 또 회음절개는 종종 분만을 하는 동안 질조직을 더욱 깊숙이 찢어지게 할 수도 있다. 외과적으로 회음을 잘라내면 과도한 혈액손실, 상처로 인한 통증, 불필요한 산후통을 유발할 수 있다.[16] 또 여성 자신이 편안할 수 없기 때문에 유아와의 관계형성이나 수유에도 지장이 생길 수 있다.

산부인과 수련의 교육과정에서는 여전히 회음절개를 자연분만의 관례적인 절차로 가르치고 있지만, 관례적인 회음절개의 필요성을 지지해 주는 자료는 없다. 회음절개는 '아무런 개입 없이 여성의 몸이 건강하게 출산하는 일은 불가능하다'라는 잘못된 믿음의 대표적인 예일 뿐이다.

마취법

현대의 마취법은 대형수술 등 많은 경우 하늘이 내린 선물이 될 수 있지만, 분만의 경우에는 그렇지 못하다. 하지만 오늘날 산부인과에서 마취약은 모든 여성들에게 "당신은 그와 같은 고통을 체험할 필요가 없습니다" 하는 식으로, 마치 만병통치약처럼 제공된다. 나는 또 많은 여성들이 "임신 마지막 2주일 동안 경막외마취제를 삽입하고 싶어요!"라고 말하는 것을 들었다. 하지만 이것은 진통1기와 2기를 중단시키고, 열과 골반 손상, 태아 곤란증 등을 유발시킬 수도 있다.[17]

첫아이를 가진 1,657명의 여성을 대상으로 한 어떤 연구논문에서는, 경막외마취를 받은 여성의 14.5%가 고열을 경험했다고 밝히고 있다. 반면 경막외마취를 받지 않은 여성의 경우에는 1%만이 고열을 경험했다고 한다. 이러한 고열 때문에 경막외마취를 한 여성에게서 태어난 아기들은 마취를 하지 않은 여성에게서 태어난 아기들보다 감염 가능성이 4배나 높고, 따라서 항생제 치료를 받아야 할 가능성도 4배나 더 크다.[18] 또한 경막외마취는 산모를 열병에 걸리게 할 수도 있다.

누운 자세

서있거나 웅크리는 등의 정상적인 자세로 분만을 하는 여성들은 회음부가 찢어질 가능성이 훨씬 적고, 외과적 처방이 필요 없이 정상적으로 진통2기로 넘어갈 가능성이 높다. 아기를 자궁 밖으로 밀어내는 동안 바닥에 등을 대고 누운 자세를 취하는 것은 사실 출산에 아주 해로운 자세이다. 이런 자세를 취하게 되면 태아를 질 후벽 쪽으로 지나치게 압박해서 골반 출구의 크기가 줄어들기 때문이다.

쇄석위碎石位로 알려져 있는 이 자세는 프랑스의 루이14세에 의해 대중화되었다. 루이14세는 관음증이 있었으며 궁전에 있는 여성들이 출산하는 과정을 몰래 훔쳐보는 것을 좋아했는데, 치마를 올려야 하는 쇄석위를 취하게 되면 진통 중인 여성은 누가 자신을 쳐다보는지 알 수가 없게 되었던 것이다. 당시 이런 자세는 상류사회에서 인기가 있었으므로 많은 사람들에 의해 모방되었다. 이 자세는 또한 분만을 거드는 사람이 일을 보다 쉽게 처리할 수 있게 해주는 자세이기도 하다.

누워서 분만을 하는 자세가 유행하게 된 또 다른 이유는 분만겸자의 보급 때문이다. 겸자는 남성 산파였던 피터 챔벌린Peter Chamberlain에 의해서 1560년에 처음 만들어졌다. 이 도구는 1728년 의사들에게 보급되기 전까지 챔벌린 가에서 '가문의 비밀'로 남아있었다.[19] 이 도구의 사용법은 오직 남자들에게만 전수되었고, 그들은 산모가 아기를 몇 시간씩 밀어내다가 지쳐버린 경우에 이것을 사용하도록 교육받았다. 쇄석위는 지쳐버린 산모를 겸자로 다루는 동안 산모가 쉴 수 있도록 해주는 자세였던 것이다.

분만진통 2기에서 등을 대고 눕는 대신 웅크리고 앉는 자세를 취하면 질 주변에 압력을 골고루 주어서 아기의 머리가 아래쪽으로 향하기 쉽기 때문에 질의 출구는 자연스럽게 넓어진다. 또한 골반의 앞뒤 직경이 0.5cm 이상 더 확장되며, 심장으로 이어지는 골반의 혈관도 방해를 받지 않아 산모로부터 태아에게 주어지는 혈액공급량이 많아짐으로써 두 사람 모두 더욱 안전할 수 있게 된다.

제왕절개술을 줄이는 방법

경우에 따라서는 제왕절개술이 정말 필요하기도 하다. 하지만 대부분의 전문가들은 제왕절개 시술률은 전체 분만의 15% 정도가 가장 적당하다고 말한다.[20] 많은 산모들이 정말로 필요하지도 않은 제왕절개술을 받고 있는 셈이다. 제왕절개술의 또 한 가지 문제점은, 이것이 너무나도 보편화되어있기 때문에 많은 여성들이 제왕절개술이 출혈이나 감염과 같은 잠재적인 합병증을 유발할 수 있는 주요한 복부수술이라는 사실을 인식하지 못하고 있다는 점이다.

재왕절개 수술은 반드시 필요한 경우가 아니면 가급적 피하는 것이 좋다. 다음은 제왕절개술의 가능성을 줄일 수 있는 몇 가지 방법이다.

- 당신의 믿음과 담당의사의 믿음을 대조해보라. 당신은 정말로 자연분만을 당신이 겪어내기에는 너무나 혐오스럽고 위험하고 끔찍하다고 생각하는가?
- 이미 제왕절개술을 받았다면 다음 출산에서는 자연분만할 계획을 세워보라. 이미 제왕절개를 했던 여성들도 안전하게 정상적인 자연분만을 할 수 있다.
- 출산할 장소를 신중하게 선택하라. 당신이 가장 안전하고 편안하다고 느끼는 곳에서 아기를 낳을 수 있도록 준비하라. 자궁은 환경에 대단히 민감하므로, 당신이 가장 편안하고 안전하다고 느끼는 시간이나 장소에서 가장 잘해낼 수 있다.
- 당신이 진통하고 분만하는 동안 당신 곁에서 어머니처럼 돌봐줄 수 있는 사람을 고용하라.
- 병원에 너무 일찍 가지 말라. 병원의 분위기는 실제로 진통을 늦추고 기능장애를 일으킬 수도 있다. 병원에 가기 전에 당신 집이나 다른 편리한 장소에서 진행상황을 체크해줄 수 있는 산파를 고용하는 것도 고려해보라.
- 경막외마취법의 도움을 받지 말고 분만계획을 세워라. 경막외마취가 필요하다고 생각한다면 진통이 안정될 때까지 기다렸다가 통증을 완화시킬 수 있는 최소의 양만을 요구하라.
- 무엇보다 당신의 몸이 출산의 방법을 이미 잘 알고 있다는 사실을 믿어야 한다. 당신의 몸을 믿고 분만실에 들어간다면, 진통을 경험하는 동안 당신은 다른 어느 때보다도 가장 인상적인 방법으로 몸의 지혜를 체험할 수 있을 것이다.
- 분만을 할 때는 가장 편안한 자세를 취하라. 편안하게 느껴지지 않는다면 굳이 눕지 않아도 된다.

- 진통을 이겨내려고 하지 말라. 오히려 진통 속에 푹 빠져서 함께 헤쳐나간다고 생각하는 것이 낫다.
- 긴장을 풀고 편안한 상태에서 당신을 지지해주는 사람들과 함께 하라. 편안하고 지지받고 있다고 느끼면 몸은 자동적으로 당신과 아기를 안전하게 지키기 위해 무엇을 해야 할지를 알게 된다.

자연의 일부로서의 진통

나의 동료 베서니 헤이는 세 아들의 어머니이다. 그녀는 출산과 출산의 고통을 가장 잘 다룰 수 있는 방법에 대해서 다음과 같이 표현했다.

"나는 진통을 고통과, 고통에 대한 두려움을 다루는 것과 관련이 있는 문제라고 생각했다. 또 진통을 경험하면서 느끼는 고통이 다른 고통들과는 질적으로 다르다는 것도 잘 알고 있었다. 모든 형태의 통증은 우리에게 무언가 잘못되었음을 말해주기 위해서 존재한다. 하지만 분만을 할 때 진통을 하면서 통증을 느끼게 되는 이유는, 대부분의 경우 무언가가 잘못되었다는 것을 알려주는 것과는 관계가 없다. 분만을 위한 육체적인 절차는 모두 정상적인 것이며, 그 과정에서 겪게 되는 진통은 어머니에게 충격을 가장 적게 주어서 아기를 안전하게 분만할 수 있도록 하기 위해 자연적으로 정교하게 계획된 일이다. 즉 진통은 자연의 계획의 일부라고 할 수 있다."

일단 진통이 시작되면, 여성들은 고통을 받아들여야만 한다. 몸부림치며 벗어나고자 하는 것은 아무런 도움도 되지 않는다. 오히려 자기 안으로 깊이 들어가야 한다. 최근 헤이 박사와 나는 진통과 진통 중인 여자들, 특히 진통을 하다가 마치 다른 어떤 곳에 가있는 듯한 산모들에 관한 이야기를 나누었는데, 그녀는 나에게 그녀의 환자였던 한 의대생의 아내에 관한 이야기를 들려주었다.

그 여성은 진통을 하면서 조명을 어둡게 하고 침대에 조용히 앉아 있었다고 한다. 그녀가 너무 집중하고 있어서 그녀의 어머니와 남편은 그녀가 진통 중이 아닐 거라고 생각했다. 하지만 그녀는 분명히 진통 중이었으며, 마침내 눈을 뜨고 입을 열었을 때 이렇게 말했다고 한다. "이제 아기를 밀어내야 할 때가 된 것 같아요." 분만이 끝나자 어머니와 남편은 그녀의 태도가 너무나 궁금해서 그 이유를 물어보지 않을 수 없었다. 산모는 "나는 고통에 집중하고 있었어요."라고 대답했다고 한다.

그 후 헤이 박사는 소리를 지르지도 않고, 아무런 움직임도 없이 분만을 하는 여성들에게 질문을 하기 시작했다. 어떤 여성은 이렇게 대답했다고 한다. "글쎄요. 나는 자궁경부에 집중하고 있었어요. 아기의 머리가 나올 수 있게 자궁경부가 열리도록 온 신경을 쏟고 있었지요." 이런 방식으로 진통을 경험하는 여성들의 공통점은, 그들이 자신의 고통과 함께 있었다는 점이다. 그들은 고통이 자리잡고 있는 자신의 내면으로 들어가서 고통을 허락하고 있었던 것이다.

진통은 그 나름의 리듬과 속도를 가지고 있는 자연스러운 과정이다. 그리고 우리의 한계를 넘어선 절차이다. 그러므로 우리는 진통과 함께하고 진통이 우리를 휩쓸어버리도록 내버려두는 방법을 배워야 하는 것이다.

출산과 여성의 성 정체성

많은 여성들이 자연스러운 분위기에서의 출산경험을 에로틱한 것으로 묘사한다. 하지만 낯선 사람들이 여기저기 돌아다니는 병원은 여성이 자신의 가장 깊숙한 자아와 접촉하기에 적합한 환경은 아니다. 물론 여성과 그녀의 남편이 자연스러운 애정을 나누기에 도움을 줄 만한 환경도 아니다.

베서니 헤이는 다음과 같은 글을 썼다.

"출산의 기억들을 더듬다가 나 자신도 고통에 직접 부딪쳐보기 위해 나의 내면으로 들어가려는 시도를 했었다는 사실을 깨닫게 되었다. 하지만 나의 분만과정은 폭력으로 채워져있었다. 얼마 전 첫아이를 출산하고 썼던 일기를 발견했다. 출산하자마자 쓰여진 일기에는 '미친 듯이 아기를 밀어내시오' 따위의 육체적인 학대에 관한 글들로 가득했다. 나의 출산은 상실감과 성취감, 충격과 기쁨이 마구 뒤섞여있었던 것으로 기억된다. 그리고 그때 나는 즐거우면서도 위협적인 강렬한 감정들을 정리하기 위해 혼자 있고 싶어했다. 나는 이러한 감정들이 여성으로서의 정체성, 그리고 관능의 핵심과 연결되어있다는 사실을 본능적으로 깨달았다. 한편 내가 출산의 고통을 다룰 수 있는 선천적인 능력을 거부하고 있었다는 사실 또한 깨닫게 되었다."

나는 그 당시, 출산이 여성의 정체성에 속하는 한 부분이며, 출산시 고통을 느끼지 않도록 하체를 마비시켜버리면 황홀하고 성적인 느낌을 경험할 가능성 역시 마비시켜버린다는 사실을 알지 못했다.

베서니는 우리가 도달할 수 있다고 인식했던 것보다 훨씬 더 깊숙이 자신의 내면에 들어갔었던 한 환자의 분만에 참석했다. 아만다가 첫 아이를 분만할 때는 베서니가 제왕절개를 해주었다. "우리는 모든 것을 제대로 했다고 생각했어." 베서니가 말했다. "아만다는 건강했고, 자신감도 있었으며, 자연분만을 원했지. 마취없이 진통을 완전히 느끼면서 말이야. 그것으로는 완벽하지 않았는지 아기는 쉽게 나오려고 하지 않았지. 우리는 내가 알고 있던 모든 방법을 다 사용해보았어. 하지만 결국 제왕절개를 선택할 수밖에 없었지."

두 번째 아이를 임신하게 되자 아만다는 다시 베서니를 찾아와서 이렇게 말했다. "이번에는 꼭 자연분만을 하고 싶어요." 베서니도 아만다의 뜻에 동의하였고, 그녀가 원하는 일이 전적으로 가능한 일이라고 말해주었다. 아만다는 또한 두 번째 아기를 병원에서 낳고 싶지 않다고 했다. 아만다는 첫아이를 출산할 때 발생했던 문제가 어느 정도는 병원의 환경 탓이라고 생각하고 있었다. 그래서 아만다는 둘째 아이를 집에서 분만하기로 결정했다. 몇 년 동안 나는 집에서 분만하고자 하는 여성들을 특별하게 생각해왔다. 그런 여성들은 병원과 의사보다는 자기 자신을 더 많이 믿고 있었기 때문이다.

아만다는 베서니가 함께 있어주기를 원했지만 베서니는 가정분만은 하지 않았다. 결국 그들은 협상을 했다. 베서니는 단지 아만다의 분만을 지지해주는 한 사람으로서 그 자리에 있기로 했고, 아만다는 최고의 산파를 고용하기로 했다. 산부인과 의사가 가정분만을 하는 것은 정치적인 의미에서도 위험한 일이었다. 대부분의 병원은 의사가 가정분만을 도와주는 것을 허락하지 않았기 때문이다. 의료사고를 다루는 보험회사도 이런 경우의 의사들에게는 보험혜택을 주지 않았다. 많은 의사들은 출산과 관련된 잠재적인 위험요소 때문에 가정분만을 '아동 학대'라고 생각하기도 했다. 하지만 아만다는 베서니가 그 자리에 참석할 것이라고 믿었고, 베서니도 의사로서가 아니라 그녀를 지지해주는 한 사람으로서 그 분만과정에 참석한다는 사실에 흥미를 느꼈다. 그들은 분만 도중 발생할 수 있는 모든 문제들에 대해서도 충분히 토론을 했다.

드디어 아만다의 분만일이 돌아왔다. 아만다의 초기 진통은 길고 고통스러웠지만 그녀는 아무도 부르지 않았다. 그러다 마침내 산파를 비롯해 자신을 돌봐줄 사람들을 불렀는데, 그들이 왔을 때 아만다는 흔들의자에 앉아있었다. 그리고 숨을 헐떡거리며 "정말 굉장해요. 오후 내내 통증이 너무 심해서 죽는 줄 알았어요."라고 말했다. 분만이 가까워오자 아만다는 침대에 누웠다. 그리고 침대 위에서 동그랗게 구부린 채 몸을 빙빙 돌리기 시작했다. 이런 자세는 병원에서는 결코 볼 수 없는 자세이다. 이것은 아주 원초적인 것이었다. 이것이 무엇을 나타내는지 확실히 알 수는 없지만, 그녀만의 독특한 출산과정으로서 그렇게 움직일 필요가 있었다고 나는 믿는다.

"아무런 말도 하지 않았어. 아만다는 거의 신음소리도 내지 않았지. 아만다는 몸 쪽으로 무릎을 구부린 채 손으로 무릎을 감싸안고서 아기를 밀어냈어. 그때 그녀는 어디 다른 곳에 가있는 사람 같았어. 우리 모두가 아기에 대해서 축하인사를 해주었지만, 아만다는 아기를 쳐다보지도 않았어. 황홀경에 빠진 듯한 모습이었지. 아만다에게 말을 걸어보았지만 대답하지 않더군. 아만다의 의식이 되돌아오지 않으면 어떻게 하나 잠깐 동안 걱정도 했지. 하지만 다음 순간 아만다는 자신의 아기를 내려다보았고 서서히 의식을 회복하는 것 같았어."

베서니는 아만다가 황홀경에 빠져있었을 때의 모습을 사진으로 찍어두었다. 그리고 그 사진을 최근에 여성의 건강을 주제로 하는 한 의학학회에서 보여주었다. 나는 분만을 하는 다른 모든 여성들도 아만다가 경험한 황홀경을 경험할 수 있는 능력을 잠재적으로 가지고 있을 거라고 생각한다.[21] 최근 가정분만을 했던 한 여성은, 분만 도중 '자신의 몸을 떠나서' 높이 날아오르는 독수리가 된 듯했다고 말했다. 그때 그녀는 아무런 통증도 느끼지 않았다고 한다. 이러한 경험에 관해 그녀는 누구에게도 말하지 않았지만, 그때부터 자신의 몸을 완전히 믿게 되었다고 한다.

베서니는 또 이런 말을 하였다. "이런 종류의 출산은 다양한 환경에서 가능해. 하지만 그러기 위해서 산모는 자신의 몸을 완전히 믿어야 하고 몸의 모든 부분과 연결되어 있어야 해. 또한 아기를 사랑하고 진심으로 원해야만 하지. 출산이 성적인 사건이라는 사실을 이해하고 자신의 성본능을 편안하게 받아들일 수 있어야 해. 산모는 안전하다고 느낄 수 있어야 해. 그리고 자신을 둘러싼 주위의 모든 사람들이 그녀의 몸과 그녀가 행하고 있는 과정의 성적인 속성을 인정해준다는 사실을 알 필요가 있지. 자신이 내면으로 들어갔다가 다시 안전하게 되돌아올 수 있다는 사실을 알 필요가 있어."

이미 보편적인 방식으로 아기를 출산한 경험이 있는 여성들은, 당시에는 몰랐던 사실들에 대해서 책임감을 느낄 필요가 없다. 나는 언니와 오빠들처럼 마취제를 사용한 상태에서 태어났다. 우리는 모유를 먹었지만 어머니가 깨어있는 동안에도 몇 시간씩 병원의 신생아실에 있어야만 했다. 이것은 어머니가 원하던 방식이 아니었지만, 당시 어머니는 자신이 출산의 방법을 선택할 수 있다는 사실조차 몰랐다.

우리 중 누구도 완벽한 출산을 보장받을 수는 없다. 사실 '완벽한 출산' 이라는 개념도 중독된 사회구조에서 비롯된 완벽주의의 일부이다. 때때로 아기는 태어나자마자 신생아실에서 관찰될 필요가 있다. 때로는 응급 제왕절개술도 필요하다. 이런 일이 발생한다고 해서 여성으로서 실패한 것은 아니다. 여성 또한 복잡하고 불가사의한 절차의 한 부분일 뿐이다. 아기도 분만과정의 능동적인 참가자이다. 모든 아기는 어머니의 임신, 진통, 분만에 나름대로 기여를 한다. 우리는 이 과정에서 뜻깊은 무언가를 배울 수 있으며, 이러한 경험은 개인의 성장에 기여한다. 하지만 어떤 일이 발생하더라도 어머니와 아버지는 임신, 진통, 분만의 각 단계에 가능한 한 많이 개입하여야 한다. 그러한 과정에 부모가 쏟아붓는 정성과 성의가 아기의 건강에 중요하게 작용한다는 사실을 이해할 필요가 있다.

만일 대다수의 여성들이 분만실의 침대에서 자신의 몸이 가지고 있는 힘과 능력, 황홀경에 대한 새로운 감각을 얻게 된다면 어떤 일이 일어날지 상상해보라. 여성들이 출산을 자신의 진정한 힘과 만날 수 있는 기회의 시간으로 받아들이고 출산에 대한 책임을 기꺼이 떠맡고자 할 때, 우리는 출산의 힘을 회복할 수 있으며 과학기술을 지배자가 아닌 수단으로 바꿀 수 있다.

아기를 가진다는 것은 많은 여성들에게 있어서 다른 여성들과 자신의 막대한 창조성에 연결될 수 있는 최초의 경험이다. 출산은 우리 자신에 대한 생각을 바꿀 수 있는 잠재성을 가지고 있다. 한 환자는 나에게 이렇게 말했다. "나는 출산을 경험한 모든 여성들과 하나가 되는 기분이었어요. 나 자신이 강하게 느껴졌고, 예전에는 전혀 알 수 없었던 내 안의 어떤 것을 느낄 수 있었습니다."

13 모성애

모성애에 있어서 가장 영원하고
자연스러워 보이는 유일한 것은 대립적인 가치의 공존이다.
– 제인 라자르Jane Lazare

초기의 접촉

엄마가 새롭게 탄생한 아기와 결합되는 과정은 사실상 아기가 세상에 나오기 오래 전부터 시작된다. 탄생과 관련된 이런저런 사건들은 아기에 대한 엄마의 감정에 강력하게 영향을 미친다.

내가 의과대학에 다니고 있던 시절에는, 아기의 목숨이 다른 무언가에 달려있다는 듯이 아기 엄마에게는 잠깐 얼굴만 보여주고 신생아를 재빨리 소독포에 싸서 온욕기로 데리고 가버렸다. 엄마가 아기와 함께 담요를 덮고 살을 맞대고 안아 준다면 아기에게는 온욕기가 필요 없다. 정상적인 분만이라면 엄마들은 아기가 태어나자마자 아기를 가슴에 꼬

옥 안아 준다. 엄마는 아기가 자신의 일부이며, 태어난 즉시 아기가 환영과 동시에 위로를 받을 필요가 있다는 사실을 알고 있다. 그러나 너무도 많은 아기들이 태어난 직후 단지 '깨끗하게 씻겨지기 위해서' 신생아실로 옮겨진다. 그리고 일단 목욕을 시키면 체온이 떨어지므로, 아기는 체온을 회복할 때까지 엄마 품으로 돌아갈 수 없다. 왜 굳이 아기를 목욕시켜서 춥게 만드는 것일까?

첫딸 앤을 낳은 직후 나는 산후조리실로 앤을 데리고 갔다. 그리고 화장실에 갈 때에도 데리고 갔다. 그러자 간호사가 출입문에 선 채 날카롭게 외쳤다. "대체 아기를 어디에다 두셨어요?" "나와 함께 여기 있어요." 그랬더니 간호사는 이렇게 말했다. "아기를 가만히 내버려둘 필요가 있다는 것을 배우셔야겠군요." 아기를 안을 수 있는 때와 안을 수 없는 때에 관한 병원의 규칙에 대해 간호사들과 언쟁을 하고 싶지는 않았지만, 나는 아이의 생애 첫날만은 예외라고 생각했다. 나는 또 내 어머니가 첫 손녀를 안아 볼 수 있기를 원했다. 하지만 그 당시 병원들은 마치 병원이 아기를 소유하고 있다는 듯이 규칙이 엄격했고, 단지 직계 가족에게만 아기를 안을 수 있게 해주었다. 그 때문에 나는 두 차례 모두 분만한 그 날 병원을 나왔다.

처음 몇 주는 아기와 부모 모두에게 적응하기 힘든 시간이다. 나는 그 시기에 내 아이들과 더 많은 시간을 함께 보내지 못했던 것이 후회된다. 여러 연구결과에 따르면, 인생의 처음 몇 주 간은 아기에게 있어 건강상으로도 매우 힘든 시기라고 한다. 신생아 간호분야의 선구자인 존 케넬John Kennell 박사는, 아기에게는 태어났을 때와 태어난 후 처음 며칠이나 몇 달 동안이 가장 많은 보살핌을 필요로 하는 위태로운 시기라고 말했다.[1] 더구나 미숙아로 태어난 아기들은 대부분 위태롭다고 한다. 완전히 발육한 상태에서 태어나는 것이 아니어서 폐 질환, 성장 장애, 섭식 장애, 감염의 위험 등이 높기 때문이다.

아기의 탄생은 아버지에게도 큰 의미를 지닌다. 아버지가 출산에 많이 개입할수록 그 결과는 더욱 좋아진다. 마가렛 미드Margaret Mead는 여러 문화권에서 아버지를 출산에 참가하지 못하도록 하는 이유에 대해, 만일 아버지들이 출산에 참가하게 되면 출산경험과 아기에게 너무 얽매여서 결코 헤어 나오지 못할 수도 있기 때문이라고 말한다. 하지만 나는 남자들이 출산에 보다 많이 관여하는 것이 세상의 균형을 이루는데 중요한 잠재력을 지닌다고 믿는다.

존 케넬 박사는 그의 동료 마샬 클라우스Marshall Klaus 박사와 함께 한 엄마와 유아의 결합, 그리고 부모와 유아의 결합에 관한 연구에서, 아기가 태어난 직후 계속 곁에 두었던 엄마들은 태어나자마자 아기를 신생아실로 옮긴 엄마들보다 아기와의 관계를 잘 형성하며, 아기의 욕구에 보다 사려 깊게 대처한다고 밝혔다.[2] 그리고 이 아기들은 몇 달 후, 심지어 몇 년 후까지 그렇지 않았던 아이들보다 더 건강하고 똑똑하다고 발표했다.

존 케넬 박사와 마샬 클라우스 박사는 또한 신체접촉과 아기에 대한 관심이 아기의 건강에 엄청난 영향력을 발휘한다는 사실을 밝혀냈다. 예를 들어 규칙적으로 쓰다듬어준 미숙아들이 신체접촉을 느끼지 못한 미숙아들보다 더 빨리 체중이 증가했다.[3] 신체접촉은 아주 간단하면서도 본능적이다. 산모들은 무의식적으로 자신의 배를 쓰다듬으면서 태어나지 않은 아기들에게 사랑과 에너지를 전달하고 아기가 태어날 때를 연습하게 된다. 왜 아기를 태어난 지 몇 분 만에 부모의 사랑과 손길에서 떼어 내 낯선 사람들에 의해 신생아실로 보내버리는 시스템을 만들었는지 이해할 수가 없다.

출생 후 아기들의 폐와 심장은 상대적으로 빠른 변화를 거치게 된다. 어머니의 탯줄을 통해서 영양을 공급받던 물 환경에서 자신의 폐로 숨을 쉬어야 하는 공기 환경으로 바뀌는 것이다. 이러한 변화가 이루어지는 동안 탯줄은 새로운 시스템이 완전히 준비될 때까지 기다리겠다는 듯이 출산 후에도 여전히 고동친다. 아기가 태어나자마자 탯줄을 잘라버리는 것은 아기를 필요이상으로 빨리 공기 환경으로 전환하게 만든다. 이러한 관행은 마치 아기에게 "다 됐다. 자, 이제 숨을 쉬거라!" 하고 명령하는 것과도 같다.

분만이 정상적으로 이루어진 경우라면 아기를 엄마의 배 위에 올려놓고 탯줄이 저절로 맥박을 멈출 때까지 그대로 두는 것이 좋다. 그 동안 아기는 평화롭게 숨쉴 수 있을 것이다. 절대 소리를 지르거나 울지 않을 것이다. 사실 엄마와 아빠들은 아기가 조용하게 태어나면 무언가 잘못된 것이 아닌지 걱정한다. 공포에 질린 채 소리를 지르는 신생아가 정상이라고 교육받아왔기 때문이다. 그러나 우리 문화 속에서 '정상'으로 통하는 것이 항상 건강한 것은 아니라는 사실을 염두에 두라. 한 세대 전에는 유순하고 반응이 없는 아기가 '정상'으로 간주되었다. 라마즈 호흡법이 처음 소개되었을 때, 태어난 아기가 울지 않자 간호사들은 무언가 잘못되었다고 생각했다고 한다.

출산 후의 새로운 경험

대부분의 여성은 출산 후 6~8주 정도의 시간에 대해서는 따로 계획을 세우거나 생각하지 않는다. 하지만 이 시기는 대부분의 여성이 육체적·감정적·심리적으로 커다란 변화를 겪게 되는 시기이다. 아기와 엄마를 병원에서 빨리 퇴원시키는 것이 좋을지에 대해서는, 우선 어떤 여성들에게는 집에 도착하는 순간 휴식과 보호가 끝날 수도 있다는 사실을 고려해야만 한다. 신생아가 휴식을 취하기에 병원이 적합한 장소는 아니지만, 더러운 식기가 가득한 설거지통이나 빨래더미가 기다리고 있는 집으로 가는 것보다는 낫다.

출산 후에 여성의 몸은 예상하지 못했던 여러 가지 변화를 겪게 된다. 예를 들면 땀이 아주 많이 흐르거나 얼굴이 자주 화끈거리기도 하는데, 이것은 모두 정상적인 현상이다. 또 호르몬의 변화 때문에 머리카락이 빠지는 여성들도 많다. 물론 머리카락은 다시 자란다. 이러한 현상은 임신에 적응해있던 몸이 재조정을 하는 과정에서 나타나는 일시적인 변화일 뿐이다. 자궁 속 태반의 자리가 치유되면서 4~6주 동안 출혈이 있을 수도 있지만 이것 역시 정상적인 현상이다.

출산 후 여성들이 부딪히게 되는 가장 보편적인 문제 가운데 또 하나는 성관계를 가지는 동안 통증이 있다는 점이다. 회음절개를 한 경우 통증은 더욱 심하다. 대부분의 의사가 6주 정도 후에는 성관계를 가져도 괜찮을 거라고 말하지만, 특히 모유를 먹이는 경우라면 6주가 지나서도 여전히 불편을 느낄 수 있다. 수유를 위한 호르몬의 변화가 질건조증을 유발하여 통증을 느끼게 하기 때문이다. 따라서 이러한 증상들은 당신이 더 이상 남편을 사랑하지 않는다는 것을 뜻하는 것이 아니다. 단지 출산 후 호르몬의 변화가 완전히 끝날 때까지는 질윤활제가 필요하다는 뜻일 뿐이다. 이 시기 여성들은 자기 자신에게 인내심을 가져야 한다.

많은 여성들이 산후 우울증으로 힘들어한다.[4] 산후 우울증은 분만을 할 때마다 매번 반복될 수 있지만, 실제로 정신병으로 이어지는 경우는 1000명 중 1명에 불과하다. 또 잠깐 동안 입원해서 최소한의 처방을 받으면서 이 과정을 이겨낸 환자도 있다. 하지만 우울증이나 정신병 병력이 있는 여성이라면 분만 전에 담당의사와 충분히 상담하고 적절한 치료를 받아서 문제가 심각해지는 것을 예방해야 한다. 항우울성 제제도 경우에 따라서는 효과가 있다. 월경전 증후군이 심각한 여성, 임신기간 동안 평소보다 컨디션이 좋았거나 천연 프로게스테론이 잘 받았던 여성도 산후 우울증에 걸릴 확률이 높다. 이런 여성들은 분만하자마자 가능한 한 빨리 프로게스테론을 사용하는 것이 가장 효과가 크다.[5] 호르몬 치료의 기본은 감정적인 안정을 유지할 수 있도록 호르몬의 균형을 다시 맞춰주는 것이다.[6]

산후 우울증은 기대에 대한 실망감이나 상실감에 의해 더욱 악화될 수 있다. 계획한 대로 분만이 이루어지지 않으면 여성의 몸과 마음은 충격을 받는다. 또 진통과 분만에 대해 해결하지 못한 감정들이 몸 속에 그대로 남겨질 수 있다. 이러한 감정적 상처들은 분만시 상황이나 생각, 감정 등이 달랐다면 수술 등의 절차가 필요하지 않았을지도 모른다는 생각 때문에 생길 수도 있다. 이러한 경우라면 NAET (Nambudripad Allergy Elimination Techigue 남부드리파드 알레르기제거술)를 이용해서 감정을 깨끗이 씻어내라고 추천하고 싶다. 또 자신의 어머니와 해결하지 못한 감정적인 문제가 있는 경우에도 출산 후 산후 우울증이 가중될 수 있다.

샤론은 스물 아홉 살에 첫아이를 가졌다. 분만 후 약 1주일이 지나자 그녀는 심각한 우울증에 빠져서 모유를 먹이는 일도 그만두고 싶어 했다. 나는 그녀가 수유를 계속할 수 있도록 도와주었다. 결국 수유를 한다는 것은 그녀의 자신감을 강화시켜주었다. 샤론은 여섯 달 동안의 정신과 상담을 통해 우울증을 극복할 수 있었다. 나중에 그녀는 나에게 자신의 우울증이 삶의 위기의 순간에 어머니가 함께 해주지 않았기 때문이라고 말했다. 그녀의 어머니는 심각한 알코올 중독자였다. 그녀는 또 "분만하던 날 어머니는 술 때문에 나와 함께 있어주지 않았어요. 그런데 내 안의 깊은 곳에 있는 무언가가 어머니가 함께 있어주기를 간절히 원했죠. 그래서 나는 출산 후 어머니에게 도와달라고 부탁했지만, 어머니는 믿을 만한 사람도 못되었고 나를 도울 수 있는 아무런 일도 할 수가 없었어요. 결국 난 아기뿐 아니라 어머니까지 돌봐줘야 했답니다. 언젠가는 남들과 같은 어머니를 가질 수 있을 것이라는 환상을 포기해야만 하는 일은 정말 고통스러웠어요." 하고 말했다.

아버지와 불만족스러운 관계에 있는 여성들도 비슷한 반응을 보일 수 있다. 출산을 하게 되면, 여성의 내면 깊이 숨어 있던 어떤 것이 자신을 가족과 연결시키고자 하게 된다. 따라서 만일 가족과의 관계가 어떤 식으로든 결핍되어 있다면 우울증, 상실감, 슬픔이 생길 수 있다.

어떤 상황에서든 아기를 갖는다는 것은 모든 여성에게 진정한 '삶의 변화'이다. 따라서 주변의 지지가 부족하다면, 여성은 이 힘든 시간에 대한 준비가 충분하지 않을 수도 있다는 사실을 우리는 이해해야 한다. 하지만 내 경험에 비추어 볼 때, 대부분의 여성이 출산 후 필요한 만큼의 지지를 얻지 못하고 있다.

포경수술

남자아기의 포경수술은 불필요한 고통을 유발하는 또 다른 절차이다. 과거 포경수술을 시술하던 때에, 나는 아기가 포경수술을 받는 동안 엄마도 함께 참석할 것을 요구했지만 대부분의 엄마들이 그렇게 하지 않았다. 그들은 내 생각을 이해하지 못했다. 나는 아기들의 포경수술이 끝나면 가능한 한 빨리 엄마 품으로 돌려보내 줌으로써 엄마들이 아기를 달래줄 수 있게 하였다. 아기들이 상처받은 후 혼자 병실에 남겨지는 것을 원하지 않았기 때문이다. 또 하나의 문제는 많은 보험회사들이 포경수술을 '미용 성형수술'로 간주하고 더 이상 보험금을 지급해주지 않는다는 점이다.

포경수술은 전쟁과 같이 목욕이 힘든 상황에서 페니스의 청결을 유지하기 쉽게 해주어 종양의 위험을 막아주기도 한다. 하지만 페니스 종양의 발병은 극히 드물며, 관례적인 신생아 포경수술에 대해서 의학적으로 정당화할 수 있는 근거는 거의 없다. 또 남성의 포경수술이 성관계의 파트너인 여성의 성병 감염을 줄여 줄 수 있다는 확실한 증거도 없다. 사실 여성을 성병으로부터 보호해주는 가장 좋은 방법은 일부일처제이다.

나는 아기가 태어나자마자 분만실에서 포경수술이 행해지는 것도 본 적이 있다. "세상에 온 것을 환영한다, 아가야. 이제 너의 시작을 위해서 우리는 네 몸의 가장 민감한 부분 중 한 군데를 마취 없이 잘라낼 것이다!" 포경수술을 받게 되면 적어도 사흘 간은 수면 장애로 고생하게 된다고 한다. 사실 포경수술은 일종의 성폭행이다. 사람들은 여성의 음핵절개나 음부봉쇄술에 대해서는 분명히 그렇게 생각하면서, 어려서 아무것도 모른다는 이유만으로 신생아의 포경수술을 정당화하고 있다. 나 역시 아기들이 막 태어났을 때는 아무것도 느낄 수 없으며 포경수술을 하더라도 느끼지 못한다고 배웠다. 사실 이같이 잘못된 생각 때문에 일부 병원에서는 몇 년 동안 유아에 대한 수술은 마취도 하지 않은 채 시행해왔다. 하지만 그렇다면 왜, 그들의 작은 팔과 다리를 수술대 위에 반창고로 붙여서 고정시킬 때까지는 아주 조용하다가, 음경의 표피를 잘라내기 시작하는 순간 심장이 터질 듯한 소리를 지르는 것일까?

음경의 표피는 몸에서 신경이 가장 많이 분포된 부분이다. 포경수술이 페니스 끝부분의 섬세한 피부를 단단하게 만들어주는 것은 확실하다. 나이가 든 후 포경수술을 해서 그 차이를 아는 남성들은 포경수술이 성감을 줄어들게 한다고 말한다. 실제로 포경수술을 하지 않은 한 친구는 남자들이 포경수술을 하지 않는 나라에서는 강간이 훨씬 덜 일어나지 않을까 궁금하다고 말했다. 그의 경험에 의하면, 성적인 흥분에 의해 충분한 분비물이 분비되지 않은 여성과 성관계를 가질 경우 음부 표피의 민감함 때문에 아주 고통스럽다는 것이다. 음경의 표피는 남성의 몸이 지닌 지혜의 일부이다. 음경의 표피를 잃어버림으로써 남성들은 대체 어떤 느낌들을 잃어버리게 된 것일까?

음경의 표피는 또한 피부이식을 하기에 완벽한 부위이므로 필요할 경우에 대비해서 그 자리에 남겨두어야 한다. 실제 포경수술로 제거된 음경의 표피는 배양해두었다가 화상이나 수술한 사람들의 일시적인 피부이식을 위해 사용되고 있다. 하나의 음부표피는 축구장 네 개 크기의 면적을 덮을 만큼 충분한 세포를 생산해낼 수 있다. 유럽에서는 유대인을 제외한 어느 누구도 포경수술을 하지 않는다.

분유 대 모유

인공 유아급식 역시 다시 생각해볼 필요가 있는 부분이다. 1940년대 이후 유아급식은 매우 '과학적'으로 변화되었다. 엄마들은 고무젖꼭지와 우유병을 소독하고, 의대 교수들은 수유를 은연중에 보다 열등한 것으로 취급했다. 고무와 유리가 따뜻한 인간의 유방을 대신하게 된 것이다. 급식은 정해진 시간에 맞춰서 이루어졌다. 엄마들은 심지어 아기가 더 자주 먹을 것을 달라는 신호를 보내더라도 4시간이 지나기 전까지는 아기에게 아무것도 먹여서는 안된다고 통고 받았다. 그러나 이러한 정보는 죽은 아기들을 대상으로 한 초기의 논문들을 근거로 한 것이다. 이 아기들은 죽을 만큼 병든 아기들이었기 때문에 1시간, 2시간, 3시간이 지나도록 음식물이 그대로 위에 남아있었던 것이다. 먹을 것을 달라고 울부짖는 아기의 고통을 상상할 수 있겠는가? 그러나 아기를 '망치지' 않기 위해서는 자신의 모든 본능을 무시해야 한다고 충고 받은 엄마들은 아기에게 아무것도 해주지 않는다. 심지어 지금도 여성들은 담당의사에게 이렇게 물어보곤 한다. "제 젖이 충분한지 어떻게 알 수 있을까요?" 그러나 방법은 의외로 간단하다. 아기가 잘 자라고, 행복해하고, 건강하면 충분한 것이다.

지난 수백 년 동안 많은 여성들이 자기 자신에 대한 믿음을 인생의 여러 부분에서 조직적인 방법으로 훼손 당해왔다. 그런데 어떻게 여성으로 하여금 아기를 먹일 수 있는 자기 몸의 능력에 대해 믿으라고 기대할 수 있겠는가. 나 역시 모든 여성들이 자신의 아기에게 모유를 먹일 것을 기대하지는 않는다. 또 어떤 여성들에게는 이 일이 매우 신경에 거슬리는 일일 수도 있으며, 어떤 여성들에게는 우유병으로 먹이는 것이 남편에게 아기를 함께 돌보게 할 수 있는 유일한 방법이기도 하다. 이제 우리 모두는 현재 자신이 서있는 곳에서 출발하되, 무지가 아니라 지식을 그 출발선으로 해야 한다.

아기가 젖을 빨면 여성의 뇌하수체 후엽에서 자궁수축과 모유의 분비를 촉진시키는 호르몬의 일종인 옥시토신과 젖분비물을 조절하는 호르몬인 프로락틴이 분비되는데, 프로락틴은 젖의 분비뿐만 아니라 모성

애를 유발시킨다. 이들은 젖을 충분히 공급하기 위해서 사전준비를 한다. 따라서 분만을 하자마자 젖을 먹이는 엄마들에게는 거의 아무런 문제도 발생하지 않는다. 또 이들 호르몬은 엄마의 자궁을 수축시키고 태반을 자연스럽게 분리시킴으로써 혈액 손실을 감소시켜준다. 게다가 젖은 우유나 분유와는 그 성분이 다르고, 시간이 지나면서 아기의 필요에 따라 성분이 변한다는 점에서 탁월하다.

모유를 먹고 자라난 아이들은 분유를 먹고 자란 아이들에 비해서 병원에 입원할 확률이 3분의 1밖에 되지 않으며 알레르기도 훨씬 적다. 그러나 우유를 먹고 자란 아이들은 야뇨증, 천식, 습진, 재발성 감염, 복통, 우울, 그 밖의 알레르기 증상이 일어나기 쉽다.[7]

대부분의 여성들은 아기가 태어난 지 6주 정도 지나면 직장으로 돌아가야 한다. 따라서 자유롭게 수유하는 일은 더욱 어려워진다. 어떤 엄마들은 어차피 6주가 지나면 직장으로 돌아가야 하기 때문에 수유를 시작할 의도가 없다고 말하기도 한다. 그러나 마음먹기에 따라 아기가 태어난 처음 며칠 동안만이라도 아기에게 초유를 먹일 수 있으며, 처음 6주 동안은 수유를 할 수가 있다. 우리는 단지 분유도 모유만큼 좋다며 자신을 속이고 있을 뿐이다. 하지만 아무리 과학적인 실험이 거듭된다고 하더라도 아기에게 엄마의 젖보다 더 특별한 음식을 발견할 수는 없을 것이다. 나는 내가 먼 곳에 있게 될 경우 다른 누군가가 아이에게 내 젖을 먹일 수 있도록 병에다 젖을 짜서 얼려두곤 했다. 덕분에 두 아이가 젖과 우유병을 모두 가질 수 있었다.

우리 문화의 속성은 '그래야만 하는 것'과는 완전히 역행하고 있다. 특히 아기를 잘 먹이고 살아갈 수 있도록 돌봐주어야만 하는 엄마들에게는 더욱 그렇다. 유방종기 때문에 개인적으로 상처를 받은 후에 나는 우선순위를 바꾸었다. 케이트가 태어난 지 사흘째 되던 날, 나는 오른쪽 젖꼭지에서는 젖이 나오지 않는다는 사실을 알게 되었다. 다음 순간, 나는 지난 2년 동안 자신에게 가해왔던 손상에 대한 충격에 사로잡혔다.

나는 울고 싶었다. 그리고 침대에 걸터앉아 새로 태어난 예쁜 딸을 내려다보면서 생각했다. "네가 태어났는데 엄마는 너를 제대로 먹일 수조차 없구나. 모두 내가 지난 2년 동안 마치 남자라도 되는 듯 내 몸을 혹사시키고 긴장시켜왔기 때문이야." 물론 케이트에게도 젖을 먹일 수는 있었다. 하지만 충분한 양을 줄 수가 없어 분유로 보충을 해야만 했다.

나는 아기가 태어난 지 사흘 정도가 지나면 산후 우울증이 생길 수 있다고 배웠지만, 우울증은 내가 정상적으로 케이트에게 젖을 먹일 수 없다는 사실을 알고 나서 더욱 악화되었다. 나는 케이트가 생후 이틀째 되는 날부터 모자라는 젖을 분유로 보충해주어야 했다. 케이트의 대변기에서는 그 즉시 고약한 냄새가 나기 시작했다. 원래 모유를 먹는 아기의 대변기는 박테리아의 균형이 잡혀있어서 버터밀크 같은 냄새가 난다. 기저귀를 가는 일도 모유를 먹는 아기들과는 완전히 달랐다. 일단 모유가 아닌 다른 식품을 추가하면 박테리아의 균형이 깨짐으로써 변에서 마치 썩은 듯한 냄새가 나게 된다.

지금은 의학계도 모유를 지지하게 되었지만, 우리 문화는 여전히 유방이 망가진다는 말을 퍼뜨림으로써 수유를 방해하고 있다. 두 명의 아기에게 젖을 먹인 여성들은 자신들의 양쪽 유방이 같지 않다는 것을 발견할 수도 있다. 유방은 일시적으로 늘어질 수도 있으며, 임신과 수유 후 원래의 모양을 되찾는 데 시간이 걸릴 수도 있다. 하지만 일반적으로 어느 정도 시간이 지나면 원래의 상태로 돌아온다. 하지만 납작한 유방은 그것이 일시적이라 하더라도 우리 문화 속에서는 별로 매력적이라고 생각되지는 않는다.

몇 명의 아이에게 젖을 먹여서 키운 친구가 있다. 어느 날 밤 친구가 옷을 벗고 있는데 네 살 난 아들이 그녀의 유방을 쳐다보고는 이렇게 말했다고 한다. "엄마, 엄마 가슴에 무슨 일이 있나봐요? 다 죽어버렸어요!" 충분한 영양섭취 없이 젖을 먹이거나 오랫동안 젖을 먹인 경우에는 영양부족으로 인해서 체중이 빠르게 줄어들 수 있다. 그리고 급격한 체중감소는 유방의 지방층을 감소시켜서 이러한 효과를 가속화시키게 된다. 급격한 체중감소는 젖의 분비량도 더불어 감소시킨다.

부드러운 보살핌을 받고 있는 갓난아기는 너무나 아름답다. 나는 신에게서 갓 도착한 조그마한 몸에 붙어 있는 그들의 눈에서 오래된 현명한 영혼을 보아왔다. 나는 우리 병원에서 다음과 같은 실화를 들은 적이 있다. 한 부부에게서 둘째 아들이 태어나자 그들의 네 살 난 아들이 아기와 단 둘이 있게 해달라고 졸랐다. 부부는 동생에 대한 라이벌 의식 때문일 수도 있다는 생각에 썩 내키지 않았다. 하지만 아들이 계속 고집하는 바람에, 결국 아기와 잠깐 동안 단 둘이 있게 해주었다. 문 밖에서 조용히 귀를 기울이다가 그들은 네 살 난 아들이 아기에게 이렇게 묻는 것을 들었다고 한다. "하느님이 어떻게 생겼는지 이야기 해줄래? 난 이제 잊어버리기 시작했어."

중독된 사회구조에서의 어머니 역할

중독된 사회구조에서 어머니 노릇을 한다는 것은 세상에서 가장 힘든 일이다. 어떤 여성들은 어머니 노릇을 잘 수행할 수 있는 시기는 아기들이 아직 어릴 때라고 말한다. 또 어떤 여성들은 그 시기가 가장 기진맥진하게 되는 시기라고도 한다. 작가 린 앤드류Lynn Andrew는 두 종류의 어머니로 나누어 '땅의 어머니와 창조적인 무지개의 어머니'에 대한 글을 쓴 적이 있다. 땅의 어머니는 아이를 잘 양육하고 맛있는 음식을 제공해준다. 우리 사회는 이러한 여성을 '좋은 어머니'라고 칭송한다. 한편 '창조적인 무지개의 어머니'는 제때 식사를 차려주지는 않지만 아이에게 영감을 불어넣어 준다.

나는 의심할 여지없이 창조적인 무지개의 어머니이다. 나 역시 요리책을 읽으면서 매일 빵을 구워내고 가정을 늘 음식이 풍성한 공간으로 만들어낼 수 있다면 얼마나 아름다울까 하는 환상을 가져보기도 했다. 하지만 이런 모습은 나의 참된 모습이 아니다. 이러한 환상은 내가 아이들에게 절대로 해줄 수 없고, 나에게 커다란 해가 될 어떤 것이 되려고 노력하는 일이다. 나는 혼자 있는 것을 좋아한다. 나는 책 읽는 것을 좋아하며, 조용히 음악을 듣거나 글을 쓰는 것을 좋아한다. 내 영혼은 깨어지지 않는 긴 창조적인 시간들에 의해서 양육된다. 하지만 어린아이들은 다른 종류의 에너지를 필요로 한다.

아이들이 어렸을 때, 나는 어린 자식을 둔 여자가 자신을 위해서 무언가를 한다는 것이 얼마나 힘든 일인지를 체험으로 알게 되었다. 아이들은 가능한 한 모든 수단을 동원해서 내 관심을 끌려고 했다. 그리고 경이로울 정도로 내 모든 기운을 쏙 빼놓았다. 때로는 자유로운 시간과 공간, 수면을 필요로 하지만 대부분의 여성에게는 육아의 짐을 떠넘길 사람이 없다.

상상해보라! 여성 혼자서 아이의 감정적·육체적 양육을 모두 떠맡을 필요가 없다면 우리의 삶은 어떻게 될까? 만일 우리가 밤늦게까지 회사에서 일을 하고 있어도 우리 사회가 아이를 돌봐준다는 확신을 가질 수 있다면 어떻게 될까? 가족생활이 직장생활로부터 분리되어 있지 않다면 어떻게 될까? 여성이 아기를 가졌어도 여전히 예술, 음악, 컴퓨터, 또는 자신이 원하는 무엇이든 추구할 수 있다면 어떻게 될까? 여성이 일에 대한 욕구와 가정에 대한 욕구 중 하나를 선택해야 할 필요가 없는 사회에서 우리가 살고 있다면 어떻게 될까?

여성이든 남성이든 그 누구도 휴식이나 대화, 혼자만의 시간, 창조성에 대한 욕구를 채우지 못하고 매일 몇 시간씩 어린 자식만을 돌보면서 집 안에 포로로 붙잡혀있어서는 안된다. 아이들이 어렸을 때 내가 그들과 가졌던 가장 좋은 시간은, 나의 여동생과 그녀의 아이들과 함께 어머니를 방문했을 때였다. 여동생도 그때 아기에게 젖을 먹이는 중이었다. 그래서 나는 잠깐 외출하고 싶을 때마다 수백 년 동안 여성들이 그래왔던 것처럼, 그녀에게 나를 대신해서 케이트에게 젖을 먹이게 할 수 있었다. 처음에 케이트는 눈을 동그랗게 뜨고 마치 "누구세요?"라고 묻는 듯이 올려다보고는 금방 다시 고개를 숙이고 맛있게 젖을 먹었다고 한다.

어머니인 우리들 각자가 자기 내면의 지혜로부터 어머니 노릇 하는 방법을 배우지 않는다면, 우리는 아마도 아이들에게 좋은 어머니가 될 수 없을 것이다. 자기희생은, 우리가 수년 동안 그래야만 한다고 교육 받아왔고 우리 어머니들의 헌신으로 그 사실을 증명했다 하더라도, 건강한 모성애의 발로가 아니다. 자신을 돌보는 일은 많은 용기를 필요로 하지만, 나는 자신의 건강을 위해서 노력해보라고 권하고 싶다.

14 폐경기

월경기 동안 여성의 에너지는
마치 전기충전을 하듯 교류交流로 흐른다.
반면 폐경기 때는 에너지의 흐름이
직류直流처럼 증가하고 일정해진다.
그때 우리는 위대한 지혜에 우리를 열어둘 수 있을 정도까지
에너지로 충전된다.
- 페리다 쇼우Farida Shaw

폐경은 월경이 끝난다는 것을 뜻하는 것으로, 그리스어의 meno(달, 생리)와 pausis(중단)에서 유래되었다. 폐경은 많은 여성들에게 '삶의 변화' 또는 단순히 '변화'로 알려져 있다. 그러나 폐경기를 둘러싼 문화의 보편적인 거부감과 나름대로 타협할 수 있다면, 폐경기는 여성의 힘을 이해하고 접근할 수 있는, 잠재력이 가장 풍부한 인생의 한 단계가 될 것이다.

미국 여성들 중에서 폐경기를 거친 여성은 4백만 명 이상이다. 제2차세계대전 이후에 태어난 베이비 붐 세대가 폐경기 연령에 도달하게 되면, 갱년기 인구는 5년 이내에 350만 명이 더 늘어날 것으로 예상된

다. 인간의 수명은 놀라울 정도로 연장되었다. 현재 미국 여성의 평균 수명은 84세로, 폐경기 이후에 35~40년을 더 살고 있다.

폐경기라는 주제에 대한 대중매체의 관심은 점차 증가하고 있다. 의사나 연구가들뿐만 아니라 페미니스트 작가들도 여성건강 분야의 다른 어떤 주제보다 폐경기에 관해 많은 책들을 써내고 있다. 이런 분위기 속에서 폐경기에 관한 이런저런 충고들이 쏟아져 나오고 있지만, 무엇보다 중요한 것은 폐경기를 둘러싸고 있던 침묵이 다양한 목소리들에 의해 깨지고 있다는 점이다. 많은 충고들이 빗발치듯 쏟아져 나오고 있기는 하지만, 건강을 유지하기 위해서라도 여성들은 인생의 이 단계와 어떻게 협상해 나갈지에 대한 개인적인 진실을 들을 수 있도록, 자기 내면의 인도자에게 귀를 기울이고 내면의 지혜에 최대한 접근해야 한다.

타마라 스레이턴Tamara Slayton은 그녀의 책 〈월경의 모체를 회복하기 위하여Reclaiming the Menstrual Matrix〉에서 다음과 같은 글을 썼다. "우리 문화에서는 폐경기 여성에게 유용한 개인적인 힘과 지혜의 자연스러운 표현이 방해받고 좌절당하고 있다. 우리 내부로 방향을 바꾼 에너지의 파도는 안면홍조, 우울, 기분변화, 이제 더 이상 새롭고 생기 넘치는 자아를 발견할 수 없다는 상실감과 무력감 등의 불쾌한 증상으로 나타날 수 있다. 이 시기 동안의 이해 부족과 불균형한 영양섭취는 폐경기를 부정적이고 자기파괴적인 경험으로 만든다. 많은 여성들이 문화가 잘못 퍼뜨린 정보에 대항하고 자신의 독특한 욕구를 돌볼 수 있을 때, 폐경기 동안 보다 심오하고 자유로운 자아를 발견할 기회를 갖게 될 것이다."[1]

조안 보리센코Joan Borysenko 박사는 42~49세까지의 시기를 '중년의 대변화기'라고 하였다. 이 시기에 여성들은 가장 내면적인 자신의 가치를 일상적인 활동으로 이끌어내면서 삶을 진지하게 창조하기 시작한다고 한다. 여성들은 이 시기에 인생의 그 어느 때보다 진실하고자 하며, 변명하지 않으려고 한다. 여성들이 월경을 건너뛰거나 호르몬의 변화를 경험하기 시작하는 것도 이 시기이다. 이 시기가 지나고 나면 대부분의 여성들은 또 다시 호르몬의 균형을 경험하게 되고, 창조적인 취미나 사회활동을 추구하는 데 있어서 예전보다 더욱 자유로움을 느끼게 된다.

켈트족의 문화에서 젊은 여성은 꽃에 비유되며, 어머니들은 과일로, 나이 든 여성은 씨앗으로 비유된다. 씨앗은 지식과 다른 모든 것의 잠재성을 담고 있다. 폐경기 이후 여성의 역할은 앞장서서 진실과 지혜로 공동체에 씨를 뿌려주는 일이다. 원시문화에서 폐경기의 여성들은 지혜의 피를 더 이상 주기적으로 흘려버리는 것이 아니라 보유하는 것으로 간주되었다. 따라서 월경을 하는 여성들보다 훨씬 강력한 힘을 지닌다고 여겨졌다. 이러한 문화적 배경으로 폐경 이전의 여성은 신을 영접할 수도 없었다. 원시문화에서 폐경기의 여성들은 모든 인간과 동물의 자식들에게 책임감 있는 목소리를 제공해주었다. 나이든 여성들은 중요한 영향력을 행사했으며 부족의 모든 결정을 검토해주었다.

여성의 몸이 거치는 다른 모든 과정들과 마찬가지로 폐경기의 참된 의미를 이해하게 된다면, 보다 분명한 목적의식과 통찰력으로 자신의 나머지 인생을 헤쳐 나갈 수 있을 것이다.

문화적 유산

일반적인 의학적 사고방식에 의하면, 폐경기는 자연스러운 과정이 아니라 결핍성 질병이다. 내분비학 전문가인 제릴린 프라이어Jerilyn Prior 박사는 다음과 같은 글을 썼다. "우리 문화에서는 여성의 생식기관을 질병으로 비난하는 흔적을 쉽게 찾아볼 수 있다. 폐경기 생식능력의 변화를 고령화와 결부시키고, 폐경기를 하나의 과정이라기보다는 한 시점으로 간주하고, 폐경기를 에스트로겐 결핍성 질병으로 이름 붙이는 것은 의대 교수들의 비과학적이고 편견에 찬 사고방식을 반영하는 것이다."[2] 자신의 에너지를 더 이상 출산에 사용하지 않기 때문에 폐경기 여성들의 신체구조는 기능적인 실패나 쇠퇴의 관점에서 묘사된다. 따라서 유방과 생식기 또한 점진적으로 퇴화하고 쇠약해지는 기관으로 설명된다. 이런 시각에서 본다면, 폐경기는 이미 그 기능을 다해버린 시스템인 것이다.

수년 동안 산부인과 교수들은 '폐경기 처리'에 대해서 강의하고 가르치는 일에 몰두해왔다. 요즘의 새로운 주제는 '폐경주위기 처리'이다. 나는 이것을 읽으면서 한숨을 내쉬었다. 만일 인생의 이 단계를 자연스러운 하나의 과정으로 인정하고 지원과 존경을 보내면서 접근했다면, 여성들에게 훨씬 더 도움이 되었을 것이기 때문이다. 만일 폐경 전의 과정이 처리를 필요로 하는 질병 모델로 접근된다면 여성은 이상적으로 폐경기를 경험할 수 없을 것이다. 우리 문화에서 여성의 내분비선의 절차가 잠재적인 '처리'의 대상이 되지 않을 수 있는 유일한 나이는 초경 전과 70세 이후의 시기이다. 그러나 이 시기의 여성들은 우리 문화에서 더욱 평가절하 되고 있다. 그렇지 않았다면, 우리 문화는 그녀들 역시 어떻게든 처리할 수 있는 방법을 찾아내려고 했을 것이기 때문이다.

노화에 대한 두려움

연령차별주의 문화 속에서 사람들은 나이 든 이들이 우울해하고, 피곤해하고, 요실금 증세를 나타내고, 잘 잊어먹고, 쇠약해지는 것이 자연스러운 일이라고 믿고 있다. 제약회사들과 산부인과 의사들은 여성들에게 폐경기가 시작되면 약물처리, 특히 호르몬을 사용하지 않을 경우 몸이 형편없이 쇠약해질 것이라는 두려움의 씨앗을 심어주고 있다.

나이 들어가는 것을 어떻게 경험하게 될지는 믿음에 의해서 결정된다. 많은 여성들은 나이가 들면서 쇠퇴하지만, 이러한 쇠퇴는 나이가 들면서 나타나게 마련인 자연스러운 결과가 아니다. 그보다는 오히려 단지 나이가 든다는 것에 대한 집단적인 믿음의 결과이다.

지금 일흔 한 살이고 한 번도 호르몬을 써본 적이 없는 나의 어머니는, 60대 후반에 애팔래치아 산맥을 정복하고, 매킨리 산기슭에서 스키를 탔으며, 1997년 여름에는 세 달 동안 알래스카를 카약과 도보로 여행하였다. 어머니가 예순 살이 되자마자, 어머니의 우편함은 갑자기 보청기, 요실금용 기저귀, 그리고 시력 개선을 위한 여러 가지 보조용품들에 대한 광고물로 가득 찼다고 한다. 하지만 어머니에게는 그것들 중 어떤 것도 필요하지 않았다. 어머니는 늙는다는 것에 대해 쏟아지는 부정적인 메시지에 분개했다. 어머니 자신은 30대 때와 달라진 것을 전혀 못 느끼고 있음에도 불구하고 완전히 다르게 취급당하고 있었던 것이다. 이런 상황을 고려해볼 때, 그토록 많은 여성들이 어떤 대가를 치르고서라도 늙어 보이지 않으려고 하는 것은 너무도 당연한 일이다.

'몸에 대한 무의식의 영향'으로 국제적인 권위를 인정받은 디팩 초프라Deepak Chopra 박사는, 멕시코의 타라후마라 인디언족을 대상으로 그들의 달리기 능력을 비교한 연구에서 다음과 같은 사실을 보고하였다.

"이 부족의 몇몇 사람들은 일상적으로 매일 마라톤과 같은 거리를 달리거나 그 이상을 달리고, 정기적으로 경주를 한다. 흥미로운 사실은, 인간이 가장 잘 달릴 수 있는 나이가 60대라고 믿고 있다는 것이다. 조사대상 중에서도 폐활량이 가장 크고, 심장혈관이 가장 건강하며, 지구력이 최고인 사람들은 60대의 선수들인 것으로 밝혀졌다. 이것은 믿음이 육체적인 현실로 나타난 하나의 예이다."

연령차별주의적인 문화에서 많은 여성들은 평생 동안 건강하고 매력적이고 생기를 유지할 수 있게 하는 자신들의 능력을 믿는 대신, 나이가 들면 몸과 마음은 상할 것이라고 기대하게 되었다. 따라서 우리는 집단적으로 최악의 육체적인 현실을 만들기 쉬운 생각과 행동, 두려움의 패턴을 만들고 있는 셈이다. 폐경기와 노화에 대한 집단적인 문화적 편견을 하루아침에 뒤집을 수는 없다. 우리가 할 수 있는 일은 자신을 폐경기와 노화를 새롭게 정의할 선구자로 생각하는 것이다. 분명한 것은 노화에 대한 추측을 무시할수록 건강을 유지할 수 있는 기회는 더욱 많아진다는 점이다.

폐경기의 건강 만들기

한 여성의 폐경기 경험은 유전형질, 기대감, 문화적 배경에서부터 자존심, 식생활에 이르기까지 다양한 요소에 따라 달라진다. 그러나 대부분의 여성들은 폐경기 동안 불편하고 다루기 힘든 증상들을 경험한다. 이런 증상들에 대한 치료법은 다양하다. 그러나 결핍성 질병으로 보는 틀에 박힌 사고방식으로 폐경기에 접근한다면, 호르몬 수치를 회복하는 데에는 유용할 수 있을지 모르지만 분명 한계가 있다. 즉 이런 방식은 중년의 여성들에게 유용할 수 있는 발전적인 풍요로움과 심오한 지혜를 단순히 호르몬 대체요법으로 적당히 처리할 수 있는 문제로 깎아내리는 일이다.

중년이라는 과도기는 사춘기에 시작한 과제를 완수해야 하는 시기로 생각할 수 있다. 많은 여성들은 사춘기 시절에 경험했던 자기표현에 대한 맹렬한 욕구를 이 시기에 다시 경험하게 된다. 마흔 다섯 살쯤에 나는, 나를 제지하거나 나에게 더 이상 맞지 않는 썩은 나무들을 모두 잘라내 버리겠다는 듯이 내 인생과 인간관계를 여러 모로 면밀히 검토하고 있는 자신을 발견했다. 막다른 곳에 다다른 모든 종류의 관계에 대해 더 이상 참을 수가 없어졌던 것이다. 내 월경주기는 여전히 정상이었고 단지 가끔씩 얼굴이 화끈거릴 뿐이었지만, 이 절차는 계속 진행되었다.

여성들에게 폐경기는 전환점의 시기이다. 인간관계나 일, 우리가 거쳐온 상황들을 계속 유지하면서 살 수도 있고, 우리 몸이 요구하는 발전적인 작업을 시작할 수도 있다. 우리가 과감히 몸이 요구하는 작업을 시도하고자 할 때, 우리는 제2의 청춘을 준비할 수 있을 것이다.

호르몬 생성 부위

폐경기의 증상들은 대부분 난소의 기능중단으로 인한 에스트로겐 결핍상태라고 배워왔다. 하지만 이러한 믿음은 불완전한 정보에 기초한 것이다. 무엇보다도 에스트로겐이 난소에서 생성되는 유일한 호르몬은 아니다. DHEA와 테스토스테론 같은 안드로겐 또한 난소에서 생성되며, 프로게스테론도 마찬가지이다.

한 가지 재미있는 것은, 폐경기에 난소에서 호르몬 분비가 줄어들면 다른 곳에서의 안드로겐 류의 호르몬 분비가 두 배나 증가한다는 사실이다. 안드로겐은 약화된 에스트로겐을 대신하여 작용할 수도 있고 에스트로겐의 전구체가 될 수도 있다. 이와 같이 건강한 폐경기 여성의 몸은 자연스럽게 난소의 호르몬 변화에 대처하기 위한 준비를 하게 된다. 그러므로 충분한 양의 안드로겐을 생성할 수 있는 여성들에게는 사실상 호르몬 대체요법이 필요하지 않다.

그럼에도 불구하고 많은 여성들이 폐경기를 힘들어한다. 홍조 등의 폐경기 증상을 경험하는 여성은 85%에 달하는데, 그 중 절반은 홍조를 견디기 힘들어한다. 시간이 지날수록 폐경 이후의 여성들은 질 위축 등 여러 가지 증상들을 경험하게 된다. 심장 질환이나 골다공증으로 인한 골절상의 위험도 증가하지만, 이것은 60대 후반이나 그 이상의 연령이 될 때까지는 분명하게 나타나지 않는다.

폐경기와 관련된 이러한 문제들은, 부분적으로 폐경기가 시작되기 이전의 몇 년에 걸친 신진대사 수단의 소모 때문이라고 할 수 있다. 폐경기라는 과도기를 무리없이 거쳐가기 위해서는 부신의 힘과 영양상태가 양호해야 한다. 건강한 여성의 부신은 서서히 난소로부터 호르몬을 생성하는 일을 넘겨받게 된다. 하지만 많은 여성들은 감정적・영양적인 고갈상태에서 폐경기를 맞이하게 되고, 이것은 부신이 기능을 수행하는데 영향을 끼치게 된다. 이러한 상황에서 여성에게는 내분비물의 균형이 다시 회복될 때까지 호르몬적・영양학적・감정적인 보살핌과 그 밖

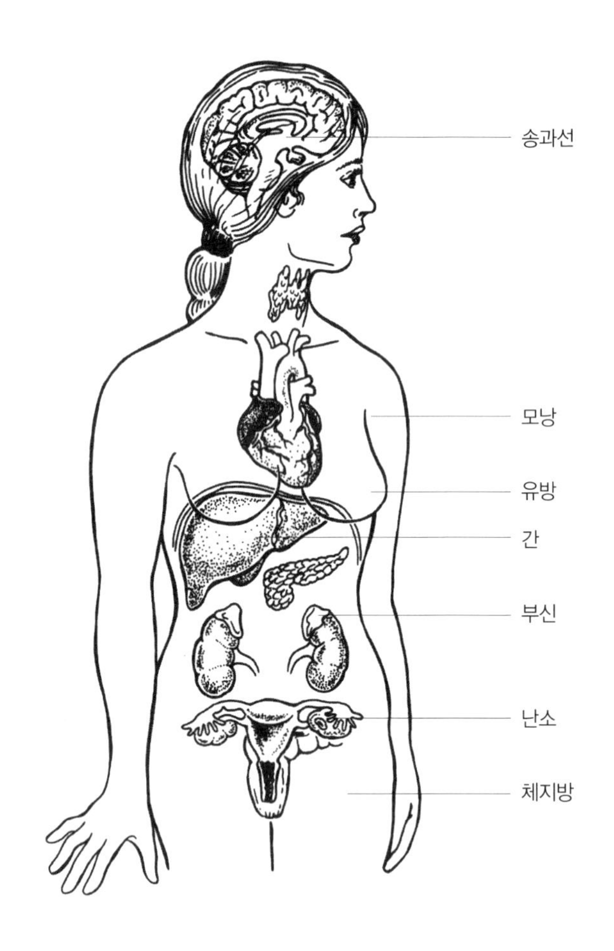

〈그림 14-1〉 호르몬 생성 부위

난소의 에스트로겐과 프로게스테론의 양은 폐경 이후에 줄어든다. 하지만 그때부터는 다른 신체 부위에서 생활습관이나 식습관에 따라 동일한 호르몬을 생성해낸다. 따라서 여성의 몸은 폐경 이후에도 건강하게 호르몬의 균형을 맞출 수 있다.

의 여러 가지 지원이 요구된다.[3)]

부신의 기능

부신은 폐경 후의 시기를 활기차고 열정적으로, 그리고 능률적으로 거쳐가기 위해 우리에게 필요한 호르몬을 제공해준다. 만일 부신이 고갈된 상태라면, 피로감과 폐경기의 여러 가지 증상들로 인해 훨씬 더 힘들어질 것이다.

'아침에 일어나기가 힘들고 한두 잔의 커피 없이는 지낼 수가 없다. 하루, 특히 오전과 오후에는 달콤한 간식거리와 카페인이 필요하다. 아무리 몸이 지쳐있어도, 그 날의 걱정거리들 때문에 밤에는 잠을 이룰 수가 없다. 성욕에 뭔가 이상이 생긴 것이 아닌지 의문스럽다.' 이러한 증상들이 나타난다면 부신에 신경을 써야 한다. 모든 의학적인 검사결과가 정상이라고 하더라도 당신의 부신은 거의 고갈된 상태일 수 있기 때문이다. 부신의 기능장애는 또한 흐릿한 사고력, 불면증, 저혈당증, 재발성 감염, 우울, 기억력 상실, 두통, 설탕 탐식증 등의 증상들로 나타날 수 있다.

부신은 몸의 주요한 '충격 흡수기관'이다. 콩팥에 위치하고 있는 두 개의 작은 엄지손가락 크기의 선腺은 우리의 일상생활을 건강하고 유연하게 유지시켜주는 호르몬을 생성하도록 되어있다. 스트레스의 빈도와 강도가 너무 심해지면, 시간이 지나면서 부신은 지쳐버릴 수도 있다. 결국 우리 몸은 우리의 관심을 끌어서 삶의 어떤 부분을 변화시키기 위해 여러 가지 다양한 증상들을 만들어낼 것이다.

부신의 기능저하로 이어질 수 있는 일반적인 스트레스의 원인들은 다음과 같다.

해결하지 못한 감정적인 스트레스

걱정/분노/죄책감/근심/두려움/우울

환경적 · 육체적인 스트레스

과도한 운동/공업 독소나 다른 환경 독소/만성적이거나 심각한 알레르기/육체적 또는 정신적 과로/수술/수면부족/충격, 부상/만성 통증 /만성 질병

부신에서 분비되는 주요한 호르몬에는 아드레날린, 코티솔, DHEA 등이 있다. 특히 코티솔은 신체저항력과 지구력을 강화시켜주며, 그 역할은 다음과 같다.

- 간을 자극해서 아미노산을 주요 에너지원인 포도당으로 전환시킨다.
- 기분을 조절해준다.
- 알레르기와 염증을 막아주고, 스트레스에 대한 내성을 길러준다.
- 에너지원으로 사용되는 혈중 지방산을 증가시킨다.

하지만 과도한 코티솔은 다음과 같은 문제를 일으킨다.

- 체내 단백질의 합성능력을 저하시킨다.
- 단백질의 분해를 증가시켜서 근육약화나 골다공증을 유발한다.
- 성호르몬을 억제한다.

정상적인 상황에서 DHEA는 과도한 코티솔의 역효과를 막아줄 뿐만 아니라 다음과 같은 많은 이로운 작용을 한다.

- 성욕과 관련있는 호르몬인 테스토스테론의 전구체이다.
- 과도한 코티솔의 분비로 인한 면역기능 저하를 역전시켜서 바이러스, 박테리아, 기생충, 알레르기, 암 등에 대한 내성을 증가시킨다.
- 골다공증을 예방하며 근육을 강화시키고 체지방을 줄여준다.
- 기운과 생기를 북돋워주고, 잠이 잘 오게 하며 정신을 맑게 해준다. 월경전 증후군을 감소시켜주고, 수면 부족, 과도한 운동, 감정적인 충격이나 스트레스로부터 회복시켜준다.

코티솔과 DHEA양의 불균형은 폐경기 증상뿐만 아니라 그 밖의 여러 가지 형태의 질병에 걸리기 쉽게 만든다. 나이가 들면 DHEA의 양이 줄어들 수 있으므로, 정상적인 몸이라 하더라도 DHEA의 보충으로 많은 이익을 얻을 수 있을 것이다. 그렇다고 해서 이 호르몬의 사용이 모든 사람에게 적합한 것은 아니다. 일단 부신의 기능이 회복되고 나면 우리 몸은 스스로 호르몬을 충분히 분비할 수 있는 능력을 갖추게 된다.[4]

건강한 폐경기를 위한 부신 회복 프로그램

사고력과 감정의 힘으로 배터리를 충전시켜라 DHEA를 생성할 수 있는 당신 본래의 능력은 '진심으로 생각하는 법'을 배움으로써 증가될 수 있다. 당신이 스트레스를 받고 있거나 두려움, 죄책감, 걱정, 분노를 느끼고 있다면 다음과 같이 하라.

1. 잠깐 모든 일을 멈추고 당신의 감정상태를 들여다보라.
2. 당신을 괴롭히고 있는 것에 이름을 붙여보라. 써보는 것도 좋은 방법이다.
3. 당신의 심장부위에 집중하라. 집중하는 데 도움이 된다면 가슴에 손을 올려놓아도 좋다.
4. 당신의 인생에서 행복하고 재미있었던 사건, 사람, 또는 장소로 주의를 돌려서 그 순간을 상상해보라.
5. 당신에게 무조건적인 사랑이나 감사를 느끼게 해주는 것을 마음속에 떠올리고 15초 이상 그 기분을 느껴보라.
6. 무의식중에 당신이 빠져있었던 바닥으로 치닫는 부정성의 악순환에서 어떻게 빠져 나올 수 있었는지 적어보라.

이러한 단계들을 거치는 동안, 당신의 지친 감정들은 당신을 재충전시킬 수 있는 어떤 것들로 전환되어 있을 것이다.

당신에게 가장 중요한 활동들의 리스트를 만들어보라 새로운 일이나 책임을 맡기 전에 그 일이 당신의 에너지를 재충전시켜줄 것인지 아니면 고갈시켜버릴 것인지를 자문해보라. 만일 당신의 에너지를 고갈시키는 일이라면 처음부터 하지 말라.

충분한 수면을 취하라 밤에 일찍 잠드는 것이 늦은 시간에 잠드는 것보다 부신의 기능을 회복하는 데 더욱 효과적이다.

애정을 받아들여라 당신을 웃게 만드는 재미있는 활동과 사람들에게 전념하라. 면역의 기능이 건강할 수 있도록 자극해줄 것이다.

영양을 고려하라 가능한 한 설탕이 적게 첨가된 자연식품을 섭취하라. 카페인과 정크푸드(칼로리는 높으나 영양가가 낮은 식품)는 피하는 것이 좋다. 단백질과 비타민-미네랄을 충분히 섭취하고 있는지 확인해보라. 비타민C는 부신을 지탱하는 혈관에 필수적인 영양소이며, 비타민B_5는 부신 등에서 ATP시스템을 통하여 에너지를 생성한다. 또 마그네슘과 아연도 부신의 기능을 돕는다. 규칙적으로 복합비타민제를 복용하면 지금까지 열거한 모든 영양소를 한꺼번에 얻을 수 있다.

그 밖에도 건강보조식품인 인삼은 DHEA와 코티솔의 전구체인 프레그네놀론과 관계가 있는 성분을 함유하고 있으며, 감초뿌리는 코티솔과 비슷한 효과를 가진 식물성 호르몬을 함유하고 있어서 부신의 기능에 도움을 준다.

호르몬 요법 DHEA는 피부에 바르는 크림, 알약, 연고 등의 형태로 사용할 수 있으며, 형태에 따라 그 효과에 조금씩 차이가 있다. 하지만 어떤 형태로 DHEA를 사용하든지 간에, 가능한 한 적은 양에서 시작하여 그 차이를 느끼게 될 때까지 조금씩 양을 늘려 가는 것이 좋다.

운동을 하라 적당한 운동은 매우 효과적이다. 하지만 지쳐버릴 정도로 무리하지는 말라. 자신의 한계를 넘어선 무리한 운동은 부신을 더욱 약하게 만들 수 있다. 단지 걸어다니는 것부터 시작해도 좋다. 그런 다음 서서히 강도를 높여라.

폐경기의 유형

자연적인 폐경기와 폐경주위기

폐경연령은 현재 약 52세 정도이며, 보통 45~55세까지이다. 하지만 39세의 이른 나이에 폐경을 시작하는 여성들도 있다. 대부분의 여성들은 자신의 어머니와 거의 같은 나이에 폐경을 시작하게 된다고 한다.

폐경 이전, 불규칙해지는 월경주기만으로도 두통이나 홍분 같은 증상이 나타날 수 있다. 배란의 감소로 프로게스테론에 비해서 에스트로겐의 양이 증가하기 때문이다. 또한 사춘기를 힘들게 보냈거나 월경전증후군, 산후 우울증 등을 경험한 여성들에게는 초기의 호르몬 변화를 편안하게 겪었던 여성들에 비해서 폐경기 증상이 더 많이 나타나는 경향이 있다.

월경을 건너뛰거나 월경량이 변화하면 대부분의 여성들은 폐경기가 시작되었다고 믿는다. 그러나 월경을 거르는 현상이나 월경량의 변화 등으로 폐경기가 예상되더라도, 어떤 여성은 단순히 월경이 멈추는 것 말고는 다른 증상을 느끼지 않을 수도 있고, 어떤 여성은 홍조, 질건조증, 성욕 감소, 흐릿한 사고력 등의 증상을 경험한다.

폐경기를 진단하기 위한 혈액검사는 대체로 이 시기에 이루어진다. 혈액 속의 난포자극 호르몬(FSH : follicle-stimulating hormone)과 황체자극 호르몬(LH : luteinizing hormone)이 일정수준에 도달하게 되면 폐경기가 시작되었다고 보는 것이다. 나는 FSH와 LH가 폐경기 상태에 이르면 정말로 폐경기가 시작된 것이고 그때부터는 그 상태에 머무르게 된다고 배웠지만, 내 경험에 의하면 늘 그런 것은 아니다. 한 예로, 마흔살의 한 여성은 여섯 달 동안 월경을 하지 않았고 FSH와 LH도 폐경기 수준이었는데, 후에 다시 정상적인 월경을 하게 된 경우도 있었다. 그 여성의 호르몬 수치를 재검사해본 결과, 호르몬 수치도 폐경 이전으로 돌아간 것으로 나타났다. 이런 점에서 나는 FSH와 LH의 양을 측정하는

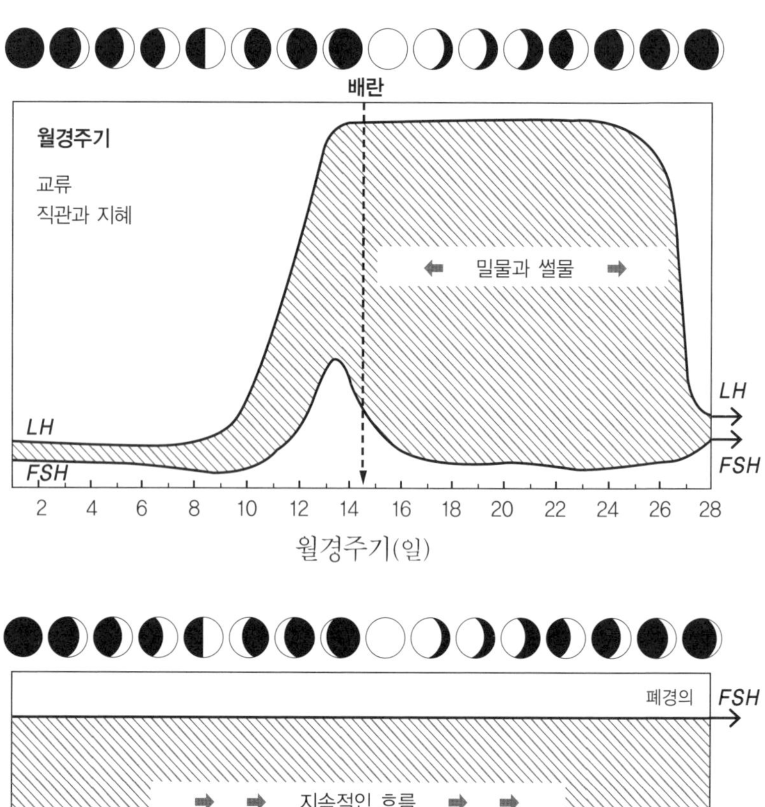

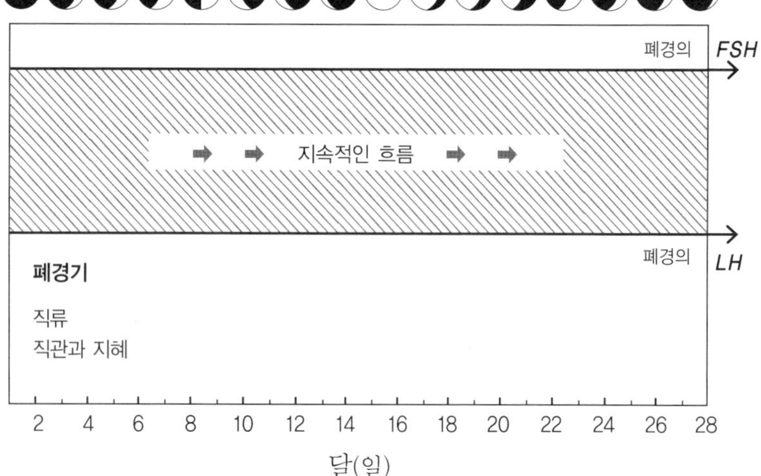

〈그림 14-2〉 지혜의 흐름

FSH와 LH는 폐경기까지 매달 주기적으로 배출되어 배란을 자극하며, 점진적으로 배란이 멎으면서 그 양이 증가할 때까지 변화한다. FSH와 LH 양의 증가는 교류에서 직류로 변화하는 것과 일정한 관계가 있다. 즉 월경주기의 특정한 시기에만 유용하던 직관적인 지혜가 폐경기에는 항상 유용하게 되는 것이다.

방법이 폐경기를 진단할 수 있는 완전한 방법은 아니라고 생각한다.

폐경 전의 여성이 배란을 건너뛰었다고 하더라도, 이론적으로는 마지막 월경이 끝난 후 1년까지 임신이 될 수 있다. 따라서 나는 이 기간에도 꾸준히 피임을 하도록 권한다. 자연적인 폐경을 이미 거쳤거나 진행 중인 여성들은 호르몬 대체요법이 필요하지 않을 수도 있다. 하지만 조기 폐경이나 인위적인 폐경을 맞이한 여성들의 경우, 특히 다른 어떤 종류의 호르몬이나 보완제가 요구될 수 있다.

조기 폐경과 인위적인 폐경

극소수의 여성들은 30대나 40대 초반에 폐경을 시작하기도 한다. 조기 폐경은 불충분한 영양공급과 만성적인 스트레스와 관련 있는, 자가면역 이상에 의한 항난소성 항체의 생성 때문에 시작될 수도 있다. 조기 폐경과 함께 난소에서의 에스트로겐 분비량이 감소한 여성들은 치매에 걸릴 확률도 높다고 한다. 따라서 이러한 여성들은 뇌기능을 향상시키는 데 특별한 주의를 기울일 필요가 있다.

현재 미국여성 4명 중 1명은 수술로 인해 인위적으로 폐경을 시작한다고 한다. 난소를 포함한 자궁적출술 등의 수술 때문에 인위적으로 시작되는 폐경은 자연적인 폐경과는 많이 다르므로 자연적인 폐경과는 다르게 다루어져야 한다. 난소를 제거하면 테스토스테론이나 다른 종류의 안드로겐 분비가 엄청나게 감소하게 된다. 따라서 수술로 인한 폐경은 에스트로겐의 막대한 감소를 초래할 수 있다. 또 호르몬의 양을 적절하게 재조절해 주지 않는다면 폐경에 따르는 증세가 심각해지거나 신체기능이 쇠약해질 수 있다. 정상적인 폐경은 52세 정도에 시작되므로 에스트로겐 대체요법을 적어도 이 나이까지는 지속해야만 한다.

종양 때문에 항치료나 골반에 방사선 치료를 받았던 여성들은 폐경을 빨리 시작하는 경향이 있다. 내 경험에 의하면, 항치료나 방사선 치료를 받으면서 침과 한약재를 병행하면 조기 폐경을 예방할 수 있을 뿐 아니라 치료로 인한 역효과도 많이 줄일 수 있었다.

위험 가능성이 낮은 여성의 특성 : 선택적인 호르몬 대체요법

- 50세를 전후로 한 생리학적으로 정상적인 폐경
- 65세 이전에 심장혈관과 관련된 질병의 가족력이 없는 경우
- 골다공증의 가족력이 없는 경우
- 비흡연
- 골다공증을 증가시킬 우려가 있는 약물을 장기복용하지 않은 경우
- 우울증의 병력이 없는 경우
- 규칙적인 운동
- 에이코사노이드의 균형을 맞출 수 있는 영양이 풍부한 식이요법
- 최소한의 알코올 섭취
- 삶에 대한 열정

위험 가능성이 높은 여성의 특성 : 필수적인 호르몬 대체요법

- 40대, 또는 더 이른 나이의 조기 폐경
- 수술, 화학요법, 약물, 방사선 치료 등으로 인한 인위적인 폐경
- 심장 질환의 병력
- 복부 비만(사과형의 체형)
- 흡연
- 알츠하이머성 치매의 가족력
- 주로 앉아서 일하는 경우
- 영양이 불충분한 정제된 식품위주의 식습관
- 삶에 대한 의욕 상실

호르몬 대체요법에 대한 의문점

쉰 한 살의 플로렌스는 정기검진을 받기 위해서 우리 병원을 찾아왔

다. 그녀는 얼굴이 화끈거리는 증상이 있기는 하지만 참기 힘든 정도는 아니라고 했다. 플로렌스는 에스트로겐을 사용하고 싶어하지 않았다. 그러면서도 한편으로는 심장 질환이나 알츠하이머성 치매, 골다공증을 예방하려면 호르몬 대체요법을 받을 필요가 있다는 글을 읽은 적이 있다면서 걱정스러워했다.

플로렌스는 세 달에 한 번 정도 월경을 걸렀지만, 규칙적인 운동으로 이상적인 체지방률을 유지하고 있었다. 몇 달 앞서 실시했던 타액선 호르몬 검사에 의하면, 에스트로겐과 프로게스테론의 양은 적은 편이었지만 테스토스테론의 양은 매우 정상적이었다. 플로렌스의 가족 중에는 심장 질환이나 골다공증, 알츠하이머성 치매에 걸린 사람이 없었으며, 그녀의 성생활 또한 아주 정상적이었다. 플로렌스의 어머니는 일흔 다섯의 엄격하고 꼿꼿하신 양반으로, 여름에는 매일 테니스를 쳤고 겨울에는 스키를 탔다. 신경이 아주 예민한 플로렌스의 외할머니도 아흔 둘의 나이에 혼자 살면서 직접 정원을 돌보았다. 그녀의 어머니나 외할머니 중 누구도 호르몬 요법을 받아본 적이 없었다.

플로렌스와 같은 여성이 호르몬 대체요법에 대한 자문을 구할 때 나의 충고는 아주 간단하다. 증상을 완화시키기 위한 최소한의 양을 사용하라는 것이다. 나는 대개 비오플라보노이드와 함께 매일 400~1,200 IU의 비타민E를 복용할 것을 권한다. 매달 3주 동안 매일 2%의 프로게스테론 크림을 발라보라고 할 수도 있다. 그런 다음 3~6달 동안 환자의 증상을 지켜본 후 필요에 따라 다시 조절해준다. 나는 플로렌스에게 매년 정기검진을 받으러 올 때마다 호르몬에 문제가 생긴다면 다시 나를 찾아오라고 말해주었다.

오늘날 대부분의 여성들은 개인의 특성에 맞추어진 폐경 진단과 처방을 받지 못하고, 임신한 암말의 소변에서 추출한 에스트로겐 제제인 프레마린이라는 표준화된 처방을 받고 있다. 1949년에 처음 소개된 프레마린은 역사적·경제적인 이유로 표준처방이 되어왔다. 프레마린은 또한 대부분의 중요한 실험에 이용되는 에스트로겐이기도 하다. 대부분의 경우 이 약은 폐경기 증상을 완화시켜주고 심장 질환, 골다공증, 알츠하이머성 질병에 대한 위험을 감소시켜준다. 하지만 나는 더 이상 이 약을 추천하고 싶지 않다. 무엇보다 이 약을 복용하면 기분이 나빠진다고 한다. 많은 여성들이 복용을 중단하는 것도 단순히 기분이 나빠진다는 이유에서이다. 그리고 매우 빈번하게 유방의 염증이나 두통과 부종을 유발한다. 타액 검사를 통해서 내가 알게 된 것은, 프레마린의 표준 복용량을 따른 여성들의 에스트로겐 양이 지나치게 증가한다는 사실이다. 즉, 프레마린을 과용하면 호르몬 대체요법에 의한 부작용을 증가시킬 수도 있다. 물론 적은 양의 프레마린을 복용하더라도 내가 생각하는 최상의 치료효과는 얻을 수 없었다. 왜냐하면 프레마린은 인간의 몸에 어울리는 호르몬을 함유하고 있지 않기 때문이다.[5] 천연호르몬 요법 분야의 선구자인 조엘 하그로브Joel Hargrove 박사는 "당신의 주식이 건초라면 프레마린은 당신에게 천연 호르몬일 수도 있다."고 말함으로써 프레마린의 부정적인 측면을 지적했다.

개인의 특성에 맞춘 호르몬 대책

여러 가지 증상이나 다른 위험요소들 때문에 호르몬 대체요법이 필요한 여성들에게 좋은 소식이 있다. 이 책의 초판이 발간된 이후 천연호르몬에 대한 지지가 긍정적으로 확산되고 있다. 그리고 모든 호르몬 문제가 에스트로겐에 국한되는 것이 아니며, 난소에서 만들어내는 다른 두 종류의 호르몬인 프로게스테론과 안드로겐도 호르몬 대체요법에 필요할 수 있다는 사실이 알려지게 되었다.

우선, 그 뜻이 모호해서 많은 논란의 대상이 되고 있는 '천연'이라는 단어에 대해서 알아보자. 프레마린은 말에게는 진정한 천연호르몬일 수 있다. 하지만 내가 말하는 천연이라는 단어는 일반적으로 대두나 참마 등과 같은 식품에서 발견되는 식물성 호르몬을 지칭할 때 사용된다.

천연호르몬은 대두나 참마에서 추출된 호르몬의 분자구조를 인간의 몸에서 발견되는 호르몬과 동일해지도록 조작한 것이다. 따라서 이러한 호르몬을 '동일한 생물학적 호르몬'이라고도 한다.

그러므로 논란의 대상은 호르몬이 실험실에서 만들어졌는지 아닌지의 문제가 아니다. 인간의 몸 속에 있는 호르몬과 동일하다면 천연호르몬인 것이다. 동일한 생물학적 호르몬을 이용하는 천연호르몬 요법에는 일정한 방식의 정해진 프로그램이 없다. 처방은 환자 개인의 특성에 맞추어서 이루어진다. 천연호르몬 보조제의 사용목적은 여성호르몬 수치를 30~40대의 건강한 여성의 호르몬 수치로 회복시키는 것이다. 그러나 갱년기는 13년 동안 지속될 수도 있다. 따라서 폐경기라는 과도기를 거치면서 호르몬 요법의 필요성을 계속해서 재평가하거나 섭생법을 변화시킬 필요가 있다.

호르몬에 관한 기초지식

에스트로겐 Estrogen

여성의 몸에서 생성되는 에스트로겐에는 세 종류가 있다. 에스트론(E1), 에스트라디올(E2), 에스트리올(E3). 에스트론은 대부분의 양이 체지방에서 만들어진다. 거식증 환자에게 월경이 사라지거나 골다공증이 초기에 나타내는 것은 이런 이유 때문이다. 그렇다고 해서 호르몬의 기능을 정상적으로 유지하는 데 단지 체지방만으로 충분한 것은 아니다.

에스트로겐은 유방, 자궁, 난소 조직의 성장호르몬으로 작용한다. 에스트로겐이 이 기관들을 지나치게 자극해서 과도한 세포증식을 유발하면, 이것은 암으로 발전될 수도 있다. 그러나 긍정적인 측면에서 에스트로겐은 HDL(우수한 콜레스테롤, 고밀도 저단백질)을 증가시키고 혈관에 유익한 효과를 준다. 이런 이유에서 에스트로겐 대체요법이 심장 질환의 위험을 줄여 주는 것이다. 에스트로겐은 오래된 뼈의 재생과 파괴에 관여하므로 골다공증을 예방하는 데에도 효과가 있다. 에스트로겐은 또 얼굴이 화끈거리는 증상을 개선시켜주고, 질의 상피가 얇아지거나 건조해지는 것을 예방해준다. 그리고 피부의 콜라겐 층을 강화시켜서 탄력을 증가시키고 주름을 방지하는 효과도 가지고 있다.

가장 효과적이고 보편적으로 사용되는 에스트로겐은 에스트라디올과 에스트론이다. 에스트리올을 제외한 나머지 에스트로겐은 천연이든 아니든 간에 지나치게 많은 양을 사용하거나 프로게스테론으로 균형을 맞춰주지 않으면 잠재적으로 위험할 수 있다. 따라서 에스트로겐은 증상을 완화시킬 수 있는 최소의 양만을 사용하여야 한다.

에스트리올 Estriol

유방암이나 에스트로겐과 관련된 여러 가지 암이 있는 여성들에게는 에스트로겐 대체요법이 적합하지 않은 것으로 알려져 있다. 에스트리올은 이러한 여성들에게 대안책이 될 수 있다. 에스트리올은 다소 약한 에스트로겐의 일종으로 유방암 예방 효과가 있다. 에스트리올은 자궁내벽이나 유방조직에 과도한 세포증식을 유발하지는 않는다. 그러면서 피부의 콜라겐 층에 대해서는 다른 에스트로겐과 똑같은 효과를 가지고 있다.[6] 하지만 콜레스테롤에 대해서는 에스트라디올이나 에스트론이 가지고 있는 효능도 없으며, 과용하면 골밀도에도 영향을 끼치게 된다. 이론적으로 에스트리올은 에스트로겐의 유방조직 증식 위험을 낮춰준다고 해서 에스트라디올이나 에스트론과 함께 이용되고 있다.[7]

프로게스테론 Progesterone

천연 프로게스테론은 합성 프로게스틴과는 다르다. 천연 프로게스테론은 증상완화에 효과가 있으면서도 다른 부작용이 없다는 점에서 다른 호르몬 대체요법에 비해서 탁월하다. 어떤 여성들은 천연 프로게스테론만으로 모든 종류의 폐경기 증상을 완화시키는 데 효과를 보기도 한다. 이것은 프로게스테론이 에스트로겐과 안드로겐의 전구체 분자로도 기능하기 때문이다. 다시 말해서, 우리 몸은 천연 프로게스테론만으로 충분한 양의 DHEA를 만들 수 있는 것이다. 따라서 천연 프로게스테론을 보충해주면 성욕이 증가될 수도 있다. 물론 모든 사람에게 적용되는 것은 아니다.

안드로겐 Androgens

부신의 기능을 설명하면서 이미 말했듯이, 안드로겐성 DHEA와 테스토스테론 호르몬은 기력, 생기, 정력에 필수적이다. 자궁적출술 후에 안드로겐의 수치는 급격하게 떨어지며, 난소를 보존한 경우라도 마찬가지이다. 난관결찰술 후에도 난소로 공급되는 혈액량의 변화 때문에 안드로겐의 수치는 급격하게 떨어진다. 에스트로겐과 프로게스테론으로 효과를 보지 못한 여성들은 소량의 DHEA나 테스토스테론으로 폐경 이전의 컨디션을 회복할 수 있다.

폐경기 증상

한 여성의 폐경기 경험은 각 개인의 문화적 환경, 가족력, 기대감에 따라 달라진다. 폐경기에 문제가 생길지도 모른다는 생각이 실제로 문제를 유발할 수도 있는 것이다. 우리 문화는 폐경기를 골칫거리로 생각하고 있다. 인류학자 앤 라이트Ann Wright는 폐경기에 대해서 긍정적인 이미지를 가지고 있는 전통적인 나바오스 부족을 연구한 적이 있는데, 나바오스 부족의 여인들은 폐경기 증상을 거의 경험하지 않는다고 한다. 그녀는 또한 여성의 폐경기 증상은 경제적 수준이나 사회적 지위와도 관련이 있다고 밝혔다. 즉, 폐경기 증상들은 육체적 스트레스보다는 심리적 스트레스에 의해서 유발된다는 것이다.[8)]

홍조

홍조는 특히 머리와 목 주변이 화끈거리고 땀이 나는 현상이다. 갱년기 여성의 50~80%가 홍조를 경험한다고 한다. 대부분의 여성들은 단순히 가끔씩 열이 나거나 땀을 약간 흘리는 정도로 홍조를 느끼지만, 10~15%의 여성들은 열이 심하고 몸이 흠뻑 젖을 만큼 정도로 땀이 나서 일상적인 활동을 하기 어려울 정도이며, 수면 장애와 그로 인한 우울증이 생길 수도 있다고 한다. 몇 년 정도 지나면 홍조는 대부분 진정되지만, 10~40년 동안 수시로 홍조를 경험하는 여성들도 있다.[9] 정확한 원인이 밝혀지지는 않았지만, 홍조는 신경전달물질의 변화와 관련이 있다고 한다. 따라서 걱정거리가 있거나 긴장하고 있으면 홍조는 더 자주 발생한다.

영양학적 치료 비타민E와 감귤류의 비오플라보노이드를 매일 섭취하고 정제된 탄수화물이나 카페인, 알코올의 섭취를 줄여라.

대두와 콩제품에는 식물성 에스트로겐과 이소플라보네스가 함유되어 있어서 에스트로겐의 수치를 조절하여 폐경기 증상을 줄여주고, 홍조를 완화시키는 데 효과가 있다. 또 콩제품에 들어있는 게니스타인은 암에 대한 위험을 줄여준다.

식물 고대 이래로 다양한 종류의 약초가 폐경기의 증상을 완화시키는 데 사용되어왔다. 블랙 코호쉬의 추출물로 만들어진 레미페민이라는 제품은 질 윤활제의 분비를 증진시키고, 우울, 두통, 홍조를 감소시키는 효과가 있다.

천연 프로게스테론 천연 프로게스테론은 전구체 호르몬이고 에스트로겐 수용체를 하향조절해 주는 역할을 하기 때문에, 경우에 따라 홍조에 효과가 있다.

에스트로겐 대체요법 모든 홍조현상이 에스트로겐의 감소로 나타나는 것은 아니지만, 수치의 감소 때문에 홍조가 발생하였다면 표준치료법인 에스트로겐 대체요법은 100% 효과가 있을 것이다. 하지만 갑상선항진, 알코올의 섭취나 당뇨병도 홍조를 유발할 수 있다.

그 외에 기 치료, 명상을 하거나 긴장을 풀어주어도 홍조가 완화된다.

질건조증, 질염증, 질위축증

폐경기에는 에스트로겐 양의 감소로 질조직이 얇아진다. 따라서 폐경 이후의 여성에게는 질건조증이나 염증이 발생하기 쉬우며, 이러한 증상들은 아주 개인적이고 주관적이다. 위축성 질염이 있는 여성이 아무런 증상을 느끼지 않을 수도 있으며, 경우에 따라서는 질의 알칼리화로 인해서 질위축증이나 염증이 생길 수도 있다. 박테리아성 질염은 pH 지수가 높을수록 발생하기 쉽다. 또 이유는 분명하지 않지만 에스트로겐 제제의 복용만으로는 질위축증 증상을 완화시키는 데 실패하는 경우가 많은데, 이런 경우 에스트로겐 크림을 질에 직접 발라주어야 한다.

식물 레미페민은 질의 점막을 두껍게 해준다는 면에서 에스트리올과 비슷하게 작용한다. 허브나 민들레 잎, 귀리 줄기와 같은 약초도 질 윤활제 만드는 데 사용할 수 있으며 식용으로도 사용된다.[10]

윤활제 오일 성분의 윤활제와 함께 에스트리올이나 테스토스테론을 추가해서 사용하는 것도 좋다.

테스토스테론 에스트로겐의 수치를 지나치게 높일 우려가 없는 테스토스테론도 질점막의 기능을 회복시켜준다.

에스트리올 에스트리올 질 크림을 이용하면 에스트로겐 사용으로 인한 유방암에 대해서 걱정하지 않아도 된다.

에스트라디올 질 링 에스트라디올이 스며있는 실리콘으로 만든 질 링을 피임용 격막처럼 질에 삽입해두면, 세 달 간 지속적으로 소량의 에스트라디올이 방출된다. 하지만 소수의 여성들에게는 재발성 질염, 두통 등의 역효과가 있을 수 있다.

에스트로겐 크림 프레마린, 오겐, 에스트라세 등의 에스트로겐 크림은 질건조증, 질위축증, 그 외 다른 증상의 치료에 사용할 수 있다.

골다공증

폐경 이후에 발생하는 골다공증은 여성들에게 가장 보편적인 질병이다. 여성들은 갱년기 동안 5년에 걸쳐서 2~5%의 뼈를 손실한다고 한다. 하지만 일생 동안 손실되는 뼈의 50%는 폐경 이전에 이미 손실한다. 한 통계에 의하면, 25~34세 사이의 6~18%의 여성이 골밀도가 비정상적으로 낮은 것으로 나타났다. 그러므로 여성들의 점진적인 뼈 손실은 단순히 에스트로겐이나 칼슘의 결핍이 아니라 더욱 복합적인 원인 때문인 게 확실하다.

칼슘 섭취는 뼈를 강화시켜주는 한 요소이다. 마그네슘, 붕소, 비타민D, 비타민C, 미량의 미네랄도 뼈의 건강에 중요하게 작용하며, 운동과 스트레스 조절여부도 마찬가지이다. 한편 유제품을 마치 골다공증을 예방할 수 있는 만병통치약이나 되는 것처럼 떠받들고 있지만, 사실상 유제품을 섭취하지 않고도 얼마든지 뼈를 강화시킬 수 있다.

흡연, 과다한 알코올의 섭취, 운동부족은 골다공증을 유발할 수 있으며, 정제된 탄수화물의 과다섭취나 칼슘, 마그네슘, 붕소, 미량의 미네랄, 비타민D의 결핍도 마찬가지이다. 출산을 하지 않은 경우에도 골다공증에 걸릴 확률이 높아진다. 우울증 또한 골다공증의 주요한 위험요소로 밝혀졌는데, 그 이유는 아마도 우울증과 관련이 있는 코티솔의 증가 때문일 것이다.[11] 배란불순과 그로 인한 프로게스테론 결핍 병력이 있는 여성도 골다공증에 걸리기 쉽다. 특히 운동선수나 무용가들에게 자주 발생하는 저체지방증으로 인한 무월경의 병력을 가진 여성들은 골다공증에 걸릴 확률이 일반인보다 훨씬 높다고 한다.[12]

뼈의 건강증진을 위한 프로그램

에스트로겐 대체요법이 골다공증에 대한 가장 좋은 치료법이기는 하지만 식생활 조절이나 운동, 천연 프로게스테론 요법도 뼈의 손실을 막아주는 데 비슷한 효과가 있다.

쉰 다섯 살의 폐경기 환자가 골밀도 검사를 받기 위해서 나를 찾아왔다. 그녀의 골밀도는 약간 낮은 편이기는 했지만 정상으로 나왔다. 그녀는 어머니가 자신이 열 세 살이었을 때 유방암으로 돌아가셨다는 것 때문에 에스트로겐 치료를 꺼렸다. 그래서 대신 뼈의 분해를 예방해주는 새로운 약, 포사막스를 사용해보고 여섯 달 후 다시 정밀검사를 받아보기로 했다. 그 후 그녀는 나에게 전화를 걸어 자신의 뼈가 녹아 없어지고 있는 것은 아닌지 무척이나 걱정스럽다고 말했다. 나는 그런 일은 일어나지 않는다며 그녀를 안심시켜주었고, 근육훈련법과 천연 프로게스테론이나 붕소, 칼슘, 마그네슘, 비타민D, 비타민C, 미량의 미네랄 등 영양보조제를 이용해보라고 말해주었다. 여섯 달이 지난 후 그녀의 골밀도는 놀라울 정도로 증가하였다. 골다공증 센터의 의사는 그녀의 결과에 놀라워하며 그녀가 어떤 방법을 사용했는지는 모르겠지만 그 방법대로 계속하라고 했다고 한다.

그렇다고는 해도 포사막스와 같은 뼈강화제는 아무것도 하지 않는 것보다 조금 나은 정도이다. 그러므로 처음에는 가능한 한 다음과 같은 방법으로 시작해보라. 칼슘대사를 방해하는 약은 장기간에 걸쳐서 역효과를 나타낼 수 있고 포사막스는 심각한 식도궤양을 초래할 수도 있다.

식이요법 영양이 풍부한 자연식품 위주의 식생활을 하는 것이 좋다.

운동 걷기, 자전거 타기, 웨이트 트레이닝과 같은 운동은 골밀도를 높이는 데 도움이 된다.

인산염의 섭취를 줄여라 콜라, 맥주 등에 포함되어 있는 인산염은 칼슘의 흡수를 방해한다.

금연과 적당한 음주 매일 두 개 이상의 알코올 음료를 마시거나 흡연을 하는 여성들이 골다공증에 걸릴 위험이 가장 높다. 따라서 여성들은 가급적 담배를 끊고 알코올 섭취를 제한하는 것이 좋다.[13]

카페인 카페인을 많이 마시면 많은 양의 칼슘이 소변으로 방출된다. 따라서 커피는 하루 한두 잔 정도로 제한해야 한다.[14]

비타민D 매일 350IU의 비타민D를 복용하라.[15] 자외선차단 크림을 바르지 않은 상태로 15～30분 동안 일광욕을 하면 300～350IU의 비타민D를 얻을 수 있다.

베타 카로틴 베타 카로틴은 체내에서 비타민A로 전환된다. 비타민A는 장 상피의 건강을 증진시켜서 영양소의 흡수를 도와주고 관절을 강하게 만들어준다. 베타 카로틴은 짙은 녹색잎 채소와 당근 같은 오렌지색 채소에 풍부하다.

천연 프로게스테론 뼈의 신진대사 과정에서 프로게스테론의 역할이 이미 증명되었음에도 불구하고, 이 방법은 종종 간과되고 있다.[16] 폐경기가 지난 지 16년이 된 환자도 식이요법, 운동요법과 함께 천연 프로게스테론을 사용하였을 때 뼈의 밀도가 증가하는 것으로 나타났다.[17]

비타민C 비타민C는 콜라겐의 합성과 재생에 관여한다. 하루 2,000mg 정도를 복용하는 것이 가장 적당하다.[18]

마그네슘 마그네슘은 영양소의 섭취상태에 따라 하루에 300～800mg씩 구연산염이나 말린산염의 형태로 섭취해야 한다.[19] 마그네슘은 뼈의 구성성분이며, 뼈의 형성과 관련된 몇몇 화학반응에 필수적인 영양소이다. 마그네슘은 주로 유기농법으로 재배한 녹색채소, 정백하지 않은 곡물류, 해초류, 칠면조와 같은 육류에 풍부하다.

망간 망간은 피콜린의 형태로 보충되어야 한다.

칼슘 식사로 이미 충분한 양을 섭취하고 있다면 조금 덜 섭취해도 상관없다. 칼슘 카보네이트가 뼈밀도를 높여주기는 하지만, 위산을 알카리화시켜 칼슘의 흡수를 방해하고 신장결석의 위험을 증가시킬 수 있다.[20]

폐경기의 성 정체성

폐경에 관한 가장 일반적인 오해는 폐경기 동안은 성적인 욕구와 행위가 현저하게 줄어든다는 생각이다. 우리 사회가 폐경기를 '고장난 생산력'의 시기로 보고 생식능력을 성적인 능력과 연결해서 생각하기 때문에, 많은 여성들은 이 시기에 자신들의 정력이 사라질 것이라고 믿는다. 하지만 인간의 성적 쾌락과 생식능력은 뚜렷이 구별되는 기능이다. 따라서 한 가지 기능이 없어도 다른 한 가지 기능은 정상일 수 있다.

어떤 여성들은 실제로 폐경기 이후 성욕이 줄어든다고 한다. 이런 여성들 중 한 여성은 내게, 자신의 성욕이 줄어든 이유는 자신의 문제라기보다는 남편이 충분히 성행위를 할 수 있을지에 대한 걱정 때문이라고 말하였다. 또 어떤 여성들은 자신의 생명력이 몇 년 동안의 스트레스 때문에 바닥나버려서 성욕에 대해서는 더 이상 아무것도 남아있지 않다고 말한다.

성욕에 중요한 역할을 하는 테스토스테론이 나이가 들면서 다양한 이유로 감소하는 것은 사실이다.[21] 하지만 갱년기나 폐경 이후에 성욕과 성행위가 더욱 증가하는 여성들도 있다. 많은 여성들에게는 이 시기가 원하지 않는 임신으로부터 자유로울 수 있는 최초의 시기이기 때문이다. 나이 많은 여성들이 활발하게 성관계를 가지지 않는다고 해서 성욕이 감퇴했다고 믿는 것은 잘못이다. 이 문제에 관한 여러 가지 연구 결과에 따르면, 나이든 여성들이 성생활이 활발하지 않은 이유는 종종 파트너가 없거나 파트너가 아프거나 질위축증 때문에 성관계시 통증을 느끼기 때문이라고 한다. 따라서 몇몇 여성들에게는 다른 어떤 원인보다 적합한 상대를 찾는 것이 성생활에 대한 관심과 욕구를 유발하는 데 더욱 중요하게 작용한다. 폐경기 여성의 성생활에 관한 한 연구 에 따르면, 적어도 폐경기 여성의 50%가 섹스에 대한 관심이 전혀 줄지 않았으며, 20%에 약간 못 미치는 비율의 폐경기 여성들만이 섹스에 대한 관심이 크게 줄어들었다고 한다. 매스터Master와 존슨Johnson에 의하면,

정력은 에스트로겐의 양과는 상관이 없으므로 폐경기라고 해서 정력이 저절로 줄어드는 것은 아니라고 한다.[22)]

결혼생활에 만족하지 못했던 많은 폐경기 여성들이 더 적합한 상대와 재혼을 해서 전보다 훨씬 만족스러운 성생활을 하게 되는 경우도 많다. 특히 내가 놀라웠던 것은 항상 정장차림으로 말쑥하게 차려입고 다니던 노부인의 경우였다. 그녀는 질건조증 때문에 더 이상은 성관계가 불가능한 것이 아닌가 하고 걱정했다. 하지만 첫 남편과의 40년 간의 결혼생활 동안 한 번도 오르가슴을 느껴본 적이 없는 그녀는 재혼을 하고 나서는 성관계를 가질 때마다 매번 규칙적으로 일곱 번의 오르가슴을 느끼게 된다고 한다. 그녀는 또 성행위가 이렇게 아름다울 수 있는지 몰랐다고 말했다. 그 노부인에게 필요했던 것은 단지 약간의 에스트로겐 크림과 자신이 정상이라는 확신이었던 것이다.

많은 여성들의 가장 큰 문제는 남성 파트너가 발기하고 그 상태를 유지할 수 있는 능력이 나이가 들면서 변할 수 있다는 것이다. 그리고 이것을 남성들이 발기부전으로 받아들이고 성행위를 기피할 수도 있다는 것이다. 많은 여성들이 규칙적인 성생활을 즐기고 싶어하지만, 남편이 발기부전에 대한 두려움 때문에 더 이상 성관계를 가지려고 하지 않는다고 말한다. 이런 여성들은 대부분 남편의 자아를 다치게 할까봐, 도움을 구하는 대신 침묵을 지킨다. 하지만 이런 남성들을 도와줄 수 있는 것은 약간의 교육이면 된다. 그들의 발기부전 원인은 단지 혈압강하제나 그 외 다른 약물들, 또는 오르가슴에 대한 능력 때문일 수도 있다. 이런 경우 체중감소, 식생활 개선, 활동량의 증가 등 생활스타일의 변화로 고혈압을 치료함으로써 그들의 동기를 유발할 수 있다.

폐경기의 치료

정력 부족에 대한 치료는 개인의 특성에 맞추어져야 하겠지만, 이미 말했듯이 이런 문제를 가진 여성이라면 테스토스테론과 DHEA의 수치를 측정해보는 것도 고려해볼 만하다. 테스토스테론은 성욕과 관련된 주요한 안드로겐 호르몬이다.

충분한 양의 안드로겐이 분비되지 않는 여성들은 크림이나 젤, 또는 캡슐 형태의 DHEA나 테스토스테론를 사용해도 효과가 있다. 만일 DHEA와 테스토스테론의 수치가 모두 낮다면, 나는 DHEA를 먼저 보충해주는 것이 낫다고 생각한다. 왜냐하면 DHEA는 테스토스테론의 전구체이므로 일정한 양의 DHEA를 사용하게 되면 테스토스테론의 수치도 1.5~2배까지 증가하기 때문이다.

또 어떤 여성들에게는 침을 맞거나 약초를 사용하는 것과 같은 동종요법도 효과가 있다. 하지만 당신이 어떤 치료법을 선택하든 스스로를 위해서 무언가를 하고 있다는 심리효과가 성욕에 더 큰 영향을 끼칠 것이다. 때때로 '약'이 필요한 것은 당신의 '인생'이고, 그 결과 당신의 호르몬은 저절로 균형을 이룰 수도 있다는 사실을 기억하라.

가늘어지는 머리카락

우리 문화권에서 살고 있는 폐경기와 폐경기 이후의 여성들 중 3분의 1이 머리카락이 가늘어져서 고민을 한다. 다소 당황스럽게 여겨지겠지만, 머리카락이 가늘어지면서 얼굴의 체모는 지나치게 성장할 수도 있다. 이러한 현상이 발생할 수 있는 이유는 모든 모낭이 호르몬에 똑같이 반응하도록 만들어져있지는 않기 때문이다. 대부분의 문제는 미세한 호르몬의 불균형과 관련이 있으며, 이것은 검사상 나타나지 않을 수도 있다. 이러한 호르몬의 불균형은 인슐린 저항과도 관계가 있다.

치료를 위해서는 과도한 체지방을 줄이는 것이 좋다. 복합비타민제를 복용하라. 그 밖에 레이저 침이나 전통적인 침을 맞는 것도 효과적일 수 있다.

우울증

한 연구결과에 의하면, 폐경기 그 자체는 심리적·육체적 건강을 약화시키지 않는다고 한다. 그리고 45～64세의 폐경기 여성들은 젊은 여성들보다 우울증에 걸릴 확률이 훨씬 낮다고 한다. 또 폐경기 여성들의 주된 스트레스는 폐경 그 자체보다 가족이나 그 외의 다른 요소 때문이라고 한다.[23] 의학적인 도움을 필요로 하지 않는 건강한 폐경기 여성을 연구한 소냐 멕킨리Sonja Mckinlay 박사는, 연구대상이 된 여성 중에서 단지 2～3%의 여성만이 자신의 생식력이 끝나버린 것에 대해 유감스러워했다고 말했다. 하지만 이 연구의 특징은 의학적인 자문을 전혀 구할 필요가 없는 건강한 여성들만을 대상으로 하였다는 점이다. 많은 의사들이 폐경기에 대해 부정적인 시각을 가지고 있다. 하지만 그것은 순전히 폐경기와 관련된 불쾌한 증상들을 호소하는 여성들만을 만나왔기 때문일 수 있다.

앞서 말했듯이, 폐경기는 인생을 통해 쌓아온 해결하지 못한 문제들을 해결할 수도 있는 시기이다. 이 시기에 우리는 충분히 슬퍼하지 못했던 상실감에 대해서 충분히 슬퍼하고, 끝마치지 못한 대학의 졸업장을 받고 싶어하고, 또 다른 아이 혹은 첫아이를 갈망하고 있는 자신을 발견할 수도 있다. 이것은 마치 창고에 들어갔다가 분류하고 추려내야 할 물건들의 박스더미를 발견하게 되는 것과도 같다. 만일 여성들이 끝내지 못한 감정의 문제들을 기꺼이 해결하고자 한다면 폐경기 증상을 훨씬 덜 느끼게 될 것이다. 그리고 자신의 증상들이 삶의 어떤 부분들에 주의를 필요로 한다는 것을 알려주고자 하는, 내면의 인도자로부터 온 메시지라는 사실을 알게 될 것이다.

끝내지 못한 인생의 감정적인 문제들을 기꺼이 해결해보고자 한다면 우울증에 대해서는 아무런 치료가 필요하지 않을 수도 있다. 식습관과 운동 역시 놀라운 위력을 발휘한다. 하지만 우울증이 있는 여성들이 지방이 너무 적은 식이요법을 지속하면 우울증을 다룰 수 있는 뇌화학물질을 생성할 수 없다. 또 어떤 여성들은 에스트로겐 대체요법, 동종요법, 침술, 그 밖의 다른 치료법 등 물리적인 도움을 필요로 하기도 한다. 호르몬 대체요법은 어떤 여성들에게는 우울증을 제거하는 데 효과가 있지만, 또 다른 여성들에게는 전혀 효과가 없을 수도 있다. 따라서 최상의 치료를 받기 위해서는 종합적인 관점에서 검진을 받아야 한다.

흐릿한 판단력

여성들 중 상당수가 폐경 전에 사고력의 변화를 경험한다고 한다. '흐릿한 사고력'은 똑바로 생각을 할 수 없음을 말한다. 많은 여성들에게 이러한 증세를 경험해본 적이 있는지 질문해본 결과, 이것이 아주 보편적인 현상이라는 사실을 알게 되었다. 많은 여성들이 이러한 변화가 정상적이라는 사실을 알게 되면 매우 안도한다. 왜냐하면 대개는 알츠하이머성 치매를 걱정하고 있었기 때문이다. 여성과 마찬가지로 남성들 역시 나이가 들면 기억이 희미해지고 노쇠한다는 널리 퍼져있는 미신을 지지할 만한 증거는 없다.[24]

쉰 여덟 살의 유치원 교사인 페기는 폐경기를 거치면서 수업에 집중할 수가 없었다. 그녀는 "30년 이상 교사생활을 하고 나니까, 우리 반 아이들의 이름을 잘기억할 수가 없더라고요. 심지어 어떤 때에는 단어의 철자도 기억해낼 수가 없었어요." 하고 말했다. 그녀의 정신력은 그녀에게 내면적인 삶을 돌아볼 수 있도록, 가르치는 일을 잠시 멈추고 휴가를 가져보라고 말해주고 있었던 것이다. 그녀의 '사고력'은 계속 악화되어서 급기야 그녀는 학생들 앞에서 울음을 터뜨리기 시작했다. 페기는 비로소 자신에게 변화가 필요하다는 것을 인정했다.

그녀는 학교를 떠나 캘리포니아를 여행했으며, 1년 동안 해변가에 있는 작은 오두막에서 살았다. 그 시간 동안 그녀는 뜨개질을 시작하였다. 뜨개질은 그녀의 뇌가 명상에 잠기기 위해 필요로 했던 활동이었다. 페기는 뜨개질 기술을 마을의 나이 많은 사람들에게 가르쳐주기 시작했다. 그리고 해안가의 벤치에 앉아서 쓴 편지를 나에게 보내왔다. 뜨개질로 아름답고 독특한 디자인의 시트와 가방을 만들었다고 했다. 그리고 많은 사람들이 그녀에게 뜨개질을 배우려 한다고 적고 있었다. 페기는 뜨개질을 시작한 것 외에 10년 전에 끝난 결혼생활에 대해서도 마음껏 슬퍼했다고 한다. 그리고 아들에게 주었던 충격에 대해서 스스로를 용서했다고도 했다.

1년 후 페기를 다시 만났을 때, 그녀는 인생에 대한 확고한 믿음을 가진 여인으로 치유되어 있었다. 그녀는 폐경기의 도전을 받아들였으며, 자신의 직관적인 면으로 들어가서 완전히 새로운 인생을 시작하였다. 그녀는 요즘 1년 중 반은 캘리포니아에서, 그리고 나머지 반은 메인에서 지내고 있다. 페기는 자신이 원하는 조건대로 수업을 줄여서 맡았으며, 더 이상 학생의 이름이나 학급 시간표를 잊어먹지 않는다.

기타 폐경기 질환

유방암

에스트로겐 대체요법에 관해서 여성들이 가장 걱정하는 부분은 치료로 인해서 유방암에 걸리게 될지도 모른다는 두려움이다. 하지만 나는 대체치료제로서 생물학적으로 동일한 에스트로겐을 사용하고, 이것을 환자 개개인의 특성에 따라 용량을 잘 맞춰서 천연 프로게스테론과 함께 사용한다면, 에스트로겐 대체요법으로 인한 유방암 확률이 크게 증가하지 않을 것이라고 믿는다. 개인의 특성에 따라 용량을 조절하지 않고 표준적인 기준에 따라 에스트로겐 대체요법을 사용한 경우라 하더라도, 에스트로겐 대체요법과 유방암 사이의 강한 연관성을 증거할 만한 확실한 자료가 있는 것은 아니다. 하지만 7년 정도 이 치료를 받고 나면 상대적으로 위험률이 증가한다고도 한다.[25]

만일 에스트로겐의 양이 프로게스테론에 비해 상대적으로 많다면,

유방조직의 증식과 비정상적인 성장가능성이 증가할 수 있다.[26] 따라서 에스트로겐을 사용하는 모든 여성들에게, 심지어 에스트로겐을 전혀 사용하지 않는 여성들에게도 나는 천연 프로게스테론을 추천하고 싶다. 실제로 프로게스테론을 사용하면 유방암을 더욱 강력하게 예방할 수 있을 것이라고 생각하는 전문가들도 있다.[27] 그러나 유방암을 우려하는 여성들에게 가장 적합한 방법은 에스트리올, 프로게스테론, 식물 등과 같은 에스트라디올과 에스트론의 대용품을 이용하거나 가능한 한 최소량의 에스트라디올이나 에스트론만을 사용하는 것이다.

콩제품의 섭취가 유방암의 발병률을 줄일 수 있다는 사실은 이미 증명되었다. 콩제품에 알레르기가 없는 여성이라면 될수록 많이 먹는 것이 좋다. 또 1주일에 4시간씩 운동하는 것도 실제로 유방암 발병률을 줄여 주는 것으로 나타났다.

심장 질환

심장 질환은 폐경기 이후 여성들을 죽음으로 몰고 가는 주된 요인이다. 55세가 지난 여성에게 에스트로겐이 부족하다면 심장 질환에 걸

〈표 14-1〉 유방암의 위험에 대한 호르몬 대체요법의 효과

현재 연령	나이별로 유방암 진단을 받게 될 가능성	
	호르몬 대체요법을 사용한 지 5년 이내인 경우	호르몬 대체요법을 사용하지 않을 경우
50~54	320명 중 1명	450명 중 1명
55~59	276명 중 1명	386명 중 1명
60~64	209명 중 1명	292명 중 1명
65~69	144명 중 1명	244명 중 1명

리기 쉽다. 하지만 폐경 전이나 폐경기인 여성의 다른 많은 특징들도 심장 질환에 대한 위험요소로 작용할 수 있다.

1997년 '미국 임상영양학 신문'에 발표된 한 논문에 의하면, 고탄수화물 저지방식은 지질과 인슐린에 대한 역효과를 나타내므로 심장 질환의 위험을 높일 수 있다고 한다. 일반적으로 폐경 이후 여성들은 심장 질환에 대해 에스트로겐을 처방하는 것만으로 문제를 해결하려고 하지만, 사실 폐경기 여성의 심장 질환은 전이지방산과 정제된 탄수화물을 과잉섭취하는 생활습관과 더 많은 연관성이 있다. 전이지방산과 정제된 탄수화물을 지나치게 섭취하면 세포단계에서 에이코사노이드의 불균형을 유발하고, 이것이 고혈압, 당뇨병, 심장 질환의 원인이 되기 때문이다. 반대로, 생선기름을 많이 섭취하면 심장 질환의 발병률을 낮출 수 있다고 한다. 만일 당신이 채식주의자라면, 양질의 아마씨 오일로도 효과가 있을 것이다. 적당량의 지방을 섭취하면서 탄수화물을 상대적으로 적게 섭취하는 식생활은 당뇨병, 고혈압, 심장병 등의 가족력이 있는 사람들에게 더욱 권장할 만하다.

체중조절 운동은 놀라울 정도로 인슐린의 내성을 낮추어주므로 심장 질환에 매우 효과적일 뿐만 아니라 근육 속의 지방까지 줄여 준다. 그리고 지방이 많은 근육보다는 지방이 적은 근육이 신진대사가 활발해서 과도한 체지방을 쉽게 태워줌으로써 심장 질환의 위험을 낮춰준다. 따라서 운동을 통해 적절한 체중과 건강을 유지하는 것이 중요하며, 운동을 하는 여성들은 운동을 하지 않는 여성들에 비해 평균 6년은 더 오래 산다고 한다.

폐경기의 여성에게 심계항진 증상이 나타나면 이것은 종종 공황, 두려움, 우울과 같은 심리적인 원인과 관계가 있다. 생체자기제어법은 이러한 증상들에 놀라운 효과를 가져올 수 있다. 또 기쁨과 창조성을 규칙적으로 표현하는 것도 심장혈관의 건강과 기능에 아주 중요하게 작용하며, 결국은 최선의 예방책이 될 수 있다.

알츠하이머성 질병

많은 폐경기 여성들이 흔히 경험하는 '흐릿한 기억력'이 모두 알츠하이머성 질병의 증세인 것은 아니다. 그렇다면 알츠하이머성 질병과 관련 있는 요소는 무엇인지를 이해하는 것도 중요할 것이다. 현재 60세 정도의 여성 중에서 치매에 걸린 여성은 5% 정도이다. 이것이 75세 이후에는 12%로 그 비율이 늘어나고, 85세 이후에는 28%~50%의 여성이 치매로 고생하고 있다.

에스트로겐의 수치가 높은 여성의 경우에는 알츠하이머성 질병의 발병률이 낮다. 하지만 에스트로겐의 높은 수치와 알츠하이머성 질병의 낮은 발병률 사이의 연결고리가 직접적인 것은 아니다. 정상적인 기억력과 뇌의 활동을 평생 동안 유지하는 여성들은 어떤 공통된 특징을 가지고 있다. 그리고 에스트로겐 대체요법을 사용하는 여성들은 그렇지 않은 여성들보다 이 특징들에 잘 부합한다. 그 특징은 우선 건강한 육체와 경제적 안정, 평균 이상의 지능과 고학력, 적극적인 취미활동, 인생에서의 만족감과 성취감 등을 들 수 있다.

호르몬 치료를 받든지 안 받든지 간에, 어떤 방식으로 살아가느냐에 따라 나이가 들어도 기억력은 충분히 완벽하게 유지할 수 있다. 호르몬이 뇌의 기능에 영향을 끼친다는 사실은 분명하지만, 뇌의 기능과 기억력 보존은 에스트로겐 외에도 다양한 요소로부터 영향을 받기 때문이다. 치매에 대한 통계자료가 어떤 특별한 여성에 대해서 그녀가 기억력 문제를 유발할지 아닐지를 예측할 수는 없다는 사실을 알 필요가 있다.

우리 사회는 나이가 들면 쇠약해지고, 기억력이 떨어지고, 인격이 변하는 것이 정상이라는 잘못된 개념 아래 움직이고 있다. 나이가 들면 기억력이 감퇴한다는 자기암시에 걸려들지 않기 위해서는 정상적인 뇌의 발달에 대해서 알아두어야 한다. 당신이 태어났을 때 당신의 뇌는 신경세포의 모든 요소를 다 가지고 있었고, 스무 살에 그 크기가 정점에 달했으며, 그 다음부터는 일생 동안 점점 작아졌을 것이다. 뇌가 클수록 더 좋은 것이라면 지혜와 지능이 스무 살에 최고에 도달한다는 뜻이 된다. 그러나 실제로는 전혀 그렇지 않다.

뇌기능에 대한 정확한 인식의 열쇠는, 시간의 흐름에 따른 뇌세포의 정상적인 손실이 반드시 기능의 손실과 연결되는 것은 아니라는 점을 깨닫는 것이다. 사실 몇몇 논문에 의하면, 평생 동안 우리는 순수에서 지혜로 옮아가면서 뇌기능이 지혜의 선을 따라 틀이 잡혀간다고 한다. 당신의 뇌가 최상의 모양과 기능을 유지하기 위해서는, 뇌를 가지치기가 필요한 나무라고 생각하라. 노화에 의한 뇌세포의 손실은 실제로 최상의 기능을 방해하는 불필요한 가지를 잘라주는 것이다. 즉 당신이 나이를 먹고 경험을 쌓아갈수록, 당신의 뇌에서 불필요한 연결체나 세포는 없어지지만 필수적인 새로운 연결체는 성장한다. 이와는 대조적으로, 정신지체아들은 나이가 들어도 이러한 선별적인 기능을 수행하지 못하는 것으로 나타났다.[28] 다음은 알츠하이머성 질환을 예방하기 위한 몇 가지 방법이다.

산화방지제 산화방지제와 비타민을 충분히 섭취하면 알츠하이머성 질병을 예방할 수 있다.[29] 비타민C, 비타민E, 셀렌, 그리고 엽산을 포함한 비타민B 복합제가 풍부한 음식을 섭취하라. 특히 비타민E는 알츠하이머성 질병의 진행을 늦출 수 있다고 한다.

흡연 · 과음 과도한 알코올 섭취를 피하라. 알코올은 기억력과 관련있는 기저 전뇌에 영향을 끼친다. 또 담배는 심장혈관과 다른 작은 혈관들의 변화를 일으키는 원인이 되며, 이것은 뇌조직으로 공급되는 산소의 양을 줄인다.

아세틸콜린 아세틸콜린의 수치를 떨어뜨리는 약은 피하라. 이런 약들이 얼마나 많은지, 그리고 뇌의 기능에 얼마나 나쁜 영향을 끼치는 지를 아는 의사들이 거의 없다는 사실을 알면 당신은 깜짝 놀랄 것이다. 수면제, 감기약, 알레르기 약을 복용할 때에는 디펜하이드라민 성분이 포함되어 있는지를 꼭 확인하도록 하라.

에스트로겐 · DHEA · 프로게스테론 에스트로겐, DHEA, 프로게스테론은 기억력과 관련이 있는, 뇌세포 사이의 수상돌기와 축삭돌기를 촉진시켜준다.[30)]

규칙적인 운동 운동은 이미 치매 증상을 나타낸 사람들의 기억력까지 향상시켜준다고 한다.

학문적 생활태도 평생 동안 배운다는 자세로 사는 태도가 얼마나 중요한지는 아무리 강조해도 부족하다. 사실 나는 이 방법이 알츠하이머성 질병을 예방할 수 있는 가장 좋은 방법이라고 생각한다. 뇌의 기능과 지혜를 유지하고 강화하기 위해서는 삶의 흐름에 관심을 가지고 있어야 하며 성장, 발달, 배움과 관련 있는 즐거운 활동들에 적극적으로 참여하여야 한다. 강의를 듣고, 친구들과 어울리고, 새로운 운동이나 활동을 배우고, 새로운 일이나 사업을 시작하고, 봉사활동에 참여하라. 매일 새로운 아이디어, 새로운 관계, 새로운 생각들로 당신의 뇌세포와 신경전달경로를 채색하라.

폐경기 치료법의 선택

폐경기의 어떤 여성들은 홍조 증상이 최초로 나타나기 이미 오래 전에 호르몬 대체요법을 명확하고 단호하게 선택해두었을 것이다. 또 어떤 여성들은 폐경기에 대해서 어떤 선택을 해야할지 확신하지 못하고 의사를 찾아가 상담과 충고를 구하기도 할 것이다. 그러나 여성의 몸과 가장 친숙하고 그 반응을 가장 잘 느끼는 사람은 여성 자신이다. 인생의 과도기를 거쳐야 하는 모든 여성들은 적절한 치료법을 결정하는 데 있어서 자기 내부의 지혜에 주의를 기울일 필요가 있다. 우리의 몸은 끊임없이 변화하고 진화하고 있다. 그러므로 처방도 호르몬의 양과 삶의 환경 변화에 맞추어 늘 재검토되고 갱신되어야 한다.

폐경기 동안의 자기관리

중년의 당신이 선택을 잘하고 싶다면 다음과 같은 질문을 스스로에게 던져보라

- 당신은 당신의 몸이 폐경기 동안, 그리고 폐경기 이후에도 건강을 유지하는 방법을 알고 있다는 것을 믿는가?
- 당신은 폐경기 후에 호르몬을 사용해야만 한다고 생각하는가? 왜 그렇게 생각하는가? 아니라면 왜 아니라고 생각하는가?
- 당신의 어머니나 할머니가 골다공증이었는가? 그들은 어떤 폐경기 증상을 경험했는가? 당신과 가까운 누군가가 유방암에 걸린 적이 있는가? 당신도 유방암에 걸릴까봐 두려운가?
- 지금 당장 당신의 골밀도를 알게 되면 기분이 좋아질 것 같은가?
- 콜레스테롤의 수준은 어떠한가? 당신의 지질형태와 심장 질환의 가능성에 대해서 알고 있는가?
- 당신은 폐경기 이후에 성욕이 감소할 것이라고 믿는가?
- 노년에는 당신이 혼자일 것이라고 생각하는가?
- 자연식품과 맛있고 신선한 음식으로 영양관리를 잘하고 있는가?
- 당신이 속한 공동체의 '씨앗'이 된다면, 당신은 당신의 직관이 당신 자신에게 말하는 것을 허락할 수 있겠는가?

새로운 시작

많은 폐경기 여성들이 탄생에 관한 꿈을 꾼다. 이러한 탄생의 꿈은 우리 내면으로부터 나오는 무언의 메시지를 알려주는 것이다. 막 폐경기를 거치거나 이미 그 과정에 속해있는 여성들은, 과거 어느 때보다 더욱 내면의 깊은 곳으로 다가가서 그곳에서 표현되기를 기다리고 있는 것들을 탄생시킬 필요가 있다.

수잔 위드Susan Weed는 다음과 같은 글을 썼다. "폐경기를 거치는

동안 여성 각자는 고독, 죽음, 부활에 몰두해있고, 창조적 욕구로 넘치는 자신을 발견하게 된다. 여성의 몸은 완벽함, 완전함, 진실, 그리고 변화를 요구한다. 여성들이 그늘진 자아를 부정하려고 하면 할수록 몸은 우리를 가만히 내버려두지 않을 것이다. 폐경기는 여성 개인, 나아가 공동체 전체를 어둡고 알려지지 않은 것들과 직면하게 할 것이다."

몇 년 전 나의 어머니는 조각을 배워서 자신의 창조성과 동물과의 관계를 표현해내기 시작했다. 그때까지 어머니는 자신에게 창조적이거나 예술적인 재능이 있다고 생각해본 적이 없었다. 어머니가 자신의 재능을 발견하기에는 다섯 명의 아이들을 키우느라 너무 바빴다. 하지만 지금 일흔 한 살의 나이에 어머니가 하고 계신 일은 아름답고 감동적이다. 폐경기를 지나온 다른 많은 여성들과 마찬가지로, 어머니는 미처 몰랐던 자신의 또 다른 모습을 발견하게 되었다. 이제 어머니는 마을모임이나 그녀가 관여하는 다른 토론회에서 큰 소리로 말한다. 어머니는 더 이상 모임이나 가족들 속에서 진실을 말하는 것에 대해 두려워하지 않는다. 어머니는 이렇게 말씀하셨다. "난 이제 잃을 것이 없단다. 그리고 내가 말해야만 하는 것들이 종종 사람들에게 득이 될 수도 있다는 사실을 알게 되었어."

우리는 너무 오랫동안 예전의 강하고 정직하고 현명한 여성들과 함께 하지 못했다. 그리고 너무 오랫동안 그들의 아름다움, 권력, 힘을 잊은 채 살아왔다. 그들이 되돌아오는 것을 환영해주자. 당신이 그들을 모르더라도 그들은 우리 각자의 내면에서 폐경기를 시작으로 다시 탄생되기를 기다리고 있다는 사실을 기억하자.

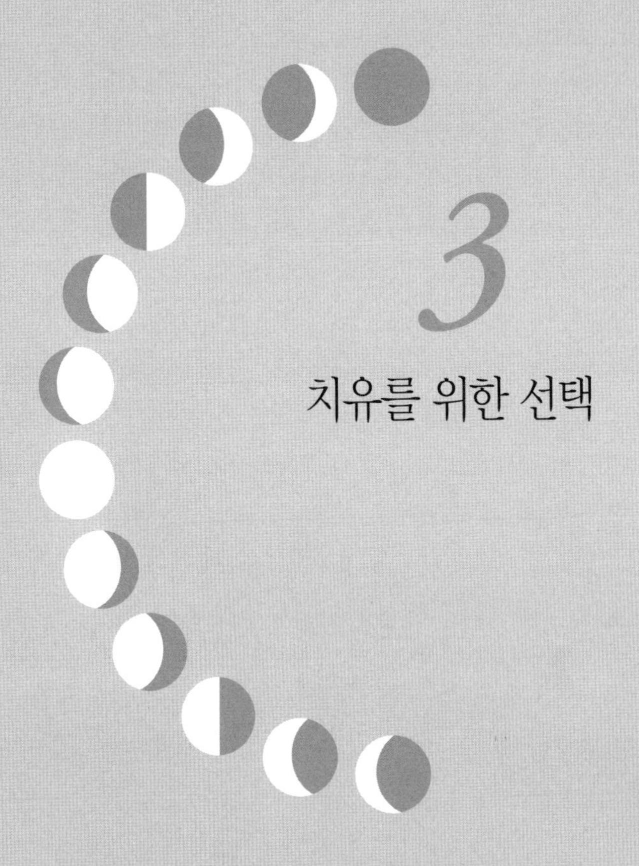

3

치유를 위한 선택

15 치유를 위한 단계별 접근

진정한 당신을 발견하기 위해
당신이 겪어온 일들을 되돌아보아야 한다.
상당한 시간이 걸리겠지만,
당신이 겪어온 모든 일들이 진정으로 당신의 것이 될 때
당신은 현실을 직시할 수 있게 된다.
– 플로리다 스코트 맥스웰Florida Scott – Maxwell

괴테는 말했다.

결심하기 전까지 망설이게 된다. 멈칫대면서 아무런 성과도 거두지 못한다. 주도적이고 창의적인 행동에는 '우리가 결심하는 순간부터 하느님의 의지도 함께 움직인다'는 진리가 숨어있다. 그러나 그러한 진리를 모르기 때문에 수많은 멋진 생각들과 계획들이 중도에 포기된다. 모든 것이 무엇인가에 도움을 준다. 그렇지 않다면 애초부터 존재하지도 않았을 것이다. 어떤 일이든지 결정에서부터 시작되며, 전에는 꿈도 꾸지 못했던 미지의 것을 원하는 방향으로 이끌어갈 수 있게 된다. 당신이 할 수 있는 것, 할

수 있다고 꿈꿀 수 있는 것이 있다면 무엇이든 시작하라. 그러한 대담함에 천재성, 힘, 마법이 깃들인다. 지금 당장 시작하도록 하자.

약물, 수술, 약초 등 무엇이 되었든지 간에 그런 식의 문제해결이 건강한 삶으로 직결되는 것은 아니다. 건강한 삶을 위해서는 패러다임의 변화가 있어야 한다. 즉 우리의 몸과 정신, 그리고 우주와의 관계를 새로운 방향에서 생각할 수 있어야 한다. 이러한 근본적인 변화가 있을 때에야 건강을 되찾고 유지할 수 있게 된다.

건강한 삶을 위해서, 우리는 삶의 과정에서 설명할 수 없고 변하지 않는 사건이 있다는 사실을 인정해야만 한다. 동시에 우리가 자기도 모르게 자신에게 도움이 되는 인간관계, 생각, 음식, 행동을 선택함으로써 건강상태를 인식하게 된다는 사실을 깨달아야 한다. 건강한 삶은 '분노, 죄책감, 상실감, 슬픔 등을 인정하고 느끼고 해소하는 것이 치유를 위한 열쇠이다'라는 영원한 진리에서 출발한다. 여기서 사례별로 소개하게 될 몸과 정신과 영혼을 위한 치유 프로그램이 건강을 되찾으려는 여성들에게 많은 도움이 되리라고 믿는다.

건강한 삶을 살려 할 때 당신은 내면의 힘을 의식하게 된다. 치유하는 삶을 살게 될 때 당신을 인도하는 정보가 여러 곳에서 전해지고 있다는 사실을 깨닫게 된다. 그것은 생각과 느낌을 몸의 특정한 곳으로 향하게 하는 힘이다. 그때 당신의 의지가 필요하다. 치유하는 삶은 두 개의 단계로 이루어진다. 첫번째 단계는 치유의 필요성을 인정하는 단계이고, 두번째 단계는 당신에게 전해지는 정보에 대해 마음의 문을 여는 단계이다.

여기 소개하는 치유의 단계별 훈련은 몸과 정신과 영혼을 통해 내면의 인도자에게 다가서려 했던 많은 여성에게서 실질적인 효과를 보았던 것이다. 이 단계의 훈련은 당신이 현재 어떠한 치료를 받고 있든지 간에 예방의학을 실천하는 것이다. 훈련을 할 때는 각 단계마다 당신의 반응을 기록해두는 것이 좋다. 그 기록은 당신의 현재 위치를 정확히 보여줄 것이다. 그리고 당신의 진척 정도를 파악하기 위해서 두세 달마다 이 과정을 반복하도록 하라. 그러면 당신의 내면에 깃들인 지혜를 분명히 인식하게 될 것이다.

미래를 상상하라

나는 환자들에게 과거를 돌이켜보라고 권한다. 현재의 상태를 빚어낸 원인을 찾아내기 위해서이다. 그러나 최면술사 티 케인Ti Cane은 환자에게 미래를 꿈꾸도록 함으로써 과거의 상처를 치유하는 사람이다. 그는 상식이 있는 사람이라면 누구나 알고 있는 사실에 대해 거듭 강조한다. 즉 "우리를 치유하고 앞으로 향하게 해주는 것은 미래에 대한 희망"이라는 것이다.

우리 몸의 세포는 매일 다시 만들어지며 우리는 7년마다 완전히 새로운 몸으로 다시 태어난다. 따라서 과거의 기억이 몸에 고착되어 있다는 주장은 정확하지 않다. 정확히 말하면 세포를 만드는 우리의 의식이 과거에 고착되어 과거를 탈피하지 못하고 과거와 똑같은 패턴의 세포를 계속 만들어 가는 것이다. 그러나 우리가 의식에 변화를 주면 세포는 자동적으로 변하며 삶까지도 바뀐다. 따라서 건강하고 즐거운 삶을 위한 가장 손쉽고 빠른 방법은 미래의 모습을 되도록 자세하게 상상해보는 것이다. 치유의 단계를 실행하기 전에 미래를 향한 비전을 분명하게 가질 수 있어야 한다.

최적의 건강상태에 있다면 삶은 어떤 모습일까?

친구와 대화를 나누듯이 다음의 질문들에 대답해본다. 글로 대답한다면 맞춤법에 신경 쓰지 말고 써 내려가라. 아니면 거울을 들여다보듯 자기 자신을 향해 큰소리로 대답하라.

무엇이든지 당장에 쉽고 신속하게 처리할 수 있다면 당신의 삶은 어떤 모습일까? 당신 주위에 누가 그러한 삶을 살고 있을까? 그러한 삶에서 당신은 무엇을 하고 있을까? 당신은 어디에서 살고 있을까? 당신의 기분은 어떨까? 당신은 어떤 모습일까? 돈은 얼마나 벌고 있을까?

생각한 뒤 대답하지 않도록 한다. 어린아이로 돌아가서 당신이 원하는 대로 삶을 꾸려갈 수 있다고 상상하라. 어떠한 장애도 없다고 상상하라. 그렇다면 당신의 삶은 어떨까? 내면의 인도자는 당신이 진정으로 원하는 것을 정확히 알고 있다. 당신이 억제된 감정을 풀고 입을 열 때 내면의 인도자가 올바른 답을 전해줄 것이다.

이제 열 한 살 때로 되돌아갔다고 상상하라. 무엇을 하고 싶은가? 당신은 어떤 사람이었는가? 당신은 어떤 사람이 되려고 했는가? 다시 지금의 당신을 상상하라. 현재의 당신이 어떤 사람인지 말해보라. 그리고 어떠한 장애도 없다면 앞으로 어떤 사람이 되고 싶은지 상상하라. 거울 속의 당신에게 큰소리로 말하라. 친구에게 분명하게 말하라. 다시 열 한 살로 돌아가 본다. 과거의 당신이 지금의 당신에게 무엇인가를 말하려고 한다. 과거의 당신과 함께 미래로 달려가라. 과거에 꿈꾸었던 모든 것이 가능하다고 상상해보라.

첫 단계의 훈련이 끝났으면, 이제 1년 후를 상상해보라. 당신이 원하던 것, 아니 그 이상을 이루어냈다. 당신이 꿈꾸던 모든 것이 실제로 이루어졌다. 당신은 크게 기뻐하면서 지난 1년을 되돌아본다. 당신은 기적적으로 모든 것을 이루어냈다. 그것은 내면의 인도자와 몸의 지혜와 교감함으로써 가능할 수 있었다. 상상 속의 장면들을 충분히 느낀 후 노트에 적어보거나 친구에게 혹은 거울 속의 당신에게 상상 속에서 당신이 이루어낸 것과 당신이 느꼈던 흥분감을 그대로 전한다. 기쁨을 함께 나눈다. 거짓말을 하는 어린아이처럼 당신의 느낌을 2~3분 동안 거리낌없이 토해내라.

간단한 수련법이지만 대단한 효과를 갖는다. 생각은 현실을 만들어낼 수 있다. 당신이 하나의 생각이나 감정에 적어도 17초 이상 집중할 수 있다면, 그 생각이 실제로 실현되는 것을 확인할 수 있을 것이다. 당신이 꿈꾸는 미래의 시간을 신축성 있게 바꿀 수도 있다. 지금부터 1주일 후 1년 후, 아니 죽음을 앞둔 순간까지도 상상할 수 있다. 어떠한 경우라도 미래의 당신이 과거를 돌아보며 그 동안 이루고 치유한 모든 것을 되돌아보도록 해야 한다. 이 수련법은 흥미롭기도 하지만 당신의 진실된 모습을 만나게 해준다. 따라서 1년에 적어도 네 번은 실행하도록 권하고 싶다.

1단계 : 과거를 철저히 파헤쳐라

여성은 병력만이 아니라 가정과 사회에서 자신이 살아온 역사에 철저히 접근할 수 있어야 한다. 나를 찾아오는 환자들은 매우 광범위한 설문지(462면 참조)에 답해야만 한다. 개인의 병력과 가족의 역사뿐만 아니라 생활환경, 직업, 인간관계 등 건강에 영향을 미칠 수 있는 거의 모든 요인을 점검하기 때문이다.

많은 환자들이 나의 설문지에 인내심으로 답하는 동안 예전에는 생각조차 하지 않았던 과거의 사실들을 알게 되었다고 말한다. 예를 들어, 한 환자는 "설문지에 답하면서야 내 가족에게 알코올 중독이 심각했다는 것을 알게 되었어요. 또 두 번째 낙태 직후 자궁근종이 시작되었다는 것도 알게 되었지요."라고 말했다. 설문지는 특히 알코올 중독이나 우울증처럼 가족 사이에도 종종 부인되는 것들에 대해 강조하여 묻는다. 또한 환자가 가볍게 넘겨버리는 습관이나 증세들을 집어내는 데 중점을 둔다. 조실부모, 애완견이나 친구와의 이별 등 심리나 감정에 영향을 주는 사건들도 평소에는 부인되기 쉽지만 설문지를 채워가다 보면 자연스럽게 드러난다.

초기 자궁경부암과 자궁내막증을 앓은 병력이 있는 마흔 세 살의 환자 로이스는 "5년 전까지 나는 매맞는 아내였어요. 결혼생활이 악몽 같았지요. 그런데 딸이 교통사고를 당해서 몇 달 동안 간호를 해야 했어요. 그러다 올 여름에는 내가 교통사고를 당했지요. 울고 싶었지만 꾹 참아야 했어요. 견디기 힘들었지요. 이런 것도 폐경기 증상일까요?" 하고 물었다. 로이스는 설문지에 답하면서 지난 10년 동안 항상 즐거운 모습을 보이려고 했지만 자신이 엄청난 변화와 상실감을 겪었다는 사실을 알게 되었다. 그 후 그녀는 요통을 떨쳐버릴 수 있었고 직장생활도 원만하게 꾸려가게 되었다. 그녀가 깨달은 것은 억누르기만 했던 상실감을 그대로 인정하면서 슬픔을 만끽할 시간과 공간을 마련해야 한다는 것이었다.

나는 로이스의 경험담을 '좌절에서 도약으로'라고 부른다. 그녀는 1주일 정도 직장과 가정에서 벗어나 조그만 시골마을로 가서 내내 가벼운 옷차림으로 독서를 즐기고, 마음껏 울었으며, 숙박하는 곳의 여주인과 차를 마시며 소일했다. 그녀는 그렇게 해서, 오랫동안 부인해왔던 감정과 자신의 일부를 되찾기 시작했다. 나를 다시 찾아왔을 때 그녀는 15년 정도는 젊어 보였다. 그녀는 "이젠 알아요. 과거의 상처를 깨끗이 씻었어요. 3~4일 정도 혼자 조용한 시간을 가진 후에야 마음껏 울 수 있었어요. 하지만 이제 필요하다면 언제라도 혼자서 이겨낼 수 있어요. 남편과의 관계도 훨씬 좋아졌어요. 딸과도 그렇고요. 내가 자신을 돌볼 때 다른 사람들과의 관계도 좋아질 수 있다는 것을 배웠어요."라고 말했다.

2단계 : 당신의 믿음을 정돈하라

별도의 시간을 마련해서 다음과 같은 질문들에 대답해본다. 친구와 둘이서 할 수도 있고 그룹을 만들어 할 수도 있다. 당신의 첫 번째 대답을 출발점으로 삼아 그것에 대한 새로운 생각이 떠오를 때마다 수정하도록 한다. 대답을 글로 작성할 경우 그 자체로 당신의 시간과 에너지를 건강에 유익한 방향으로 전환시키는 의미 있는 투자가 될 것이다. 그리고 당신 자신과 몸에 대해서 많은 것을 알게 될 것이다.

1. 월경이나 폐경 등 여성의 생리적인 변화에 대한 문화적 편견이 여성 질병의 한 원인이라고 생각하는가?

월경, 출산, 질, 폐경 등과 같은 말을 들을 때 어떤 기분이 드는가? 예를 들어 월경을 '저주'라고 생각하면서 성장했다면 여성의 생리적인 변화에 대한 당신의 생각은 왜곡되어 있기 쉽다.

2. 여성의 몸에 대한 사회의 부정적인 관념을 어느 정도까지 인정하고 있는가?

한 환자가 호즈킨Hodgkin병으로 화학치료를 받아 스물 일곱 살의 나이에 폐경을 맞게 되었다. 그 후 몇 년 동안 에스트로겐 대체요법으로 치료를 받았지만, 결국 "월경을 다시 치러야 한다고 생각하니까 끔찍하고 치가 떨린다"는 이유로 치료를 중단하고 말았다. 이러한 생각은 많은 여성들에게서 공통적으로 발견된다.

3. 당신은 건강해질 수 있다고 믿는가?

불면증, 불안감, 두통, 단순한 감기로도 습관적으로 병원을 찾는 가정에서 성장한 여성은 인간의 몸이 어떠한 병에도 취약하지만 어떤 병이든 그에 합당한 약이 있다고 믿는 편이다. 이들은 마치 건강이 나쁘다는 사실을 즐기는 듯한 착각을 불러일으킬 정도이다. 따라서 어떤 세균이라도 이겨낼 수 있는 건강한 몸은 그들에게는 환상과도 같다.

4. 어린 시절에 역겨운 경험을 한 적이 있는가?

어린 시절의 특별한 경험이 현재의 당신에게 영향을 미치고 있다고 생각해본 적이 있는가? 근친상간, 부모의 만성적인 질병, 부모의 이혼으로 인한 상실감, 아버지나 어머니의 가출 등은 완전히 해소되지 않는 한 당신이 어른이 된 후에도 심각한 문제를 일으킬 수 있다. 많은 여성들이 어렸을 때 어떤 식으로든 아버지와 헤어지는 고통을 겪었다. 간혹 아버지나 어머니의 죽음에 대해 침묵하는 여성이 있다. 그러한 사건들의 충격의 정도는 인간의 지문만큼이나 다양하지만 충격을 남기는 것만은 분명하다. 그러한 감정들에 이름을 붙이면서 표출하는 방법이 몸의 건강을 결정지을 수 있다. 특히 차크라 1, 2, 3의 건강과 밀접한 관계가 있다는 사실을 기억하자.

마흔 번째 생일을 앞두고 심각한 월경전 증후군과 공포에 시달리던 환자가 있었다. 그녀의 아버지는 몇 달 전 방광암 진단을 받은 상태였다. 그녀는 네 살 때 어머니의 갑작스런 죽음으로 이모 집에 얹혀 산 경험이 있었다. 그러나 그녀는 어머니의 죽음이나 그에 대한 슬픔을 내색할 수조차 없었다. 사실 그녀는 어머니에게 어떤 일이 벌어졌는지도 듣지 못했다. 아무도 그녀에게 말해주지 않았다. 그녀 역시 '어머니'라는 말조차 입밖에 내어서는 안된다는 생각을 하게 되었다. 그런데 아버지마저 잃을지도 모른다는 두려움이 오랫동안 묻어두었던 어머니에 대한 감정까지 드러나게 만들었던 것이다. 어찌 보면 그녀에게는 억압된 감정을 해소시킴으로써 건강을 되찾을 수 있는 좋은 기회였던 셈이다.

5. 당신의 병은 어떠한 목적을 띠고 있는가? 어떤 의미를 갖는가?

교통사고에서 회복 중이던 마흔 두 살의 환자가 있었다. 그녀는 "교통사고가 일어나기 전까지 무척 분주한 삶을 살았다"고 말했다. 그러나 몇 달 동안 병실에 누워 어쩔 수 없이 천장만 바라보아야 했다. 그녀는 사고를 삶의 긍정적인 전환점으로 받아들였다.

다발성 경화증을 앓는 영화제작자 레슬리 쿠스만Leslie Kussman은 어느 날 아침 명상을 하던 중 "당신의 병은 어떠한 목적을 띠고 있는가?"라는 의문을 "당신의 목표에 도움을 주는 질병이 무엇인가?"라고 바꿔야 한다는 생각이 들었다고 말했다.

불행히도 서구사회에서 용인되는 유일한 명상은 질병뿐이다. 자신을 재충전하기 위해서 시간을 내어 명상에 잠기거나 낮잠을 즐기는 것은 쾌락주의적이고 무책임한 짓으로 매도되어버린다. 결국 일상생활에서 쉴 수 있는 유일한 방법은 독감 따위에 걸리는 것뿐이다. 당신이 병 때문에 어쩔 수 없이 결근했던 때를 기억해보라. 그 병이 당신을 일상에서 벗어나게 해주고 당신에게 만족스러운 휴식을 주었는가? 그 병에서 당신은 무엇을 얻었는가? 그 병에서 무엇을 배웠는가? 병에 걸리지 않으면서도 그러한 휴식을 취할 다른 방법을 당신은 알고 있는가?

한 젊은 여의사가 셋째 아이를 임신했을 때 유방암 진단을 받았다. 그녀는 음식과 일정에 변화를 주고 변화된 삶을 살기 시작했다. 그로부터 2년 후, 그녀는 "지금처럼 행복한 때가 없었어요. 매일이 즐거워요. 암이 내 삶을 구원해 주었어요."라고 말했다.

당신이 6개월의 시한부인생을 선고받았더라도 지금의 일을 계속하겠는가? 지금의 배우자와 계속 살겠는가? 당신의 삶에 보람찬 변화를 주기 위해서는 반드시 심각한 질병이 필요한가?

6. 질병이 당신에게 전해주는 메시지를 기꺼이 받아들이겠는가?

이 질문에 대답하기 전에 분명히 알아둘 것이 있다. 몸의 메시지를 기꺼이 받아들이겠다는 마음가짐은 질병을 조절하여 그 의미를 정확하게 파악하고자 하는 태도와는 전혀 다른 것이다. 전자는 치유인 반면 후자는 조작이다. 마음의 문을 연다는 것은 질병과 대화를 나누겠다는 뜻이다. 물론 그때의 언어는 감정, 상상, 통증이 된다.

정신과 몸의 관련성이 본격적으로 연구되던 1980년대, 사람들은 "당신은 왜 암을 자초하려 하는가?"라는 식의 의문을 품었다. 이러한 의문 역시 원인과 결과로 모든 것을 파악하려는 지적 논리의 전형적인 사고방식이다. 지적 논리에 중독된 이러한 의문들은 순환론을 벗어나지 못하면서 결국 생각 중독증으로 빠져들고 말았다. 메시지에 마음의 문을 연다는 것은 하나의 과정이며 마음가짐이다. 그것은 '무작정 기다리는 것'이 아니라 '더불어 기다리는 것'이다.

7. 병에 걸렸을 때 당신은 평소 어떻게 반응하는가?

질병에 감추어진 의미를 깨닫는다는 것은 "하필이면 왜 나야? 왜 하필 지금이지?"라는 의문을 갖지 않는 것이다. 맥도날드McDonald는 "왜라는 덫에 얽매이지 말라. 질병의 뜻을 찾으려는 수고는 결국 좌절과 실망을 안겨줄 뿐이며 당신을 무력하게 만들게 된다."고 말했다.

고대 그리스 시대에 전투상황을 지도자에게 알려주는 전령이 있었다. 그런데 나쁜 소식일 경우 전령은 목숨을 잃어야 했다. 전령을 죽이는 것이 전투상황에 어떤 도움이 될까? 마찬가지로 질병을 무시하거나 불평하고 그 징후를 억누르면서 질병의 전령을 죽이는 일은 무모한 짓이다. 오히려 초연하고 정직하게 당신의 삶을 되새겨보아야 한다.

8. 당신의 치유를 방해하는 것이 무엇인가?

이러한 의문과 '더불어 기다리는 것'이 필요하다. 즉각적인 대답을 기대하지 말라. 충분한 시간을 두고 생각하라. 1980년대, 나는 내 삶에 어떤 변화가 있어야 하고 무엇을 해야 하는지를 생각해보았다. 그때마다 대답은 한 가지였다. "쉬어라. 너는 지쳐있다." 그러한 깨달음을 행동에 옮기는 데 1년이라는 세월이 걸렸다. 이유는 간단하다. 내가 선택한 직업에 휴식이란 어울리지 않는 것이라고 생각했기 때문이다. 지금 생각하면 그것도 하나의 과정이었다.

치유가 되면 외롭게 버려질 것이라는 생각 때문에 엄두도 내지 못하는 사람이 있다. 현 사회에서는 아픈 것만이 우리의 욕구를 합법적으로 충족시켜줄 수 있는 확실한 방법이다. "날 좀 안아 줘. 몸이 좋지 않아."라는 말은 "날 좀 안아 줘. 기분이 너무 좋아."라는 말과 분명히 다르다. 전자는 친근감을 충족시키기 위해서 병을 핑계 대고 있지만, 후자는 감정을 솔직하게 표현하고 있다. 그러나 우리는 솔직한 감정표현을 부끄럽게 여기도록 교육받았기 때문에 상처를 핑계로 서로에게 결속감을 느끼려고 한다.

수련의를 하는 동안 나는 어떤 환자를 완치시킬 수 있어서 무척이나 기뻤다. 그러한 기쁨을 동료에게 말했더니, 그녀는 "그렇게 기고만장할 것 없어."라고 퉁명스럽게 대꾸했다. 순간 나는 어찌할 바를 몰랐다. 나는 단지 성공의 기쁨을 함께 하려는 인간의 자연스러운 욕구를 표현한 것뿐이었다. 나는 어렸을 때 생각을 그대로 표현하는 것이 좋다고 배웠다. 또한 성취감은 함께 나누면 만족이 배가된다는 것도 알고 있었다. 그러나 나의 동료 또한 '자화자찬'은 옳지 못하다고 배웠다. 그 때문에 이제 누군가를 칭찬할 수 있는 유일한 시간은 장례식장이 되고 말았다. 그러나 우리가 아무리 강하고 독립적이고 건강하다고 하더라도, 교제를 나누고 즐겁게 살아가기 위해서는 언제나 상대가 필요하다는 사실을 인정해야만 한다.

9. 당신 문제보다는 다른 사람의 문제에 대해 먼저 생각하는가?

대부분의 여성이 직면하는 전형적인 문제이다. 여성은 어린 시절부터 가정과 직장에서 치유자와 조정자가 되어야 한다는 생각을 강요받는다. 그러나 건강한 삶을 위해서는 이러한 생각에 정면으로 맞서 도전할 수 있어야 한다.

한 가지 예를 들어보자. 나의 두 아이가 각각 열 살과 열 두 살이었을 때 아이들은 나와 무척 절친한 한 동료에 대해 틈만 나면 불평을 해댔다. 그녀는 이 책을 쓰는 데에도 도움을 준 동료이다. 결국 아이들은 그 친구가 내 시간을 너무 많이 빼앗는다고 생각했던 것이다. 하지만 아이들도 친구와 놀거나 독서를 할 때는 나를 거의 잊고 지냈다. 자신들에게도 할 일이 있을 때에는 특별히 나의 관심을 원하지 않았다. 그러나 나의 친구가 현관을 들어서는 순간 아이들은 갑자기 나에게 관심을 기울이기 시작했다.

문제를 해결하기 위해서 나는 일단 두 아이의 불평을 열심히 들어주었고 그들의 욕구와 타협안을 찾으려고 했다. 그때 그들이 나와 떨어져 있고 싶지 않다는 본능적인 욕구를 느낀다는 것을 깨달았다. 나는 "너희의 욕구만큼이나 엄마의 욕구도 중요한 것"이라고 아이들에게 분명하게 말해주었다. 아이들의 욕구만이 아니라 내 욕구에도 충실해야 한다는 사실을 깨닫게 되었기 때문이다.

상황을 분명히 알게 되고 해결책을 생각하고 있을 즈음 나는 1950년대식 우유병을 선물받는 꿈을 꾸었다. 주유기에는 '엄마' 라고 쓰여있었다. 나는 우유가 상하지 않도록 그 우유병을 냉장고에 넣어두었다. 그리고 우유를 누구에게 줄까 생각했다. 그런데 우리 가족은 아무도 우유를 마시지 않기 때문에 우리 가족에게는 필요가 없었다. 꿈에서 깨었을 때, 나는 우유병이 나를 상징하는 것임을 깨달았다. 아울러 구태의연한 모성을 떨쳐버릴 때가 되었다는 것도 깨달았다.

10. 여성의 몸이 어떻게 기능하는지, 생각과 느낌이 몸의 건강과 얼마나 밀접한 관계를 갖는지 알고 있는가?

몸은 생각과 감각을 '생리적인 현상' 으로 받아들인다. 우리는 초콜릿의 맛과 향을 생각하는 것만으로도 실제로 먹을 때처럼 물리적인 반응을 이끌어낼 수 있다. 우리의 몸은 정체된 구조물이 아니다. 일조량, 소리, 인간관계도 생리현상에 영향을 미친다.

우리의 몸은 환경뿐 아니라 몸의 기본구조에도 영향을 받는다. 수술을 받은 여성 중 자기 몸에서 무엇이 적출되고 무엇이 남겨졌는지를 아는 사람은 거의 없다. 그러나 신체기관의 정확한 위치를 아는 것도 건강에는 상당한 도움이 된다. 수련의 기간 동안, 나는 한 환자의 급성 맹장 수술을 한 적이 있었다. 수술 후 그녀는 맹장이 커다란 수박만큼 크다고 생각했으며, 그것을 제거한 후로는 아랫배가 텅 빈 기분이라고 말했다. 어쨌거나 맹장의 제거는 그녀의 건강회복에 많은 도움이 되었지만, 맹장의 실제 크기를 미리 알고 있었다면 그녀가 겪어야 했던 무의미한 고통을 예방할 수 있었을 것이다.

많은 여성이 검사결과서를 손에 쥐고서야 자신의 몸에 대해 자신감을 갖는다. 우리 병원에서는 환자들에게 검사결과서를 언제라도 제공하고 있다. 골반 검사, 자궁암 검사, 유방X선 판독서, 수술기록 등 모든 것이 가능하다. 나는 환자들에게 다른 병원에서도 그러한 기록을 요구하도록 권한다. 특히 수술기록은 반드시 읽어보라고 한다. 그래야 자신의 몸에 어떠한 일이 일어났고 무엇이 남겨졌는지를 알게 되기 때문이다. 또한 기록을 갖고 있을 경우 황급히 응급실을 찾게 되었을 때 무척이나 유용하게 사용할 수 있다.

다른 병원과 마찬가지로 우리 병원에서도 검사실마다 거울을 비치해두고 있다. 그래서 환자가 원할 경우 자신의 자궁경부를 확인하고 자궁암 검사과정도 지켜볼 수 있다. 물론 모든 환자가 원하는 것은 아니지만 선택의 권리를 보장하기 위한 배려이다. 요즘에는 수술과정을 비디오로 촬영해서 환자에게 제공하는 의사들도 많다.

당신은 신체기관의 위치를 정확하게 알고 있는가? 그렇지 못하다면 백과사전이나 인체의 기본해부도를 구해서 보도록 하라. 그래야 병든 몸이 아닌 건강한 몸이 어떠한지를 알게 된다.

11. 당신이 세운 삶의 목표에 충실한가?

일을 할 때, 좀더 구체적으로는 우리에게 합당한 것으로 느껴지는 일을 할 때, 몸은 가장 적합한 상태로 기능하도록 설계되어 있다. 따라서 진정한 만족감을 느낄 수 있는 창의적인 일을 할 때 건강은 증진된다. 그렇다고 거창하게 생각할 것은 없다. 간단하게는 정원 가꾸기에서부터 컴퓨터 프로그래밍이나 심지어 용접 일도 될 수 있다.

불행히도 우리 사회는 창의성 자체를 소중하게 생각하지는 않는다. 창의성이 가치 있는 것으로 평가받기 위해서는 반드시 눈에 띄는 성과나 생산성을 보여주어야 한다. 또한 그 가치는 금전과 연결되게 마련이다. 오늘날 많은 사람들에게 직장은 '삶의 터전'이라기보다는 '죽어가는 현장'이다. 직장인들은 '금전적인 보상' 때문에 불만스러운 환경을 참고 견뎌내야 한다. 금전과 부인과 질환은 밀접한 관계를 갖는다. 차크라2의 영역(자궁, 나팔관, 난소, 허리)은 금전적인 스트레스에 영향을 받기 때문이다. 따라서 창의적이고 풍요로워질 때 이 부분의 건강이 회복된다. 창의적이고 풍요로워진다는 것은 돈과 일에 대한 생각을 바꾼다는 뜻이다. 그러기 위해서는 일과 돈의 역동성을 이해해야만 한다. 다시 말해서, 우리의 문화가 제로섬 게임에 기초하고 있으며 그러한 현상이 우리에게 어떠한 영향을 미치고 있는가를 분명히 알아야만 한다. 예를 들어, 많은 사람이 "내가 잘되면 다른 사람이 그만큼 힘들겠지?" 혹은 "다른 사람이 잘되면 내가 잘될 가능성이 그만큼 줄어들 거야."라고 생각한다. 이런 식의 생각이 우리의 뇌리에 얼마나 깊이 각인되어 있으며 우리의 경제적 현실을 얼마나 철저하게 지배하고 있는가를 깨달아야 한다.

언론에서는 매일 많은 사람들이 직장에서 쫓겨나고 경제 상황이 나빠지고 있다고 말한다. 그러한 기사도 우리에게 영향을 미친다. 우리는 언제나 경제라는 소용돌이 속에서 허우적거리며 살고 있는 셈이다. 하지만 능력과 재능을 발휘해서 최고의 수익을 올렸다는 여성에 대한 소식은 찾아보기 힘들다. 이처럼 언론이 여성의 발전을 가로막는 한 여성의 힘은 소멸되며, 결국 건강문제로까지 발전하게 된다.

월 스트리트에서 투자분석가로 일했던 조 도밍구에스Joe Dominguez와 비키 로빈Vicki Robin이 공저로 출간한 〈돈 혹은 삶Your Money or Your Life〉은 이같은 파괴적인 믿음을 정밀하게 분석해서 해결방안을 제시하고 있다.[1] 그 책에 따르면, 돈은 우리가 생명 에너지와 바꾸고 있는 물질이다. 따라서 돈의 구속에서 벗어나기 위한 첫 단계는 당신의 삶, 즉 당신의 생명 에너지에서 어느 정도의 시간이 남아있는가를 계산해보는 일이다. 그런 다음 당신의 일을 생명 에너지로 환산할 때 어느 정도의 대가를 치러야 하는지 계산해본다. 고된 노동으로 고갈된 에너지를 보충하기 위해서 값비싼 휴가나 빈번한 병치레를 요구한다면 결국 당신은 손해를 보고 있는 셈이다. 따라서 휴가나 병치레라는 '감추어진' 비용을 고려하면서 손익계산을 따져볼 수 있어야 한다. 다음 단계는 당신에게 충만감을 주는 물건이나 활동에 더 투자하고, 의미 없는 일에서의 지출은 최대한 줄일 수 있도록 의식적으로 노력하는 것이다. 그렇게 되면 궁극적으로는 전체 지출이 줄어들면서도 만족감은 커진다. 이러한 시각에서 돈을 보게 될 때 돈에 대한 생각도 변한다. 당신이 진정으로 하고 싶은 것을 '최후의 순간'까지 미룰 필요가 없게 된다.

가령 해변의 산책과 독서와 영화감상은 내가 가장 즐거워하는 일이면서 큰 비용이 들지 않는다. 도밍구에스-로빈의 책을 읽으면서 나는 자유로운 시간이 무엇보다 소중하다는 것을 깨달았다. 내 영혼에 충만감을 주지 못한다면, 삶을 가꿀 충분한 시간을 갖지 못한다면, 억만금을 준다 해도 직장생활을 하지 못할 것 같았다. 결국 금전적인 차원을 포함해서 모든 차원에서의 진정한 충만감은 '나에게 최대의 충만감을 주는 부분'에 시간과 생각과 에너지를 투자할 때 얻게 된다.

자녀 양육(GNP 계산에 포함되지 않는다)은 인정받지 못하며, 보상받지도 못한다. 또한 남편과 아내가 평등하게 떠맡지도 않는다. 한 친구는 그러한 상황에 대해 개인적인 차원에서 해결책을 찾아냈다. 주부와 어머니로서 하는 일을 대가로 남편에게 '월급'을 받아내는 것이었다. 나는 두 딸에게 남자에게서 경제적으로 독립하는 것이 매우 중요하다고 가르치고 있다. 모든 여성이 어떤 식으로든 현재와 같은 사고방식에서 벗어날 필요가 있다.

12. 다른 사람에게 봉사해야 한다는 생각과 내적 욕구를 동시에 만족시키는 삶을 살고 있는가?

당신은 내적인 욕구를 만족시키면서 동시에 공동의 이익을 위해 다른 사람과 조화로운 삶을 살 수 있다. 하지만 사회는 여성에게 정반대로 가르쳐 왔다. 즉, 다른 사람을 위해서 자신의 욕망은 기꺼이 희생하는 것이 미덕이라고 가르쳤다. 당신의 컵이 비어 있다면 다른 사람의 갈증도 채워줄 수 없다. 많은 연구들에서 밝혀졌듯이 다른 사람을 위해서 자신을 철저히 희생시킨 여성은 유방암에 걸릴 확률이 높다. 단지 희생만이 건강문제를 야기하는 것은 아니다. 희생에서 비롯되는 억압된 원망도 건강에 악영향을 남긴다.

13. 당신의 능력, 재능, 성취를 마음껏 자랑하는가?

현재 자신의 위치에서 자신감을 가질 때 건강해질 수 있다. 자신을 칭찬하는 방법, 다시 말해서 성공과 성취감을 몸으로 느끼는 방법은 쉽게 배울 수 있다. 비즈니스 컨설턴트인 애니 질-오툴Annie Gill-O' Toole은 "많은 사람이 보다 윤택한 삶을 살지 못하는 커다란 이유는 자신이 하는 일에 자신감을 갖지 못하기 때문이다."라고 말한다. 결국 당신의 창의성을 스스로 인정하는 단계를 뛰어넘은 채 오로지 성취하는 일에만 집착할 때, 당신의 잠재의식은 "잘했어. 큰일을 해낸 거야."라는 칭찬보다는 "넌 아직 멀었어. 아직도 할 일이 많아. 너는 절대로 잘해내지 못할 거야."라는 질책만을 하게 된다는 것이다.

많은 여성이 그렇게 살아가고 있다. 할 일은 넘치도록 많고 그 일들이 절대 끝나지 않을 것이라고 생각한다. 그래서 쉴 틈도 없고 칭찬 받을 일도 없다고 믿어버린다. 사회적 편견에서 비롯된 이러한 잘못된 믿음 때문에 여성은 더 많은 일을 하게 되고, 반면에 성취감이나 충만감을 느끼지 못한다. 그러나 건강한 난소를 위해서는 창의성을 내적인 욕구의 표현으로 인정할 수 있어야 한다. 그러한 창의성이 여성의 건강에 미치는 효과를 생각하면, 그것을 반드시 경제적인 가치로 환산할 이유는 없다. 결론적으로 여성의 타고난 재능이 외부세력에 의해서 재단되고 통제될 때 여성의 건강은 위험에 처하게 된다.

동료의사인 플로렌스는 미국에서 손꼽히는 종합병원의 스태프로 근무하던 중 난소낭종을 앓게 되면서 이러한 교훈을 절감하게 되었다. 플로렌스는 원래 그 병원에서 일할 생각이 없었다. 자신의 창의성을 최대한 발휘하기에 적당하지 못한 곳이라고 생각했기 때문이다. 난소를 들어낸 후, 그녀는 다시 한 번 그 병원을 떠나야 한다는 사실을 직감했다. 그 병원이 자신의 건강에 위험한 곳이라는 사실을 직관적으로 알아차린 것이다. 그 병원의 스태프들은 그녀의 타고난 여성적 창의성을 존중해주지 않았다. 그 결과 그녀 자신도 그러한 능력을 무시할 수밖에 없었다. 플로렌스는 다른 사람의 도움이 없다면 자신의 여성적인 능력을 지킬 수 없다는 것을 깨달았다. 결국 '난소의 희생'이 창의성 회복을 위한 자극제가 되었던 셈이다. 그녀는 곧 그 종합병원을 그만두었고, 개업의로서 성공을 거둘 수 있었다.

이제 산업계, 교육계, 의학계 등 모든 분야에서 여성의 목소리를 경청해야 한다. 또한 여성들도 자신의 내면에서 전해주는 목소리를 귀담아들어야 한다. 여성의 자기개발은 원대한 미래를 위해서 반드시 필요한 일이다. 다만 미래를 위해 많은 기여를 할 수 있음에도 중독된 사회구조의 편견 때문에 스스로에 대한 자신감을 갖지 못하고 있을 뿐이다.

당신이 오늘, 이번 주, 올해 이루어낸 것들에 자부심을 가지고 마음껏 성취감을 느끼는 것이 건강에 좋다. 머리로 아는 것에서 그쳐서는 안된다. 마음 속 깊숙이 느껴보아야 한다. 여성이 스스로의 재능과 성취를 소홀히 할 때 사회 역시 당신을 그렇게 생각할 것이다.

3단계 : 감정을 존중하고 마음껏 발산하라

감정은 내면의 인도자를 느끼게 해주는 중요한 부분이다. 질병, 꿈, 생명 등과 마찬가지로 감정 역시 우리의 일부이다. 따라서 감정에 관심을 기울여야 한다. 감정을 느끼는 법을 배우고 감정을 풀어놓으면서 감정의 인도에 감사할 수 있어야 한다. 감정은 우리에게 생명 에너지를 이끌어갈 방향을 인도해준다. 인력의 법칙에 의해서 습관적인 분노와 슬픔은 우리를 분노와 슬픔으로 가득한 상황으로 끌고 간다. 마찬가지로 하루를 즐거워하면서 우리 자신을 소중히 한다면 삶도 그만큼 즐겁고 소중해질 것이다.

어린아이는 감정표현이 자유롭다. 상처를 받았을 때는 주저앉아 울음을 터뜨리지만 잠시 후에는 모든 것을 잊고 놀이에 열중한다. 엘리자베스 퀴블러-로스Elisabeth Kuebler-Ross의 지적에 따르면, 어린아이의 감정폭발은 15초를 넘기지 않는다고 한다. 솔직한 감정표현을 질책할 경우 감정의 자연스러운 흐름은 경색된다. 그리고 경색된 감정은 일종의 자기연민으로 발전하여 몸에 축적된다. 이러한 자기연민은 이기심 못지 않게 많은 에너지를 고갈시킨다. 결국 우리를 피곤하게 만드는 원인이 되는 것이다. 위기나 변화가 닥쳤을 때 자연스럽게 그러한 감정을 느끼지 못하면, 그 감정은 우리 몸에 감춰지고 축적된다.

그러나 감정의 억압은 우리 사회에 오랫동안 전해 내려온 관습이다. 많은 여성들이 감정의 억압을 강요받으며 성장해왔다. 눈물을 참아야만 했다. 한 비만 여성은 "남편이 외출해서 외로움을 느끼면 초콜릿으로 달래라."하고 어머니와 할머니가 말해주었다고 털어놓았다. 그녀는 자기 엉덩이의 지방이 세 세대 동안 축적된 감정 에너지가 초콜릿과 뭉친 것이라고 말했다.

감정의 분출은 자연스럽고 안전한 치유과정이다. 우리는 그러한 능력을 선천적으로 지니고 있음에도 불구하고 그것을 모른 채 치유를 위해 마법사가 필요하다고 생각한다. 감정의 분출을 위해서는 소리를 낼 수 있어야 한다. 노래는 치유를 위한 소리의 한 형태이다. 흐느낌이나 울부짖음도 그렇다. 이러한 소리들은 우리 몸을 샅샅이 찾아다니며 독성과 찌꺼기를 씻어낸다.[2] 최근에 나는 한 여성에게서 다음과 같은 편지를 받았다.

"저는 몇 달 전부터 태권도를 배우고 있습니다. 원래는 긴장감과 근육무력증을 해소하려는 것이 목적이었지만 흥미롭게도 제 목소리를 찾아내는 효과를 거두었습니다. 태권도를 수련하는 과정에서 저는 주먹과 발을 내지르며 힘껏 기합소리를 내야만 했습니다. 저는 그처럼 당당하게 소리를 질러본 적이 없습니다. 어렸을 때 소리를 내지 않아야 벌을 피할 수 있다고 배웠기 때문입니다. 그 때문에 남편이 세상을 떠났을 때조차 슬픔을 속으로만 삭여야 했습니다. 그러나 한국에서는 가족이 세상을 떠났을 때 마음껏 소리내어 울면서 슬픔과 분노를 표현하도록 한다고 합니다. 저도 그렇게 하고 싶었지만 한 번도 그렇게 마음놓고 소리내어 울어본 적이 없습니다. 남편이 세상을 떠나고 6년이 지난 지금에서야 저는 비로소 그런 소리를 낼 수 있게 되었습니다."

여러 가지 이유로 인해 충격을 받는 당시보다는 그 후가 더욱 힘들게 마련이다. 세상이 여성들로 하여금 어떤 충격이든 안으로 흡수하도록 강요하기 때문이다. 그러나 충격의 해소는 우리가 감정을 마음껏 발산할 수 있을 때에야 가능하다.

1년 전 골수이식 수술로 호지킨 병에서 회복된 한 젊은 여성이 최근에 나를 찾아왔다. 그녀는 화학요법 때문에 일찍 폐경을 맞게 되었다. 우리는 그녀의 홍반을 치료하기 위해서 에스트로겐 요법을 사용했다. 그녀는 피로와 무력증을 호소했지만 암이 재발되었다는 징후는 없었다. 그녀에게 과거를 돌이켜보게 했을 때, 그녀는 눈물을 터뜨리면서 호지킨 병을 진단 받고 화학요법을 받는 동안 한 번도 마음놓고 울어본 적이 없다고 말했다. 그녀는 두려움을 느끼고 싶지 않았던 것이다. 의지만으로 그 병을 이겨내려고 했던 것이다. 결국 그녀는 죽음의 위기를 넘기고 몸도 건강해졌지만 침울한 기분을 떨쳐버리지 못했다. 아무런 활력도 느낄 수 없었다. 자신을 위해 맛있는 음식을 준비하고 싶은 의욕마저도 없었다. 그러나 과거를 돌이켜보는 동안, 비로소 자신에게 1년 전의 병치레를 감정적으로 풀어놓을 시간이 필요하다는 사실을 깨달았던 것이다.

중국의학은 분노와 같은 감정을 에너지로 해석한다. 많은 여성이 분노를 직접 표출하기보다는 안으로 삭이려고 한다. 그러나 분노는 우리 자신을 위해 인정해야만 하는 무엇인가를 의미한다. 분노가 당장에 그 분노를 유발시킨 사람이나 상황과 결부되는 것은 아니다. 어떠한 이유로 우리가 개인적인 욕구를 충족시키지 못하고 있다는 신호이다. 그 때문에 간혹 분노가 월경전 증후군의 하나로 나타나는 것이다.

모든 여성이 알아야 할 것은 "누구도 우리를 화나게 만들 수는 없다"는 점이다. 우리의 분노는 우리의 것일 뿐이다. 분노는 우리가 알아야 할 것을 전해주는 전령이다. 분노는 에너지이며, 삶의 조절이 필요하다고 알려주는 메시지이다. 이제부터 분노를 느끼면 "아, 내면의 인도자가 활동하고 있구나. 지금 내가 원하는 것이 무엇일까?"라고 생각해 보라. 분노를 무시하면서 몸에 축적되도록 내버려 두면 감정은 위험물질로 변한다. 분노를 비롯한 모든 '부정적' 감정이 몸에 축적되면서 우울증으로 발전하거나 다른 사람에게 퍼부어질 수 있기 때문이다. 그러나 분노가 느껴질 때 몸이 원하는 것을 생각하고 삶을 조절한다면 오히려 우리에게 도움이 될 수 있다.

4단계 : 몸의 메시지에 귀기울여라

몸을 존중하고 몸의 메시지를 경청하는 과정에서도 인내와 연민이 필요하다. 다음의 지침들은 몸의 메시지를 듣기 위한 첫걸음이다.

- 당신의 삶에서 어렵고 고통스럽고 즐거웠던 일들을 종이에 써보자. 그런 것들이 떠오를 때마다 당신의 호흡과 맥박, 그리고 몸의 감각을 살펴본다.
- 몸의 느낌을 주의 깊게 살펴라. 무감각한 부분이 있는가? 어떤 부분에서 피로감을 느끼는가? 울고 싶은가? 어떤 부분에서 울고 싶은가? 그것들 모두가 당신 몸의 지혜이자 내면의 인도자이다.
- 당신 자신에 대해서 어떻게 생각하는가? 세상이 당신을 어떻게 생

각한다고 여기는가? 두 가지 생각이 일치하는가? 몸에 대한 불만과 습관적인 다이어트로 많은 여성이 자신에 대한 불만을 키우고 있다. 그러나 내면의 인도자와 함께 할 때 실제보다 훨씬 긍정적으로 생각하게 될 것이다.

- 일상에서 당신의 몸과 나누는 대화에 주목하라. 매일 아침 거울을 볼 때 어떤 생각을 하는가? 얼굴, 다리, 머리카락 등에 불만이 있는가? 아니면 "어젯밤을 문제없이 넘겨줘서 정말 고마워!"라는 긍정적인 메시지를 전하는가? 입과 귀, 그리고 모든 기관을 발달시켜서 당신 몸의 소리를 듣는 데 익숙해지도록 한다.
- 당신의 생각에 유념하면서 생각이 몸에 어떠한 영향을 미치는지 살펴보라.
- 당신의 몸이 무엇을 요구하는지 살펴보라. 배가 고픈가? 샤워를 매일 해야만 하는가? 피곤한가?
- 몸에 대한 근심을 떨쳐버리지 못하면 건강이 약화된다는 사실을 명심하라. 가령 감기가 들었을 때 엄청난 세균이 몸에 들어왔을 것이란 생각에 사로잡히면 저절로 건강까지 해치게 된다. 이제 강박관념을 떨쳐버리고 "걱정할 것 없어. 충분히 쉬면서 잘 먹으면 금방 괜찮아질 거야."라고 생각하라.
- 당신 몸에 대해서 자신이 어떠한 두려움을 갖고 있는지 살펴보라. 뭉친 것이 만져질까봐 유방을 만지는 것이 두려운가? 그렇다면 유방의 구조에 대해서 정확한 지식을 갖춘 뒤 존중과 사랑으로 만져보라. 두려움을 완전히 떨쳐버릴 수 있을 것이다.
- 내 몸이 아닌 것처럼 느껴지는 부분이 있는가? 그 부분을 '용납할 수 없는 부분'이라고 생각하는가? 한 환자는 여자가 방귀 뀌는 것이 절대 용납되지 않는 가정에서 자랐다. 당연한 생리현상을 참아야 했고, 그 결과 만성적인 복통 환자가 되었다. 그러나 자연스러운 생리현상으로 방귀를 인정하게 되면서 복통에서 해방될 수 있

었다.

- 요통, 두통, 복통 등을 느낄 때 그러한 통증을 유발하게 된 감정적인 원인을 찾아내도록 하라. 분노, 혹은 당신이 용납할 수 없거나 곧바로 토해낼 수 없었던 어떤 감정이 몸에 영향을 미쳤을 수도 있다. 몸에 어떤 감각이 느껴지면 곧바로 하던 일을 멈춰라. 그리고 자리에 누워 호흡을 정돈하고 그 감각, 혹은 느낌과 더불어 기다려라. 그럴 때 새로운 느낌이나 깨달음을 얻게 될 것이다.
재활의학 전문의인 존 사르노John Sarno 박사는 긴장성 근염 증후군에 속하는 요통, 경부통, 섬유근육통을 75～85%까지 완치해내는 놀라운 능력을 보인다. 그의 지적에 따르면, 이러한 환자들은 무척이나 양심적이고 책임감이 투철한 완벽주의자라는 특징을 보인다고 한다. 따라서 환자들에게 본인의 감정과 증상을 연결시켜주고 "이제 통증이 사라질 거야"라는 메시지로 두뇌를 세뇌시키게 함으로써 통증을 사라지게 할 수 있었다.
- 규칙적으로 거울을 보면서 당신의 몸에게 "고맙다."고 말하라. 그렇게 할 때 느껴지는 감정의 변화를 기록하라. 그리고 '이제부터 무조건 나 자신을 인정한다'는 글을 거울 앞에 붙여 두라. 나는 환자들에게 "거울 앞에 서서 당신 얼굴을 뚫어지게 쳐다보면서 이 글을 크게 외치세요. 한 달 동안, 하루에 두 번씩 그렇게 하세요."라는 글을 처방전의 여백에 써서 준다. 당신도 이제 당신 몸을 무조건 인정할 수 있어야 한다. 이러한 훈련을 할 때 내면에 깃들어 있는 비판의 목소리를 보다 많이 듣게 된다. 그것들에 이름을 붙여라. 어떤 이름이라도 좋다. 그래야 그러한 비판이 다시 닥칠 때 그 문제들에 얽매이지 않게 된다.
- 몸의 기능에서 90%가 의식적인 자극 없이 일어난다는 사실을 기억하라. 누가 당신의 심장을 대신 뛰게 해주는가? 누가 당신이 먹은 음식을 대신 소화시켜주는가? 수분이 필요할 때 누가 당신에게

물을 마시라고 말해주는가? 상처가 났을 때 누가 당신의 피부를 치유시켜주는가? 아름다운 음악이 들려올 때 누가 당신 귀에게 그 소리를 들으라고 말해주는가? 아름다운 석양이 비칠 때 누가 당신 눈에게 그 모습을 보라고 말하는가? 이처럼 당신 몸은 경이로운 창조물이다. 그렇듯 자연스런 상태가 바로 건강이다.

5단계 : 몸을 존중하라

잡지를 장식하는 완벽한 몸매의 모델들 때문에 대부분의 여성들은 몸에 대해서 왜곡된 환상을 품고 있다. 여성은 사춘기 전부터 자신과 모델을 비교하며 자란다. 그 결과 "엉덩이에 너무 살이 많아. 가슴이 너무 작아. 머리카락이 너무 가늘어." 하며 부정적인 시각으로 자신의 몸을 보게 된다.

해변에 있는 친구 집을 방문했을 때 나는 여성의 몸매에 대한 사회적인 편견을 절실하게 느낄 수 있었다. 그녀의 친구들은 대부분 패션계와 오락산업에 종사하고 있기 때문에 거의 모두가 날씬한 몸매를 자랑하고 있었다. 그들과 비교할 때, 나는 스스로가 뚱뚱하고 다리도 짧다는 느낌을 지울 수 없었다. 나는 이전까지 그런 대로 몸매관리를 잘해왔다고 자부하던 터였지만, 잠시 열등감을 느껴야 했다. 그러나 당시 나는 체중에 대해 거의 신경을 쓰지 않고 있었다. 또한 나 자신이 능력 있고 강한 여자라고 자부했다. 덕분에 나는 잡지의 모델에 비교될 수는 없지만 내 몸에 대해 편안함을 느낄 수 있었다. 그렇다고는 해도 여성의 몸을 바라보는 보편적인 시선에 완전히 무감각할 수는 없었다. 그 여행에서 나는 다음의 몇 가지 사실을 깨닫게 되었다.

- 모델의 완벽하고 늘씬한 몸매가 여러 가지 면에서 여성과 남성들에게 나쁜 영향을 미친다는 확신에도 불구하고, 그러한 몸을 갖고 싶은 욕망이 우리 모두의 마음속 깊이 숨겨져 있다.

- '완벽한 몸매'에 대한 욕망은 충분히 이해할 수 있는 현상이다. 인간으로서 그러한 욕망을 갖는 것은 당연하다. 그러한 욕망은 무의식적이며 통제할 수 없다. 그러나 그러한 욕망이나 생각을 어떻게 처리할 것인가 결정하는 조절력은 가질 수 있다. 따라서 내면의 생각을 경청하는 자세가 필요하다.
- 사회적 편견에서 비롯되는 완벽한 몸매에 대한 욕망으로 내 몸에 대한 존중, 배려, 사랑을 소홀히 해서는 안된다. 내가 내 몸을 존중하고 사랑하지 않는 한 누구도 그 역할을 대신해줄 수 없다. 다른 사람과의 비교로 내 몸이 싫어질 때마다 자신과 몸을 사랑으로 대하겠다는 다짐이 필요하다.

〈TV 가이드〉의 기사에 따르면, 대부분의 연예인이 성형수술을 했거나 앞으로 할 예정이라고 한다. 결국 완벽한 몸매도 성형수술의 도움 없이는 불가능한 셈이다. 또한 잡지 모델의 사진도 넓적다리와 엉덩이를 수정처리하는 것이 보통이다. 결국 그들도 우리와 같은 사람이다. 우리와 마찬가지로 주름이 잡히고, 엉덩이와 유방이 늘어지는 보통 여성이다. 물론 타고난 몸매도 있겠지만, 끊임없는 운동과 식이요법으로 그 세계의 기준에 맞추려고 노력할 따름이다. 그것에 성형수술이나 사진수정술이 덧붙여져 인간의 것이 아닌 몸매가 만들어지는 셈이다.

마이클 매론Michal Marron의 〈인스턴트 화장술Instant Makeover Magic〉에는 셜리 존스Shirley Jones와 필리스 딜러Phyllis Diller 같은 유명여성의 화장 전과 후의 모습이 각각 실려있다.[3] 그들 역시 화장 전의 모습은 보통여성과 다름이 없었다. 길에서 만나면 알아보지 못할 정도였다. 그러나 화장을 하고 헤어스타일을 바꾸자 모습이 완전히 달라졌다. 우리가 매일 만나는 그 모습이었다. 결국 어떤 여성이라도 전문가에게 '화장'을 받고 나면 완전히 다른 모습으로 탈바꿈할 수 있는 것이다. 유명한 여성만이 아니라 평범한 여성들도 '미의 기준'에 이를 수 있다는 것을 보여주었다는 점에서 〈인스턴트 화장술〉은 여성의 치유에 도움이 되는 책이다.

이처럼 외모에 변화를 주는 것도 자신을 배려하는 한 방법일 수 있다. 립스틱을 바르고 매니큐어를 칠하는 간단한 화장 역시 건강을 위한 한 방법이지만 많은 여성이 소홀히 여기고 그냥 지나쳐버린다. 그러나 해롭지 않은 것이라면 자기 표현을 위한 어떤 방법도 간과해서는 안된다.

돌리 파튼Dolly Parton은 "당신이 어떤 사람인지 결정하라. 그런 다음 그 결정에 맞추어 행동하라."고 말했다. 따라서 우리가 진실로 어떤 사람인지 알아낼 수 있어야 그것을 외부로 표현해낼 수 있다. 또 코코 샤넬Coco Chanel은 "치장은 마음의 표현일 뿐이다."라고 말했다. 나는 길고 따뜻한 치마를 즐겨 입는다. 패션 디자이너들의 변덕에 휩쓸리지 않고 유행에 괘념치 않는다. 나에게 어울리는 나만의 스타일을 찾아냈기 때문이다. 나는 무엇보다 내가 편안함을 느낄 수 있는 패션을 선택함으로써 유행과의 관계에서 오는 상처를 치유할 수 있었다.

예쁘게 보이기 위해서 불편함을 감수한다면 진실된 삶을 잃을지도 모른다. 그래서 나는 귀걸이를 하거나 하이힐을 신지 않는다. 유행하는 옷을 입지 않았다는 이유로 자신이 싫어진다면 삶의 균형과 건강을 찾을 수 없다. 앤느 새프의 지적대로, 우리의 몸과 집과 생활이 영화의 한 장면처럼 되기를 기대하는 '로맨스 중독'에 빠지게 된다. 항상 짙게 화장한 얼굴에 남편에게 처진 몸을 보여줄까 두려워 문을 닫아걸고 옷을 갈아입는 여자라면 분명 '로맨스 중독'이다.

이제부터 친구가 불시에 찾아오더라도 어수선한 모습 때문에 변명을 늘어놓지 말라. 누구나 당신처럼 살고 있다. 친구는 당신을 보고 싶어 온 것이지 티끌 하나 없는 부엌과 예쁘게 꾸민 당신을 보러온 것이 아니다. 변명하지 않는 삶에서 당신은 자긍심을 얻게 될 것이다.

6단계 : 내면의 지혜를 인정하라

육체는 영적 에너지에 의해 건강을 유지한다. 건강을 유지하고 되찾는 데 이러한 믿음은 상당한 역할을 한다. 세상을 지배하는 힘이나 지적인 능력보다 더욱 강력한 무엇이 있다고 믿게 되면 내면의 힘과 만날 수 있다. 우리 모두에게는 성령의 불꽃이 있다. 우리는 신 · 여신 · 창조자의 일부이다. 예수가 말했듯이 하늘의 왕국이 우리 안에 있다. 우리는 내면의 안내자를 통해서 그러한 영적 교감을 나눌 수 있다. 또한 내면의 인도자도 바로 우리 안에 있다.

내면의 지혜, 내면의 성스러운 힘과 교감하는 것은 어렵지 않다. 그러나 지적인 능력으로 그러한 결과를 얻을 수 있는 것은 아니다. 첫 단계는 내면의 성스러운 인도자와 교감하겠다고 굳게 다짐하는 것이다. 두 번째 단계는 결과로 바라는 기대감을 솔직하게 표현하는 것이다. 세 번째 단계는 처음의 다짐에 비추어 삶을 정직하게 바라보면서 응답을 기다리는 것이다.

우리 안에 있는 수호천사가 우리를 인도해준다. 그러나 인도를 간구하고 열린 마음으로 받아들일 수 있어야 한다. 이러한 접근은 삶을 바라보는 한 방법이다. 달리 말하면 삶을 평가하는 기준의 변화이기도 하다. 열린 마음을 갖는다는 것은 특정한 순간에 집착하지 않는다는 것이다. 영적인 인도자에게 다가선다는 것은 시간을 넘어서 삶의 패턴을 살펴본다는 뜻이다. 데이비드 스팽글러David Spangler가 말했듯이 "꿈, 사건, 책, 친구의 말 한 마디, 이러한 모든 것이 천사가 들려주는 충고일 수 있다."

2년 전 화창한 금요일 아침이었다. 나는 평소에 좋아하던 문구를 옮겨 놓은 조그만 공책에서, 프랜시스 스코벨 쉰Frances Scovell Shinn의 〈어떤 삶을 살 것인가The Game of Life and How to Play It〉[4]에서 옮겨 적은 "무한한 성령이시여, 저에게 분명한 길로 인도하소서. 저의 진실된 마음을 보여주소서. 지금 제가 어떤 재능을 활용해야 할지를 알게 하소서."

라는 글을 크게 읽었다. 그 날 오후, 나는 출판 기획자인 한 친구에게서 전화를 받았다. 그는 나에게 "책을 쓸 때가 되었다"고 말해주었다. 이처럼 우리 내면의 인도자는 때때로 아주 쉽고 신속하게 찾아온다.

우리는 전체의 한 부분이지만 독립된 개체이기도 하다. 전체 속에서 '나'라는 개성 있는 존재는 나를 포함한 모두의 건강과 행복과 영적인 성장을 위해서 충분히 표현되어야 한다. 영적인 부분을 표현해내는 최적의 방법은 '진실된 나'가 되는 것이다. 몸은 우리에게 옳은 것과 그렇지 못한 것을 느끼도록 해주며, 충만한 표현이 가능한 방향으로 우리를 이끌어간다. 질병은 우리가 목표에서 벗어났다는 표시이다. 버니 시걸 Bernie Siegel 박사의 표현처럼 "질병은 하느님의 리셋reset 버튼"인 셈이다. 많은 의사가 이처럼 신비로운 영역을 인정하지만 입을 다물고 있다. 우리가 내면의 지혜, 혹은 내면의 창조주를 삶의 인도자로 진지하게 받아들일 때 우리는 커다란 힘을 얻게 된다. 그 힘을 결코 가볍게 생각해서는 안된다. 많은 사람이 그러한 힘을 빈정대며 조롱하는 이유는 그것이 두렵기 때문이다. 그러나 내면의 인도자를 삶의 인도자로 받아들일 때 당신의 삶은 완전히 달라진다. 당신의 고귀한 목표에 합당하지 않은 삶의 부분들이 붕괴되기 시작한다.

천사를 믿고 운세를 점치고 영혼에 관련된 책을 읽는다고 해서 건강을 유지하고 되찾으려는 치유의 노력을 멀리하고 있는 것은 아니다. 그러나 어떠한 것이라도 중독에 빠질 수 있다는 사실을 명심하라. 영적 훈련 역시 예외는 아니다. 삶의 역경을 피해가기 위해서 영적인 훈련에 몰입하는 사람들도 상당히 많다. 그러나 부적, 뉴에이지 음악, 점성술을 활용한다 하더라도 매일 밤 소주 한 병씩을 마신다면 치유에는 아무런 도움이 되지 않는다. 하루에 두 번씩 명상을 하지만 매일 밤 남편에게 두들겨 맞는다면 당신의 건강은 지켜질 수 없다. 결국 당신만이 자신의 건강을 위해 필요한 행동을 선별할 수 있다.

여성이 내면에서 영적인 힘을 얻으려면 과거의 종교적인 학대를 기억할 수 있어야 한다. 특히 조직화된 종교관습이나 가부장적인 종교의 희생자였다면 더욱 그때를 기억해야 한다. 하느님은 욕심이 많지만 정의로운 분으로 묘사되었다. 우리가 이해할 수 없는 분으로 묘사된 것이다. 따라서 하느님에게 화를 내고, '초월적인 힘' 혹은 '내면의 지혜'와 투쟁하는 것은 어쩔 수 없는 현실이다. 예를 들어, 상당수의 여성이 "하느님이 정말로 계신다면 나를 이렇게 내버려두지는 않았을 거야."라는 유치한 감정수준에 머물러 있다.

우리는 모두 영적인 존재이다. 따라서 성령과의 교감도 현실의 일부가 된다. 오랫동안 우리 문화는 내면의 영성과 신앙을 지배하려고 애썼다. 조직화된 종교를 통해서 영적인 성취감을 얻는 여성도 상당히 많지만, 오늘날 많은 종교가 정체된 교리와 독단에 빠져 오히려 우리를 영성으로부터 멀어지게 만든다. 영성은 흐르는 물과 같아서 계속해서 변한다. 대부분의 종교가 순수하고 심오한 깨달음에서 비롯되었지만, 오늘날의 종교는 경직된 조직으로 변질되어 진정한 영적 교감에 필요한 변화에 대처하지 못하고 있다. 이제 오랫동안 남성중심으로 운영되어온 종교에 대항하여 많은 여성이 '여성 하느님'을 모색하고 있다. 패트리샤 라이스Patricia Reis가 지적했듯이 여성들에게는 "여성적인 힘과 아름다움이 기도와 묵상의 중심"이 되어야 한다.[5] 하느님은 남성으로 굳어진 세상에서 여성 하느님의 이미지를 떠올리며 세상을 균형 있게 만들어갈 필요가 있다.

나는 내면의 인도에 다다르기 위한 방법으로 타로 카드를 사용하곤 한다. 타로 카드는 신화, 예술, 신학에서 도출한 그림을 담고 있다.[6] 그 그림은 원형적이고 보편적인 상징성을 띠기 때문에 우리의 의식에 떠오른 무의식을 표현한 것이라고 할 수 있다. 나는 결정을 내리기 힘든 문제에 부딪힐 때마다 타로 카드를 펼쳐놓고 "이 상황에서 내가 얻을 수 있는 최선은 무엇인가?" 하고 생각하면서 카드 한 장을 뽑아냄으로써 해결의 실마리를 찾아내곤 한다.

얼마 전 나는 여성건강에 관한 비디오 제작작업을 의뢰 받았다. 캘리포니아 출신의 능력 있는 제작자로, 그는 무척이나 의욕적인 자세를 보였다. 그러나 내 안의 조그만 부분이 나를 망설이게 만들었다. 나는 내면의 인도를 얻기 위해 타로 카드를 사용했다. 내가 집어든 카드는 '여자 하느님'을 연상시키는 옷을 입은, 남성 성직자 앞에 무릎을 꿇고 앉은 두 소녀의 모습이었다. 그것은 여성의 힘이 남성에 의해서 오랫동안 착취당해왔다는 상징적인 표현이었다. 그 카드가 나에게 의미하는 것은 분명했다. 내가 그 제작자에게 이용당할 수 있으며, 비디오 제작은 다른 여성들에게 나를 떠받들게 만들 수도 있다는 위험에 대한 경고였다. 인간은 모두 저마다 스스로 소중한 존재가 되어야 한다는 나의 원칙에 따르면 그 카드는 내면의 인도자가 들려주는 경고였다. 또한 그 계획을 꺼림칙하게 생각했던 나의 직관을 확인시켜주는 것이기도 했다. 따라서 그 계획은 수정이 된 다음에야 진행되었다. 내면의 인도를 얻기 위해 반드시 타로 카드를 사용할 필요는 없다. 괘종시계를 사용하는 사람들도 적지 않다. 영적인 인도는 어떤 형태로든 만날 수 있다. 단지 당신에게 가장 적합한 형태를 선택하면 되는 것이다.

영성을 믿든 믿지 않든 간에 일상적인 삶에 신성한 부분이 존재한다는 것을 인정해야 한다. 나는 모든 일에 영성이 함께 한다고 믿는다. 크리스마스 같이 특별한 날에도 내 영성의 존재를 잊지 않는다. 교회나 사원과 같은 특별한 장소에서도 마찬가지이다. 나의 영성은 내 몸의 모든 것이다. 또한 나는 내가 하느님과 존재하는 모든 것의 일부라고 느끼며, 그들 역시 나의 일부라고 느낀다. 나는 보험기록을 작성할 때 때로 나의 영성과 만난다. 수술실에 있을 때에도 마찬가지이다. 환자에게 내면의 인도에 대해 교육할 때에는 더욱 그렇다. 그 이유는 환자에게 그녀의 영성과 교감하며 치유하도록 돕는 과정에서 나의 영성과 교감하면서 나 자신을 치유할 수 있기 때문이다.

많은 여성이 그렇듯이 나는 자연과 영적인 교감을 느낀다. 많은 사람들이 특별한 공간, 즉 어린 시절에 특별한 느낌을 가졌던 곳에서 편안함과 안락함을 얻는다. 나무나 바위, 언덕 등의 특별한 사물이나 장소는 우리를 영성과 연결시켜주곤 한다. 그런 곳에서 혼자 조용한 시간을 갖는다면 당신도 자신의 영성을 만날 수 있을 것이다.

자연과 교감하는 또 다른 방법은 달의 모습에 관심을 갖는 것이다. 달이 차오르고 이울어지는 모습이 당신의 몸과 감정, 인식에 어떠한 영향을 미치는지 살피는 것이다.[7] 계절의 변화에 따른 당신의 변화에도 관심을 기울여라. 가을이 다가오면 감각이 예민해지는가? 봄이 되면 새로운 시작에 기운이 솟는가? 춘분, 추분, 하지, 동지 때는 또 어떤가? 과거에는 사람들이 그 시기에 영적인 힘이 강해지는 것을 느꼈다고 한다. 실제로 많은 종교의 축일들이 그 시기의 안팎에 몰려있다. 더 이상 알려고 할 것도 없다. 그저 달을 보면서 자연의 변화를 의식하는 것만으로도 충분하다. 나는 때때로 창 밖을 쳐다보며 강의 수위가 변하는 것을 즐긴다. 내 몸처럼 강의 수위도 달의 변화와 밀접한 관련 있기 때문이다.

나의 아버지는 일요일이면 거의 교회를 찾았다. 어머니는 숲길 산책하는 것을 좋아했다. 어머니는 "아빠에게는 교회가 있지만 엄마에게는 숲이 교회야."라고 말했다. 이처럼 모든 여성이 영적인 중심지와 내면의 인도를 찾을 수 있어야 한다. 물론 그 방법은 각 사람마다 다르다. 천사, 하느님, 예수 그리스도, 성모 마리아, 성령, 대지의 여신 가이아 등, 무엇을 믿든 영성을 갖는 것은 치유를 위해 소중한 일이다. 다시 말해서 건강한 삶을 위해서는 영적인 자아를 기억하고 내면의 인도를 받아들이는 자세가 필요하다.

7단계 : 충만한 정신을 회복하라

몸의 지혜를 회복하려 할 때 우리는 지적인 능력과 정신, 즉 생각하는 힘까지도 함께 회복해야 한다. 생각과 몸이 긴밀히 연결되어 있으며 여성도 지적인 존재라는 것을 알게 되면, 우리는 문화의 최면에 좌우되지 않고 내면의 목소리를 믿게 된다. 문화적 편견에서 비롯되는 현상에 객관적인 자세와 비판적인 시각으로 의문을 품으면서 그 편견에서 자유로워질 수 있다.

일기를 비롯한 글쓰기와 명상은 내면의 목소리와 만나고 자신의 정신세계를 알 수 있는 좋은 방법이다. 실제로 많은 사람들이 글쓰기를 통해서 효과를 얻고 있다. 나는 정직한 글쓰기를 통해서 나의 생각에도 질서와 지성이 있다는 것을 깨달았다. 또한 생각이 행복과 직결된다는 것도 알게 되었다. 생각은 느낌과도 깊은 관계가 있다. 내가 언어를 사용하는 것은 삶에 의미를 주는 모든 관계를 표현하고 탐색하려는 것이다. 중학교 시절, 나는 글짓기를 잘하지 못했다. 선생님은 내게 글에 핵심이 없으며 산만하다고 지적하시곤 했다. 그리고 뛰어난 글이 되려면 자신의 생각을 인과관계와 중요한 순서에 따라 일목요연하게 정리해야 한다고 가르쳐주셨다. 그러나 당시에 그랬듯이 내 생각은 지금도 결코 일목요연하지 않으며 객관적이지도 않다.

글을 쓰면서 어떤 단어나 개념을 생각할 때 나의 정신은 동시에 여러 방향으로 향한다. 모든 방향이 감정적인 느낌으로 가득하고, 그것들은 어떠한 차등도 없이 똑같이 중요하며 일목요연하지도 않다. 결국 나의 자연스러운 생각은 '뒤죽박죽'이다. 예를 들어 브래지어라는 단어를 쓰고 나면 내 생각은 다음을 향해서 온갖 방향으로 달려간다. 여성과 브래지어의 관계, 브래지어를 처음 샀을 때의 기분, 여성과 유방의 관계, 유방을 떠받쳐주는 브래지어, 유방이 현 사회에서 갖는 의미 등을 동시에 생각하는 것이다. 그러한 생각들에 귀를 기울이며 글을 써 내려가기 때문에 나의 글은 언뜻 뒤죽박죽인 것처럼 보인다. 그러나 그 과정을 밀고 나가다 보면 생각이 거미줄처럼 얽힌 채 일정한 방향으로 향하고 있음을 알게 된다.

나는 그저 내가 듣거나 느낀 것을 흥겨운 기분으로 기록할 뿐이다.

언제나 출발점으로 되돌아오지만 나는 글쓰기를 통해서 나에 대한 믿음과 지혜에 대한 깊은 깨달음을 얻게 된다. 내 마음에 떠오르는 모든 단어는 의미가 있으며, 그 의미는 '나'라는 존재 전체와 관계되어 있다. 나의 생각은 내 모든 것, 즉 두뇌, 자궁, 내면의 인도자 등에서 비롯되는 것이다. 나의 생각은 또한 '나'를 만드는 수많은 것들이 서로 얽혀 하나로 모아진 것이다. 따라서 나는 나의 생각을 믿는다.

현 사회는 여성은 좌뇌가 발달되지 않아 논리적이지 못하다고 교육한다. 이러한 교육 때문에 뛰어난 여성들이 스스로를 어리석은 존재라고 느끼는 것은 정말 비극이다. 당신을 옭아매는 생각과 믿음에서 해방되기 위해서 당신은 불현듯 떠오르는 생각들에 충실해야 한다. 내면의 목소리를 듣고 자연스러운 생각을 소중히 여기는 과정으로 글쓰기 훈련은 최적의 방법일 수 있다. 모든 여성이 그러한 능력을 지니고 있다. 다만 중독된 사회구조속에서 과소평가되었기 때문에 당신이 발달시키려고 하지 않았을 뿐이다.

내면의 자신과 대화를 나누는 방법은 다른 사람에게 나의 존재를 인식시키는 방법이기도 하다. 실제로 우리는 머리 속에서 자신과 대화하는 그대로 다른 사람과 이야기를 나눈다. 한동안 나의 글에는 '가치'라는 단어가 자주 쓰였다. 자신을 가치 있는 존재로 느끼지 못했기 때문이다. 나는 가치의 뜻을 생각하면서 오랜 시간을 보냈다. 학교, 조직, 교회 등이 연상되었다. 마침내 나는 여성이라는 원죄와 '가치'라는 단어의 함수를 깨닫게 되었다. 이렇듯 프로그래밍 되어 있는 문화에서 어떻게 하면 나를 가치 있는 존재로 느낄 수 있을까? 한 단어나 문장이 계속해서 당신의 뇌리 속에 떠오른다면, 그것이 당신에게 무엇인가 특별한 의미를 갖는다는 증거이다. 그 의미를 찾아야 한다. 그 의미에 대해서 글을 써보고 생각에 잠겨보라. 어떠한 생각이 떠오르면 아무런 비판 없이 받아들여라. 그 생각이 무엇이든, 그 생각은 당신에게 의미 있는 것이다. 틀림없이 이유가 있다.

삶의 외적 조건에 변화를 주려면 내면부터 변화시킬 수 있어야 한다. 그리고 내면의 진정한 모습을 파악하는 데에는 정직한 글쓰기가 필요하다. 현재의 처지를 알지 못하는데 어떻게 다른 변화를 모색할 수 있겠는가? 여성을 감싸고 있는 것은 '해야만 한다'는 의무의 굴레, 교육과 문화의 올가미가 우리에게 씌워놓은 거추장스러운 굴레이다. 메칼프Metcalf는 이러한 굴레를 "서로 뿌리부터 엉겨 있는 깊은 늪"이라고 불렀다.

수년 간의 글쓰기 훈련을 통해서 나는 진정한 자아, 즉 나 자신의 목소리를 듣게 되었다. 그러나 깊은 죄의식에 부딪혔다. 그것은 '과거의 나'가 지닌 한 모습이었다. 죄의식은 여성을 꼼짝못하게 만드는 환상적인 덫이다. 죄의식은 현재의 상태를 유지하게 만드는 억눌린 내면의 한 모습이다. 따라서 내면의 목소리에 귀를 닫고 죄의식에 사로잡히면 영원히 현 상태를 벗어나지 못하게 될 뿐만 아니라 우리가 진정으로 사랑하는 일을 하지 못하게 된다. 그러한 죄의식에서 벗어날 때 비로소 건강을 좀먹는 사회적 편견으로부터 자유로워진다. 그러나 지금과 같이 중독된 사회구조에서는 죄의식을 벗고 진정한 자유를 누릴 수 있는 여성은 거의 없다.

글쓰기를 통해서 나는 건강에 이롭지 못한 것들로부터 벗어날 수 있었다. 이런 목표를 위해서, 당신의 지적 능력과 정신 그리고 충만한 지성을 존중할 수 있어야 한다.

몸과의 대화 : 세포를 만드는 정신의 속삭임

나는 환자들에게 몸의 징후와 대화하도록 권하면서 글쓰기, 그림 그리기, 명상 등을 통해서 문제를 일으킨 신체기관과 대화하는 방법을 권한다. 일기장을 앞에 놓고 당신의 몸이 무엇을 원하는지 물으면서 떠오르는 생각을 여과 없이 받아들이라고 한다.

월경 과다출혈과 자궁근종으로 고생하는 환자가 있었다. 그녀는 골반과 대화를 나누려고 애쓰며 일기장에다 "출혈과 자궁근종으로 네가 나에게 말하고 싶은 것이 뭐지?"라고 썼다. 그녀는 며칠 동안 매일 10분 정도씩 그러한 질문과 '더불어 기다렸다'. 마침내 대답이 주어졌다. "네가 자신을 너무 쉽게 포기하고 있다고 경고하는 거야. 과다출혈은 네 생명의 피가 빠져나가고 있다는 증거야. 남자친구와의 관계에서도 마찬가지야. 물론 네 아버지와의 관계도 그렇고." 또 자궁암 검사에서 이상이 발견된 한 환자는 "당신 말을 듣고 자궁경부와 대화를 나눴어요. 부끄러운 일로 가득했지요. 결코 듣고 싶은 말은 아니었어요. 하지만 더 많은 것을 듣고 싶어요."라고 말했다.

일기를 쓰는 법과 내면과의 대화법에 대한 많은 방법들이 있지만, 나는 그 중에서도 정직하고 빠짐없이 쓰는 법을 권하고 싶다.

꿈 읽기

능동적인 자세로 꿈을 읽고 당신의 문제를 꿈에게 물을 수 있다. 결국 꿈에서 당신의 방향을 구하는 것이다. 그렇게 하기 위해서 당신은 삶의 조건에 대해서 철저하게 정직할 수 있어야 한다. 그리고 하루를 택해 그 과정에 정신을 집중해야 한다. 10분이나 20분 동안 당신이 집중하려는 문제에 대한 글을 쓴다. 마음속으로 다음과 같은 질문을 던지고 내면의 인도자가 전해주는 메시지에도 귀를 기울인다.

- 내 문제의 근본원인은 무엇인가?
- 지금 당장 그 문제에 대해 떠오른 해결책은 무엇인가?
- 그 해결책이 왜 적절한가? 혹은 적절치 않은가?
- 이 글을 쓰는 현재 나의 기분은 어떠한가?
- 그 문제를 해결하기보다는 문제를 안고 사는 편이 더 편안하게 느껴지는가?
- 그 문제를 해결하면 잃는 것이 있는가?

• 그 문제를 해결하면 무엇을 얻는가?
• 미래의 '나'가 현재의 '나'에게 도움이 되는 것이 있다고 말하는가?

당신이 집중하려는 문제를 간단하고 직설적인 한 문장으로 써보라. 침대에 누워서도 그 문제를 생각하라. 종이와 연필, 혹은 녹음기를 침대 머리맡에 준비하라. 그리고 깨어나는 즉시 기억나는 꿈을 기록하라. 어느 때라도 잠을 깨면서 영감이 떠오를 수 있다. 꿈의 내용은 그 즉시 써두지 않으면 금세 잊어버릴 수 있다. 이렇게 며칠을 계속하면 당신을 인도해줄 꿈을 꿀 수도 있다.

베티라는 친구가 있다. 그녀는 남들보다 빠른 승진에 동료들의 눈총을 받아야 했다. 베티는 어떠한 과제라도 어려움 없이 처리해내는 영리하고 창의력이 뛰어난 친구였다. 동료들은 그녀의 능력을 시샘했다. 베티는 동료들과 함께 일하는 것을 좋아했지만 그들과의 갈등 때문에 무척이나 곤혹스러웠다. 그녀는 직장을 그만두고 이사까지 고려했다. 동료들의 적의에 찬 눈총을 의식하게 되었을 때 그녀에게는 오랫동안 잊혀져 있었지만 무척이나 익숙한 어떤 감정이 다시 떠올랐다. 그녀에게는 예전에도 그처럼 부당하게 '배척당하고 희생양이 되어야 했던 때'가 있었다. 과거의 직장에서도 그런 일을 여러 번 경험해야 했던 것이다. 그렇듯 희생양이 되어야 했던 까닭에 그녀는 자신이 재능과 능력을 발휘하며 살 수 있는 다른 방법을 찾으려고 했다. 그녀는 내면의 인도자를 찾아 '꿈 읽기'를 시작했다. 그녀가 희생양이 되어야 했던 갖가지 상황을 기록하고, 그 모든 것에 대한 혐오감을 마음껏 느껴보았다. 그리고 자신의 상황을 명확하게 밝혀줄 꿈을 찾으며 "사람들이 나를 핍박하는 상황이 거듭되는 이유가 무엇일까?"라고 썼다.

그날 밤, 그녀는 꿈을 꾸었다. 꿈 속에서 아주 착한 친구가 그녀의 왼편에 앉아있었다. 그 친구는 고슴도치를 도와주려고 손을 뻗었다. 고슴도치는 그녀를 향해 가시를 곤두세웠다. 그녀는 그 가시를 뽑아 베티의 팔에 꽂았다. 그리고 베티의 반응을 지켜보았다. 베티는 가만히 앉아 그 고통을 참아 냈다. 이번에는 친구가 한 움큼의 바늘로 베티의 팔을 찔러대기 시작했다. 그러나 베티는 신음소리조차 내지 않았다. 그 고통을 말없이 참아 냈다. 마침내 베티가 움직이기 시작했다. 그녀는 바늘을 하나씩 뽑아내기 시작했다. 엄청난 피가 바늘구멍에서 흘러나왔다. 베티는 고통과 출혈을 이기지 못하고 친구에게 불평하기 시작했다. 그런 짓은 옳지 못하다고…. 베티는 오른편을 보았다. 어머니, 아버지, 언니가 보였다. 어린 시절, 그녀에게 폭언과 매질을 했던 사람들이었다. 베티는 아무런 항의도 할 수 없었다. 입을 꼭 다물고 고통을 참으면서 피를 흘려야 했다.

잠에서 깨었을 때, 베티는 정신적·감정적인 고통들을 묵묵히 넘겨서는 안된다는 사실을 깨달았다. 그녀가 불평 없이 견뎌왔던 상처들이 축적되어 마침내 '한계'에 이르렀다는 사실을 깨달았다. 어린 시절, 그녀에게 불평은 더 많은 매질을 뜻했다. 그녀는 스스로 자신을 지켜야 한다는 사실을 깨달았다. 그녀에게 강요된 '침묵'이 얼마나 뿌리깊은 것인지를 알았기 때문이다. 그녀는 자신의 뛰어난 재능 덕분에 가족에게서 벗어났다고 생각했지만 가족의 망령은 이후의 인간관계에서도 반복되었던 것이다. 결국 베티는 과거의 고통스러운 상황을 만드는 데 자신도 한몫하고 있다는 사실을 깨달았다. 동료들에게 문제가 있다면 그 문제는 자신이 해결할 부분이 아니라 쓸데없는 시샘을 보인 동료들이 해결해야 할 문제라는 것도 알았다. 베티가 자신을 내던진다고 해결될 문제가 아니었던 것이다.

8단계 : 도움을 구하라

치유사나 믿을 만한 친구를 찾아가 대화를 나누는 것도 무척 소중한 시간일 수 있다. 그 시간은 당신으로 하여금 모든 것을 멈추고 삶을 되돌아보게 해줄 것이다. 그 덕에 많은 사람이 삶을 달리 보면서 변화를 꾀하게 된다. 훌륭한 치유사는 산파에 비유된다. 우리가 최적의 것을 찾도록 옆에서 지켜주기 때문이다.

열 네 살 때, 나는 어떤 일 때문에 무척이나 심란해 있었다. 그때 아버지는 "느낌을 그대로 표현하면서 가슴에서 털어 버려라." 하고 충고해주면서 "너는 입을 꼭 다물고 아무 말도 하지 않는 버릇이 있다. 그런 태도 때문에 아무도 너를 도울 수 없는 거야."라고 말했다. 적절한 충고는 삶을 되돌아보게 해준다. 이러한 상호부조는 하나의 문화로 발전되어야 한다. 그러나 산업혁명과 더불어 공동체정신의 미덕은 사라져버렸다. 이상적인 사회라면 치유사를 찾아갈 필요도 없을 것이다. 또한 질병이나 외로움에 고통받는 사람들을 도우려고 노력을 기울일 필요도 없을 것이다. 그러나 오늘날 많은 사람들이 치유사의 도움을 찾는 것은 전혀 놀라운 일이 아니다.

섹스와 힘을 앞세운 현재의 문화는 인간관계의 모든 면을 짓누른다. 예를 들어, 많은 여성들이 치유사에게 성적으로 착취당해왔다. 피터 루터Peter Rutter는 〈금지된 영역에서의 섹스Sex in the Forbidden Zone〉에서 치유사나 성직자들이 고객이나 신도들과 성관계를 가지고 있다는 충격적인 사실을 폭로했다.[8] 또한 루터는 여기에 관련된 여성의 대다수가 어렸을 때 성폭행과 같은 충격적인 일을 경험했다는 증거도 제시했다. 실제로 정신과 의사의 10%가 환자와 성관계를 가졌다는 것을 인정하고 있다. 다른 분야는 정확히 알 수 없지만, 산부인과의 경우에도 비슷한 것으로 알려져 있다. 성폭행이나 근친상간을 당한 여성은 치유사나 성직자의 관심을 끌기 위해서 유혹적인 태도를 취하는 경우도 있다. 그러나 치유사가 그러한 몸짓을 성관계의 기회로 받아들인다면 양자 모두에게 상처만 남길 뿐이다

많은 유형의 치유법이 있겠지만 내 생각에는 어떤 치유든 오래 지속되지 않는 것이 좋다. 알코올 중독과 마찬가지로 치유도 지나치게 의지하면 일종의 중독증으로 발전할 위험이 있기 때문이다. 따라서 치유

를 포함한 모든 인간관계가 최대의 효과를 얻기 위해서는, 때때로 일시적인 도움을 받더라도 근본적으로 서로가 상대방을 건전한 존재로 인정할 수 있어야 한다.

많은 여성이 개별치유를 첫 단계로 삼고 있지만, 여성의 문제가 사회적 문제라는 인식을 갖기 위해서는 집단치유가 보다 적합하다. 언젠가 한 환자가 나에게 "중독에서의 회복은 집단에게 주어지는 하느님의 응답"이라는 말을 한 적이 있다. 집단치유는 오직 '나 혼자만의 비밀'이라는 중독에서 벗어나게 해준다. 그러나 개별치유는 문화적이고 사회적인 문제마저 '나만의 것'으로 승화시키려고 하기 때문에 당사자를 더욱 고립시킬 수 있다. 그 결과 중독, 근친상간, 성폭행 등의 상처는 더욱 깊은 곳으로 감추어지게 된다. 그러나 "당신에게도 그런 일이 있었나요? 나에게만 그런 일이 있다고 생각했어요!"라는 말을 듣게 될 때 얻게 될 위안을 상상해보면 집단치유의 효과를 짐작할 수 있을 것이다.

나의 경험에 비추어 볼 때, 과거에 정신적인 충격을 받은 여성에게는 변증법적 행동치유법이라고 알려진 집단치유가 가장 효과적인 것으로 판단된다. 이 치유법은 과거의 충격에만 매달리기보다는 환자들이 현재에 생산적이고 건강한 삶을 살기 위해 필요한 기술을 개발하도록 도와준다. 충격을 받은 여성이 과거에 집착하는 것은 결코 도움이 되지 않는다. 오히려 고통과 무력증에 휩싸일 가능성이 더욱 크기 때문이다. 따라서 그런 여성에게는 어린 시절에 개발하지 못했던 기술을 개발시켜주는 편이 훨씬 낫다. 변증법적 행동치유법에서 여성들은 다음과 같은 질문에 답을 구하면서 효과적이고 균형 잡힌 행동을 취하는 방법을 배우게 된다.

- 나는 지금 무엇을 느끼고 있는가?
- 그 느낌의 목적은 무엇인가?
- 그 느낌을 효과적으로 활용하기 위해서 나는 어떻게 해야 하는가?

실제로 이 방법은 어떤 다른 방법보다도 여성의 삶을 개선하는 데 효과적이다. 또한 정신적인 충격을 지닌 여성뿐만 아니라 모든 여성에게 도움을 줄 수 있는 실질적인 방법이다.

만성 질병이나 심각한 질병을 앓고 있는 사람들도 슬픔과 즐거움을 함께 나누기 위해 모임을 갖는다. 이러한 민간운동은 많은 환자에게 평안과 희망을 안겨준다. 실제로 데이비드 스피걸David Spiegal 박사의 조사에 따르면, 이러한 모임에 참석한 전이성 유방암 환자가 그렇지 않은 환자에 비해서 두 배 정도 오래 살았다.[9] 만약 어떤 약물로 이러한 효과를 보았다면 너도나도 그 약물을 사용했을 것이다. 그러나 오늘날까지도 유방암을 진단 받은 많은 여성들이 이러한 방법으로 효과를 볼 수 있다는 사실 자체를 모르고 있다.

여성들만의 모임에 정기적으로 참석하는 것도 중요하다. 그런 모임에서는 누구나 한 부분을 차지할 수 있기 때문이다. 외롭게 혼자 떨어져있을 때보다 함께 있을 때 훨씬 빨리 치유된다. 그리고 모임의 구성원이 바로 나 자신이므로 모임을 통해 내 모습을 더욱 확실하게 파악할 수 있다. 이런 점에서 "한 사람이 당신을 '오리'라고 부르면 웃어 넘겨라. 두 사람이 당신을 '오리'라고 부르면 잠시 그 이유에 대해 생각해보라. 세 사람이 당신을 '오리'라고 부르면 정말 꼬리깃털이 있는지 살펴보라."고 했던 앤느 윌슨 새프의 비유는 많은 것을 생각하게 한다.

자각의 초기단계에서 여성은 남성이 한 명이라도 있으면 진실을 말하려고 하지 않는다. 이러한 모습은 남성의 경우에도 마찬가지이다. 자각을 얻기 위해서는 진정한 자신의 모습을 찾을 수 있는 환경이 필요하다. 다시 말해서 남성 앞에서도 거짓 없이 모든 진실을 털어놓을 수 있을 때까지는 여성만의 모임이 필요하다. 나 자신도 이러한 과정을 10년 정도 계속했지만 아직 완전한 자각을 얻지는 못한 것 같다.

우리 병원의 초기 창립자 중 하나인 애니 래프터Annie Rafter는 이런 이야기를 들려주었다. 어느 해 여름 그녀와 여자 친구들이 범선 레이스에 참가했다. 남자가 있었더라면 그에게 전권을 맡길 것 같은 분위기였다. 그러한 분위기를 짐작한 그녀들은 여자들만으로 항해하기로 결정했다. 덕분에 끈끈한 단결력을 보여줄 수 있었다. 이처럼 단 한 가지 이유 때문에 그녀들은 말없이 합의에 도달하고 서로를 신뢰할 수 있었다. 다음해 범선 레이스에서는 아무런 문제도 있을 수 없었다. 그녀들은 서로를 믿었고 각자의 항해술에 깊은 신뢰를 가질 수 있었다. 그때에는 만약 남자가 있었더라도 그에게 전권을 맡기지는 않았을 것이다.

병원을 건립한 초창기, 우리는 가끔 래프터의 이야기를 떠올렸다. 그녀의 선원들처럼 우리도 서로를 믿고 그러한 믿음을 지켜갈 필요가 있었다. 사실 나에게도 여성만의 환경은 남편에게조차 말할 수 없는 문제를 마음놓고 털어놓을 수 있는 시간과 공간을 마련해준다. 여성은 남편이 자신의 감정을 다독여줄 최고의 친구가 되어야 한다고 배웠다. 그러나 실상은 그렇지 못하다. 그러한 경우란 매우 드물다. 남편에게 자신의 감정을 의지할 경우, 대개는 실망으로 끝나게 마련이다.

교제를 통한 친목과 도움은 우리를 부인否認에서 벗어나게 해준다. 이 책에서 제시한 12단계의 프로그램은 수많은 사람들이 내적인 힘과 건강을 되찾는 데 도움을 주었다. 이 프로그램은 당신에게 건강한 삶을 위한 첫 단계가 되어줄 것이다. 그러나 완전한 치유를 위해서 우리는 상처로 인식되지 않는 것에까지 접근할 수 있어야 한다. 물론 쉬운 일은 아니다. 우리가 살아가면서 만나게 되는 사건들을 지나치게 개인적인 것으로 받아들이거나 자신을 희생양으로 생각하는 한 완전한 치유는 불가능하다. 자신을 희생양으로 생각할 때 그 자신도 가해자가 될 수 있다. 그러한 여성에게 내면의 지혜를 가꾸어야 한다고 충고하려면 호된 질책을 감수해야 할지도 모른다.

당신은 모임을 떠날 때가 언제인지를 잘 결정해야 한다. 당신의 몸이 전해주는 언어에 민감해야 한다. 근친상간이나 유방암을 이겨냈다고 생각하더라도 그러한 상처를 인정한다는 것이 자칫하면 건강한 삶을 방해할 수 있다. "그래. 나는 유방암, 근친상간을 겪은 사람이야."라는 말은 삶의 폭을 넓혀주지만 "이겨냈다"는 말은 오히려 삶을 제한할 수 있다. 결국 삶을 책임질 사람은 자기 자신이다. 따라서 중독증이나 문화적 환경과 같은 삶의 조건에 죄를 뒤집어 씌울 이유는 없다. 잘못된 패턴을 찾아내 그 패턴과 함께 하면서 해소시키는 과정이 바로 치유의 과정이다.

9단계 : 몸과 함께 하라

비밀을 털어놓는 것으로는 충분하지 않은 여성도 있다. 한 여성은 "어린 시절에 겪었던 일, 남편과의 관계 등 모든 것을 알고 있어요. 하지만 그런 것을 말한다고 해서 달라지는 것은 없어요. 그저 제자리를 맴돌 뿐이라구요."라고 고백했다. 결국 그녀는 고정관념을 떨쳐버리지 못한 것이다. 사실 '생각 중독증'을 벗어나기란 매우 힘들다.

치유를 위해 필요한 많은 정보가 우리의 근육과 신체기관에 잠들어 있다. 따라서 적절한 마사지는 경색된 에너지를 풀어주고 마음껏 울음을 터뜨리며 만성적인 고통에서 벗어나는 데 도움을 준다. 그 밖에도 극성極性 치유법이나 펠덴크라이스Feldenkreis 법처럼 몸을 풀어주는 다양한 방법들이 있다. 몸을 풀어주는 방법은 대체로 두 가지 유형으로 나뉜다. 하나는 육체적인 몸을 풀어주는 방법으로 롤핑Rolfing, 즉 전통적인 정골요법과 마사지 등이며, 다른 하나는 에너지를 풀어주는 방법으로 레이키Reiki, 즉 침술과 지압 등이다.

몸과 함께 하는 것은 정신과 육체가 하나라는 사실을 이해하고 직접 체험하는 좋은 기회가 될 수 있다. 위에서 언급한 요법들은 몸을 이완시키면서 수면과 휴식의 기회를 제공한다. 다시 말해서 몸과 마음이 동시에 회복되는 시간을 마련해준다. 특히 침술은 현대의학으로도 쉽게 치료되지 않는 많은 문제들에서 효과를 보여준다. 나는 많은 환자들에게 몸을 풀어주는 다양한 방법을 권했고 만족스러운 결과를 얻었다. 나 역시 개인적으로 한 달에 한두 번씩 전신 마사지를 받는다. 경험적으로 나는 마사지가 건강을 유지하기 위한 하나의 수단으로 충분하다고 생각한다. 건강을 위해서 지금 당장 어깨나 발 마사지를 위한 시간을 마련하라. 친구와 번갈아 가며 마사지를 해주는 방법도 괜찮다. 정기적으로 전신 마사지도 받도록 한다.

10 단계 : 정보를 수집하라

여성에 관련된 수많은 책이 쏟아져 나오고 우리 병원에서도 이에 대한 도서목록을 제공하고 있지만, 출판되는 모든 정보를 소화한다는 것은 불가능하다. 우리는 환자들에게 특정한 주제에 대한 책을 선정해 준 후 그 감상을 이야기하도록 한다. 물론 환자가 우리에게 소개해주는 책이나 기사 또한 적지 않다. 이처럼 새로운 정보를 꾸준히 주고받는 것은 공동체의식을 넓혀가는 데 도움이 된다. 나는 여성과 관련된 수많은 책에서 올바른 선택을 위해 내면의 인도자를 활용하도록 권하고 싶다. 당신에게 안성맞춤인 책을 선택할 지혜가 있다고 자신감을 갖는 것이다. 서점의 책꽂이 앞에 잠시 앉아서 몇 권의 책을 대충 훑어보라. 그 책들이 당신에게 무엇이라고 말하는지 느껴보라. 그리고 당신의 느낌에 와 닿는 책을 선택하라. 그럼 결코 실수가 없을 것이다.

여성의 관점에서 몸, 월경, 분만 등에 대해 쓰여진 책을 읽으면서 잊어버린 과거를 되살리는 것은 소중한 경험이다. 1970년대 페미니스트 운동이 여성에게 건네준 가장 큰 선물은 가부장적 사고방식으로부터의 탈피였다. 위르쉴라 르 겡Ursula Le Guin이 지적했듯이 "작가의 절반이 여성이지만 우리가 문학이라고 부르는 것의 90%가 남성의 작품"이다.

정신과 육체의 관련성에 대한 책들도 여성이 자신의 경험을 분명히 하는 데 큰 도움이 된다. 또한 소외된 여성에게 책은 소중한 친구가 될 수 있다. 독서를 통해서 소외된 여성도 공동체의 일원이라는 의식을 가질 수 있기 때문이다. 독서를 통한 정보수집은 치유를 위한 첫 단계로 적극 권장할 만하다. 실제로 많은 환자들이 손에 잡히는 대로 책을 읽으면서 여러 해를 보낸 다음에야 모임에 참석하거나 다른 사람의 도움과 우정을 적극적으로 받아들였다.

11 단계 : 용서하라

용서는 우리를 자유롭게 해준다. 용서는 몸과 삶을 치유해준다. 그러나 치유의 과정에서 용서는 무척이나 받아들이기 어려운 단계이기도 하다. 누군가를 마음에서 지우려면 엄청난 에너지가 소모된다. 12단계의 접근법에 따르면 그것은 우리 자신을 위한 용서가 되어야 한다. 반드시 다른 사람을 위한 용서일 필요는 없다. 우리에게 상처를 남긴 사람을 용서할 때 그와 나 모두가 자유로워진다. 원한과 원망은 상대방뿐 아니라 자신에게도 상처를 남기기 때문이다.

용서는 차크라4에 속한 심장으로 에너지를 이동시킨다. 몸의 에너지가 심장으로 이동했을 때 우리는 개인적인 상처를 심각하게 받아들이지 않게 된다. 그렇게 함으로써 우리는 치유될 수 있다. 과학적인 연구도 이러한 결과를 증명해준다. 우리가 사랑하는 사람에게 집중하며 마음(심장)으로 생각할 때 심장의 박동이 편안해지면서 훨씬 건강한 반응을 보여준다. 호르몬 수치도 정상을 찾는다. 심장으로 생각하는 방법을 터득하면 심장 질환이나 그 밖의 스트레스 질환에서도 회복될 수 있다. 심장의 전자기장은 뇌의 그것보다 무려 40배 정도나 강하다. 그러한 차이는 심장이 사랑의 에너지와 합쳐질 때 우리 몸의 모든 세포에 긍정적인 영향을 미칠 수 있다는 것을 뜻한다.[10]

용서는 종종 오해를 불러일으킬 수도 있다. 용서의 잘못된 해석은 오히려 여성을 괴롭게 만든다. 일반적으로 우리는 용서를 옳은 일이라고 생각하기 때문에 상대방을 용서하지만, 용서 자체만으로는 아무런 변화도 가져오지 못한다. 앨리스 밀러Alice Miller는 이러한 점을 정확히 지적했다. 어린아이가 학대하는 부모에 대한 감정이나 고통을 미처 해소하기도 전에 부모를 용서하라는 가르침을 받게 될 때, 용서는 침묵이라는 무기로 변해버린다. 그런 환경에서의 용서는 진정한 용서가 아니다. 부인의 한 형태일 뿐이다. 많은 여성에게 있어 상처를 준 사람을 용서하는 것은, 아무 일도 없었고 상처받은 것도 없다고 말하는 것이나 마찬가지이다. 그것은 진실을 향해 한 걸음도 내딛지 못한 용서일 뿐이라 그러나 많은 여성들이 그렇게 순종하도록 세뇌당해왔다. 용서를 위해서는, 그 이전에 용서가 필요한 고통스러운 경험을 철저히 느껴야 한다. 용서는 우리에게 아무 일도 없었다는 뜻이 아니다. 용서의 진정한 의미는 우리 삶에 해로운 영향을 끼치는 경험을 더 이상 인정하지 않겠다는 뜻이다. 궁극적으로 용서는 자신을 위해 선택한 행위가 되어야 한다.

예전에 나는 편두통이 점점 악화되는 환자를 진료한 적이 있다. 그녀는 만성 질염, 알레르기 등 상당한 문제를 가지고 있었다. 완벽주의자였던 까닭에, 그녀는 일에 몰두하는 편이었다. 말 한 마디를 할 때에도 단어 선택에 상당한 주의를 기울였다. 얼굴을 과장되게 찡그리기도 했다. 그녀의 아버지와 할아버지, 외할아버지, 세 형제, 모든 삼촌이 알코올 중독자였으며, 어머니는 그녀를 어렸을 때부터 성인처럼 대했다. 그녀는 "나는 뛰어 놀 시간이 없었어요. 언제나 집안을 깨끗이 청소해야 했거든요. 그렇다고 알코올 중독에 빠진 식구들이 나에게 어떤 영향을 미쳤다고는 생각하지 않아요."라고 말했다. 그녀의 몸은 비명을 지르면서 관심을 끌려고 했지만 그녀는 부인으로 일관했다. 그녀의 경우 부모에 대한 용서는 어리석은 짓이었다. 지적 보상을 위해 용서를 이용했을 뿐이었다. 그녀는 자신이 부모로부터 좋지 않은 영향을 받았다는 사실을 먼저 인정해야만 했다.

진정한 용서는 우리를 근본적으로 변하게 만들며, 육체까지도 변하게 만든다. 진정한 용서는 은총이다. 진정한 용서는 눈물을 동반한 감동을 낳는다. 오래 전에 한 외과의가 의료국에 나를 고발한 사건이 있었는데, 나는 그때 용서의 의미를 절실히 깨달았다.

그 의사의 환자 중 한 명이 나를 찾아와 자문을 구했다. 3개월 전 그녀는 복통과 체중 감소, 그리고 항문협착증 때문에 그 의사를 찾아갔다. 그는 결장 검사를 했지만 특별한 징후를 발견할 수 없었다. 그런데도 그는 그녀의 모든 징후가 종양 때문일 것이라고 확신하면서 결장제거술을 권했다.

그녀는 일단 집으로 돌아가 식단을 건강식으로 완전히 바꾸었다. 3개월이 지나자 잃었던 체중을 되찾고 복통도 말끔히 사라졌다. 그런 상태에서 그녀는 나를 찾아왔다. 따라서 내가 그녀를 처음 보았을 때 그녀는 상당히 건강하고 활기가 넘쳐 보였다. 그녀가 나를 찾아온 이유는 수술에 대한 나의 생각을 묻기 위한 것이었다. 나는 검사를 해보기 전에는 누구도 판단할 수 없는 문제라고 대답했다. 3개월 전에 수술을 거부함으로써 이미 위험을 감수했지만, 그런 결정 덕에 모든 징후가 사라진 것은 사실이었다. 그녀는 암이 아닐 가능성이 높았다. 모든 증상이 게실염(암과 비슷한 결장염)에서 비롯된 것일 수도 있었고, 이미 치유되고 있는 것으로 생각되었다. 결국 그녀는 건강식을 계속하면서 몇 달 간격으로 결장 검사를 받는 쪽을 택했다.

그녀는 이러한 결정이 그 외과의의 권고에 완전히 상반되는 것임을 알고 있었다. 그러나 그 당시 외과의는 그녀의 증세가 놀랍도록 좋아졌다는 사실을 모르고 있었다. 내 생각에 그도 치유되고 있는 그녀를 보았다면 수술을 연기하고 정기적인 검사로 만족했을 것이다. 어쨌든 환자를 위해서는 의료협조가 필요하다는 생각으로 나는 우리의 결론을 외과의에게 알렸다. 예상한 대로 그는 내가 수술을 거절하도록 부추겼다며 나를 의료국에 고발했다. 나는 환자와의 상담일지를 제출해야 했고 의료국의 청문회를 기다리는 신세가 되었다. 의료국은 3개월에 한 번씩 모임을 가졌기 때문에 나는 오랜 시간을 초조한 마음으로 보내야 했다. 게다가 솔직히 말해서 나에 대한 의사들의 반감 때문에 두려움을 떨칠 수 없었다.

그 사건은 나에게는 무척이나 힘든 시련이었다. 나는 항상 좋은 평판과 존경을 받으려고 애써왔다. 나는 '훌륭한' 의사가문 출신이었다. 그런데 그 사건으로 인해 '나쁜' 의사라고 손가락질을 받을지도 모른다는 두려움이 나를 짓눌렀다. 그렇게 된다면 앞으로는 신념에 따라 일관되게 의료행위를 할 수 없을 것 같았다. 더욱이 내 환자에게도 자신의 몸에 대해 선택을 권할 수 없을 것 같았다. 나는 그렇듯 두려움을 느끼며 몇 주를 보냈다. 그러나 내면의 느낌을 변화시킬 수 있다면 외부세계에서도 변화를 시도할 수 있다. 나는 그렇게 믿으며 살아왔다. 당시 나는 그러한 신념을 실험해보아야 했다.

'포기' 역시 치유의 한 부분이다. 조절할 수 있다는 환상을 포기하는 것이다. 결국 몸의 치유력과 환자의 자유로운 선택을 존중하는 의술이 아니라면 나는 의사면허도 기꺼이 포기하기로 했다. 그러나 많은 동료와 환자가 격려를 아끼지 않았다. 필요하다면 청문회에도 참석하겠다고 나섰다. 낸시 코인Nancy Coyne 박사는 청문회장이 나를 지원하는 페미니스트들로 가득찰 것이라고 말해주었다. 나는 그들의 격려를 영원히 잊지 못할 것이다.

어느 날인가 나는 글을 쓰고 있던 중 나도 모르게 그 외과의에게 편지를 쓰기 시작했다. "친애하는 박사님. 나는 당신의 두려움을 알고 있습니다. 당신이 그토록 당혹해하는 이유도 알고 있습니다. …" 갑자기 그에게 연민이 느껴졌다. 나는 그가 어떤 사람인지 잘 알고 있었다. 나는 그를 용서했다. 태양신경총(명치)에 맺혀있던 두려움이 사라지는 느낌이었다. 그것은 몸의 느낌이었으며 지적인 깨달음은 아니었다. 그러나 그러한 느낌과 동시에 나는 의료국이 어떤 결정을 내리든 모든 일이 잘 풀릴 것이라고 확신할 수 있었다.

다음 날 의료국에서 일하는 한 동료가 병원으로 나를 찾아와 "의료국에서 당신 사건을 만장일치로 기각시켰어. 외과의가 과민반응을 보인 것을 인정한 셈이지!"라고 말했다. 덕분에 나는 청문회에 참석할 필요도 없었다. 의료국은 환자의 권리를 인정해주었고 환자에게 자세한 정보를 전해줄 나의 권리도 인정해주었던 것이다. 그것으로 나의 시련은 끝을 맺었다.

용서는 영적이고 감정적이지만 육체적인 것이기도 하다. 내 의도는 내 자신을 치유하려 했던 것이지 그 의사를 용서하려는 것이 아니었다. 그러나 나를 치유하는 유일한 방법은 그 상황에서 에너지를 거두어들이며 나의 적을 용서하는 것이었다. 우리가 치유에 열중할 때 용서는 저절로 찾아온다. 그러므로 진정한 용서를 위해서 우리는 먼저 치유에 열중할 수 있어야 한다. 그리고 필요하다면 보상할 수도 있어야 한다.

거듭 말하지만 내가 그 의사에게 연민이나 용서를 느끼려고 했던 것은 아니었다. 단지 나는 태양신경총에 맺힌 응어리를 풀고 싶었을 뿐이다. 그 응어리와 함께 하면서 대화를 나누고, 그 응어리에서 무엇인가를 배우려고 하면서 목적을 이룰 수 있었다. 물론 의료국에 고발당한 것이 바람직하지는 못했지만, 그 사건은 나에게 자유로움의 소중함을 일깨워주었다. 나는 지독한 두려움에 직면했고, 그 두려움과 함께 하면서 그것을 변화시켰다. 어찌되었든 그 환자는 두 달 후 다른 병원에서 검진을 받았으며, 그녀의 결장은 정상인 것으로 판명되었다. 종양의 징후 또한 전혀 없었다. 처음부터 결장에 염증이 있었을 뿐 암은 아니었다. 그녀는 지금도 건강하게 지내고 있다.

스티븐 레빈Stephen Levine이 말했듯이, 용서는 놀랍게도 균형감을 가져다준다. 원한을 품고 있는 한 어떠한 결과도 얻지 못한다. 레빈은 다음과 같은 명상법을 권하고 있다.[11]

눈을 감는다.

잠시 동안, 용서란 단어의 진정한 의미가 무엇인지 생각한다. 용서란 무엇인가?

부드럽게-억지로 하지 말라-, 원한을 품고 있는 사람의 모습을 떠올린다. 분노와 거리감을 느끼는 사람의 모습을 떠올린다. 그들을 천천히, 부드럽게 느껴본다. 어쩌면 명치에서 그들이 두려운 존재로, 거북한 존재로 느껴질 수도 있다. 정신과 일체가 된 몸에서 그들이 떠오르더라도 거부하지 말라. 부드럽게 그들을 받아들여라. 그리고 마음으로 그들에게 다음과 같이 말하라.

"너를 용서한다. 예전에 네가 어떤 짓을 했더라도, 그 일이 의도적이었든 그렇지 않든 간에, 나는 너를 용서한다. 네가 나에게 고통을 주었더라도 나는 너를 용서한다."

마음속으로 솔직하게 그들에게 말하라. 그리고 다시 이렇게 말하라.

"너를 용서한다. 예전에 네가 어떤 짓을 했더라도, 말로든 행동으로든 생각으로든, 그것이 의도적이었든 그렇지 않든 간에, 나는 너를 용서한다. 네가 나에게 고통을 주었더라도 나는 너를 용서한다. 너를 용서한다."

허락하라. 그들의 손길을 허락하라. 적어도 지금 이 순간만은 당신의 용서로 자신의 용서를 인정하라. 누군가를 당신 마음에서 따로 떼어 둔다는 것은 너무나 고통스러운 일이다. 그런데 그러한 고통을, 그러한 원한을 어떻게 계속 품고 있을 수 있겠는가. 두려움이나 의심 따위는 날려버려라. 이제 그러한 모든 감정들을 용서로서 극복하라. 이제 그러한 감정은 천천히 날려버려라. 그러한 감정에서 천천히 떠나라.

이제 당신에게 원한을 품고 있는 사람들의 모습을 그려보라. 그들을 가슴으로 느껴보라. 그들을 당신의 마음속으로 천천히 받아들여라. 원한과 분노를 품은 사람, 당신을 용서하지 못하는 사람들 모두를 당신 마음속으로 받아들여라. 마음속으로 그들에게 이렇게 말하라.

"당신의 용서를 빕니다. 내가 당신에게 어떤 고통을 주었더라도, 그것이 의도적이었든 그렇지 않든 간에, 말로든 행동으로든 생각으로든, 당신에게 어떠한 고통을 주었더라도 당신의 용서를 빕니다. 당신의 용서를 빕니다. 나의 분노, 나의 두려움, 나의 맹목적인 행동, 나의 게으름, 이런 것으로 의도적이었든 그렇지 않든 간에 당신에게 고통을 주었다면, 진정으로 당신의 용서를 빕니다."

그리고 용서를 허락하라. 그들이 당신을 용서한다고 느껴라. 조금이라도 의혹이 생긴다면, 인간은 냉혹하지만 용서할 수 있는 존재라고 생각하라. 그리고 당신이 용서를 받았다고 느껴라. 진정으로 당신이 용서받았다고 느껴라.

"내가 당신에게 고통을 주었더라도 당신의 용서를 빕니다."

그들의 용서를 몸으로 느껴라. 천천히, 부드럽게…. 그들이 당신을 용서하고 있다고 생각하라. 당신을 위해서….

다시 당신의 마음으로 돌아와서 당신 자신에게 "나는 너를 용서한다"고 말하라. 그 무엇이 용서를 방해하더라도 냉혹함과 두려움을 날려보내라. 당신의 용서와 자비를 느끼도록 하라. 마음속으로 당신의 이름을 부르면서 "나는 너를 용서한다"고 당신 자신에게 말하라. 당신의 마음에서 당신 자신을 떼어 둔다는 것은 너무나 고통스러운 일이다. 당신을 받아들여라. 용서를 몸으로 느끼도록 하라. 치유를 받아들여라. 그리고 당신에게 "나는 너를 용서한다"고 말하라.

이제 용서를 당신 주변의 것으로 확장시켜라.
모든 것이 스스로를 용서할 수 있으리라.
모든 것이 기쁨을 발견할 수 있으리라.
모든 것이 평화롭게 살 수 있으리라.
모든 것이 치유될 수 있으리라.
모든 것이 진정으로 하나가 될 수 있으리라.
모든 것이 고통에서 벗어날 수 있으리라.
모든 것이 평화롭게 살 수 있으리라.
사랑과 친절과 용서가 온 지구로 퍼지게 하라.
눈에 보이든 보이지 않든 간에 존재하는 모든 것에 퍼지게 하라.
모든 것이 고통에서 벗어날 수 있으리라.
모든 것이 용서와 자유와 평화의 힘을 깨닫게 되리라.
눈에 보이든 보이지 않든 간에 존재하는 모든 것이 존재의 의미를 알게 되리라.
모든 것이 그 무한함, 그 무한한 평화로움을 알게 되리라.
모든 것이 자유로우리라. 모든 것이 자유로우리라.

12단계 : 적극적으로 살아라

아이들을 지켜보면 당신의 영혼과 면역체계를 깨우기 위해 무엇이 필요한지 알게 된다. 어린아이는 자기가 무엇을 원하는지 정확하게 알고 있다. 이처럼 우리는 원하는 바를 본능적으로 알게 되는 선천적인 능력을 갖고 태어났지만, 사회화과정에서 원하는 것을 가질 수 없다고 배우게 된다. 따라서 우리는 실망을 피하기 위해 내면의 욕망과 삶의 열정을 조금씩 포기하게 된다. 데이비드 에렌펠드David Ehrenfeld는 〈휴머니즘의 오만The Arrogance of Humanism〉에서 이렇게 말했다.

> 우리의 문명은 삶의 가치와 죽음의 회피를 동일하게 여기고 있다. 우리는 모두 잠재된 삶의 기쁨 대신에 공허하고 불가능한 목표, 하찮은 것을 향한 어리석은 추구를 하고 있다. 죽음이 삶의 수많은 부분 중의 하나로 여겨질 때 삶은 과거의 흥분을 되찾을 것이며, 훌륭한 의사들의 노력도 헛되지 않을 것이다.[12]

종이를 꺼내서 '나는 ~을 원한다' 혹은 '나는 ~을 택한다'는 항목을 쓰고 그 안에 당신이 원하는 것을 써보아라. 예를 들어 '나는 건강하고 강한 몸을 원한다(택한다)'라고 써보아라. '원한다(택한다)'는 것은 당신이 그것을 얻으려고 노력한다는 뜻이 아니다. 다만 그것을 기꺼이 수용하겠다는 뜻이다. 이제 당신이 그것을 원하는 이유에 대해 구체적으로 써보면 짜릿한 흥분감을 느낄 수 있을 것이다. 그러한 느낌이 주변의 것을 당신에게로 끌어당기는 힘을 갖는다.

예를 들어 이렇게 써본다. '나는 강해지는 것을 느끼고 싶기 때문에 그것을 받고 싶다. 내 몸이 나의 욕구에 맞춰 악기가 되기를 원한다. 내 몸이 내 안에 있는 아름다움을 반영할 수 있기를 원한다. 내 몸이 내가 가고자 하는 방향으로 나를 인도할 수 있기를 바란다. 충만한 삶을 위해 에너지와 스태미나로 가득한 몸을 원한다.' 이러한 느낌이 만들어내는 긍정적인 에너지는 당신을 건강하게 만들기 시작한다. 당신이 원하는 것을 생각하고 그것에 집중하라. 그러면 보이지 않는 자장磁場이 당신을 에워싸게 된다. 그리고 당신이 '그래, 나는 그것을 원해. 하지만 얻지는 못할 거야.' 라고 생각하지 않는 한 당신은 건강을 향해 첫걸음을 내딛은 것이다.

매일 당신이 진정으로 원하는 것을 생각하는 데 약간의 시간을 투자하라. 그것을 갖게 될 때 어떤 느낌일지도 상상해보라. 당신의 생각과 감정이 실현되었을 때의 그 느낌과 일치시켜야 한다. 말로는 건강한 몸을 원한다고 하면서 내면으로는 당신은 그럴 가치가 없는 존재로, 현재의 질병을 일종의 형벌로 생각한다면 결코 바람직한 결과를 얻지 못할 것이다. 한 달 정도 시간을 정해두고 잠들기 전에 "나는 활기가 넘치는 몸과 건강을 원한다"고 말해보라. 지적인 능력이 활동을 중지하고 잠들어 있는 동안 내면의 인도자가 활약하게 된다. 잠들어 있는 동안 건강해지겠다는 당신의 의지가 당신의 몸과 의식에 프로그램화되는 셈이다.

당신이 원하는 것에 대한 당신의 생각이 얼마나 자주 부정적으로 변하고 있는가를 살펴보라. 당신의 생각을 원래대로 되돌려라. 당신의 삶에서 일어나는 것들에 집중하는 습관을 키워라. 좋은 것을 식별하고 그것에 감사하는 습관을 키워라. 감사는 우리가 원하는 것을 끌어당기기 위해 가져야 할 가장 강력한 감정이다.[13] 감사해야 할 사람이나 사물을 찾을 때, 흘러가는 삶에 감사하려 할 때, 당신의 마음속에 흡족한 것이 저절로 찾아올 것이다. 작은 것부터 시작하라. 예를 들면 이불의 촉감이나 베개의 푹신함부터 감사하라.

또 하나 강력하게 권하고 싶은 것은, 한 달 동안 텔레비전이나 라디오는 물론 신문 등의 뉴스매체를 듣지도 읽지도 않는 것이다. 아침에 일어나 뉴스를 듣는 대신 음악을 들어라. 그러면 내면의 인도자를 맞이하는 데 가장 커다란 장애물을 제거하는 셈이다. 우리는 세상 구석구석에서 일어나는 고약한 소식을 들어야만 하는 수신기가 아니다. 우리의 일상생활, 가족과 동료의 생활 속에서도 우리는 치유를 위한 충분한 기회를 마련할 수 있다. 그렇게 할 때 우리는 달라지게 된다. 그리고 각자가 가족, 직장, 공동체를 위해 최선을 다할 때 지구공동체도 달라질 것이다. 그러나 우리가 아무런 역할도 할 수 없는 고약한 소식이 우리의 생각을 사로잡는다면 어떠한 변화도 있을 수 없다. 뉴스를 들을 때마다 상처를 받게 되고 가슴이 저려온다면 의식적으로 그러한 정보를 피하라. 그렇지 않으면 당신의 건강이 위험해진다.

감미로운 음악이나 고요함으로 아침을 맞는다면 꿈을 기억하기가 훨씬 수월해질 것이다. 뉴스를 듣지 않는다고 해서 당신이 잃을 것은 별로 없다. 주변 사람들이 당신에게 온갖 것을 이야기해줄 것이기 때문이다. 당신은 필요한 것만 취사선택하면 된다. 덕분에 당신 자신을 더욱 잘 알게 되는 기회를 얻게 될 것이다. 나는 지난 3년 동안 뉴스를 거의 듣지 않았지만 그렇다고 내 생각, 꿈, 행복에서 달라진 것은 없다. 이제 나는 뉴스를 듣더라도 심각하게 받아들이지 않고 취사선택할 수 있게 되었다. 내가 관심 가져야 할 것을 선별적으로 선택함으로써 내가 원하는 삶을 꾸려갈 수 있게 되었다.

일생의 목표들을 써보아라. 지난 10년 간, 나는 연말이면 새해의 목표를 세우고 동시에 5개년과 10개년 계획도 세웠다. 이제 우리 가족은 그런 일을 연례행사처럼 치룬다. 그리고 놀랍게도 나는 거의 모든 목표를 달성했다. 심지어 내가 잊고 있었던 것조차도 이루어냈다. 계획을 글로 쓰면서 생각한 것만으로 마법의 힘이 활동한 셈이다. 그 '마법의 힘'이 바로 의지력, 즉 무엇인가를 이루어내겠다는 생각의 힘이다.

당신이 원하는 것을 식별하는 습관을 갖는 것이 중요하다. 다시 말해서 당신의 열정을 느껴보라. 나풀대는 치마를 입고 길거리를 활보하고 싶을 수도 있다. 대부분의 사람은 즐거울 때 삶까지도 풍요로워진다. 당신의 마음 어딘가에 당신이 진정으로 원하는 것이 있다. 당신은 그것이 무엇인지를 분명히 알고 있다. 무엇이든 가능하다면 당신은 어떤 삶을 살고 싶은가?

이제 당신은 건강한 삶을 위한 첫 번째 준비단계를 끝냈다. 당신 마음에 와 닿는 것도 있고 그렇지 않은 것도 있었을 것이다. 그러나 무엇보다 당신의 느낌을 믿어야 한다. 당신을 믿고 그 느낌을 간직하라. 치유를 위한 12단계의 과정에서 내가 바라는 것은 다음과 같다.

1. 자신을 옭아매는 것에서 벗어나기
2. 자신이 옳은 길을 걷고 있다는 자신감
3. 분노 표출
4. 눈물
5. 웃음
6. 깨달음

결국 삶이란 성장, 변화, 운동, 창조 등이 매일매일 반복되는 과정이다. 노래하고 싶은가? 달리고 싶은가? 그럼 즉시 노래하고 달려라. 물론 이러한 삶이 화급을 다투는 것은 아니지만 영원히 계속된다는 보장도 없다. 당신은 삶에서 어떤 느낌을 갖고 싶은가? 가끔은 그러한 느낌을 상상하라. 더욱 충만한 삶을 살기 위해서 당신은 당장 어떤 행동을 취해야 하는가? 이제 그런 삶을 위해서 한 걸음씩 내딛어보자.

여성 대 여성
건강관리를 위한 설문지

인적사항 날짜 : ____________

이름 : ________________ 나이 : ______ 생년월일 : ____________

주소 : ____________________________ 우편번호 : ____________

실제 주소 (위와 다를 경우) : ______________________________

집 전화번호 : ____________________

직업 : ____________ 회사명 : ____________

주소 : ______________________________________

직장 전화번호 : __________ 구내번호 : __________

고용상태 : □ 정시직 □ 임시직 □ 학생 □ 퇴직 □ 무직 기타 : ____________

거주형태 : □ 부모 □ 독거 □ 친구 □ 애인 □ 남편 자녀 수 : ____________

함께 거주하는 사람의 이름과 연령 : ______________________________

____

애완동물 : ______________________________________

현재 상황 : □ 독신 □ 동거 □ 결혼 □ 이혼 □ 미망인

애인 / 남편 / 부모의 이름 : ________________ 직업 : ____________

응급시 연락할 사람 : ________________ 전화번호 : ____________

학력 : ____________________________ 종교 : ____________

보험 상황

보험회사 이름 : ______________________________________

주소 : ____________________________ 전화번호 : ____________

계약번호 : ____________________________

그 밖의 의료보험 상황 : ______________________________

진료를 위해 특기할 사항

____

____

알레르기 : ____

약물 알레르기(페니실린 등) : ______________________________

식품, 꽃가루 등에 대한 알레르기 : __________________________

의료 상황

현재의 건강 상태 : ☐ 아주 좋음 ☐ 좋음 ☐ 보통 ☐ 나쁨

현재 복용 중인 의약품(비타민, 처방약 등 포함) : ____________________

____

콜레스테롤 수치를 측정해본 적이 있습니까?____ 있다면, 날짜 : __________ 결과 : ______

유방 X-선 사진을 찍어본 적이 있습니까?____ 있다면, 날짜 : ____________ 결과 : ______

유방을 자가검진하고 있습니까? ______________________________

입원 및 수술기록

날짜	병원	진단 / 수술	담당의사

임신(유산 및 낙태 포함)

날짜	임신기간	성별	체중	문제점

최근에 건강을 상담한 의사나 건강관리사

이름 날짜 제공받은 진료

____

____

____

과거 병력 상황

어린시절의 질병 : ☐ 풍진 ☐ 수두 기타 : ______________

☐ 심징 질환 : ____________ ☐ 고혈압 ☐ 뇌졸중 ☐ 정맥류성 정맥 ☐ 정맥염

☐ 응고 결핍 ☐ 출혈소인 ☐ 수혈 ☐ 당뇨 ☐ 신장 질환 ☐ 류마티스성 열

☐ 황달 / 간염 ☐ 간질 ☐ 골절 : __________ ☐ 암 : __________ ☐ 관절염

☐ 결장염 ☐ 천식 ☐ 만성피로 / 엡스타인-바 바이러스 ☐ 식욕부진 혹은 거식증

기타 : ______________________________

습관

좋아하는 음식 : ______________________________

절제하는 음식 : ______________________________

하루의 평균 식단 아침 : ______________________________

점심 : ______________________________

저녁 : ______________________________

평소에 하는 운동 : ______________________________

평균 몇 분 정도 합니까? ______________________________

얼마나 자주 합니까? ______________________________

흡연

얼마나 피웁니까? ____________________

전에도 피웠습니까? ____________________

피웠다면 어느 정도? ____________________

흡연경력? ____________________

술

얼마나 마십니까? ____________________

얼마나 자주 마십니까? ____________________

카페인 음료는 얼마나 마십니까? ____________________

기분을 전환하기 위해 사용하는 약물이 있거나 과거에 있었습니까? ____________________

스트레스

가정, 직장 등을 포함해서 자세하게 작성하시오 ____________________

____

____

가족 사항

관계 / 나이 / 중요한 질병 / 생존여부 / 사망원인(알코올 중독, 고혈압, 암, 당뇨병, 심장 질환, 골다공증 등)

어머니 : ____________________

아버지 : ____________________

자매 : ____________________

형제 : ____________________

외할머니 : ____________________

친할머니 : ____________________

외할아버지 : ______________________________

친할아버지 : ______________________________

이모 : ______________________________

고모 : ______________________________

외삼촌 : ______________________________

친삼촌 : ______________________________

부인과 병력기록

가장 최근에 월경을 시작한 날짜 : ______________________________

평소 월경을 시작했던 날짜 : ______________________________

초경 연령 : ______________________________

가장 최근에 골반검사를 받은 날짜 : ______________________________

가장 최근에 자궁암 검사를 받은 날짜 : ______________________________

자궁암 검사시 비정상인 경우가 있었습니까? ______ 있었다면, 언제 : ______________

결과 ______________________ 처치 : ______________________

성적으로 적극적인 편입니까? ______________________________

지금도 성관계를 갖고 있습니까? ______________________________

임신하려 애쓰고 있습니까? ______ 얼마나 되었습니까? ______________

피임을 하십니까? ______________ 얼마나 되었습니까? ______________

근래 사용하는 피임법 : ______________________________

그 방법에 문제가 있다면? ______________________________

과거에 사용했던 피임법 : ______________________________

정상적인 경우(약을 사용하지 않을 때), 월경 시작 후 다음 월경이 시작할 때까지의 날짜는?

월경 일수 : _______ 출혈량 : _______ 통증의 정도 : ______________

월경전 증후군 : ______________________________

언제 시작합니까? ______________________________

정상적인 패턴에서 어떤 변화가 있습니까? ______________________________

월경시기가 아닌 때에도 출혈이 있습니까? ______________________________

있다면 언제? __________ 그 증상은? ______________________________

평소와 다른 골반 통증, 혈압 등에서 변화가 있습니까? ______________________________

있다면 언제? __________ 그 증상은? ______________________________

평소와 다른 질의 분비물이나 가려움증이 있습니까? ______________________________

있다면 언제? __________ 그 증상은? ______________________________

얼마나 계속 됩니까?__________ 어떻게 처치합니까? __________

성적으로 그 밖의 다른 문제가 있습니까? ______________________________

나팔관에 문제가 있습니까? ______________________________

성병에 감염된 적이 있습니까? ______________________________

유산을 막기 위해서 임신기간 동안 약물을 사용한 적이 있습니까? __________

기타 : ______________________________

전반적인 점검

현재 눈에 띄는 증상이 있을 경우 해당되는 곳에 표시하시오.

(현재에는 없지만 과거에 있었을 경우, 과거병력기록에 표시하시오.)

일반적 증상

☐ 발열이나 한기 ☐ 홍반 ☐ 비정상적인 모발 성장 ☐ 피부 발진 ☐ 체중 변화

복부

☐ 복부 팽만 ☐ 소화불량 ☐ 위경련 ☐ 구역질이나 구토 ☐ 배변 습관의 변화

☐ 혈변이나 검은 변 ☐ 설사 ☐ 변비 ☐ 치질 ☐ 가스

머리

☐ 두통 ☐ 현기증 ☐ 시각 결손 ☐ 청각 결손 ☐ 후각 결손 ☐ 실신

방광

☐ 빈뇨증 ☐ 배뇨통 ☐ 혈뇨 ☐ 소변을 참지 못함 ☐ 소변이 전혀 마렵지 않음

☐ 수면 중 반드시 소변을 위해 일어남

가슴

☐ 흉통 ☐ 숨이 참 ☐ 심장 잡음 ☐ 승모판 탈출증 ☐ 심장이 두근거림

☐ 만성 기침 ☐ 기침할 때 피가 섞여 나옴 ☐ 천명(목소리가 색색거림)

유방

☐ 뭉친 덩어리가 만져짐 ☐ 출혈 ☐ 분비물 ☐ 압통

그 밖의 특기할 사항 : ______________________________

____

____

일과 점검표

가정 생활과 직장 생활에 대한 당신의 생각을 묻는 것입니다. 각 질문이 잘 읽고 당신 생활과 비교해본 후 적절한 대답의 공란에 표시하십시오.

이 점검표는 생활 스타일이 당신에게 미치는 스트레스와 그 결과를 파악하기 위한 것입니다.

이웃이 주는 스트레스

1. 이웃이 너무 소란스럽다 ········ ☐ 예 ☐ 아니오
2. 이웃이 너무 많다 ········ ☐ 예 ☐ 아니오
3. 이웃이 너무 조용하다 ········ ☐ 예 ☐ 아니오
4. 이웃이나 친구가 충분치 않다 ········ ☐ 예 ☐ 아니오
5. 더불어 살기에 위험한 이웃이 있다 ········ ☐ 예 ☐ 아니오

6. 집안 일이 너무 많아 짜증스럽다 ············ □ 예 □ 아니오

7. 기후가 나를 짜증나게 만든다 ············ □ 예 □ 아니오

8. 동네가 너무 낯설게 느껴진다 ············ □ 예 □ 아니오

9. 그 밖에 다른 문제 : ______________________________

____

가족이 주는 스트레스

10. 최근에 결혼했다 ············ □ 예 □ 아니오

11. 최근에 이혼했다 ············ □ 예 □ 아니오

12. 최근에 이사했거나 곧 이사할 예정이다 ············ □ 예 □ 아니오

13. 집에서 혼자 있는 시간이 많다 ············ □ 예 □ 아니오

14. 남편(동거인)과의 관계에 신경이 많이 쓰인다 ············ □ 예 □ 아니오

15. 다른 가족(부모, 자식, 형제, 자매)과의 관계에 신경이 많이 쓰인다 ············ □ 예 □ 아니오

16. 바람직하지 못한 환경에서 성장했다는 느낌이 든다 ············ □ 예 □ 아니오

17. 새 아기가 생겼다 ············ □ 예 □ 아니오

18. 가족에게 법적인 문제가 생겼다 ············ □ 예 □ 아니오

19. 가족이나 가까운 친구가 최근에 사망했다 ············ □ 예 □ 아니오

20. 가족 중에 심각한 환자가 생겼다 ············ □ 예 □ 아니오

21. 가족 때문에 걱정이 많다 ············ □ 예 □ 아니오

22. 나와 가까운 사람이 술을 지나치게 많이 마신다 ············ □ 예 □ 아니오

23. 자녀 중 하나가 최근에 집을 떠나 이사를했다 ············ □ 예 □ 아니오

24. 남편(동거인)이 최근에 퇴직했다 ············ □ 예 □ 아니오

25. 그 밖의 다른 문제 : ______________________________

____

직장에서의 스트레스

26. 현재 하고 있는 일이 재미없다 ············ □ 예 □ 아니오

27. 동료들의 요구가 너무 많다 ············ □ 예 □ 아니오

28. 일을 조절하기가 힘들다 ············ □ 예 □ 아니오

29. 내가 하는 일에 만족하지 못한다 ············ □ 예 □ 아니오

30. 가끔 너무 많은 책임을 떠맡고 있다는 생각이 든다 ············ □ 예 □ 아니오

31. 일을 끝내기가 벅찰 정도로 시간이 부족하다 ············ □ 예 □ 아니오

32. 최근에 새로운 직장을 얻었다 ············ □ 예 □ 아니오

33. 최근에 직장을 잃었다 ············ □ 예 □ 아니오

34. 직장 상사(혹은 직원)와의 관계가 원만치 못하다 ············ □ 예 □ 아니오

35. 동료와의 관계가 원만치 못하다 ············ □ 예 □ 아니오

36. 그 밖의 다른 문제 : ______________________________

____

개인적인 문제에서 비롯되는 스트레스

37. 돈 문제로 걱정이 많다 ············ □ 예 □ 아니오

38. 외로움을 느낀다 ············ □ 예 □ 아니오

39. 생활이 지겹게 느껴진다 ············ □ 예 □ 아니오

40. 건강 때문에 걱정이다 ············ □ 예 □ 아니오

41. 죽음에 대한 생각을 많이 한다 ············ □ 예 □ 아니오

42. 종교 문제로 고민이 많다 ············ □ 예 □ 아니오

43. 그 밖의 다른 문제 : ______________________________

____

스트레스가 미치는 결과

44. 잠들기가 어렵다 ············ □ 예 □ 아니오

45. 오래 잠자지 못한다 ············ □ 예 □ 아니오

46. 아침에 일어나기가 힘들다 ············ □ 예 □ 아니오

47. 아침에 일어날 때 무척 피곤하다 ············ □ 예 □ 아니오

48. 항상 신경이 날카롭다 ············ □예 □아니오

49. 종종 우울증을 느낀다 ············ □예 □아니오

50. 걱정이 많다 ············ □예 □아니오

51. 자주 아프다 ············ □예 □아니오

52. 자살을 생각하기도 한다 ············ □예 □아니오

53. 성생활에 문제가 있다 ············ □예 □아니오

54. 때때로 몸이 약해진 기분이 들고 현기증도 느낀다 ············ □예 □아니오

55. 어깨, 목 등에 종종 통증을 느낀다 ············ □예 □아니오

56. 종종 울고 싶은 기분이다 ············ □예 □아니오

57. 커피를 너무 많이 마신다 ············ □예 □아니오

58. 담배를 너무 많이 피운다 ············ □예 □아니오

59. 술을 너무 많이 마신다 ············ □예 □아니오

60. 옛날보다 많이 먹는다 ············ □예 □아니오

61. 옛날보다 적게 먹는다 ············ □예 □아니오

62. 몸무게 때문에 걱정이 많다 ············ □예 □아니오

63. 옛날보다 화를 자주 낸다 ············ □예 □아니오

64. 카운슬링을 받으면 도움이 될 것 같다 ············ □예 □아니오

65. 그 밖의 다른 문제 : ______________________________

____

66. 의사와 개인적으로 상담하고 싶은 문제가 있습니까? ············ □예 □아니오

67. 그 밖에 진료에 도움이 될 것이라고 생각되는 내용 : ______________________________

____

끝으로 위의 질문 중에서 당신이 특별히 신경 쓰이는 부분이 있다면 대답에 ○표를 해두시기 바랍니다. 수고하셨습니다.

16 의학적 치료를 통한 최대의 효과

고통은 평온을 거부한 결과이다.
행복해지려는 욕구가 우리를 행복하게 만든다.
– 아브라함

건강관리사 선택

치유를 위한 가장 강력한 방법의 하나는 질병을 치유하고 건강을 유지하려는 몸의 능력을 존중하는 의사와 긴밀한 협조체제를 갖는 것이다. 건강문제를 다루는 사람들은 말 한 마디에도 신경을 써야만 한다. 그들의 말은 치유의 힘도 지니고 있지만 파괴하는 힘도 지녔다. 그만큼 우리의 몸이 취약하다는 증거이기도 하다. 따라서 전문가의 말은 믿음을 줄 수 있어야 하며 동시에 치유에 도움이 될 수 있도록 신중해야 한다.

노먼 커즌스Norman Cousins가 말했듯이 의사는 자신의 처방이 처방전에 쓰인 것 이상의 효과를 갖는다는 사실을 알고 있다. 다시 말해서

의사의 처방 자체가 환자를 고통에서 벗어나게 하는 중요한 약이 될 수 있다. 치유에 있어 항상 약이 필요한 것은 아니지만 회복될 수 있다는 믿음은 반드시 필요하다. 환자를 안심시키기 위해서는 때로 위약僞藥도 필요한 것이다. 위약 효과는 몸으로 나타난다. 또한 당신이 신뢰하는 의사의 처방도 몸으로 나타난다. 의사의 말은 환자의 영혼에 새겨지는 것이다. 따라서 의사는 조심스럽고 신중하게 선택해야 한다.

나는 "다른 도시에도 당신 같은 의사가 있을까요?"라는 질문을 자주 받는다. 많은 환자가 그들의 내적 지혜를 존중하며 질병의 메시지를 인정하는 치유법을 높게 평가하고 있다. 이러한 치유법을 "제3의학"이라고 부른다. 제3의학은 전통적인 역증요법과 대체의학에서 장점만을 취한 것이다. 실제로 이러한 치유법에 호의적인 건강관리사가 급속도로 증가하고 있으며, 의과대 학생들도 제3의학에 대해 예전보다는 훨씬 더 개방적이다. 비록 정신과 몸의 상관성을 공개적으로 인정하지는 않았지만, 제3의학에 심취한 의사들이 미국에만도 상당수 있다. 내가 알고 있는 대다수의 가정의도 정신과 몸의 관련성을 인정하면서 새로운 의학에 개방적인 입장을 취한다. 가정의학 자체가 건강에서 가계家系의 중요성을 강조하기 때문이다. 덕분에 가정의학은 질병의 숨겨진 면과 정신, 몸의 상관성에 자연스럽게 접근하게 된다.

이제 의사들도 질병에 대한 환자의 생각을 기꺼이 인정할 수 있어야 한다. 환자 자신이 가려는 새로운 길을 지원할 수 있어야 한다. 다음과 같은 단계를 지킨다면, 당신에게 적합한 건강관리사를 찾는 데 크게 도움이 될 것이다.

올바른 소개를 받아라 의사를 소개받는 방법에는 두 가지가 있다. 하나는 만족스러운 결과를 얻은 경험이 있는 사람에게서 소개를 받는 것이고, 다른 하나는 의사의 추천이다. 대체의학을 중시하는 의사라면 의학계 내에 있을 수도 있지만 그렇지 않을 수도 있다. 때문에 훌륭한 침술가나 마사지사는 의학계에서 모를 수도 있다. 물론 반드시 그런 것은 아니다. 초창기 우리 병원을 찾아온 환자들도 대부분 소문을 듣고 온 사람들이었다. 지금은 다른 의사들의 소개로 찾아온 환자가 20%를 차지하지만, 여전히 소문을 듣고 온 환자의 수가 압도적이다. 따라서 주변 사람들에게 정보를 구한 다음 가능하면 이유까지 알아보아야 한다.

대체의학 전문가를 찾을 때는 건강식품 판매점을 찾는 것도 좋은 방법이다. 그런 곳에서 일하는 사람도 때로는 당신의 문제에 적합한 사람을 권해줄 수 있다. 제3의학으로 불리는 보완의학에 관심 있는 사람들은 서로를 잘 알고 있기 때문이다. 요즘은 또 대체의학을 주장하는 사람들이 대학이나 성인교육 프로그램에서 강연하는 경우가 많아지고 있다. 요가, 마사지, 태극권 등을 수련하는 것도 적절한 방법이 될 수 있다.

신뢰성 수료증은 의사가 전공분야에서 충분한 능력을 검증받았다는 증거가 된다. 물론 대체의학에서의 신뢰성은 가변적이며 어떤 경우에는 정립되어 있지 않기도 하다.

당신에게 적합한가 어떤 사람에게는 전폭적인 신뢰를 받을 만큼 유능한 의사이지만 당신에게는 그렇지 않을 수도 있다. 따라서 아무리 많은 사람이 당신에게 그 의사를 권하더라도 그를 판단해보고 당신이 그를 믿을 수 있어야 한다. 나 역시 의사를 신중하게 선택한다. 큰딸이 구강수술을 받아야 할 때였다. 한 의사를 추천 받았고 겉으로는 나무랄 데 없이 완벽한 사람이었다. 그러나 직접 만나서 그의 인간성과 '치유지수'를 확인해보기 전까지 나는 딸의 수술을 맡길 수 없었다. 아마도 그에게서 만족스런 치유지수를 발견할 수 없었다면, 나는 말없이 진료실을 나와버렸을 것이다. 당신 역시 그렇게 해야 한다.

치유지수 평가 의사가 진정한 치유사로 느껴지는가? 진료실을 나설 때 언제나 편안하고 기분이 나아지는가? 적절한 도움을 받고 있다고 느껴지는가? 진정한 치유사는 연장에 관계없이 어떤 상황에서나 도움을 줄 수 있어야 한다.

남편과 함께 버몬트의 한 점술사를 찾아갔을 때, 나는 그 교훈을 절실하게 느낄 수 있었다. 그 점술사는 남편의 두 손에 엄청난 치유 에너지가 담겨 있다면서 그 능력을 사용하고 있느냐고 물었다. 물론 남편은 아니라고 대답했다. 그녀는 남편에게 안마술이나 지압술을 배우도록 권했다. 집으로 돌아오던 길에 남편은 "당신도 정형외과가 손으로 치유하는 의술이라고 생각하오?"라고 물으면서 웃음을 터뜨렸다. 남편은 '치유'가 의학의 본류에서 벗어나는 것이라고 생각했던 것이다. 그는 정통 정형외과 의사였기 때문에 대체의학에 상당한 회의를 품고 있었고, 치유사가 되어야 할 이유도 없다고 생각했다. 그에게 치유사는 안마나 약초를 사용하는 사람이었던 것이다. 그러나 남편의 생각은 크게 잘못된 것이었다. 사실에만 근거해서 객관적이려고 노력하는 의사가 있다. 그러나 그것만으로는 충분하지 않다. 언젠가 한 유방암 환자가 담당의사에게 "암은 별 문제가 아니에요. 하지만 당신을 다시 찾는 데 2주일이란 시간이 필요했어요."라고 푸념하는 것을 들은 적이 있다. 그녀는 의사의 냉정한 태도를 탓한 것이었다. 의사의 배려가 부족하다고 생각했던 것이다. 그녀가 바랐던 것은 기적이 아니라 따뜻한 배려였다. 그녀의 푸념 이후 둘의 관계는 한층 나아졌다. 건강회복을 위해서는 이러한 관계가 절대적으로 필요하다.

미국에서 산부인과 병원은 의료사고로 인해 평균 두 건 정도의 소송에 휘말리고 있다. 나 역시 예외는 아니다. 그러한 경험은 심리적으로 커다란 상처를 안겨주며, 의사와 환자가 서로를 불신하게 만든다. 그런 이유로 의사는 의학적인 기준을 넘어서지 않으려고 한다. 나아가 더욱 안전하다고 확신하는 진료조차 꺼리게 된다. 이러한 딜레마에서 벗어나는 한 가지 방법은, 의학적인 기준에서 벗어난 대체의학을 자의에 따라 선택한다는 서류에 환자가 직접 서명함으로써 의사에게 의과대학에서 배우지 않은 새로운 접근법을 훨씬 편안하게 받아들일 수 있도록 해주는 것이다. 결국 의사와 환자가 긴밀한 관계에 도달하려면, 현실을 그대로 인정하면서 양쪽 모두 욕구와 두려움에 솔직해져야 한다.

의사와의 협조 담당의사가 당신의 문제를 직관적으로 정확히 알아내고, 그 문제가 무엇이든 당신을 치료할 수 있는 정확한 처방을 내려줄 수만 있다면 더 이상 바랄 게 없을 것이다. 어린 시절부터 우리의 가슴속에는 '부작용에 대한 걱정 없이 완벽한 처방을 내려주는 의사'에 대한 환상이 담겨있다. 그러나 유감스럽게도 그런 의사는 존재하지 않는다. 다행히 우리들의 내면에 실수 없이 우리를 올바른 길로 인도할 수 있는 작은 목소리가 존재할 뿐이다. 문제는 외부에서 받아들인 정보를 우리를 올바른 길로 인도하는 내면의 지혜와 결합시키는 데 있다. 우리가 일으킨 문제만큼 스스로 책임지기 시작할 때 의료체제에도 변화가 생길 것이다.

당신보다 훨씬 많은 것을 아는 사람이 주도권을 쥐게 될 때 대세를 거역하기란 쉽지 않다. 게다가 여성은 순종해야 한다고 교육받았다. 한 친구가 최근에 수술을 받았다. 나는 그녀에게 수술을 받기 전 마취의와 상의를 했느냐고 물었다. 그녀가 마취상태에 있을 때, 그리고 마취에서 깨어날 때, 마취의에게 치유진술문('수술을 준비하는 법' 참조)을 읽어 달라고 부탁을 했느냐는 물음이었다. 그녀는 "아니, 내 정신이 아니었어."라고 대답했다. 그녀의 대답은 건강을 관리하는 데 있어 중대한 문제를 보여준다. 그것은 여성들이 반드시 필요한 것을 요구하는 일조차 두려워한다는 사실이다. 오랜 세월 뿌리내려온 잘못된 문화를 극복하기 위해서는 엄청난 용기와 자신감이 필요하다. 우리는 실수를 두려워하도록 배웠기 때문이다. 그래서 사람들은 자신의 건강에 대한 책임을 다른 사람에게 맡기는 편이 훨씬 편하다고 생각한다. 그러나 자신을 신뢰하면서 자신의 욕구를 성취할 능력이 자신에게도 있다는 사실을 깨닫게 될 때, 다른 사람에게 당신의 건강을 떠맡기면서 얻게 되는 일시적인 안도감과는 비교도 되지 않을 만큼 큰 만족감을 얻게 될 것이다.

의사마다 훈련받은 분야와 관심분야가 다르다. 정통의학과 대체의학

사이의 길을 걷고 있는 의사로서 나는 다양한 치료법이 일구어낸 장점을 알고 있다. 환자는 자신의 몸에 관한 한 권위자가 되어야 하고 다양한 정보를 얻도록 노력해야 한다. 그리고 의사를 비롯한 건강관리사를 찾아가기 전에 당신에게 주어진 시간 안에 대답해줄 수 있을 만큼의 질문을 미리 준비해 가는 것이 중요하다.

인력의 법칙을 사용하라 우리는 비슷한 것에 끌리게 마련이다. 다시 말해서 내면의 느낌이 당신을 어떤 특정한 상황으로 이끌어간다. 예를 들어 당신이 어떠한 상황에서도 욕구를 만족시킬 수 있다고 믿으면 그 욕구를 성취할 가능성은 한결 높아진다. 인력의 법칙에는 예외가 없다. 그러나 의료기관은 건강관리에 대한 여성의 욕구를 충분히 만족시켜주지 못한다. 그 결과 의사에 대한 불신만 커졌고 그러한 불신이 의사와 외래환자 사이의 관계마저 왜곡시키고 있다. 의사를 찾아가기 전에 다음과 같은 질문들에 솔직하게 답해보자.

- 나는 의사를 믿는가? 의사가 돈을 너무 밝히지는 않는가? 부자가 되려는 욕심으로 의사노릇을 하는 것은 아닐까?
- 어떤 식으로 고민과 걱정을 털어놓더라도 의사가 내 말에 경청한다고 믿는가?
- 약물과 수술에 대해서 어떻게 생각하는가? 오히려 대체의학으로 치료하는 것이 더 낫다고 생각하지는 않는가?
- 건강문제를 결정하는 데 의사에게 동반자가 되어달라고 요구하는 것이 두렵거나 부끄럽고 당혹스러운가?
- 내면의 인도자를 정말로 신뢰하는가? 의사의 권고와 상반될 때에도 신뢰할 수 있는가?
- 스스로 책임을 지지만 의사의 도움을 받을 수 있도록 타협안을 제시할 용기가 있는가?

부정적인 대답이 나왔다면 상황을 반전시키기 위해서 당신이 신뢰할 수 있고, 편안함을 느끼고, 힘을 얻을 수 있는 사람은 얼마든지 있다고 생각하라. 또한 당신이 어디에 있더라도 생각과 느낌을 통해서 치유를 위해 필요한 상황을 끌어당길 수 있는 능력이 당신에게 있다는 사실을 깨닫도록 하라.

선택의 힘을 인정하라 많은 환자가 안마를 비롯한 보조치료를 제대로 받을 수 없다고 불평한다. 의료보험이 되지 않기 때문이다. 당연히 그런 사람들은 "돈은 상관하지 않아. 방법이 있을 거야. 뜻이 있는 곳에 길이 있는 법이야. 물론 어떻게 해야 할지는 아직 모르지만, 그래도 해낼 수 있어."라고 말하는 사람에 비해서 건강이 좋지 않다. 의료보험 때문에 당신의 건강을 위해 필요한 것을 할 수 없다고 생각될 때, 투덜대기 전에 그 말의 의미를 곰곰이 생각해보라.

결론적으로 오늘날의 의료체제에 문제가 있다는 것을 부인할 수는 없지만 건강한 삶을 살기 위해서는 전례가 없는 길을 선택해야 하는 시대로 접어들고 있다는 것도 부인할 수 없다. 왜 당장 지금부터 미래를 위한 건강을 생각하지 않는가? 우리 스스로 건강한 삶을 만들어갈 수는 있지만 혼자 힘으로는 건강할 수 없다. 그러나 이러한 모순 속에서도 우리는 건강한 미래를 가꾸어갈 수 있다. 일상적인 삶에서 건강을 꾸려갈 힘이 당신에게도 있음을 인정하고, 치유는 다른 사람과의 관계에서 온다는 사실을 깨달아야 한다.[1)]

여의사가 필요한가?

여의사가 남자 의사보다 낫다는 보장은 없다. 때로는 여의사에게서 더 못한 대우를 받을 수도 있다. 이유는 여러 가지이지만, 여자가 의과대학을 문제없이 졸업하려면 되도록 아는 것을 감추어야 하고 언제나 객관적이고 초연한 태도를 보이기 위해 애써야 하기 때문이다. 또 남자 의사도 진정한 치유사라면 여의사 못지 않게 여성에게 도움을 줄 수 있다. 그리고 때로는 그 이상의 도움을 주기도 한다. 예를 들어 근친상간을 이겨냈지만 '남자는 모두 믿을 수 없는 동물'이라는 잘못된 생각을 품고 있는 여성의 경우, 남자 의사를 통해 세상의 모든 남자가 꼭 위험한 것은 아니라는 사실을 직접 증명해 보임으로써 그녀를 멋지게 치유해줄 수 있다.

10대에 자궁내막증 때문에 수술을 받은 환자가 있었다. 그녀는 골반 조직이 상처투성이어서 불임이 되고 말았다. 나는 외과의사로서 뿐만 아니라 치유사로서도 명성이 높은 불임전문의를 소개시켜주었다. 물론 남자였다. 훗날 그녀는 "남자에게 내 몸의 치유를 맡긴 것만으로도 커다란 치유가 되었어요."라고 말하며 남자에게 치료를 받은 것이 자신을 위해 소중한 경험이었음을 털어놓았다.

여성만이 진정한 치유사라거나 남성만이 뛰어난 외과의사라는 생각은 크게 잘못된 것이다. 물론 오늘날과 같은 사회에서 치유를 위한 여성만의 공간이 필요한 것은 사실이다. 그러나 진정한 치유는 남녀를 뛰어넘는다. 남녀를 떠나서 우리 모두가 서로에게 상처를 줄 수 있듯이 서로를 치유해줄 수 있다.

골반 검사

의사와 마음을 터놓고 이야기를 나눌 수 있다면 골반 검사도 고통스러운 시간이 될 이유가 없다. 그러나 수많은 여성들이 골반 검사를 끔찍하게 생각하고 고통은 피할 수 없는 것이라고 여긴다. 의과대학 동기생 중 하나는 10년 동안이나 자궁암 검사를 받지 않았다고 했다. 학창시절 처음 검사를 받았을 때의 악몽을 떨쳐버릴 수 없었기 때문이다. 그녀는 의사가 너무나 거칠게 다룬 탓에 걷기조차 힘들었다고 했다. 결국 나를 찾아와 검사를 받았는데, 처음 검사를 받았던 때의 고통스러운 기억으로 온 몸이 긴장되어 있었다. 그러나 아무런 고통 없이 검사가 끝나자 깜짝 놀랐다. 사실 그녀 외에도 많은 여성들이 똑같은 고통을 하소연하고 있다.

무통 골반 검사를 위해서는 다음과 같은 과정이 필요하다.

- 골반 검사를 처음 받는 여성에게는 사전에 상세히 설명을 해주어야 한다. 또, 필요한 경우 그림을 덧붙여 환자에게 자궁과 난소의 정확한 위치를 알려주는 것이 좋다. 검사에 쓰이는 장비도 환자에게 보여주도록 한다.
- 검사를 하는 동안에도 그 과정을 자세히 설명해준다. 그리고 환자가 원할 경우 거울을 이용해서 검사과정을 직접 볼 수 있도록 한다. 의사는 검사경을 언제 삽입하는지, 어느 부위에서 압박감을 느끼게 되는지, 현재 검사하고 있는 부분은 어디인지, 언제 표본조직을 채취할지 등을 환자에게 말해준다.
- 환자는 언제라도 의사에게 검사의 중단을 요구할 수 있으며, 의사는 환자의 요구가 있으면 즉시 검사를 중단한다.
- 환자가 원할 경우 손을 잡아주거나 곁에서 지켜보아 줄 친구나 남편을 동반하도록 한다.
- 자궁경부와 질을 정확히 볼 수 있다면 최대한 작은 검사경을 사용하도록 한다. 사실 내가 근무했던 대부분의 병원에서 사용하는 검사경은 상당히 큰 편이었다. 그것은 특히 출산경험이 없거나 성경험이 별로 없는 여성에게는 견디기 힘든 크기였다.
- 검사경은 따뜻해야 한다. 기왕이면 체온과 비슷한 온도가 되는 것이 좋다. 검사경을 삽입하기 전에 따뜻한 물에 담가두어도 좋다.
- 표본조직을 채취할 때에는 작고 부드러운 쇄자를 사용해 환자가 느낄 수 없을 정도로 조심스럽게 떼어 낸다.
- 자궁암 검사가 끝나면 즉시 검사경을 제거한다. 자궁과 난소를 검사할 경우에는 손가락을 질 안에 삽입할 때 다른 손으로 환자의 배꼽에서 아랫배까지를 쓸어 내리면서 자궁을 경부 뒤로 밀어내

도록 한다. 이렇게 하면 자궁과 난소를 비롯한 부근이 의사의 두 손안에 감싸여 있다는 느낌을 받을 수 있다. 이때에도 환자에게 검사과정을 자세히 설명해주어야 한다. 복벽腹壁을 통해서 자궁을 쉽게 느끼는 환자라면, 자궁의 위치를 알고 싶은지 묻는다. 자궁근종을 지닌 여성은 직접 자궁을 느끼면서 자궁근종의 증상을 확인할 수 있다는 사실에 무척이나 안심하기 때문이다. 물론 모든 자궁근종이 복벽을 통해 느낄 수 있는 위치에 있는 것은 아니다.

- 손을 사용한 검사가 끝나면, 세 번째 단계는 직장질 검사가 된다. 이 과정에서, 의사는 가운데손가락을 직장에 삽입한 채 집게손가락을 질에 삽입한다. 이렇게 할 때 자궁의 뒷부분을 가장 정확하게 검사할 수 있다. 나의 경우, 이러한 검사를 통해 자칫 놓칠 뻔한 난소낭종이나 직장의 이상을 확인할 수 있었다.
- 자궁근종이나 난소낭종과 같은 이상증세를 발견한 경우, 나는 그 부분을 그림으로 그려서 환자에게 설명해주거나 비슷한 사례를 알려준다. 이러한 정보는 이상증세를 보다 낙관적으로 생각하는 데 도움이 되므로 적극 권장할 만하다. 많은 여성들이 실제보다 병이 깊은 것으로 상상하기 때문이다. 내 경우에는 발견한 것을 확인하기 위해 골반 초음파검사를 한다.
- 일부 여성은 골반의 근육조직을 지나치게 긴장시켜서 검사경이나 손가락을 질에 삽입하기가 힘든 경우도 있다. 그런 여성에게는 근육을 이완시키는 법부터 알려주어야 한다. 그렇지 않으면 검사가 진행되는 동안 근육이 검사경을 조이면서 통증을 유발하기 때문이다. 그러나 근육이완법을 배우게 되면 검사경이나 손가락을 고통 없이 질에 삽입할 수 있다. 나는 생체자기제어 요법사를 찾아가 근육이완 훈련을 받도록 권하는 편이다. 그리고 골반 검사를 최대한 천천히 진행한다. 환자에게 규칙적으로 호흡하도록 하면서 매 단계마다 환자의 상태를 묻고, 통증이 밀려온다는 생각이 들면

언제라도 검사를 중단할 수 있다고 알려준다. 그런 다음 골반근육을 최대한 조이도록 하고 다시 완전히 이완시키도록 한다. 그렇게 하면 엉덩이가 검사대 아래로 꺼지는 것을 확인할 수 있다. 이런 식으로 수축과 이완을 몇 번 반복하면 대부분의 환자가 눈에 띄게 달라진다. 골반근육을 이완시키는 훈련은 집에서도 할 수 있다. 예를 들어, 샤워를 하는 동안 손가락을 삽입하거나 탐폰을 삽입해보는 방법도 있다.

- 골반 검사 자체를 강간처럼 생각하는 환자의 경우에는 화급을 다투는 문제가 없는 한 골반 검사를 서둘러야 할 이유가 없다.

치료법의 선택 : 수술에서 침술까지

아프면 가장 위급한 증상부터 치료하라. 당신에게 적절하다면 어떤 방법을 동원해도 괜찮다. 그런 다음 더 나은 방법을 찾아보라. 화급하고 심각한 증상을 다루는 데 있어 정통의학은 타의 추종을 불허한다. 약물이나 수술 이외의 여러 가지 치료법이 많지만 정통의학도 때로는 필요하고 도움이 된다.

현대의학의 첨단장비를 무시한 채 질병에 접근하는 것은, 관절염 환자에게 "검사결과 관절염으로 확인되었습니다. 평생 고생해야 할 병입니다. 이제 그렇게 살아갈 방법을 연구하는 편이 나을 겁니다."라고 말하는 것만큼이나 환자에게는 치명적이다. 그러나 삶에는 언제나 신비로운 부분이 있기 때문에 어떤 일이 어떻게 일어날지는 누구도 단언할 수 없다. 의학의 현실이 절망적이라고 단언할 수도 없다.

환자의 상태를 철저히 검사하고 그 상태에서 가장 적합한 치료법을 환자에게 권한다. 내 경우에는 그와 동시에 대체요법을 소개한다. 물론 결정권은 환자에게 있다. 어떤 환자는 자궁절제술을 택할 것이고, 어떤 환자는 식이요법이나 피마자유 마사지와 같은 대체요법에서 안도감을 느낄 수 있다. 다른 병원에서 충분한 치료를 받은 여성들이 나를 찾아오는 이유는 약물이나 수술을 대신할 대체요법에 대해 알고 싶기 때문이다. 이미 일상적인 검사를 끝내고 기본적인 권고사항을 들었기 때문에 충분한 정보를 바탕으로 선택 가능성을 타진하려는 것이다.

일단 치료 프로그램이 주어지면 그 정보를 며칠 내에 완전히 당신 것으로 만들어야 한다. 그리고 그 방법이 당신 몸에 적절하다고 느껴지는지 판단해보라. 적절하다고 느껴지지 않으면 더 많이 생각하고 다른 사람의 의견도 물어보라. 그리고 꿈을 통해 내면의 인도자에게 결정을 부탁하라. 나는 수술을 최대한 만류하는 입장이다. 의사가 수술을 권했다고 해서 그 자리에서 당장 수술을 결정해야 할 화급한 상황이란 거의 없다.

치료법의 선택은 환자의 의사에 따라 결정되어야 한다. 그러나 의학 및 제약업계는 여론을 형성하고 문화적인 편견을 만들어가고 있다. 그런 까닭에 대개의 사람들은 치료법에 대한 선입견을 가지게 마련이다. 자연요법을 선호하는 사람은 수술이나 약물을 실패한 의학으로 생각하며 똑같은 문제를 비타민으로 치료하려고 한다. 한편 정통의학의 약물이나 수술에 익숙한 사람은 약초나 식이요법이라는 개념 자체를 비상식적인 것으로 여긴다. 나는 환자들에게 선택의 가능성은 많으며, 정통의학이든 대체의학이든 도움이 될 수 있다면 배척할 이유가 없다고 알려준다. 어떤 여성은 에스트로겐 과다에서 비롯된 질병을 완화하는 데 현미나 야채 등을 먹지만, 어떤 여성은 프로게스테론 조합제의 복용을 최선으로 삼는다. 나는 경우에 따라 두 가지 방법을 모두 권한다. 이렇듯 다양한 가능성 때문에 많은 여성이 혼란스러워하지만 그럴 이유는 조금도 없다.

1년 전 서른 여덟 살의 화가가 정기검진을 위해 찾아왔다. 그녀는 주기성 우울증 때문에 항우울제를 계속 복용해야 할지 망설이고 있었다. 그녀는 약물치료를 좋아하지 않았지만 증세가 조금도 호전되지 않은 상태였다. 나는 그녀에게 직관을 개발하는 책을 권했고 그녀는 약물

복용에 대한 자신감을 얻었다. 약물효과를 검증하는 유일한 방법은 시험삼아 써보는 길밖에 없다는 사실을 깨달았던 것이다. 그녀는 모든 선입견을 접고 약물복용을 본격적으로 시작했다. 그로부터 세 달 후, 그녀는 기분이 한결 나아졌으며 약물이 그녀에게 '잃어버린 고리' 와도 같은 역할을 했다고 말했다. 그녀는 "믿어지지 않을 정도로 내 삶이 변했어요. 온 우주가 나에게 주어진 것 같아요. 온 몸에 에너지가 넘쳐 흘러요."라고 말했다. 결국 약물복용이 전환점이었다. 그녀는 단지 선입견 때문에 약물복용을 꺼렸던 셈이다.

이처럼 약물이 결정적인 도움이 되었지만, 그녀는 우울증의 근본원인이었던 과거의 기억을 무시하지 않았다. 그녀는 "당신이 내 과거 이야기를 기꺼이 들어준 것이 나에게는 소중한 경험이었어요."라고 말했다. 6개월 후 그녀는 항우울제 복용을 중단했다. 항우울제가 만들어내는 '인위적인 행복감' 이 적절하지 않다고 느꼈기 때문이다. 결국 어떤 시점에 효과를 발휘했던 것이라도 항구적인 효능을 지닐 수는 없다. 그녀는 이제 약물의 도움 없이도 기운이 넘치는 행복한 생활을 하고 있다.

치유의 방법은 많다. 당신에게 적절한 방법은 그 시점에 당신에게 가장 합당하다고 느껴지는 방법이다. 따라서 우리 자신을 하나의 과정, 즉 시간에 따라 변하고 성장하는 과정으로 보아야 한다. 그리고 궁극적으로는 외부에서 주어지는 건강법과 내면의 인도가 일치해야만 한다. 즉 자기 존중을 통해서 자신을 지켜가는 법을 배워야만 한다. 식생활 개선이라는 이름으로 외부에서 주어지는 식이요법도 종종 치유를 위한 첫걸음이 된다. 종종 이러한 식이요법을 통해서 여성들은 내면에 깊이 숨겨진 상처, 그리고 상처를 치유하는 데 도움이 되는 것들을 찾아내게 된다. 중요한 것은 이처럼 '행복해지려는 시도' 를 통해 자신에게 상처를 입히는 부분들을 찾아내고 치유해야 한다는 사실이다.

생각 중독증

정보수집은 건강회복을 위한 첫 단계일 뿐이다. 그런데 많은 사람들이 정보수집 단계에서 멈추어버린다. 그 때문에 많은 의사를 찾아다니지만 진정한 치유에는 조금도 다가서지 못한다. 게다가 폭증하는 정보로 혼돈을 거듭한다. 이러한 정보 딜레마는 공통된 현상으로 우리를 꼼짝 못하게 옭아맨다.

예를 들어, 식이요법으로 치유를 꿈꾸는 사람의 경우 입에 들어가는 음식의 양과 질을 조절하는 데 삶의 전부를 바치는 때가 있게 마련이다. 녹즙을 얼마나 먹어야 할까? 한 컵, 아니면 반 컵? 야채를 삶아먹어야 하는 것은 아닐까? 물은 얼마나 마셔야 할까? 오렌지는 먹어도 괜찮을까? 하루에 몇 개나 먹어야 할까? 이처럼 우리는 흑백론적 모델에 휩싸여 지낸다.

앤느 윌슨 새프가 지적했듯이 중독된 사회구조는 인간이 모든 것을 알 수 있다는 신화를 만들어냈다. 그러나 계속해서 변해 가는 우리들의 몸에 이러한 신화를 적용하려고 하면 끔찍한 문제가 발생하고 만다. 때때로 지식의 세계에서 한 걸음 물러설 수 있어야 한다. 지식의 세계도 우리 내면의 인도 가운데 한 부분일 뿐이다. 따라서 문제가 무엇이든지간에 당신이 책을 읽고 전문가와 상담을 했다면 내면의 인도자가 적절한 대답을 전해줄 것이다.

수술을 통한 건강 회복

많은 사람들이 사는 동안 수술을 받게 된다. 미국에서만 매년 3만 명 정도가 수술을 받고 있으며 그 중 70%가 여성이다.[2] 수많은 여성들이 기관을 떼어 내는 수술의 후유증에서 벗어나기 위해서 몇 달, 심지어 몇 년을 허송세월하고 있다. 수술은 다른 치유법과 더불어 고려되어야만 한다. 그래서 나는 '수술을 통한 건강 회복'이라는 이름으로 수술에 담긴 부정적인 이미지를 씻어내려고 한다. 수술도 치유를 위한 하나의 수단이기 때문이다.

수술을 받기 전에 조금이라도 의심스럽다면 적극적으로 대안을 찾아 보아야 한다. 실제로 자궁절제술을 대신할 수 있는 대안은 꽤 많다. 또 대안은 여성에게 생각할 수 있는 시간적인 여유를 준다. 많은 여성들이 결정을 내리기 전에 대안을 찾아서 여러 의사를 찾아다니는 것도 같은 맥락에서이다. 궁극적으로는 그들에게 최선의 대답을 전해줄 내면의 인도자를 찾는 것이다. 왜냐하면 어떤 의사도 당신에게 합당한 최선의 결론을 제공해주지는 못하기 때문이다.

나는 대안을 제시하더라도 자궁절제술의 이론적인 타당성을 부인하지는 않는다. 예를 들어 심하고 불규칙한 하혈로 빈혈이 된 경우에는 자궁절제술을 받아야 한다. 수술만이 그 환자에게 적절한 해결책이라고 느껴지면 수술을 권하는 것이다. 반면에 환자가 식이요법과 같은 대안에 관심을 가지면 그에 대한 정보를 자세하게 제공해준다. 치유과정에 들어가거나 수술을 받게 될 때, 정보를 통해 아는 만큼 힘있게 출발할 수 있기 때문이다.

수술을 받게 될 때, 많은 여성들이 자신이 실패했다는 생각을 갖는다. 이러한 생각 역시 중독된 사회구조가 낳은 흑백론의 영향이다. 언젠가 자궁근종을 가진 한 환자는 눈물을 흘리면서 "창피해요. 이런 병은 사전에 예방했어야 하는데. 적어도 아무도 모르게 처리해야 했어요."라고 말했다. 상담한 결과, 그녀가 어렸을 때부터 "울지 마. 눈물을 그치지 않으면 정말 혼내줄 거야."라는 말을 듣고 자랐다는 것을 알게 되었다. 그녀는 남에게 도움을 청하는 것 자체를 부끄럽게 생각했다. 그러나 치유과정을 통해 그녀는 마침내 자궁근종이 어린 시절부터 축적된 슬픔과 관계 있다는 사실을 깨닫게 되었다.

지속성 난소낭종을 앓고 있던 주니는 수술을 극구 피하려고 했다. 그녀는 3개월 동안이나 식이요법과 감정치유를 통해 난소낭종을 치유하려고 했지만 효과가 없었다. 결국 나는 주니에게 수술이 최선이라고 말했다. 그녀의 난소낭종은 상당히 컸기 때문에 3개월 동안의 치유기간에도 불구하고 사라지지 않았다. 그녀는 난소낭종이 사라져서 수술을 피할 수 있을 것이라고 믿고 싶었지만 자꾸만 반복되는 꿈에 대해서 고백했다. "정비소로 자동차를 찾으러 갔어요. 그런데 수리가 끝나지 않았더라구요. 그런 꿈이 여러 번 반복되었어요. 그러자 난소낭종이 정말 없어질까 의심이 들기 시작했어요. 전에는 난소낭종이 위험하다고 생각해 본 적이 없었어요. 그런데 꿈을 꾼 후 내가 아무리 노력해도 난소낭종이 없어지지 않을지도 모른다는 생각이 들었어요. 그런 생각을 인정할 수 없었어요. 대신 난소낭종이 틀림없이 없어질 것이라고 긍정적으로 생각하기로 했지요."

수술 몇 주 전 주니는 신화와 해몽에 정통하고 예술요법을 치유법으로 이용하는 사람을 만나게 되었다. "그녀는 꿈 이야기를 듣더니 차에 무슨 문제가 있느냐고 물었어요. 즉시 정비소를 찾아가서 점검을 받으라고요. 하지만 내가 난소제거술을 받기로 했다고 말했더니 깜짝 놀라더군요. 그리고는 많은 질문을 했어요. 나는 진지하게 대답했지요. 모두가 내 책임이었어요. 난소제거술은 내가 원하던 것이었어요. 그녀와 헤어졌을 때 나는 심리적으로 강간을 당한 기분이었어요. 하지만 나중에야 깨달았지요. 무의미하게 수술을 피하는 것도 결국 중독증세라는 것을 말이에요."

자연치유법을 선호하는 여성에게 수술은 두려움의 대상이다. 때때로 수술은 어린 시절의 병원을 생각나게 한다. 어린 시절 병원은 그야말로 두려운 존재였다. 또 1960년대까지 치료에 방해가 된다는 이유로 부모의 병실출입을 금지했던 것도 우리 세대가 병원을 두려워하는 이유중의 하나이다.

게일이라는 환자는 난소낭종 수술을 받은 후에 "수술 덕분에 전에는 의식하지 못했던 것을 알게 되었어요. 내가 몸, 질병, 의사, 병원을 두려워했던 것은 어머니의 심장병 때문이었지요. 어렸을 때 어머니는 언제나 병원을 들락거렸어요. 하지만 조금도 나아지지 않았고 의사들도 어머니의 병을 제대로 모르는 것 같았지요. 내 병도 그럴지 모른다는 생각 때문에 더욱 힘들었어요. 수술을 앞두고 많은 생각을 했는데, 어쩌면 이번 수술이 병원에 대한 어린 시절의 두려움에서 벗어날 수 있는 좋은 기회가 될지도 모른다는 생각이 들었어요. 내 병은 어머니의 경우와 전혀 다르다는 것도 알게 되었지요. 덕분에 많은 교훈을 얻었어요. 남편과 친구들의 도움이 컸지요. 그들의 사랑은 정말로 소중한 선물이었어요."라고 말했다. 이렇듯 다른 사람의 도움을 기꺼이 받아들이는 것도 치유의 한 과정일 수 있다.

수술이 최선의 선택일 때에는 마취의와 외과의와 간호사, 그리고 내면의 인도자에게 모든 것을 맡기는 것도 진정한 성장을 위한 한 부분일 수 있다. 치유 에너지는 병원에서도 얻을 수 있다. 의사와 간호사를 치유의 천사로 생각해도 무방하다. 간호사, 간호조무사, 잡역부까지 병원에서 일하는 모든 사람이 치유를 위한 한 부분이다. 수술을 위해 병원을 찾을 때는 친구나 가족, 그 외에 당신이 신뢰할 만한 사람과 동반하는 것이 좋다. 그들은 당신과 함께 마취의를 만나고 수술 전 주의사항을 들어줄 것이다. 또, 수술 후 집에서 요양할 때 요리나 세탁 등 도움을 줄 수도 있다.

난소낭종 제거수술을 했던 주니는 도움을 얻는 방법에 대해서 이렇게 말했다. "수술을 약속하고 집으로 가던 중 주말을 혼자 보낼 수는 없다는 생각이 들었어요. 그래서 친구인 캐롤의 집에 찾아갔지요. 내 표정이 우울한 것을 보고 캐롤은 무척이나 걱정하더군요. 하지만 캐롤은 나에게 용기를 주었어요. 내가 아들과 그녀에게, 그리고 다른 많은 사람에게 얼마나 중요한 존재인지를 알려주었어요. 나는 내가 다른 사람에게 그렇게 소중한 존재인지 몰랐거든요. 게다가 캐롤은 필요하다면 수술 후 자기 집에서 요양하라고 하더군요. 요리를 비롯해서 무슨 일이든 대신 해주겠다고 말했어요."

빠른 치유를 위한 수술 준비

내 경험에 따르면, 동반자 관계에서 의사를 신뢰하며 협조하는 환자만큼 의사에게 고마운 환자는 없다. 또한 그렇게 할 때 수술결과도 더할 나위 없이 만족스럽다.

페기 허들스톤Peggy Huddleston 박사는 성공적인 수술을 위해서 환자가 밟아야 할 몇 가지 단계를 일목요연하게 정리했다. 그녀가 제시한 방법은 현재 전세계의 병원에서 활용되고 있으며, 수많은 환자들에게 수술 전에는 평온감을 주고, 수술 후에는 통증 감소, 진통제 사용량의 감소, 면역체계의 강화, 의료비용 절감 등의 효과를 가져다주었다. 수술 환자뿐만 아니라 외래환자에게도 이 방법은 상당한 도움이 되며, 방사선 치료와 화학 치료를 이겨내는 데에도 효과가 있다.

1단계 : 긴장을 풀고 평온감을 느끼도록 하라. 의학적인 질환의 85%가 몸의 긴장이나 스트레스와 관련되어 있다. 만성적인 긴장은 심리적 변화를 일으키면서 결국 건강에 좋지 않은 영향을 미치게 된다. 긴장을 푸는 해독제는 무엇인가? 근육이완술을 배워 마음대로 평온함을 불러낼 수 있도록 훈련을 쌓아라. 근육이완술을 터득하는 것은 어렵지 않을 뿐 아니라 방법도 여러 가지이다. 처음 시작할 때 슬픔이나 분노 같은 강렬한 감정이 치솟더라도 놀라지 말라. 그러한 감정을 마음껏 느껴라. 필요하다면 소리내어 울어라. 감정을 억제하지 말라. 어떠한 감정이 느껴지더라도 온 몸으로 느끼는 것이 중요하다. 그 감정은 오랫동안 당신 가슴에 묻혀 표출되기를 기다렸던 감정이다. 과학적인 연구에 따르면, 근육이완은 면역체계를 개선시키고 신경조직을 안정시킨다. 또한 긴장성 두통, 편두통, 고혈압 등을 치료하는 데 효과가 있으며, 수술을 준비하는 데에도 도움을 준다.

2단계 : 당신의 치유를 마음으로 그려본다. 수술이 끝났다고 생각하면서 만족스러운 수술결과를 상상해본다. 모든 면에서 건강하고, 평안으로 가득하다고 상상한다. 치유의 빛과 소리가 당신을 감싸고 있다고 느껴본다. 깊은 평온감을 만끽한다. 만족스러운 결과에 대해 자세하게 상상할수록 치유도 빨라진다. 당신은 직관의 지혜를 통해 가장 치유력이 뛰어난 상상을 떠올릴 수 있을 것이다. 잠깐 동안이라도 하루에 여러 번 상상하는 것이 한 번에 오랜 시간을 상상하는 것보다 훨씬 효과가 좋다.

3단계 : 지원단을 구성하라. 수술은 도움이나 지원을 받을 수 있는 좋은 기회이다. 병원에 입원해있는 동안 당신을 매일 찾아와줄 사람을 구하라. 집에서 요양하는 동안 당신을 도와줄 사람도 구하라. 친구나 가족의 따뜻한 사랑과 보살핌을 기꺼이 받도록 하라. 다른 사람의 도움을 즐거운 마음으로 받아들일 수 있는 좋은 기회가 될 것이다. 불행히도 많은 여성들이 평소 다른 사람의 도움을 받는 데 익숙하지 못하다.

4단계 : 치유진술문을 작성하라. 치유진술문은 네 개 항목으로 되어 있다. 수술 받는 동안 의사나 마취의에게 그 진술문을 읽어줄 것을 요구해야 한다. 한 조사에 따르면, 치유진술문은 통증을 경감시키고 합병증을 최소화하며 신속한 치유에도 도움이 된다. 의사에게 치유진술문을 요구하는 데 망설일 이유가 없다. 만약 그러한 요구를 거절한다면 다른 의사를 찾아가라. 당신의 의식이 편할 때 몸도 편안함을 느끼는 법이다. 당연히 치유도 그만큼 빨라진다.

치유진술문의 내용은 다음과 같다.

내가 마취 중에 있을 때 이렇게 말씀해주십시오.

1. "이번 수술로 당신은 깨끗이 치유될 것입니다."(다섯 번 반복)

그렇게 말씀하신 후 이어폰을 꽂아주고 녹음기를 틀어주십시오.

수술이 끝난 후에는 이렇게 말씀해주십시오.

2. "수술이 성공리에 끝났습니다."(다섯 번 반복)

3. "이번 수술로 당신은 (기간) 동안 배가 고플 것입니다. 목이 마를 것

입니다. 소변을 쉽게 볼 수 있을 것입니다."(다섯 번 반복)

4. "이번 수술로 ________ 것입니다."

의사에게 공란을 채우도록 요구한다. 예를 들어 "당신은 한 달 안에 운동을 할 수 있을 것입니다."라고 쓰면 된다. 또 여기에 당신의 목표를 덧붙여도 괜찮다. 만약 당신이 담배를 피운다면 마취의에게 "당신은 담배냄새조차 싫어하게 될 것입니다." 혹은 "담배를 피우고 싶은 욕망에서 해방될 것입니다."라고 덧붙여 달라고 부탁할 수 있다.

수술 전에 녹음기 소리를 잘 들리지 않을 정도로 조절해둔다. 마취 상태에서는 청각에 관여하는 미세한 조직이 최대한 이완되기 때문에 아주 작은 소리도 증폭되어 들린다. 따라서 청각에 손상을 끼칠 위험을 생각해서 소리를 최대한 작게 해야 한다. 음악은 당신이 평소에 즐겨 듣는 것을 택하라. 대개 모차르트가 가장 많이 선택되는데, 모차르트 음악이 면역반응을 고양시키는 것으로 알려져 있기 때문이다. 빠르기는 아다지오(느리게)가 가장 적당하다.

5단계 : 마취의를 만나라. 당신은 수술하는 동안 의식을 마취의에게 맡기게 된다. 따라서 수술 전에 마취의를 만나도록 하는 것이 좋다. 요즘에는 워낙 바쁘게 돌아가기 때문에 수술 직전에 마취의를 만나는 것이 상례화되어 있다. 그러나 조금만 노력하면 마취의를 미리 만나 볼 수도 있다. 하버드 대학의 연구발표에 따르면, 수술 전 충분한 시간을 두고 마취의와 면담할 경우 환자의 불안증이 상당히 줄어들었다. '쓸데없는 파문'을 일으킬까봐 걱정할 이유는 없다. 오히려 당신이 그들의 배려를 정중히 요청한다면 의사들도 당신을 기억하면서 각별히 신경을 써줄 것이다.

6단계 : 빠른 치유를 위해서 영양 보조제를 사용하라. 치유를 도와주는 보조제로는 다음과 같은 것들이 있다.

비타민A – 1일 권장량 25,000IU(임신이 아닌 경우). 비타민A는 수술 후 탁월한 치유효과를 지닌 것으로 입증되었으며 면역체계의 개선에도 도움을 준다. 수술하기 1주일 전부터 복용을 시작해서 수술 후 3~4주까지 계속 복용하도록 한다.

브로멜라인 - 1일 권장량 1,000mg. 파인애플에서 추출한 보조제로 부패 예방에 효과가 있어 수술 후의 부기를 가라앉혀 준다. 수술 받기 며칠 전부터 복용을 시작해 수술 후 2주까지 계속 복용하도록 한다.

비타민C - 1일 권장량 2,000mg. 상처 치유에 필요한 교원질을 생성한다. 수술 후에는 복용량을 늘리는 것이 좋다. 수술 받기 한 달 전부터 수술 후 한 달까지 계속 복용한다.

아연, 마그네슘, 비타민B 복합제 - 차례로 1일 권장량은 100mg, 800mg, 50mg이다. 세 가지 모두 상처의 치유에 도움을 준다.

비타민E - 수술 후, 특히 붕대를 떼어 낸 후부터 절개부위에 비타민E 오일(d-α 토코페롤)을 발라준다. 빨리 치유되도록 도와주며 흉터를 작게 한다. 알로에 베라, 금잔화 연고 등 다른 보조제를 사용하기도 한다.

동종요법 - 수술하기 전날, 서너 알의 아르니카 몬타나 30X를 두 번 복용한다. 또 수술하기 직전과 수술 뒤 회복실로 옮겨진 직후, 수술 후 1주일 동안 같은 양을 매일 복용한다. 아르니카는 외상의 부작용을 막는 데에 효과가 있다.

사실 수술은 많은 사람에게 두려움을 주기 때문에 삶을 되돌아보는 기회도 된다. 마음을 열고 솔직하게 수술에 대해 생각하면서 위의 단계를 차분하게 준비하다보면, 그 순간부터 치유가 시작될 뿐 아니라 때로는 더 이상 수술이 필요하지 않게 되기도 한다. 그러나 정말로 필요한 수술을 피할 작정으로 위의 단계를 밟아서는 안된다. 어떤 경우이든 치유의 핵심은 필요하다면 모든 단계를 기꺼이 밟겠다는 적극적인 마음이기 때문이다. 물론 수술은 선택이므로 갑자기 불길한 느낌이 들면 언제라도 취소할 수 있다. 여성에게 최후의 순간에 생각을 바꾸어도 좋다고 허락된 두 가지 경우가 있다면, 하나는 결혼식이고 다른 하나는 수술일 것이다.

자궁절제술이나 근종절제술과 같은 대수술을 받는 경우 4~6주 전에 헌혈을 해두는 것도 현명한 일이다. 과다출혈로 인해 수혈이 필요할지도 모르기 때문이다. 수술 후에 찾아오는 느낌은 그대로 인정하도록 한다. 몸의 일부가 제거되었을 때는 그 부분에 대한 상실감으로 슬픔에 잠길 수도 있다. 수술 후 세포에 축적되어 있던 옛 기억이 되살아날 수도 있다. 수술이 세포의 기억을 의식세계로 드러내는 계기가 되는 것이다. 근친상간이나 학대의 기억도 떠오른다. 그러나 걱정할 것은 없다. 그런 기억은 당신이 이겨낼 준비가 되어있을 때에야 비로소 떠오르기 때문이다. 이처럼 몸의 지혜는 빈틈이 없다.

슬픔과 상실감을 인정하는 자세는 만족스러운 수술을 위한 한 부분일 뿐이다. 수술을 받도록 했던 문제에서 벗어나게 되었다는 생각도 그만큼 중요하다. 수술을 통해 낡은 것을 제거했다는 것은 새로운 것이 성장할 공간을 마련했다는 뜻이기도 하다. 수술로 조직의 일부를 떼어낸 데서 비롯되는 감정의 변화를 그대로 받아들여라. 많은 사람들이 과거에 얽매여 치유를 위해 필요한 에너지를 끌어오지 못한다. 제거된 기관이나 세포조직과 관련된 몸의 메시지를 받아들이고 인정하지 못하면 그 부분의 에너지가 부도난 어음처럼 과거에 얽매이게 된다. 따라서 수술 전후에 어떤 감정이 솟아 오르면 그 감정을 마음껏 느끼도록 한다.

자궁근종제거술을 받기로 되어 있던 한 환자가 수술 중에 깨어 있기를 원했다. 그래서 그녀는 척추부분만 마취를 했다. 그런데 수술 도중 선근증이 심각한 것으로 드러났다. 자궁 내의 자궁내막선이 자궁벽 안으로 자라면서 과다출혈의 원인이 되고 있었다. 그런 상황에서 최선의 선택은 자궁절제술이었다. 악성은 아니었다. 의사는 그녀에게 수술을 중단하겠느냐고 물었다. 그녀는 그러한 증상 때문에 만성빈혈에 시달려왔다. 식이요법을 시도하고 침술을 받아보았지만 뚜렷한 효과가 없었다.

게다가 세 아이의 어머니로서 자신을 돌볼 시간도 부족했다. 그녀는 마침내 자궁과 작별을 고해야 할 시간인 것을 깨달았다. 자궁절제술을 시작하기 전에 그녀는 의사에게 자신의 자궁을 거울로 비춰 달라고 부탁했다. 그녀는 건강한 세 자녀를 낳은 것에 감사하면서 자신의 자궁에게 작별인사를 보냈다. 자궁에 감사하고 작별인사를 하는 과정이 그녀에게는 치유의 중요한 부분이 되었다.

만일 당신이 이미 수술을 받은 적이 있다면 이 책에서 제시한 치유 과정에 동참할 기회를 가지지 못한 것에 아쉬움을 느낄지도 모른다. 자궁절제술을 받은 많은 여성들이 대체요법의 존재마저 모르고 있다. 실제로 내가 여기에서 언급한 치료법들은 10년 전만 해도 거의 불가능했다. 마취는 매년 안전해지고 있으며 골반기관을 보존하는 기술도 나날이 발전하고 있다. 예전에 어쩔 수 없이 수술을 받았던 여성들이 상실감을 느끼는 것은 당연하다. 지금이라도 없어진 신체기관에 대한 슬픔을 억제할 이유는 없다. 상실감이 몰려온다면 마음껏 슬퍼하라. 결코 늦지 않았다. 지금이라도 슬픔이 밀려온다면 책을 덮고 자리에 누운 다음 그 슬픔을 온 몸으로 느껴라. 몸에서 어떠한 느낌이 들더라도 그 느낌에 충실하라. 그것이 당신을 치유하는 길이다. 이것은 모든 세포를 현재의 순간으로 끌어오는 방법이다. 그러나 명심할 것은 지금 알고 있는 것을 오래 전에 알았어야 했다는 자책감은 어리석은 일이라는 점이다. 그 당시 알지 못했다는 이유로 스스로를 자책할 이유는 없다.

신체기관의 제거가 비록 올바른 선택일지라도 그 문제와 관련된 에너지 경색을 치유하는 절대적인 방법은 아니다. 수술 후 몇 년이 지난 뒤에도 제거된 조직의 에너지에 집착하면서 마음껏 슬퍼하지 못하는 여성이 상당히 많다. 그러한 집착은 그들의 에너지장에서 여전히 읽혀진다. 신체의 일부가 제거된 후에도 몸의 전자기장이 완전한 몸의 패턴을 보여주기 때문이다.

우리의 치유능력은 시간과 공간에 제약받지 않는다. 과거의 상처라도 어느 때든 치유할 수 있다. 50년이 지난 후에도 치유할 수 있다. 과거는 우리가 준비될 때까지 몸 안에서 기다린다. 몸의 에너지 시스템을 알게 되면서 당시에는 느끼지 못했던 감정을 되살리는 여성도 있다. 육체적으로 어떤 상처를 받았든, 그 상처가 아무리 오래된 것이라 할지라도, 에너지 차원에서의 치유는 언제든지 가능하다. 따라서 당신이 예전에 수술을 받았거나 조만간 수술을 받아야 한다면, 수술 역시 건강을 지키기 위한 한 수단이라는 것을 알아야 한다. 수술을 치유의 기회로 삼을 수 있어야 한다.

건강을 지키기 위한 방법에는 여러 가지가 있다. 당신의 몸을 지킬 수 있는 방법이 단 한 가지밖에 없다는 생각은 착각이다. 가장 중요한 것은 건강관리법을 선택할 때 내면의 인도자에게 귀를 기울여야 한다는 사실이다. 알버트 슈바이처Albert Schweitzer는 말했다. "비밀이지만 당신에게만 털어놓겠소. 모든 치유는 자가치유에서 시작되는 법이라오."

17 식이요법

여성이 진정으로 음식을 즐기게 된다면
심미적인 즐거움을 자유롭게 만끽하는 삶을 살게 될 것이다.
여성이 가장 기본적인 차원에서 자신을 돌보는 방법은 잘 먹는 것이다.
– 카렌 존슨Karen Johnson

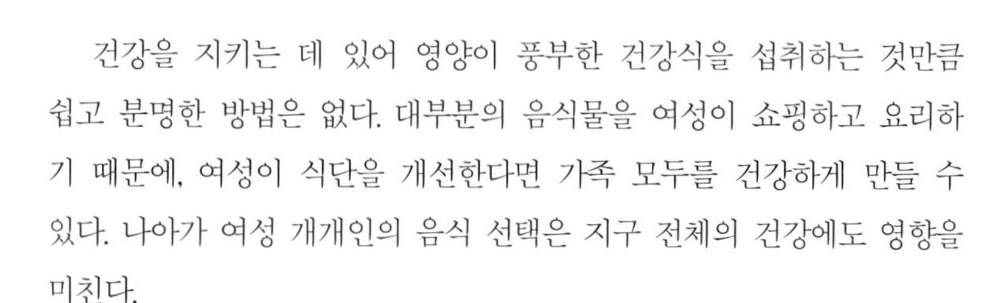

건강을 지키는 데 있어 영양이 풍부한 건강식을 섭취하는 것만큼 쉽고 분명한 방법은 없다. 대부분의 음식물을 여성이 쇼핑하고 요리하기 때문에, 여성이 식단을 개선한다면 가족 모두를 건강하게 만들 수 있다. 나아가 여성 개개인의 음식 선택은 지구 전체의 건강에도 영향을 미친다.

인간의 몸은 자연에서 발견되는 음식물에 동화되면서 진화되어 왔다. 따라서 자연식품을 모방하기보다는 자연식품을 직접 섭취할 때 우리 몸은 최대의 기능을 발휘하게 된다. 또 식단의 개선과정에서 몸에 대한 존중심을 키울 수도 있다.

최적의 영양섭취란 적정량의 단백질, 지방, 탄수화물을 섭취하는 것 이상의 의미를 갖는다. 몸의 신진대사는 여덟 가지 요인에 의해서 영향을 받는다. 여덟 가지 요인으로는 감정 상태, 유전자와 유전, 문화(가족)적 유산, 다량영양소 섭취(단백질, 지방, 탄수화물), 소량영양소 섭취(비타민, 미네랄), 환경과 인간관계, 운동습관, 야채를 들 수 있다. 결국 최적의 영양섭취란 이 여덟 가지 분야 모두에 주의를 기울인다는 뜻이다.

자기만의 식이요법

음식을 통한 균형잡힌 몸과 건강의 성취는 육체와 정신 영역에서 동시에 진행된다. 식단을 개선하는 이유가 무엇이든 당신에게 맞는 식이요법을 찾아내는 것이 중요하다. 여기에서 소개하는 내용은 열 두 살에 처음 다이어트를 시작한 이후 지금까지 내가 경험했던 과정을 정리한 것이다. 음식을 통해 일정수준의 건강에 도달하려면 음식에 대한 중독된 편견과 건강유지를 분명하게 구분할 수 있어야 한다. 오늘날 수많은 여성들이 건강식에 관심을 갖는다. 체중에 대한 근심만큼이나 건강에 대한 근심으로 건강식을 생각하지만, 실제로 체중에 대한 근심이 건강에 대한 근심을 압도해버린다. 그러나 체중감소와 건강은 서로 거래될 수 있는 성질의 것이 아니다. 분명히 말하지만 건강하면서도 멋진 몸을 만들어낼 수 있다.

영양섭취에 대한 생각을 바꿀 때 당신의 몸매와 정신도 아울러 변한다. 새로운 습관을 완전히 당신 것으로 만들 때 건강한 몸을 유지할 수 있게 된다. 최근의 연구에 따르면, 평생 뚱뚱한 몸매를 가지고 있었던 사람은 갑자기 살을 빼서 정상적인 체형을 갖게 되더라도 자신의 몸매에 대해 자신감을 갖지 못한다고 한다.

지금 당장 시작해보자. 지금의 의지를 그대로 간직하면서, 이 책에서 말하는 지시사항을 준수하라. 1주일에 한 번은 산책을 하고, 아침식사를 지금보다 훨씬 천천히 즐기고, 비타민제를 복용하는 등 간단한 일도

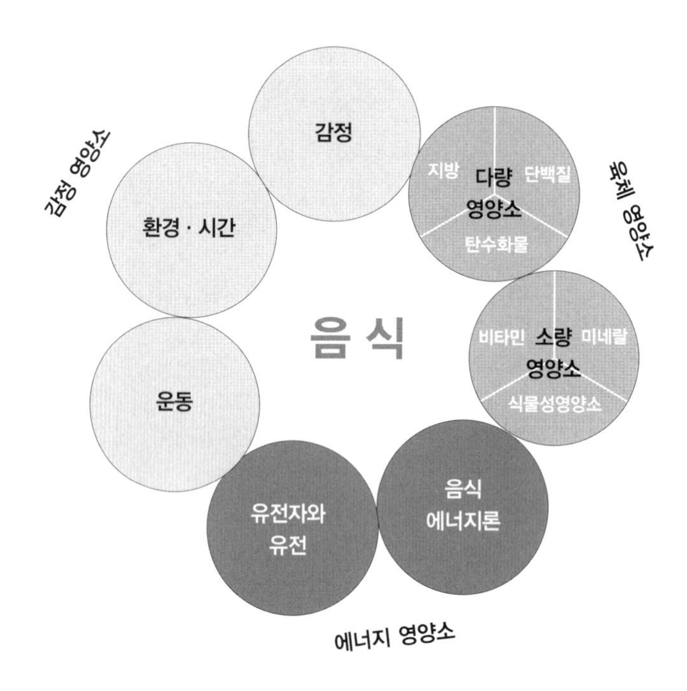

〈그림 17-1〉 완전한 영양을 위한 구성요인들

간과하지 말라. 각 단계에 충실할 때 다음 단계로 넘어가기가 쉬워진다.

1 단계 : 영양을 개선하려는 동기를 점검하라

영양섭취를 개선하거나 운동을 시작하려는 목적은 한 가지로 요약된다. 몸에 충분한 영양을 공급하면서 지금보다 날씬하고 건강해지려는 것이다. 남편의 사랑을 더 받기 위해서, 어머니를 즐겁게 해주려고, 모임에서 멋지게 보이기 위한 목표라면 지금 포기하는 것이 낫다.

2 단계 : 몸매가 어떻든 현재의 당신 몸을 존중하라

당신의 몸을 존중하라. 사랑하지는 않는다 하더라도 존중할 수는 있어야 한다. 절대 당신 몸을 욕하지 말라. 종종 거울을 들여다보면서 거울 속의 당신에게 "나는 너를 존중해. 나는 늘 너를 아끼고 사랑할 거야."라고 큰 소리로 말하라. 몸의 존중은 당신을 진정으로 느끼기 위한 필수단계이다. 몸매에 상관없이 자신을 사랑하는 여자는 어디에서나 즐겁고 매력적이다. 당신 자신을 존중할 때 스스로에게 가장 알맞은 체격에 도달할 수 있게 된다. 자긍심에서 비롯된 감정이 신진대사를 활성화하여 최적의 지방을 갖도록 유도하기 때문이다. 그러나 억압된 감정에서 비롯되는 신진대사는 우리 몸에 과도한 지방을 축적시키게 된다.

또 하나 중요한 것은, 이유는 알 수 없지만 큰 몸집을 필요로 하는 여성이 있다는 점이다. 그런 여성의 몸은 에너지와 활력으로 충만하다. 그들은 자신을 지극히 사랑하며, 그 사랑은 그들의 살에 스며든다. 그러한 여성을 개별적으로 살펴보면 질병의 위험에 대한 생각이 전혀 들지 않는다. 이것은 사회인류학자인 마가렛 맥켄지Margaret Mackensie의 연구에서도 확인되었다. 그녀의 연구에 따르면, 서사모아 섬의 뚱뚱한 여성들은 건강에 아무런 문제도 없다고 한다. 이는 결국 과도한 지방이 모든 여성에게 건강의 적신호일 수는 없다는 것을 말해준다. 여성문제에 정통한 정신분석학자 카렌 존슨의 지적대로, 음식을 조절하려는 여성들의 끊임없는 노력은 여성의 커다란 몸매에 대한 사회적 두려움과 관계가 있다.[1] 에너지가 크다면, 그 에너지를 담을 만한 커다란 몸이 필요한 것은 당연하다. 그러나 일반적으로 비만한 여성의 경우, 과도한 지방은 원하지 않았던 고통에 대한 방어막이다. 성폭행이나 근친상간에서 비롯된 고통이 폭식의 원인이 되기도 한다. 먹는 것으로 고통을 잊으려는 것이다. 이렇듯 세상의 학대, 성적 학대로부터 자신을 보호하기 위한 방어막으로 사용될 때 지방은 건강의 적신호가 된다.

3 단계 : 좋아하는 음식을 적당한 시간 동안 천천히 음미하면서 먹어라

좋아하는 음식을 억지로 참게 되면 결국 나중에 떠들썩한 잔치를 벌이게 된다. 좋아하는 음식을 얼마나 참았느냐에 비례해서 몸이 자동적으로 폭식을 하게 된다는 말이다. '억제－폭식'의 순환은 거역할 수 없는 물리적인 법칙이다.

영양학자인 데브라 워터하우스Debra Waterhouse에 따르면, 초콜릿과 같은 음식의 소량섭취는 세로토닌 수치를 올려줌으로써 뇌의 작용을 최적의 상태로 활성화시킨다. 따라서 적당한 시간(아침 7시나 8시에 일어날 경우, 오전 10시에서 오후 4시 사이)에 15g 정도의 초콜릿을 섭취하면 뇌를 활성화시키는 데 도움이 된다. 물론 그 이상의 섭취는 역효과를 낼 수 있다. 기왕 당신이 좋아하는 음식을 먹으려면 최고의 제품을 선택하라. 예를 들어 초콜릿을 먹고 싶다면 최고의 제품을 선택해 천천히 음미하면서 먹어라. 다크 초콜릿의 지방은 같은 양의 올리브 기름과 똑같은 효과를 가지며, 콜레스테롤을 높이지 않아 밀크 초콜릿보다 건강에 좋다. 중요한 것은 음식에 대한 당신의 편견을 바꾸는 것이다. 목표의식을 갖고 음식을 섭취하고 당신이 좋아하는 음식을 음미하라.

오후 4시경이면 '감정의 몸'이라고 알려진 에너지 시스템이 가장 활발하게 활동한다. 게다가 낮에 음식섭취를 억제하기 때문에 많은 여성들이 오후 늦은 시간이나 저녁에 과식을 하게 된다. 그러나 하루의 일과를 끝내고 피곤한 몸에 진정한 휴식을 주려고 한다면 과식하는 습관은 자연스럽게 사라질 것이다. 효과적으로 몸매를 유지하고 과도한 지방을 제거하려면 밤늦게 먹는 것을 피해야 한다. 특히 탄수화물과 지방의 함유량이 높은 대부분의 스낵 음식은 먹지 말아야 한다. 밤에는 신진대사율이 낮아지기 때문에, 인슐린 수치를 높이는 음식이 저녁 6시 이후에 섭취되면 체지방으로 전환되기 쉽다. 과학적 역학조사에 따르면, 아침에 2천 칼로리 정도의 열량을 섭취하는 사람은 주당 1Kg 정도 체중이 감소한 반면, 저녁 6시 이후 같은 양의 열량을 섭취한 사람은 오히려 체중이 늘었다.[2] 따라서 절대적인 원칙은 아니지만, 저녁 늦게 음식을 먹었다면 적어도 3시간 후 잠자리에 드는 것이 이상적이다.

또 대부분의 다이어트 책에서는 앉아있을 때에만 먹을 것을 권한다. 물론 바쁠 때는 어려운 일이지만 먹는 것을 천천히 음미하면서 철저하게 즐길 필요가 있다. 음식을 즐기지 못할 경우 과식하는 경향이 생긴다. 다만 '공복감'을 채울 뿐인 것이다. 음식을 즐기는 데서 오는 긍정적인 효과는 프랑스에서 가장 쉽게 찾아볼 수 있다. 프랑스 인들은 고지방식품을 즐겨 먹지만 심장병 발생률이 미국보다 30% 정도 낮다. 그 차이를 적포도주의 효과에서 찾는 사람들도 있지만, 그보다는 상대적으로 적은 양의 음식을 오랫동안 음미하면서 먹기 때문이다. 천천히 잘 씹어 삼킨 음식은 급하게 꿀꺽 삼킨 음식과 소화에 있어서도 차이가 난다.

한편 먹을 때 음식에 집중하는 것도 건강을 위해서 좋다. 신문이나 텔레비전에 시선을 두지 말고 좋아하는 음식에만 열중하라. 입에 먹을 것을 담은 채 말하지 말고 꼭꼭 씹어라. 음식을 먹으면서 텔레비전 프로그램을 생각한다면, 지금 씹고 있는 음식의 맛을 즐길 수 없다. 따라서 당신의 몸도 영양섭취 과정에 열중하지 못하게 된다.

처음에는 이 단계가 어렵게 느껴질 수 있다. 그러나 음식의 맛에 열중하고 즐기기 위해서는 피할 수 없는 단계이다. 당신의 몸에 물리적인 영양공급을 경험할 수 있는 시간을 주는 단계이기도 하다. 그렇게 될 때 탐식의 습관이나 가능성은 줄어든다. 체중을 늘리고 싶은 여성도 마찬가지이다. 먹는 속도를 줄이면서 음식을 즐길 때 자신에게 가장 알맞은 체중에 이를 수 있다.

무슨 음식이든 가리지 않는 사람과 시간을 함께 보내라. 영양은 음식을 통해서만 얻어지는 것이 아니다. 우리 주변의 환경도 좋은 영양공급원이다. 함께 하는 사람, 햇살, 별빛, 벽지 등도 영양공급원이 될 수 있다. 감정을 억제하기 위해서 마구 먹어대는 사람이 곁에 있다면, 당신도 침울한 기분을 느끼고 몸에 체지방이 쌓여 갈 것이다. 그러나 음식을 즐기는 사람과 함께 식사를 한다면 당신도 만족을 얻게 될 것이다.

4 단계 : 배가 고플 때 먹고 포만감을 느끼면 그만 먹어라

이 단계는 매우 중요하다. 식습관을 몸의 지혜에 맞춘다는 뜻이기 때문이다. 그러나 여기에는 약간의 훈련이 필요하다. 특히 수년 간 다이어트를 했을 경우에는 더욱 많은 훈련이 필요하다. 배가 고프면 몸의 지혜에 따라 지체 없이 무엇인가를 먹을 수 있어야 한다. 때때로 우리는 배가 고프지 않을 때에도 먹는다. 나중에 배가 고프지 않으려는 생각 때문이다. 이러한 패턴은 몸의 욕구와는 상관없이 어린 시절부터 습관이 되어온 것으로, 어린 시절에는 지루하면 배가 고픈 것으로 생각하기 쉽다. 그러나 실제로 배가 고프다면 곧장 먹어야 한다. 정해진 식사 시간을 기다릴 필요가 없다.

포만감을 느끼면 즉시 숟가락을 놓아라. 시간에 관계없이, 누가 지켜보더라도. 물론 배가 고프면 언제라도 다시 먹을 수 있다. 많은 사람이 "배가 꽉 찼어. 하지만 더 먹고 싶어."라고 말한다. 더 먹고 싶더라도 숟가락을 놓아라. 그리고 15분만 기다려라. 뇌가 포만감을 인식하는 데 그 정도의 시간은 걸리기 때문이다. 따라서 천천히 먹으며 분위기를 즐길수록, 음식을 음미할수록 당신은 적은 음식으로 더 많은 만족감을 얻을 수 있다.

5 단계 : 당신의 식습관을 솔직하게 살펴보라

음식은 여성에게 상당히 심리적인 문제이며, 오늘날 여성들 사이에는 음식에 대한 중독증이 만연되어 있다. 알코올 중독자를 아버지로 두었던 한 여성은 "걱정이 시작되면 파이를 찾아요. 파이를 삼키고 나면 감정도 뱃속으로 가라앉는 느낌이거든요. 외로움을 느낄 때마다 파이를 먹고 나면 마음이 진정돼요."라고 말했다. 이런 여성에게 자연식품요법을 강요한다면 엄청난 스트레스를 안겨주게 된다. 그렇기 때문에 체중 감소를 위한 다이어트에서 빈번히 실패하는 것이다. 당사자가 과식하게 되는 원인을 전혀 고려하지 않은 탓이다.

또 다른 문제는 많은 음식이 지나치게 금기시되고 있다는 점이다. 정제된 탄수화물(설탕, 밀가루)은 전이지방산, 카페인 등과 복합될 때 최고의 금지음식이 된다. 이런 결과로 대부분의 여성이 먹는 것에서 극심한 혼란을 겪게 된다. 또한 우리 문화가 그러한 혼돈을 더욱 부채질한다. 다음은 혼돈된 식습관의 몇 가지 특징을 정리한 것이다.

- 정말로 원하는 음식을 거부한다.
- '금지된' 음식을 몰래 먹는다.
- 먹는 즐거움을 포기한다.
- 당신이 먹는 것에 대해 평가하는 사람과 함께 식사한다.
- 포만감을 느낀 후에도 계속 먹는다.
- 실제로 배가 고프지 않을 때에도 먹는다.
- 체중과 음식에 대한 걱정을 떨쳐버리지 못한다.
- 체중조절을 위해서 과도한 운동과 다이어트를 하며, 설사약을 복용하거나 토해내기도 한다.
- 질병을 유발하는 지방과 탄수화물을 과도하게 섭취한다.

6단계 : 당신이 먹는 것과 먹는 이유에 대해서 솔직해져라

많은 여성이 심란할 때 체중이 증가하고, 행복하거나 사랑을 시작할 때 체중이 감소한다. 심란할 때의 음식섭취는 체내의 수분을 정체시키게 되고, 그 결과 체지방을 증가시킨다. 과학적인 연구결과에서 볼 수 있듯이, 감정의 억제로 인한 스트레스는 신진대사에 영향을 미치며 지방의 분해를 방해한다. 따라서 스트레스를 받는 상태에서 과도한 지방과 정제된 탄수화물이 함유된 음식을 섭취하는 것은, 결국 과도한 지방을 축적시키며 질병을 일으키는 원인이 된다.[3] 과도한 지방과 수분은 우리가 느끼고 싶지 않은 것을 위한 방어막이다. 당신도 경험했듯이 사랑을 시작하면 많이 먹을 필요가 없다. 생명 에너지로 충만함을 느낄 수 있기 때문이다. 그러나 생명 에너지를 얻기 위해서 반드시 사람을 사랑할 필요는 없다. 좋아하는 일을 하는 것으로도 충분하다. 이러한 이유들 때문에 건강한 삶을 위해서는 당신의 본심에 충실해야만 한다.

당신이 음식을 어떻게 대하고, 어느 정도 먹고 있는지 정직하게 살펴보라. 언제, 왜, 어떻게 먹는지도 살펴보라. 진정으로 음식과 친해지고 싶다면 2주일의 시간을 두고 당신이 먹은 것, 먹은 장소, 그 당시의 느낌을 세세하게 기록하라. 음식에 대한 거부감을 없애주고 음식과 친해지는 계기가 될 것이다. 그때 당신은 건강한 삶에 더욱 가까이 다가서게 된다.

당신이 만일 감정적인 안정을 위해서 먹는다면 그러한 습관을 당장 포기하고 싶지는 않을 것이다. 그것은 큰 문제는 아니다. 스물 한 살까지 비만이었던 환자가 있다. 부모님이 그녀를 여러 의사들에게 보이고 다이어트도 시켜 보았지만 그녀의 체중은 줄지 않았다. 그녀는 자신이 집에서 떨어져 있거나 정신질환이 있는 어머니로부터 벗어날 때 체중이 줄어든다는 사실을 알게 되었다. 그녀는 가족환경에서 오는 고통을 잊기 위해 음식을 찾았던 것이다. 따라서 그러한 환경을 개선해주자 그녀의 체중은 자연스럽게 줄었다.

충동적인 과식을 억제할 수 없다면 한동안 체계화된 식단을 따를 필요가 있다. 그러한 외적 조절 시스템도 효과가 있을 수 있다. 사실 많은 여성들이 감정적인 고통과 식습관 사이의 긴밀한 관계를 인식하지 못하고 있다. 또한 많은 여성들이 면역과 신진대사 체계에 악영향을 미칠 정도로 과도한 스트레스에 시달린다. 이러한 여성의 경우 당분 혹은 염기나 지방이 함유된 음식을 소량만 섭취하더라도 폭식으로 이어지기가 쉽다. 대부분의 여성이 '아이스크림과 같이 지방이 함유된 음식을 탐내는 부류'와 '감자칩과 같이 염기와 지방이 함유된 음식을 탐내는 부류'로 나누어진다. 후자의 여성에게 염기를 가진 음식은 알코올 중독자의 술과도 같은 것이다. 설탕에 중독된 여성들의 고백에서도 이러한 점을 확인할 수 있다. 일단 단것을 먹기 시작하면 술에 취한 듯 머리가 멍해지면서 끝없이 단것을 먹고 싶은 욕망이 생긴다는 것이다. 지방이나 염기가 함유된 음식의 경우에도 마찬가지일 것이다. 물론 이러한 '유인식품'을 피하면 식습관도 정상으로 돌아온다. 이처럼 음식에 대한 충동을 줄이기 위해서는 적정량의 단백질과 지방, 그리고 정제된 탄수화물이 적은 식단을 꾸며야 한다.

보통 여성은 자신을 위해서라기보다는 다른 사람을 즐겁게 해주기 위해서 음식을 섭취한다. 또한 매일 음식을 장만하는 것도 가족을 향한 사랑의 증거이며 의무라고 생각한다. 집에서나 직장에서 인간관계가 충만하지 못할 때 우리는 그 공허감을 음식으로 채우려고 한다. 그러나 공허감은 결코 음식으로 채워지는 것이 아니다. 그러나 그러한 문화적 인식 때문에, 우리가 과식하거나 금식하거나 영양이 낮은 음식을 고집하는 진짜 이유를 지적당하거나 감정적으로 깨닫기 전까지는 식생활의 개선을 이루어낼 수 없다. 이러한 문화적 영향을 타파할 수 있는 사람은 우리 자신이다. 우리 자신이 그렇게 할 때 문화까지도 바뀌게 될 것이다.

식생활의 개선과 운동 계획이 성공하기 위해서는 자신에 대한 사랑과 즐겁고 유연한 마음가짐이 전제되어야 한다. 아이스크림을 먹으면서 조금이라도 자책감을 갖는다면 일종의 자기학대가 되어 실패하게 마련이다. 자궁근종을 치유하기 위해서 건강식을 시작했던 한 환자는 "나는 나 자신을 사랑하고 존중해요."라는 말 한 마디로 음식 중독증을 고쳤다. 이렇듯 우리 자신에 대해 더 많이 느낄수록, 무엇을 먹든지 건강에 대한 자신감을 얻게 된다.

7 단계 : 문화적 인식을 새롭게 하라

음식과 감정은 깊은 관련성을 갖는다. 인류가 지금까지 생존할 수 있었던 이유는 먹을 수 있는 것만을 먹었기 때문이다. 우리는 해로운 열매를 먹지 않고 조상이 안전하다고 전해준 것만을 먹었다. 이처럼 음식은 생명을 이어온 근본의 일부분이다. 따라서 우리가 어린 시절 먹었던 음식은 우리들 몸에 깊이 각인되어 있다. 무의식과 의식의 차원에서 음식은 우리가 안전하고 보살핌을 받는다고 느끼게 해준다.

전통적인 어머니로서 여성의 역할, 즉 '음식 제공자'라는 역할은 과거의 유물이다. 이제 여성들은 종족을 위한 음식 제공자가 아니다. 그렇게 생각할 이유도 없다. 그러나 너무나 뿌리 깊이 인식되어 있어서 쉽게 사라지지 않는다. 지금도 고향에 가면, 많은 어머니들이 소고기를 특별요리로 내놓으신다. 어머니들에게 소고기는 사랑의 상징이다. 가족을 위해서 풍족한 음식을 제공해야 한다는 인식이 너무나 깊이 각인되어 있기 때문이다. 이제 우리는 그러한 인식을 직시해야만 한다. 예전에는 생존을 위해 필요했던 것이 이제는 죽음을 재촉하는 것으로 변해가고 있다.

과거 여성의 일은 가장을 배불리 먹이는 것이었다. 자신의 욕망이나 스케줄과는 상관없이 남편이 돌아올 때를 맞추어 식사를 준비해야 했다. 배고픈 남자를 먹여야 한다는 사회적인 명령은 성행위에도 그대로 적용되었다. 남편의 육체적 허기만이 아니라 성적인 허기까지 충족시켜주는 것이 여성의 일이며 의무였다. 따라서 아내가 그러한 의무를 제대로 다해내지 못할 때에는 남편이 밖에서 남성적인 욕구를 해소하더라도 그것이 정당한 일인 것처럼 여겨졌다. 오르가슴을 느끼지 못한다고 해서 죽는 것은 아니다. 그럼에도 불구하고 남편이 결혼생활에 행복해하지 못하면 모두가 아내의 잘못이라고 생각했던 것이다. 누구나 기억하는 것 가운데 하나가 어린 시절 가족의 저녁식사 시간은 아버지가 집에 도착하는 시간이었다는 사실이다. 아버지가 늦으면 한 시간이든 두 시간이든 기다린다. 어머니는 계속해서 음식을 데우면서 어린 자식들을 달래려고 애쓴다.

메리 캐서린 베이트슨Mary Catherine Bateson이 말했듯이, 한 집안에서 남성은 일거리를 만드는 존재이다. 매일 벗어놓는 더러운 양말 따위의 차원이 아니다. 남자가 갖는 기대감 때문이다. 여성은 결혼을 위해서 자신을 희생해야 한다고 배우지만 남성은 결혼이 그들을 위해서 존재하는 것이라고 배운다.[4] 여성에게는 이러한 상황을 변화시킬 힘이 있다. 그러자면 먼저 우리가 그러한 상황의 고착화에 어떻게 기여하고 있는가부터 직시해야 한다.

많은 여성들이 남편이 출장이나 여행이라도 가면 "너무 편해!"라고 말한다. 남편을 위해 먹을 것을 마련하고, 청소를 하고, 유흥거리를 준비할 필요가 없기 때문이다. 남편이 집에 없을 때 많은 여성들이 자신을 위해서는 요리를 하지 않는다. 자신들의 가치가 남편을 위해서 음식을 준비하는 것이라는 인식이 깊이 박혀있기 때문이다. 남편을 위해서는 노력할 가치가 있지만 자신을 위해서는 노력할 가치가 없다는 무의식적인 편견에 빠져있는 셈이다. 그러면서도 한편으로는 많은 여성들이 이러한 상황에 대해 침묵하면서 원망을 한다.

태어나는 순간부터 남성의 육체적·감정적인 욕구는 어머니에 의해 채워진다. 결혼과 동시에 그 역할은 아내에게 떠맡겨진다. 요리를 하고 자식을 양육하는 것은 남성에 대한 사회적인 기대가 아니기 때문에 남성에게 그런 일들은 과외의 것으로 여겨진다. 우리의 어머니 세대는 음식준비가 생존을 위한 것이라는 환상을 버리지 않으려고 양파 등을 재료로 써서 눈물로 요리하는 전략을 동원했다. 그리고 그 부정직하고 교묘한 전략을 우리에게 전해주었다. 나 역시 이러한 인식에서 벗어나려고 애썼지만 그것이 얼마나 힘든 것인지를 알고 있다.

어느 날 집에 돌아와 남편이 없는 것을 확인한 순간, 내게는 남편이 돌아오기 전에 집안을 정돈하고 저녁을 준비해야 한다는 생각이 떠올랐다. 분명히 그렇게 생각했다. 그렇게 생각되더라도 마음이 내키지 않으면 나는 행동에 옮기지 않는다. 이제 당신도 당신 삶의 패턴을 돌이켜 보면서 그러한 모습들을 찾아낼 수 있어야 한다.

8 단계 : 음식 준비에 대한 선입견과 의무감

당신이 어린 시절부터 지금까지 주로 먹어온 음식을 살펴보고, 당신이 자신을 위해서는 좋은 음식을 준비하거나 즐겨본 적이 없다고 솔직하게 반성하지 않는 한 식생활의 개선은 불가능하다. 특히 오늘날 대부분의 여성이 집 밖에서 일한다는 사실을 감안할 때 음식 준비에 대한 우리의 기대감은 어머니 시대와는 달라야 한다.

스스로에게 다음과 같은 질문을 던져보자.

- 가족의 식사를 염려하고, 준비해야 한다는 책임감을 느끼는가?
- 가족이 배가 고플 때 냉장고가 비어 있으면 죄의식을 느끼는가?
- 남편 그리고 아이들과 이런 문제를 두고 상의해본 적이 있는가?

결혼 초, 내가 음식 준비에 대한 어떤 무의식적인 의무감을 느끼기도 전에 남편이 아무렇지도 않게 "오늘 저녁 메뉴는 뭐야?"라고 물으면, 나는 가끔 분노가 치밀었다. 남편이 나를 음식이나 준비하고 장이나 보러 다니는 사람으로 만들어가고 있다는 생각에서였다. 그러나 남편은 내가 화내는 이유를 이해하지 못했다. 물론 나 자신도 화가 치밀어 오르는 이유를 분명하게는 알 수 없었다. 똑같이 힘들게 일하는 데도 남편의 배를 채워주는 것은 나의 책임이라니…. 하지만 그러한 사회화 과정을 이해하게 되었을 때, 나의 의지에 반해서 요리와 청소를 해야 한다는 강박감 때문에 남편을 탓할 수는 없었다. 이처럼 내가 나의 선입견을 깨닫게 되자 남편도 자신에게 뿌리 박힌 고정관념을 진심으로 돌아보기 시작했다. 남편은 어머니가 해주었던 일을 나에게도 기대하고 있다는 사실을 깨닫게 되었다. 요리나 청소 등에 대한 무의식적인 기대감을 깨닫게 되면서 우리의 부부관계는 적어도 그런 분야에서 만큼은 많이 개선되었다.

다시 다음과 같은 질문을 스스로에게 던져보자.

- 당신은 음식 준비를 즐기는가?
- 당신은 혼자 있을 때에도 자신을 위해 맛있는 음식을 준비하는가? 그렇지 않다면, 외식할 경우나 다른 사람이 당신을 위해 음식 준비를 해줄 때 몸에 좋은 음식을 택하는가?

하루에 식사를 세 번씩이나 준비해야 한다면 주부에게 휴가란 아무런 의미도 없다. 언젠가 가족 모두가 섬에 가서 휴가를 보낸 적이 있다. 그러나 나는 하루종일 요리와 청소를 하느라 바빴다. 아이들은 끊임없이 먹을 것을 찾았지만 스스로 찾아먹기엔 너무나 어렸다. 피곤한 휴가였다. 결국 휴가 중에도 식사 준비가 즐겁기 위해서는 가족 모두의 참여가 필요하다.

나의 어머니는 "우리는 거의 40년 동안이나 하루에 세 번씩 식사를 준비했어. 이제 지겨울 만도 하지."라고 말했다. 나도 때로는 차려주는 식사를 받을 때가 즐겁다. 그런 마음은 어머니라는 의무감에서, 오랫동안 자신을 배제한 채 다른 사람을 시중들어야 한다는 생각에서 비롯된 것이다. 외식을 하면서 남에게 시중을 받게 되면 평소보다 적게 먹어도 훨씬 만족스런 이유 역시 그 때문일 것이다.

9 단계 : 다이어트를 중단하라

최근의 연구에 따르면, 체중 감소와 재증가, 그리고 '다이어트 강박증'은 현재의 체중과는 관계없이 건강에 부정적인 영향을 남긴다.[5] 또한 수십억 달러의 시장에 달하는 다이어트 산업에도 불구하고 단지 극소수의 여성만이 지속적인 체중감소를 달성한다. 이제 우리는 다이어트를 솔직하게 평가하면서 변화를 모색해야 한다. 먹는 것은 삶의 일부이다. 이제 먹는 것을 천천히 지속적으로 변화시켜 나가야만 한다.

다이어트 강박증 체크리스트

- 체중이 증가할까봐 두려워서 정말 좋아하는 음식도 습관적으로 사양하는가?
- 맛있는 저녁식사를 위해서 하루종일 굶는가?
- 뷔페에 갔을 때 입맛이 당겨도 먹어서는 안된다고 습관적으로 다짐하는가?
- 하루에도 몇 번씩 체중을 재어보는가?
- 평소보다 체중이 늘었을 경우 스스로를 나무라면서 먹는 것에 영향을 받는가?
- 지독하게 허기를 느낄 때까지 아무것도 입에 대지 않는가?
- "오늘만 먹고 내일부터는 정말 다이어트를 시작할 거야!"라고 말하는가?
- 점심식사를 커피나 다이어트 음료로 대신하는 경우가 잦은가?
- 거의 모든 음식의 칼로리 수치를 알고 있는가?

위 질문 중 어느 것 하나라도 적용된다면 당신은 '다이어트 강박증'을 갖고 있는 것이다. 밥 슈바르츠Bob Schwartz는 '다이어트 강박증'과 음식억제의 상관성을 살펴보기 위해서 체중이나 먹는 것에서 아무런 문제도 없는 사람들을 대상으로 삼았다.[6] 그러나 체중감소를 목표로 한 다이어트 과정에서 전에는 먹는 것에 전혀 문제가 없었던 사람들이 대부분 '다이어트 강박증'을 보이기 시작했다. 목표로 삼았던 5kg을 줄인 후 그들은 금세 5kg을 되찾고 추가로 2.5kg 정도가 늘었다. 추가로 늘어난 2.5kg을 줄이기가 처음 5kg을 줄이는 것보다 훨씬 어려웠다. 이처럼 음식억제와 다이어트의 상관성 실험에 참여한 덕분에 전에는 날씬했던 사람들이 이제 체중에 문제를 가진 사람으로 변해버렸다.

10 단계 : 체중과 화해하라

많은 여성이 “적당한 체중은 어느 정도인가요?”라고 묻곤 한다. 우리 모두가 태어나면서부터 체중과 신장을 재면서 이상적인 기준에 비교되지만, 욕구에 따라서 음식을 섭취하고 규칙적으로 운동을 한다면 모든 여성이 자신의 몸을 지탱하는 데 적당한 체중을 갖게 된다.

여성의 체중은 1주일을 기준으로 1～2kg 정도는 변하게 마련이다. 그리고 한 달이나 1년을 주기로 다시 변한다. 이러한 변화는 거의가 분비물 때문이므로 정상적인 것이다. 여성의 자연스럽고 건강한 체중은 보험회사나 의학계가 제시하는 체중표와 일치하지 않을 수도 있으며 더욱이 옷 사이즈와는 아무런 관계도 없다.

체중은 체격을 문제시하지 않기 때문에 건강의 척도로 삼기에는 적합하지 않다. 또한 많은 여성의 건강을 파괴하는 주범인 ‘이상적인’ 체중이라는 관념을 건강과 등식화하는 것도 구태의연하고 낡은 사고방식이다. 사실 가장 중요한 척도는 체지방의 양이다. 그럼에도 불구하고 나를 포함한 많은 여성들이 ‘이상적 체중’이라는 관념에 세뇌되어 있다. 그 이상적인 체중은 대개 실제의 체중보다 2.5～5kg은 낮게 마련이다. 따라서 많은 여성들이 끊임없이 몸과의 전쟁을 벌인다. 우스운 것은 미국 미혼여성의 평균체중이 1954년에는 134파운드(60.7kg)였던 것이 1980년에는 117파운드(53kg)로 줄어들었다는 사실이다. 또한 1954년에는 이상적인 패션모델의 체중이 평균체중에서 8% 정도 적었지만, 요즘은 25%나 적다. 그 때문에 언론에서 말하는 소위 이상적인 몸매는 대부분의 여성에게 있어 오르지 못할 나무가 되어버렸다.

10대 소녀를 위한 잡지들에는 다이어트와 체중조절에 대한 정보들이 가득하다. 또 통계자료만 보더라도 문제의 심각성을 확인할 수 있다. 현재 여성인구의 1%가 신경성 식욕부진으로 음식 자체를 먹지 못한다. 한편 대학생의 20%가 순간적인 폭식, 의도적 구토, 설사약, 이뇨제, 과도한 운동으로 특징 지워지는 거식증 증세를 보이고 있다. 30대 이하의 젊은 여성들도 마찬가지이다. 반면 남성의 경우에는 이러한 증세를 나타내는 사람들이 5% 이하에 불과하다.[7] 불행하게도 체중을 줄이려는 필사적인 노력에도 불구하고 대부분의 거식증 환자들은 전혀 체중을 줄이지 못한 채 오히려 체중이 조금씩 증가하고 있는 실정이다.

내가 열 다섯 살이었을 때, 나는 내 신장에 이상적인 체중은 52kg이어야 한다고 생각했다. 10대를 위한 잡지에 173cm의 신장에는 그 체중이 이상적이라 쓰여있었기 때문이다. 그 후 20년 동안, 나는 이상적인 체중이 되기 위해 먹고 싶은 것을 참아 가면서 온갖 노력을 다했다. 그러나 두 아이를 낳은 후, 나는 내키지는 않았지만 56.6kg을 나의 새로운 '이상'으로 상향 조절해야 했다. 하지만 규칙적인 운동과 다이어트에도 불구하고 그것조차 내가 도저히 도달할 수 없는 어려운 목표였다. 결국 나의 골격과 건강한 체지방 비율을 고려할 때, 내게 적정한 체중이 63.5kg이라는 사실을 알게 된 것은 마흔 일곱 살이나 되었을 때였다. 이제 나는 어떠한 서류에나 내 체중을 자신 있게 63.5kg라고 쓴다.

대부분의 여성이 사회적인 이상형으로 예시하는 체형보다 큰 몸을 가지고 있다. 또한 남성에 비해서 더 많은 지방을 가지고 있다. 이것은 기근에도 출산과 수유를 가능하도록 배려한 자연의 법칙이다. 남성의 몸은 테스토스테론을 더 많이 생산한다. 따라서 상대적으로 날씬한 몸매를 가질 수 있으며 신진대사율도 높다. 또 남성의 몸에 발달한 근육은 신진대사율을 높이는 한 요인이 된다. 그러나 여성에 대한 사회적인 기대감은 이제 더 이상은 날씬해질 수 없는 지경에 이르렀다. 날씬한 몸매에 대한 암묵적인 강요와 소망이 자제심과 결부되면서 음식과 체중과의 줄기찬 싸움은 마치 사회적인 규범처럼 여겨지기도 한다. 게다가 몸매와 체중은 이제 우리의 매력과 가치를 결정하는 척도가 되고 있다.

'체중 문제'에 대한 접근이 근본적으로 잘못되었다는 것을 깨닫기 위해서, 대체 여성은 얼마나 더 자기 몸을 학대하면서 견뎌내야 하는것일까? 우리에게 필요한 것은 먹지 않겠다는 의지나 자제심이 아니다. 이제 잡지에도 건강미 넘치는 여성의 모습이 실려야 한다. 이미 밝혀졌듯이 사회적으로 이상적인 몸을 지닌 여성까지도 자신의 몸에 대해서 행복하지 않다고 고백한다.

몸과의 화해를 위한 출발점은 자신을 존중하고 인정하는 마음이다. 이제 우리는 체중이라는 굴레를 벗어나 삶을 즐길 수 있어야 한다.

11 단계 : 골격이 어느 정도인가

최적의 건강과 최적의 몸매를 얻기 위해서 당신은 몸에 대한 사회적인 편견에서 벗어날 수 있어야 한다. 여성의 골격을 대, 중, 소로 구분할 때 당신의 골격이 어디에 속하는지를 결정하는 방법이 있다. 엄지와 셋째 손가락으로 반대편 손목을 감싸보라. 시계나 팔찌를 차는 부분이 기준이다. 두 손가락 끝이 포개지면 당신의 골격은 '소'에 속한다. 가까스로 두 손가락 끝이 마주치면 '중'에 속한다. 물론 두 손가락 끝이 서로 닿지 않으면 당신의 골격은 '대'에 속한다. 손가락의 길이는 전혀 문제되지 않는다. 왜냐하면 손가락의 길이는 손목 굵기와 비례하기 때문이다.

한 연구에 따르면 골격이 '대'에 속한 사람은 아무리 다이어트를 해도 자신이 원하는 목표의 체중에 도달하지 못한다고 한다. 따라서 당신이 그러한 골격에 속한다면 그 자체를 축복으로 받아들이며 즐거운 삶을 살도록 해야 한다. 쓸데없이 불가능한 목표의 체중을 꿈꾸며 거기에 맞추어야 한다고 생각할 필요가 없다. 자칫하면 목숨까지 위협하는 체중에 대한 과거의 관념으로부터 벗어나야 한다.

12 단계 : 비만의 허와 실

우리는 비만은 보기 흉할 뿐 아니라 건강에도 좋지 않다고 배웠다. 또한 비만은 고혈압, 심장병, 암, 당뇨병 등을 유발한다고도 배웠다.[8] 비만은 적정체중에서 20% 이상 초과하는 것으로 정의된다. 이러한 정의에 따르면 20~75세까지의 여성 중 27.1%가 비만에 속한다.[9] 그러나 체중은 건강을 결정하는 절대적인 척도가 될 수 없다. 근육은 80%가 수분이지만, 지방은 5～10%만이 수분이다. 또한 근육은 같은 질량의 지방보다 여덟 배나 더 무겁다.[10] 따라서 정상체중을 지녔지만 지방이 많은 사람이 있을 수 있다. 반면 체중표에 따르면 비만에 속하지만 적정 체지방을 지닌 사람이 있을 수 있다. 그 이유는 근육이 지방보다 훨씬 무겁기 때문이다. 따라서 근육을 늘리기 시작하면서, 체중은 늘었지만 허리가 가늘어지는 여성도 있다. 이렇듯 신기한 현상이 일어나는 이유는 6파운드(2.7kg)의 지방이 1갤론(2되) 정도의 부피를 차지하기 때문이다.

미드레드라는 환자가 있었다. 마라톤 선수였던 그녀는 수년 전부터 몸매가 엉망이 되었다는 강박관념에 빠졌다. 규칙적인 운동 덕분에 그녀의 몸매는 훌륭했고 상당히 옷맵시가 좋았다. 그럼에도 불구하고 그녀는 체중을 56kg까지 줄이려고 애썼다. 그녀는 근육이 상당했기 때문에 친구들에게는 언제나 표준체중이 넘는 것처럼 보였다. 결국 자신의 체지방이 25%에 불과하다는 것을 안 뒤에야, 그녀는 건강유지를 위한 적정체중이 61～63kg이라는 사실을 인정하게 되었다.

당신의 체지방을 측정해보라. 이것은 "체중이 너무 많이 나가!"라는 강박관념에서 벗어나기 위한 가장 효율적인 방법 중의 하나이다. 대부분의 병원에서 체지방을 측정해준다. 여성에게 적정한 체지방률은 20～28%이며, 현재 미국여성의 평균 체지방률은 33%이다.[11] 그러나 여성 육상선수의 평균 체지방률이 18%인 데 반해서, 식욕부진을 겪는 여성들의 체지방률은 10%를 밑돈다. 내장이 기능하기 위한 연료를 얻지 못할 정도로 지나치게 낮은 수치다. 반면에 건강한 남성의 평균 체지방률은 15%이며, 남성 육상선수의 평균 체지방률은 3～4%이다. 여성의 경우 체지방률이 17～18% 이하가 되면 정상적인 호르몬 주기에 방해를 받을 수 있으므로 함부로 체지방을 줄이려고 해서는 안된다.

당신의 체지방률이 건전한 수준이라면 그 상태를 그대로 유지하도록 노력하라. 그러나 수치가 높다면 체지방률을 낮추도록 하라. 그럴 때 당신은 더욱 건강하게 보이고 몸도 가뿐해지는 것을 느낄 수 있을 것이다. 또한 고혈압, 고콜레스테롤, 당뇨병, 심장 질환, 체내 수분정체의 위험을 낮출 수 있을 것이다. 결론적으로 근육을 늘리면서 체지방률을 낮추는 것이 최선의 방법이다.

13 단계 : 눈높이를 낮춰라

소위 슈퍼모델이라고 일컬어지는 여자들은 미의 우상이다. 눈을 씻고 둘러보아도 그들만큼 날씬한 여성을 찾을 수는 없다. 잡지의 사진은 수정되고 조작된 것이다. 실제로 슈퍼모델들이 18% 안팎의 적정 체지방을 가졌다면 그렇게 늘씬하고 매력적으로 보일 수가 없다.

건강한 몸매와 건강한 여성에 대한 미의 기준부터 바꾸어야 한다. 갸냘픈 몸매에 풍만한 가슴의 모델들을 미의 기준으로 삼을 필요는 없다.

14 단계 : 건강을 느끼기 위해서 음식을 먹어라

위에서 언급한 단계들에서 어느 정도 성과를 거둘 때까지는 대부분의 여성이 자신을 위해 음식을 섭취하는 수준에 이르지 못한다. 그러나 음식에 대한 내면의 인도를 계속해서 모색할 때, 당신이 원하는 음식이 바로 당신에게 알맞은 음식이란 사실을 깨닫게 될 것이다.

만성 질염을 치유하기 위해서 식이요법을 택했던 환자가 있다. 그녀는 "식생활을 개선하면서 몸이 가벼워진 것 같아요. 깨끗해진 기분이고 체중도 3.6kg이나 줄었지요. 선생님의 충고대로 한 달 동안 모든 유제품을 끊었어요. 그런데 치즈를 먹었더니 몸의 느낌이 좋지 않더군요. 그래서 치즈도 끊었더니 몸이 훨씬 좋아지는 걸 느낄 수 있었어요. 내가 원하는 음식이 내 몸에 좋다는 것을 알게 되었어요. 그때부터 모든 것을 달리 보게 되었지요. 삶의 철학 자체가 완전히 바뀌었어요."라고 말했다. 이 환자는 음식을 평가하는 기준 자체를 바꿀 수 있었다. 체중

감소는 부수적인 효과일 뿐, 건강을 얻기 위해서 식생활을 바꾼 덕분에 그녀는 자신이 원하는 음식이 자신을 가장 편안하게 해주는 음식이라는 사실을 깨닫게 되었던 것이다. 결국 그녀는 몸의 지혜와 화합함으로써 몸과의 전쟁을 끝내게 되었다.

영양개선과 규칙적인 운동은 건강을 지키기 위한 최선의 방법이다. 인공식품, 과도한 설탕, 카페인을 줄이면 몸이 훨씬 가뿐해진다. 그러나 전이지방산이나 정제된 탄수화물의 비중이 높은 대신 섬유질의 비중이 낮은 음식을 섭취할 때 유방암과 자궁내막증, 그리고 자궁근종의 발병 가능성이 높아진다. 실제로 여성에게 발병하는 암(유방암, 난소암, 자궁암)의 60%가 식생활과 관련되어 있다.[12] 탄수화물의 비중이 높은 식단은 에스트로겐의 수치를 높이지만, 야채 섬유질을 많이 섭취할 경우 에스트로겐의 수치를 낮추어 유방암 발병의 위험도 그만큼 낮출 수 있다.

일찍 초경을 시작하고 폐경을 늦게 하는 여성은 유방암 발병 위험이 크다. 미국 여성은 대부분 초경이 빠른 편(12~13세)이며 폐경은 상대적으로 늦은 편이다.[13] 그러나 중국처럼 저지방의 야채를 주로 먹는 여성은 대체로 초경을 16~17세에 시작한다. 이러한 여성은 폐경도 대체로 일찍 맞는 편이다. 물론 유방암의 발병률은 현저히 낮다.[14] 그러나 육고기와 지방을 많이 섭취하지만 탄수화물을 상대적으로 적게 섭취하는 수렵사회의 여성들도 유방암 발병률이 무척 낮다. 결국 정제되고 가공된 음식은 건강에 좋지 않다는 결론이 나온다. 고기든 지방이든 자연적인 음식이라면 무엇이든 건강에 도움이 된다.

15 단계 : 당신의 신진대사를 회복하라

열량 섭취를 하루 1,200cal 이하로 줄이지 않는 한 체중을 줄이기란 여간 어렵지 않다. 그 수준에서 체중이 증가하는 경우도 있다. 그렇게 되면 절망에 빠져 코티솔 수치가 증가하면서 지방의 분해를 방해한다. 악순환인 셈이다. 칼로리의 섭취량을 계속해서 줄여 가면 몸은 자연스럽게 보존법칙에 따라서 신진대사를 늦추게 된다. 결국 다이어트로 인한 체중의 감소와 증가의 반복은 체지방을 증가시킬 뿐이다. 또한 당신이 다이어트를 하지 않더라도 순수근육질의 양을 유지하려는 적극적인 노력이 없다면 근육이 지방으로 대체되기 쉽다. 물론 반대의 상황도 가능하다. 신진대사를 활성화시키려면 몸에서 지방조직의 양을 줄이고 근육의 부피를 늘려야 한다. 근육은 지방조직보다 많은 칼로리를 소모시키기 때문이다. 이것은 수면 중에도 마찬가지이다.

또한 몸을 인슐린 효과에 민감하게 반응하도록 회복시켜야 한다. 인슐린은 포도당이 혈관에서 세포로 원활하게 통과하기 위해서 필수적인 호르몬으로, 췌장에서 만들어진다. 따라서 몸의 인슐린 감수성을 회복하는 것은 건강을 위해 반드시 필요하다. 과도한 지방은 인슐린 저항성의 원인이 되며, 동시에 그 결과이기도 하다. 한 연구에 따르면 가공음식을 주로 섭취할 경우 아동기 말이나 청소년기 초에 인슐린 감수성이 떨어지기 시작한다. 그로 인한 건강상의 문제는 육체적인 활동이 저하되는 30대나 40대가 되어서야 비로소 나타나기 시작한다. 그러나 인슐린 저항성에 따른 문제를 이겨내고 신진대사를 회복할 수 있는 방법이 없는 것은 아니다.

칼로리 계산을 중단하라 칼로리 계산이야말로 고리타분한 방식이다. 게다가 칼로리만으로 먹을 것을 결정한다는 것은 음식이 몸에서 어떻게 신진대사 되는가를 전적으로 무시한 발상이다. 빵으로 하루 1,200cal를 섭취해서 체중을 줄이더라도 지방을 효율적으로 태워버릴 수 있을 만큼 근육질의 몸을 만들 수는 없다.

운동 여성은 나이를 먹으면서 운동부족으로 근육이 지방으로 바뀌어 간다. 그러나 어떤 연령에서라도 운동을 시작하면 그러한 경향을 역전시킬 수 있다. 운동을 전혀 하지 않는 여성에 비해서 규칙적으로 운동을 하는 여성은 평균 20년 이상을 활동적으로 살아간다. 또한 규칙적인 운동은 인슐린 저항성을 억제함으로써 탄수화물을 효과적으로 소진시키고 지방의 축적을 감소시킨다. 따라서 근육의 부피를 증가시키는 최선의 방법은 체중에 알맞은 운동을 규칙적으로 하는 것이다.

예를 들어, 웨이트 트레이닝을 1주일에 두 번씩 40분 정도 하게 되면 과도한 지방을 줄이는 데 효과적이며 신진대사율도 높일 수 있다.[15] 에어로빅도 신진대사율을 높여준다. 굳이 웨이트 트레이닝이나 에어로빅에 국한할 필요는 없다. 어떠한 운동이든지 열심히 할수록 신진대사율을 높일 수 있기 때문이다. 당신이 목표로 정한 심장박동 수에 이를 수 있도록 하루 20분 정도씩 할 수 있는 운동이라면 무엇이든 괜찮다(18장 참조). 속보로 걷기, 계단 오르기, 자전거 타기 등을 통해서도 얼마든지 당신이 원하는 효과를 얻을 수 있다.

적당한 탄수화물을 섭취하라 모든 탄수화물이 똑같이 반응하는 것은 아니다. 어떤 것은 신속히 포도당으로 전환되어 혈관으로 스며들면서 인슐린 수치를 과도하게 상승시킨다. 반면에 어떤 탄수화물은 천천히 신진대사 되면서 인슐린 수치에 별다른 영향을 끼치지 않는다.

당신이 섭취하는 탄수화물에 섬유질이 많이 포함되어 있어서 낮은 혈당지수를 지닌다면 건강식품이라고 할 수 있다. 혈당지수가 낮은 탄수화물식품의 대표적인 예는 콩, 대부분의 채소와 과일이다. 반면에 혈당지수가 높은 탄수화물 식품은 보통 '전분' 성분에 속하는 감자, 밀가루 제품, 쌀, 과자, 옥수수, 대부분의 빵, 바나나, 포도, 사탕, 그리고 디저트로 사용되는 식품들이다. 일반적으로 가공의 정도가 심한 식품일수록 혈당지수가 높게 나타난다. 한편 아이스크림은 혈당지수가 낮다. 아이스크림에 함유된 지방과 단백질이 포도당으로 전환되어 혈관에 스며드는 속도가 느리기 때문이다. 결론적으로 탄수화물의 혈당지수가 낮을수록 지방으로 축적될 걱정 없이 섭취할 수 있다.

휴가기간 동안 들뜬 기분에 절제된 생활을 하지 못했을 경우, 그 동안 축적된 지방을 빠른 시일 안에 소진시키고, 혈압을 낮추고, 체중을 줄이려면, 하루 35g 정도의 탄수화물을 세 끼에 균등하게 나누어 먹으면 된다. 그렇게 며칠이나 몇 주를 계속하면 인슐린 감수성을 회복할 수 있다. 또한 운동을 생활의 일부처럼 규칙적으로 하게 되면 신진대사를 회복해서 보다 많은 탄수화물을 섭취할 수 있게 된다.

충분한 단백질을 섭취하라 충분한 단백질? 영양전문가라면 아마도 고개를 갸우뚱할 것이다. 사람에 따라 다르지만 1일 단백질 권장량은 30g 안팎으로 되어 있다. 그러나 지난 4년 동안의 임상 및 개인적인 경험과 새로운 연구결과로 나는 이러한 생각을 완전히 바꾸게 되었다. 전에는 나를 비롯한 많은 사람들이 최적의 건강을 위해서 필요한 모든 단백질을 곡물과 콩과 야채에서 얻을 수 있다고 생각했다. 그러나 복합탄수화물이 풍부한 비가공식품이 신진대사가 활발한 사람에게는 더할 나위 없이 좋지만 누구에게나 좋은 것은 아니라는 사실을 알게 되었다. 또한 단백질과 지방이 풍부한 음식은 소변으로 칼슘을 배출하여 골다공증을 유발할 위험이 있다고 믿었지만 최근의 연구는 그러한 믿음의 허구성을 밝혀냈다. 물론 신장 질환이 있는 사람은 단백질 섭취를 제한해야만 한다.

이 책의 초판이 발간된 직후인 1994년, 나는 탄수화물의 섭취를 줄이고 단백질 섭취를 늘리는 것이 좋다는 주장을 접하게 되었다. 단백질을 늘리고 탄수화물을 줄여야 한다는 생각이 마땅치 않게 생각되었지만, 내 몸의 체지방이 33%에 달한다는 것을 알게 되었을 때 나는 기분이 좋지 않았다. 또한 가족 중에 심장 질환자가 많았기 때문에 인슐린 과다로 인한 질병에 취약할 수 있다는 사실을 무시할 수 없었다. 나는 이미 규칙적인 운동을 하고 있었으므로 새로운 주장에 따라 탄수화물의 섭취를 줄이고 단백질 섭취를 늘리기로 했다. 또 체중문제만이 아니라 월경전 증후군, 두통, 손톱 부서짐, 피로감, 위 확대증, 가슴앓이, 근육통, 불면증 등을 앓고 있는 환자에게도 그러한 식단을 권장했다. 임상결과는 놀라웠다. 나는 에너지가 넘치는 것 같았고 아침에 일어날 때에도 훨씬 가뿐했으며 손톱도 한결 탄탄해졌다. 결국 일반적으로 권장하는 것보다 단백질과 지방을 더 많이 섭취함으로써 칼슘과 마그네슘의 흡수력이 오히려 증가되었던 것이다.

당신에게 알맞은 식단을 스스로 개발하든 다이어트와 영양에 대한 전문서적을 참조하든, 우리는 적정 근육을 유지하기에 적합한 단백질을 매일 섭취해야만 한다. 그래야 지방을 가장 효과적으로 태워버릴 수 있다. 다음의 표는 당신에게 필요한 단백질의 양을 계산하는 방법이다.

〈표 17-1〉 하루에 필요한 단백질 양 계산법

제지방체중(LBM)을 유지하는 데 필요한 단백질의 양(하루 기준)을 계산하기 위해서는, 먼저 체지방률을 알아야 한다. 이해를 돕기 위해서 마라톤 선수였던 밀드레드를 예로 들어보자. 그녀의 체중은 138파운드였고 체지방률은 25%였다.

1.당신의 체중(단위 : 파운드)에 체지방률을 곱하라. 그러면 당신의 체지방 무게가 나온다.
(밀드레드의 경우 : 138×0.25=34파운드)
2.당신의 체중에서 체지방 무게를 빼서 제지방체중을 구한다.
(밀드레드의 경우 : 138-34=104LBM)
3.제지방체중(LBM)에 당신이 해당되는 부류의 공통인자 값을 곱한다.

- 아무런 운동도 하지 않는다 : 제지방체중 1파운드당 0.5g의 단백질이 필요하다. 따라서 LBM에 0.5를 곱하면 된다.
- 적당히 운동함(1주일에 2~3번 정도, 20~30분) : 제지방체중 1파운드당 0.6g의 단백질이 필요하다. 따라서 LBM에 0.6를 곱한다.
- 운동을 하는 편(1주일에 3~5번 정도, 30분 이상) : 제지방체중 1파운드당 0.7g의 단백질이 필요하다. 따라서 LBM에 0.7를 곱한다.
- 운동을 많이 하는 편(1주일에 5번 이상, 계속해서 1시간 이상) : 제지방체중 1파운드당 0.8g의 단백질이 필요하다. 따라서 LBM에 0.8를 곱한다.
- 운동선수(하루에 두 번씩, 1시간 이상 훈련) : 제지방체중 1파운드당 0.9의 단백질이 필요하다. 따라서 LBM에 0.9를 곱한다.

밀드레드의 경우, 제지방체중이 104파운드이고 적당히 운동을 하는 수준이므로 그녀에게 필요한 하루 단백질의 양은 62g이 된다. 이것은 마라톤 훈련을 받을 때에 비하면 현저히 낮은 수준이다. 그러나 단백질 섭취를 늘리기 위해서 반드시 고기를 먹을 필요는 없다. 자연식품을 통해 식물성 단백질을 섭취할 수도 있으며, 달걀과 유제품도 훌륭한 단백질 공급원이다. 식성에 따라 식단이 달라지는 것은 당연하다. 동물애호단체의 주장이 타당하고 고기 생산을 위한 환경파괴 문제가 심각하더라도, 나는 모든 사람이 채식주의자가 되어야 한다고는 생각하지 않는다. 또한 채식주의자가 되어야 건강해진다고 생각하지도 않는다. 다만 화학약품이나 항생제로 사육되지 않은 고기를 구입할 수 있어야 한다. 그런 고기일수록 잔류 농약의 양이 적을 것이기 때문이다. 저지방 소고기가 혈액의 콜레스테롤과 지방질에 미치는 효과는 생선이나 닭고기의 효과와 다르지 않다.

올바른 종류의 지방을 섭취하라 필수지방산은 건강을 위해 없어서는 안될 영양소이지만 요즘 식단에서는 거의 찾아보기가 힘들다. 대신 그 자리를 수소가 첨가된 지방이 차지하고 있다. 지방이 동맥에 미치는 악영향은 유리기遊離基로 알려진 불안정한 분자 때문이다. 수소첨가 지방이 풍부하고 항산화 비타민이 부족한 식단은 유리기를 증가시키고 세포에 손상을 주어 동맥경화증이나 암을 유발한다. 실제로 수소첨가 지방이 포화지방보다 암 발생과 밀접한 관계가 있는 것으로 확인되었다.[16]

수소첨가 지방(전이지방산)은 자연에 존재하는 다多불포화지방에 수소를 초고온에서 첨가하는 화학작용으로 만들어진 인공물이다. 실온에서는 고체로 존재하며 자연상태에서는 유례가 없을 정도로 저장수명이 길다. 우리 몸이 그 물질에 맞도록 진화되지 않았는 데도 불구하고, 이 물질은 마가린을 비롯해서 현재 거의 모든 식품에 첨가되고 있다. 이러한 인공 지방은 우리 몸에서 지방산의 정상적인 신진대사를 방해한다. 그 결과 몸에 좋은 콜레스테롤(HDL)을 감소시키고, 몸에 해로운 콜레스테롤(LDL)을 증가시킨다. 따라서 연어, 견과류, 씨앗, 야채 등의 자연식품에서 필수지방산을 섭취하고 항 산화 보조제를 복용함으로써 수소첨가 지방의 영향에서 조금이나마 벗어나야 한다. 자연산 지방, 특히 불포화지방은 마가린보다 훨씬 건강에 이롭다.

전반적으로 적정량의 단백질, 적절한 종류의 탄수화물을 알맞게 섭취하고 포화지방을 최소화한 식생활을 한다면 필수지방산의 보충을 걱정할 필요가 없다. 그렇다면 어느 정도의 지방을 섭취해야 하는 것일까? 탄수화물, 특히 가공된 탄수화물을 많이 섭취할수록 지방은 에너지로 사용되지 못하고 몸에 축적될 가능성이 커진다. 반면 탄수화물의 섭취를 억제할 때 당신이 섭취한 단백질과 지방은 대부분 에너지로 사용되어 체지방의 증가를 막을 수 있다. 따라서 단백질을 적정량 섭취하고 탄수화물의 섭취가 한계를 넘지 않을 때 지방을 섭취하려는 욕구도 줄어든다. 지방 때문에 우리가 문제를 겪는 이유는 전분이나 당분과 함께 지방을 섭취하기 때문이다. 대표적인 예가 치즈케익, 감자칩 등의 가공식품이다. 이처럼 탄수화물과 지방이 복합될 때 그 영향은 곧바로 엉덩이로 달려간다!

건강보조식품을 섭취하라

크롬-천연 크롬은 신진대사율을 높여준다. 크롬은 인슐린 기능의 정상화를 위해서 절대적으로 필요한 영양소이며,[17] 하루 200mg이면 혈당치를 최적으로 유지하는 데 도움이 되는 것으로 밝혀졌다.[18]

약초-휜버드나무 껍질, 쉬잔드라, 에보디아, 고추 등의 약초는 신진대사율을 높여준다.

비타민B와 마그네슘-폭식증이 있는 여성은 대체로 비타민B, 마그네슘, 아연, 크롬 결핍증을 보인다.[19] 따라서 폭식증, 거식증, 혹은 식욕부진증을 겪었던 여성이라면 복합비타민제를 복용하는 것이 좋다. 특히 전반적인 건강유지를 위해 복합비타민제를 권하고 싶다. 물론 인간은 음식을 통해서 영양을 공급받도록 진화되었지만, 오늘날 인간의 과도한 경작으로 인해 지력이 감소됨으로써 식물들도 영양이 결핍된 채 자라나기 때문이다. 따라서 복합비타민제를 통해 부족한 영양분을 보충해주는 것도 건강을 지키는 지혜이다.

그러나 최적의 건강을 위해서는 대부분의 사람들이 현재 통용되고 있는 1일권장량 이상을 섭취해야 한다. 이유는 간단하다. 천연식품 감소로 인해 영양결핍증이 많은 사람에게서 확인된 후에야 권장량을 증가시켜왔기 때문이다. 또한 권장량은 개개인의 생물학적 차이를 전혀 고려하지 않은 것이다. 예를 들어, 최적의 건강을 위해서 하루 80mg의 비타민C로 충분한 사람이 있는가 하면 1,000mg이 필요한 사람도 있다. 결국 각 사람에게 필요한 영양소의 양은 지문만큼이나 제각각이다.

항 산화제로서의 비타민C는 면역반응을 고양시키는 효과를 갖는다. 또한 다른 항산화 영양제(비타민A, 비타민E, 셀레늄, 베타 카로틴 등)도 몸의 면역기능을 향상시키고 감염이나 암에서 벗어나는 데 도움을 주는 것으로 밝혀졌다.[20] 한편 아연은 면역반응에 상당히 중요한 영양

〈표 17-2〉 건강보조제의 1일 권장량

비타민		무기물	
비타민C	1,000~3,000mg	칼슘(구연산염으로)	1,000~1,500mg
비타민D3	50~250IU	마그네슘	250~600mg
베타 카로틴	25,000IU	칼륨	90mg
비타민B		아연	15~25mg
티아민(B_1)	100mg	망간	15mg
리보플라빈	10mg	붕소	2~6mg
니아신(B_3)	30mg	구리	1mg
니아신아미드	130mg	크롬	150~200mcg
판토텐산(B_5)	450mg	셀레늄	100~200mcg
피리독신(B_6)	50mg	몰리브덴	100mcg
코발라민(B_{12})	250mg	바나듐	100mcg
엽산	2mg		
비타민E	200~400IU		

소임에도 많은 여성들에게서 결핍되어 있는 것으로 밝혀졌다.[21] 마그네슘, 마늘, 양파 등도 면역체계에 중요한 영양분이며, 특히 육체활동이 많은 여성에게는 마그네슘의 보충이 필수적이다.[22]

임신을 계획하는 여성은 임신 전부터 영양에 신경을 써야 한다. 그래야 임신기간 중 최적의 영양상태를 유지할 수 있기 때문이다. 특히 폴릭산(엽산)은 이분척추와 같은 신경관 결함의 위험을 감소시킬 수 있다. 또한 비타민B_6는 임신에서 비롯되는 구역질이나 구토증을 감소시켜준다.

유제품과 칼슘의 문제 3년 전까지 우리 가족은 유제품을 전혀 먹지 않았다. 지금도 아주 가끔, 조금씩만 섭취한다. 사람들은 흔히 우유를 먹지 않으면 '죽음'을 생각하지만 그러한 생각은 전혀 과학적이지 못하다. 순전히 감정에서 비롯된 전형적인 반응일 뿐이다.

내 아이들은 거의 두 살 때까지 모유를 먹었다. 살아있는 음식인 모유는 신생아의 성장을 위한 최고의 식품이다. 우유는 송아지의 성장을 위해서는 최적인 식품이지만 인간의 아기를 위해서는 그렇지 않다. 그 때문에 우유와 모유는 성분부터 다르다. 요즘 아이들은 과거에 비해서 성장이 빠르다. 우유가 급속한 성장을 촉진했기 때문이다. 그러나 우유나 분유는 아동이나 성인 모두에게 문제식품일 수 있다. 소아과 의사였던 프랭크 오스키Frank Oski 박사는, 유제품이 알레르기, 습진, 야뇨증, 중이염과 밀접한 관계가 있다는 증거를 제시했다. 유제품의 섭취를 중단하면 쉽게 사라질 중이염 때문에 수많은 아이들이 쓸데없이 항생제 치료를 받고 있는 셈이다. 이런 측면에서 유제품이 건강에 미치는 악영향을 밝혀낸 오스키 박사의 연구는 높이 평가될 만하다.

산부인과 의사로서 나 역시 유제품에서 비롯되는 많은 문제를 경험했다. 만성 질분비물, 여드름, 월경통, 자궁근종, 만성 장 질환, 자궁내막증의 통증 등이 그것이다. 또한 유제품은 유방암이나 난소암과도 관계가 있다.[23] 나는 우유를 증산하기 위한 목적으로 젖소의 유선을 자극하는 데 사용된 호르몬이 여성의 유선까지도 자극할 수 있다는 염려를 떨쳐버릴 수 없다. 신생아는 산모가 먹는 것에 많은 영향을 받는다. 따라서 산모가 상당량의 우유를 섭취할 경우 신생아는 우유 알레르기 반응을 일으킬 수 있다.

우리는 우유가 충분한 칼슘을 섭취하기 위한 필수식품이라고 배웠다. 그러나 세계인구의 4분의 3이 유아기 이후에는 우유를 전혀 마시지 않고도 충분히 건강을 유지하고 있다. 물론 많은 사람들이 다른 형태의 유제품, 즉 치즈나 요구르트와 같은 발효식품, 혹은 양이나 염소의 우유를 섭취하고 있는 것은 사실이다. 그러나 이제 과감히 유제품을 중단해야 한다. 그러면 월경통, 자궁내막증의 통증, 알레르기, 정동맥염, 빈발성 질염에서 효과를 보게 될 것이다. 소위 베이비 붐 시대에 태어난 세대는 모유보다는 우유로 성장했기 때문에 암암리에 젖소를 '어머니' 혹은 '영양'과 직결시킨다. 그래서 우유를 끊는다는 생각만으로도 심장박동에 변화를 일으키는 사람이 있으며 우유 없이는 살 수 없다고 생각하기도 한다.

사실 유제품을 유기적으로 생산할 때, 다시 말해서 성장호르몬이나 항생제를 사용하지 않으면서 유제품을 생산할 때, 유제품은 우리 몸에 전혀 다른 결과를 보여준다. 실제로 유제품에서 비롯된 산부인과적인 문제가 있는 환자에게 유기적으로 생산된 유제품을 섭취하도록 했을 때 많이 개선된 모습을 확인할 수 있었다.

종종 "우유를 마시지 않으면 칼슘 섭취에 문제가 있지 않을까요?"라고 묻는 사람이 있다. 그러나 우유가 훌륭한 칼슘 공급원이기는 하지만 녹색식물로도 칼슘을 충분히 섭취할 수 있다. 케일, 양배추, 브로콜리, 비트 이파리, 아몬드, 해바라기 씨 등이 대표적이다. 지역별로 유방암이나 골다공증을 거의 찾아볼 수 없는 중국인을 비롯해서 세계 인구의 대부분이 녹색식물에서 칼슘을 섭취한다. 또 미국인에 비해서 중국인은 절반 정도의 칼슘을 섭취하지만 골다공증 환자를 거의 찾아볼 수 없으

〈표 17-3〉 균형잡힌 칼슘 섭취법

녹색식물	양배추, 명아주, 시금치, 순무 이파리, 브로콜리, 케일, 비트 이파리, 겨자 이파리, 대황 줄기, 파슬리, 민들레 잎
견과	아몬드, 해바라기 씨, 브라질 너트, 헤이즐넛, 참깨
생선	정어리, 연어, 굴
해초	다시마, 우뭇가사리, 덜스
채소	이집트 콩, 검은콩, 얼룩콩, 옥수수
유제품	우유(탈지유, 생우유), 치즈, 지방분이 적은 아이스크림, 저지방 요구르트, 백색 치즈
기타	광천수(생수), 당밀, 오렌지 주스(칼슘 강화), 칼슘이 농축된 녹즙

며, 평균수명도 70세에 이른다.[24)]

현재 미국에서는 25세 이상의 여성에게 칼슘을 하루 800mg 정도 섭취하도록 권장하고 있지만, 50% 이상의 여성이 권장량만큼 섭취하지 않아 골다공증의 위험을 느끼고 있다. 그러나 세계보건기구에서 제시한 권장량은 하루 400mg에 불과하며, 대부분의 국가에서 이 기준을 따르고 있다. 실제로 골다공증의 위협에서 크게 벗어나 있는 중국인의 평균 칼슘 섭취량도 544mg에 불과하다.[25)]

뼈의 건강을 오로지 칼슘이 좌우하는 것은 아니다. 모든 것이 뼈의 건강에 관계하지만, 특히 유제품과 운동이 많은 영향을 미친다. 카페인, 술, 담배는 뼈의 건강에 해로우며 골다공증의 원인이 된다. 결국 모든 면에서 생활습관을 개선하고 운동을 규칙적으로 한다면 적은 칼슘으로도 뼈를 건강하게 유지할 수 있다.

뼈는 단순히 칼슘 덩어리가 아니다. 뼈의 건강을 위해서는 칼슘과 마그네슘의 균형적인 섭취가 중요하다. 그러나 가공식품을 위주로 한

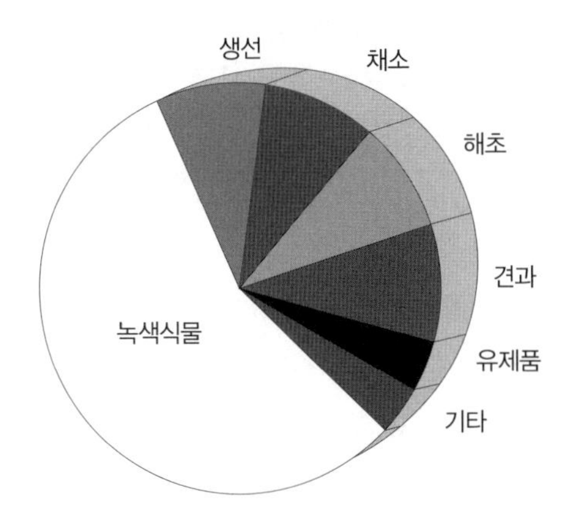

〈그림 17-2〉 균형 잡힌 칼슘 섭취법

다이어트식, 침식에 따른 토양의 지력 감소, 화학비료의 남용 등으로 인해 현대인에게는 마그네슘의 공급이 절대적으로 부족하다. 따라서 칼슘만이 아니라 마그네슘도 보충을 해야만 한다. 마그네슘 역시 칼슘만큼 섭취할 수 있어야 한다.

콜라와 탄산음료, 특히 나무 뿌리와 껍질, 약초에서 짜낸 농축액을 희석시켜 만든 탄산 음료는 골다공증의 원인이 된다. 그러한 음료에 필수적으로 사용되는 착색제와 아인산이 칼슘의 신진대사를 방해하기 때문이다. 식사 대신에 다이어트 콜라 등으로 체중을 유지하려는 많은 여성들을 안심시키기 위해서 탄산음료 제조회사들은 음료수에 칼슘을 첨가하는 편법을 사용하고 있기도 하다. 또 하나, 우울증도 골다공증의 커다란 원인이 된다. 부신副腎에서 생산되는 에피네프린과 코티솔의 높은 수치가, 소변으로 배출되는 칼슘의 양을 증가시키고 뼈의 골절 가능성을 높이기 때문이다.[26]

건강한 뼈를 만들기 위한 최선의 방법은 골다공증을 유발할 가능성이 있는 식사습관, 환경적·유전적 요인 등을 전체적으로 살펴보면서, 자신이 어느 정도 조절할 수 있는 부분을 찾아 조금씩 개선해 나가는 것이다. 이를 위해서는 칼슘 공급원에 대한 다음과 같은 사항을 기억할 필요가 있다.

- 먹을거리의 영양소는 그 식품을 만드는 원료가 재배된 장소, 수확시기, 토양의 질 등에 의해 좌우된다.
- 먹을거리의 무기질 함유량은 토양의 성질에 따라 다를 수 있다.
- 유기농법으로 재배된 채소는 영양소의 함유량이 훨씬 높다.
- 칼슘은 최적의 영양섭취를 위해 필요한 무기질의 하나일 뿐이다.
- 비非유제품을 통해서도 칼슘을 충분히 섭취할 수 있다. 시금치나 기타 녹색식물에서 발견되는 식물성 수산염이 칼슘의 흡수를 방해한다는 주장이 있기는 하지만, 최신자료에 따르면 그러한 주장은 지나치게 과장된 것으로 밝혀졌다.[27]

설탕 탐식증, 알코올 중독과 호르몬

나의 임상경험에 따르면, 알코올 중독자가 있는 가계에는 거의 언제나 설탕에 중독된 가족이 있다. 두 중독증은 서로 상관관계가 있는 셈이다. 결국 술을 설탕으로 대신하기라도 하듯이, 이러한 가족의 모임에는 언제나 단맛이 나는 스낵이 준비되어 있다.

영양 및 중독증 전문가인 캐스린 데 메이슨스Kathleen Des Maisons 박사의 연구 역시 이러한 관찰을 뒷받침해준다. 그녀의 연구에 따르면, 술이나 설탕을 탐닉하는 사람들은 세로토닌, 도파민, 베타 엔돌핀 등 뇌에서 만들어지는 호르몬을 평균 이상으로 요구한다. 이런 사람들은 대부분 창의력이 뛰어나다. 한 시대를 풍미했던 위대한 작가들 중 알코올 중독자가 많았다는 것은 이미 잘 알려진 사실이기도 하다. 이러한 중독증을 극복하려면 음식이 기분에 미치는 영향을 주의 깊게 관찰함으로써 뇌 호르몬의 균형을 맞추려는 노력을 해야만 한다.

술이나 설탕 등에 대한 중독은 판단력을 상당부분 빼앗는다. 그러나 어떤 음식을 갈망한다는 것은 곧 당신의 몸이 뇌 호르몬을 현재와는 다른 식으로 조합하라는 명령으로 해석되기도 한다. 따라서 당신은 뇌가 원하는 것을 공급할 수 있는 방법을 계산해낼 수 있어야 한다.

데메이슨스 박사는 설탕 감응성을 측정하는 다음과 같은 간단한 테스트를 제시했다.

어린 시절 여름날 밤 가족과 아이스크림을 사러 나갔을 때, 가장 기억에 남는 장면은 무엇인가? 자동차, 밤공기의 느낌, 함께 외출한 가족, 아이스크림 등 어느 것인가? 아이스크림이 가장 먼저 떠올랐다면 당신은 설탕 감응자에 속한다. 달리 질문해볼 수도 있다. 밖에서 배불리 먹고 집으로 돌아왔을 때 어머니가 초콜릿 칩을 만들어놓으셨다면, 당신은 배가 고프지 않아도 그 과자를 먹겠는가 아니면 허기를 느낄 때까지 참겠는가? 그 자리에서 집어먹었다면 당연히 설탕 탐식자다.

나 자신도 이 테스트에 응했을 때 가장 먼저 아이스크림을 떠올렸다. 물론 집에 돌아와 초콜릿을 입힌 과자가 있었다면 당연히 그 자리에서 먹었을 것이다. 후에 나의 할아버지와 그 윗대에 알코올 중독자가 상당수 있었다는 사실을 알게 되었다.

사실 세로토닌은 차분함을 느끼게 해주고 집중력을 키워준다. 항우울제에 세로토닌을 촉진시키는 성분이 함유된 것도 같은 이유에서이다. 또한 부작용의 위험 때문에 지금은 시판되지 않지만 레둑스와 같은 체중감량제도 세로토닌의 분비를 촉진시키는 약이다. 우리에게 필요한 것은, 약물의 도움 없이 세로토닌을 균형 있게 촉진시키는 방법을 터득하는 일이다. 세로토닌은 단백질에서 발견되는 트립토판 아미노산에서 생성되는 호르몬으로, 뇌에서 만들어진다. 그런데 트립토판을 혈액에서 뇌세포로 전달하려면 인슐린이 필요하다. 다시 말해서, 일정 정도의 탄수화물을 섭취해야 한다는 뜻이다. 그러나 필요 이상의 인슐린은 혈당치를 저하시키게 된다. 물론 환절기에 감정적인 변화나 우울증을 겪는 사람이라면 세로토닌을 적정수치까지 활성화시키기 위해서 평균 이상의 탄수화물을 섭취하는 것이 필요하다.

세로토닌 수치를 높이기 위해서는 오후 4시, 혹은 저녁 때쯤—이때가 피로감과 우울증을 유발하면서 혈당과 세로토닌이 떨어지는 시간이다—에 저지방, 고복합 탄수화물, 저단백질 스낵을 먹도록 하라. 구운 감자도 권장식품이다. 구운 감자는 칼로리가 낮으면서도 인슐린 수치를 향상시켜주기 때문이다. 또한 야외에서 자연광을 즐기는 것도 세로토닌 수치를 높여주는 좋은 방법이다. 많은 사람이 여름에 체중이 줄어드는 이유 중의 하나는 강렬한 햇볕이 세로토닌을 촉진시킴으로써 탄수화물에 대한 욕망과 섭취량을 줄여 주기 때문이다.

한편 베타 엔돌핀은 모르핀과 같은 특징을 갖는다. 즉 통증을 줄여주고 행복감에 젖게 한다. 데 메이슨스 박사의 연구에 따르면, 설탕이나 정제된 밀가루는 우리 몸에서 아편과 같은 역할을 할 수 있다. 그래서 어떤 사람들은 그런 것에 중독되기도 한다. 또 명상을 하거나 사랑에 빠질 때에도 베타 엔돌핀이 활발하게 만들어진다.

도파민은 감정표현을 도와주는 호르몬으로, 단백질 섭취를 통해 활발하게 분비된다. 따라서 고기를 먹고 싶은 마음이 간절하다면 몸에서 도파민이 필요하다는 뜻이다. 식사 때마다 고기나 야채를 통해 적정량의 단백질을 섭취하면 혈당을 안정시키는 데에도 도움이 된다.

당신에게 효과가 있는 음식을 찾아내는 최선의 방법은 음식일지를 작성하는 것이다. 당신이 먹은 것, 먹은 장소, 식사 당시와 먹은 후의 느낌을 자세하게 기록한다. 그렇게 하다보면 당신에게 알맞은 음식과 그렇지 못한 음식을 판별해낼 수 있을 것이다.

설탕 감응성을 조금씩 극복해낸 사람으로서 나는 "터널 끝에 이르면 빛이 있다!"고 자신 있게 말할 수 있다. 나는 탄수화물 탐식증과 30년 동안이나 싸워왔다. 하루에 꼬박 세 끼를 챙겨먹고, 매 끼니마다 적정량의 단백질을 섭취하고, 규칙적으로 운동을 하고, 내 몸이 원하는 것과 그 느낌을 거역하지 않음으로써 나는 마침내 자유로워질 수 있었다. 당신도 할 수 있다. 자신감을 가져라.

그 밖의 공통된 근심거리들

식이요법으로 장의 과민성 징후나 소화불량을 치유할 수 있을까?

많은 여성이 여드름, 요로감염증, 상기도上氣道감염증 등으로 항생제를 남용해왔다. 항생제의 남용은 대장—영양분의 흡수와 생성에서 중요한 역할을 하는 필수 박테리아가 활동하는 신체의 부분—의 정상적인 기능을 위해 필요한 장내 세균을 죽인다. 또한 아스피린과 비스테로이드계 화농성 치료제의 남용도 위와 장의 생리적인 기능에 영향을 미친다.

항생제와 아스피린의 남용, 가공식품의 섭취, 스트레스 등으로 요약되는 사회적인 분위기 때문에 많은 여성이 소화에 어려움을 겪고 있다. 만성 변비, 가스 팽만, 잦은 설사, 하복부의 불쾌감 등이 그 대표적인 증상들로, 이들을 통틀어 장 이상질환이라고 통칭한다. 장 이상질환은 장내 세균의 불균형, 장 기생충, 장 효모균의 과잉발생 등이 주원인으로, 경우에 따라서는 만성 질염, 편두통, 관절염, 자가면역 질환, 음식 알레르기로 발전할 수도 있다.[28)]

이러한 문제는 임상적으로, 혹은 대변을 분석함으로써 쉽게 진단할 수 있다. 또한 장 기생충도 어렵지 않게 밝혀낼 수 있다. 진단이 끝나면, 정상 장내 세균을 회복시키고 효모균을 조절할 수 있도록 유산균, 비피더스 박테리아, 소화 효소 등 다양한 보조제를 사용하게 된다. 물론 효모가 가미되지 않는 식단을 처방할 수도 있지만, 신진대사가 활발하고 당신에게 최적인 음식을 섭취하고 있다면 그처럼 엄격하게 식단을 제한할 필요는 없다. 신진대사와 음식선택이 최적의 상태라면, 효모 외에

때로는 기생충까지도 저절로 없어지기 때문이다.

음식 알레르기는?

많은 여성이 특정한 음식에 대해 민감하게 반응하며, 소화에 곤란을 겪거나 체중 증가를 가져온다. 대표적인 주범은 유제품, 밀, 옥수수 그리고 음식첨가제다. 장의 이상질환은 대개의 경우 음식 알레르기를 동반한다. 음식 알레르기를 진단하는 방법은 많지만, IgG 엘리사 분석법으로 알려진 혈액 검사가 주로 이용된다. 이 검사는 전문가를 찾아가서 받아야 하며, 결과에 따라 특수한 식이요법이 처방된다.

사실 대부분의 사람들이 한두 가지 음식에 민감한 반응을 보인다. 그러나 음식 알레르기가 심해서 식단을 조금만 변화시켜도 민감하게 반응하는 여성은, 어떤 형태로든 학대를 받은 경험이 있거나 인간관계가 원만치 못하거나 지나치게 스트레스를 받는 직장에 근무하는 경우가 대부분이다. 이 경우 식단의 변화만으로는 만족스러운 결과를 얻지 못한다. 생활방식, 스트레스, 장과 질의 건강을 유지하는 면역체계 등을 동시에 개선시키는 치유가 시도되어야 한다.[29] 다시 말해서, 감정적 · 심리적으로 안정을 꾀하면서 영양을 충분히 공급함으로써 목적을 이룰 수 있다.

커피를 끊어야만 하는가?

카페인은 세계적으로 가장 인기 있는 약물이다. 미국인은 1인당 카페인이 함유된 탄산음료를 연간 120*l*, 커피를 106*l*나 마신다. 이 외에도 1천 종 이상의 특허약품에 카페인이 포함되어 있으며, 임산부의 95%가 임신 중에도 어떤 식으로든 카페인을 섭취하고 있다.[30] 나는 카페인이 없는 커피를 주로 마시며, 카페인 커피는 한 달에 한두 잔 정도만 마신다.

카페인은 신경조직을 자극하며, 심장과 골격근, 그리고 신장과 부신에 영향을 준다. 물론 처음에는 정신을 맑게 해주기도 한다. 그러나 그 효과가 줄어들면 혼란이 가중될 수 있다. 일부 여성에게는 카페인이 유방통이나 유방낭종을 유발하기도 한다. 또한 카페인에 지나치게 민감한 여성의 경우, 카페인과 디오브로민이 포함된 초콜릿 한 조각만 먹어도 월경전 증후군으로 유방의 탄력성이 눈에 띄게 줄어들기도 한다. 이런 경우 카페인을 끊으면 수면장애와 잦은 소변이 대부분 사라진다. 카페인이 여성의 몸에 미치는 영향이 에스트로겐 수치에 따라 달라진다는 연구자료도 있다.[31] 카페인을 제거한 커피에도 유방과 방광을 자극 받는 여성도 있다.

카페인 중독증 여부를 확인하는 방법은 간단하다. 사흘 동안만 커피를 마시지 말고 지내보라. 두통이 생긴다면 당신은 틀림없는 카페인 중독자다. 카페인을 끊기 위해서는 이틀이나 사흘 정도만 견디면 된다. 물론 그때 동반되는 두통이나 피로감이 당신을 무력하게 만들 수도 있다. 나는 여성들에게 주말이나 휴식이 필요할 때에는 카페인을 끊고 다른 것으로 대신하도록 권한다. 카페인을 끊는 동안 물을 많이 마시고 카밀레 차를 하루 서너 번 마시도록 해보라. 카밀레 차 역시 신경을 자극하면서 집중력을 높여주는 것으로 알려져 있다.

건강을 위한 올바른 길로 향하는 첫걸음은 카페인을 끊는 것이다. 특히 임신계획을 세우고 있다면 당연히 카페인을 멀리해야 할 것이다.

술은 마셔도 될까?

과도한 음주는 유방암, 월경불순, 골다공증, 기형아 출산의 위험을 높일 수 있다. '긴장을 풀기 위해서' 하룻밤에 두 잔 정도의 술이 필요하다고 느낀다면, 그러한 습관에 대해 진지하게 따져보아야 한다. 술 대신에 명상이나 음악감상, 목욕을 택하는 현명함이 필요하다. 하룻밤에 두 잔의 술은 빠른 안구운동(REM : rapid eye movement)과 꿈을 꾸는 수면을 방해한다. 꿈은 당신이 내면의 인도를 찾는 시간이다. 왜 그 시간을 술로 방해하는가.

여성의 경우 술의 양은 술로 빚어지는 문제와 거의 관계가 없다. 알코올 중독 여부는 당사자와 술과의 관계로 결정된다. 침대맡에 술병을 준비해두어야 편안해진다는 환자가 있었다. 그녀는 거의 술을 마시지 않았지만 술병이 침대맡에 없을 때에는 무척이나 불안감을 느낀다고 말했다. 그 때문에 그녀는 알코올 중독 치료센터에서 검진을 받아야 했고, 알코올 중독 증상이 있다는 결과를 통보 받았다.

이제 당신 자신에게 정직해져야 한다. 술과의 관계를 정직하게 살펴보고, 필요하다면 변화를 모색해야 한다. 매일 밤 포도주나 칵테일 생각이 간절하다면 문제가 아닐 수 없다. 그러나 비타민B를 충분히 복용하고, 설탕의 섭취를 줄이고, 단백질 섭취를 늘린다면 술에 대한 욕망이 줄어들 것이다.

흡연에 대한 충고

모든 흡연가가 어떤 식으로든 담배를 끊으려고 하기 때문에 담배의 해로움에 대해서는 달리 설명이 필요 없을 것이다. 다만 그들의 결정을 돕는 데 도움이 되는 몇 가지 사실을 소개할까 한다.

- 현재 담배회사는 사춘기 소녀를 목표로 마케팅을 전개하고 있다. 왜냐하면 그들은 몸의 소중함에 대해서 별다른 인식이 없고, 주변의 영향으로 쉽게 흡연을 시작할 수 있는 나이이기 때문이다. 실제로 1991~1996년 사이에 중학교 2학년 여학생의 월간 담배소비량이 40% 이상 증가했다. 흡연과 날씬한 몸매의 상관성을 강조한 담배회사의 광고전략 덕분이었다.
- 백인 고등학생의 41.2%가 담배를 피우고 있다.
- 담배가 에이즈와 불법마약보다 더 많은 사람들 - 비흡연가 - 을 매년 죽음으로 몰아넣고 있다.

- 미국인들은 담배로 매년 1억 달러 이상을 소비한다.
- 미국내 사망자 여섯 명 가운데 한 명이 담배와 관계가 있다.
- 담배는 심장발작을 세 배 이상 높인다.
- 화재, 자동차 사고, 불법마약, 살인, 에이즈로 인한 사망자를 전부 합한 것보다 담배로 인한 사망자가 더 많다.
- 총격과 코카인으로 인한 연간 사망자보다 담배로 인해 사망자 수가 더 많다.[32]
- 여성이 남성보다 담배를 끊기가 더 어렵다.
- 담배는 헤로인보다 중독성이 더 강하다.
- 담배에는 4천 가지 이상의 화학물질이 함유되어 있으며, 그 중 2백 가지는 DDT, 비소, 일산화탄소 등 유명한 독성물질이다.

흡연과 여성의 건강문제

임신기간 중에도 담배를 계속 피우는 임산부만큼 위험한 경우는 없다. 다음의 자료를 보자.

- 비흡연자에 비해서 흡연자는 유산할 확률이 두 배나 높다. 게다가 흡연은 유전적으로 정상적인 태아를 유산시킬 수 있다.
- 흡연자인 산모의 영아는 영아급사 증후군으로 사망할 확률이 배가된다.[33]
- 임신 중의 흡연은 저체중 출생아를 분만하는 첫 번째 원인이다. 그 신생아는 정상체중 신생아에 비해 훨씬 높은 사망률을 보인다.
- 흡연하는 부모의 자녀는 호흡기 질환에 문제가 있을 가능성이 훨씬 높다.
- 흡연가는 자궁경부암, 음문암의 발병 가능성이 높아진다. 암을 억제하는 비타민 C와 A, 그리고 베타 카로틴과 항산화물이 소진되기 때문이다. 또한 흡연은 난소에 치명적인 독이 된다.[34]

- 흡연은 피부노화를 촉진시킨다.
- 여성의 경우에도 폐암 사망자가 유방암 사망자보다 많다.
- 흡연자는 골다공증, 조기 노화, 심장 질환의 발병 가능성이 높다.

담배를 끊는 법

담배를 끊으려는 시도가 잦을수록 성공의 확률도 높아진다. 자신감을 가지고 시작하라. 벌써 수많은 사람들이 금연에 성공했다는 사실을 기억하라.

- 담배를 피울 때마다 담배를 피우고 있다는 사실을 의식하라. 밖으로 나가 심호흡을 하라. 그리고 당신의 폐를 느껴보라.
- 폐에게 담배를 피우겠다고 허락을 받아라. 그리고 폐의 반응을 느껴보라.
- 담배를 피울 때는 담배만을 생각하라. 담배가 주는 즐거움을 만끽하려고 애써라. 음식이 그렇듯이 그러한 생각이 흡연에 대한 생각을 바꾸어줄 것이다. 그렇게 할 때 습관적으로 담배를 찾는 버릇을 없앨 수 있다.
- 담배를 끊기로 결정했다면 1주일 동안 흡연일지를 작성하라. 언제, 어디에서, 누구와 함께, 어떤 기분이었는지를 기록하라. 그렇게 하면 당신이 담배를 피우게 되는 유인誘引을 알게 될 것이다.
- '유인'이 있을 때 흡연을 대체할 행동목록을 작성하라. 예를 들어, 다섯 번 심호흡을 한다든가, 맑은 공기를 마시며 가볍게 산책하기, 강한 맛을 내는 딱딱한 사탕, 물 마시기 등이 될 수 있다.
- 담배를 끊는다고 해서 담배만을 포기해서는 안된다. 흡연가로서의 정체성까지 포기해야 한다.
- 충만한 감각을 가지려고 애써라. 모든 중독증은 감각을 무디게 만든다. 흡연은 특히 심장 에너지를 경색시킴으로써 열정과 즐거움

을 충만하게 느끼지 못하게 만든다.

- 체중 증가에 대해 걱정할 필요는 없다. 담배를 끊었다고 반드시 체중이 증가하는 것은 아니다. 여성의 체중이 증가하는 이유는 하나뿐이다. 즉 현재의 중독증을 치료한다고 다른 중독증에 빠져들기 때문이다. 날씬한 몸매에 대한 집착으로 인해 많은 흡연 여성이 뚱뚱한 몸보다 폐암이나 죽음을 택하고 있다.
- 도움을 요청하라. 주변의 도움을 청하거나 금연학교에 입학하는 방법도 생각해보라.
- 최면을 시도하라. 최면훈련은 의외로 놀라운 효과를 거둘 수 있다.
- 침을 맞아라. 콜럼비아 장로교 종합병원에서 3년 간 2천 282건의 사례를 조사한 결과, 니코틴 해독 프로그램에서 침은 90%의 성공률을 보였다. 일반적으로 침은 한 번의 치료로 충분하다. 또한 담배를 끊은 후 일반적으로 발생하는 체중 증가의 가능성을 줄여 준다.
- 설포닐을 사용해보라. 설포닐은 니코틴의 욕구를 억제시키는 영양 보조제이다. 아침에 일어나서 두 알을 복용하고, 4~6시간마다 한 알씩 복용한다. 그리고 취침 전에 다시 두 알을 복용한다. 보통 사흘에서 보름 정도만 복용하면 된다.

약물의 도움은 어떨까? 니코틴 껌이나 니코틴 패치를 사용하는 여성들도 있다. 두 방법 모두 흡연의 욕구를 줄이는 방법으로 적극 권장되어왔다. 실제로 이들의 단기적인 성공률은 괄목할 만한 것이며, 심리적인 노력이 함께 할 때 효과는 더욱 커진다. 그러나 장기적인 결과에 대한 자료는 미심쩍다. 따라서 약물의 도움보다는 위에서 제시한 방법들을 충실하게 시도해보는 편이 더 나을 것이다.

가족의 균형 잡힌 식사를 위하여

식구들 중 아무도 그러한 음식을 먹으려고 하지 않기 때문에 식단을 바꾸기가 겁난다고 하소연하는 여성들이 많다. 식단은 조금씩 바꾸어가야 한다. 당신의 건강을 개선하는 데 식구들의 허락을 구하지 말라. 가족 전체의 건강을 위해서, 당신이 하고자 하는 것과 그 이유를 가족 전체가 공감할 필요가 있다.

최대한 가족의 도움을 얻어라 대부분의 사람들이 몇 가지 건강식을 좋아한다. 가족들이 좋아하는 적절한 음식을 알아내라.

계획표를 강요하지 말라 가족의 저항에 부딪히더라도 그냥 웃으면서 당신의 계획을 밀고 나가라. 한 대학동기생의 의붓아들은 계모의 식습관을 비웃으면서, 냉장고 속의 두부나 쌀밥을 빈정대고 핫도그 맛이 최고라도 떠들어대곤 했다. 그러나 결혼을 하고 건강에 관심을 갖게 되면서, 제대로 된 음식을 먹게 될 때 몸의 느낌이 훨씬 좋다는 것을 알게 되었다. 결국 그는 계모를 찾아와 각종 요리법을 배우고 뛰어난 채소 요리사가 되었다.

가족의 선택과 시기를 존중하라 1980년대, 남편은 내가 현미식과 두부 요리를 하는 것에 대해 별다른 관심을 보이지 않았다. 그러나 이제 남편은 현미식의 열렬한 팬이다. 또한 식탁에 동물성 단백질이 오르는 것을 제일 반대한다. 우리 가족은 과거 어느 때보다도 균형 잡힌 식사를 하고 있다.

그러나 막내딸이 바깥세상의 맛을 알게 되면서 나는 더 이상 딸의 식생활을 통제할 수 없게 되었다. 집에서는 딸이 좋아하는 것으로 고품질의 저지방식품을 먹이려고 애쓰지만, 밖에서는 내 딸 역시 또래 아이들처럼 좋은 것, 나쁜 것 가리지 않고 온갖 것을 먹어댄다. 잔소리를 하고 싶지만 그것이 쓸데없는 짓이라는 것을 알고 있다. 때를 기다려야 하는 것이다. 세상의 모든 어머니들이 이러한 사실을 빨리 깨달을수록 자신의 건강에 이롭다.

도움과 협조를 요청하라 메뉴를 결정하고 준비하는 데 도움을 주는 것은 가족의 의무이기도 하다. 남녀를 불문하고 열 살이 넘으면 누구나 기본적인 요리를 배울 수 있다. 남성도 마찬가지이다.

유연하게 대처하라 '금지된' 음식은 그것에 대한 욕구만을 키울 뿐이다. 결국 균형의 문제일 뿐이다.

가족 개개인의 내면의 지혜를 존중하라 자녀의 식생활을 완전히 통제할 수 있다는 생각만큼 어리석은 생각은 없다. 사탕, 아이스크림, 피자는 우리 문화의 인기품이다. 그러나 자녀가 차이를 뚜렷이 느끼도록 규칙적으로 건강식을 차려준다면 그러한 음식이 문제를 일으키지는 않을 것이다. 딸아이가 네 살이 될 때까지 나는 그 아이의 식생활을 거의 완전하게 통제할 수 있었다. 당시 딸아이는 아이스크림이나 사탕을 먹고 나면, 몇 시간 뒤 설사를 하거나 열이 나곤 했다. 가공식품의 독성을 씻어내기 위한 자가치유였던 셈이다. 가족의 식생활을 통제하고 싶다면 신선한 자연식품으로 제대로 요리하는 방법부터 배우자.

제대로 된 취사도구로 요리하라 대부분의 가정은 기본적인 취사도구를 갖추고 있다. 요리는 예술이다. 뚜껑의 짝이 맞지 않는 냄비가 있지는 않은가? 요리도구가 사용하기에 불편하지는 않은가? 당신 주방에 있는 요리도구들이 당신과 가족의 건강을 책임지는 데 적절한 도구라고 생각하는가? 칼은 어떤가? 요리도구는 매일 사용하는 것임을 명심하라.

알루미늄으로 된 냄비와 팬은 되도록 사용하지 말라 뇌에 축적된 알루미늄은 알츠하이머 병의 원인이며 파킨스 병과 같은 퇴행성 질환의 주요 원인이라는 연구결과가 계속 발표되고 있다.

영양과 함께 하는 삶

1979년, 나는 많은 환자들에게 저지방 고복합 탄수화물 식단을 처방하면서 나 역시 식단을 바꾸었다. 그리고 결과가 매우 만족스러웠기 때문에 그 자료를 이 책의 초판에 소개하였다. 그런데 1994년 봄부터 고탄수화물 및 과도한 체지방과 질환 사이의 관련성에 대한 모순된 자료가 축적되기 시작했다. 나는 실험과 연구를 거듭한 결과 "모든 사람에게 적용되는 식사법이란 없다"는 결론에 도달했다. 나는 식단에서 단백질과 동물성 식품이 차지하는 양을 늘려보았다. 그 결과 에너지 수치와 체지방 분포에서 놀라운 개선이 있었다. 생각대로였다.

고탄수화물과 저지방 식으로 전환했을 때, 식단에는 상당한 변화가 있었다. 그 중 저당분 음식은 초기 체중감소에 도움을 주었다. 또한 흰 밀가루, 설탕류, 전이지방산을 과감히 배제함으로써 긍정적인 결과를 얻었다. 그러나 시간이 흐르면서 그러한 식단은 우리 몸에 해로운 콜레스테롤(LDL)을 높이는 대신 이로운 콜레스테롤(HDL)을 낮추었으며, 특히 여성의 경우 체중을 다시 증가시키게 되었다. 결국 신진대사율과 인슐린 감응성에 따라서 그러한 식단이 건강에 해로울 수도 있다는 결론이 나왔다. 실제로 야채를 중심으로 저지방과 고탄수화물 음식을 섭취하는 여성의 경우 손톱이나 발톱이 쉽게 부서지고, 머리카락에 윤기가 사라지고, 피로감을 호소하는 예가 적지 않았다. 게다가 고복합 탄수화물을 중심으로 한 식단은 대개의 경우 지방과 단백질의 섭취가 매우 낮기 때문에, 박탈감을 느끼거나 우울증에 빠져 자살할 위험성이 있는 것으로 나타났다. 결국 뇌에 필요한 호르몬은 음식을 통해 섭취하는 지방에서 생성되는 것이다!

이렇듯 새로운 정보를 바탕으로 식단을 개선하는 데에 3년이라는 시간이 필요했다. 그러나 만약 선천적으로 인슐린 저항성을 가지고 있다면, 좋아하는 빵이나 쌀을 굳이 멀리할 필요는 없다.

당신의 몸에 대한 권위자가 되라

당신에게 알맞은 것과 그렇지 못한 것에 대해서는 당신이 가장 잘 안다. 소위 '음식 경찰'의 역할을 하는 의사나 건강관리사에게만 완전히 의존한다면, 당신 몸에 알맞은 영양식을 결코 찾아낼 수 없을 것이다. 당신이 찾는 대답은 외부에 있는 것이 아니라 당신 안에 있다는 사실을 알아야 한다.

나에게 적절한 식단을 찾아내기 위해 나 자신도 몇 번이고 생각을 고쳐야 했다. 지금도 그 과정은 계속되고 있다. 수천 명에 대한 임상경험과 수많은 자료를 검색한 결과 내가 얻은 결론은 "모든 사람에게 알맞은 단 하나의 식사법은 없다"는 것이다. 요즘 '기적의 음식' 처럼 광고되는 녹청 해초, 아마씨유, 꽃가루 역시 마찬가지이다. 이런 음식들이 모든 사람에게 도움이 되는 것은 아니다.

도움을 청하라

건강한 몸을 목표로 한 당신의 노력을 중도에 포기하지 않고 싶다면 뜻이 맞는 친구와 함께 하라. 아니면 당신의 상황에 따라서 음식에 관심을 가진 단체에 가입하라. 또한 수많은 여성들이 음식과 관련된 문제를 가지고 있다는 사실을 깨닫도록 하라. 결코 당신 혼자만의 문제가 아니다.

음식 에너지를 감지하라

몇 년 간의 임상경험에서 나는 음식 에너지가 감정적이고 심리적인 영향을 미친다는 결론에 도달했다. 음식은 소화되면서 무작정 지방이나 탄수화물 등으로 분해되는 것이 아니다. 원래의 에너지를 일정 정도 간직한다.[35] 사람과 마찬가지로 음식 역시 부분의 합이다. 재배, 가공, 요리 방법에 영향을 받는다. 간단히 말해서 음식도 고유의 에너지장을 갖는다. 옛날 수도원에서는 깨달음이 깊은 수사만이 음식을 다루고 요리할 수 있었다고 한다. 그들의 에너지장이 음식에 영향을 미친다고 생각했기 때문이다.

음식은 행동이나 기분에도 영향을 미친다. 어린 학생을 대상으로 한 관찰결과에 따르면, 영양이 낮은 대신 당분이나 카페인 함유가 높은 음식은 때때로 엉뚱한 행동을 유발한다. 또 심한 스트레스를 받고 있을 때는 어떤 음식이든 소화불량에 걸리기 쉽고 흡수도 잘 안된다. 반면에 멋진 해변에서 소설을 읽으면서 시간을 보낼 때는 입맛에 당기는 무엇을 먹더라도 악영향을 미치는 경우가 거의 없었다. 결국 음식의 소화, 흡수, 동화 작용은 의식상태와 깊은 관계가 있다. 따라서 마지못해 현미나 야채를 먹는다면 기대하는 효과를 제대로 얻을 수 없다. 한 마디로, 똑같은 음식이라도 기분에 따라서 소화되는 것이 다르다.

가공되지 않은 완전식품을 시험해보라. 또한 어떤 음식에 대한 당신의 생각이 몸에도 직접적인 영향을 미친다는 사실을 기억하라. 나는 가족들과 외식하는 것이 즐겁다. 즐거운 마음이기 때문에 샐러드 드레싱이나 생선에 뿌려진 수소첨가 지방을 먹어도 두렵지 않다. 조지 번즈 George Burn's는 "내가 이렇게 오래 살 줄 미리 알았더라면, 나 자신을 좀 더 소중히 했을 것이다."라고 말하면서, 장수의 비결로 유머감각을 꼽았다. 유머감각을 잃지 말라. 유쾌하지 않으면 아예 음식을 입에 대지도 말라!

18 운동의 힘

영혼이 몸을 만드는 만큼 우리의 몸도 영혼을 만든다.

– 데이비드 스팽글러 David Spangler

운동은 건강을 유지하기 위한 필수조건이다. 우리의 몸은 움직이도록 설계되어 있다. 나는 강한 몸을 느끼고 싶어서 운동을 한다. 운동은 나 자신을 위한 투자이다. 여성은 집안 일을 한다는 핑계로 운동을 미루기가 쉽다. 그러나 집안 일은 끝이 없다. 심지어 우리가 죽은 후에도 남아있을 것이다. 운동이 오래 사는 데 도움이 된다면 나는 당연히 운동으로 그만큼의 시간을 벌겠다.

모든 일을 끝낸 뒤에야 자신을 돌보겠다고 생각한다면 운동할 시간은 없다. 운동할 시간은 일부러 만들어야 한다. 나는 운동을 즐긴다. 체중을 줄이려는 목적으로 운동을 하는 것은 아니다. 심장병의 위험 때문에 운동을 하는 것도 아니다. 우리는 어렸을 때부터 배워온 '고통이 없이는 얻는 것도 없다'는 고정관념으로부터 벗어날 수 있어야 한다. 운동을 위한 시간은 스스로 만드는 것이다.

문화적 유산

우리는 종종 운동능력과 건강을 혼동하는 경향이 있다. 야구공을 잘 맞춘다고 해서 육체적으로 건강하다는 뜻은 아니다. 많은 여성이 운동을 잘 못한다는 이유만으로 육체적인 무력감을 느낀다. 가장 성장이 왕성할 시기인 중학교 시절에는 특히 그렇다. 그러나 많은 여중생이 운동에 뛰어나지 못한 주된 원인은 아무도 그들에게 운동 잘하는 법을 가르쳐주지 않았기 때문이다. 프로농구 선수였던 내 친구의 말에 따르면, 남자아이도 공을 처음 던질 때는 '계집아이처럼' 던진다고 한다. 그러나 남자아이는 '사내답게' 던지는 법을 배우고 훈련을 거듭한다. 이러한 모습이 우리에게 남겨진 문화적인 유산이다.

브라이언 스위미Brian Swimme의 주장에 따르면, 운동을 한다는 것은 '움직인다'는 뜻이다. 운동을 하면서 우리는 조상으로부터 전해 내려온 기억을 움직이게 만든다. 우리의 몸은 나무와 숲에서 살았던 때를 기억하고 있다. 지능, 감정, 영적 능력을 발전시키고자 한다면 걷고 오르고 뛰어야 한다. 우리는 운동을 체중감량의 수단으로 생각한다. 그러나 운동은 몸을 통해 과거를 기억하는 것이다. 그렇게 함으로써 얽혀 있는 힘을 풀어내는 것이다.

우리는 몸의 변화를 노화로 생각하지만 실제로 노화 자체와는 아무런 상관도 없다. 제지방체중의 감소, 체지방의 증가는 요즘 사회에서 당연한 것일 수 있다. 한편 그러한 변화는 결코 당연한 것일 수 없기도 하다. 그것은 나이를 먹으면 약해진다는 고정관념과 운동부족이 만들어낸 결과일 뿐이기 때문이다. 주변에서 보듯이 꾸준히 운동한 60세 노인이 20대 청년보다 훨씬 건강할 수 있다.

운동의 이점

조아니 캐넌Joanne Cannon은 육체의 힘을 "각자의 육체적 욕구에 부응하는 능력"이라고 정의한다. 각자의 개성을 존중하는 훌륭한 정의이다. 강하고 무엇이든지 할 수 있다는 느낌이 건강을 위한 필수조건이다. 적당히 육체적인 활동을 즐기는 여성은 그렇지 못한 여성에 비해서 다음과 같은 이점을 갖고 있다.[1]

- 암 발병률이 낮고 면역기능이 우수하다. 즉 백혈구와 면역 글로블린의 수치가 높다.[2]
- 유방암의 위험이 감소된다. 1주일에 4시간 이상 운동을 하는 여성은 유방암 발병률이 현저하게 낮아진다.[3]
- 평균수명이 7년 정도 높다.[4]
- 우울증이나 불안증이 상대적으로 낮다. 한 연구에 따르면, 지능지수 역시 운동과 관계 있는 것으로 밝혀졌다.[5]
- 자신의 몸에 대해 긍정적인 생각을 품고 있다. 자신감에 차 있고 감정표현도 뛰어나다.
- 뼈밀도가 높아서 골절의 위험이 줄어든다.[6]
- 숙면을 취한다.[7]
- 자긍심이 높다.[8]

운동이 주는 또 다른 이점은 인슐린 감응성을 높여서 당뇨병을 예방할 수 있다는 점이다.[9] 또한 운동은 몸에서 에너지를 느끼게 해준다. 당신이 항상 피로감에 젖어있다면, 그것은 충분한 운동을 하지 않기 때문이다. 월경전 증후군 역시 운동으로 증상을 완화시킬 수 있다.[10] 임산부도 적당한 운동을 하게 되면 변비와 치질, 그리고 정맥류성 정맥 질환을 예방할 수 있다.[11]

운동과 직관

정신은 몸에 스며든다. 몸은 반복적으로 움직임으로써 직관력을 개발시킬 수 있다. 운동은 생각을 완전히 소화시키기 위해서 필요한 과정이다. 심장박동수의 증가는 우리의 더 많은 부분을 활동하게 만든다. 몸이 깨어나고 정신이 깨어난다. 그러는 동안 통찰력까지도 자연스럽게 솟아난다. 규칙적인 운동은 뇌의 **α**파를 증가시켜서 직관력을 고조시킨다. 그러므로 운동은 현대생활에서 자주 요구되는 정신활동의 균형을 위해서도 필요하다.

물론 사람마다 운동하는 방법은 다를 수밖에 없으므로 각자 자신에게 알맞은 운동을 찾아내야 한다. 그러나 우리 모두에게는 '내 몸에 맞는 적당한 운동'을 찾아내는 선천적인 감각이 있다. "이것이 최선"이라는 외부의 소리는 절대적인 것이 아니다. 어떤 사람은 1주일에 단 20분의 산책만으로도 충분할 수 있다. 에어로빅, 웨이트 트레이닝, 댄스 등에서 만족감을 느끼는 사람도 있다. 결국 운동을 통한 몸의 움직임에서 스스로 즐거움을 느낄 수 있어야 하는 것이다.

나에게 맞는 운동

에어로빅과 심장박동수

1960년대, 에어로빅은 운동생리학에 있어 혁명적인 전환점이 되었다. 에어로빅은 심장, 폐, 그리고 심혈관 기관 전체를 건강하게 해주며, 불필요한 지방도 태워버린다. 에어로빅에 대한 정확한 정의는 15～20분의 운동으로 심장박동수를 '목표 영역'까지 상승시키는 운동이다.

목표로 삼아야 할 심장박동수를 계산하는 법

1. 220에서 자신의 연령을 뺀다.
2. 1의 수치에서 다시 평소의 심장박동수(단위 : 분)를 뺀다.

3. 남은 수에 자신의 '운동지수'를 곱한다. 초보자인 경우 운동지수는 0.6, 그 외에는 0.8이다.

4. 3의 수에 평소의 심장박동수를 더한다.

나이가 서른 둘이고 평소의 심장박동수는 60인 초보자를 예로 들어 보자.

1. 220 − 32 = 188
2. 188 − 60 = 128
3. 128 × 0.6 = 76.8
4. 76.8 + 60 = 136.8

따라서 목표로 삼아야 할 심장박동수는 137회가 된다.

전문가들에 따르면 주당 3회 정도, 20분 간 에어로빅을 할 경우 심혈관 건강에 상당한 도움이 된다고 한다.

호흡법

존 두이아르John Douillard의 주장에 따르면, 목표 심장박동수는 운동을 하면서 코로만 호흡하는 사람에게는 절대적인 수치가 아니다. 두이아르의 권고는 운동에 대한 나의 생각을 완전히 바꾸어 놓았으며, 몸의 움직임을 충만하게 즐길 수 있도록 해주었다. 당신도 이 방법을 배운다면 생각했던 것보다 훨씬 편한 호흡과 심장박동으로 운동을 즐기게 될 것이다.

먼저 입으로 천천히 심호흡을 세 번 한다. 잠시 시간을 두고, 이번에는 코로 천천히 심호흡을 세 번 한다. 공기가 허파의 끝까지 닿는다는 기분으로 크게 들이마시도록 한다. 어느 경우가 허파를 더욱 충만하게 해주었는지 생각해보자. 처음에는 더 힘들지만 코로 호흡하는 것이 허파에 훨씬 많은 공기를 넣어준다. 어린아이도 그렇지만, 모든 동물이 코로 호흡한다는 사실을 감안하면 쉽게 이해가 될 것이다. 사실 입으로 호흡하는 것은 스트레스를 받고 있다는 증거이다. 반면에 코호흡은 몸의 부교감신경계와 교감신경계가 균형을 이루고 있다는 증거이며, 안정된 기분을 느끼게 해준다. 또한 좌뇌와 우뇌의 균형을 증진시킨다. 따라서 코호흡을 통한 운동법을 배우게 되면, 폐기능이 훨씬 활성화되어 어떤 운동보다 탁월한 효과를 얻을 수 있다.

이처럼 올바른 호흡법을 배우고 그것에서 얻어지는 명정상태를 즐기게 된다면, "고통 없이는 얻는 것이 없다"는 과거의 교훈이 생리학적으로 옳지 못하다는 사실을 분명히 깨닫게 될 것이다. 그리고 자신의 운동을 다른 사람의 기준에 맞추려고 애쓰기보다는 자기만의 독특한 즐거움을 찾는 시간으로 승화시킬 수 있을 것이다.

우리는 하루에 2만 8천 번 정도 호흡한다. 그런데 호흡이 얕아지고 입으로 호흡함으로써 호흡이 허파 위에서 맴돌게 될 때, 우리의 몸은 응급상태에 처해있다는 신호를 보내준다. 심장박동수가 증가하고 스트레스와 관련된 화학적 분비물이 증가하는 것이다. 대부분의 질병은 스트레스와 관련이 있다. 그러나 바른 호흡을 통해 스트레스를 조절할 수 있다. 코로 깊게 숨을 들이쉬어서 숨이 횡경막까지 닿도록 호흡하면, 몸이 이완되면서 편안함을 느끼게 된다. 때로는 호흡만으로 축농증, 만성감기, 심지어 천식까지 치료할 수도 있다. 따라서 운동할 때뿐 아니라 일상생활에서도 이러한 호흡법을 응용할 수 있어야 한다.

에어로빅과 웨이트 트레이닝

에어로빅만 하는 것보다는 웨이트 트레이닝을 함께 할 때 훨씬 효율적이다. 웨이트 트레이닝은 지방에 비해 근육량을 증가시켜주기 때문이다. 나이를 먹는 데 따라, 매년 평균 1.5파운드(0.68kg) 정도의 지방이 만들어진다. 또한 규칙적인 운동을 하지 않을 경우, 매년 0.5파운드(0.22kg) 정도의 근육이 상실된다. 근육의 상실은 지방의 증가를 가져온다. 웨이트 트레이닝은 노화에 수반되는 이러한 근육 상실을 막아준다. 특히 상반신이 허약한 여성에게는 상당한 효과가 있다. 실제로 노령 여성의 경우, 골반뼈의 골절 원인은 골다공증보다는 근육의 약화 때문이다.

육체적인 활동이 뼈의 무기질량을 증가시킨다는 것은 이미 알려진 사실이다.[12] 걷기, 조깅, 자전거 타기, 웨이트 트레이닝, 계단 오르기 등과 같은 체중지지 운동은 뼈에 미세 전류를 일으킨다. 소위 압전기 효과(피에조 효과)로 알려진 현상으로, 이 전류는 뼈의 밀도를 강화시켜 주는데 필요한 칼슘을 비롯한 무기질을 끌어당긴다. 실제로 미리암 넬슨Miriam Nelson 박사의 조사에 따르면, 1주일에 두 번, 40분 정도의 웨이트 트레이닝을 할 경우 폐경 후에도 뼈밀도가 증가되는 것을 확인할 수 있었다.

무술

태권도나 태극권 같은 무술은 몸과 정신을 의식적인 차원에서 결합시켜준다. 예를 들어 태극권이 신경조직과 호르몬 체계를 통해서 생물학적 기능을 개선시킨다는 연구발표가 있다. 또한 태극권은 심장 질환, 고혈압, 불면증, 천식, 골다공증의 치료에도 효과가 있는 것을 밝혀졌다. 게다가 태극권은 우울증, 긴장과 분노, 피로, 불안증 등을 가라앉혀 주는 것으로 알려져 있다.[13]

무술은 강인한 힘을 얻었다는 자신감만이 아니라, 필요한 경우 몸을 지킬 수 있는 능력까지 제공해준다. 당신의 몸을 스스로 지킬 수 있다는 자신감은 당신을 에워싼 에너지장에 반영되며, 강간범으로부터 당신을 지켜주는 한 방법이 된다. 또 하나, 무술은 당신의 '목소리'를 되찾게 해줄 것이다!

부드러운 운동

스트레스가 갖는 중력의 법칙은 우리를 지치게 만든다. 따라서 스트레스를 해소할 조치를 취하지 않을 경우, 우리의 근육과 몸매는 시간이 지날수록 점점 망가지게 된다. 요가와 같은 부드러운 운동은 근육과 내장기관의 긴장을 풀어주면서 부드럽게 자극한다. 또한 중력의 법칙에 맞추어 몸을 조절하는 데 도움을 주며, 척추와 관절의 탄력성도 유지시켜 준다. 하루 5분 정도면 중요한 근육을 풀어주고 단련시켜 주는 데 충분하다.

운동 중독증

모든 것이 중독증으로 발전될 수 있듯이 운동도 예외는 아니다. 우리 문화는 운동을 자연의 정복처럼 여긴다. 따라서 자연과의 교감을 끊어지게 만든다.

실제로 달리기 중독증에 빠져 재활센터에 신세를 져야 하는 사람도 많다. 따라서 삶의 스트레스에서 벗어나기 위해서, 내면 깊이 자리잡은 자아를 잊기 위해서 달리기를 하는 사람은 신경안정제를 남용하는 사람과 다를 바가 없다.

사실 많은 여성들이 운동을 마약처럼 생각하면서 스트레스에서 벗어나기 위해, 혹은 체중을 줄이겠다는 일념으로 운동에 열중한다. 그러나 운동으로 목적을 달성하더라도 몸과의 건강한 관계는 결코 얻을 수 없다.

운동과 무월경, 골질 손실

월경이 중단된 여성 육상선수는 조기 골질 손실로 고생한다는 자료가 발표되고 있다.[14] 나는 그러한 발표들 때문에 여성이 몸을 최대한으로 사용하는 데 겁을 먹지 않을까 염려가 되었다. 사실 여성은 임신 그 자체만으로도 여느 운동선수 못지않게 몸을 충만하게 최대한 사용한다. 그러나 그 후의 발표에 따르면, 여성 육상선수의 월경 중단도 일반 여성의 경우와 같은 이유 때문이었다. 즉 엄격한 식사관리나 그에 따른 식욕부진 때문이었다. 충분한 양을 먹지 않아 몸 전체의 체지방이 지나치게 낮은 수준으로 떨어졌고, 그 결과 무월경증과 때이른 골다공증이 나타났던 것이다.

낸시 레인Nancy Lane의 연구에 따르면, 운동으로 무월경증을 경험한 여성이 하루에 500~700cal를 추가로 섭취했을 경우 다시 월경이 시작되었다. 또 무월경증을 보인 여성 마라톤 선수는 골밀도에서 50세 정도의 여성과 비슷했다. 물론 육상이 여성의 몸에 해로운 영향을 미치기 시작하는 정도에 대해서는 명확하게 규정할 수 없지만, 육상선수들의 자료를 바탕으로 할 때 1주일에 80km 이상이면 위험한 것으로 생각된다.

극심한 운동을 했다고 해서 모든 여성이 월경중단을 겪게 되는 것은 아니다. 레인의 연구에서 과도한 운동에 따른 무월경증은 주로 분만경험이 없는 젊은 여성의 문제였다. 분만경험이 있을 경우 무월경을 겪을 가능성은 한층 낮아진다. 과도한 운동에 따른 여성호르몬의 분비억제를 분만이 막아주기 때문인 듯하다. 실제로 분만경험이 있는 30~40대의 육상선수에게서는 무월경증이 거의 발견되지 않았다. 즉 자녀를 가진 여성은 운동으로 인한 무월경증을 걱정할 필요가 없다. 결국 분만은 여성을 감정적 · 심리적 · 육체적 · 영적으로, 모든 차원에서 근본적으로 바꾸어버린다.

젊은 육상선수가 무월경을 겪는 이유는 사회적인 압력 때문이기도 하다. 체중이 늘지도 모른다는 습관적인 근심과 날씬한 몸매에 대한 강박관념이 월경불순으로 발전하는 것이다.[15] 사실 여성 육상선수는 '보통 여자들보다 날씬해야 한다'는 사회적인 요구에 영향받지 않을 수가 없다. 이런 이유 때문에 영양섭취가 필요량보다 적게 마련이다. 결국 그들은 과도한 운동을 하면서도 충분한 영양을 섭취하지 못하는 것이다.

월경의 정상적인 회복을 위해서는 상당한 시간이 필요하기 때문에 골밀도를 회복하기 위한 프로게스테론 요법이 많은 도움이 된다. 배란주기가 일단 회복되면 골밀도도 개선되기 시작한다.[16]

운동, 몸과의 화해

나는 어렸을 때부터 충분히 몸을 움직이며 운동하는 분위기에서 자랐다. 그 중 대부분이 조깅이나 스키처럼 야외에서 하는 역동적인 운동이었다. 어머니가 요가를 했기 때문에 기본자세를 터득하기는 했지만, 호흡에 집중해서 내적인 명상에 이를 정도는 아니었다. 다만 재미있는 자세에 끌리고, 특히 물구나무서기를 좋아했다. 언니는 스트레칭 체조를 여성적인 운동이라고 생각해서, 겨울이 아닌 때에도 스키 폴을 들고 언덕으로 올라가 맨땅에서 훈련을 할 정도였다. 또 휴가 때면 온 가족이 하이킹이나 캠핑을 떠났다. 하이킹은 언제나 '정상 정복'이 목표였다. 나는 그런 것에는 흥미가 없었지만 덕분에 자연을 즐길 수 있었다. 스키광이었던 언니는 여러 번 부상을 당한 끝에, 이제는 기계나 장비를 사용하는 운동을 멀리하려고 한다. 요즘 언니는 요가와 태극권을 수련하며 호흡과 내면의 느낌에 집중하고 있다. 반면 나는 에어로빅과 웨이트 트레이닝에 열심이지만, 느낌에 따라 운동 스케줄을 조절한다. 언니와 나는 서로 다른 길을 걸었지만, 육체활동에서는 모두 균형 잡힌 접근을 하고 있는 셈이다.

대학 시절과 수련의 시절, 나는 1주일에 네 번, 20~30분씩 조깅을 하면서 균형을 맞추기 위해 요가도 조금씩 했다. 불행히도 그 시절의 나는 이룰 수 없는 높은 목표를 지향하고 있었다. 그때를 돌이켜볼 때 가장 기억에 남는 것은, 오랜 시간 병원에 틀어박혀 있다가 야외로 나와 햇볕을 쬐며 맑은 공기를 마실 때의 상쾌함이다. 어쩌면 그 때문에 그렇듯 열심히 조깅을 했는지도 모른다. 하지만 당시에는 달린 거리와 맥박수만을 의식했으므로 달리기가 맑은 공기와 따사로운 햇살을 즐기는 데 최고라는 것을 알지 못했다. 과정을 즐기기보다는 목표달성을 위해 달렸던 것이다. 전형적인 운동중독 증세였다.

임신 중에는 임산부를 위한 요가를 했다. 많은 임산부가 그렇듯 나 역시 조깅은 위험하다고 생각했다. 하지만 그 후 다시는 조깅을 할 수 없었다. 아이들이 어렸을 때에는 때때로 산보를 즐겼다. 그러나 그것도 오래 가지는 못했다. 일단 병원에서 퇴근해 집으로 돌아오면 밖에 운동하러 나갈 수가 없었고, 아이들에게 신경 써야 하는 시간이 점차 늘어났기 때문이다. 아이들이 어렸기 때문에 나의 본능은 될 수 있으면 그들과 많은 시간을 보내라고 말해주고 있었다. 나의 욕구와 아이들의 욕구를 조절하는 방법을 터득하는 데에만 상당한 시간이 걸렸다.

아이들이 꽤 성장한 다음 집에 헬스기구를 들여놓았다. 1주일에 세 번씩 20분 간 운동을 하면서 텔레비전에서 코미디를 보거나 음악을 감상했다. 처음 몇 달 동안 아이들은 칭얼대고 불평을 터뜨렸다. 계속해서 마실 것을 찾았으며 신발끈을 묶어 달라고 조르기도 했다. 모두가 나의 관심을 끌려는 행동이었다. 하지만 그림을 그리거나 노는 동안에는 항상 함께 있고 운동 때문에 아이들을 떼어 두고 밖으로 나가는 일은 없을 것이라는 약속 덕분에 그 시달림으로부터 해방될 수 있었다. 아이들에게 죄의식을 느끼지 않으면서 나의 욕구를 분명히 하자 아이들은 짧은 시간이나마 나에게 적극적으로 협조해주었다. 덧붙이자면, 나는 운동이 끝나면 아이들과 놀아주겠다고 약속했다. 그 약속은 상당히 오랫동안 효과를 보았다. 요즘 나는 1주일에 서너 번씩 웨이트 트레이닝을 하면서 짬짬이 20~30분 정도의 산보를 하고 있다. 앞에서도 언급했듯이, 두이아르식 호흡법을 습득한 후 운동은 나에게 전혀 새로운 의미를 가지고 있다.

몸 관리를 평생의 목표로 한다면 운동이나 몸 관리에 대한 접근법이 완전히 달라질 필요가 있다. 학교를 갓 졸업한 10대가 주로 즐기는 개인운동들이 체육 교과과정에 반드시 포함되어야 한다. 또한 중학교 때부터 몸의 지혜에 부응하는 방법이 교육되어야 한다. 테니스, 요가, 댄스, 무술이 대학의 교양과정에 포함되어 있기는 하지만, 그 정도는 초등학교에 개설되어도 무방할 것이다.

운동을 시작하려면

1단계 : 알맞은 운동을 선택하라. '이상적인' 체중이라는 개념이나 '이상적인' 운동량이라는 개념은 잊는 것이 이롭다. 어떤 운동이 가장 좋으냐고 묻는 사람들에게 나는 "당신이 실제로 할 수 있는 운동"이라고 대답하곤 한다. 몸매도 관리하면서 즐거움을 얻을 수 있는 운동은 많다. 요가, 태극권, 댄스와 같은 실내운동뿐만 아니라 야외운동까지 상당히 많은 운동이 있다.

어린 시절 집 밖에서 즐겼던 놀이를 생각해보라. 줄넘기, 공 던지기 등이 생각난다. 또 어지러울 때까지 춤을 추었던 기억도 있다. 이러한 기억들을 되살리면서 당시의 느낌이 어땠는지 느껴보자. 가능하면 냄새까지도 느껴보라. 얼굴에 와닿던 바람과 햇살을 느껴보라. 힘껏 몸을 뻗을 때 당신 몸에 느껴지던 생동감과 즐거움이 어땠는지를 기억해보라. 준비가 끝났으면 현실로 돌아오라. 그리고 그때처럼 몸을 움직여보라. 지금의 느낌을 느껴보라. 몸에 열중하라. 몸을 즐기고 몸을 소중히 한다고 생각하라. 어떤 운동이 편안하게 느껴졌는가? 편안하게 느껴진 운동이 있었다면 이제 그 운동을 당신의 삶에 어떻게 융화시킬지를 생각하라.

2단계 : 운동을 하겠다는 결심을 단단히 하라. 어떤 식으로든 1주일에 세 번씩, 20~30분 동안은 반드시 운동을 하겠다고 다짐하라. 운동과 건강식의 결합은 체중감량과 에너지 보충을 위한 최적의 방법이다. 혼자 힘으로도 가능한 쉬운 운동부터 시작하라. 복잡한 운동까지는 필요 없다. 거실에 간단한 헬스기구를 준비하라. 헬스기구가 집안을 거추장스럽게 만든다고 걱정하지 말라. 집은 어차피 당신이 사는 공간이다. 이렇게 한 달 정도 꾸준히 운동을 하겠다고 다짐하라. 그 기간 동안 당신 몸은 점점 더 운동을 열망하게 될 것이다. 설사 중단했더라도 언제든지 다시 시작할 수 있다고 생각하라. 그런 이유로 스스로를 자책할 필요는 없다.

3단계 : 코호흡을 배워라. 천천히 시작하도록 하라. 코호흡에 필요한 자세는 시중에서 흔히 볼 수 있는 요가책을 참조할 수도 있다. 그러나 코호흡을 편안히 유지할 수 있는 상태를 넘어서 본격적으로 수련하지는 말라. 규칙적으로 3주 정도 훈련하면 당신의 몸은 산소를 훨씬 효과적으로 흡입할 수 있게 된다. 그러면 당신은 기대했던 것 이상으로 멀리 뛰고, 빨리 걷게 될 것이다.

4 단계 : 몸의 지혜를 경청하라. 여성이 운동을 중단하는 주원인은 너무 성급하게 많은 것을 하기 때문이다. 이것 역시 중독증이다. 몸매가 엉망이 되면 매일 5km 정도를 뛰겠다고 결심하면서 되도록 먹지 않는 다이어트에 돌입한다. 그러나 당신이 '해낼 수 있는 것' 보다는 '그보다 덜한 것' 이 더 낫다. 그래야 운동의 역효과로 인한 지독한 피로감을 피할 수 있고 운동에서 재미를 느끼게 된다. 당신의 본능을 따르면 운동에서 훨씬 많은 재미를 느끼게 될 것이다.

반대로 항상 정도 이하의 운동을 한다면 조금은 분발할 필요가 있다. 당신 몸이 어느 정도까지 견딜 수 있는지를 아는 것도 중요하다. 강조하건대 몸매를 이유로 몸을 학대하는 운동을 해서는 안된다. 당신의 감정이나 스트레스에서 벗어나려고 운동을 하는가? 운동이 그런 것에 효과가 있다고 하더라도 그런 목적 때문에 운동을 한다면 '임시방편' 밖에는 되지 않는다. 운동은 감정적인 고통을 생각하는 계기가 되어야 한다. 운동을 하는 시간은 스트레스의 원인과 대화를 하는 시간이 되어야 한다.

5 단계 : 당신 자신을 즐겨라. 40대 미술교사인 환자가 있었다. 그녀는 웨이트 트레이닝을 시작하고 근육강화에 특히 힘을 쏟았다. 근래에 이혼의 슬픔을 겪었지만 근육운동만으로도 삶에 대한 자신감을 보여주기에는 충분했다. 그래서인지 그녀는 언제나 밝고 정력적으로 보였다. 운동은 모르핀이나 진정제와 같은 효과를 갖는 엔돌핀이라는 물질을 자연스럽게 생산해준다. 이러한 이유 때문에 자연스럽게 행복감을 안겨주는 것이다.

자, 이제 운동을 시작해보자. "우리의 영혼이 몸을 만드는 만큼 우리의 몸도 영혼을 만든다"고 데이비드 스팽글러David Spangler가 말했듯이, 당신의 영혼도 보다 멋진 몸에 깃들일 것이다!

19 나의 치유가 세상을 치유하는 것이다

네가 네 안에 있는 것을 드러낸다면,
네가 드러내는 것이 너를 구원할 것이다.
그러나 네가 네 안에 있는 것을 드러내지 못한다면,
네가 드러내지 않는 것이 너를 파멸로 이끌 것이다.
- 도마복음에서

우리는 여성에게 남겨진 유산을 인정해야만 하며, 자신의 치유를 위해서 그러한 유산의 증인이 되어야 한다. 우리의 고통뿐만 아니라 어머니와 할머니 세대의 고통까지 몸으로 느낄 수 있어야 한다. 우리의 어머니들은 자신의 몸과 몸의 지혜를 불신하도록 교육받았다. 아니 그들의 어머니와 할머니, 그들의 할머니의 할머니도 그렇게 살아야만 했다.

나는 때때로 '여성의 고통'을 나의 내면으로부터 생생하게 느낀다. 앤느 윌슨 섀프와의 만남에서 처음 그런 경험을 했을 때, 나는 의식이 점점 과거로 회귀되는 것을 느꼈다. 앤느가 "당신은 너무 피곤합니다. 자, 무엇이 느껴집니까?"라고 물었을 때 그러한 과정을 처음으로 겪었다. 그녀는 나에게 "당신 자신과 진정으로 함께 해보십시오." 하고 말했다. 그때 내 몸이 내 느낌에 강하게 저항하는 것을 느낄 수 있었다. 나는 마음껏 눈물을 흘렸다. 앤느의 가벼운 그 한 마디에 내가 한 번도 마음 편히 지내지 못했던 시절로 의식이 회귀되는 것을 느꼈다. 아기를 처음 가졌을 때, 수련의 시절, 의과대학 시절, 고등학교 시절…. 그리고 점점 과거로 들어가 어린 시절까지 되돌아가자 어머니의 "하지 마" 하는 소리가 들렸다. 나는 눈물을 쏟으며 울었다. 나 자신을 위해서 그렇게 많이 울어본 적은 없었다.

그 다음엔 단 한 번도 편히 쉬어본 적이 없었던 어머니를 위해 울었다. 어머니의 어린 시절과 병든 자녀 곁에서 밤을 지새던 시간들, 두 아이를 잃어야 했던 슬픔을 위해서 울었다. 그러자 이번엔 할머니의 슬픔이 느껴졌다. 일찍 부모를 잃고 열 두 살짜리 언니 손에서 커야 했던 할머니였다. 그리고 더 과거로 흘러가자 모든 여성의 고통, 예기치 않았던 분만, 부당한 대우, 수천 년 동안의 고통에 찬 삶들이 느껴져 울었다. 개인적으로 시작했던 눈물이 여성 모두를 위한 눈물로 바뀌었다. 혼자만의 고통이 아니라 여성 전체의 고통이 되었다. 나는 비로소 내가 이 땅에 태어난 이유를 알 것 같았다. 나의 소명이 무엇인지도 알게 되었다. 그러한 집단고통을 치유하기 위해 노력하는 것이 나의 소명이었다. 산부인과 의사라는 직업이 숙명처럼 받아들여졌다.

그로부터 1주일 후 나는 어머니에게 전화를 걸어 그 깊은 경험을 이야기했다. 어머니는 한동안 대답이 없었다. 마침내 어머니는 "그래, 성폭행을 당한 적이 있단다. 아직도 그 방을 기억하지. 그 남자의 파이프 냄새도 기억이 나. 지금도 눈앞에서 벌어지는 것처럼 생생하게 기억이 난다. 우리 집에 세들어 살던 빌 아저씨였지. 누구에게도 말하면 안된다고 했어. 그때 나는 겨우 여덟 살이었고 너무 무서웠단다."라고 말씀하셨다. 어머니에게 괜찮겠느냐고 물었더니 어머니는 "괜찮다"고 대답하면서 전화를 끊었다. 그러나 잠시 후 다시 전화를 걸어 나에게 도움이 필요하다고 말씀하셨다. 나는 어머니에게 '인정하고 싶지 않은 것'과 진정으로 함께 해보라고 충고했다. 어머니는 내면의 인도를 구했고 성폭행의 기억이 떠올린 구역질나는 느낌을 몸으로 느꼈다. 그리고 침대에 누우셨다. 창 밖으로 밝게 빛나는 별이 보였다. 그리고 잠이 드셨다. 다음날 아침잠이 깨었을 때 어머니는 깊은 평온감을 느꼈다고 말씀하셨다.

우리 세포 안의 어머니

기억은 우리 몸에 저장된다. 근친상간의 기억은 자궁 생체검사 후에 떠오르며, 골반수술 후에는 슬픔이 밀려온다. 이유는 단 하나다. 과거는 우리의 세포조직에 저장되며, 창고 안에 가득 쌓인 자료더미처럼 우리가 정리해주기만을 기다리기 때문이다. 그러나 세포에 쌓인 기억은 개인의 기억을 넘어선다. 어떤 면에서 세포에는 모든 사람, 집단의 과거가 축적되어 있다. 세포질의 활동을 책임지는 미토콘드리아 DNA는 전적으로 모계 유전이다. 따라서 전 인류는 아프리카 여성에게서 그 뿌리를 찾아야 할지도 모른다.[1] 때때로 몸의 징후는 우리 자신의 고통뿐만 아니라 집단고통을 알려주는 신호이다.

수피교의 가르침은 그 의미의 본질을 분명하게 지적하고 있다.

> 너에게 떠맡겨지는 고통이 아무리 크더라도, 너에게 닥치는 어떤 고통이라도 이겨내라. 세상의 고통을 가슴으로 껴안았던 어머니처럼, 각자가 그 가슴의 한 부분으로 세상의 고통을 조금씩 물려받았다. 너희도 그러한 모든 고통을 함께 나누고 있다. 너희는 연민에 빠지기보다는 그 고통을 즐거이 받아들여야 한다. 너희의 가슴으로 세상의 고통을 기쁨으로 바꾸어 놓을 수 있어야 한다.

스티븐 레빈의 주장에 따르면, 우리의 고통을 마음껏 풀어놓을 때 세상의 고통도 줄어든다. 우리 자신의 고통을 마음껏 느낄 여유를 가질 때, 우리는 타인의 고통까지 받아들일 수 있게 된다. 그렇게 할 때 고통이 기쁨으로 바뀔 수 있다.

몇 년 전, 브렌다는 임신을 위해 자궁내 피임기구(IUD)를 제거하고 싶어했다. 그녀는 거의 18년 동안이나 피임을 위해서 IUD를 사용하고 있었다. 그런데 나이 마흔 살에 새로운 남자를 만나 아기를 갖고 싶어했다. 일생을 좌우할 중요한 문제였기 때문에 그녀는 나와 상의하고 싶어했다.

우리는 조치를 취하기 전에 간단한 의식을 치르기로 했다. 즉 IUD를 제거하고 아기를 받아들이는 과정에 의미를 주는 행사였다. 간단한 준비를 끝내고, 우리는 자연의 힘, 생명의 신비로움과 하느님이 우리와 함께 하기를 빌었다. 그리고 브렌다의 약혼자에게 전화를 걸었다. 나는 그들에게 아기에 대한 희망과 두려움을 솔직하게 털어놓으라고 말했다. 약혼자는 이미 성장한 아들이 있었지만 내 요구에 무척이나 적극적으로 응해주었다. 나는 그에게서 브렌다에 대한 사랑을 분명하게 느낄 수 있었다. 새로운 아기의 아버지가 되겠다는 마음 역시 의심할 여지가 없었다.

브렌다도 아기를 갖겠다는 열망은 있었다. 그러나 출산경험이 없는 데서 오는 두려움은 어쩔 수 없었다. 그럼에도 불구하고 그녀는 IUD를 제거하겠다는 결심을 굳혔다. 우리는 검사실로 옮겨가 브렌다의 경부를 국부마취시켰다. IUD를 꺼내는 동안 브렌다에게 기침을 하도록 했다. 경부에 무엇인가를 넣고 꺼내는 동안 기침을 하면 통증을 상당히 줄일 수 있다. 나는 IUD를 꺼내면서 브렌다에게 자궁의 감각을 느껴보라고 말했다. 몸에는 과거의 기억이 저장되어 있으며, IUD를 제거하거나 자궁내막 검사를 하는 동안 그런 기억이 떠오를 수 있다고 말해주었다. IUD를 어렵지 않게 꺼내고 나서, 나는 브렌다를 편하게 누이고 안마를 해주었다. 그런 다음 내 손을 그녀의 아랫배에 가만히 올려놓았다. 그러자 그녀는 갑자기 울기 시작했다. 그리고 때로는 웃음을 터뜨리기도 했다. IUD 제거에서 비롯된 긴장과 감정이 한꺼번에 풀린다는 징조였다. 나는 그녀에게 마음껏 느끼라고 말해주었다. 울음을 그친 브렌다는 눈을 감았다.

잠시 후 그녀는 다시 웃기 시작했다. 그리고 숲속에서 있었던 일을 말하기 시작했다. 아주 어렸을 때의 일이었다. 그녀는 두려운 듯 몸을 떨었다. 그리고 아랫배에 올려진 내 손이 기분 좋게 느껴진다고 말한 다음, 다시 숲 속에서 있었던 일을 말하기 시작했다. 그녀는 그곳에서 임신을 하게 되었다. 하지만 도움을 구할 곳이 없었다. 갑자기 그녀의 몸이 해산을 하는 사람처럼 움직이기 시작했다. 약 10분 후, 그녀는 사산아를 낳은 사람처럼 축 늘어졌다. 그녀가 "내 질에 들어있던 하얀 밧줄 같은 것이 뭐지?"라고 물었다. 그것은 탯줄이었다. 나는 그녀에게 태반까지 밀어내야 한다고 말했다. 그러자 그녀의 몸이 다시 수축하면서 태반을 밀어내는 모습을 해보였다. 브렌다는 사산아, 태반, 하얀 탯줄을 본 적이 없었지만 그것들의 모습을 정확하게 알고 있었다. 상상 출산이 끝나고 나자 브렌다는 웃으면서 알아들을 수 없는 노래를 부르기 시작했다. 마치 인디언 언어 같았다. 브렌다는 "나는 이 말을 잘 알아."라고 말했다.

브렌다가 현실로 돌아올 때까지 우리는 검사실에 있어야 했다. 그것은 우리 둘 모두에게 놀라운 경험이었다. 그녀는 분명 출산경험이 없었지만 출산이 어떤 것인지 '알고' 있었고 '기억'하고 있었다. 그렇게 해서 그녀는 출산의 두려움을 씻어낼 수 있었다. 브렌다는 집단무의식, 그녀의 세포 속에 깃들인 옛 기억을 만난 것이었다. 놀라운 경험이었다. IUD를 꺼내는 것으로 우리는 세포 깊숙이 잠재되어 있던 과거의 기억을 치유할 수 있었다.

우리 몸에는 상식만으로는 이해할 수 없는 수많은 정보가 담겨있다. 우리는 현재를 넘어서는 그 이상의 존재이다.

과거의 두려움 이겨내기

중세시대, 9백만에 달하는 여성이 마녀라는 이유로 화형을 당했다. 교황청이 주도했던 이 '마녀사냥'은 수백 년 동안이나 이어졌다. 그 때문인지 불에 타죽는 악몽을 꾸었다고 털어놓는 여성이 의외로 많다. 수세기 동안 억눌려있던 화형의 시대가 우리의 의식세계에 모습을 드러내면서 씻겨지고 변화될 때, 여성 에너지와 남성 에너지는 진정한 동반자 관계에 들어설 수 있다. 여성이 자신의 몸을 치유하고 진실을 말하는 과정을 시작할 때, 우리는 지난 5천 년 동안 우리를 지배했고 지금도 우리를 에워싸고 있는 집단적인 두려움과 고통의 장을 이겨낼 수 있다. 그 장은 강간, 폭행, 자포자기로 가득한 장이다.

영국의 생물학자 루퍼트 셸드레이크Rupert Sheldrake는 "지구의 과거는 정보의 전자기장처럼 우리 주변에 존재한다"고 말했다.[2] 예를 들어, 육상선수는 종종 "아무도 그 기록을 깰 수 없어. 인간으로서는 불가능한 일이야."라는 소리를 듣는다. 그래서 100m를 10초 이내에 뛰는 것은 불가능한 일처럼 느껴진다. 그러나 일단 그 기록이 깨지고 나면 세계 곳곳의 선수들이 그 기록을 깨기 시작한다. 셸드레이크의 설명에 따르면, 그 기록을 에워싼 형태발생 에너지가 처음 기록을 깨뜨린 선수에 의해서 변한 것이다. 그 때문에 새로운 형태발생 에너지장이 형성되면서 그 기록에 접근하기가 훨씬 쉬워진다는 것이다.

이제 여성들도 수치심, 두려움, 고통이라는 집단 형태발생 에너지장을 깨뜨릴 수 있는 용기를 찾아가고 있다. 최근 한 환자는 아버지를 찾아가, 오랫동안 딸들을 성폭행해온 아버지 밑에서 성장해야 했던 일이 어떤 기분이었는지를 떳떳하게 말했다고 한다. 그녀의 행동은 당장에 아버지를 변화시키겠다기보다는 아버지의 잘못된 행동에 대한 오랜 침묵을 깨뜨리기 위한 것이었다. 그녀의 행동은 말하자면 변화를 위한 첫 걸음이었던 것이다. 그럴 때 진정한 용서가 비로소 가능해진다. 이처럼 모든 여성들이 두려움과 침묵이라는 형태발생 에너지장에 변화를 줄 수 있어야 한다.

침묵을 깨뜨리기 위해서는 용기가 필요하다. 두려움을 이겨내지 못하면 내면의 힘을 만날 수 없다. 그것은 진실을 말하려고 할 때 느껴지는 위협과도 같은 것이다. 비비안 고르닉Vivian Gornick이 말했듯이 "여성이 두려움을 극복한다는 것은 마약중독자가 마약을 끊는 것"에 비유된다. 사실 수백만의 현명한 여성과 그런 여성을 지원하던 남성들이 진실을 말했다는 이유로 목숨을 잃었다. 이런 점을 고려할 때, 여성이 선천적으로 두려움을 갖는다고 해서 놀랄 이유는 없다. 두려움은 부인하고 경멸할수록 더욱 강해질 뿐이다.

우리가 집단적으로 안고 있는 두려움을 몸으로 직접 체험하는 과정은 치유를 위해서도 무척이나 중요한 단계이다. 한 개인이 두려움을 인정하고 그대로 느끼게 될 때, 가까운 다른 여성의 치유는 더욱 쉬워진다. 수천의 여성이 동시에 현재의 형태발생 에너지장을 깨뜨릴 때, 그 형태발생 에너지장은 변하게 된다. 근친상간의 진실을 처음 털어놓은 여성은 비난의 대상이 되었다. 그러나 그녀가 과거에 어떤 모멸감을 겪었을지라도 이제는 외로워할 이유가 없다.

생명력이 인도하는 삶을 살게 될 때, 즐거움은 자연스럽게 찾아온다. 두려움을 이기고 내면의 지혜가 인도하는 삶을 살게 될 때, 우리는 자유와 기쁨과 기회로 충만한 새로운 삶을 만들어 갈 수 있다. 우리가 과거의 관습을 씻어내고 내재된 힘을 포용하게 될 때, 원대한 희망과 즐거움과 사랑이 있게 된다.

여성의 꿈, 지구의 꿈

슬픔과 기쁨을 통해서 우리 자신이 치유될 때 지구도 치유된다. 겐돌린은 치유의 결과에 대해서 "여성 사이에도 아름다운 관계가 맺어질 수 있다는 사실을 깨달았어요. 항상 남자만을 생각했기 때문에 전에는 생각지도 못한 일이었지요. 이제 여성끼리의 협조와 사랑이 시작된 것 같아요."라고 말했다.

사실 나 역시 다른 여성의 도움이 없었다면 이 일을 할 수 없었을 것이다. 그러나 많은 여자친구들과 동료들이 나를 지원해주었다. 브라이언 스위미는 "인간은 지구가 꿈꾸는 공간"이라고 말했다. 꿈은 꿈을 꾸는 사람만의 것이 아니다. 지구가 우리를 매개로 꿈을 꾸는 것이다. 따라서 우리의 진정한 욕구는 지구의 욕구이기도 하다. 중독된 사회구조는 "고통 없이는 얻는 것도 없다"라고 우리를 가르쳐왔다. 그러나 전혀 그렇지 않다. 당신의 일이 즐거움과 기쁨과 충만감을 주지 못한다면 그것은 할 가치가 없는 것이다. 가치의 기준은 당신의 건강상태이다. 당신의 세포는 당신이 진정으로 원하는 것을 알고 있다.

우리 몸의 모든 세포는 내면의 꿈에 반응한다. 꿈은 당신의 건강을 위해서, 지구의 건강을 위해서 필요한 것이다. 지구가 당신을 통해 꾸는 꿈은 나를 통해서 꾸는 꿈과 다르다. 그러나 나는 당신의 꿈을 들어야 하고, 당신은 내 꿈을 들어야 한다. 그렇지 않으면 전체의 이야기는 완성될 수 없다. 중독된 사회구조는 우리로 하여금 오랫동안 서로의 이야기를 듣지 못하도록 해왔다. 그러나 이제 우리의 시대가 왔다.

여성 개인의 치유가 지구의 치유다

지구와 자연계는 언제나 여성성으로, 다시 말해서 '정복해야 할 처녀지'로 여겨졌다. 따라서 여성이 겪었던 아픔은 곧 지구가 겪었던 고통이기도 하다. 현재의 과학은 우리를 구원해주지 못할 것이다. 직관의 목소리와 여성적인 목소리가 부족하기 때문이다. 또한 몸으로 말하는 목소리가 부족하기 때문이다. 이제 우리에게는 균형이 필요하다. 모두를 통해서 여과된 몸의 지혜가 필요하다.

〈미즈Ms〉라는 잡지가 "분노+여성=힘"이라고 쓰인 팻말을 높이 치켜든 여성들의 모습을 표지에 소개한 적이 있다.[3] 그 메시지 안에 잠재된 폭발력에 나는 전율을 느꼈다. 침묵을 강요받던 여성들의 분노가 변화를 위한 에너지로 바뀔 때, 그 분노는 엄청난 힘이 된다. 그러나 그것은 반드시 여성들 자신의 내면에서 오는 힘이어야 한다. 막연한 분노가 아니라 중심이 분명한 힘이어야 한다. 그렇듯 변화된 분노는 진정한 힘이 된다.

앤느 윌슨 새프는 "여성이란 이유로 우리는 행동, 말, 생각, 느낌을 억제해야 했다. 그런 것을 증오해야 하지만 이미 너무 깊이 뿌리 박혀 있다. 우리의 삶을 제한하는 많은 강제력이 있지만 어찌해볼 수가 없다. 과거에 우리는 두 가지 선택만이 있다고 생각했다. 하나는 권위와 화합하면서 지원하는 길이었고, 다른 하나는 권위와 투쟁하면서 지원하는 길이었다. 이제 우리는 두 가지 모두를 잃었다. 그러나 제3의 선택이 있다. 우리 자신이 되는 길이다. 우리에게 중요한 것을 깨달으면서 그것을 행하는 것이다. 그러나 그 길은 우리가 분노를 철저히 체험한 후에나 가능할 것이다."라고 말했다.[4)]

우리는 때때로 '정치적'이라는 말을 쓴다. 당신이 어머니라면 어머니로서의 행위도 정치적이다. 어떤 직업에 종사하든 당신의 일은 정치적이다. 질병을 치유하거나 과거를 기억하는 것 역시 정치적인 행위다. 이처럼 우리 몸의 치유를 정치적인 행위로 해석할 만큼 중요하다고 생각해야 한다. 그럴 때 당신이 아닌 누구도 당신을 위한 치유, 당신의 정치적인 행위를 제한할 수 없게 된다. 골반수술을 받아서 휴식이 필요한가? 그러한 휴식도 정치적인 것이다. 당신 자신을 생각하면서 휴가를 떠나고 싶은가? 그러면 휴가도 정치적인 것으로 생각하라.

의사여, 그대를 치유하라

이 책의 초고를 쓰고 있는 동안 내면의 인도자는 자궁의 정신을 통해서 나를 찾아왔다. 나는 자궁근종이라는 진단을 받았다. 그렇지만 나는 아무런 징후도 느끼지 못했다. 수년 전부터 유제품을 멀리하고 저지방 음식을 주로 섭취하고 있었기 때문이다. 막상 그런 진단을 받았을 때는 슬펐지만 아무에게도 알리고 싶지는 않았다. 그리고 자궁을 잃는다는 생각에 슬픔에 빠졌다. 진단을 받는 순간 가장 먼저 내 머리를 스치는 생각은 '자궁근종이 이 책과 관계가 있는 것 같으니까 어쨌든 이 책을 올해 안에 끝내야겠군.' 하는 것이었다. 직관적으로 이 책을 쓰기 시작했던 2년 전에 자궁근종이 발병했다는 생각이 들었다.

나는 무언가 잘못했고 결국 실패했다는 느낌이었다. 나는 부끄러웠다. 그 날 밤 늦게 나는 아랫배에 손을 대고 자궁에게 "그래, 네가 말하는 대로 할게." 하고 중얼거렸다. 그러자 자궁은 "자궁근종은 네 몸의 에너지를 좀 더 효과적으로 사용하는 법을 배우라는 경고야. 이제부터라도 너 자신을 돌본다면 앞으로는 심각한 문제를 피할 수 있을 거야. 다른 여자들에게도 본보기가 되어줄 좋은 기회야. 너는 자궁근종을 없앨 수 있다고 믿었지. 네 믿음을 증명해 보일 좋은 기회야."라는 메시지를 보내왔다.

다음날, 나는 피마자유 섭생법을 시작했다. 그리고 오래 전부터 예방책으로 사용하려던 침을 맞기 시작했다. 침술사는 내 신장 부근의 경락에 문제가 생긴 지 꽤 오래되었다고 말했다. 과로와 스트레스가 원인이었다. 동양의학의 표현에 따르면, 내 몸 오른쪽이 어혈瘀血, 즉 '기氣가 막힌 것'이었다. 예전에 편두통도 오른쪽으로 찾아왔었다. 게다가 캐롤린 미씨도 내 오른쪽 엉덩이에서 에너지가 빠져나간다고 진단한 적이 있었다. 유방의 종기도 오른쪽이었다. 그런데 이번에는 자궁의 오른쪽에 근종이 생긴 것이었다. 모든 문제가 내 몸의 오른쪽에서 발생했고, 그것은 에너지와 관계가 있었다.

그것이 나에게 의미하는 것은 일을 강하게 밀어붙이고 세상에 밝히라는 것이었다. 1980년대 말까지 나는 세상이 내 주장을 받아줄 준비가 되어 있지 않다는 생각에 두려웠다. 무언가 주장하는 것이 오히려 위험을 자초하는 일처럼 여겨졌다. 그러한 생각들 때문에 내 몸의 오른쪽에 '상처'가 되풀이되었던 것이다. 자궁근종의 발생도 같은 맥락이었다. 의학책이나 경락의 쇠잔보다 자궁근종이 더욱 분명한 메시지였다. 침술과 피마자유 섭생법을 서너 달 동안 충실히 시행했지만 자궁근종은 더욱 커지는 것 같았다. 그때서야 나는 몸의 메시지에 대해 생각했다. 대체 자궁근종은 나에게 무엇을 말하려는 것일까?

나는 타로 카드에 능한 친구에게 도움을 청했다. 그리고 "자궁근종이 나에게 가르치려는 것이 무엇일까?" 생각하면서 카드 한 장을 뽑았다. '구속'을 뜻하는 카드가 나왔다. 나는 그 뜻을 생각하면서 명상에 잠겼다. 변화가 필요하다는 뜻이었다. 내가 과거의 굴레에 구속당해 있다는 뜻이었다. 결국 자궁근종은 내가 과거의 틀에 중독되어 새로운 것을 억제하고 있다는 경고였다. 나는 더 많은 자유가 필요하다는 것을 깨달았다. 그리고 내면의 지혜를 받아들여야 했다. 대다수의 여성이 집단적으로 몸의 지혜를 회복하지 않는 한 여성의 건강은 근본적인 변화를 꾀할 수 없다. 이것은 나에게 의사를 그만두라는 것이나 마찬가지였다. 나는 의사라는 직업을 떠나고 싶지 않았다. 근본적인 변화를 주고 싶었다.

나의 자궁근종은 내 책상에 쌓인 엄청난 서류를 상징했다. 나는 그것들을 벗어나서 나의 의료행위를 완전히 새로운 방향에서 재창조해야 했다. 1대 1 치료가 필요하기는 하지만, 내가 여성의 문제를 지나치게 개인의 문제로 국한시키고 있었다는 깨달음을 얻었다. 그래서 나는 '동시에, 많은 여성들이, 일상생활에서 건강을 되찾는 방법'을 가르치는 방향을 모색하기 시작했다. 나는 환자들에게 "의학계를 떠나려는 것은 아닙니다. 의학을 재정의하고, 장기적인 안목에서 여성의 건강을 진정으로 개선시켜줄 새로운 영역으로 확대시키고자 합니다."라는 편지를 썼다. 그리고 다음과 같은 질문을 생각해보라고 권했다. 당신도 마찬가지이다.

- 당신이 몸의 지혜를 회복하고 그 메시지를 믿게 된다면, 어떨 것

갈습니까?

- 당신이 세균이나 암을 더 이상 두려워할 필요가 없다면, 인생이 어떻게 될 것 같습니까?
- 당신의 몸을 사랑하는 연인이나 자식처럼 사랑하고 존중하게 된다면, 당신의 삶이 어떻게 달라지겠습니까? 당신 자신을 어떻게 달리 대하겠습니까?
- 당신의 몸과 신체기관이 지혜와 힘을 지니고 있음을 진정으로 알게 될 때, 어떻게 되겠습니까?

세상의 모든 여성들이 스스로에게 물어야 할 질문들이다. 그 대답은 모든 여성의 삶을 변화시킬 것이다.

자궁근종은 내 몸과 영혼이 내게 보내준 경고였다. 그러나 이 책의 초판이 출간된 후에도 자궁근종은 사라지지 않았다. 끈질기게 남아서 커졌다 작아졌다를 반복했다. 나는 계속 자궁근종의 뜻을 생각하며 대화를 시도했다. 자궁근종을 사랑해보려고 했다. 그때서야 일은 내 삶에 있어 일부분일 뿐이라는 사실을 깨닫게 되었다. 나와 관련된 모든 것을 다시 평가해보아야 했다. 남편을 비롯한 가족과의 관계까지도. 그리고 또 다른 것이 있었다. 남편과 자식의 욕구가 만족될 때까지, 내 욕구를 억누르고 있다는 점이었다. 나는 집에서나 직장에서나 그들을 위해 기꺼이 자신을 희생시키고 있었다. 분명한 한계를 정하지 못하고 있었다. 특히 남편과는 모든 면에서 재조정이 필요했다. 나의 성공이 남편에게 열등감을 느끼게 만들었기 때문이다. (차크라2는 관계의 중심점이다. 따라서 자궁근종은 관계의 정체를 가리킨다.)

1996년 크리스마스 직전, 근종은 더욱 커졌다. 나는 초음파 검사를 받았다. 자궁근종 때문에 왼쪽 신장에 소변이 차 있었다. 월경에는 문제가 없고 특별한 징후도 보이지 않았지만, 복부 팽만이 죽도록 싫었다. 마침내 자궁근종을 자연치유로 없애겠다는 꿈을 포기해야 할 때라고 생각했다. 물론 자연치유만큼 좋은 방법이 없다는 믿음에는 변함이 없었지만, 그 때문에 다른 사람에게 도움을 청해야 한다는 것이 못마땅했다. 결국 나도 중독된 사고방식에서 벗어나지 못했던 것이다. 나는 수술을 받기로 결정했다. 믿을 만한 외과의사에게 전화를 걸어 수술날짜를 약속했다.

마침내 수술날이 돌아왔다. 나는 집도의와 마취의에게 치유진술문을 읽어달라고 부탁했다. 치유진술문 외에도 나는 마취의에게 "당신은 마취에서 깨어날 때 자궁근종과 관련된 감정까지 해소된 것을 알게 될 것입니다."라고 몇 번이고 말해달라고 부탁했다. 수술은 성공적이었다. 자궁벽 오른쪽에서 커다란 근종 하나를 떼어 냈다. 회복은 빨랐고 통증도 거의 없었다. 나는 수술 다음날 퇴원했다. 그 후 3주 동안 나는 실컷 잠을 잤고, 침을 맞았으며, 비디오를 보면서 마음껏 휴식을 취할 수 있었다.

수술과 회복은 많은 점에서 나를 깨우치게 해주었다. 나는 내가 피하려고 애썼던 수술을 경험했고, 그 경험을 통해서 수술에도 사랑과 치유가 있다는 사실을 깨달았다. 또한 자연치유법만이 이상적인 치유라고 생각했던 나의 집착 역시 영적인 물질주의일 뿐이라는 사실도 깨달았다. 물론 나는 아직도 자연적인 치유법으로 자궁근종을 없앨 수 있다고 믿는다. 그러나 자궁근종을 어떻게 없앴느냐는 중요하지 않다. 중요한 것은 자궁근종을 만들어낸 원인(생각, 감정 등)까지 없앴느냐는 것이었다. 수술 한 달 후, 나는 창의적인 에너지가 자유로워지고, 그 결과 자궁까지 자유로워진 것을 느낄 수 있었다. 나는 여기에서 '다른 사람을 위해 아무것도 할 수 없다. 단지 도움을 줄 수 있을 뿐이다'라는 중요한 교훈을 얻었다. 그것은 결국 우리들 각자가 마음에서 전해주는 명령에 따라 자유로운 삶을 살아갈 수 있어야 한다는 것이었다.

안전한 세상 만들기

우리 자신을 위해서 바깥세상을 안전하게 만들려면, 먼저 우리 몸부터 사랑할 수 있어야 한다. 거울을 보면서 유방의 크기 때문에 자책한다면 산책을 하더라도 자신을 위한 산책이 아니다. 우리 역시 우리 스스로에게 안전하지 못한 사람이다. 자신의 몸을 경멸하고 자책한다면 이 세상 누가 우리의 건강을 지켜주려고 하겠는가? 설사 누군가 지켜주려고 할지라도, 경멸과 자책을 버리지 않는 한 우리는 여전히 자신의 몸을 위협하는 테러리스트로 남게 될 것이다.

우리만이 우리 자신을 변화시킬 수 있다. 그것은 다른 사람이 우리를 위해 무언가 해줄 때까지 기다리지 않아도 된다는 뜻이므로 한편으로는 다행이기도 하다. 한 친구가 딸에게 "백마를 탄 기사가 오지 않는다면?"이라고 쓰인 티셔츠를 사 주었다. 나는 진실로 그렇게 되기를 바란다. 우리는 여성은 다른 사람의 보호를 받아야 한다고 배웠다. 그러나 이제 우리 스스로 자신을 보살펴야 한다. 보스턴 여성재단에서 발행하는 팜플렛의 표지에는 "우리가 기다렸던 사람은 바로 우리다"라고 쓰여 있다. 그런 문구를 읽을 때면 내면으로부터 강한 에너지가 솟구치지 않는가? 이제 우리는 새롭게 시작해야 한다. 우리 자신을 구원해야 한다. 자신의 삶을 살아야 할 때가 된 것이다. 억압해왔던 감정과 상처, 그리고 희망과 꿈을 펼치면서 우리의 내면부터 변화시킬 때 외부의 조건까지 변화하게 된다. 우리 몸의 세포 속에 각인된 자책감, 자괴감, 자기혐오의 감정을 내면에서부터 치유하려는 의지를 품고, 사회를 변화시키는데 동참해야 한다.

내면의 목소리에 귀를 기울여라. 그리고 잠시 조용히 기다려라. 당장 당신이 해야 할 것이 없을 수도 있다. 당신의 몸을 치유해준다는 '절대적인 방법'에 쉽게 현혹되지 말라. 마찬가지로 삶의 문제에 있어서도 당신만의 길을 찾아야 한다. 에머슨Emerson은 영웅주의의 본질은 자신감이라고 했지만 자신감은 영웅주의 이상의 것이다. 자신감은 세포가 전해주는 치유의 목소리와 직관력을 믿게 해주는 바탕이다. 당신이 받았던 상처에 관계없이 당신과 당신의 몸을 존중하려면 용기가 필요하다. 이 책에서 사례로 언급되었던 여성들은 모두 평범한 사람들이다. 그들은 치유 중에 있는 여성들이다. 그러나 그들은 나의 영웅이다.

치유는 지극히 개인적인 과정이다. 치유를 위해서는 무장해제가 필요하다. 즉 당신에게 무엇인가를 전하려는 몸과의 소모적인 전쟁을 포기해야 한다. 알코올 중독증에 빠졌던 열 다섯 살의 환자는 그러한 과정을 이렇게 요약했다. "매일 아침 저는 기도했어요. 무슨 일이든 제가 해야 하는 일이라면 기꺼이 할 수 있게 해달라구요. 제가 순종할 수 있게 해달라고요. 그때까지 저는 그렇게 살지 못했거든요. 다시는 그렇게 되고 싶지 않았어요."

언젠가는 당신의 꿈대로 살겠다고 다짐하라. 그러한 다짐은 당신의 가족과 이웃과 지구를 치유하기 위해서 필요한 과정이다. 이제 낮잠을 즐기고, 자녀를 껴안아주고, 당신의 얼굴에 비치는 따사로운 햇살을 느끼고, 좋은 음식을 천천히 음미하고, 치유와 충만한 삶을 위한 다음 단계가 이미 준비되어 있다는 것을 내면으로 느껴보라. 새로운 세상이 당신을 통해서 태어나기를 기다리고 있다.

감수의 글

몇 년 전 한 젊은이가 몸에 이상이 느껴진다며 대학병원에 찾아왔다. 그는 각종 혈액 검사, 소변 검사, 심전도 검사 등 종합검진을 받아보았으나 정상이라는 판정을 받았다. 그러나 며칠 후 너무 힘들었던지 다시 병원으로 찾아와 입원치료를 원하였다. 하지만 검사결과가 정상이었기 때문에 입원을 할 수가 없었다. 그리고 다음날, 집으로 돌아간 그가 사망했다는 안타까운 소식이 병원에 전해졌다.

이처럼 여러 가지 스트레스에 의해 세포 내에 축적된 정보가 몸의 이상으로 나타난다고 할지라도 현재의 의학적인 검사만으로는 감지되지 않는 경우가 종종 있다. 위의 젊은이처럼 숨쉬기조차 힘든 경우에도 모든 검사결과가 정상으로 나오는 이유는 무엇일까? 그것은 의학적인 검사로 몸의 이상이 감지되기 위해서는 병이 어느 정도 진행된 상태여야 하기 때문이다. 그때서야 간이 안 좋다든지, 심장의 기능에 이상이 생겼다는 의학적인 진단이 가능해진다. 6년 간의 대학생활, 4년 간의 수련의 과정, 14년 간의 임상경험을 쌓으면서 현대의학을 공부해왔건만, 이런 경우를 접할 때마다 나 역시 현대의학의 한계를 절감하곤 한다.

이 책의 저자가 주장하는 것처럼 월경전 증후군, 자궁근종, 난소낭종, 만성 질염, 유방암과 같은 여성 질환들은 그들의 생활과 밀접한 관계가 있다. 이러한 질병들은 여성의 식생활, 근무조건, 가부장적 사회구조에서 오는 갈등, 자책감, 자기혐오 등에 의해서 유발될 수 있다. 실제로 여성 질환을 앓고 있는 환자들의 경험담을 들어보면, 가정이나 사회에서 충격적인 사건을 겪고 나서, 혹은 스트레스가 심한 나머지 분노가 쌓이거나 화병이 생겼다가, 얼마 후 암으로 발전하는 경우가 종종 있다.

우리가 느끼는 감정들은 세포 속에 그 흔적을 남긴다. 그러다 보면 세포의 에너지장이 교란되어 조직, 기관, 몸 전체에 영향을 미친다. 세포 속에 감정의 찌꺼기를 쌓아 가는 주체는 가족도 사회도 제도도 아니다. 물론 인간은 누구나 이런 것들과의 상호작용 속에서 스트레스를 받게 되지만, 결국 그 안에서 '갈등을 느끼고 있는 나 자신'이 몸과 마음에 해를 끼치게 되는 것이다. 우리의 몸과 마음 속에 그려진 지옥도는 그대로 현실이 되어 나타나 우리를 지옥 속에 빠뜨린다.

따라서 질병의 치유는 약물요법이나 수술뿐 아니라 식이요법, 복합비타민제의 복용, 운동요법, 내면성찰 요법, 침술요법, 한약 치료 등 자기 내면의 목소리가 지시하는 최상의 방법을 찾아 함께 이루어져야 한다. 말하자면 식이요법, 적당한 운동, 불편한 감정의 배설을 통해 육체적 · 정신적 · 감정적 · 영적인 치유가 함께 진행되어야 하는 것이다.

예로부터 우리 어머니들은 한 손으로는 물레질을 하고, 다른 손으로는 아기를 얼르는 등 여러 가지 일들을 한꺼번에 해낼 수 있었다. 이것은 우뇌의 발달이 없으면 힘든 일이다. 좌뇌 위주의 남성중심 사회에서는 낮게 평가되었던 우뇌의 힘, 여성들의 지혜가 중요한 시대가 도래하고 있다. 여성의 자상함, 섬세함, 창조성이 21세기 인류의 미래를 밝혀줄 희망의 등불이라는 것이 점점 자명해지고 있다.

여성들이 수치심, 두려움, 고통이라는 집단형태 에너지장을 깨트릴 용기와 있는 그대로를 인정하는 자신감을 갖게 될 때, 비로소 진정한 치유가 시작되고 에너지장의 영향을 받는 나의 이웃들도 치유할 수 있게 된다. 새로운 세상은 누가 가져다주는 것이 아니라 삶을 바라보는 나 자신의 긍정적인 사고와 적극적인 실천을 통해서만이 가능한 것이다. 내가 마음속에 천국을 그리면 세상이 달라 보이고, 나의 변화에 의하여 가족과 사회 또한 바람직한 방향으로 변화해 나갈 수 있다.

끝으로 의사 사회의 보수적인 틀을 깨고 세상에 진실을 알리고자 한 저자의 진솔한 용기에 경의를 표한다.

2000년 2월

홍성환

역자 후기

1999년은 나에게 개인적으로 많이 힘든 한 해였다. 흔히 말하는 결혼적령기인지라, 한 여성으로서 앞으로 어떻게 살아가야 할지에 관한 막막하고 혼란스러운 감정들 때문에 많은 밤을 불면증에 시달리기도 했다. 그러던 차에 이 책 〈여성의 몸, 여성의 지혜〉를 만나게 되었고, 이 책을 통하여 나 자신을 돌아보는 기회를 가질 수 있었다.

주위의 다른 많은 친구들처럼 나도 월경을 하기 전이면 이유 없이 (사실 내가 자각하지 못했을 뿐 이유가 없는 것은 아니었다) 울적한 기분이 들거나 나를 둘러싼 모든 일들에 대해서 짜증이 나곤 하였다. 월경을 하기 전마다 찾아오는 이런 불쾌한 감정들이 너무도 곤혹스러웠으므로, 나는 왜 하필 여자로 태어나서 매달 이렇게 귀찮고 곤란한 경험을 해야 하는지 억울하기까지 하였다. 하지만 이 책을 통해서 월경 때마다 내가 느끼던 우울하고 불쾌한 감정의 이면에 놀라운 신비가 숨어있었다는 사실을 알게 되었다.

내 안에 숨어있던 지혜의 여신은 월경을 하기 전이면 나에게 더욱 가까이 다가와서 내가 외면하고 싶은 진실들을 알려주고자 하였다. 그 때문에 내가 그런 진실들을 외면할수록 더욱 우울해지고 몸이 힘들어졌던 것이다. 실제로 지난 몇 달 동안 나는 이러한 지혜의 여신의 도움으로 인생에서 내가 힘겨워하던 문제들, 내가 진정으로 원하고 있던 것들, 그리고 내가 두려워하고 있던 것들의 정체를 조금씩 파악할 수 있게 되었다. 내가 나의 문제를 깨닫고 인정하게 되자 내 마음속의 혼돈과 괴로움들은 조금씩 누그러지기 시작하였고, 사춘기 이래 다달이 나를 괴롭혀온 월경통도 가벼워지는 놀라운 경험을 하였다.

사실 나 자신도 여성의 몸에 대해서 너무도 무지하다. 세상의 많은 진실들 중에서 여성의 몸과 성 정체성에 대한 진실만큼 단단한 껍질에 싸여있는 진실도 없을 것이다. 우리의 어머니들뿐 아니라 성性에 대해서 처음으로 가르쳐주었던 중학 시절의 가정 선생님조차 여성의 몸이나 여성이 겪게 되는 여러 가지 과정들에 대해서 말하는 것을 부끄러워하고 정확한 언급을 회피하였다. 단지 적당한 시기가 되면 자연히 알게 될 것이라고만 얼버무렸다. 또래 친구들과의 속닥거림을 통해서나 막연하게 여성의 몸에 대해서 알게 되었기에, 사춘기 시절의 나는 한 여성으로 변해 가는 내 몸을 부끄럽게 여기기도 했고, 여성으로 살아가야 하는 내 앞날이 암담하고 무섭기도 했다.

저자는 이 책에서 여성의 몸에 대한 잘못된 편견을 고쳐 말하고 있으며, 우리가 미처 알지 못했던 여성의 몸의 진실, 그리고 그 진실 속에 담겨있는 지혜에 대해서 말하고 있다. 이 책을 읽은 후 나는 내가 여성이라는 사실에 대해서 진심으로 감사할 수 있게 되었다. 다달이 나를 찾아오는 지혜의 여신을 반길 수 있게 되었으며, 여성으로서 내가 앞으로 경험하게 될 여러 가지 일들, 임신, 출산, 수유, 폐경 등에 대해서 행복한 기대감을 품을 수 있게 되었다.

원작에서 저자는 산부인과 의사로서 한 여성이 사춘기에서 폐경기에 이르기까지 일생 동안 경험할 수 있는 모든 생리학적인 증상들, 그리고 그런 증상들이 우리 자신에게 말하고자 하는 바들을 꼼꼼하게 다루고 있다. 하지만 번역과정에서 읽는 이의 이해를 위해 지나치게 전문적이거나 의학적인 내용은 요약하거나 삭제하였다는 사실에 대해, 이 책을 읽게 될 여러분들의 너그러운 양해를 구하고 싶다. 바라건대 가능한 한 많은 여성들이 이 책을 통해서 여성의 지혜와 신비를 회복하고 자신의 진정한 가치를 확인함으로써 일생을 아름답고 건강하게 살았으면 한다.

끝으로 나에게 이 소중한 책과의 인연을 만들어주신, 그리고 너무도 많은 가르침을 주고 계신 강주헌 선생님과 책에 대한 열정 하나로 항상 갖은 수고를 아끼지 않는 김성신 님께 깊은 감사를 드리며, 나에게 믿음, 사랑, 희망, 우정 등의 참의미를 일깨워준 내 소중한 사람들에게도 고마움을 전하고 싶다.

새천년을 기대하며
강현주

각주 찾아보기

각주脚註

제 1 장 가부장적 사회와 중독된 사회구조

1. Jamake Highwater, *Myth and Sexuality* (New York : Penguin, 1988), pp. 8 ~ 9.
2. Anne Wilson Schaef, *The Addictive Organization* (Harper San Francisco, 1988), p. 58.
3. David Sadker, Myra Sadker, and Sharon Epperson, "Studies Link Subtle Sex Bias in Schools with Women's Behavior in the Workplace," *The Wall Street Journal,* Sept. 16, 1988. See also American Association of University Women, *Shortchanging Girls, Shortchanging America* (Washington, D.C. : AAUW, 1991), and American Association of University Women, *How Schools Shortchange Girls* (Washington, D.C. : AAUW Educational Foundation and National Education Foundation, 1992).
4. Simone de Beauvoir, *The Second Sex* (New York: Alfred A. Knopf, 1953).
5. Anne Wilson Schaef, *Women's Reality : An Emerging Female System in a White Male society* (Minneapolis, MN : Winston Publishers, 1985), p. 23.
6. Anne Wilson Schaef and Diane Fassel, *The Addictive Organization* (Harper San Francisco, 1988).
7. Sonia Johnson, *Going Out of Our Minds : The Metaphysics of Liberation* (Freedom, CA: Crossing Press, 1987), p. 267.
8. Data from Oxfam America, 115 Broadway, Boston, Massachusetts 02116.

9. B. Grad et al., *Internationnal Journal of Parapsychology,* vol. 3 (Spring 1961), pp. 5 ~ 24.
10. Randolph C. Byrd, *Southern Medical Journal,* vol. 81, no. 7 (July 1993), pp. 826 ~ 829.
11. Quoted in *Health,* vol. 6, no. 2 (Apr. 1992).
12. Stephen Hall, "Cheating Fate," *Health,* vol. 6, no. 2 (Apr. 1992), p. 38.
13. Thomas E. Andreoli et al., *Cecil : Essentials of Medicine,* 2d ed. (Philadelphia : W. B. Saunders and Co., 1990), pp. 422 ~ 423.
14. J. M. Thorp and W. A. Bowes, *American Journal of Obstetrics and Gynecology,* vol. 160, no. 5 (May 1989), pp. 1027 ~ 1030 ; S. B. Thacker and H. D. Banta, *Obstetric and Gynecological Survey,* vol. 36 (1983), pp. 322 ~ 338.
15. Anne Wilson Schaef, *When Society Becomes an Addict* (Harper San Francisco, 1987), p. 72.
16. Clarissa Pinkola Estes, *Women Who Run with the Wolves : Myths and Stories of the Wild Woman Archetype* (New York : Ballantine, 1992), p. 33.
17. See Anne Wilson Schaef, *Escape from Intimacy : Untangling the "Love" Addictions:* Sex, Romance, and Relationships (Harper San Francisco, 1990).
18. Schaef, *When Society Becomes an Addict,* p. 72 (see note 16).
19. Patricia Reis, "The Women"s Spirituality Movement : Ideas Generated and Questions Asked." Presentation to feminist seminar, Proprioceptive Writing Center, Maine (Dec. 3, 1990).

제 2 장 여성의 지적 능력과 새로운 형태의 치유법

1. Stephanie Field et al., *Science News,* vol. 127, no. 301; reported in *Brain / Mind Bulletin,* Dec. 9, 1985.

2. Marshall H. Klaus and John H. Kennell, *Parent / Infant Bonding,* 2d ed. (St. Louis : C. V. Mosby Co., 1982).
3. L. F. Berman and S. L. Syme, *American Journal of Epidemiology,* vol. 109 (1978), pp. 186 ~ 204.
4. Jeanne Achterberg, *Imagery in Healing : Shamanism and Modern Medicine* (Boston : Shambhala, 1985).
5. Candace Pert, *Molecules of Emotion : Why You Feel the Way You Feel* (New York : Scri bner, 1997).
6. Anne Moir and David Jessel, *Brain Sex* (New York : Carol Publishing Co., a Lyle Stuart Book, 1991), p. 195.
7. S. J. Schleifer et al., *Archives of General Psychiatry,* vol. 42 (1985), pp. 129 ~ 133.
8. J. K. Kiecolt - Glaser et al., *Journal of Behavioral Medicine,* vol. 8, no. 3 (1985), pp. 249 ~ 260.
9. S. F. Maier et al., *Journal of Comparative Physiology and Psychology,* vol. 4 (Dec. 1980), pp. 1177 ~ 1183 ; M. L. Laudenslager, *Science,* Aug. 1983, pp. 568 ~ 570 ; Steven E. Locke et al., *Psychosomatic Medicine,* vol. 46, no. 5 (1984), pp. 441 ~ 453 ; B. S. Linn et al., *Psychosomatic Medicine,* vol. 44 (1982), p. 128.
10. R. J. Weber and C. B. Pert, E. E. Muller and Andrea R. Genazzani, eds., *Central and Peripheral Endorphins* (New York: Raven Press, 1984), p. 35.
11. R. L. Roessler et al., "Ego Strength, Life Changes, and Antibody Titers," paper presented at the annual meeting of the American Psychosomatic Society, Dallas, Texas, Mar. 25, 1979.
12. Maude Guerin, "Psychosocial Lecture Notes," Department of Obstetrics and Gynecology, Michigan State University School of Medicine, Lansing, MI, 1991.
13. Elisabeth Kubler - Ross, *On Death and Dying* (New York : Macmillan, 1969).

제 3 장 내면의 인도자

1. Stephen Sullivan, *American Journal of Psychiatry,* vol. 139, no. 3 (Mar. 1982), pp. 385 ~ 386.
2. W. H. Frey et al., *American Journal of Ophthalmology,* vol. 92, no. 4 (1982), pp. 559 ~ 567.
3. Olga and Ambrose Worrall, *The Gift of Healing* (Columbus, OH : Ariel Press, 1985).

제 4 장 여성의 에너지 시스템

1. Graham Bennette, *Annals of the New York Academy of Sciences,* vol. 131 (1972), pp. 352 ~ 363.
2. C. E. Wenner and S. Weinhouse, *Cancer Research,* vol. 12 (1952), pp. 306 ~ 307.
3. D. B. Clayson, *Chemical Carcinogenesis* (London : Churchill Publishers, 1962).
4. Caroline B. Thomas and K. R. Duszynski, *Johns Hopkins Medical Journal,* vol. 134 (1974), pp. 251 ~ 270.
5. See Norm Shealy and Caroline Myss, *The Creation of Health* (Walpole, NH : Stillpoint Publications, 1988), and also C. Myss, *The Anatomy of Spirit* (New York : Harmony Books, 1996)
6. G. A. Bachmann et al., *Obstetrics and Gynecology,* vol. 71, no. 4 (1988), pp. 631 ~ 641.
7. R. C. Reiter et al., *American Journal of Obstetrics and Gynecology,* vol. 165, no. 1 (1991), p. 104.
8. *Psychosomatic Medicine,* vol. 13 (1951), p. 117.
9. S. Fisher and S. E. Cleveland, *Psychosomatic Medicine,* vol. 18, no. 4(1956), p.309.

10. Tarlau and Smalheiser, "Personality Patterns"

제 5 장 월경주기

1. E. Hartman, *Journal of Nervous and Mental Disease,* vol. 143 (1966), pp. 406 ~ 416; E. M. Swanson and D. Foulkes, *Journal of Nervous and Mental Disease,* vol. 145, no. 5 (1968), pp. 358 ~ 363.
2. F. A. Brown, *American Scientist,* vol. 60 (1972), pp. 756 ~ 766 ; M. Gauguelin, "Wrangle Continues over Pseudoscientific Nature of Astrology," *New Scientist,* Feb. 25, 1978; W. Menaker, *American Journal of Obstetrics and Gynecology,* vol. 77, no. 4 (1959), pp. 905 ~ 914 ; E. M. Dewan, *Amercan Journal of Obstetrics and Gynecology,* vol. 99, no. 7 (1967), pp. 1016 ~ 1019.
3. R. P. Michael, R. W. Bonsall, and P. Warner, *Science,* vol. 186 (1974), pp. 1217 ~ 1219.
4. Charles Wira, "Mucosal Immunity: The Primary Interface Between the Patient and the Outside World," in "The ABC's of Immunology," course syllabus, Dartmouth Hitchcock Medical Center, September 20 ~ 21, 1996.
5. E. Hampson and D. Kimura, *Behavioral Neuroscience,* vol. 102 (1988), pp. 456 ~ 459.
6. Wira, "Mucosal Immunity"
7. Menaker, "Lunar Periodicity"
8. Bernard C. Gindes, "Cultural Hypnosis of the Menstrual Cycle," *New Concepts of Hypnosis* (London : George Allen Press, 1953).
9. Diane Ruble, *Science,* vol. 197 (July 15, 1977), pp. 291 ~ 292.
10. For further information, see Riane Eisler, *The Chalice and the Blade: Our History, Our Future* (Harper San Francisco, 1988), and Marija Gimbutas, *Goddesses and Gods of Old Europe, 7000 to 3500 B.C.*
11. Quoted by Dr. Ronald Norris at lecture on PMS, Rockland, ME, Nov. 1982.

12. R. Loudall, P. Snow, and J. Johnson, *International Journal of Women's Studies,* vol. 1 (1984), p. 70; W. M. O' Neil, *Time and the Calendars* (Manchester: Manchester University Press, 1976); P. L. Brown, Megaliths, *Myths and Men: An Introduction to Astro-Archeology* (Blandford Press, 1976).
13. Michael, Bonsall, and Warner, "Human Vaginal Secretion"
14. M. K. McClintock, *Nature,* vol. 299 (1971), pp. 244 ~ 245.
15. M.C.P. Rees, A. Anderson, et al., *British Journal of Obstetrics and Gynaecology,* vol. 91 (1984), p. 673.
16. G. E. Abraham, *The Journal of Reproductive Medicine,* vol. 28, no. 7 (1983), p. 446 ~ 464.
17. E. B. Butler and E. McKnight, *Lancet,* vol. 1 (1955), pp. 844 ~ 847.
18. Joseph M. Helms, *Obstetrics and Gynecology,* vol. 69, no. 1 (Jan. 1987), pp. 51 ~ 56.
19. E. W. Winenma, *Psychophysiology,* vol. 8, no. 1 (1971), pp.1 ~ 6.
20. Ronald Norris, *Journal of Reproductive Medicine,* vol. 28, no. 8 (Aug. 1983), pp. 509 ~ 515.
21. D. L. Jakubowicz, E. Godard, and J. Dewhurst, *British Journal of Obstetrics and Gynaecology,* vol. 91 (1984), p. 78.
22. G. S. Goci and G. E. Abraham, *Journal of Reproductive Medicine,* vol. 83 (1982), pp. 527 ~ 531.
23. A. M. Rossignol, *American Journal of Public Health,* vol. 75, no. 11 (1985), pp. 1335 ~ 1337.
24. G. E. Abraham, *Journal of Reproductive Medicine,* vol. 28 (1983), p. 446; M. Lubran and G. Abraham, *American Journal of Clinical Nutrition,* vol. 34 (1982), p. 2364; G. E. Abraham and J. T. Hargrove, *Infertility,* vol. 3 (1980), p. 155; Facchinetti et al., "Oral Magnesium"
25. Lubran and Abraham, "Serum and Red Cell Magnesium Levels" ; Facchinetti et al., "Oral Magnesium"

26. B. L. Parry et al., *American Journal of Psychiatry,* vol. 146 (1991), p. 9.
27. J. Ott, *Health and Light* (New York : Pocket Books, 1978) ; Z. Kime, *Sunlight Could Save Your Life* (Penryn, CA : World Health Publications, 1980) ; Jacob Liberman, *Light : Medicine of the Future* (Santa Fe : Bear and Co., 1991) ; M. D. Rao,B.Muller-Oerlinghausen, and H. P. Volz, *Pharmacopsychiatry,* vol. 23 (1990), pp. 155 ~ 158 ; J. E. Blundell, *Neuropharmacology,* vol. 23, no. 128 (1984), pp. 1537 ~ 1551.
28. J. Prior et al., *Fertility and Sterililty,* vol. 47 (1987), pp. 402 ~ 409.
29. Parry, "Morning vs. Evening". For a full discussion of light therapy, see J. Liberman, *Light: Medicine of the Future.*
30. S. Zuckerman, *Lancet,* June 18, 1949, pp. 1031 ~ 1035.
31. A. J. Hartz, P. N. Barboriak, A. Wong, et al., *International Journal of Obesity,* vol. 3 (1979), pp. 57 ~ 73.
32. Dewan, "Perfect Rhythm Method of Birth Control"

제 6 장 자궁

1. S. Zuckerman, *Lancet,* June 18, 1949, pp. 1031 ~ 1035.
2. All statistics from Thomas G. Stovall, "Hysterectomy" in Jonathan S. Berek, Eli Adashi, and Paula Hillars, eds., *Novak's Gynecology,* 12th ed. (Baltimore, MD : Williams and Wilkin s, 1996), p. 727.
3. J. C. Gambone and R. C. Reiter, *Clinical Obstetrics and Gynecology,* vol. 33 (1990), pp. 205 ~ 211; R. C. Reiter and J. C. Gambone, *Obstetrics and Gynecology,* vol. 75 (1990), pp. 428 ~ 432.
4. Nancy Petersen and B. Hasselbring, "Endometriosis Reconsidered," *Medical Self Care,* May - June 1987.
5. C. A. Williams, and M. Elstein, *British Journal of Obstetrics and Gynaecology,* vol. 96, no. 4, pp. 454 ~ 500.
6. John Sampson, "Peritoneal Endometriosis Due to the Menstrual

Dissemination of Endometrial Tissue into the Peritoneal Cavity," *American Journal of Obstetrics and Gynecology,* 1984.

7. Norbert Gleicher, "Is Endometriosis an Autoimmune Disease?" *Obstetrics and Gynecology,* vol. 70, no. 1 (July 1987); E. Surrey and J. Halme, *Obstetrics and Gynecology,* vol. 76, mo. 5, part 1 (Nov. 1990), pp. 792 ~ 798 ; S. Kalma et al., *Obstetrics and Gynecology,* vol. 72 (July 1988), pp. 13 ~ 19 ; J. Halme, S. Becker, and S. Haskill, *American Journal of Obstetrics and Gynecology,* vol. 156 (1987), p. 783 ; J. Halme, M. G. Hammond, J. F. Hulka, et al., *Obstetrics and Gynecology,* vol. 64 (1984), pp. 13 ~ 18.
8. A. D. Feinstein, "Conflict over Childbearing and Tumors of the Female Reproductive System: Symbolism in Disease," *Somatics,* Fall / Winter 1983.
9. W. David, *The Harmonics of Sound, Color, and Vibration : A System for Self-Awareness and Evolution* (Marina del Rey, CA : DeVorss and Co., 1985) ; Kay Gardner, *Sounding the Inner Landscape* (Caduceus Publications, 1993).
10. K. J. Carlson, B. A. Miller, and F. J. Fowler, *Obstetrics and Gymecology,* vol. 83 (1994), pp. 556 ~ 565.
11. B. J. Parys et al., *British Journal of Urology,* vol. 64 (1989), pp. 594 ~ 599; S. J. Snooks et al., *British Journal of Urology,* vol. 42 (1985), pp. 3 ~ 9 ; C. R. Wake, "The Immediate Effect of Abdominal Hysterectomy on Intervesical Pressure and Detrusor, *British Journal of Obstetrics and Gynaecology,* vol. 87 (1980), pp. 901 ~ 902 ; A. G. Hanley, *British Journal of Urology,* vol. 41 (1969), pp. 682 ~ 684.

제 7 장 난소

1. R. H. Asch and R. Greenblatt, *Clinical Obstetrics and Gynecology,* vol. 4, no. 1 (1977), p. 85.

2. I. Gerendai, W. Rotsztejn, et al., *Neuroscience Letters,* vol. 9 (1978), pp. 333 ~ 336.
3. W. Menaker, *American Journal of Obstetrics and Gynecology,* vol. 77, no. 4 (1959), pp. 905 ~ 914 ; E. M. DeWan, *American Journal of Obstetrics and Gynecology,* vol. 99, no. 7 (1967), pp. 1016 ~ 1019.
4. B. S. Centerwall, *American Journal of Obstetrics and Gynecology,* vol. 139 (1981), p. 38; R. Punnonen and l. Raurama, *Annals of Gynaecology,* vol. 66 (1977), p. 214.
5. D. W. Cramer and B. L. Harlow, *American Journal of Epidemiology,* vol. 134, no. 5 (1991), pp. 460 ~ 461; D. W. Cramer et al., *Lancet,* vol. 2 (1989), pp. 66 ~ 71 ; D. W. Cramer, *American Journal of Epidemiology,* vol. 130 (1989), pp. 904 ~ 910 ; D. W. Cramer et al., *Obstetrics and Gynecology,* vol. 63, no. 6 (1984), pp. 833 ~ 838.
6. D. W. Cramer, W. R. Welsh, R. E. Scully, and C. A. Wojciechowski, *Cancer,* vol. 50 (1982), pp. 372 ~ 376; W. J. Henderson, T. C. Hamilton, and K. Griffiths, *Lancet,* vol. 1 (1979), p. 499.
7. J. K. Tobachman et al., Lancet, vol. 2 (1982), p. 795 ; Elvio Silva and Rosemary Jenkins, *Modern Pathology,* vol. 3, no. 2 (1990), pp. 120 ~ 122.

제 8 장 성적 욕망의 복구

1. Gina Ogden, *Women Who Love Sex* (New York : Pocket Books, 1994).
2. Josephine Lowdes Sevely, *Eve's Secrets : A New Theory of Female Sexuality* (New York: Random House, 1987), pp. 89 ~ 90.
3. Muir and Muir, *Tantra,* p. 74.
4. Caroline Muir and Charles Muir, *Tantra: The Art of Conscious Loving* (San Francisco : Mercury House, 1989).
5. Esther Harding, *Women's Mysteries, Ancient and Modern* (New York : Rider and Co., 1955).

6. Mantak Chia and Maneewan Chia, *Cultivating Female Sexual Energy: Healing love Through the Tao* (Huntington, NY: Healing Tao Books, 1986)

제 9 장 외음부, 질, 자궁경부

1. R. Good, “Attitudes Toward Douching,” *Female Patient,* vol. 15 (Oct. 1990), pp. 53 ~ 57.
2. See the book by the Body Shop Team, *Mamamoto: A Celebration* (New York : Viking, 1992), p. 78.
3. A. Schmale and H. Iker, *Annals of the New York Academy of Sciences,* vol. 125 (1966), pp. 807 ~ 813.
4. Leopold G. Koss, *Female Patient,* vol. 17 (Feb. 1992), pp. 25 ~ 30.
5. M. A. Adefumbo and B. H. Lau, *Medical Hypothesis,* vol. 12, no. 3 (1983), pp. 327 ~ 337.
6. R. H. Wolbling and K. Leonhardt, *Phytomedicine,* vol. 1 (1994), pp. 25 ~ 31; R. A. Cohen et al., *Proceedings of the Society for Experimental Biology and Medicine,* vol. 117 (1964), pp. 431 ~ 434; F. C. Herrmann Jr. and L. S. Kucera, *Proceedings of the Society for Experimental Biology and Medicine,* vol. 124, no. 3 (1967), pp. 869 ~ 874: Z. Dimitrova et al., *Acta Microbiologica Bulgarica* (Sofia), vol. 29 (1993), pp. 65 ~ 75.
7. G. Eby, *Medical Hypothesis,* vol. 17 (1985), pp. 157 ~ 165; G. T. Terezhabny et al., *Oral Surgery, Oral Medicine, and Oral Pathology,* vol. 45 (1978), pp. 56 ~ 65; G. R. B. Skinner, *Lancet,* vol. 2 (1983), p. 288; E. f. Finnerty, *Cutis,* vol. 37, no. 2 (Feb. 1986), p. 130 ~ 131.
8. C. Fordham von Reyn, M.D., lecture, Sept. 21, 1996, Dartmouth Medical School, Lebanon, NH.
9. *Journal of Infectious Disease,* vol. 163 (1991), pp. 959 ~ 965.
10. T. Warner et al., *Journal of Reproductive Medicine,* vol. 41 (1996), pp.

397 ~ 402.

11. C. C. Solomons, M. H. Melmed, and S. M. Heitler, *Journal of Reproductive Medicine,* vol. 36, no. 12 (1991), pp. 879 ~ 882.

제 10 장 유방

1. C. Chen, *British Medical Journal,* vol. 311 (Dec. 9, 1995), pp. 1527 ~ 1530.
2. S. Geyer, *Journal of Psychosomatic Research,* vol. 35 (1991), pp. 355 ~ 363.
3. G. Plu-Bureau et al., *British Journal of Cancer,* vol. 65 (1992), pp. 945 ~ 949 ; and J.R Harris et al., *New England journal of Medicine.* vol. 327 (1992), pp. 55-57.
4. P. L. Jenkins et al., *General Hospital Psychiatry,* vol. 15 (1993), pp. 55 ~ 57.
5. N. Boyd, *Lancet,* vol. 2 (1988), p. 128 ; D. Rose et al., *Journal of the National Cancer Institute,* vol. 78 (1987), p. 623 ; D. Rose et al., *Journal of the National Cancer Institute,* vol. 78 (1987), p. 627.
6. M. Woods, *American Journal of Clinical Nutrition,* vol. 49 (1989), p. 1179 ; D. Ingram, *Journal of the National Cancer Institute,* vol. 79 (1987), p. 1225; and H. Aldercreutz, *American Journal of Clinical Nutrition,* vol. 49 (1989), p. 433.
7. R. S. London et al., *Cancer Research,* vol. 41 (1981), pp. 3811 ~ 3816; R.S. London et al., *Journal of American College Nutrition,* vol. 3 (1984), pp. 351 ~ 356 ; R. S. London et al., *Obstetrics and Gynecology,* vol. 65 (1982), pp. 104 ~ 106 ; A. A. Abrams, *New England Journal of Medicine,* vol. 272 (1965), pp. 1080 ~ 1081.
8. B. A Eskin et al., *Journal of the American Medical Association,* vol. 200 (1967), pp. 115 ~ 119.

9. P. E. Mohr et al., *British Journal of Cancer,* vol. 73 (1996), pp. 1552 ~ 1555.
10. National Center for Health Statistis, *Vital Statistics of the United States,* 1987, vol. 2, *Mortality. Part A,* DHHS Publication no. (PHS) 90 ~ 1101 (Washington, DC : U. S. Government Printing Office, 1990).
11. H. Aldercreutz et al., *Lancet,* vol. 339 (1992), pp. 1233 ; H. P. Lee et al., *Lancet,* vol. 337 (May 18, 1991), pp. 1197 ~ 1200.
12. K. P. McConnell et al., *Journal of Surgical Oncology,* vol. 5, no. 1 (1980), pp. 67 ~ 70.
13. B. Goldin and J. Gorsbach, *American Journal of Clinical Nutrition,* vol. 39 (1984), pp. 756 ~ 761.
14. L. Rosenberg et al., *Lancet,* vol. 1 (1982), p. 267.
15. I. Thune et al., *New England Journal of Medicine,* vol. 336 (1997), pp. 1269 ~ 1275.
16. S. Narod et al., *Lancet,* vol. 338 (July 13, 1991), pp. 82 ~ 83.
17. Nancy Hurst, *Obstetrics and Gynecology,* vol. 87, no. 1 (1996), pp. 30 ~ 34.

제 11장 생식력

1. M. Melbye, J. Wohlfahrt, et al., *New England Journal of Medicine,* vol. 336 (1996), pp. 81 ~ 85.
2. Gladys McGarey, *Born to Live* (Phoenix, AZ : Gabriel Rress, 1980), p. 54.
3. R. Hatcher et al., *Contraceptive Technology* (New York : Irvington Publishers, 1991).
4. M. K. Horwitt et al., *American Journal of Clinical Nutrition,* vol. 28 (1975), pp. 403 ~ 412 ; K. Amatayakul, *Contraception,* Vol. 30, no. 2 (1984), pp. 179 ~ 196 ; and J. L. Webb, *Journal of Reproductive Health,* vol. 25, no. 4 (1980), p. 151.

5. T. W. Hilgers, A. I. Bailey, and A. M. Prebil, *Obstetrics and Gynecology,* vol. 58, no. 3 (1981), pp. 345 ~ 350.
6. A. Wilcox and C. Weinberg, *New England Journal of Medicine,* vol. 333 (1995), pp. 1517 ~ 1521.
7. T. W. Hilgers, G. F. Abraham, and D. Cavanagh, *American Journal of Obstetrics and Gynecology,* vol. 52, no. 5 (Nov. 1978), pp. 575 ~ 582.
8. J. F. Cattanach and B. J. Milne, "Post-Tubal Sterilization Problems Correlated with Ovarian Steroidogenesis," *Contraception,* vol. 38, no. 5 (1988) ; J. Donnez, M. Wauters, and K. Thomas, "Luteal Function After Tubal Sterilization, *Obstetrics and Gynecology,* vol. 57, no. 1 (1981) ; M. M. Cohen, "Long-Term Risk of Hysterectomy After Tubal Sterilization," *American Journal of Epidemiology,* vol. 125 (1987).
9. A. Domar et al., *Fertility and Sterility,* vol. 58 (1992), pp. 1158 ~ 1163 ; A. Domar et al., *Journal of Psychosomatic Obstetrics and Gynecology,* vol. 14 (1993), pp. 45 ~ 52.
10. M. Stauber, *Archives of Gynecology and Obstetrics,* vol. 245, nos. 1 ~ 4 (1989), pp. 1047 ~ 1050.
11. P. Kemeter, *Human Reproduction,* vol. 3, no. 3 (April 1988), pp. 341 ~ 352.
12. Karl Menninger, *Journal of Nervous and Mental Disease,* vol. 89 (1939), p. 514 ; Therese Benedek and Boris Rubenstein, *Psychosomatic Medicine,* vol. 1, no. 2 (1939), pp. 245 ~ 270; A. Mayer, *Journal of the American Medical Association,* vol. 105 (1935), p. 1474 ; Kemeter, "Studies on Psychosomatic Implications of Infertility"
13. Therese Benedek et al., *Psychosomatic Medicine,* vol. 15, no. 5 (1953), pp. 485 ~ 498 ; Jeker er al., "Wish for a Child and Infertility"
14. T. E. Mandy and A. J. Mandy, *International Journal of Fertility,* vol. 3 (1958), p. 287 ; H. R. Cohen, *International Journal of fertility,* vol. 6 (1961), p. 396 ; A. W. McLeod, *fertility and Sterility,* vol. 15 (1969), p. 124.

15. H. F. Dunbar, *Emotions and Bodily Changes* (New York : Columbia University Press, 1935), P. 595 ; R. L. Dickerson, *Journal of the American Medical Aassociation,* vol. 97 (1931), p. 529; C. C. Norris, *surgery, Gynecology, and Obstetrics,* vol. 15 (1912), p. 706.
16. Facchinetti et al., "An Increased Vulnerability to Stress"
17. E. R. Gonzalez, *Jolurnal of the American Medical Association,* vol. 20 (1983), p. 2747 ; T. R. Hartoma et al., *Lancet,* vol. 3 (1977), pp. 1125 ~ 1126; M. Igarashi, *International Journal of Fertility,* vol. 22, no. 3 (1977), pp. 68 ~ 73 ; D. W. Dawson, *British Journal of Obstetrics and Gynaecology,* vol. 89 (1982), p. 678.
18. J. Hargrove and E. Guy, *Infertility,* vol. 2, no. 4 (1979), pp. 315 ~ 322.
19. Lucia Cappachione, *The Wisdom of Your other Hand* (North Hollywood, CA : Newcastle Publishing Co., 1990).
20. A. Blau et al., *Psychlsomatic Medicine,* vol. 25 (1963), p. 201 ; Robert J. Weil, *American Journal of Obstetrics and Gynecology,* vol. 73 (1957), p. 322.
21. Weil and Tupper, "Personality"
22. E. R. Grimm, *Psychosomatic Medicine,* vol. 24, no. 4 (1962), pp. 370 ~ 378.
23. R. L. VandenBergh, *Psychosomatic Medicine,* vol. 28, no. 3 (1966), p. 257 ~ 263.

제 12장 임산과 출산

1. G. Berkowitz and S. Kasl, *Journal of Psychosomatic Research,* vol. 27 (1983), p. 283; R. Newton et al., *British Medical Journal,* vol. 2 (1979), p. 411 ; A. Blau et al., *Psychosomatic Medicine,* vol 25 (1963), p. 201.
2. V. Laukaran and C. Van Den Berg, *American Journal of Obstetrics and Gynecology,* vol. 139 (1981), p. 956 ; R. McDonald, *Psychosomatic*

Medicine, vol. 30 (1968), p. 222; M. D. De Muylder, *Journal of Reproductive Psychology,* vol. 7 (1989), p. 55.

3. E. Muller-Tyl and B. Wimmer-Puchinger, *Journal of Psychosmatic Obstetrics and Gynecology,* vol. 1, nos. 3 ~ 4, (1982), pp. 111 ~ 117; C. Ringrose, *Canadian Medical Association Journal,* vol. 84 (1961), p. 647; and A. J. Copper, *Journal of Psychosomatic Research,* vol. 2 (1958), p. 241.
4. C. Cheek and E. Rossi, *Mind-Body Hypothesis* (New York : W. W. Norton, 1989).
5. Judith Levitt, *Brought to Bed : Childbearing in America, 1750 ~ 1950* (New York : Oxford University Press, 1988).
6. R. Sosa et al., *New England Journal of Medicine,* vol. 303 (1980), pp. 597 ~ 600 ; M. H. Klaus, J. H. Kennell, S. S. Robertson, and R. Sosa, *British Medical Journal,* vol. 293 (1986), pp. 585 ~ 587; M. H. Klaus, J. H. Kennell, G. Berkowitz, and P. Klaus, "Maternal Assistance and Support in Labor : Father, Nutse, Midwife, or Doula?", *Clinical Consultation in Obstetrics and Gynecology,* vol. 4 (Dec. 1992).
7. Robrt M. Sapolsky, *Why Zebras Don't get Ulcers* (New York : W. H. Free-Man, 1994), pp. 116 ~ 122.
8. F. T. Kapp et al., *Comparative Psychiatry,* vol. 4 (1963), p. 9 ; L. Gunter, *American Journal of Obstetrics and Gynecology,* vol. 86 (1963), p. 333 ; A. Davids and S. Devault, *Journal of Psychosomatic Medicine,* vol. 24, (1972), p. 464.
9. J. J. Oat et al., *Journal of Psychosomatic Research,* vol. 30, no. 3 (1986), pp. 375 ~ 380.
10. Data are from the Houston Healthcare Coalition, Houston, Texas (1986)
11. D. A. Luthy, K. K. Shy et al., *New England Journal of Medicine,* Mar. 1, 1990, pp. 588 ~ 593.
12. S. Gardner, "When Your Patient Demands a C-Section," *OBG*

Management, Nov. 1991.
13. L.S. Wilcox et al., *American Journal of Obstetrics and Gynecology,* vol. 160 (1989), pp. 1047 ~ 1052.
14. Data are from Watson Bowes, *Ob/Gyn forum,* vol. 5, no. 4 (1991), pp. 1 ~ 4. 15. P. Shiono et al., *American Journal of Obstetrics and Gynecology,* vol. 75, no. 5 (May 1990), pp. 765 ~ 770.
15. P. Shiono et al., "Midline Episiotomies: More Harm than Good," *American Journal of Obstetrics and Gynecology,* vol. 75, no. 5 (May 1990), pp. 765 ~ 770.
16. Walker et al., *American Journal of Obstetrics and Gynecology,* vol. 77, no. 5 (may 1991), pp. 668 ~ 671.
17. James Thorpe et al., "The Effect of Continuous Epidural Anesthesia on Cesarean Sections for Dystocia in Primiparous Patients," *American Journal of Obstetrics and Gynecology,* Sept. 1989; H. Kaminski, A. Stafl, and J. Aiman, "The Effect of Epidural Analgesia on the Frequency of Instrumental Obstetric Delivery," *American Journal of Obstetrics and Gynecology,* vol. 69, no. 5 (May 1987); L. Fusi, P. J. Steer, M.J.A. Maresh, and R. W. Bears, *Lancet,* 1989, pp. 1250 ~ 1252.
18. E. Lieberman, *Pediatrics,* vol. 99, no. 1 (1997), pp. 415 ~ 419.
19. Jeanne Achterberg, *Woman as Healer* (Boston : Shambhala, 1990), p. 126.
20. Jacqueline Stenson, "Number of C-sections Must Be Reduced," *Medical Tribune,* May 2, 1996.
21. Vicki Noble, *shakti Woman* (San Francisco: Harper and Row, 1992).

제 13 장 모성애

1. Marshall H. Klaus and John H. Kennell, *Maternal-Infant Bonding* (St. Louis: C. V. Mosby Company, 1976).
2. Marshall H. Klaus and John H. Kennel, *Parent-Infant Bonding* (St. Louis

MO: C. V. Mosby Company, 1982).
3. C. M. Kuhn et al., *Journal of Pediatrics,* vol. 119, no. 3 (1991), pp. 434 ~ 440.
4. H. Viinamaki et al., *Journal of Psychosomatic Obstetrics and Gynecology,* vol. 18 (1997), pp. 213 ~ 219 ; D. D. Affonso and G. Domino, *Birth,* vol. 11, no. 4 (Winter 1984), pp. 231 ~ 235.
5. K. Dalton, *International Journal of Prenatal Studies* (1989), pp. 322 ~ 327.
6. D. Sichel et al., *Society of Biologiical Psychiatry,* vol. 38 (1995), pp. 814 ~ 818.
7. E. E. Ziegler et al., *Journal of Pediatrics,* vol. 116 (1990), pp. 11 ~ 18.

제 14 장 폐경기

1. Tamara Slayton, *Reclaiming the Menstrual Matrix: Evolving Feminine Wisdom–A Workbook* (Petaluma, CA : Menstrual Health Foundation, 1990), p. 41.
2. J. C. Prior et al., *New England Journal of Medicine,* vol. 323 (1990), pp. 1221 ~ 1227.
3. W. M. Jeffries, *Medical Hypotheses,* vol. 34 (1991), pp. 198 ~ 208 ; J. P. Kahn et al., *Biological Psychiatry,* vol. 23 (1988), pp. 335 ~ 349; M. H. Laudet et al., *Journal of Clinical Endocrinology and Metabolism,* Vol. 66 (1988), pp. 343 ~ 348 ; R. F. Vining and R. A. McGinley, *Journal of Steroid Biochemistry,* vol. 27, nos. 1 ~ 3 (1987), pp. 81 ~ 94.
4. E. Barrett - Connor et al., *New England Journal of Medicine,* vol. 315, no. 24 (1986), pp. 1519 ~ 1524 ; R. E. Bulbrook et al., *Lancet,* 1971, pp. 395 ~ 398 ; S. E. Monroe and K.M.J. Menon, *Clinical Obstetrics and Gynecology,* vol. 20 (1977), pp. 113 ~ 122 ; W. Regelson et al., *Annals of the New Youk Academy of Sciences,* vol. 521 (1988), pp. 260 ~ 273. See R. Sahelian, *Health Counselor,* vol. 9, no. 2 (1997), pp. 46 ~ 47.

5. J. Prior, *A Friend Indeed,* vol. 8, no. 8 (1992), pp. 3 ~ 4; S. Rako, *The Hormone of Desire: The Truth about Sexuality, Menopause, and Testosterone* (New York: Harmony, 1996); S. P. Robins, *Acta Orthopaedica Scandinavia,* vol. 66 (1995), pp. 171 ~ 175; I.Rosenberg and J. Miller, *American Journal of Clinical Nutrition,* vol. 55 (1992), pp. 1237S ~ 1243S; R. Ruz and W. Stamm, *New England Journal of Medicine,* vol. 329, no. 11 (1993), pp. 753 ~ 756.
6. R. Punnonen and L. Raurama, *Annals of Gynecology,* vol. 66 (1977), p. 214.
7. M. van Haaften, G. H. Donker, A. A. Haspeis, et al., *Journal of Steroid Biochemistry,* vol. 4A (1989), pp. 647 ~ 653.
8. Quoted in A. Voda, M. Dinnerstein, and C. R. O'Donnell, eds., *Changing Perspectives on Menopause* (Austin : University of Texas Press, 1982).
9. F. Kronenberg and J. A. Downey, *Canadian Journal of Physiological Pharmacology,* vol. 65 (1987), pp. 1312 ~ 1324.
10. S. Weed, *Menopansal Years : The Wise Women's Way: Alternative Approaches for Women 30 ~ 90* (Woodstock, NY : Ash Tree Publishing, 1992).
11. D. Michaelson, C. Stratakis, L. Hill, et al., *New England Journal of Medicine,* vol. 335 (1996), pp. 1176 ~ 1181.
12. C. E. Cann, M. C. Martin, and R. B. Jaffe, *Journal of the American Medical Association,* Vol. 25, no. 5 (1984), pp. 626 ~ 629 ; J. S. Lindberg, M. R. Powell, et al., *Western Journal of Medicine,* Vol. 146 (1987), p. 39 ~ 42; R. Marcus et al., *Annals of Internal Medicine,* vol. 102 (1985), pp. 158 ~ 163; J. C. Prior, *New England Journal of Medicine,* vol. 323 (1990), pp. 1221 ~ 1227.
13. M. Hernandez-Avila et al., *American Journal of Clinical Nutrition,* vol. 54 (1991), pp. 157 ~ 163 ; D. E. Nelson, R. W. Suttin, J. A. Langois, et al., *Journal of the Geriatric Seociety,* vol. 40 (1992), pp. 658 ~ 661 ; H. D. Nelson et al., *Journal of the American Medical Association,* vol. 272,

no. 24 (1994), pp. 1909 ~ 1913.

14. D. C. Bauer er al., *archives of Internal Medicine,* vol. 118, no. 9 (1993), pp. 657 ~ 665; D. P. Kiel et al., *Biological Psychiatry,* vol. 23 (1988), pp. 335 ~ 349.
15. B. Dawson-Hughes et al., *Annals of Internal Medicine,* vol. 115, no. 17 (1991), pp. 505 ~ 512.
16. H. I. Abdalla, D. M. Hart, E. Purdee, et al., *Obstetrics and Gynecology,* vol. 66 (1985), pp. 789 ~ 792; J. Dequeker and E. De Muylder, *Maturitas,* vol. 4 (1982), pp. 309 ~ 313; R. Lindsay, D. M. Hart, D. Purdee, et al., *Clinical Science and Molecular Medicine,* vol. 54 (1978), pp. 93 ~ 95; J. McCann and N. Horwitz, *Medical Tribune,* July 1987, pp. 4 ~ 5; J. C. Prior et al., *Endocrine Reviews,* vol. 11 (1990), pp. 386 ~ 398; B. L. Riggs, J. Jowsery, P. J. Kelly, et al., *Journal of Clinical Investigations,* vol. 48 (1969), pp. 1065 ~ 1072; G. R. Snow and C. Anderson, *Calcification Tissue,* vol. 39 (1986), pp. 198 ~ 205.
17. J. R. Lee, *Clinical Nutrition Review,* vol. 10 (1990), pp. 884 ~ 889; J. R. Lee, *Medical Hypotheses,* vol. 35 (1991), pp. 316 ~ 318; J. R. Lee, *Lancet,* vol. 336 (1990), p. 1327.
18. A. K. Banerjee, P. J. Lane, and F. W. Meichen, *Age and Aging,* vol. 7, no. 1 (1978), pp. 16 ~ 18.
19. F. H. Nielsen, *Magnesium Trace Elements,* vol. 9, no. 2 (1990), pp. 61 ~ 91; J. U. Reginster et al., *Magnesium,* vol. 8, no. 2 (1989), pp. 106 ~ 109.
20. T. L. Holbrook et al., *Lancet,* vol. 2 (1988), pp. 1046 ~ 1049; H. Spencer et al., *American Journal of Medicine,* vol. 37 (1964), pp. 223 ~ 224.
21. B. Zumoff, B. W. Strain, L. K. Miller, and W. Roser, *Journal of Clinical Endocrinology and Metabolism,* vol. 80, no. 4 (1995), pp. 1429 ~ 1430
22. Pfenninger," Sex and the Maturing Female" ; William Masters and Virginia Johnson, *Human Sexual Response* (Boston: Little, Brown and

Co., 1966), pp. 117, 238.

23. J. K. Meyers, M. M. Weissman, and G. L. Tischler, *Archives of General Psychiatry,* vol. 41 (1984), p. 959.
24. Marguerite Holloway, *Scientific American,* June 1992.
25. G. A. Colditz et al., *New England Journae of Medicine,* vol. 332 (1995), pp. 1589 ~ 1593 ; W. D. DuPont and D. L. Page, *Archives of Internal Medicine,* vol. 151 (1991), pp. 67 ~ 72 ; J. B. Henrich, *Journal of the American Medical Association,* vol. 268 (1992), pp. 1900 ~ 1902 ; L. Speroff, *Obstetrics and Gynecology,* vol. 87, no. 2, supplement (1996), pp. 445 ~ 545 ; K. K. Steinberg et al., *Journal of the American Medical Association,* vol. 265 (1991), pp. 1351 ~ 1356.
26. K. J. Chang et al., *Fertility and Sterility,* vol. 63 (1995), pp. 785 ~ 791.
27. P. D. Bulbrook, M. C. Swain, D. Y. Wang, et al., *European Journal of Cancer,* vol. 12 (1976), pp. 725 ~ 735 ; L. Speroff, *Contemporary Obstetrics and Gynecology,* vol. 9 (1977), pp. 69 ~ 72 ; B. G. Wren and J. A. Eden, *Menopause : The Journal of the North Ameriacan Menopause Society,* vol. 3, no. 1 (1996), pp. 4 ~ 12.
28. M. Freedman, J. Knoefel, et al., "Computerized Axial Tomography in Aging," in M. L. Albert, ed., *Clinical Neurology of Aging* (New York : Oxford University Press, 1984); U. Lehr and R. Schmitz-Scherzer, "Survivors and Nonsurvivors : Two Fundamental Patterns of Aging," in H. Thomas, ed., *Patterns of Aging* (Basel: S. Karger, 1976) ; A. L. Benton, P. J. Eslinger, and A. R. Damasio, *Journal of Clinical Neuropsychiatry,* vol. 3 (1981), pp. 33 ~ 42.
29. P. H. Evans, J. Klinowski, and E. Yano, *Medical Hypotheses,* vol. 34 (1991), pp. 209 ~ 219; I. Rosenberg and J. Miller, *american journal of clinical nutrition,* vol. 55 (1992), pp. 12375 ~ 12435.
30. J, F. Flood, J. E. Morley, nad E. Roberts, *Proceedings from the National Academy of Sciences,* vol. 89 (March 1992), pp. 1567 ~ 1571 ; W,

Regelson et al., *Annals of the New York Academy of Sciences,* vol. 719 (1994), pp. 553 ~ 563; S.S.C.Yen et al., *Annals of the New York Academy of Sciences,* vol. 774 (1995), pp. 128 ~ 142.

제 15장 치유를 위한 단계별 접근

1. Joe Dominguez and Vicki Robin, *Your Money or Your Life* (New York: Viking, 1992)
2. Anne Wilson Schaef, mixed intensive, Hermer CA, Oct. 1987.
3. Michael Marron, *Instant Makeover Magic* (New York: Rawson Associates,1983).
4. Frances Sovell Shinn, *The Game of Life and How to Play It* (Marina del Rey. CA: DeVorss and Co., 1925).,
5. Patricia Reis, *Through the Goddes* (Freedom, CA: Crossing Press, 1991),
6. Vicki Noble, *Motherpeace: A Way to the Goddess Through Myth, Art, and Tarot* (Harper San Francisco, 1983).
7. Vicki Noble, *Shakti Woman* (Harper San Francisco, 1992).
8. Peter Rutter, *Sex in the Forbidden zone* (Los Angeles: Jeremy Tarcher, 1989).
9. D. Spiegal, J. Bloom, H. D. Kraemer, et al., *Lancet,* vol. 2 (1989), pp. 888 ~ 891; D. Spiegal, *Advances,* vol. 7, no. 3 (1991), pp. 10 ~ 19.
10. R. McCraty et al., *American Journal of Cardiology,* vol. 76, no. 14 (Nov. 15, 1995), pp. 1089 ~ 1093
11. Stephen Levine, *Guide Meditations, Exploratios, and Healings* (New Youk: Doubleday, 1991), p 324.
12. David Ehrenfeld, *The Arrogance of Humanism,* quoted in Richard Sandor, Sun, vol 4 (Sept. 1991), p.4.
13. Quoted in Jerry Hicks and Esther Hicks, A *New Beginning,* Pates I and II

제 16장 의학적 치료를 통한 최대의 효과

1. C. Northrup's *health Wisdom for Women newsletter.*
2. Peggy Huddleston, *Prepare for surgery, Heal Faster* (Cambridge, MA: Angel River Press, 1996).

제 17장 식이요법

1. Johnson and Ferguson, *Trusting Ourselves*.
2. Studies cited in Philip Lipetz, *The Good Calorie Giet* (New York: Harper Collins, 1994), p. 72.
3. Raphael Melmed et al., *Annals of the New York Academy of Sciences,* vol. 296 (1987), pp. 467 ~ 476.
4. Mary Catherine Bateson, *Composing a life* (New York: Plume, 1989), p. 200.
5. L. Lissner et al., *New England Journal of Medicine,* vol. 324 (1991), pp. 1839 ~ 1844.
6. Bob Schwartz, *Diets Don't Work* (Houston, TX: Breakthrough Publishing, 1982).
7. J. E. Mitchell, M. E. Seim, E. Clon, et al., "Medical Complications and Medical Managenent of Bulimia," *Annals of Internal Medicine,* vol. 71, (1987).
8. "Obesity: The Cancer Connection," editorial, *Lancet,* vol. 1 (1982), p. 1223.
9. J. B. Wyngaarden, L. H. Smith, and S. Bennett, *Cecil's Textbook of Mcdicine,* 19th ed. (Philadelphia: W. B. Saunders, 1992).
10. R. E. Frisch, *Baillieres Cilnical Obstetrics and Gynecology,* vol. 4, no. 3 (Sept, 1990), pp. 419 ~ 439.
11. Eades and Eades, *Protein Power.*

12. See the extensive bibliography of the medical literature in National Academy of Sciences, *Diet, Mutrition, and Cancer* (Washington, D.C.: National Acaddmy Press, 1982), pp. 73 ~ 105.
13. P. Hill, *American Journal of Clinical Nutrition,* vol. 33 (1980), p. 1192.
14. A. Sanchez, *Medical Hyporheses,* vol. 7 (1981), p. 1339; S. Schwartz, *Hormones and Behavior,* vol. 22 (1988), p. 231.
15. M. Nelson et al., *Journal of the American Medical Associtiion,* vol. 272, no. 24 (Dec. 28, 1994), pp. 1909 ~ 1914.
16. M. G. Enig et al., *Federal Proceedings,* vol. 37 (1978), pp. 25 ~ 30.
17. R. A. Anderson and S. Koslovsky, *American Journal of Clinical Nurtition,* vol. 41 (1985), pp. 1177 ~ 1183.
18. W. Mestz et al., *Federal Proceedings,* vol. 33 (1974), pp. 2275 ~ 2280.
19. For B vitamins, Magnesium, and zinc, see liz Gunner, *Nutrition and Dietary Consultant,* May 1987, p. 14.
20. M. Alexander et al., *Immunology Letters,* vol. 9 (1985), pp. 221 ~ 224; W. C. Willet and G. MacMahon, *New England Journal of Medicine,* vol. 310, no. 11 (1984), pp. 697 ~ 703; W. C. Willet et al., *Lancet,* vol. 2 (1983), pp. 130 ~ 133; R. A. Winchurch et al., *European Journal of Immunology,* vol. 17(1987), pp. 127 ~ 132.
21. I. M. Cox et al., *Lancet,* vol. 337 (1991), pp. 757 ~ 760.
22. See Y. Ouchi et al, *Arteriosclerosis,* vol. 10 (1990), pp. 732 ~ 737; on garlic and onion, see S. Belman, *Carcinogenesis,* vol. 4, no. 8 (1983), pp. 1063 ~ 1065.
23. Daniel Cramer et al., "Galactose Consumption and Metabolism in Relation to the Risk of Ovarian Cancer," *Lancet,* July 8, 1989.
24. T. Colin Campbell, quoted in "More on the Dietary Fat and Breasst Cancer Link," *NABCO News,* vol. 4, no. 3 (july 1990), pp. 1 ~ 2
25. T. Colin Campbell, *East West,* Sept. 1990, p. 46.

26. D. Michaelson et al., *New England Journal of Medicine,* vol. 335 (1966), pp. 1176 ~ 1181.
27. Jeffrey Bland, "The Calcium Pushers," *East West* (January 1987)
28. D. N. Golding, *Journal of the Royal Society of Medicine,* vol. 83 (1990), pp. 312 ~ 314; R. S. Panush, *Journal of Rheumatology,* vol. 17, no. 3 (1990), pp. 291 ~ 294; C. G. Graul, *Lancet,* May 5, 1979, pp. 966 ~ 969; R. A. Finn et al., *Clinical Experimental Dermatology,* vol. 10, no. 3 (1985), pp. 222 ~ 228; I. Waxman, *New England Journal of Medicine,* vol. 329, no. 5 (1993), pp. 343 ~ 349.
29. T. Shirakawa et al., *Allergy,* vol. 46 (1991), pp. 561 ~ 569; Waxman, "Case Records"
30. Data from *Brain/Mind Bullentin,* Dec. 1988.
31. Thomas Petros, article in *Physilolgy and Behavior,* vol. 41 (1991), pp. 25 ~ 30.
32. F. Clavel-Chapelon et al., *Preventive Medicine,* vol. 26, no. 1 (1997), pp. 25 ~ 28.
33. B. Haglund et al., *American Journal of Public Health,* vol. 80 (1990), pp. 29 ~ 32.
34. R. A. Riemersma et al., *Lancet,* vol. 337 (1991), pp. 1 ~ 5.
35. Saul Miller, *Food for Thought: A New Look at Food and Behavior* (New York: Prentice-Hall, 1979).

제 18장 운동의 힘

1. R. A. Anderson, *Wellness Medicine* (Lynnwood, WA: American Health Press, 1987).
2. *Body bulletin* (Emmaus, PA: Rodale Press), Jan. 1984.
3. I. Thune et al., *New England Journal of Medicine,* vol. 336 (1997), pp. 1269 ~ 1275.

4. Belloc and Breslow, *Preventive Medicine,* vol. 1, no. 3 (1972). pp 109 ~ 121.
5. R. J. Young, *British Journal of Sports Medicine,* vol. 13, no. 3 (1979), pp. 110 ~ 117; B. Gutin, *Research Quarterly,* vol. 37, no. 2 (1966.), pp. 211 ~ 220.
6. R. Prince et al., *New England Journal of Medicine,* vol. 325, no. 17 (1991), pp. 1189 ~ 1204; J. F. Aloia et al., *annals of international medicine,* vol. 89, No. 3 (1978), pp. 351 ~ 358.
7. S. J. Griffin and J. Trinder, *Psychophysiology,* vol. 15, no. 5 (1978), pp. 447 ~ 450.
8. J. Morgan et al., "Psychological Effects of Chronic Physical Activity," *Medical Science sports,* vol. 2, no. 4 (1970), pp. 447 ~ 450.
9. S. P. Helmrich et al., "Physical Activity and Reduced Occurrence of Non-Insulin-Dependent Diabetes Mellitus," *New England Journal of Medicine,* vol. 325, no. 3 (July 18, 1991).
10. J. Prior, "Conditioning Exercise Decreases Premenstrual Symptoms: A Prospective, Controlled 6-Month Trial," *Fertility and Sterility,* vol. 47, no. 402 (1987).
11. B. P. Worth et al., *Runner's World,* Nov. 1978, pp. 54 ~ 59.
12. H. H. Hones et al., *Journal of Bone and Joint Surgery,* vol. 59, no. a2 (1977), pp. 204 ~ 208; N. K. Dalen, and E. Olsson, *Acta Orthopaedica Scandinavia,* vol. 45, no. 2 (1974), pp. 170 ~ 174.
13. Jin Putai, *Journal of Psychosomatic Research,* vol. 33, no. 2 (1989), pp. 197 ~ 206.
14. R. Markus et al., *Annals of Internal Medicine,* vol. 102 (1985), pp. 158 ~ 163.
15. L. L. Schweiger et al., *Fertility and Sterility,* vol. 49 (1988), pp. 447 ~ 450.
16. B. L. Drinkwater et al., *Journal of the American Medical Association,* vol. 256 (1986), pp. 380 ~ 382; J. S. Lindbergh et al., *Western Jouranl*

of Medicine, vol. 146 (1987), pp. 39 ~ 47.

제 19장 나의 치유가 세상을 치유하는 것이다

1. C. W. Birky, *Science,* vol. 222 (1983), pp. 466 ~ 475; M. C. Corballis and M. J. Morgan, *Journal of Behavioral Science,* vol. 2 (1978), pp. 261 ~ 336; Norman Geschwind and Albert Galaburda, *Archives of Neurology,* vol. 42, no. 6 (1985), pp. 521 ~ 552.
2. Rupert Sheldrake, *The Presence of the Past:* Morphic Resonance and *the Habits of nature* (London: Collins, 1988) and *A New Science of Life* (Boston: Houghton Mifflin, 1981). Ager et al., *Journal of Esperimental Biology,* vol. 3 (1954), pp. 304 ~ 321.
3. Ms., Jan.-Feb. 1992, cover.
4. Anne Wilson Schaef, *Meditations for Women Who Do Too Much* (Harper San Francisco, 1990), daily calendar for May 15, 1992.

찾아보기

옮긴이 **강현주**는 외대 불어과를 졸업한 후 동대학원에서 석사학위를 받았다.
옮긴 책으로는 〈만약에 2〉 〈새록새록 성경이야기〉 〈사랑의 시편〉
〈새콤달콤 세익스피어 이야기〉가 있다.

감수를 맡은 **홍성환**은 산부인과 전문의로 홍성환 산부인과 원장이다.
현재 서울대학병원 산부인과 자문의이자 인제대학교 의과대학 외래교수로 활동하고 있다.

여성의 몸 여성의 지혜
WOMEN'S BODIES, WOMEN'S WISDOM

1판 1쇄 발행 2000년(단기 4333년) 2월 10일
1판 19쇄 발행 2023년(단기 4356년) 11월 1일

지은이 · 크리스티안 노스럽
옮긴이 · 강현주 | 감수 · 홍성환
펴낸이 · 심남숙
펴낸곳 · (주)한문화멀티미디어
등록 · 1990. 11. 28. 제 21-209호
주소 · 서울시 광진구 능동로 43길 3-5 동인빌딩 3층 (04915)
전화 · 영업부 2016-3500 편집부 2016-3507
홈페이지 http://www.hanmunhwa.com

운영이사 · 이미향 | 편집 · 강정화 최연실
기획홍보 · 진정근 | 디자인 제작 · 이정희
경영 · 강윤정 조동희 | 회계 · 김옥희 | 영업 · 이광우

ISBN 978-89-5699-285-3 03900